Anreizstrukturen im Outdoorsport

Eine Studie zu den
Anreizstrukturen
von Sport treibenden
in verschiedenen
Outdoor-Sportarten

Beiträge zur Lehre und Forschung im Sport

128
Anreizstrukturen im Outdoorsport

Eine Studie zu den Anreizstrukturen von Sport treibenden in verschiedenen Outdoor-Sportarten

Klaus Beier

VERLAG HOFMANN SCHORNDORF

Die Deutsche Bibliothek – CIP-Einheitsaufnahme

Beier, Klaus:
Anreizstrukturen im Outdoorsport : eine Studie zu den Anreizstrukturen von Sporttreibenden
in verschiedenen Outdoor-Sportarten / Klaus Beier. – Schorndorf : Hofmann, 2001
(Beiträge zur Lehre und Forschung im Sport ; Bd. 128)
Zugl.: Bayreuth, Univ., Diss., 1998 u.d.T.: Beier, Klaus:
Was reizt Menschen an sportlicher Aktivität in der Natur?
ISBN 3-7780-1781-0

Bestellnummer 1781

© 2001 by Verlag Karl Hofmann, Schorndorf

Alle Rechte vorbehalten. Ohne ausdrückliche Genehmigung des Verlags ist es nicht gestattet, die Schrift oder Teile daraus auf fototechnischem Wege zu vervielfältigen. Dieses Verbot – ausgenommen die in §§ 53, 54 URG genannten Sonderfälle – erstreckt sich auch auf Vervielfältigungen für Zwecke der Unterrichtsgestaltung. Dies gilt insbesondere für Übersetzungen, Vervielfältigungen, Mikroverfilmungen und die Einspeicherung und Verarbeitung in elektronischen Systemen.

Texterfassung und Reinschrift: Dr. Klaus Beier

Erschienen als Band 128 der „Beiträge zur Lehre und Forschung im Sport"

Gesamtherstellung in der Hausdruckerei des Verlags
Printed in Germany · ISBN 3-7780-1781-0

Inhalt

Einleitung 9

THEORIETEIL:
ANREIZE FÜR SPORTLICHES HANDELN 19

1	**Handeln und Motivation**	**19**
1.1	Handeln	19
1.2	Handlungsfunktionen und Handlungsintentionen	21
1.3	Handlungsregulation und Phasenstruktur des Handlungsprozesses	24
1.3.1	Regulationsebenen	25
1.3.2	Phasenstruktur einer Handlung	26
1.4	Handlungsphasen und Motivation	29
1.5	Zusammenfassung	35
2	**Anreize von Handlungsfolgen und Handlungsvollzug -** **Motivationsstrukturen und Modelle**	**39**
2.1	Erwartung x Wert-Theorien	40
2.2	Risikowahl-Modell (ATKINSON)	41
2.3	Selbstbewertungsmodell (HECKHAUSEN)	45
2.4	Instrumentalitätstheorie (VROOM)	47
2.5	Erweitertes Motivationsmodell (HECKHAUSEN)	51
2.6	Anreizfokus-Modell (RHEINBERG)	56
2.6.1	Grundlagen und charakteristische Merkmale des Anreizfokus-Modells	56
2.6.2	Erfassung des Anreizfokus	61
2.6.3	Sportbezug des Anreizfokus-Modells	67
2.7	Zusammenfassung	74
3	**Anreize sportlicher Aktivität - Motivationsstrukturen im Sport**	**77**
3.1	Sinn sportlichen Handelns (FRANKL, AUFMUTH, GRUPE, KURZ)	78
3.2	Wahrgenommene Instrumentalität sportlicher Aktivität (KENYON, SINGER)	90
3.2.1	Grundlagen und Merkmale des Strukturmodells von KENYON	90
3.2.2	Erfassung der Einstellungen	94
3.2.3	Sportbezug des Modells der wahrgenommenen Instrumentalität	100
3.3	„Adventure Model" (EWERT / HOLLENHORST)	104
3.4	Strukturmodell der Sinnzuschreibungen und Anreizqualitäten sportlicher Aktivität (BREHM)	107

3.4.1 Grundlagen und charakteristische Merkmale des Strukturmodells von BREHM 108
3.4.2 Erfassung der Sinnzuschreibungen 112
3.4.3 Ergebnisse zu Sinnzuschreibungen und Anreizqualität bei Outdoorsportarten 113
3.5 Zusammenfassung 119

4 Anreiz und Disposition - aktivationspsychologische Ansätze 124
4.1 Grundlegende Aktivationstheorien (HEBB, BERLYNE) 125
4.2 Sensation Seeking (ZUCKERMAN) 128
4.2.1 Grundlagen und charakteristische Merkmale der Sensation Seeking Theorie 128
4.2.2 Erfassung des Sensation Seeking 131
4.2.3 Sportbezug der Sensation Seeking-Theorie 132
4.3 Reversal Theory (APTER) 136
4.3.1 Grundlagen und charakteristische Merkmale der „Reversal Theory" 136
4.3.2 Erfassung von Dominanz und metamotivationalen Zuständen 143
4.3.3 Sportbezug der Reversal Theory 149
4.4 Zusammenfassung 156

5 Anreize und Erlebnisqualität – erlebnisorientierte Ansätze 160
5.1 Peak Experience (MASLOW) und Peak Performance (PRIVETTE) 160
5.1.1 Grundlagen und Merkmale der „Peak Experiences" 160
5.1.2 Grundlagen und Merkmale der „Peak Performance" 163
5.1.3 Erfassungsinstrumente für „Peak Experiences" und „Peak Performances" 166
5.1.4 Sportbezug der Modelle „Peak Experience" und „Peak Performance" 169
5.2 Flow (CSIKSZENTMIHALYI) 171
5.2.1 Grundlagen und Merkmale des flow-Konzepts 171
5.2.2 Erfassungsmethoden für flow-Erleben 183
5.2.3 Sportbezug des flow-Modells 188
5.3 Zusammenfassung 191

EMPIRIETEIL:
STUDIE ZU DEN ANREIZEN VON OUTDOORSPORTARTEN 196

6 Grundlagen, Ziele und Methodik der Studie 196
6.1 Zugrundeliegendes Modell 196
6.2 Fragestellung und Annahmen 201

7 Untersuchungsmethodik 205
7.1 Entwicklung des Fragebogens 205
7.1.1 Generierung und Selektion der Items 205

7.1.2	Formulierung der Items und Fragen	221
7.1.3	Variablen zur Beschreibung der präferierten sportlichen Aktivität	224
7.2	Auswahl der Stichprobe und Durchführung der Erhebung	225
7.3	Auswertungsverfahren	227
7.4	Beschreibung der Stichprobe	229

8	**Ergebnisse der Studie**	**234**
8.1	Merkmale der Sportausübung	234
8.2	Anreize von Outdooraktivitäten	250
8.2.1	Gewichtung der einzelnen Anreize	250
8.2.2	Häufigkeit, Bedeutung und Auswirkung des Wegfalls von Anreizen	274
8.3	Dimensionalität des Anreizkonstrukts (Faktorenanalyse)	277
8.4	Skalenkonsistenz und Itemtrennschärfe	285
8.5	Gewichtung der Anreizdimensionen	292
8.6	Typisierung der Outdoorsportler (Clusteranalyse)	300
8.7	Transsituative Konsistenz der Anreize	316
8.8	Anreize und Ziele der sportlichen Aktivität	319

9	**Zusammenfassende Diskussion: Anreizdimensionen und Sportlertypen in den Outdoorsportarten**	**325**
9.1	Diskussion der Ergebnisse im Hinblick auf die Fragestellung sowie auf vorliegende Ansätze und Untersuchungsergebnisse	325
9.1.1	Anreizdimensionen	325
9.1.2	Gewichtung der Anreize sowie geschlechts- und sportartspezifische Unterschiede	329
9.1.3	Anreizbestimmte Sportlertypen	340
9.1.4	Konsistenz der Anreize	343
9.2	Diskussion des Erhebungsinstruments und Ausblick auf anschließende Fragestellungen	344
9.2.1	Diskussion von Methodik und Erhebungsinstrument	344
9.2.2	Weiterführende Fragestellungen	348

Literaturverzeichnis	**353**
Abbildungsverzeichnis	**367**
Tabellenverzeichnis	**370**

8

Einleitung

„Die Gründe, von denen die Leute glauben, daß sie uns zum Bergsport anreizen, sind ja erwiesenermaßen unrichtig: Wegen der Aussicht würde ich nicht auf die Trettach gehen, die kann ich anderswo noch schöner haben; wegen des guten Einflusses auf die Gesundheit auch nicht, denn der ist bei solchen Anstrengungen zum mindesten zweifelhaft; wegen des Ansehens bei den Menschen würde ich nicht Geld, Gesundheit und Leben aufs Spiel setzen, um ein Unternehmen auszuführen, das doch von den meisten als Beweis von Geistesstörung aufgefaßt wird. Was ist es also, das uns aus den sonnigen Tälern, aus dem Leben der Freude und des Genusses ins wilde, rauhe Hochgebirge, in ein Leben der härtesten Anstrengungen und Entbehrungen führt?"

(ENZENSPERGER 1905)

Entwicklung der Fragestellung

Zwar mögen heutzutage die Anstrengungen und Entbehrungen in den meisten Fällen geringer sein, als von ENZENSPERGER (1905, 61) dargestellt; im Prinzip bleibt die Frage die gleiche: Was reizt Menschen an solchen Aktivitäten?

Wie aus dem Zitat hervorgeht, bestehen zahlreiche Beweggründe: die schöne Aussicht, die Gesundheit, die Anerkennung usw. Zugleich existieren aber ebenso viele Argumente für deren Widerlegung. Die Ausübung von Outdoorsportarten erscheint häufig vollkommen irrational. Vieles könnte man leichter bekommen, wäre gesünder, billiger und weniger riskant. Das gilt auch für aktuelle Formen von Outdooraktivitäten. Wozu arbeitet sich ein Kletterer mühsam an einem Fels hoch, wenn er sich kurz danach auf dem selben Weg wieder nach unten begibt? Weshalb quält sich ein Mountainbiker mit letzter Kraft einen Berg hoch, wo er auch viel bequemer mit der Seilbahn hingelangen könnte. Was bewegt Menschen, viel Geld und Zeit für eine Skiausrüstung und den Winterurlaub auszugeben, um oftmals einen großen Teil der Zeit in der Schlange am Lift zu stehen. Rational ist es nicht erklärbar, weswegen Menschen bei der Ausübung von Outdooraktivitäten zum Teil erhebliche Risiken in Kauf nehmen, ohne daß diese z.B. ein materieller Gewinn aufwiegen würde, d.h. es müssen weitere Gründe vorhanden sein, die die genannten negativen Aspekte aufwiegen bzw. übertreffen.

Was also - im wahrsten Sinne des Wortes - bewegt Menschen dazu, Unvernünftiges zu tun?

Was ist der Reiz an der „Eroberung des Unnützen", wie der französische Alpinist Lionel TERRAY das Bergsteigen charakterisierte.

In dieser Arbeit geht es um die **Anreize von Outdooraktivitäten**. Anreize beziehen sich auf die erwarteten Folgen einer Handlung und besitzen im Rahmen kognitiver, motivationspsychologischer Theorien eine bedeutende Rolle (HECKHAUSEN 1989; RHEINBERG 1989).

Abgrenzung des Untersuchungsgegenstandes Outdooraktivitäten

Bevor der Frage nach den Anreizen von Outdooraktivitäten nachgegangen wird, gilt es den Untersuchungsgegenstand, die sportliche Aktivität in der Natur oder - neudeutsch ausgedrückt - die **Outdooraktivitäten**, zu definieren. Was ist das Charakteristische an diesen sportlichen Aktivitäten? Wo liegen die Gemeinsamkeiten?

Bei dem Begriff Outdooraktivitäten denken viele zunächst an Windsurfen, Mountainbiking, Bergsteigen, Klettern, Skifahren, Snowboardfahren oder Inlineskating. Neben diesen weit verbreiteten Formen ist auch an Paragliding, Drachenfliegen, Wildwasserfahren, Rafting, Wellenreiten, Tauchen und noch viele weitere Sportarten zu denken.

Eine trennscharfe Eingrenzung ist aufgrund der vielfältigen Sportarten schwierig. Dies zeigt sich auch in der Vielzahl der Bezeichnungen, die für diese Art sportlicher Aktivitäten verwendet werden. Neben „Outdoorsportarten" und „Natursportarten", die besonders den situativen Kontext der Sportausübung betonen, werden auch die Benennungen „Erlebnissportarten", „Abenteuersportarten" und „Risikosportarten" verwendet. Im Unterschied zu den ersten beiden beziehen sich „Erlebnissportarten" und „Abenteuersportarten" mehr auf inhaltliche Aspekte der Sportausübung, indem sie auf allgemeine oder spezielle Erfahrungen hinweisen, die bei der Sportausübung gemacht werden können. Der Begriff „Risikosportarten" drückt aus, daß mit der Ausübung der betreffenden Sportarten ein mehr oder weniger großes (Verletzungs-) Risiko verbunden ist.

Im Rahmen dieser Arbeit werden Outdooraktivitäten wie folgt definiert:

(1) Aktivitäten, die im Freien ausgeübt werden. Auch wenn zur Umgehung ungünstiger klimatischer Bedingungen immer häufiger „Indoor"-Möglichkeiten zum Klettern oder sogar zum Mountainbiking oder Skifahren geschaffen werden, so ist doch die Ausübung im Freien ein originäres Merkmal der Outdoorsportarten.

(2) Aktivitäten, die zusätzlich zu (1) in einem überwiegend natürlichen oder naturnahen Umfeld ausgeübt werden und wo diese natürlichen Situationsbedingungen zugleich ein konstituierendes Element darstellen. Letzteres kann dadurch erfolgen, daß die materiale Umwelt eine Grundlage der Sportausübung bildet, wie z.B. Berge und Schnee beim Skifahren, der Fels beim Klettern oder verschiedene Gewässer beim Paddeln oder Tauchen.

(3) Aktivitäten, bei denen die natürliche Umwelt zumindest als Kulisse der Sportausübung eine Bedeutung besitzt bzw. besitzen kann (alternativ zu (2)). Dies trifft z.B. auf das Radfahren zu. Bei (Renn-) Radtouren auf befestigten Straßen stellt die Umgebung (möglicherweise) einen wichtigen Aspekt der Ausübung dar.

Ausgeschlossen sind dagegen:

– Aktivitäten, die zwar im Freien praktiziert werden, für die aber ein naturnahes Umfeld untypisch oder gar hinderlich wäre, z.B. das Fußball- oder Tennisspielen auf einer natürlichen Wiese.

– Varianten von Outdoorsportarten, die in der Halle ausgeübt werden, wie z.B. Indoor-Klettern oder -Mountainbiking.

– Aktivitäten, die nicht mindestens aus subjektiver Sicht hinsichtlich des körperlichen Belastungsgrades als sportlich betrachtet werden können, z.B. Spazierengehen.

Einleitung

Für die so abgegrenzten Aktivitäten wird der Begriff Outdooraktivitäten oder synonym Outdoorsportarten oder Natursportarten verwendet.

Historische Perspektive

Bevor näher auf die Anreize solcher Aktivitäten eingegangen wird, wird die Entwicklung einiger Outdooraktivitäten skizziert.

Blickt man in die Vergangenheit, so finden sich bereits in frühen Zeiten zahlreiche Beispiele für Aktivitäten, die durchaus mit heutigen Formen von Outdooraktivitäten vergleichbar sind, so war z.b. das Wellenreiten bereits bei den hawaiianischen Eingeborenen bekannt. Auch gibt es archaische Rituale, die dem heute populären Bungee Jumping ähneln (SCHLESKE 1977).

Bei den folgenden historischen Bezügen steht nicht die vollständige tabellarische Auflistung bedeutsamer Ereignisse und Personen im Vordergrund, dies wäre Aufgabe einer eigenen Arbeit. Im wesentlichen soll nur die Entwicklung einiger Sportarten skizziert werden, wobei insbesondere Ähnlichkeiten und Unterschiede im Hinblick auf ihre Wurzeln und ihre Verzweigungen beschrieben werden.

Die ersten Spuren von Outdooraktivitäten im europäischen Raum reichen bis in die Jungsteinzeit zurück. Dies dokumentieren z.b. der Fund einer mumifizierten Leiche auf dem Ötztaler Similaungletscher (BRANDAUER 1994, 13-14) sowie die ca. 4500 Jahre alten „Ski", die im Moor von Hoting gefunden wurden (ADER 1991, 9). Ferner finden sich auch Höhlenzeichnungen mit Abbildungen von „Skifahrern" aus dieser Zeit. In diesem Zeitalter diente die Besteigung von Bergen bzw. das Überwinden von Gebirgen und die Fortbewegung auf Schnee ausschließlich der Jagd und dem Transport von Gütern.

Diese Regionen und Techniken blieben bis zum Ende des 18. Jahrhunderts fast ausschließlich professionellen Nutzern, wie z.B. Jägern, Fischern, Boten und Soldaten vorbehalten. Aber auch in dieser Zeit finden sich bereits Unternehmungen, die über solche rein zweckorientierte Beweggründe hinausreichende Aspekte vermuten lassen, so z.B. die Eroberungs- und Entdeckungsfahrten nach Amerika und die anschließende Missionierung. Zumindest ist anzunehmen, daß nicht ausschließlich materielle oder religiöse Gründe von Bedeutung waren, sondern auch Entdeckergeist und die Lust auf Abenteuer, die Gelegenheit, dem vielleicht eintönigen Alltag zu entkommen. Nach der Unterteilung von ZEBHAUSER (1985 254) endet für das Bergsteigen diese Phase des „*Präalpinismus*" mit der Erstbesteigung des Mont Blanc 1786.

Während vormals die Besteigung eines Berges, „einzig von dem Wunsch beseelt, die bemerkenswerte Höhe kennenzulernen", wie bei PETRARCA, die seltene Ausnahme war (ZIAK 1983, 22 zitiert nach BRANDAUER 1994, 14), werden in der anschließenden Epoche des „*frühen Alpinismus*" bis 1857 bereits viele Alpengipfel aus sportlichen Motiven erstiegen. Wie bei anderen Aktivitäten waren Engländer maßgeblich an der „Versportlichung" von Bergbesteigungen beteiligt. Schon frühzeitig erkannten aber auch einige Alpinisten die Zwiespältigkeit in der Zielsetzung des Alpinismus, die mit dieser Entwicklung verbunden ist: Einerseits die sportliche Seite mit Gefahr und Kampf als Selbstzweck, andererseits das ästhetische Moment mit dem Genuß der Schönheit der Natur (ULMRICH 1977, 5).

In diese Epoche fallen auch die Forschungsreisen Alexander von HUMBOLDTs, der während seiner langjährigen Expeditionen etliche Berge bis zu 6000m bestieg (GUGGENBICHLER 1985, 129). Von solchen und ähnlichen Expeditionen nimmt RHEINBERG (1996) an, daß das Forschungsinteresse teilweise als Handlungsrechtfertigung diente, d.h. auch hier weitere Beweggründe, wie die Abenteuerlust vorhanden waren.

Die Zeit zwischen 1857/69 bis zum Ende des 19. Jahrhunderts bezeichnet ZEBHAUSER (1985, 254) als die Epoche des *„klassischen Alpinismus"*. 1857 wird in London mit dem Alpine Club der erste alpine Verein gegründet. Auch bei den ersten alpinistischen Veröffentlichungen (1869) und Zeitschriften sind die Engländer Vorreiter. In die Zeit um 1850 fällt auch die erste Nutzung der Skier als Freizeitsportgerät in den Regionen von Telemarken und Kristiania (Norwegen) (ULMRICH 1979, 4). In den Alpen war das Bergsteigen und Skifahren zu dieser Zeit ein Freizeitvergnügen wohlhabender Leute, von Adeligen, Akademikern und dem gehobenen Bürgertum. Auch in sportlicher Hinsicht besteht eine Zweiklassengesellschaft: Erstbesteigungen von „Professionellen", z.B. im Rahmen von Vermessungsarbeiten, wurden von den Amateuren, also denjenigen, die „es sich leisten konnten, in ihrer Freizeit ein arbeitsähnliches Verhalten zu praktizieren, ohne auf Bezahlung angewiesen zu sein", nicht anerkannt (ULMRICH 1977, 6).

In den alpenfernen Gebieten wie in England und auch im Elbsandsteingebiet zeigten sich mit sogenannten Klettergärten bzw. ersten Freikletter-Begehungen bereits gegen Ende des 19. Jahrhunderts Entwicklungen, die Ähnlichkeit mit dem heutigen Sportklettern besitzen. Das Klettern diente nicht als Mittel zur Bezwingung eines Gipfels, sondern war Selbstzweck.

Mit dem 20. Jahrhundert begann die Epoche des *„modernen Alpinismus"*, die bis zum Beginn des 2. Weltkrieges andauerte (ZEBHAUSER 1985, 255). Es ist zugleich der Beginn des Sportkletterns. Trotz des weit größeren Potentials an Erschließungsmöglichkeiten wurde jetzt auch für den Alpenraum über den „korrekten Begehungsstil" und die Verwendung von Hilfsmitteln diskutiert. Während die Anhänger von DÜLFER ihr Ziel in der „Direttissima" sahen, wandte sich PREUß gegen jegliche Verwendung von Seil und Haken, sowohl als Kletterhilfe wie als Sicherungsmittel (BRANDAUER 1994, 15).

Der Skisport nahm eine ähnliche Entwicklung. Nachdem das Skifahren oder allgemeiner die Fortbewegung auf Skiern im zentraleuropäischen Raum erst nach der Veröffentlichung des Berichts von NANSENs Grönlanddurchquerung auf Skiern (1891) größere Beachtung gefunden hatte, standen sich auch hier zwei konträre Anschauungen gegenüber. In der ersten Zeit dienten die Ski überwiegend den Bergsteigern zur „zweiten Erschließung der Alpen" (ULMRICH 1977, 3) und somit vor allem als Fortbewegungs- und Aufstiegshilfe. Der Stil war hauptsächlich durch die Lauftechnik norwegischer Schule geprägt. Dem gegenüber stand die „Lilienfelder Fahrtechnik" des Turners Mathias ZDARSKY (1895). Wie das Sportklettern hat auch diese Variante ihre Ursprünge in den alpenfernen Regionen. Im Vergleich zu dem, vor allem von Wilhelm PAULCKE vertretenen „Norweger-Stil", war die Lilienfelder Technik nicht auf das Erreichen von Berggipfeln ausgerichtet, sondern das Skifahren wurde zum sportlichen Selbstzweck. Dementsprechend bestand bei ZDARSKY eine sachliche und zweckdienliche Beziehung zur Natur (der Berg als „Turngerät"), während bei PAULCKE und seinen Anhängern eine personifizierte Bindung zu den Bergen vorlag (ULMRICH 1977, 9).

Einleitung

Die fünfte und letzte Epoche der Alpingeschichte, etwa von 1950 bis zur Gegenwart, ist der „*zeitgenössische Alpinismus*" (ZEBHAUSER 1985, 256). Es wurden nach und nach alle Achttausender bestiegen. Unter dem Einfluß nordamerikanischer Entwicklungen entstand die Big-Wall-Technik, die die Besteigung steilster Wände mit künstlichen Hilfsmitteln ermöglicht. Amerikanische Vorbilder waren es auch, die zu einer zunehmenden Popularisierung des Sportkletterns führten. Neben dem Klettern von Einseillängenrouten gewann auch das Bouldern, das Klettern an Felsblöcken, immer mehr Anhänger. Die Überwindung klettertechnischer Schwierigkeiten wurde zum Selbstzweck und mit der Definition eines entsprechenden Regelwerkes (z.b. Rotpunktklettern) die Voraussetzung für Wettkämpfe geschaffen.

Im Skisport kam es, begünstigt durch den wachsenden Wohlstand und die damit verbundene, zunehmende Bedeutung des Fremdenverkehrs in den Alpenländern zu einer zunehmenden Dominanz der alpinen (Abfahrts-) Fahrtechnik. Gleichzeitig förderten technische Innovationen, wie Metallbindung, Stahlkanten und ab den 30er Jahren Seilbahnen und Lifte diesen Prozeß. Einen weiteren Grund für diese Entwicklung sieht ULMRICH (1977, 8) in der Erlebnisqualität des alpinen Skifahrens. „Die Gunst der Masse gehört dem alpinen Skisport, weil dem Langlauf das Abenteuerliche fehlt", im Skisport suchen sie „den Nervenkitzel des kleinen Mannes".

Einfachste Formen von Rädern, die hintereinander angeordnet mit Stangen verbunden waren, finden sich bereits in ägyptischen und chinesischen Zeichnungen um 1300 v. Chr. Die Geschichte des Rades im heutigen Sinn beginnt 1818 mit der „Draisine" des Freiherrn Drais von Sauerbronn. Bereits 1819 fanden in Paris Rennen auf Draisinen statt. Im Gegensatz zu Skiern diente das Rad ursprünglich keinen Zwecken, wie der Jagd, sondern war zunächst Freizeitbetätigung. Während die Ski schnell überwiegend zu einem Hilfsmittel für bergsteigerische Unternehmungen und mit Beginn des 20. Jahrhunderts zum Selbstzweck wurde, kam es beim Radfahren zu einer anderen Entwicklung. Zwischen 1860 und dem verstärkten Vorkommen des Automobils nach dem Ersten Weltkrieg entwickelte sich das Fahrrad zum wichtigsten und preiswertesten Individualverkehrsmittel (RABENSTEIN 1996, 50-53). Parallel zur wachsenden Bedeutung als Nutzfahrzeug kam es zu einer schnell voranschreitenden technischen Entwicklung zur Veranstaltung zahlreicher Wettkämpfe. Das erste Straßenrennen 1865 in Amiens (Frankreich) ging noch über 500 m; die Entfernung des Rennen von Paris nach Rouen (1869) betrug bereits 125 km. Nach der Erfindung des Kettenantriebes zum Hinterrad (1879) und Benutzung von Luftreifen wuchsen die Distanzen schnell an (Bordeaux-Paris 577 km, 1891). 1896 ist Radfahren bei den ersten Olympischen Spielen der Neuzeit mit mehreren Disziplinen vertreten. 1903 wird zum ersten Mal die Tour de France ausgerichtet und 1950 gibt es die erste Querfeldeinweltmeisterschaft für Profis. Ab 1869 sind auch zunehmend Abenteuerreisen mit dem Fahrrad bekannt, wie z.B. von Paris nach Kiew (1869). Das Spektrum der Motive der Radtouristen erstreckte sich „vom Wunsch, die Poesie des Naturerlebnisses bis hin zur fanatischen Rekordbesessenheit" (RABENSTEIN 1996, 22). Mit steigender Verbreitung des Automobils nach dem Ersten und insbesondere nach dem Zweiten Weltkrieg verliert das Fahrrad an Bedeutung, sowohl als Verkehrs- und Transportmittel wie als Reise- und Abenteuergerät.

Wie erwähnt, kam es Ende der 60er und Anfang der 70er Jahre zu einer Differenzierung in das „klassische" Bergsteigen und das (Sport-) Klettern. Auch bei vielen anderen Sportarten finden sich Ausdifferenzierungen und Varianten.

Infolge der Entwicklung des alpinen Skisports wurden der Skialpinismus und die nordischen Disziplinen weitgehend zurückgedrängt und existierten fast ausschließlich im Bereich des Leistungssports (Langlauf und Skispringen). Die Aufwertung gesundheitsbezogener Aspekte und des Naturerlebens führten zusammen mit überfüllten Pisten jedoch zu einer Wiederbelebung des Skilanglaufs, und auch der Skialpinismus gewann als Skitourengehen mehr Anhänger. Innerhalb des alpinen Skifahrens differenzierten sich im Wettkampfbereich Abfahrt, Riesenslalom und Slalom; hinzu kamen Trickski bzw. Freestyle. Verbunden mit kommerziellen Interessen der Skiindustrie und zunehmend stärkeren Einflüssen aus dem nordamerikanischen Raum wurden immer wieder neue, aber nur mäßig erfolgreiche Varianten, wie z.B. der Monoski oder das Swingbo entwickelt. Erst dem Snowboard gelang ein deutlicher Erfolg. Von dem ersten „Snurfer" (Snowsurfer) des Wellenreiters Shermann POPPER Mitte der 60er Jahre dauerte es knapp 20 Jahre, bis die ersten mit heutigen Standards vergleichbaren Snowboards in Deutschland auf den Markt kamen (MESSMER / SCHEUER 1993, 9). Wie seinerzeit das Buch von NANSENs Grönlanddurchquerung für das Skifahren, bewirkten die Filme „Fire and Ice" (BOGNER 1985) und der James Bond-Film „A View to a Kill" einen Boom des Snowboardfahrens. 1987 gab es bereits die ersten Weltmeisterschaften, 1987/88 den ersten Snowboard - Weltcup. Auch bei dieser, im wahrsten Sinne des Wortes jungen Sportart - 85% der Aktiven sind unter 25 Jahre (MÜSSIG 1985, 11) - kam es zu einer schnellen Differenzierung von „Alpinern" und „Freestylern". Während erstere Gruppe sich überwiegend aus ehemaligen Skifahrern und Windsurfern zusammensetzt und vor allem Wert auf das Gefühl der Geschwindigkeit und des „Carvens" legt, sind die skateboardbeeinflußten Freestyler hauptsächlich an Sprüngen und Manövern in der Half-Pipe interessiert. Mittlerweile entstand auch eine Gruppe gemäßigter Allrounder, die mit dem Begriff „Freerider" belegt wurden.

Auch beim Radsport bildeten sich verschiedene Varianten aus. Neben dem Straßenrennsport entstanden das Querfeldeinfahren und aus den USA kommend das BMX (Bicycles Moto Cross) und Trial (Geschicklichkeitsfahren). Wie Monoski und Swingbo fanden sie aber nur eine geringe Zahl von Anhänger. Die mit Abstand bedeutendste Entwicklung ist das Mountainbiking. Wie das Snowboardfahren, so ist auch das Mountainbiking eine Sportvariante, die Ende der 70er Jahre in den USA (Marin County, California) aufkam. Aus der „Spielerei" Jugendlicher, die alte Fahrräder aus diversen Teilen zusammenbauten, um damit private Rennen auf sogenannten „Fire Roads" durchzuführen, entwickelte sich innerhalb von knapp 20 Jahren eine Sportart mit nahezu weltweiter Verbreitung. Nach Zahlen des Bicycle Institute of America gab es 1992 ca. 20 Millionen Mountainbiker in den USA (oder zumindest soviele Personen mit einem Mountainbike). Entsprechend groß ist auch die Bedeutung des Marktes; mittlerweile sind zwei Drittel aller verkauften Räder in den USA Mountainbikes (DAVIS 1993). In gleichem Maße stieg die sportliche Bedeutung: Innerhalb von drei Jahren stieg die Zahl der bei der NORBA (National Off-Road Bicycle Association) angemeldeten Rennen von 100 auf 500 im Jahr 1992 (DAVIS 1993, 9). In noch stärkerem Maße als das Snowboardfahren hat sich auch das Mountainbiking seit Anfang der 80er Jahre in Europa verbreitet, und auch hier fand im Laufe der Zeit eine Differenzierung

Einleitung 15

verbreitet, und auch hier fand im Laufe der Zeit eine Differenzierung verschiedener Formen statt. Neben den vor allem renn- und tourenorientierten „Cross Country-Fahrern" haben sich einige Mountainbiker auf die Disziplin Downhill spezialisiert, bei der sich wie beim Skiabfahrtslauf oder Motocross alles um maximale Geschwindigkeit in mehr oder weniger schwierigem Gelände dreht. Ebenfalls analog zu den Snowboardern entwickelte sich eine Gruppe allround-orientierter Mountainbiker, die gleichfalls als „Freerider" bezeichnet werden. Durch seine Vielseitigkeit hat das Mountainbiking sowohl technisch als auch bezüglich der Zahl der Aktiven zu einer deutlichen Belebung des Radsports geführt.

Bereits vor dem Mountainbiking und dem Snowboarden breitete sich Ende der 70er Jahre das Windsurfen von den USA nach Europa aus. Auch hier kam es zu einer vergleichbaren Differenzierung in die Kategorie „Race / Slalom", „Wave" und „Allround".

Eine weitere Gemeinsamkeit von Klettern, Windsurfen, Mountainbiking und Snowboarden besteht in ihrem lebensstilprägenden Einfluß, insbesondere in ihren Anfangszeiten. In dieser Entwicklungsphase bildete sich jeweils eine „Pionier-Generation", die eine spezielle „Philosophie" und Lebensweise vertrat. Von diesem Image angezogen kam es in mehr oder weniger kurzer Zeit und großem Umfang zu einer Popularisierung dieser Sportarten. Für diese Phase charakteristisch ist z.B. das Erscheinen entsprechender Magazine; die neben der Bereitstellung von technischen Informationen vor allem „Szene-Infos" und Erlebnisberichte in den Vordergrund rücken . Das Erleben wird stärker in den Mittelpunkt der sportlichen Aktivität gerückt. Dies zeigt sich auch am Einfluß ursprünglich sportbezogener Kleidung und Ausrüstung im Bereich der Alltagsmode.

Für die beschriebenen Sportarten ergeben sich somit folgende Gemeinsamkeiten in ihrer Entwicklung:

- Bis zu Beginn des 19. Jahrhunderts gab es im engeren Sinne keine Aktivitäten in der Natur mit sportlicher Motivation.
- Der im 19. Jahrhundert einsetzende Alpinismus gründete sich vor allem auf einer sportlichen Leistungsmotivation mit dem Ziel der Eroberung der Berge; zugleich besteht ein personifiziertes, respektvolles Verhältnis zu den Bergen und der Wunsch nach Genuß der Naturschönheiten. Bergsteigen und Skialpinismus ist zu dieser Zeit den wohlhabenden Bevölkerungsschichten vorbehalten, mit Ausnahme derjenigen, die diese von berufswegen ausüben (z.B. Bergführer).
- Erst gegen Ende des 19. und Anfang des 20. Jahrhunderts findet eine Ausweitung auf mittelständische Bevölkerungsschichten statt.
- Das Verhältnis zur Natur wird zunehmend instrumenteller, insbesondere im Skisport, aber auch bei dem sich entwickelnden Sportklettern dient sie vor allem als notwendige Voraussetzung für eine turnerisch orientierte Ausübung.
- Ab den 60er Jahren zeigen sich erste Einflüsse nordamerikanischer Formen des Bergsteigens / Kletterns. Die sportliche Aktivität wird immer häufiger ihrer selbst willen betrieben.
- In den 70er und 80er Jahren kommt es zu deutlichen Veränderungen. Vor dem Hintergrund einer zunehmend individualistischen, pluralistischen Gesellschaft (BECK 1986) be-

sitzt der Sport immer mehr selbstdefinitorische Funktionen. Die Individualität und teilweise Abkehr von der üblichen Leistungsorientierung zeigt sich u.a. im Aufkommen neuer, vom Lebensstil amerikanischer Jugendlicher geprägter Sportarten. Bei vielen der neuen Outdooraktivitäten handelt es sich um Varianten, Weiterentwicklungen oder „Neuauflagen" bereits früher bekannter Sportarten. Auch innerhalb dieser Sportarten kommt es zu weiteren Differenzierungen, wie für das Snowboardfahren und Mountainbiking beschrieben wurde, aber auch beim Klettern, Surfen u.a. in ähnlicher Form existieren. Die Ausübung sportlicher Aktivitäten orientiert sich - wie auch in anderen Lebensbereichen - dabei zunehmend an deren Erlebniswert (SCHULZE 1992).

Es wird deutlich, daß sich im Zusammenhang mit den gesellschaftlichen Veränderungen die Ansprüche an den Sport geändert haben und damit zugleich die möglichen Anreize sportlicher Aktivität. Wie gezeigt werden konnte, dienen sportliche Tätigkeiten nicht mehr ausschließlich dem Erreichen meist leistungsorientierter Ziele, sondern das Erleben sportlicher Aktivität besitzt einen Wert an sich, wird immer häufiger zum Selbstzweck. Zu klären, was sich hinter dem Begriff Selbstzweck verbirgt, ist ein Ziel dieser Arbeit.

Fragestellung

Faßt man die bisherigen Ausführungen zusammen, kann festgestellt werden:

- Outdooraktivitäten umfassen mittlerweile ein sehr großes Spektrum verschiedenartiger sportlicher Aktivitäten.
- Im Vergleich zu früheren Epochen sind die Ansprüche an den Sport vielfältiger geworden, entsprechend ist die Zahl möglicher Anreize sportlicher Aktivität gewachsen.
- Viele Outdooraktivitäten sind - von außen betrachtet - widersprüchlich: sie sind mit Risiken für die Gesundheit verbunden oder zumindest nicht gesundheitsfördernd; sie erfordern einen hohen Aufwand an zeitlichen und finanziellen Ressourcen etc. Gleichzeitig steht dem oftmals kein entsprechender „objektiver" Nutzen, wie z.B. materieller Gewinn gegenüber oder das Ziel ließe sich auf einfachere und ungefährlichere Weise erreichen, z.B. eine schöne Aussicht.
- Innerhalb einer sportlichen Aktivität ist ein direkter Rückschluß auf die zugrundeliegenden Beweggründe mit zunehmender Vielfalt potentieller Anreize immer weniger möglich.

Ausgangspunkt für die Arbeit ist daher die allgemeine Fragestellung:

„Was reizt Menschen an sportlicher Aktivität in der Natur?"

Aufbau der Arbeit

Die Arbeit besteht aus zwei Teilen. Das Ziel des *Theorieteils* ist die Analyse psychologischer Theorien und Modelle, hinsichtlich geeigneter Erklärungen für den Reiz der oben beschriebenen sportlichen Aktivitäten. Sofern zu diesen Ansätzen Untersuchungen vorlie-

Einleitung 17

gen, werden die angewendeten Instrumente und die ermittelten Ergebnisse erläutert. Dies erfolgt in den Kapiteln 1 bis 5. Der anschließende *Empirieteil* mit den Kapiteln 6 bis 9 umfaßt die Beschreibung der durchgeführten empirischen Untersuchung sowie Darstellung und Diskussion der Ergebnisse.

Das *erste Kapitel* erläutert mit bezug auf verschiedene *handlungspsychologische Ansätze* und insbesondere die Handlungstheorie von NITSCH (1986) das Konstrukt der Handlung. Im Mittelpunkt stehen dabei die Fragen nach der Abgrenzung von Handeln und Verhalten (1.1), den Funktionen von Handlungen (1.2), der Regulation von Handlungen und ihrer Struktur (1.3) sowie nach dem Zusammenhang der Phasenstruktur von Handlungen mit motivationalen und volitionalen Prozessen (1.4).

Das *zweite Kapitel* befaßt sich mit *motivationspsychologischen Modellen* zur Erklärung der Handlungsmotivation. Die Abschnitte beschreiben in chronologischer Reihenfolge die wesentlichen Merkmale einiger „klassischer" kognitivistischer Motivationsmodelle. Ausgangspunkt sind die *Erwartung x Wert-*Modelle (2.1), danach folgen das *Risikowahl-Modell*s von ATKINSON (1957) (2.2), das *Selbstbewertungsmodell* von HECKHAUSEN (1972; 1975) (2.3), die *Instrumentalitätstheorie* von VROOM (1984) (2.4) und das *„Erweiterte Motivationsmodell"* von HECKHAUSEN (1977; 1989) (2.5). Den Abschluß des Kapitels bildet die Darstellung des *Anreizfokus-Modells* von RHEINBERG (1989) (2.6). Dabei handelt es sich um eine Erweiterung des „Erweiterten Motivationsmodells" von HECKHAUSEN; neben den zweckorientierten Anreizen werden in diesem Modell auch tätigkeitszentrierte Anreize berücksichtigt, also Anreize, die sich auf den Handlungsvollzug beziehen. Zum *Anreizfokus-Modell* werden auch Erfassungsmethoden sowie Ergebnisse zum Anreiz bei verschiedenen Outdoorsportarten ergänzt.

Das *dritte Kapitel* des Theorieteils geht auf Modelle ein, die im Unterschied zu den oben genannten Ansätzen, speziell für die *Begründung sportlicher Aktivität* entwickelt wurden. Im ersten Abschnitt (3.1) des Kapitels werden die bergsportspezifischen Ansätze von FRANKL (1972) und AUFMUTH (1983; 1989) sowie die allgemeinen Ansätze von GRUPE (1986), KURZ (1990) dargestellt. Der zweite Abschnitt (3.2) erlautert das Modell der wahrgenommenen Instrumentalität von KENYON (1968) und die dazu entwickelten ATPA-Skalen sowie deren deutsche Version von SINGER u.a. (1980). Das *„Adventure Model"* von EWERT / HOLLENHORST (1989) und Daten zu den Beweggründen von Kletterern enthält der dritte Abschnitt (3.3). Im vierten Abschnitt (0) wird schließlich das „Strukturmodell der Sinnzuschreibungen und Anreizqualitäten sportlicher Aktivität" von BREHM (1994) sowie anhand des Fragebogens erhobene Daten zu den Sinnzuschreibungen von Skifahrern und Mountainbikern vorgestellt.

Aufgrund des oft postulierten Zusammenhangs von Outdoorsportarten und einer Präferenz für das Erleben von Risiko und Abenteuer werden im *vierten Kapitel* einige *aktivationspsychologische Theorien* vorgestellt, die von der Existenz einer entsprechenden Disposition bzw. Dominanz ausgehen. Ziel ist es, aus diesen Theorien mögliche Anreize für die Ausübung von Outdooraktivitäten abzuleiten. Nach einführenden Erläuterungen zu den grundlegenden aktivationstheoretischen Konzepten von HEBB (1953) und BERLYNE (1974) (4.1) wird im zweiten Abschnitt (4.2) die *Sensation Seeking Skala* von ZUCKERMAN (1979) beschrieben, die anhand von vier Subskalen versucht, die verschiedenen Aspekte des Persönlichkeitsmerkmals „*Sensation Seeking*" zu erfassen. Die im dritten Abschnitt (4.3) erläuterte *Reversal Theory* von APTER (1982; 1989) geht dagegen nicht von einer stabilen Disposition für erregungssuchendes Verhalten aus, sondern nimmt eine Dominanz für einen telischen oder einen paratelischen metamotivationalen Zustand an.

Das *fünfte Kapitel* geht auf Theorien ein, die *besondere Erlebnisqualitäten* beschreiben und zu erfassen versuchen. Grundlage ist dabei die Frage nach der Bedeutung von besonderen Erlebnisqualitäten im Hinblick auf die wahrgenommene Attraktivität bestimmter Outdooraktivitäten. Dazu werden im ersten Abschnitt (5.1) die Konstrukte *Peak Experience* von MASLOW (1962) und *Peak Performance* von PRIVETTE (1982) vorgestellt. Der zweite Abschnitt (5.2) beschreibt das von CSIKSZENTMIHALYI (1975) untersuchte *flow*-Erleben.

Im ersten Abschnitt (6.1) des *sechsten Kapitels* wird das der Untersuchung zugrundeliegende Modell beschrieben. Im zweiten Abschnitt (6.2) wird die allgemeine Fragestellung mit bezug auf die sich aus den einzelnen Theoriekapiteln ergebenden Folgerungen in die speziellen Fragestellungen differenziert. Zu diesen werden noch entsprechende Annahmen formuliert.

Das *siebte Kapitel* beschreibt die angewendete Methodik der empirischen Studie. Da bislang kein geeignetes Instrument zur Erhebung von Anreizen, insbesondere speziell für den Outdoorbereich, existiert, liegt ein zusätzlicher Schwerpunkt der Arbeit auf der Entwicklung eines entsprechenden Fragebogens. Neben der Darstellung des Aufbaus dieses Fragebogens (7.1) werden die Auswahl der Stichprobe und die Durchführung der Erhebung (7.2), die Nennung der angewendeten Auswertungsverfahren (7.3) und abschließend die Zusammensetzung der erhobenen Stichprobe (7.4) beschrieben.

Die Ergebnisse der Hauptstudie zu den einzelnen Fragestellungen gibt das *achte Kapitel* wieder. Nach den Ergebnissen zur Sportausübung werden die verschiedenen anreizbezogenen Ergebnisse erläutert.

In der zusammenfassenden Diskussion der Ergebnisse im *neunten Kapitel* werden diese bezüglich der speziellen Fragestellungen bewertet (9.1). Im zweiten Abschnitt wird der erstellte Fragebogen analysiert und Möglichkeiten für eine Weiterentwicklung aufgezeigt. Der Ausblick auf sowohl inhaltlich wie methodisch weiterführende Fragestellungen bildet den Abschluß des Kapitels (9.2).

Der Anhang[1] enthält einerseits die Erhebungsinstrumente der im Theorieteil vorgestellten Ansätze (A 1) sowie den in der Untersuchung eingesetzten Fragebogen und seine Vorstufen (A 2). Außerdem finden sich in ihm noch ergänzende Informationen zu statistischen Auswertungen, die nicht in den Hauptteil aufgenommen wurden (A 3).

---

[1] Der Anhang wird nicht veröffentlicht. Er kann jedoch beim Verfasser unter folgender Anschrift nachgefragt werden: Dr. Klaus Beier, Institut für Sportwissenschaft, Universität Bayreuth, 95440 Bayreuth.

Theorieteil:
Anreize für sportliches Handeln

1 Handeln und Motivation

Die Frage nach den Anreizen für sportliche Aktivitäten setzt zunächst Erläuterungen zu den grundlegenden Konzepten der Handlung und der Motivation voraus[2]. Diese Einführung dient vor allem dazu, eine inhaltliche und begriffliche Ausgangsbasis für die folgenden Kapitel herzustellen. Aus diesem Grund orientieren sich die folgenden Darstellungen bis auf ergänzende Anmerkungen weitgehend an den handlungstheoretischen Modellen von NITSCH (1986) und von HECKHAUSEN (1989)[3]. Bei den motivationspsychologischen Grundlagen wird ebenfalls auf die zusammenfassenden Ausführungen von HECKHAUSEN (1989) bezug genommen.

1.1 Handeln

Zum Konstrukt der Handlung liegen eine Vielzahl von Ansätzen im Rahmen der Handlungspsychologie vor. Nach FRANKE (1987) lassen sich dabei strukturelle Handlungsanalysen, welche die Handlungssituation untersuchen, von prozessualen Ansätzen unterscheiden, die sich auf Beschreibung und Erklärung des Handlungsablaufs konzentrieren.

Zur Gruppe der strukturellen Handlungsanalysen zählen die motivationspsychologischen Ansätze (z.B. MCCLELLAND u.a. 1953; HECKHAUSEN 1989), die überwiegend auf dem *Erwartung x Wert-Modell* und dessen Weiterentwicklungen basieren, die im Kapitel 2 ausführlich dargestellt werden.

Zur Gruppe der prozessualen Ansätze werden die aus der Arbeitspsychologie stammende Theorie der Handlungsregulation (HACKER 1998; VOLPERT 1982), die ökologische Handlungstheorie[4] (KAMINSKI 1983), Problemlösetheorien (z.B. DÖRNER 1983) oder die Theorie der sozialen Handlungskontrolle gerechnet.

---

[2] Darstellungen der unterschiedlichen Richtungen der Handlungspsychologie finden sich bei LENK (1977, 1978, 1979, 1980, 1981) oder zusammengefaßt bei Volpert (1980, 16-20). Einen umfassenden Überblick zu Motivationstheorien gibt HECKHAUSEN (1989).

[3] Während die Handlungstheorie von NITSCH (1986) nach JANSSEN (1995, 123-124) ausschließlich phänomenologisch ausgerichtet ist und sich auf die Beschreibung der Handlungsstruktur und der Regulationsebenen konzentriert, betont das „Rubikon-Modell" von HECKHAUSEN (1989) motivationale und volitionale Elemente des Handlungsprozesses. Außerdem, so JANSSEN (1995), liegen bei letztgenanntem Modell bereits empirische Ergebnisse vor, während das Handlungsmodell von NITSCH (1986) nur mit „Postdiktoren" arbeitet und bislang keine „Prädiktionen" formuliert und überprüft wurden.

[4] Die Handlungstheorie und andere Modelle des Mehrfachhandelns entstanden aus der Annahme, daß unter natürlichen Bedingungen meist mehrere Handlungen gleichzeitig durchgeführt werden. Das TOTE-Modell wurde von KAMINSKI auch im Bereich des Sports angewandt (1972; 1973).

Allen Modellen ist gemeinsam, daß sie sich auf Handlungen beschränken, die ein von außen vorgegebenes oder selbst gewähltes Endziel um seines Wertes oder Nutzens willen mit mehr oder weniger rationalen Mitteln anstreben (CRANACH 1994, 70). Im hierarchisch-sequentiellen Modell der Arbeitspsychologie leitet sich die Aufgabe aus einem betrieblichen Auftrag ab, Handlungsziel ist eine am Ende der Handlung erwartete Umweltveränderung. Das Endziel bestimmt auch die Zwischen- und Unterziele, die in hierarchisch organisierten Regelkreisen abgearbeitet werden (HACKER 1998, 62). Auch in der ökologischen Handlungstheorie führen die Mehrfach- oder Parallelhandlungen auf Endziele hin. Das gleiche gilt für die Theorie der sozialen Handlungskontrolle, wo sich End- oder Zwischenziele aus individuellen sozialen Repräsentationen ableiten. In den motivationspsychologischen Ansätzen führt die Erwartung, ein hoch bewertetes Endziel zu erreichen, zur Motivbildung und somit unter bestimmten situativen Bedingungen zu einer entsprechenden Handlungstendenz. Handlung im Sinne der Handlungsregulationstheorie ist zielgerichtetes Handeln.

Zielorientiertes Handeln ist zwar der „Normalfall", jedoch finden sich insbesondere in neuerer Literatur Ansätze, die Handeln nicht immer durch ihre erwarteten Ergebnisse bestimmt sehen. So unterscheidet CRANACH (1994, 81-83) neben dem zielgerichteten Handeln fünf weitere Handlungstypen: bedeutungsorientiertes Handeln, prozeßorientiertes Handeln, emotional-intuitives Handeln, Affekt-Handeln und mentales Handeln (Problemlösen, Nicht-Handeln).

Unter prozeßorientiertem Handeln versteht CRANACH (1994, 81) solche Handlungen, die um ihrer selbst willen ausgeführt werden, weil der Handlungsprozeß an sich als belohnend empfunden wird. Zentrales Element dieses Handlungstyps ist die rekursive Selbstregulierung, d.h., daß „einmal in Gang gesetzte Bewegungen im Rahmen bestimmter Intensitätsgrenzen in rekursiven Schleifen verlaufen und dabei selbst neue Energie freisetzen können, wobei Steuerung und Energetisierung zusammenfallen" (CRANACH 1994, 76). In dem dabei entstehenden Lustgefühl und dem damit verbundenen, selbstbelohnenden Charakter der Handlung sieht er eine wesentliche Komponente des *flow*-Erlebens (CSIKSZENTMIHALYI 1993).

Auch HACKER sieht neben zielgerichteten noch weitere Tätigkeitsformen. Er unterscheidet zwischen antriebsunmittelbaren (reflektorischen, instinktiven, impulsiven, affektiven) Tätigkeiten und Übergangsformen antriebsmittelbarer Tätigkeiten. Sportliche Freizeitaktivitäten wie Tanzen oder Schwimmen klassifiziert er als „automatisierte Verrichtungen, die in durch Motive[5] geleitete Tätigkeiten eingeordnet sind. Sie sind, sieht man vom Wettkampfschwimmen oder Schautanzen ab, nicht zielgerichtet. Zielgerichtet können jedoch ihre Vorbereitungsteile, z.B. das Hinfahren, sein. Die eigentlichen Ausführungsteile sind dagegen vollzugsorientiert, sie sind nicht ziel- oder ergebnis-, sondern motivorientiert" (HACKER 1998, 71-72).

Auch die handlungstheoretische Grundlegung der Sportpsychologie von NITSCH (1986) basiert auf der Annahme des Handelns als intentionales, zielgerichtetes Verhalten. NITSCH

---

[5] Im Gegensatz zu Zielen als Vorwegnahmen oder Vornahmen eines Ergebnisses oder Sollzustandes versteht HACKER (1998, 70) unter Motiven allgemeiner Oberziele wie z.B. „eine Anlage sparsam fahren".

(1986, 195) schränkt dabei ein, daß „es sich bei der Handlungstheorie nicht um eine abgeschlossene Theorie menschlichen Verhaltens handelt, sondern sie sich auf höhere Formen der Verhaltensorganisation beschränkt, wie sie im Teilbereich des intentionalen Verhalten zum Ausdruck kommen, [trotzdem] erscheint sie für eine übergreifende Beschreibung des Verhaltens als geeignet, da sie sich nicht mit der Analyse von Detailmechanismen des Verhaltens, sondern mit den funktionalen Prinzipien seiner Gesamtorganisation befaßt". Die Grundlage der handlungstheoretischen Konzeptionen bildet die Auffassung des Menschen als weitgehend rational handelndes, seine Umwelt aktiv gestaltendes, verantwortungsbewußtes Wesen, das „weder Spielball äußerer Bedingungen, noch eigener unkontrollierter Leidenschaften ist" (NITSCH 1986, 190).

1.2 Handlungsfunktionen und Handlungsintentionen

Vor diesem Hintergrund werden in diesem Abschnitt einige Merkmale von Handlungen im sportlichen Kontext erörtert. Neben einigen Erläuterungen zu Grundannahmen der Handlungspsychologie werden insbesondere Handlungsfunktionen und Handlungsintentionen differenziert.

Die Handlungspsychologie läßt sich nach NITSCH (1986) durch **vier Grundannahmen** (Postulate) bezüglich des Handelns charakterisieren:

Systempostulat (1)

Handeln wird als *ganzheitliches, komplexes Geschehen*, d.h. als Systemprozeß verstanden. *Untersuchungsgegenstand* und Bezugssystem ist nicht der Mensch, sondern die menschliche Handlung. Es geht also nicht um die psychische Struktur der handelnden Person, sondern um die psychische Struktur der Handlung selbst. Handlungen sind als dynamische Einheit von Person und Umwelt zu verstehen, d.h. durch Handeln wird der Person-Umwelt-Bezug im Hinblick auf eine zu bewältigende Aufgabe hergestellt und gestaltet. Psychische Aspekte sind daher sowohl Grundlage wie auch Folge von Handlungen.

Als *Handlungssituation* wird die jeweilige Konstellation von Person-, Umwelt- und Aufgabenfaktoren bezeichnet verstanden, die von einem engeren Situationsbegriff im Sinne der konkreten Umweltbedingungen zu unterscheiden ist.

Intentionalitätspostulat (2):

Handeln wird als eine besondere Form der Verhaltensorganisation gesehen, nämlich als intentionales, d.h. nicht als primär von vorgegebenen objektiven Ursachen, sondern *von vorweggenommenen subjektiven Folgen bestimmtes Verhalten*. Da es sich hierbei um ein wichtiges Merkmal handelt, wird an dieser Stelle genauer auf (a) die Definition von Handlungen, (b) die Ebenen von Handlungsintentionen und (c) die Differenzierung von Handlungsfunktionen eingegangen.

(a) VERHALTEN, HANDLUNG, HANDELN UND TÄTIGKEIT

Unter **Verhalten** kann jede Form der Lebensäußerung eines Lebewesens verstanden werden. Dabei kann es sich um *inneres Verhalten* (Erlebnisvorgänge) oder *äußeres Verhalten* (Bewegungs- und Sprachverhalten) handeln.

Von einer **Handlung** wird gesprochen, wenn Verhalten im Hinblick auf subjektive Absichten, also *intentional* organisiert ist.

HACKER (1998, 67) definiert Handlungen als

„die kleinste Einheit der willensmäßig gesteuerten Tätigkeiten. Die Abgrenzung dieser Handlungen erfolgt durch das bewußte Ziel, das die mit einer Vornahme verbundene Vorwegnahme des Ergebnisses der Handlung darstellt. Nur kraft ihres Zieles sind Handlungen selbständige, abgrenzbare Grundbestandteile oder Einheiten der Tätigkeit".

Unter diesen Voraussetzungen führen Reize nicht zu einem bestimmten Verhalten (wie z.B. Reflexe oder konditionierte Reaktionen), sondern sie erhalten ihre Bedeutung erst durch subjektive Bewertungsprozesse im Hinblick auf bestimmte Absichten.

Neben aktivem Tun umfaßt der Handlungsbegriff auch das absichtliche Unterlassen einer Handlung.

Wie beim Verhalten, kann auch bei Handlungen zwischen inneren und äußeren Handlungen unterschieden werden, die eine prinzipiell gleiche psychische Struktur aufweisen. Mittels *äußerer Handlungen* wird versucht, die jeweilige Person-Umwelt-Aufgaben-Konstellation tatsächlich zu beeinflussen. *Innere Handlungen* (auch „geistige" Handlungen oder „Denkhandlungen") dagegen sind gedankliche Vollzüge anhand und im Rahmen von Person-Umwelt-Aufgabenmodellen. Solche „internen Modellmanipulationen" finden sich beispielsweise beim gedanklichen Durchspielen verschiedener Handlungsalternativen ("inneres Probehandeln").

Handeln ist der konkrete Vollzug einer Handlung [6].

Eine Einzelhandlung besteht in der Regel aus mehreren **Operationen**, d.h. weitgehend autonom ablaufenden Teilvollzügen, die nicht jeder für sich, sondern nur in ihrem Gesamtzusammenhang intentional organisiert werden. Mehrere Einzelhandlungen werden unter übergreifenden Intentionskomplexen[7] zu **Tätigkeiten** zusammengeschlossen. Verschiedene Tätigkeiten können wiederum unter hochgeneralisierten Intentionen im Rahmen eines Lebensentwurfs organisiert sein. Abbildung 1.1 beschreibt den hierarchischen Aufbau von Tätigkeiten.

---

[6] FUHRER (1984, 68-74) charakterisiert Handeln anhand von zwölf Merkmalen: Handeln ist (1) ein Beziehung stiftender Prozeß, der (2) von Wissen (Können, Strategien) gespeist ist, damit (3) ein kognitives Geschehen repräsentiert, das (4) sich in einem Individuum (Aktor) vollzieht, der (5) in ein Milieu eingebettet ist; Handeln ist (6) diejenige Teilmenge an Verhaltensweisen, die (7) von Zielen und (8) Strategien gesteuert, (9) reguliert, (10) beabsichtigt sind und (11) in hohem Maße bewußt verlaufen; Handeln ist (12) die Bewältigung einer Aufgabe, damit verbundener Anforderungen und ihrer Beanspruchungen.

[7] HACKER (1998, 62) spricht hier von der (Arbeits-) Aufgabe und ihrem Sinn.

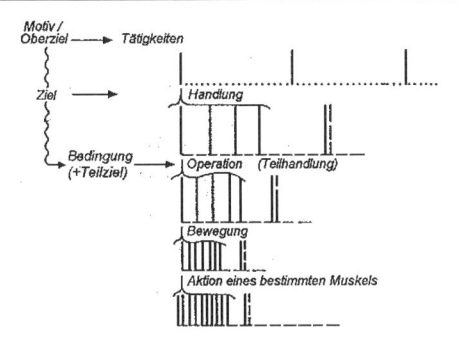

Abbildung 1.1: Vereinfachendes Schema des hierarchischen Aufbaus einer Tätigkeit (HACKER 1998, 66)

(b) ZIELE, ZWECK, SINN - DIE DIFFERENZIERUNG DES INTENTIONSBEGRIFFS

Wie auch aus der Abbildung 1.1 ersichtlich wird, ist es insbesondere im Hinblick auf mehrere zusammenhängende Handlungen nicht ausreichend, von zielgerichtetem Verhalten im engeren Sinn zu sprechen. Handlungsleitende Intentionen lassen sich auf drei Ebenen bestimmen.

Ziele beziehen sich auf das angestrebte, konkrete Ergebnis einer Handlung, z.B. das Bestehen einer Prüfung oder das Gelingen einer Turnübung.

Der **Zweck** einer Handlung ergibt sich aus den angestrebten Effekten, d.h. aus den Konsequenzen, die mit der Zielerreichung antizipiert werden. Mit einer Handlung können mehrere Zwecke verfolgt werden, z.B. die Verbesserung der eigenen Leistungsfähigkeit und das Streben nach sozialer Anerkennung. Die Instrumentalität einer Handlung ergibt sich aus dem Grad, in welchem der Handlungsvollzug und die angestrebten Ziele geeignet sind, die antizipierten Effekte zu erreichen.

Der **Sinn** von Handlungen erklärt sich aus dem Bezug auf übergeordnete Werte, wie z.B. Leistung oder Hilfsbereitschaft u.ä. Über die Einzelhandlungen hinausweisend, geht es um die Vereinbarkeit (Akzeptanz) der angestrebten Effekte mit verinnerlichten Wertehierarchien.

Aus der Hervorhebung der Intentionalität in der Verhaltensorganisation ergeben sich auch *methodologische Konsequenzen*. Die Erklärungsperspektive verschiebt sich von *Ursache-Wirkungs-Zusammenhängen* zu *Ziel-Zweck-Sinn-Zusammenhängen* und damit von *Kausalerklärungen* zu *Finalerklärungen*. Die Ausgangsfrage zielt daher nicht mehr auf die Ursachen für bestimmtes Verhalten (warum?), sondern auf die antizipierten Folgen des Handelns (wozu?).

(c) EXPLORATION, KONSTRUKTION UND PRÄSENTATION - FUNKTIONEN DER HANDLUNG

NITSCH (1986, 211) unterscheidet drei Funktionen von Handlungen:

Explorative Funktion: Auch unabhängig von konkreten Aufgabenstellungen werden Informationen gesammelt und Erfahrungen gemacht, die für den Aufbau, die Stabilisierung oder Veränderung von allgemeinen Konzepten über sich und seine Umwelt wichtig sind. „Handeln erkundet, erschließt und rekonstruiert Realität."

Konstruktive Funktion: Durch Handeln werden konkrete Anforderungen im Hinblick auf ein antizipiertes Ergebnis bewältigt. „Handeln schafft und verändert Realität."

Präsentative Funktion: Im Handeln kommt zum Ausdruck, wie eine Person ist, wie sie sich und ihre Umwelt sieht und wie sie von anderen gesehen werden möchte. Handeln ist somit gleichzeitig Selbstdarstellung (personale Repräsentation) und Widerspiegelung verinnerlichter sozialer Werte, Normen und Regeln (soziale Objektivation). „Handeln präsentiert Realität."

Neben dem Systempostulat und dem Intentionalitätspostulat bestehen noch zwei weitere Grundannahmen.

Entwicklungspostulat (3):

Psychisches entwickelt sich im und aus dem Handeln. Handeln ist daher in seiner Bestimmung als Systemprozeß, seiner Intentionalität und seiner Regulationsgrundlagen sowohl ein phylo- und ontogenetisches als auch ein - im Hinblick auf die gesellschaftlichen Lebensbedingungen - gesellschaftlich historisches Phänomen (NITSCH 1986, 200). Handlungstheorie ist somit gleichzeitig Lern-, Entwicklungs- und Gesellschaftstheorie.

Regulationspostulat (4):

Handeln im Sinne intentionalen Verhaltens läßt sich nicht alleine durch biologische Prozesse erklären, sondern ist im wesentlichen psychisch reguliert. Der Mensch reagiert nicht bloß auf bestimmte Gegenstände mit bestimmten Handlungen. Wichtiger als die objektive Beschaffenheit ist dabei die subjektive Bedeutung des Gegenstandes oder der Situation. Inwieweit etwas als Reiz wirksam wird, hängt hauptsächlich von Prozessen der Informationssuche, -selektion und -verarbeitung ab.

1.3 Handlungsregulation und Phasenstruktur des Handlungsprozesses

Regulation meint ergebnisbezogen die Herstellung einer vorgegebenen Regeln entsprechenden Ordnung (*Organisation*), prozeßbezogen die Herstellung eines geordneten Ablaufs (*Prozeß*)[8]. Dazu ist zunächst die Entwicklung oder Vorgabe geeigneter Ordnungsprinzipien in Form von Zielen und Plänen nötig. Dies erfolgt im Rahmen der internen Modellbildung. Anschließend muß das Verhalten entsprechend den Vorgaben kontrolliert werden. Die einfachste Form dieser Zusammenhänge stellt der Regelkreis dar.

Zur Erklärung komplexen menschlichen Verhaltens sind jedoch weitere Besonderheiten zu berücksichtigen und in dem Modell der Handlungsregulation zu integrieren.

---

[8] HACKER (1998, 63-64) differenziert zwischen einen motivationalen Aspekt der Regulation, der „Antriebsregulation" und einem operationalen Aspekt, der „Ausführungsregulation". In der psychologischen Handlungstheorie wird nach VOLPERT (1980, 20) jedoch die Ausführungsregulation gegenüber der Antriebsregulation stärker akzentuiert.

Handlungsregulation und Phasenstruktur des Handlungsprozesses

- Häufig laufen mehrere Regelungsvorgänge gleichzeitig ab, dabei sind mehrere Regelkreise zu *Funktionseinheiten* verbunden[9].
- Viele an der Regelung beteiligten Größen werden erst während des Regelungsprozesses in Abhängigkeit von Situation, Erfahrungen und Erwartungen definiert. Dies erst ermöglicht die *Anpassungsfähigkeit* und Flexibilität menschlichen Verhaltens.
- Bei komplexem Verhalten (z.B. Neulernen von Bewegungen, Problemlösen) ist weiter davon auszugehen, daß nicht nur die Parameter innerhalb vorgegebener Regelkreisstrukturen definiert werden, sondern auch die Strukturen selbst. Somit ist es also notwendig, daß aktiv Informationen gesucht, Handlungsalternativen entwickelt und ausgewählt sowie Parameter für die Ausführung abgeleitet werden (*Orientierung*). Die Umsetzung der Strukturen erfolgt in der konkreten Ausführung (*Realisierung*).
- Zu beachten ist ferner, daß Orientierungs- und Realisierungsvorgänge nicht nur von objektiven, sondern vor allem auch von subjektiven Handlungsbedingungen (Erwartungen, Bewertungen etc.) abhängen.

Dieses Grundmodell der Handlungsregulation läßt sich in zweifacher Hinsicht weiter differenzieren. Zum einen mittels einer *strukturell-funktionalen Differenzierung nach Regulationsebenen*, wobei gefragt wird, welche Regulationsprozesse auf welchen Ebenen ablaufen, und zum anderen, durch eine *zeitlich-funktionale Differenzierung nach Handlungsphasen*, wo die zeitlichen Strukturen der Regulationsprozesse untersucht werden.

1.3.1 Regulationsebenen

Im Laufe der Phylogenese haben sich unterschiedliche Regulationsebenen entwickelt, die sich wiederum während der Ontogenese weiter differenzieren. NITSCH (1986, 224) unterscheidet drei Ebenen:

Das „automatische Regulationssystem"

Das evolutionsgeschichtlich älteste System umfaßt vor allem reflektorische und homöostatische Mechanismen, also instinktives Verhalten. Bestimmte Reize mit vorgegebener Bedeutung lösen dabei eine genetisch vorprogrammierte Reaktion aus.

Das „emotionale Regulationssystem"

Im Mittelpunkt dieser Regulationsebene stehen Emotionen, im Sinne von auf erworbenen Motiven und Befriedigungserfahrungen beruhenden Bedeutungserlebnissen. Hier kommt es zu erfahrungsabhängigen Verknüpfungen von Bedeutungszuschreibungen und Verhaltensmustern. Emotionen haben somit handlungsorganisierende wie auch energetisierende Funktion. Die Zuordnung von Reizen und Reaktionen erfolgt erfahrungsabhängig und ist deswegen sehr flexibel: Ein Reiz kann zu verschiedenen Reaktionen führen bzw. verschiedene Reize können die gleiche Reaktion auslösen.

---

[9] Diese hierarchisch strukturierten, regulativen Funktionseinheiten finden sich z.B. bei MILLER / GALANTER / PRIBRAM (1960) als TOTE (Test-Operate-Test-Exit) Einheiten oder erweitert als VVR- (Vergleich-Veränderung-Rückmeldung) Einheiten bei HACKER (1998, 213-215).

Das „kognitive Regulationssystem"

Durch das kognitive Regulationssystem besitzt der Mensch ein Höchstmaß an Verhaltensflexibilität. Dies geschieht vor allem durch das Einfügen kognitiver Situationsanalysen und Planungsprozessen zwischen Reiz und Reaktion. Dabei werden u.a. abstrakte, verbal codierte Modelle über die eigene Person und die Umwelt herangezogen, die es auch ermöglichen frühere Erfahrungen sowie Vorhersagen über zukünftige Ereignisse zu berücksichtigen. Diese interne Modellbildung ist die Voraussetzung für inneres Probehandeln, das es erlaubt nach optimalen Mitteln und Wegen der Realisation eigener Intentionen zu suchen. Bedeutungen sind nicht vorgegeben, sondern werden durch kognitive Prozesse erschlossen, Verhaltensmuster werden nicht einfach ausgelöst oder abgerufen, sondern bewußt konstruiert.

Aufgrund der unterschiedlichen Kopplung zwischen Reiz und Reaktion ergeben sich für die drei Regulationssysteme spezifische Anpassungsaufgaben. Das automatische Regulationssystem dient der sofortigen, schnellen Anpassung an relativ einfache, wiederkehrende, stereotype Bedingungen. Beim emotionalen Regulationssystem erlaubt die erfahrungsabhängige Zuordnung von Bedingungen zu Bedingungsklassen bereits eine höhere Flexibilität. Das kognitive Regulationssystem ist vor allem zuständig für die präventive und längerfristige Anpassung an komplexe, variable, neuartige und insbesondere zukünftige Gegebenheiten (NITSCH 1986, 227).

Mit Bezug auf die Komplexität der zu bearbeitenden Prozesse und die dazu notwendigen kognitiven Fähigkeiten unterscheidet HACKER (1998, 238-244) ebenfalls drei Regulationsebenen, denen er die Entwicklung und Steuerung unterschiedlich komplexer Aktionsprogramme zuordnet. Abbildung 1.2 veranschaulicht diese Beziehungen.

1.3.2 Phasenstruktur einer Handlung

Wie bereits gezeigt, stellt die Handlungsregulation einen Prozeß dar. Im folgenden werden die einzelnen Phasen dieses Prozesses und die inhaltlichen Merkmale, die sie charakterisieren, dargestellt.

Handlungen lassen sich - idealtypisch - in drei Phasen unterteilen: Antizipation, Realisation und Interpretation, wie auch in Abbildung 1.3 deutlich wird.

Die drei Handlungsphasen lassen sich noch weiter unterteilen.

In der **Antizipationsphase** geht es um die Vorwegnahme der auszuführenden Handlung und ihrer Konsequenzen vor dem Hintergrund der bewerteten Ausgangsbedingungen. In intentionaler Hinsicht bedeutet dies die Vorwegnahme der Ergebnisse als Ziel, der Folgen als Zweck und ihrer Wertgehalte als Sinn, auf instrumenteller Ebene die Vorwegnahme des Handlungsablaufs als Plan. Daraus lassen sich die beiden Teile der Antizipationsphase ableiten: Kalkulationsprozesse und Planungsprozesse.

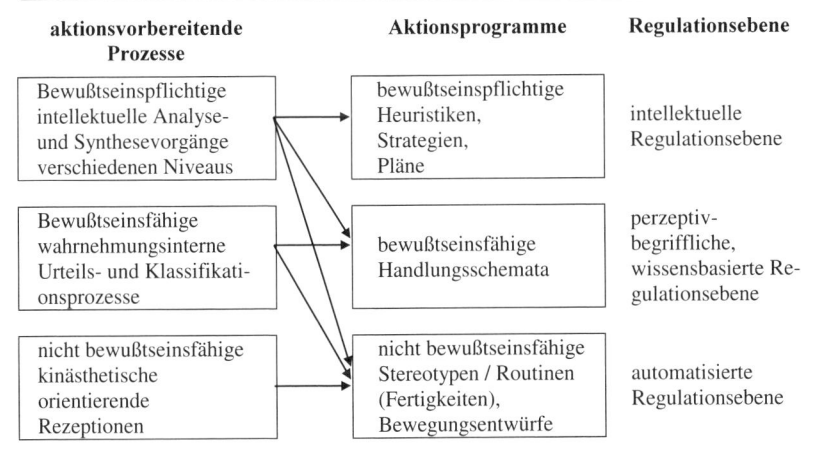

Handlungsregulation und Phasenstruktur des Handlungsprozesses 27

aktionsvorbereitende Prozesse	Aktionsprogramme	Regulationsebene
Bewußtseinspflichtige intellektuelle Analyse- und Synthesevorgänge verschiedenen Niveaus	bewußtseinspflichtige Heuristiken, Strategien, Pläne	intellektuelle Regulationsebene
Bewußtseinsfähige wahrnehmungsinterne Urteils- und Klassifikationsprozesse	bewußtseinsfähige Handlungsschemata	perzeptiv-begriffliche, wissensbasierte Regulationsebene
nicht bewußtseinsfähige kinästhetische orientierende Rezeptionen	nicht bewußtseinsfähige Stereotypen / Routinen (Fertigkeiten), Bewegungsentwürfe	automatisierte Regulationsebene

Legende:
→ = Beziehung im Sinne des Schaffens oder Aktivierens

Abbildung 1.2: Schematische Darstellung der multiplen Beziehungen zwischen vorbereitenden und realisierenden Regulationskomponenten für einen mittleren Hierarchieausschnitt (vereinfacht nach HACKER 1998, 244)

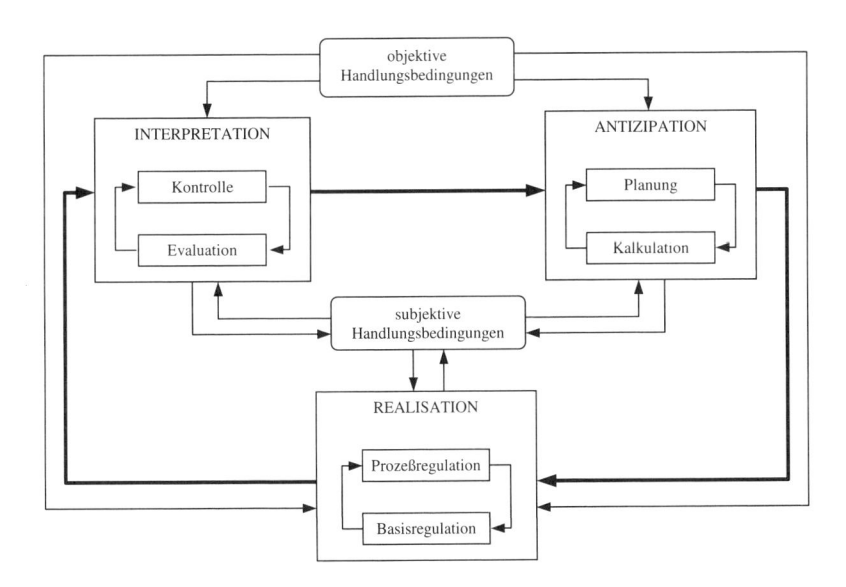

Abbildung 1.3: Phasenstruktur des Handlungsprozesses (NITSCH 1986, 230)

Kalkulationsprozesse umfassen die Bewertung der Ausgangssituation sowie vorliegender Handlungsalternativen und ihrer möglichen Konsequenzen. Die beiden wesentlichen Bestandteile der Situationsbewertung sind die Handlungskompetenz und die Handlungsvalenz.

Die subjektiv[10] wahrgenommene *Handlungskompetenz* ergibt sich aus dem Verhältnis der (wahrgenommenen) eigenen Fähigkeiten zu den Aufgabenanforderungen und den vorliegenden (wahrgenommenen) Merkmalen der Umwelt.

Bei der *Handlungsvalenz* handelt es sich um die Wichtigkeit eines angestrebten Zustandes.

Planungsprozesse beinhalten die Entwicklung von Handlungsalternativen zur gezielten Situationsveränderung; sie lassen sich in Zielplanung und Ablaufplanung differenzieren.

Zielplanung bezieht sich auf die Frage: „Was soll wann erreicht werden?" Dazu werden Ereignisfolgen in der Form von Zwischenzielen festgelegt. Zielplanung ist immer dann notwendig, wenn Handlungsziele, über die ein bestimmter Zweck verfolgt werden soll, nicht (vollständig) vorgegeben sind und / oder ein Endziel nur über eine Folge von Zwischenzielen erreicht werden kann, die noch definiert und angeordnet werden müssen.

Ablaufplanung stellt dagegen die Frage: „Was ist wann zu tun?" Hierzu werden Operationsfolgen festgelegt und in Ausführungs- und Kontrollvorschriften übersetzt, die den Handlungsvollzug inhaltlich und zeitlich strukturieren. Handlungssysteme stellen somit Instruktionssysteme und gleichzeitig Systeme von Entscheidungsregeln dar.

Zentraler Aspekt der **Realisationsphase** ist die Verwirklichung von Intentionen durch konkrete Ausführung entsprechender Pläne. Unterteilen läßt sich die Realisationsphase in Basis- und Prozeßregulation.

Aufgabe der *Basisregulation* ist die Herstellung *situationsangemessener psychophysischer Voraussetzungen* im Sinne optimaler Funktionstüchtigkeit und -bereitschaft. Die Grundprobleme liegen in der Erregungs- und Spannungskontrolle.

Die *Prozeßregulation* setzt auf der Basisregulation auf. Sie ist als die unmittelbar *zielbezogene Steuerung psychomotorischer Funktionsabläufe* zu verstehen und beinhaltet die Planaktualisierung (Aufruf, Inkraftsetzen) und Planabwicklung.

Die **Interpretationsphase** umfaßt Kontroll- und Evaluationsprozesse.

Bei *Kontrollprozessen* handelt es sich um *Soll-Ist-Vergleiche* bezüglich Art und Grad der Zielannäherung. Die Ergebnisse der Kontrollprozesse geben Antwort auf die Frage: „Konnte der Plan realisiert und das angestrebte Ziel erreicht werden?" Sowohl bei der Feststellung von Plan-Ausführungs- und Ziel-Ergebnis-Übereinstimmungen spielen dabei subjektive Bezugsmaßstäbe eine wichtige Rolle.

Evaluationsprozesse beziehen sich auf die Frage: „Worauf ist das Ausmaß der Planverwirklichung bzw. Zielerreichung zurückzuführen und welche Konsequenzen sind damit

---

[10] Für alle Entscheidungen im Rahmen der Handlungsregulation sind immer die subjektiven Wahrnehmungen der Person maßgeblich. Deshalb ist sowohl bei der Bewertung der verschiedenen Aspekte der Kompetenz wie auch bei denen der Valenz immer die individuelle Wahrnehmung gemeint, sofern dies nicht explizit anders angegeben ist.

verbunden?" Im Gegensatz zu Kontrollprozessen steht bei Evaluationsprozessen nicht die bloße Feststellung von Abweichungen im Vordergrund, sondern die Bewertung der Abweichungen und ihre Ursachen.

Die subjektiv bewertete Feststellung und Zuschreibung von Ursachen für Abweichungen vom Ziel / Plan wird als „*Kausalattribution*" bezeichnet. Zu solchen Ursachenzuschreibungen kommt es häufig,

- wenn explizit nach Gründen gefragt wird,
- wenn es sich um unerwartete Ergebnisse handelt,
- wenn das Ergebnis noch von weiteren Personen abhängt oder
- wenn (unerwartet) Mißerfolg eintritt.

Attributionen lassen sich nach den Merkmalen *Lokalisation* (intern vs. extern), *Stabilität* (stabil vs. variabel) und *Kontrollierbarkeit* (beeinflußbar vs. unbeeinflußbar) klassifizieren. Neben der Handlungsoptimierung dient sie auch dem „Eindrucksmanagement" / Verantwortlichkeitszuschreibung (BIERHOFF-ALFERMANN 1986).

Zu den Handlungsphasen ist noch zu ergänzen:

- Obwohl das Bewußtsein für die menschliche Handlungsregulation eine herausragende Bedeutung besitzt, heißt dies nicht, daß alle Phasen der Antizipation, Realisation und Interpretation bewußt sind. Vielmehr ist davon auszugehen, daß *an Handlungen alle drei Regulationsebenen beteiligt* sind und daher Teile enthalten, die bewußtseinsfähig, aber nicht bewußtseinspflichtig sind. Die Automatisierung von Antizipations-, Realisations- und Interpretationsprozessen durch *Handlungsstile* und *situationsspezifische Schemata* bewirkt eine *Entlastung höherer Regulationsebenen* und setzt somit Kapazitäten für die Verarbeitung von Störfaktoren und die Vorausplanung anschließender Handlungen frei.
- Die Abfolge der einzelnen Handlungsphasen weicht häufig von der „linear-sequentiellen" Form (NITSCH 1986, 231) ab, stattdessen liegt eine „zyklisch-iterative" Form vor, d.h. eine Phase ist noch nicht abgeschlossen, bevor die nächste beginnt. Dies ist insbesondere dann der Fall, wenn keine genauen Vorstellungen über das zu erreichende Ziel und / oder die geeignete Handlung zur Erreichung desselben vorliegen. Zu Abweichungen von der linear-sequentiellen Struktur kommt es auch bei überlappenden Handlungen oder Mehrfachhandlungen, wenn mit einer Handlung gleichzeitig mehrere Ziele bzw. Zwecke verfolgt werden oder wenn ein Ziel gleichzeitig auf mehrfache Weise angestrebt wird.

Eine ähnliche Unterteilung der Handlungsablaufstruktur nimmt THOMAS (1995, 54-56) vor. Er unterscheidet Orientierungs-, Antriebs-, Ausführungs- und Ergebnisregulationsprozesse, die den bei NITSCH (1986) definierten Phasen inhaltlich weitgehend entsprechen.

1.4 Handlungsphasen und Motivation

In diesem Kapitel werden motivationspsychologische Prozesse an den Handlungsphasen, wie sie im vorherigen Kapitel dargestellt wurden, verankert, um die Verknüpfung motivationaler und volitionaler Prozesse mit dem Handlungsprozeß zu veranschaulichen. Zunächst werden „die drei hauptsächlichen Problemgebiete der Motivationspsychologie"

(HECKHAUSEN 1989, 16), Motiv, Motivation und Volition, erläutert und anschließend der Prozeß als Ganzes beschrieben.

Bei Motiv, Motivation und Volition handelt es sich um sogenannte „hypothetische Konstrukte", da sie nicht unmittelbar beobachtbar oder meßbar sind und sich erst durch ihren Erklärungswert bei der Verhaltensinterpretation rechtfertigen.

Die hier beschriebenen Zusammenhänge entsprechen der kognitionspsychologischen Richtung, wie sie z.b. von HECKHAUSEN vertreten wird. Im folgenden wird auf diese Variante Bezug genommen, weil sie den zu erläuternden Motivationstheorien im Kapitel 2 nahesteht und eine geeignete Erklärungsgrundlage bietet. Eine umfassende Diskussion weiterer Motivationstheorien, wie z.b. des systemtheoretischen Ansatzes von DÖRNER (1991), ist daher nicht notwendig.

Motiv

Anschaulich werden Motive bzw. ihre Wirkung, wenn Individuen in bestimmten Situationen anders handeln, als es die meisten tun oder als es angebracht erscheint. Sind solche Abweichungen (zeitlich) stabil[11] und über verschiedene Situationen hinweg zu beobachten, kann man von „personengebundenen Eigenarten im Sinne von handlungsleitenden Wertungsdispositionen" sprechen (HECKHAUSEN 1989, 2). Motive unterscheiden sich hinsichtlich der ihnen entsprechenden Inhaltsklassen von Handlungszielen, wie z.B. „Leistung", „sozialer Anschluß", „Hilfe (-leistung)", „Macht" oder „Aggression". Sie beziehen sich nicht auf die Funktionserhaltung des Organismus und sind nicht angeboren, sondern unterliegen einer Sozialisation und somit den sozialen Normen der ontogenetischen Entwicklungsumwelt (HECKHAUSEN 1989, 10).

Motivation

Im Unterschied zu Motiven ist die Motivation handlungswirksam. Motivation kann als situationsspezifische Ausprägung eines Motivs bezeichnet werden und wird häufig als Sammelbezeichnung für verschiedene Prozesse und Effekte verwendet. Deren Gemeinsamkeit besteht darin, daß eine Person ihr Verhalten um der erwarteten Folgen willen auswählt und hinsichtlich Richtung und Energieeinsatz steuert, d.h. neben den erwähnten Motiven bestimmt die vorgefundene Situation, ob eine entsprechende Motivation entsteht. Situationen besitzen einen „Aufforderungscharakter" („Anreiz") für bestimmtes Handeln, indem es wahrscheinliche Folgen in Form von erstrebenswerten Ereignissen oder Zuständen erwarten läßt. Zur Qualität der Konsequenzen des Handelns kommen noch die Wahrscheinlichkeiten für das Eintreten der erwünschten Folgen. Durch diese beiden Größen wird die Stärke einer Motivationstendenz bestimmt[12]. In der Realität sind in der Regel beide Faktoren, individuel-

---

[11] Motive sind nicht angeboren (THOMAS 1995, 101) und daher nicht als statisches Eigenschaftskonstrukt zu verstehen, sondern als ein dynamisches System, das sich selbst stabilisiert und durch gezielte Eingriffe in das System auch dauerhaft verändert werden kann (HECKHAUSEN 1977, 184).

[12] Diese Auffassung entspricht den *Erwartung x Wert-Theorien*, wie sie im nächsten Kapitel erläutert werden.

le Wertungsdispositionen und Situationsaspekte gleichzeitig wirksam, wobei es zu Wechselwirkungen zwischen Person- und Situationsfaktoren („Person-Situations-Interaktionen") kommt. So hängt es immer von den individuellen Motiven ab, welchen Wert eine Situation für eine Person besitzt. Zudem wird auch die Erwartung, also die eingeschätzte Wahrscheinlichkeit, des Eintretens einer Handlungsfolge, von Persönlichkeitsfaktoren beeinflußt.

Motivation läßt sich demzufolge definieren als

„die durch eine gegebene (oder auch aufgesuchte) Situation verursachten Prozesse der Antizipation von erwünschten oder befürchteten Anreizen der Folgen eigenen Handelns und der erwarteten Wahrscheinlichkeiten, geeignete Ergebnisse durch eigenes Handeln zu erzielen, und die erwarteten Instrumentalitäten der Handlungsergebnisse für die in Frage stehenden Folgen" (HECKHAUSEN 1989, 11).

Das Grundmodell der „klassischen" Motivationspsychologie in Abbildung 1.4 veranschaulicht den Zusammenhang von Motiv, Situation und Motivation.

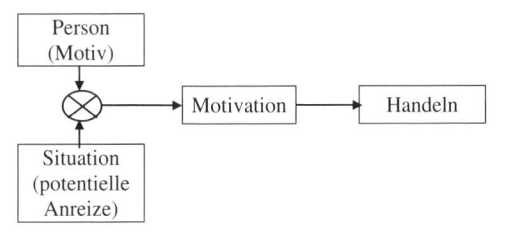

Abbildung 1.4: Grundmodell der „klassischen" Motivationspsychologie (RHEINBERG 1995, 69)

Je nachdem welche Vergleichsdimensionen zugrundegelegt werden, lassen sich verschiedene Perspektiven der Verhaltenserklärung unterscheiden:
- Differiert das Verhalten von Personen in gleichen Situationen und zu gleichen Zeitpunkten, so sind *Eigenschaften der Person* für diese Abweichungen verantwortlich. Diese Verhaltenserklärung „auf den ersten Blick" (HECKHAUSEN 1989, 5) entspricht der (älteren) Persönlichkeitspsychologie.
- Ändert sich das Verhalten jedoch mit verschiedenen Situationen und Zeitpunkten, sind die Verhaltensunterschiede in den *Merkmalen der Situationen* zu suchen. Diese Verhaltenserklärung „auf den zweiten Blick" entspricht weitgehend der Theorien und Vorgehensweise der Sozialpsychologie und der lerntheoretisch fundierten Klinischen Psychologie.
- Stellt man fest, daß sowohl *Persönlichkeits- wie auch Situationsfaktoren* eine Rolle spielen, befindet man sich bei der Verhaltenserklärung „auf den dritten Blick". Das Zugrundelegen solcher Wechselwirkungen ist im Rahmen der Motivations- und Kognitionspsychologie sowie der neueren Persönlichkeitsforschung gebräuchlich.

Im Zusammenhang mit der Klassifikation von Handlungen ist auf das sogenannte **Konsistenzparadoxon** hinzuweisen. Personen verhalten sich konsistent, wenn sie sich über ein breites Spektrum verschiedener Situationen in charakteristischer Weise vom Verhalten anderer Personen abheben. Empirisch ließen sich jedoch nur schwache Konsistenzkorrelationen zwischen ähnlichen Situationen nachweisen (HARTSHORNE / MAY 1928, 1929 zitiert nach HECKHAUSEN 1989). Ursache dafür ist die Zuordnung der verschiedenen Situationen in Ähnlichkeitsklassen durch Dritte, in der Regel durch den Untersucher. Um Konsistenz beurteilen zu können, ist es notwendig, für jedes Individuum persönliche Äquivalenzklassen für Situationen und Handlungen zu ermitteln (BEM / ALLEN 1974). Äquivalent meint in diesem Zusammenhang äquifinal, d.h. sie besitzen die gleichen (subjektiven) Handlungsfolgen. Letztendlich sind es also die Erwartungen bezüglich der Folgen (in Form der Erreichung erstrebenswerter Ziele bzw. Werte), die für eine Äquivalenzklasse und damit für die Konsistenz maßgebend sind (HECKHAUSEN 1989, 7).

Volition

Zum Handeln genügt es aber nicht, daß Motivationstendenzen gebildet werden[13]. Um eine Motivationstendenz zur Durchführung zu bringen, bedarf es nach der Intentionsbildung noch der Intentionsinitiierung. Während die Intentionsbildung den Übergang von den Motivations- zu den Volitionsprozessen darstellt, bildet die Intentionsinitiierung den Übergang vom Planen zum Handeln. In dieser Phase lautet die Frage nicht mehr *wieso*, sondern *wie* es zu einer Handlung kommt[14].

Handlungsphasen und Motivation

Die bislang beschrieben Konstrukte und Phasen / Prozesse lassen sich in einem Prozeßmodell zusammenfassen. Das *Rubikon-Modell* von GOLLWITZER (1986) aus Abbildung 1.5 veranschaulicht die Abfolge der einzelnen Phasen.

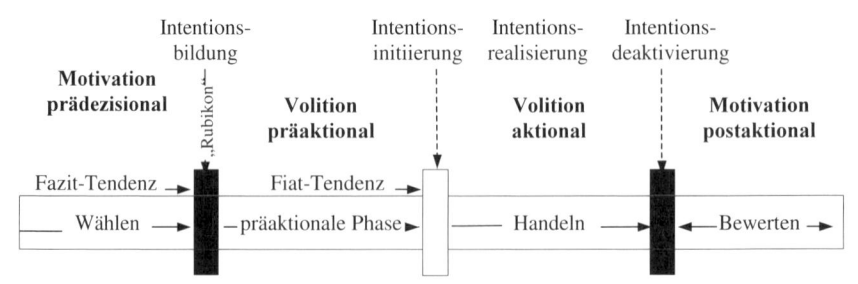

Abbildung 1.5: Schematische Darstellung der vier Handlungsphasen des Rubikon-Modells (GOLLWITZER 1986, nach HECKHAUSEN 1989, 212)

In der Abbildung 1.5 wird zwischen vier Phasen unterschieden, in denen die oben erläuterten Aspekte Motiv, Motivation und Volition verankert sind.

Die **prädezisionale Motivationsphase** ist durch Abwägens- und Auswahlprozesse zwischen verschiedenen Handlungsalternativen bestimmt, für die durch das oben beschriebene

---

[13] Ausnahmen sind Gewohnheits- bzw. Alltagshandlungen, bei denen es keiner weiterreichenden Überlegungen und Entscheidungen bedarf.

[14] Vertiefende Darstellungen zur Volition finden sich bei KUHL (1983), GOLLWITZER (1986) und HECKHAUSEN (1989).

Zusammenwirken von situativen (Anreize und Erwartungen) und personalen Faktoren (Motive) Motivationstendenzen gebildet wurden. In dieser Phase herrscht eine *realitätsorientierte* Bewußtseinslage vor. Das Ende dieses Prozesses wird durch einen angenommenen metavolitionalen Kontrollprozeß, die sogenannte „*Fazit-Tendenz*", herbeigeführt (HECKHAUSEN 1989, 213). Diese Tendenz wird umso stärker, je mehr die abwägende Person den Eindruck gewinnt, daß alles, was geklärt werden kann, auch (hinreichend) geklärt wurde. Je nach Tragweite der Entscheidung können dabei unterschiedliche Schwellenwerte vorliegen. Den Abschluß dieses Motivationsprozesses bildet die *Intentionsbildung*.

Auf das handlungstheoretische Phasenmodell von NITSCH (1986) bezogen, liegt die prädezisionale Motivationsphase in der Antizipationsphase, wobei es sich überwiegend um *Kalkulationsprozesse* handelt.

Mit der Intentionsbildung wird der „*Rubikon*" auf dem Weg zur Handlungsrealisierung überschritten und in die **präaktionale Volitionsphase** gewechselt. Aufgabe dieser ersten volitionalen Phase ist die Auswahl von einer unter häufig mehreren konkurrierenden Zielintentionen, die in der vorhergehenden Motivationsphase gebildet wurden. In dieser Phase überwiegt eine *realisierungsorientierte* Bewußtseinslage. Maßgeblich für die Auswahl ist die sogenannte „*Fiat-Tendenz*" (HECKHAUSEN 1989, 214), die wiederum von der Stärke der Zielintention und den vorliegenden Gegebenheiten zu deren Realisation abhängig ist. Von dieser hypothetischen Tendenz wird ferner angenommen, daß sie auch von der Dringlichkeit, der Anzahl der verpaßten Gelegenheiten und der mißglückten Realisierungsversuche abhängig ist. Zu Zielintentionen, deren Initiierung und Ausführung schwierig erscheinen, werden in der präaktionalen Volitionsphase Vornahmen gebildet. Diese Metavolitionen sind das Ergebnis einer vorausplanenden Handlungsinitiierung und Handlungsausführung. Das Ende der präaktionalen Volitionsphase ist die *Intentionsinitiierung*.

Diese Phase findet in der Handlungstheorie von NITSCH (1986) ihre Entsprechung in den *Planungsprozessen* der Antizipationsphase. Die Planungsprozesse beziehen sich auf die Vorbereitung und Herbeiführung günstiger Gelegenheiten für die Durchführung einer gefaßten Intention.

Die *Intentionsrealisierung* findet in der **aktionalen Volitionsphase** statt. Mit Beginn der Handlungsinitiierung wird die Handlung durch die mental[15] repräsentierte Zielintention gesteuert. Das Ziel kann dabei auf unterschiedlichen Abstraktionsebenen repräsentiert sein: als konkrete Tätigkeit, als Tätigkeitsergebnis oder als angestrebte Ergebnisfolgen. Die Bewußtseinslage ist wie in der vorherigen Volitionsphase *realisierungsorientiert*. Intensität und Ausdauer der Handlung werden von der Volitionsstärke der Zielintention bestimmt, von deren oberen Grenzwert angenommen wird, daß er durch die resultierende Motivationstendenz begrenzt wird. Die aktuelle Volitionsstärke (= Anstrengungsbereitschaft) hängt von der Höhe der zu bewältigenden Aufgabenschwierigkeit ab. Entsprechend dem ACH-HILLGRUBERschen Schwierigkeitsgesetz (ACH 1910, HILLGRUBER 1912) wird die aufzubringende Anstrengung nicht vorweg in der Motivationsphase kalkuliert, sondern automatisch den Erfordernissen der Handlungsausführung angepaßt. Demzufolge steigt mit der (subjektiv wahrgenommenen) Schwierigkeit auch die Anstrengungsbereitschaft. Umgekehrt

---

[15] D.h. die Zielintentionen sind nicht bewußtseinspflichtig, wohl aber bewußtseinsfähig.

wird nur soviel Anstrengung aufgewendet, um der Aufgabe gerecht zu werden (Sparsamkeitsprinzip). Das Ende der aktionalen Handlungsphase ist durch die *Intentionsdeaktivierung* definiert.

Bezogen auf das Modell von NITSCH (1986) deckt sich die aktionale Volitionsphase mit der *Realisationsphase*.

Den Abschluß bildet die **postaktionale Motivationsphase**. Nach Abschluß des Handelns, nicht der Handlung (!), treten jetzt statt der realisierungsorientierten Volitionen wieder *realitätsorientierte* Motivationsaspekte in den Vordergrund. Wichtigstes Element der postaktionalen Motivationsprozesse ist die *rückblickende Bewertung*, ob und wieweit ein angestrebtes Ziel erreicht wurde. Ist die Zielintention mit dem Handlungsergebnis erreicht worden, kann sie als erledigt gelten und deaktiviert werden. Ist das Ziel nicht oder nicht ganz erreicht worden, ist zu prüfen, woran dies lag; dabei kommt es häufig zu den oben beschriebenen Kausalattributionen. Aus den Bewertungen ergeben sich auch *vorausschauende Konsequenzen*: Wird die Zielintention aufgegeben oder weiterverfolgt und wenn ja mit welchen Änderungen? Die gemachten Erfahrungen schlagen sich häufig in *Vornahmen* nieder, die zweckmäßige Vorgehensweisen für das weitere Vorgehen und Handeln in ähnlichen Kontexten spezifizieren. Hiermit schließt sich an dieser Stelle der Kreis zwischen postaktionalen in präintentionalen Motivationsprozessen.

Die beiden beschriebenen Aspekte der postaktionalen Motivationsphase entsprechen den *Kontroll-* und *Evaluationsprozessen* der *Interpretationsphase* des handlungstheoretischen Modells von NITSCH (1986).

Das durch die Handlungsphasen aus dem Modell von NITSCH (1986) ergänzte Rubikon-Modell von GOLLWITZER (1986) veranschaulicht die Verankerung von motivationalen und volitionalen Prozessen in den Handlungsphasen.

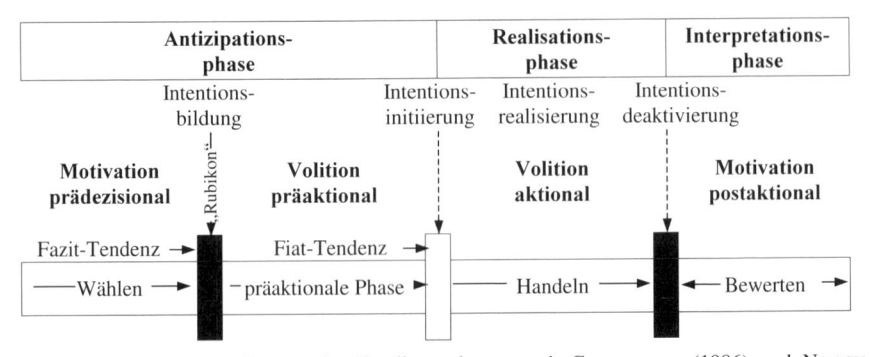

Antizipations-phase		Realisations-phase		Interpretations-phase
Intentions-bildung	Intentions-initiierung	Intentions-realisierung	Intentions-deaktivierung	
Motivation **prädezisional**	**Volition** **präaktional**	**Volition** **aktional**		**Motivation** **postaktional**
Fazit-Tendenz →	Fiat-Tendenz →			
——Wählen —→	– präaktionale Phase →	Handeln —→	←— Bewerten →	

Abbildung 1.6: Zusammenfassung der Handlungsphasen nach GOLLWITZER (1986) und NITSCH (1986)

Bei dieser Darstellung darf nicht übersehen werden, daß es sich hierbei um einen idealtypischen Handlungsablauf handelt. In der Realität existieren zu jeder Zeit in prädezisionalen Motivationsphasen gebildete Intentionen, die sich in der präaktionalen Volitionsphase befinden und darauf warten, Zugang zum Handeln zu bekommen.

Zusammenfassung 35

HECKHAUSEN (1989, 213) weist ferner auf alltägliche Handlungen hin, die nicht durch eigens gebildete Intentionen initiiert werden sowie auf übergeordnete „Dauerintentionen", die auf individuellen Dispositionen (z.b. den Motiven Tüchtigkeit, Hilfsbereitschaft etc.) beruhen und auf Impulshandlungen, die durch mit Handlungsbereitschaft verknüpfte, situationsausgelöste Emotionen hervorgerufen werden.

1.5 Zusammenfassung

In diesem Abschnitt werden die wichtigsten Punkte aus diesem Kapitel zusammengefaßt (🕮) und an Beispielen aus der Sportart Mountainbiking veranschaulicht (🚴).

🕮 Handeln ist **intentionales Verhalten**, d.h. es dient der *Realisation von Erwartungen*. Die sich daraus ergebende Betonung der „Wozu-Frage" im Verhältnis zur „Warum-Frage", führt zu *Finalerklärungen* anstelle von Kausalerklärungen.

🕮 Motivationstendenzen bzw. **Intentionen** ergeben sich aus dem individuellen *Zusammenwirken von Motiven und situativen Faktoren*.

🕮 Im Rahmen handlungspsychologischer Ansätze werden neben *zielorientierten* Handlungen und Tätigkeiten aber auch „*prozeßorientierte*" (CRANACH 1994) und „*vollzugsorientierte*" Formen (HACKER 1998) beschrieben.

🚴 Bei der Durchführung einer Mountainbiketour handelt es sich um absichtsvolles Tun, das darauf ausgerichtet ist, bestimmte Erwartungen, z.B. das Erreichen eines Gipfels zu realisieren. Persönliche Dispositionen wie die Ausprägung des Leistungsmotivs und individuelle Fähigkeiten sowie situative Faktoren, wie die zur Verfügung stehende Zeit und das Angebot an Touren, bestimmen die individuellen Intentionen. Es muß aber nicht bei jedem Fahrer und bei jeder Tour das Erreichen desselben Zieles im Vordergrund stehen. Es kann die „Freude am Fahren" sein, das Erleben der Natur, die Gemeinschaft in einer Gruppe während der Tour oder mehreres gleichzeitig, was den Beweggrund für die individuelle Handlung ausmacht.

🕮 Für das Verständnis einer Handlung ist dabei immer die jeweilige Konstellation der Situationsparameter maßgeblich. Dies gilt insbesondere für die Beurteilung der **Konsistenz** des Handelns. Wie Untersuchungen von KELLEY (1967) zeigten, ergibt sich Verhaltenskonsistenz für den Beobachter vor allem aus der intraindividuellen Konsistenz des Verhaltens über mehrere Zeitpunkte hinweg (in gleichen Situationen). Dabei handelt es sich im Regelfall um eine ideographische Betrachtungsweise, d.h. eine Einzelfallbetrachtung und um keinen Vergleich mehrerer Personen (nomothetische Betrachtungsweise).

🚴 Die Frage, ob und wann eine Mountainbiketour in einer bestimmten Form konsistent ist, läßt sich nur mit Kenntnis der subjektiven Erwartungen und Situationseinschätzungen beurteilen. So kann die gleiche, von außen als konsistent aufgefaßte, Handlung (z.B. das Fahren einer bestimmten Strecke) zu verschiedenen Zeitpunkten auf vollkommen unterschiedlicher Erwartungen und Situationseinschätzungen beruhen (z.B. zur Entspannung oder aber als Vorbereitung auf einen Wettkampf). Umgekehrt kann es bei gleichen Beweggründen (z.B. das Erleben von Geselligkeit in einer Gruppe) abhängig von der jeweiligen Situationseinschätzung (fahrtechnische und konditionelle Fähigkeiten der Gruppenmitglieder, Wetter, zur Verfügung stehende Zeit etc.) zu vollkommen unterschiedlichen Handlungen kommen: von der gemütlichen Radwanderung mit der Familie am Sonntagnachmittag bis zur einwöchigen Alpenüberquerung mit Freunden.

📖 Die zugrundeliegenden Intentionen lassen sich in die Kategorien Ziel, Zweck und Sinn differenzieren, wobei unter **Ziel** das unmittelbar durch die Handlung herbeigeführte *Ergebnis* zu verstehen ist, während der **Zweck** einer Handlung in der Regel in den *Folgen* einer Handlung oder - gleichbedeutend - in den mit der Zielerreichung verbundenen Konsequenzen zu sehen ist. Der **Sinn** von Handlungen ergibt sich aus *übergeordneten Wertbezügen*.

Oftmals untergliedern sich Handlungen in **Teilhandlungen** oder **Operationen**, die zwar ein Ziel verfolgen, bei denen jedoch meist *kein eigenständiger Zweck* vorhanden ist, sondern dieser sich aus den Zwecken der Gesamthandlung bestimmt.

Einzelne Handlungen lassen sich unter einem *gemeinsamen Wertbezug* zu **Tätigkeiten** integrieren.

Handlungen dienen häufig der gleichzeitigen Erreichung mehrerer Zwecke. Umgekehrt werden manchmal mehrere Handlungen mit demselben Zweck ausgeführt um bestimmte Folgen sicherzustellen.

🚴 Das Ziel einer Mountainbiketour ist in der Regel die Bewältigung einer zuvor festgelegten Strecke oder zumindest das Erreichen eines bestimmten Zielpunktes. Manchmal kommt noch die Vorgabe einer bestimmten Zeit bzw. Durchschnittsgeschwindigkeit dazu. Der Zweck bzw. die Zwecke einer Mountainbiketour können intra- und interindividuell höchst variabel sein. Als Beispiele soll hier nur die Verbesserung der konditionellen Fähigkeiten und der Vergleich mit anderen Fahrern genannt werden[16]. Übergeordnete Sinn- und Wertbezüge könnten ein gesunder Lebensstil oder eine grundsätzliche Leistungsorientierung sein.

Eine Mountainbiketour setzt sich aus verschiedenen Teilhandlungen zusammen, quasi den Etappen der Tour. Jeder Abschnitt für sich besitzt dann zwar ein Ziel, z.B. das Befahren einer Trialpassage ohne abzusteigen, der Zweck ergibt sich jedoch oft erst im Zusammenhang mit der gesamten Handlung.

Andererseits lassen sich verschiedene Handlungen auch zu Tätigkeiten aggregieren, z.B. die Wartung des Mountainbikes, die Anschaffung geeigneter Bekleidung, die Verabredung mit Freunden zu einer gemeinsamen Tour. All diese Handlungen sind Vorbereitungshandlungen und erhalten ihren Sinn durch die „Handlung Mountainbiketour". Gleiches gilt für nachfolgende Handlungen, wie z.B. notwendige Reparaturen am Rad, Reinigung der Kleidung etc.

📖 Der Handlungsprozeß läßt sich in Antizipations-, Realisations- und Interpretationsphase unterteilen. Die **Realisationsphase** umfaßt den *von außen beobachtbaren Teil* der Handlung. Die **Antizipationsphase**, die im Vorfeld der Handlung ablaufenden *Kalkula-*

---

[16] Sportlichen Aktivitäten können eine Vielzahl von Zwecken zugrundeliegen. Eine detaillierte Darstellung von Gründen erfolgt im Kapiteln 2.6.3 und im Kapitel 3.

tions- und Planungsprozesse und die **Interpretationsphase** die *Kontroll- und Evaluationsprozesse.*

Die einzelnen Phasen sind nicht immer linear-sequentiell angeordnet, sondern können sich teilweise überlappen und weisen bei Handlungen, die sich aus mehreren Teilhandlungen zusammensetzen, häufig ein zyklisch-iteratives Muster auf.

🚴 Die Realisierungsphase der Handlung ist der von einem externen Beobachter wahrnehmbare Teil der Handlung, also z.b. der fahrende Mountainbiker. Davor liegt noch die Antizipationsphase, in der Mountainbiker z.B. kalkuliert, ob die eigenen Fähigkeiten für die erwartete Schwierigkeit der Tour ausreichen, welche Handlungsalternativen sich bei sich verschlechterndem Wetter bieten usw. Außerdem wird die Durchführung der einzelnen Handlungsschritte geplant. Am Ende dieser Phase steht die Absicht (Intention), eine bestimmte Tour auf eine bestimmte Weise zu realisieren. Die Realisationsphase beginnt mit der Umsetzung dieser Intention. Nach Abschluß dieser Phase finden wiederum nicht beobachtbare Interpretationsprozesse statt. Vor allem wenn die Tour nicht so realisiert werden konnte, wie geplant war, weil sie zu lang oder zu schwierig war, kommt es zu Kontroll- und Evaluationsprozessen, die die Ursachen für den Mißerfolg feststellen und analysieren. Lag es an den eigenen, ggf. unzureichenden Fähigkeiten, an der falsch eingeschätzten Schwierigkeit der Strecke, an den Witterungsbedingungen oder haben die Mitfahrer das Unternehmen verzögert? Diese Bewertungen gehen in die Kalkulation und Planung von neuen Handlungen ein.

Insbesondere bei komplexen Situationen, z.B. bei einer längeren Tour in schwierigem Gelände, in denen eine Handlung nicht in allen Details vorausgeplant werden kann, kommt es zu einem sich fortlaufend wiederholenden (iterativen) Prozeß mit den drei genannten Phasen, wo neue Informationen aus der Analyse der laufenden Handlung in die Planung der nächsten Handlungsschritte eingehen.

📖 Handlungen beruhen auf psychischer **Regulation**. Es lassen sich drei *hierarchisch angeordnete Regulationssysteme* unterscheiden: das *automatische*, das *emotionale* und das *kognitive* Regulationssystem. Auf den verschiedenen Regulationsebenen werden jeweils unterschiedliche Arten von Handlungen „reguliert". Je komplexer eine Situation ist und je mehr Bewußtsein sie deswegen erfordert, um so größer ist der Anteil des kognitiven Systems an der Durchführung. Durch genetisch angelegte Reaktionsweisen oder erfahrungsabhängige Verhaltensmuster sind die unteren Ebenen in der Lage, das kognitive System von „Routineaufgaben" zu entlasten.

🚴 Die Regulation verschiedener Teile der „Handlung Mountainbiketour" findet auf verschiedenen Regulationsebenen statt. Aufgrund entsprechender Vorerfahrungen ist es (bei routinierteren Fahren) nicht mehr nötig, über einzelne durchzuführende Operationen beim Bremsen, Schalten oder dem Halten der Balance nachzudenken. Kommt es jedoch zu unerwarteten Störungen im Ablauf, z.B. rutschiger Untergrund, unerwartete Hindernisse oder technische Pannen, werden auch solche Prozesse wieder auf die kognitive, bewußtseinspflichtige Ebene verlagert. Taktische und strategische Elemente, wie die Wahl der richtigen „Linie" oder die Einteilung der Kraftreserven u.ä., finden immer auf der kognitiven Ebene statt.

📖 Ergänzend ist noch hinzuzufügen, daß die Aufnahme und Realisation einer Handlung nicht nur motivationale Prozesse voraussetzt, die mit der Intentionsbildung enden, sondern auch volitionale Prozesse, die zur Intentionsinitiierung führen. Daraus erklären sich auch die geringen Korrelationen zwischen sportbezogener Motivation bzw. sportbezogenen Konsequenzerwartungen oder Einstellungen und tatsächlicher Sportpartizipation, wie sie z.b. bei FUCHS (1996) berichtet werden. Es genügt also nicht die Absicht „irgendwann einmal" eine Mountainbiketour zu machen, sondern es bedarf in der Regel eines Willensprozesses, um diese Intention zu initiieren.

🚴 So genügt eben nicht die Absicht „am Abend noch zwei Stunden zu trainieren", sondern es bedarf eines Willensprozesses, der dafür sorgt, daß man sich umzieht und aufs Mountainbike setzt. Dieser Willensprozeß ist um so wichtiger, je weniger optimal die situativen Bedingungen sind, z.b. schlechtes Wetter oder Müdigkeit nach einem langen Arbeitstag. Dies gilt natürlich nicht nur für solche alltäglichen Aktivitäten, sondern auch für besondere Unternehmungen, wie z.b. eine Alpenüberquerung u.ä. Auch hierbei bedarf es eines inneren Rucks, um sich an die notwendig und meistens zeitaufwendigen Vorbereitungen zu machen.

Aus den genannten Punkten ergeben sich folgende **methodische Hinweise**:
- Die Erklärung bestimmter Intentionen setzt die Berücksichtigung der subjektiven Ziele, Zwecke und Wertbezüge voraus.
- In bezug auf das Konsistenzparadox ist es notwendig, Äquivalenzklassen von Situationen und Handlungen individuell zu bestimmen. Dabei ist zu berücksichtigen, daß diese zusammengehören und aufeinander bezogen sind und daß sie durch Erwartungen gebildet und zusammengehalten werden, mit denen man erstrebenswerte Ziele (Werte) zu erreichen bzw. unerwünschte Situationen zu vermeiden hofft (HECKHAUSEN 1989, 7). „Konsistenz darf nicht auf der mangelnden Distinktheit des Verhaltens bei der Anpassung an Situationsunterschiede basieren, sondern nur auf persönlichen Äquivalenzklassen mit äquifinalen Handlungsfolgen" (HECKHAUSEN 1989, 9).

Für die **Fragestellungen** werden folgende Einschränkungen vorgenommen:

? Gegenstand der Frage sind die motivationalen Aspekte der Antizipationsphase bis zur Intentionsbildung.
? Volitionale Aspekte werden nicht berücksichtigt.
? Zentrales Element sind Fragen nach dem Zweck von Handlungen (Wozu?).

2 Anreize von Handlungsfolgen und Handlungsvollzug - Motivationsstrukturen und Modelle

Ziel dieses Kapitels ist die Darstellung verschiedener Zugänge, die Erklärungen für das Engagement in sportlichen Aktivitäten, insbesondere bei Outdoorsportarten liefern können. Wie sich aus den obigen Ausführungen zur Motivation und Volition ableitet, muß einschränkend vorangestellt werden, daß strenggenommen nicht das tatsächliche Handeln, sondern die Bildung entsprechender Intentionen die abhängige Größe darstellt.

Da es sich bei den Outdooraktivitäten um sportliche Aktivitäten handelt, die neben zweckrationalen Beweggründen auch solche Gründe erwarten lassen, die nicht auf die Handlungsergebnisse bezogen sind, wird dieser Arbeit das *Anreizfokus-Modell* von RHEINBERG (1989) zugrunde gelegt. Mit diesem Motivationsmodell liegt ein Ansatz aus der kognitiv-motivationspsychologischen Richtung vor, der neben den Zweckanreizen einer Tätigkeit auch Tätigkeitsreize, also Anreize die im Handlungsvollzug liegen, berücksichtigt.

Um die Entwicklung dieses Modells zu veranschaulichen, werden vorweg einige ausgewählte, frühere Ansätze kurz beleuchtet. Ausgangspunkt sind Grundlagen aus dem Bereich der *Erwartung x Wert-Theorien* (Kapitel 2.1). Danach wird das *Risikowahl-Modell* von ATKINSON (1957) dargestellt (Kapitel 2.2), das als eines der einflußreichsten Motivationsmodelle im Bereich der Leistungsmotivationsforschung gilt. Mit der Erfassung der subjektiven Erfolgswahrscheinlichkeit und den Anreizen sowie des Leistungsmotivs umfaßt es als erstes Modell sowohl Situations- wie auch Personfaktoren und ist damit eine Verhaltenserklärung auf den „dritten Blick" (HECKHAUSEN 1989, 176). Ergänzungen im Bereich der Motivklärung bringt das anschließend beschriebene *Selbstbewertungsmodell* von HECKHAUSEN (1972, 1975) durch die Integration der Ergebnisse der Attributionsforschung (Kapitel 2.3). Einen weiteren Schritt bedeutet die Trennung von Handlungsergebnis und Handlungsfolgen und die damit verbundene Einführung der Instrumentalität eines Handlungsergebnisses für angestrebte Handlungsfolgen, wie sie in der *Instrumentalitätstheorie* von VROOM (1964) erfolgt (Kapitel 2.4). Letzte Vorstufe ist das „*Erweiterte Motivationsmodell*" von HECKHAUSEN (1977, 1989). In ihm wird der motivationale Einfluß von Anreizen in Form von Handlungsfolgen berücksichtigt und bereits inhaltlich differenziert (Kapitel 2.5). Mit dem *Anreizfokus-Modell* von RHEINBERG (1989) wird schließlich noch die Gruppe der Tätigkeitsanreize als Motivationsfaktor eingeführt und auf inhaltliche Unterschiede untersucht (Kapitel 2.6).

Während zu den ersten Ansätzen nur die Grundlagen bzw. Ergänzungen und Änderungen sowie die dafür ausschlaggebenden Gründe und Ziele aufgeführt werden, wird das *Anreizfokus-Modell* in zwei Schritten erläutert. Nach den Grundlagen und charakteristischen Merkmalen im ersten Abschnitt werden als zweites Beispiele für dessen Anwendung im Sport, insbesondere in den Outdoorsportarten gegeben.

2.1 Erwartung x Wert-Theorien

Den *Erwartung x Wert-Theorien* ist gemeinsam, daß sie davon ausgehen, daß Menschen die Fähigkeit zur Voraussicht haben und daß deren Verhalten von vorweggenommenen Zielzuständen geleitet wird. Diese Zielzustände kontrollieren daher wiederum Verhalten. Die Motivation drückt sich im Anstreben von Zielzuständen aus. Zur Erklärung dieses Anstrebens müssen zwei Voraussetzungen erfüllt sein:

- Erstens muß das Eintreten des Zielzustandes vorweggenommen werden können, und es muß eine entsprechende *Erwartung* bezüglich des Zielzustandes bestehen. Diese Erwartungen können sich wiederum hinsichtlich der Berücksichtigung des eigenen Zutuns zum Erreichen des angestrebten Zielzustandes unterscheiden. Ohne eigenes Zutun handelt es sich um Situations-Folge-Kontingenzen (S-S*), mit eigenem Zutun um Handlungs-Folge-Kontingenzen (R-S*). Erwartungen sind hypothetische Konstrukte, da sie der Fremdbeobachtung nicht zugänglich sind, sondern erschlossen werden müssen.

- Zweitens muß der Zielzustand für das Individuum einen *Wert* besitzen. Ereignisse oder Objekte (S*), die mit dem Zielzustand verbunden sind, haben eine positive oder negative Bedeutung und besitzen somit einen positiven oder negativen Anreiz. Wie Erwartungen sind auch Anreize hypothetische Konstrukte und situative Determinanten der Motivation. Im Rahmen verschiedener Theorien werden Anreize auch als „Valenz" oder „Aufforderungscharakter" (LEWIN) oder „Zielverlangen" (demand for the goal; TOLMAN) bezeichnet. Unterschiedlich ist auch der ihnen beigemessene Grad an Erfahrungsabhängigkeit (gelernt vs. angeboren) und an Abhängigkeit von momentanen Bedürfniszuständen.

Im Gegensatz zu anderen Erklärungsansätzen, die weder Erwartungen noch Anreize unterstellen, z.b. die Bekräftigungstheorie, ist das Verhalten nicht reaktiv, d.h. es wird nicht durch unspezifische Triebe energetisiert und durch vorliegende Reiz-Reaktions-Verbindungen (habits) gesteuert, sondern proaktiv, d.h. die Handlungssteuerung ist auf die Erreichung von Zielzuständen ausgerichtet.

Wichtige Vertreter der Erwartungs- und Anreiztheorien sind u.a. LEWIN, TOLMAN, HULL, BOLLES, BINDRA, ATKINSON und VROOM.

In seiner Feldtheorie entwickelte LEWIN ein Umweltmodell, in dem Valenzen (= Anreize) der Ausgangspunkt von Kräften im psychologischen Feld der aktuellen Situation sind, die das Handeln der Person nach Stärke und Richtung bestimmen.

TOLMAN hat erwartungs- (expectancy) und anreiztheoretische (demand for the goal) Erklärungsbegriffe als hypothetische Konstrukte herausgearbeitet. Sie vermitteln in Form intervenierender Kognitionen zwischen situativen Gegebenheiten und erfolgendem Verhalten. Im Gegensatz zu bestehenden Bekräftigungstheorien beeinflußt bei ihm die Bekräftigung weniger das Lernen an sich als die Ausführung des Gelernten, weil Bekräftigung die Erwartung eines Ereignisses mit Anreizcharakter schafft.

Auch HULL und seine Schüler (SPENCE, MOWRER) greifen diese Ergebnisse auf. Mit zunehmender Bedeutung anreiztheoretischer Ansätze wird auch die verhaltensändernde Wirkung von Bekräftigern beim operanten Lernen eher als motivationaler Anreizeffekt, statt als assoziativer Kopplungseffekt zwischen Reiz und Reaktion interpretiert (BOLLES 1972,

BINDRA 1974). Nicht Reiz-Reaktions-Verbindungen, sondern Erwartungen von Kontingenzen werden gelernt.

In den 40er und 50er Jahren finden die Modelle auch außerhalb der Lernpsychologie in Form von *Erwartung x Wert-Theorien* bei der Erklärung von Entscheidungsverhalten oder bei der Festsetzung des Anspruchsniveaus bei unterschiedlich schwierigen Aufgaben Anwendung. Grundlage ist die Überlegung, daß bei mehreren Handlungsalternativen diejenige gewählt wird, bei der das Produkt aus erreichbarem Wert (Anreiz) und der Wahrscheinlichkeit, ihn zu erzielen (Erwartung) maximal ist. „Es gibt wohl keine neueren Motivationstheorie, die nicht in ihren Grundzügen dem Modelltyp der sog. *Erwartung x Wert-Theorien* entspräche" (HECKHAUSEN 1989). Auch unabhängig voneinander entwickelte Ansätze konvergieren auf diesen Modelltyp. Stellvertretend für die „klassischen" *Erwartung x Wert-Theorien* soll im folgenden der Ansatz von ATKINSON (1957) dargestellt werden.

2.2 Risikowahl-Modell (ATKINSON)

Mit dem 1957 von ihm veröffentlichten Artikel „Motivational determants of risk-taking behavior" stellte ATKINSON sein Modell zur Vorhersage der individuell bevorzugten Aufgabenschwierigkeit vor. Es handelt sich dabei um eine Weiterentwicklung der Theorie der resultierenden Valenz von LEWIN / DEMBO / FESTINGER / SEARS (1944), indem zu den vorhanden Situationskomponenten Wert und Erwartung eine Personenkomponente, nämlich die Motivstärke des Erfolgs- (= Motiv, Erfolg zu erzielen) bzw. des Mißerfolgsmotivs (= Motiv, Mißerfolg zu vermeiden) hinzugefügt wird.

Zur Beschreibung des Wertes von Erfolg bzw. Mißerfolg verwendet er nicht den Valenzbegriff[17] wie LEWIN, sondern den Begriff Anreiz. Der Anreiz einer Aufgabe ist für ihn nur schwierigkeitsabhängig[18], was in der Formel

$$A_e = 1 - W_e$$

(A_e = Erfolgsanreiz, W_e = Erfolgswahrscheinlichkeit)

zum Ausdruck kommt. Da ATKINSON die subjektiven Wahrscheinlichkeiten für Erfolg (W_e) und Mißerfolg (W_m) als komplementäre Größen betrachtet ($W_m = 1 - W_e$), gilt für den Mißerfolgsanreiz (A_m):

$$A_m = -(1 - W_m) = -W_e$$

---

[17] Die Valenz, also den Wert einer Handlung, sieht LEWIN als eine Funktion der vorliegenden Bedürfnisspannung der Person (t) und den wahrgenommenen Eigenschaften des Zielobjekts (G): V = f(t,G).
[18] Natürlich ist die wahrgenommene Schwierigkeit einer Aufgabe auch personabhängig, und zwar insofern, wieweit sich die Person in der Lage sieht, die betreffende Aufgabe zu lösen.

Das Valenzkonstrukt nach ATKINSON setzt sich aus der schwierigkeitsabhängigen Situationskomponente A und der motivstärkeabhängigen Personenkomponente M zusammen. Für die Erfolgs- bzw. Mißerfolgsvalenz läßt sich daher formulieren:

$$V_e = A_e * M_e \quad \text{bzw.} \quad V_m = A_m * M_m$$

Das heißt, je größer das Erfolgsmotiv ist, um so steiler steigt der Wert einer erfolgreichen Handlung mit zunehmender Aufgabenschwierigkeit, gleichbedeutend mit abnehmender Erfolgswahrscheinlichkeit.

Berücksichtigt man ferner im Sinne des *Erwartung x Wert-Modells* die subjektive Erfolgswahrscheinlichkeit (W_e), so ergibt sich die aufsuchende Erfolgstendenz über die multiplikative Verknüpfung:

$$T_e = A_e * M_e * W_e$$

Für die meidende Mißerfolgstendenz gilt analog:

$$T_m = A_m * M_m * W_m$$

Die resultierende Tendenz ergibt sich als Summe von Erfolgs- und Mißerfolgstendenz:

$$T_r = T_e + T_m = (A_e * M_e * W_e) + (A_m * M_m * W_m)$$

Da sich Erfolgs- bzw. Mißerfolgsanreiz aus den subjektiven Wahrscheinlichkeiten ergeben, und sich diese komplementär verhalten, genügt es, neben den beiden Motivgrößen die subjektive Erfolgswahrscheinlichkeit zu kennen, um mit Hilfe des Modells Vorhersagen zur Wahl von Aufgaben machen zu können. In obige Formel eingesetzt ergibt sich:

$$T_r = (1 - W_e) * M_e * W_e - W_e * M_m * (1 - W_e)$$

Zusammengefaßt lautet die Formel wie folgt:

$$T_r = (M_e - M_m) * (W_e - W_e^2)$$

Die quadratische Funktion $W_e - W_e^2$ hat ihre Nullstellen für $W_e = 0$ und $W_e = 1$ und ihr Maximum bei $W_e = 0{,}50$. Ob die resultierende Tendenz aufsuchend (positiv) oder meidend (negativ) ist, ergibt sich aus dem Verhältnis von Erfolgs- und Mißerfolgsmotiv. Dieser Zusammenhang ist in Abbildung 2.1 dargestellt.

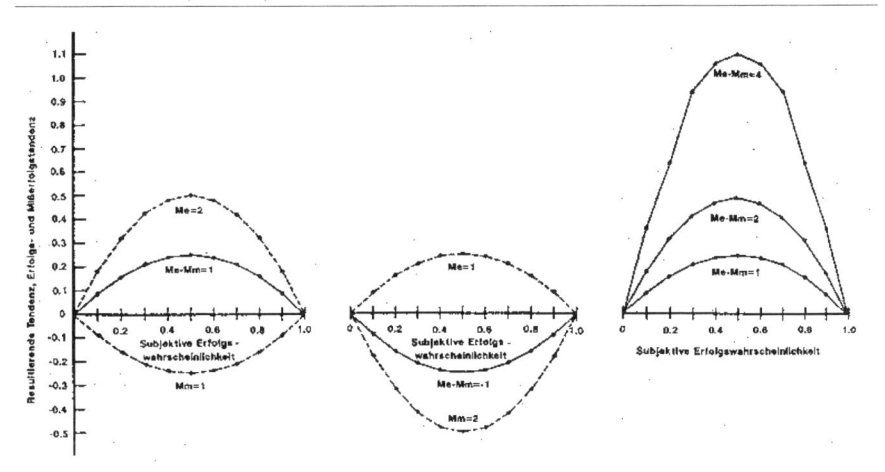

Risikowahl-Modell (Atkinson)

Anmerkung:
Links: $M_e - M_m = 1$; Mitte: $M_e - M_m = -1$; rechts: verschiedene Ausprägungen für $M_e > M_m$

Abbildung 2.1: Stärke der resultierenden Tendenz in Abhängigkeit von der subjektiven Erfolgswahrscheinlichkeit (HECKHAUSEN 1989, 177)

Überwiegt das Mißerfolgsmotiv, so ist die resultierende Tendenz stets negativ, d.h. die Person müßte der Bearbeitung jeder Aufgabe (mit Leistungsanforderung) ausweichen. Da dies aber kaum anzutreffen ist, unterstellt ATKINSON zusätzliche, nicht leistungsbezogene Motive (z.B. sozialer Anschluß), deren Wirken er in Form einer „extrinsischen Tendenz" berücksichtigt:

$$T_r = T_e + T_m + T_{ex}$$

Somit läßt sich die Bearbeitung einer Aufgabe trotz überwiegenden Mißerfolgsmotivs erklären.

Nach HECKHAUSEN (1989, 177-178) lassen sich die charakteristischen Merkmale des *Risikowahl-Modells* von ATKINSON in acht Punkten zusammenfassen:

1. Es ist für den „reinen Fall" einer einzelnen, rein leistungsthematischen Aufgabenauswahl entworfen, d.h. wenn keine weiteren Motive angeregt sind und die Aufgabenwahl für den Handelnden außer der Selbstbewertungsreaktion keine weiteren Folgen hat. Die Hinzunahme der extrinsischen Tendenzen stellt bereits eine Abweichung vom reinen Fall dar.

2. Der Anreiz zum Leistungshandeln besteht ausschließlich in der Vorwegnahme einer affektiven Selbstbewertung nach Erfolg oder Mißerfolg in Form von Stolz (pride) oder Beschämung (shame). Mittelbare Anreize leistungsthematischer Folgen, z.B. die Erreichung eines übergeordneten Leistungszieles, sowie nicht-leistungsthematische Nebenziele, bleiben außer Betracht. Ausnahme sind die oben erwähnten extrinsischen Tendenzen.

3. Die Anreizwerte von Erfolg und Mißerfolg sind ausschließlich von der subjektiven Erfolgswahrscheinlichkeit des Handlungsausgangs abhängig.

4. Das *Risikowahl-Modell* gilt nur für Aufgaben derselben Aufgabenklasse, d.h. für Aufgaben, die sich nur bezüglich ihrer objektiven Erfolgswahrscheinlichkeit unterscheiden. Über die Wahl zwischen verschiedenartigen Aufgaben mit gleichen oder unterschiedlichen Erfolgswahrscheinlichkeiten kann es keine Aussagen machen, da hierzu weitere, an die Art der Aufgabe gebundene Anreize berücksichtigt werden müßten.

5. Das *Risikowahl-Modell* von ATKINSON enthält als erstes *Erwartung x Wert-Modell* Motive im Sinne überdauernder Persönlichkeitsmerkmale.

6. Das Mißerfolgsmotiv und die sich daraus ergebende Mißerfolgstendenz wird ausschließlich als hemmende Kraft verstanden, die stets zur Vermeidung einer Aufgabenwahl motiviert.

7. Die Verknüpfung der Variablen Motiv, Anreiz und Wahrscheinlichkeit führt zu einer Bevorzugung von Aufgaben mittlerer Erfolgswahrscheinlichkeit, sofern das Erfolgsmotiv stärker ist als das Mißerfolgsmotiv. Im umgekehrten Fall werden am ehesten sehr schwere oder sehr leichte Aufgaben ausgewählt, sofern der Aufgabenbearbeitung nicht grundsätzlich ausgewichen wird (siehe Abbildung 2.2).

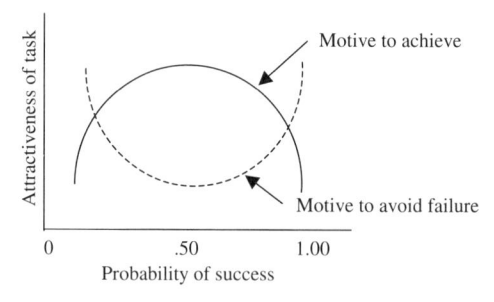

Abbildung 2.2: Die relative Attraktivität von Aufgaben in Abhängigkeit von ihrer subjektiven Erfolgswahrscheinlichkeit. (ATKINSON 1957, 365)

8. Der Geltungsbereich des Risikowahl-Modells wurde im Laufe der Zeit von der ursprünglichen Aufgabenwahl auch auf Variablen ausgedehnt, die Leistungshandeln nach der getroffenen Aufgabenwahl betreffen, wie z.B. Anstrengung, Ausdauer und Leistungsergebnis. Allerdings wurden dafür weder theoretischen noch empirische Gründe angeführt.

Wie zu Anfang des Kapitels 2.2 erwähnt, war das *Risikowahl-Modell* von ATKINSON bis in die 70er Jahre von großer Bedeutung für die Forschungen im Bereich der Leistungsmotivation und regte eine Vielzahl empirischer Untersuchungen zu den genannten Variablen an (zusammenfassend HECKHAUSEN 1989; HECKHAUSEN / SCHMALT / SCHNEIDER 1985). Im Hinblick auf Handeln und Wahl des Anspruchsniveaus im Kontext von Outdooraktivitäten liegen keine expliziten Untersuchungen vor. Es ist jedoch auf zwei generelle Befunde hinzuweisen. Bei genauerer Erfassung der Erfolgswahrscheinlichkeit präferierten erfolgszuversichtliche Personen nicht das 50%-Niveau, sondern einen Bereich von 30-40% Erfolgswahrscheinlichkeit, was für die Existenz eines „Hoffnungsbonus" bezüglich der eigenen Leistungssteigerung spricht (SCHNEIDER 1973). Das für eher mißerfolgsängstliche Personen postulierte Ausweichen auf die Extrembereiche der Aufgabenschwierigkeit wird am ehesten bei bedeutsamen, „ich-nahen" Leistungssituationen beobachtet, z.b. bei einem Eignungstest für den eigenen Beruf (JOPT 1974). Hierbei spielt die Gesamtmotivation (= T_e+T_m) eine entscheidende Rolle, ob jemand eine Situation überhaupt leistungsthematisch wahrnimmt - egal ob erfolgs- oder mißerfolgsmotiviert.

2.3 Selbstbewertungsmodell (HECKHAUSEN)

Im *Selbstbewertungsmodell* von HECKHAUSEN (1972, 1975) kommt der Einfluß der Attributionstheorie zum Ausdruck[19]. Ihre Bedeutung liegt vor allem in der Einführung kognitiver Zwischenvariablen, die aus den „Leistungsreaktionen" des *Risikowahl-Modells* ein reflexives „Leistungshandeln" machen (HECKHAUSEN 1989, 452). Obwohl es mit Hilfe des *Risikowahl-Modells* möglich ist, Aussagen zu machen, welche Personen (Erfolgsmotivierte vs. Mißerfolgsmotivierte) unter welchen Situationsbedingungen (Erfolgswahrscheinlichkeit bzw. Aufgabenschwierigkeit) stärker oder schwächer motiviert sein sollten, blieben die Prozesse unklar, was im einzelnen der Grund dafür ist, daß eine Person unter bestimmten Situationsbedingungen auf eine bestimmte Weise handelt (RHEINBERG 1995, 79). Forschungen zur Kausalattribution, insbesondere von WEINER u.a. (1971), brachten mehr Klarheit in diesen Bereich. Ausgangspunkt war die Feststellung, daß Handeln nicht nur durch fremdvermittelte (z.B. Lob, Tadel, Belohnungen etc.), sondern auch durch selbstvermittelte Folgen geleitet wird. *Selbstvermittelte Folgen* sind positive oder negative eigene Reaktionen auf das erzielte Handlungsergebnis. Als Maßgabe dienen selbstgesetzte oder als verbindlich empfundene *Standards* für eigene Handlungsergebnisse (HECKHAUSEN 1989, 447). Einen solchen Vorgang bezeichnet HECKHAUSEN in Anlehnung an SKINNERS „Selbstbekräftigung" (1953) als „Selbstbewertung". Da die Standards sowohl hinsichtlich Anspruch wie erlebter Verpflichtung unterschiedlich sind, ist eine Variable im Sinne eines *Motivs* sinnvoll, um individuelle, überdauernde Tendenzen in der Selbregulation zu erfassen.

Neben den Standards können auch Attributionsunterschiede Tatbestände erklären, für welche der Motivbegriff in Anspruch genommen wurde: (a) bei individuellen Unterschieden des Handelns bei Gleichheit des Ergebnisses und der externalen Handlungsfolge; (b) bei relativer Konsistenz des individuellen Handelns trotz erwartungswidriger Ergebnisse und geänderter externaler Handlungsfolgen[20]. Bei dem oben beschrieben *Risikowahl-Modell* von ATKINSON (1957) handelt es sich um ein solches Selbstbewertungsmodell.

Wie in Kapitel 1.2 erwähnt wurde, werden Ursachen für die erreichten Handlungsergebnisse attribuiert. Die *Kausalfaktoren* können hinsichtlich ihrer *zeitlichen Stabilität* (stabil vs. variabel), ihrer *Lokation* (internale vs. externale) und ihrer *Kontrollierbarkeit* differenziert werden. Während die zeitliche Stabilität der zugeschriebenen Ursachen Einfluß auf die Erwartung hat, wie man bei kommenden Aufgaben abschneiden wird, hängen die Selbstbewertungsaffekte der Ursachenzuschreibung vor allem mit ihrer Lokation zusammen. Legt man das obige *Erwartung x Wert-Modell* zugrunde, läßt sich der Einfluß der Kausalattribu-

---

[19] Diesen Prozeß bezeichnet RHEINBERG (1995) als „kognitive Wende".
[20] Insgesamt werden dadurch Fälle charakterisiert, in denen das Verhalten von Personen unabhängig von den aktuellen Situationsfaktoren erscheint.

tion auf die Motivation erkennen: Die zugeschriebene Stabilität einer Ursache wirkt sich auf die Erwartungskomponente aus, die Lokation auf die Wertkomponente.

Aufgrund ihrer typischen, *motivgebundenen Attributionsmuster* lassen sich nun auch die unterschiedlichen Verhaltensweisen von erfolgs- bzw. mißerfolgsorientierten Personen erklären. *Erfolgsorientierte Personen* zeichnen sich dadurch aus, eigene Erfolge internalen Faktoren, insbesondere den eigenen Fähigkeiten (= zeitlich stabil) zuzuschreiben. Bei Mißerfolgen ist die Stabilität entscheidend; für sie werden meistens variablen Faktoren (Anstrengung, Pech etc.) verantwortlich gemacht. Leistungssituationen bieten somit im Erfolgsfall Gelegenheit positive Selbstbewertungsaffekte zu erleben, im Mißerfolgsfall bleibt aufgrund der Zeitvariabilität der Ursachen Aussicht auf Erfolg bei einem neuen Versuch. Bei *mißerfolgsmotivierten Personen* werden Mißerfolge meist den eigenen Fähigkeiten (= internal, stabil) zugeschrieben, Erfolge dagegen häufiger den günstigen Umständen oder Glück (= external, variabel). Leistungssituationen haben somit im Erfolgsfall nur geringen Belohnungswert, im Mißerfolgsfall führen sie zu Betroffenheit und zur verringerter Hoffnung auf besseres Abschneiden bei künftigen Leistungssituationen. Beide Motivgruppen - Erfolgszuversichtliche wie auch Mißerfolgsängstliche - bekräftigen somit auch angesichts erwartungswidriger Handlungsergebnisse durch ihre voreingenommene - zu positive oder zu negative - Selbstbewertung ihr bestehendes Motivsystem.

HECKHAUSEN (1972, 1975, 1989) integriert diese kognitiven Elemente in sein *Selbstbewertungsmodell* der Leistungsmotivation. In diesem Modell wird das **Motiv** nicht mehr als ein stabiles, in sich einheitliches Personenmerkmal aufgefaßt, sondern als

„ein System von motivationsrelevanter Informationsverarbeitung, das sich durch einen eingebauten, individuell verfestigten Interpretationsmechanismus (hier aufgrund von Attributionsvoreingenommenheiten) immer wieder von neuem durch Selbstbekräftigung (Selbstbewertung) stabilisiert - auch gegen Erfahrungen, die mit der eigenen motivgebundenen Sichtweise in Widerspruch steht" (HECKHAUSEN 1989, 448).

Dieses System besteht aus drei Teilprozessen.

1. Vergleich eines erreichten Resultates mit einem *Standard* (Anspruchsniveau),
2. *Kausalattribution* des Resultates und
3. *Selbstbewertungsaffekt* von Zufriedenheit bzw. Unzufriedenheit mit der eigenen Tüchtigkeit (RHEINBERG 1995, 83).

Die in Abbildung 2.3 dargestellten Zusammenhänge von Zielsetzung, Ursachenzuschreibung und Selbstbewertung führen bei Erfolgszuversichtlichen auch bei einer Gleichverteilung von Erfolg und Mißerfolg zu einer positiven *Bilanz der Selbstbewertung*: Stolz und Zufriedenheit überwiegen Betroffenheit und Unzufriedenheit, weil Mißerfolge aufgrund ihrer variablen / externalen Attribuierung meistens zu keiner oder nur geringfügig negativen Selbstbewertungsaffekten führen. Bei Mißerfolgsängstlichen verhält es sich genau umgekehrt: Bei ausgewogenem Verhältnis von Erfolgen und Mißerfolgen kommt es zu mehr negativen Affekten mit entsprechender Selbstbekräftigung; insgesamt werden Leistungssituationen als unangenehm oder sogar bedrohlich empfunden. Da diese Affekte besonders stark bei realistischen Anforderungen auftreten, werden diese zugunsten unrealistischer

Anforderungen gemieden, was wiederum zur Stabilisierung des Selbstbewertungssystems führt.

Drei Komponenten	Motivausprägung	
	erfolgszuversichtlich	mißerfolgsmeidend
1. Zielsetzung / Anspruchsniveau	realistisch, mittelschwere Aufgaben	unrealistisch, zu schwere oder zu leichte Aufgaben
2. Ursachenzuschreibung bei Erfolg	Anstrengung, eigene Tüchtigkeit	Glück, leichte Aufgabe
2. Ursachenzuschreibung bei Mißerfolg	mangelnde Anstrengung / Pech	mangelnde eigene Fähigkeit / Begabung
3. Selbstbewertung	positive Erfolgs-/ Mißerfolgsbilanz	negative Erfolgs-/ Mißerfolgsbilanz

Abbildung 2.3: Zusammenhang von Anspruchsniveau, Ursachenzuschreibung und Selbstbewertung nach dem *Selbstbewertungsmodell* von HECKHAUSEN (RHEINBERG 1995, 84)

Neben dem Attributionsmustern läßt sich auch der *Standard motivgebunden* erklären. Überhöhte Standards bei Mißerfolgsmotivierten schränken die Möglichkeiten zu positiver Selbstbewertung ein, bei zu niedrigen Standards wird die Möglichkeit zu negativer Selbstbewertung eingeschränkt, ohne daß der Erfolg (aufgrund des bevorzugten Attributionsmusters wegen der zu leichten Aufgabe) der eigenen Tüchtigkeit zugeschrieben werden muß. Auf diese Weise ergänzen sich in beiden Motivgruppen Standardsetzung und Attributionsmuster im Hervorbringen einer eher günstigen bzw. ungünstigen Selbstbewertungsbilanz mit ihren motivationswirksamen Anreizen.

Abschließend ist anzumerken, daß die Auffassung des Leistungsmotivs als Selbstbewertungsmodell nicht gleichbedeutend ist mit der Verneinung der Existenz und des Einflusses weiterer Anreize außer der Selbstbewertung, wie z.B. Fremdbewertung, extrinsische Nebenwirkungen, Oberziele u.a. Es bedeutet jedoch, daß Selbstbewertung eine Kernkomponente des Motivsystems ist und zu dessen zeitlicher Stabilität beiträgt.

2.4 Instrumentalitätstheorie (VROOM)

Bei den oben beschriebenen Modellen ist die Leistungsmotivation, also die Veranlassung von Leistungshandeln in bestimmten Situationen, zentrales Element. Verläßt man diese eingeschränkte Perspektive und wendet sich statt dessen Alltagssituationen zu, verändert sich das Blickfeld und mit ihm die Ansprüche an die Erklärungsmodelle. Betrachtet man z.B. eine Prüfungssituation, so sind neben der Leistungs- bzw. Selbstbewertungskomponente weitere Faktoren von Bedeutung. Die Frage richtet sich hier auf die Gesamtheit des situativ gegebenen Anreizkomplexes. Die Schwierigkeit bei dieser Fragestellung liegt vor allem darin, daß der Untersuchungsgegenstand nicht beliebig bestimmt und eingegrenzt werden kann. Dieses Problem ist typisch für den Bereich der angewandten Motivationsforschung und deshalb war es auch naheliegend, daß vornehmlich Betriebspsychologen Ansätze entwickelten, mit denen in einer vorgegebenen Situation alle dort wirksamen Anreize zugleich erfaßt und berücksichtigt werden sollten. Dabei wurde auf ein Konzept zurückgegriffen, das bereits aus der Einstellungsforschung bekannt war (RHEINBERG 1995, 122). Der Begriff der Instrumentalität wurde zuerst von Helen PEAK (1955) im Rahmen ihrer Untersuchungen des Verhältnisses von Einstellung (attitudes) und Motivation gebraucht.

Der *affektive Gehalt einer Einstellung* zu einem Sachverhalt (Objekt oder Person) ist demnach eine Funktion (1) der *Instrumentalität* dieses Sachverhalts für die Erreichung eines angestrebten Zieles und (2) der *Befriedigung*, die aus der Zielerreichung gewonnen wird. *Instrumentalität* ist somit die *subjektive Wahrscheinlichkeit, mit der das Einstellungsobjekt zu erwünschten oder auch unerwünschten Konsequenzen führt.* Das Produkt aus Instrumentalität und Befriedigungswert für eine Konsequenz wird als „*Affektladung*" (derived affect load) bezeichnet, die Summe für alle Konsequenzen als „*affektive Wertgeladenheit*" (affective loading) bezüglich des Einstellungsgegenstands. Der Ansatz von PEAK wurde zunächst von den Arbeitspsychologen GEORGOPOLOUS / MAHONEY / JONES (1957) aufgegriffen und später von VROOM (1964/1984) zur *Instrumentalitätstheorie* ausformuliert.

Zum Verständnis der *Instrumentalitätstheorie* von VROOM (1984) ist es sinnvoll, die verwendeten Begriffe vorab zu erläutern (siehe Abbildung 2.4). Zu unterscheiden sind zunächst Handlung, Handlungsergebnis und Handlungsfolgen, wobei genauer von Handlungsergebnisfolgen gesprochen werden sollte. Die subjektive Erfolgswahrscheinlichkeit (analog zum *Risikowahl-Modell* von ATKINSON), ob eine Handlung zu einem bestimmten Handlungsergebnis führt, bezeichnet VROOM als Erwartung (expectancy, E). Ihr Wert variiert zwischen 0 und 1 (VROOM 1984, 18). Entsprechend der BOLLES'schen Terminologie handelt es sich hier um Handlungs-Folge-Kontingenzen (R-S*). Die Verknüpfung zwischen Handlungsergebnis und möglichen Handlungs(ergebnis)folgen bezeichnet VROOM dagegen nicht als Wahrscheinlichkeit, sondern als Instrumentalität (VROOM 1984, 16).

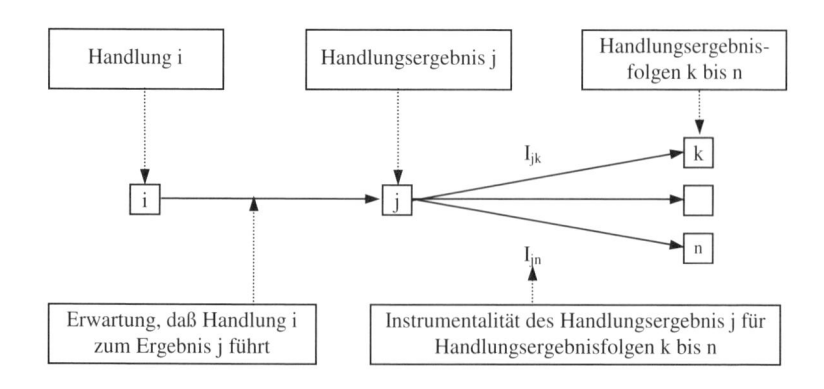

Abbildung 2.4: Schema der Variablen in VROOMS Motivationsmodell (HECKHAUSEN 1989, 184)

Dahinter steht die Überlegung, daß ein Handlungsergebnis eine erwünschte Handlungsfolge nicht nur nicht bewirken (Instrumentalität = 0), sondern sich sogar negativ auswirken kann. Dementsprechend nimmt die Instrumentalität eines Handlungsergebnisses bezüglich den Handlungsfolgen Werte zwischen -1 und +1 an. In der Notation BOLLES sind solche Erwartungen dem Typ der Stimulus-Folge-Kontingenz (S-S*) zuzuordnen. Im Unterschied zum

Risikowahl-Modell von ATKINSON, welches nur Erwartungen vom obigen Typ (Handlung-Handlungsergebnis, R-S*) postuliert, stellt die Einführung der Instrumentalität eines Handlungsergebnisses also eine Erweiterung der bisherigen Modelle dar.

Die *Instrumentalitätstheorie* von VROOM umfaßt die drei Teilmodelle *Valenz*, *Handlung* und *Ausführung*, die im folgenden dargestellt werden:

(1) Das Valenzmodell

Die Valenz eines Handlungsergebnisses bestimmt sich aus den Valenzen aller Handlungsfolgen und der dem Handlungsergebnis für ihr Eintreten zugeschriebenen Instrumentalitäten.

$$V_j = f\left[\sum_{k=1}^{n}(V_k * I_{jk})\right]$$

Das Handlungsergebnis für sich besitzt keine Valenz. Mit diesem Valenzmodell läßt sich die wertmäßige Situationsbewertung eines Individuums erklären, wenn es bereits in einer bestimmten Richtung und Intensität handelnd tätig ist. Dagegen kann nicht erklärt werden, welche Handlungsalternative unter mehreren möglichen in welcher Intensität in einer gegebenen Situation ausgewählt und ausgeführt wird. Dazu Bedarf es der multiplikativen Verknüpfung mit der Erwartung ein bestimmtes Handlungsergebnis zu erreichen (VROOM 1984, 15-17).

(2) Das Handlungsmodell

Aus dieser Verknüpfung ergibt sich die resultierende Verhaltenstendenz in einer Wahlsituation, die VROOM (1984, 18-19), in Anlehnung an die Feldtheorie LEWINS, als psychologische Kraft (force, F) bezeichnet.

$$F_i = f\left[\sum_{j=1}^{n}(E_{ij} * V_j)\right]$$

Im Unterschied zum vorstehenden Valenzmodell handelt es sich bei dieser Formel um kein Beurteilungsmodell, sondern um ein Handlungsmodell, d.h. es klärt Verhaltensunterschiede, wie z.B. Wahlentscheidungen auf. Zu beachten ist, daß durch das Modell der psychologischen Kraft nicht das Handlungsergebnis erklärt wird, sondern der aufgewendete Anstrengungsgrad bei der Verfolgung eines Handlungszieles.

(3) Das Ausführungsmodell

Zur Vorhersage des tatsächlichen Handlungsergebnisses schlägt VROOM die Verknüpfung zwischen Fähigkeit und Motivation vor. Setzt man in dem Ausführungsmodell (performance model) die Motivation gleich der psychologischen Kraft, ergibt sich für das Handlungsergebnis folgende Formel:

$$\text{Handlungsergebnis} = f\left\{(Fähigkeit) * \left[\sum_{j=1}^{n}(E_{ij} * V_j)\right]\right\}$$

Neben der schwierigen Operationalisierung ist der Umstand, daß nur objektive Kennwerte und keine (subjektiven) Selbsteinschätzungen der eigenen Fähigkeiten für die Lösung der Aufgabe herangezogen wurden, ein Grund, weshalb die Berücksichtigung der Fähigkeit sowohl allein wie auch in Verknüpfung mit der psychologischen Kraft kaum zur Varianzaufklärung von Handlungsergebnissen beigetragen hat.

Die Abbildung 2.5 zeigt in Form eines Prozeßmodells die Zusammensetzung der drei Teilmodelle.

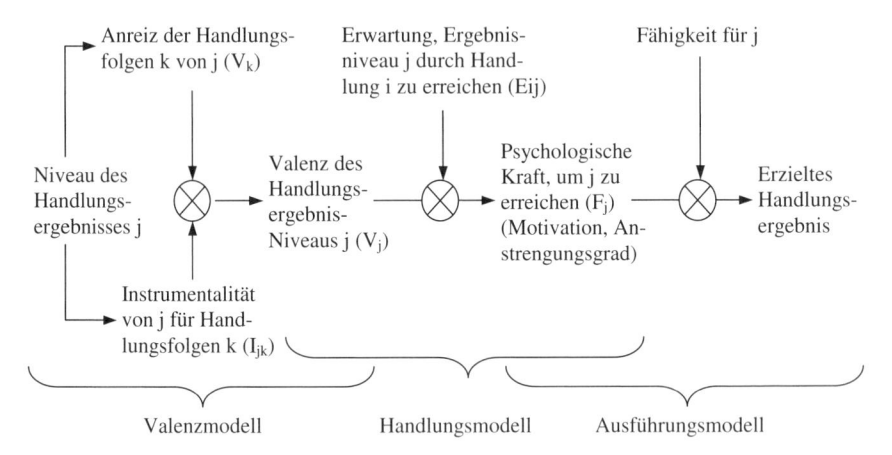

Abbildung 2.5: Prozeßmodell der *Instrumentalitätstheorie* von VROOM (HECKHAUSEN 1989, 185)

Im *Valenzmodell* bestimmt sich aus dem Anreiz der Handlungsfolgen eines Handlungsergebnisses und den entsprechenden Instrumentalitäten für diese Handlungsfolgen die Valenz eines Handlungsergebnisniveaus.

Im *Handlungsmodell* entsteht aus der Verknüpfung der Valenz eines Handlungsergebnisniveaus und der Erwartung dieses Niveau durch eine entsprechende Handlung zu erreichen die psychologische Kraft (Motivation, Anstrengungsgrad) für eine Handlung.

Im *Ausführungsmodell* führt der Anstrengungsgrad in Verbindung mit der subjektiven Fähigkeit (für das Erreichen eines bestimmten Handlungsergebnisniveaus) zu einem bestimmten Handlungsergebnis(-niveau).

Auf diese Weise wurde es theoretisch möglich, thematisch ganz unterschiedliche Anreize einer gegebenen Situation (z.B. am Arbeitsplatz) zugleich zu berücksichtigen. Die Zufriedenheit am Arbeitsplatz konnte auf diese Weise recht gut aufgeklärt werden, weniger gut dagegen Arbeitseinsatz und Anstrengung. Da letztere Größen zusätzlich durch die individuellen Fähigkeiten bestimmt sind und durch das eigene Handeln herbeigeführt werden müssen, ist dieses Ergebnis verständlich.

2.5 Erweitertes Motivationsmodell (HECKHAUSEN)

Einen weiteren Schritt zur Aufklärung des Zusammenwirkens verschiedener Anreize leistete das „*Erweiterte Motivationsmodell*" von HECKHAUSEN (1977).

Obwohl die *Erwartung x Wert-Modelle* sehr fruchtbar für die Motivationsforschung waren und sind, gibt es nach HECKHAUSEN (1983, 14-15) Mängel. Die Modelle sind:

1. Zu *objektivistisch*, wenn sie unterstellen, der Handelnde nutze alle Informationen zur Bildung der Erwartungs- und Wertvariablen vollständig und fehlerlos.
2. Zu sehr *generalisiert*, wenn sie unterstellen, Wert und Erwartung seien negativ korreliert. Dies scheint nur der Fall zu sein, wenn die Wertgröße vom Typ der „knappen Güter" ist.
3. Zu *rationalistisch*, wenn sie unterstellen Erwartung und Wert würden stets voll elaboriert und miteinander integriert. Es sind aber auch Situationen denkbar, in denen nur eine Variable von Bedeutung ist oder zumindest dominiert.
4. *Unangemessen formalisiert*, wenn sie algebraische Verknüpfungen eines Niveaus unterstellen, die zu prüfen das niedrige Skalenniveau der erhobenen Variablen nicht erlaubt.
5. Zu *universalistisch*, wenn sie unterstellen, individuelle Unterschiede innerhalb der Bedingungsgruppe seien nur als Fehlervarianz zu behandeln, statt sie als Informationen darüber zu nutzen, ob verschiedene Individuen auch verschiedenen Motivationsmodellen folgen, und weshalb dies so sein mag.

Vor allem in den 70er Jahren hat die Motivationsforschung, insbesondere die Erforschung der Leistungsmotivation, die wesentlichen drei Faktoren der Motivation bzw. des Motivationsgeschehens - den Personfaktor *Motiv* und die beiden Situationsfaktoren *subjektive Erfolgswahrscheinlichkeit* und *Anreiz* immer weiter differenziert.

- Das *Leistungsmotiv* wurde zunächst in Erfolgs- und Mißerfolgsmotiv aufgespalten, letzteres wiederum in Mißerfolgsängstlichkeit aufgrund eines Selbstkonzepts mangelnder Fähigkeit oder aufgrund von Furcht vor sozialen Konsequenzen. Darüber hinaus wurden Personenparameter, wie der persönlicher Standard, Attribuierungsvoreingenommenheiten, Spannweite der Zukunftsperspektive, Bezugsnormorientierung, die Stärke konkurrierender Motive etc. eingeführt, die das individuelle Motivsystem weiter differenzieren.

- Bei der *Anreizvariable* wurde zuerst die direkte Kopplung an die subjektive Erfolgswahrscheinlichkeit und in Folge auch die Annahme, Handlungsfolgen bestünden nur in Form von Selbstbewertungen, aufgegeben. Es wurden auch andere Anreize - endogene und exogene - zugelassen. Die individuellen Unterschiede der antizipierten Anreize (bei gleicher objektiver Situation) scheinen sogar geeignet, die bisherige Motivklassifikation zumindest zu ergänzen.

- Zur *subjektiven Erfolgswahrscheinlichkeit* kamen noch die wahrgenommenen Instrumentalitäten eines Handlungsergebnisses für verschiedene Handlungsfolgen, die wahrgenommene Natur einer Aufgabe, ihre Anforderungen, definierte Bezugsnormen für die Ergebnisbeurteilung sowie ihre implizite Ursachenstruktur für Erfolg und Mißerfolg. Dabei ist noch zu berücksichtigen, daß diese situativen Parameter wiederum von individuellen Personenunterschieden abhängig sind.

Im Gegensatz zu den bisherigen Motivkonstrukten hat HECKHAUSEN (1977) ein Modell entwickelt, welches umgekehrt vorgeht. „Statt von einem summarischen Motivkonzept individueller Unterschiede („Leistungsmotiv") auszugehen und dann eine Situationsdeterminante nach der anderen hinzuzufügen, wird nun vom anderen Ende begonnen, ausgehend von den vielen situationsabhängigen Determinanten, die inzwischen differenziert werden konnten, und mit dem Ziel, in jeder von ihnen den Anteil an individueller Unterschiedlichkeit herauszulösen, was sich schließlich in einem neuen, mehrdimensionalen Motivbegriff auskristallisieren ließe" (HECKHAUSEN 1989, 466).

Das „*Erweiterte Motivationsmodell*" ist *für zielgerichtetes Handeln generell* konzipiert, d.h. es ist nicht auf Leistungshandeln oder sonstige Spezialbereiche eingeschränkt.

Es ist ein *rationalistisches Modell*, das Elemente aus *Erwartung x Wert-Modellen*, der *Instrumentalitätstheorie*, der *Leistungsmotivationstheorie*, der *Kausalattribuierungstheorie* sowie die Unterscheidung zwischen Situations-Ergebnis-Erwartungen (S-S*) und Handlungs-Ergebnis-Erwartungen (R-S*) aufnimmt und weiterentwickelt.

Das „*Erweiterte Motivationsmodell*" (siehe Abbildung 2.6) läßt sich in zwei Ebenen, Ebene der Ereignisstadien und Erwartungsebene, unterteilen.

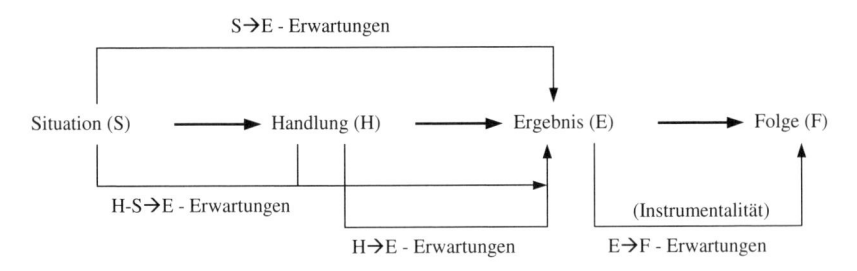

```
                        S→E - Erwartungen
            ┌────────────────────────────────────┐
            │                                    ▼
Situation (S) ─────▶ Handlung (H) ─────▶ Ergebnis (E) ─────▶ Folge (F)
            │                     ▲
            └─────────────────────┤
            H-S→E - Erwartungen   │          (Instrumentalität)
                          H→E - Erwartungen    E→F - Erwartungen
```

Abbildung 2.6: Das „*Erweiterte Motivationsmodell*": Vier Arten von Erwartungen, die sich auf verschiedene Ereignis-Stadien im Motivierungsprozeß beziehen (HECKHAUSEN 1977, 287; 1989, 468)

In der Ebene der Erwartungen baut das Modell auf den *Erwartung x Wert-Modellen* auf. Das Produkt aus Erwartung und Wert wird innerhalb dieses Modells als Valenz bezeichnet. Im Unterschied zu bisherigen *Erwartung x Wert-Modellen* werden jetzt **drei Valenzen** miteinander in Beziehung gesetzt: Situationsvalenz, Handlungsvalenz und Ergebnisvalenz.

Zunächst wird abgeschätzt, zu welchem Ergebnis eine Situation (die sich eingestellt / selbst herbeigeführt / von anderen herbeigeführt wurde) führt, wenn man nicht handelnd eingreifen würde (***Situationsvalenz***). Sodann erfolgt die Beurteilung potentieller eigener Handlungen, inwieweit sie zu einem Ergebnis führen, welches erwünschte Folgen nach sich zieht oder unerwünschte ausschließt (***Handlungsvalenz***). Sowohl in die Situations- als auch in die Handlungsvalenz wird die ***Ergebnisvalenz*** als Wertvariable eingesetzt, d.h. die Summe aller mit ihrer Instrumentalität gewichteten Anregungswerte der Folgen, die ein Situations- bzw. ein Handlungsergebnis voraussichtlich nach sich ziehen wird.

Auf der zweiten Ebene finden sich die Episoden **Situation**, *Handeln*, **Ergebnis** und *Folgen*. Besondere Bedeutung hat dabei das Handlungsergebnis, welches von der Handlung und den Folgen des Ergebnisses isoliert wird. Für sich genommen besitzt es keinen Anreizwert, sondern erhält ihn erst durch die Folgen, die es nach sich zieht. Somit ist:

- Erstens die *Kontingenz zwischen Ergebnis und Folgen* zu schätzen, da zwar das Ergebnis durch eigene Handlungen erreicht werden kann, die Folgen jedoch in der Regel (von der reinen Selbstbewertung abgesehen) fremddeterminiert sind.

- Zweitens hat ein *Handlungsergebnis meistens mehrere Folgen*, von denen nicht jede berücksichtigt sein muß (u.U. nicht einmal erwartet wird).

- Drittens kann das objektiv gleiche Handlungsergebnis für verschiedene Personen zu verschiedenen oder *verschieden bewerteten Folgen* führen.

- Viertens können die einzelnen Folgen bezüglich des Ergebnis *gleich- oder fremdthematisch* (endogen / intrinsisch bzw. exogen / extrinsisch) sein.

Zu den Erwartungen und Anreizen im einzelnen. Das Modell unterscheidet **vier Arten von Erwartungen** (siehe Abbildung 2.6):

- Die *Situations-Ergebnis-Erwartung* (S→E) bezeichnet den subjektiven Wahrscheinlichkeitsgrad, mit dem eine gegenwärtige Lage ohne eigenes Zutun zu einem künftigen Ergebniszustand führen wird. Bei diesen Situationsbeurteilungen kommt das Erfahrungspotential des Menschen über derartige Wahrscheinlichkeiten zur Anwendung.

- Die **Handlungs-Ergebnis-Erwartung (H→E)** bezeichnet den subjektiven Wahrscheinlichkeitsgrad, mit dem eine Handlung zu einem bestimmten Ergebnis führt.

- Hinzu kommt die **Handlungs-bei-Situation-Ergebnis-Erwartung (H-S→E)**, die die subjektive Wahrscheinlichkeit erfaßt, mit der, äußere, variable Faktoren die Handlungs-Ergebnis-Erwartung erhöhen oder verringern. Beide Erwartungen zusammen führen zu einer resultierenden Handlungs-Ergebnis-Erwartung.

- Schließlich existiert noch die **Ergebnis-Folge-Erwartung (E→F)**, die - entsprechend der *Instrumentalitätstheorie* - den *Instrumentalitätsgrad* (-1 bis +1) eines Ergebnisses für das Eintreten einer bestimmten Folge angibt.

Diese unterstellten Einschätzungsprozesse haben den Status von Kognitionen, derer man sich (a) prinzipiell bewußt werden kann, aber (b) nicht notwendig bewußt werden muß. Unabhängig vom Grad des Gewahrwerdens wird angenommen, daß diese Kognitionen die Handlungsveranlassung erklärbar und vorhersagbar werden lassen. Das Kriterium (a) unterscheidet dabei die postulierten Kognitionen von solchen, die z.B. in Simulationsmodellen hypothetisch angenommen werden. Das Kriterium (b) unterscheidet die Kognitionen von solchen, die als bewußtgewordene „handlungsleitende Kognitionen" (z.B. WAHL u.a. 1983, DANN / HUMPERT 1987) untersucht werden (RHEINBERG 1989, 41-42).

Den vier Arten von Erwartungen liegen jeweils unterschiedliche Kausalattribuierungen zugrunde. Während den Situations-Ergebnis- und Handlungs-bei-Situation-Ergebnis-Erwartungen externale Ursachenfaktoren (z.B. Unterstützung oder Behinderung durch andere) zugeschrieben werden, kommen in der Handlungs-Ergebnis-Erwartung internale Ursachenfaktoren wie Fähigkeit oder Anstrengung zum Ausdruck. Die Ursachenfaktoren der Ergebnis-Folge-Erwartungen sind bislang kaum untersucht, sicherlich von Einfuß ist jedoch die Art der Folgen. Die Instrumentalität eines Ergebnisses für endogene Folgen ist dabei vor allem in der „Natur" der Folgen zu sehen, exogene Folgen (z.b. Zeugnisse, Bezahlung) sind dagegen fremdvermittelt (z.b. Prüfer, Auftraggeber). Im Zusammenhang mit der Leistungsmotivation spielte die Instrumentalität nur hinsichtlich der Selbstbewertung eine Rolle. Mittelschwer zu erreichende Ergebnisse (Erfolgswahrscheinlichkeit = 0,5) besitzen dabei die höchste Instrumentalität (0 bis +1) für selbstbewertende Affekte. Handlungs-Ergebnis-Erwartungen (= Erfolgswahrscheinlichkeiten) von 0,0 oder 1,0 haben eine Instrumentalität von 0,0 für Selbstbewertungen. Die Abhängigkeit der Instrumentalität vom Schwierigkeitsgrad der Ergebniserzielung ist daher eine umgekehrte U-Funktion.

Klassifikation der Anreize

Was zum Handeln motiviert, sind die Anreizwerte der vorweggenommenen Folgen des voraussichtlichen Ergebnisses eigener Handlungen. Deshalb ist es sinnvoll, nicht nur bei Handlungszielen nach Inhaltsklassen zu unterscheiden, sondern dies auch bei anreizgeladenen Folgen zu tun. Für die Klassifikation der Anreize schlägt HECKHAUSEN (1989, 469) die Kategorien Selbstbewertung, Annäherung an ein Oberziel, Fremdbewertung und Nebenwirkungen vor.

- So lassen sich z.b. Motivunterschiede nach der traditionellen Sichtweise der Leistungsmotivationsforschung direkt in der unterschiedlichen Gewichtung des *Selbstbewertungsanreizes* für Erfolg und Mißerfolg abbilden.
- Viele Handlungsergebnisse wiederum sind nicht isoliert für sich zu betrachten, sondern als eine *Annäherung an ein Oberziel* mit hohem Anreizwert. Die Annäherung an dieses Oberziel ist somit eine Folge des Handlungsergebnisses, ihr Anreizwert bestimmt sich aus den antizipierten Folgen des zu erreichenden Oberzieles (Erreichen eines langfristigen Trainingsziels oder des Aufstiegs in die nächsthöhere Spielklasse).
- *Fremdbewertungen* liefern in der Regel extrinsische Anreize (Rückmeldungen von Trainer oder Zuschauern).
- Gleiches trifft für die Kategorie der *Nebenwirkungen* zu, die sich stark mit der Kategorie der Fremdbewertungen überlappt. Hierunter fallen z.B. Phänomene, wie die verstärkte Anstrengung von hoch Anschlußmotivierten, wenn sie nicht für sich, sondern für die Gruppe arbeiten.

Zusammengenommen sagt das Modell vorher, daß sich eine Person um so eher zum Handeln veranlaßt sieht, je sicherer das Ergebnis ein Auftreten anreizbesetzter Folgen in erwünschter Weise zu beeinflussen verspricht, um so eher die Herbeiführung dieses Ergebnisses vom eigenen Handeln abhängt, und um so weniger sich das Ergebnis „von allein" einzustellen scheint.

Als Analyseschema läßt sich das Modell in verschiedenen Kontexten anwenden. Ganz besonders für komplexe Handlungskontexte, in denen das unmittelbare Handlungsresultat mehr als eine Folge hat, so daß die Trennung von Ergebnis und Folge Sinn macht (RHEINBERG 1995, 128).

An Plausibilität gewinnt das Modell und insbesondere der Aspekt der ausschlaggebenden Anreize von erwarteten Folgen des Handelns, wenn man es anhand alltäglicher Situationen mit dem *Risikowahl-Modell* vergleicht. Ausgehend von der vorherzusagenden Vorbereitung auf eine bevorstehende Klassenarbeit, würde man im Rahmen der Leistungsmotivationstheorie die Variablen Leistungsmotiv und subjektive Erfolgswahrscheinlichkeit erheben. Leistungsmotivierte sollten sich der Theorie zur Folge nur dann vorbereiten, wenn der Erfolg der Anstrengungen fraglich ist (Erfolgswahrscheinlichkeit ungefähr gleich 0,5). Mißerfolgsmotivierte dagegen, wenn die Erfolgsaussichten nahezu null sind. Nach dem „*Erweiterten Modell*" wären keine Motive zu bestimmen, sondern die Erwartungen und Anreize mittels vier Fragen zu bestimmen (HECKHAUSEN und RHEINBERG 1980).

- Erscheint das Ergebnis bereits durch die Situation festgelegt?
  → Situations-Ergebnis-Erwartung
- Kann man das angestrebte Ergebnis selbst herbeiführen?
  → Handlungs-Ergebnis-Erwartung
- Sind einem die möglichen Folgen des Ergebnisses wichtig genug?
  → Anreiz der Folgen
- Zieht das Ergebnis auch die gewünschten Folgen nach sich?
  → Instrumentalität des Ergebnisses für die Folgen

HECKHAUSEN und RHEINBERG (1980) haben diese Fragen in Form einer aussagenlogischen Sequenz (siehe Abbildung 2.7) angeordnet, so daß die folgende Frage nur bei entsprechender Frage zur nächsten Handlungssequenz führt, ansonsten zum Unterlassen einer Vorbereitungshandlung. Das Modell bildet also kognitive Prozesse eines reinen Zweckhandelns ab. Es wird jedoch nicht postuliert, daß immer alle vier Fragen elaboriert und beantwortet werden müssen, oder daß dies immer bewußt geschehen würde (HECKHAUSEN 1989, 470). In vielen Fällen sind vor allem die beiden letzten Fragen von Bedeutung, während bei den beiden ersten „automatisch" angenommen wird, daß die Situation nicht vorbestimmt ist und daß eigenes Handeln zumindest Einfluß auf die Zielerreichung hat.

Das „*Erweiterte Motivationsmodell*" läßt sich auch auf sportliche Situationen anwenden. Beispielsweise bei der Frage ob bzw. wie stark jemand in einem anstehenden Mountainbikerennen motiviert ist. Das anzustrebende Handlungsergebnis ist mit dem Ziel des Rennegewinns bzw. einer guten Plazierung vorgegeben. Dieses Ergebnis wird sich voraussichtlich nicht von selbst einstellen. Eigenes Handeln ist auf jeden Fall nötig und effektiv, um das angestrebte Ergebnis zu erreichen. Inwieweit die eigenen Fähigkeiten als ausreichend eingestuft werden, hängt wiederum von internen und externen Gegebenheiten ab, wie z.B. der eigenen Fähigkeiten und denen der Gegner, Zuschauern oder Streckenprofil und -beschaffenheit etc. Auch bei den Folgen gibt es ein individuell unterschiedlich breites Spektrum. Selbstbewertung der eigenen Leistung, Fremdbewertung der eigenen Leistung und Fähigkeiten durch andere Personen, ggf. in Verbindung mit weiteren extrinsischen Anreizen (Geld, Sachleistungen, Preise etc.), die Annäherung an das Oberziel Qualifikation o.ä., Nebenwirkungen in Form des Einsatzes für die Mannschaft oder des gemeinsamen Feierns nach dem Rennen, aber auch mögliche Verletzungen u.ä. All dies kann für den einzelnen eine mehr oder weniger große positive oder negative Bedeutung haben. Schließlich muß noch eine hinreichende (subjektive) Instrumentalität des Ergebnisses für die Folgen gegeben sein.

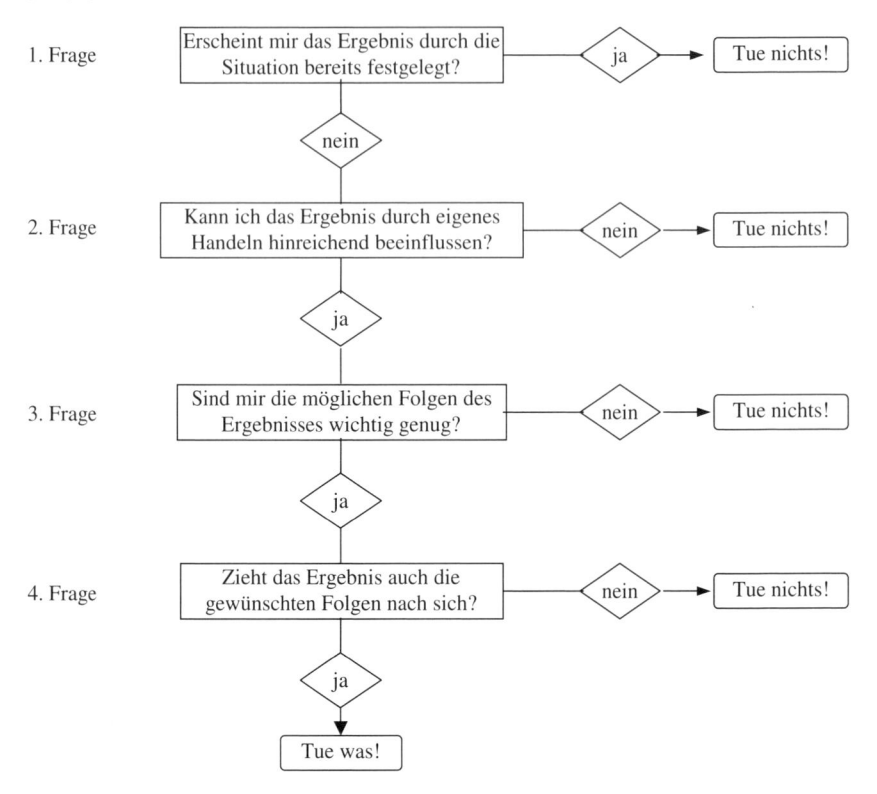

1. Frage: Erscheint mir das Ergebnis durch die Situation bereits festgelegt? — ja → Tue nichts!
   nein ↓

2. Frage: Kann ich das Ergebnis durch eigenes Handeln hinreichend beeinflussen? — nein → Tue nichts!
   ja ↓

3. Frage: Sind mir die möglichen Folgen des Ergebnisses wichtig genug? — nein → Tue nichts!
   ja ↓

4. Frage: Zieht das Ergebnis auch die gewünschten Folgen nach sich? — nein → Tue nichts!
   ja ↓

Tue was!

Abbildung 2.7: Aussagenlogische Fassung des „Erweiterten Motivationsmodells" (HECKHAUSEN und RHEINBERG 1980, 19)

Bislang ist das „Erweiterte Motivationsmodell" nur ein Ordnungs- und Suchmodell für die Theoriebildung und neue Forschungsansätze und die nachträgliche Erhellung bislang schwer erklärbarer Befunde. Es ist somit „explikativ" und nicht „prädikativ" (HECKHAUSEN 1989, 472).

2.6 Anreizfokus-Modell (RHEINBERG)

2.6.1 Grundlagen und charakteristische Merkmale des Anreizfokus-Modells

Wie oben erläutert, handelt es sich bei dem „Erweiterten Motivationsmodell" von HECKHAUSEN (1977, 1989) um ein rationalistisches Modell, welches Prozesse reinen Zweckhandelns abbildet. In dieser kognitivistischen Erklärung des Verhaltens wird die

Person als System gesehen, welches mit seinen Aktionen höchst sparsam umgeht und erst eine Handlungstendenz entsteht, wenn ein erstrebenswertes Ergebnis vorhanden ist, d.h. wenn es verspricht, mit akzeptabler Wahrscheinlichkeit hinreichend anreizbesetzte Folgen zu vermitteln und die fragliche Aktivität mit akzeptabler Wahrscheinlichkeit dieses Ergebnis bewirkt, welches ohne eigenes Zutun nicht einträfe (RHEINBERG 1996). Der Zweck macht sich also an den erwarteten Folgen eines Handlungsergebnisses fest. Dadurch wird zugleich das Problem der Erklärung zweckfreien Verhaltens deutlich: Wie läßt sich Verhalten erklären, bei dem umfangreiche finanzielle Mittel und Zeit aufgebracht werden und teilweise Risiken eingegangen werden, ohne daß das zu erreichende Ergebnis der Handlung positiv zu bewertende Folgen in Aussicht stellt? Genauso unerklärlich bleibt auch das Unterlassen von Handlungen trotz vorhandener, positiv valenzierter Anreize.

RHEINBERG (1989) hat vor pädagogisch-psychologischem Hintergrund das Vorbereitungsverhalten von Schülern vor einer Klassenarbeit untersucht. Ausgangspunkt war einerseits die allgemeine Frage, wie es dazu kommt, daß jemand etwas tut (z.B. sich auf eine Prüfung vorbereiten), und andererseits die unbefriedigenden Ergebnisse bei feldnahen Interventionsstudien im Bereich der Lernmotivation. Insbesondere bei wenig lernmotivierten Schülern traten Verhaltensvorhersagen nicht ein, zeigten die Interventionen keine oder nicht die erwartete Wirkung.

Auch die oben beschriebene Präzisierung[21] der sehr stark generalisierten „klassischen" Motivationsmodelle, die im Grunde mit einer Variable - der Erfolgswahrscheinlichkeit - auskommen (z.B. ATKINSON 1957), führten noch nicht zu den gewünschten Resultaten (siehe Kapitel 2.5). „Abweichende Einzelfälle werden in der mittelwertstatistischen Absicherung der Aussagen zu Programmeffekten eingeebnet und tauchen lediglich in Form der Varianz der abhängigen Variable auf" (RHEINBERG 1988, 19). Grundlage für das neue Analysemodell ist das oben beschriebene „*Erweiterte Motivationsmodell*" nach HECKHAUSEN (1977, 1989) mit den verschiedenen Erwartungen und dem Anreiz der Handlungsfolgen als Einflußgrößen.

Bevor auf die Modellmodifikationen eingegangen wird, werden zunächst verschiedene Aspekte im Zusammenhang von Motivation und Handeln beschrieben, die Ergänzungen des Modells nahelegen.

Anreiz und Kompetenz

Insbesondere für die Anwendung auf sportliche Aktivitäten ist der gefundene Zusammenhang von Anreiz und Kompetenz von Interesse. Während bei den Oberzielfolgen keine signifikanten Korrelationen auftreten, haben unmittelbar bewertungs- und vor allem sachbereichsbezogene Folgen bei höherem Kompetenzniveau einen höheren Anreiz. Dies läßt zwei Interpretationen mit unterschiedlicher Kausalitätsrichtung zu: (a) Höhere Anreizwerte fördern die motivationalen Bedingungen für den Kompetenzzuwachs, (b) höhere Kompetenz eröffnet (in manchen Sachbereichen) erst die betreffenden Anreizfelder. Zusammengenommen spricht RHEINBERG (1989, 59) von einer „sachinhärenten Chancenungleichheit" der

---

[21] Definition des Motivs als Selbstbewertungssystem mit den Teilprozessen Zielsetzung, Kausalattribution und Selbstbewertung sowie die Erkenntnisse zur Bezugsnormorientierung.

Motivation, die sich als selbstverstärkender Zirkel aus Motivations- und Kompetenzsteigerung verstehen läßt, d.h. Personen mit hoher Anfangskompetenz (oder hoher Lerngeschwindigkeit) eröffnen sich schneller sachinhärente Anreizfelder, die wiederum die motivationalen Bedingungen zur Beschäftigung mit diesem Sachbereich verbessern. Diese Überlegungen setzen eine variable Anreizstärke voraus. Für Sachbereiche mit einem starken Zusammenhang von Anreizstärke und Kompetenzniveau sind somit (anreizseitig) gute Voraussetzungen für ein langfristiges Interesse an dem Sachbereich zu vermuten.

Dominanz von Handlungs- bzw. Tätigkeitsanreizen

Von größerem Interesse für die Analyse der Motivation sportlicher Aktivitäten ist jedoch die „Entdeckung" tätigkeitseigener Anreize, wie sie im „Erweiterten Modell" von HECKHAUSEN nicht vorgesehen sind. Die Anreize des Tätigkeitsvollzuges lassen sich nicht erschöpfend aus dem intendierten Handlungsergebnis herleiten, weil sie nicht mit den Ergebnisfolgen verknüpft sind. Dies wird an Fällen deutlich, in denen zwar das Handlungsergebnis (genauer seine Folgen) eine positive Valenz besitzt und auch entsprechende Erwartungen bzw. Instrumentalität vorliegen, es aber wegen des negativen Tätigkeitsanreizes nicht zur Handlung gekommen ist oder es trotzdem zur Handlung gekommen ist.

Ein Beispiel für diese Konstellation ist das Ausfüllen von Formularen: Die Folgen des Handlungsergebnisses, des ausgefüllten und eingereichten Formulars, sind in der Regel positiv, z.B. Steuerrückerstattung u.ä., die Tätigkeit des Ausfüllens eines mehr oder weniger unverständlichen Formulars und diverser Anlagen wird dagegen hochgradig aversiv erlebt. Das Ausfüllen erfolgt jetzt also wegen der positiv valenzierten Ergebnisfolgen trotz der negativ bewerteten Tätigkeit; oder es kann unterbleiben, wenn die Abwägung zwischen positiven Folgen und negativer Tätigkeit zuungunsten der Folgen ausfällt. Für den umgekehrten Fall - positiver Tätigkeitsanreiz und negativ valenzierte Ergebnisfolgen - stehen z.B. übermäßiges Essen, Alkohol- oder Nikotinkonsum. Hier werden die meist gesundheitsschädlichen Folgen weniger stark gewichtet als der Genuß während der Tätigkeit.

Abgrenzung von Handlung und Tätigkeit

Mit der Berücksichtigung von Tätigkeitsanreizen wird es nötig, zwischen Handlung und Tätigkeit zu differenzieren.

Im Rahmen des bisher verwendeten zweckrationalen Modells wird Verhalten als zielgerichtet, in gewissem Grad willkürlich, veränderungswirksam, und die es veranlassenden Kognitionen als bewußtseinsfähig angenommen. Für diese Verhaltensklasse hat sich in der Psychologie der Begriff **Handlung** etabliert (siehe Kap. 1.1). Demnach ist jedes Handeln ein Sich-Verhalten, aber nicht alles Verhalten ist Handeln. Handlung kann somit als „eine spezifische Form menschlichen Verhaltens, das bewußt abläuft, zielgerichtet, planvoll strukturiert und kontrolliert ist, um dadurch bestimmte Veränderungen zu erreichen", definiert werden (SCHMALT 1982, 201 zitiert nach RHEINBERG 1989, 98).

Da jetzt nicht nur an den Handlungszwecken (intendierten Ergebnisfolgen) Anreize festgemacht werden, sondern auch am Ausführungsteil einer Handlung, ist es sinnvoll, diesen begrifflich von der Gesamthandlung zu unterscheiden.

Als **Tätigkeiten** bezeichnet werden möglichst *„natürlich"* abgrenzbare *Aktivitätseinheiten, die auch ohne ihren eventuellen Zweck kommunizierbar und im Vollzugsanreiz beurteilbar sind.* Aktivitäten in diesem Sinne sind z.B. Schwimmen, Laufen, Malen, Essen etc., also Aktivitätskonzepte, die schon alltagssprachlich als weitgehend definiert gelten können. *Tätigkeiten und ein (eventueller/s) Zweck / Ziel ergeben zusammen die Struktur, die man mit Handlung bezeichnet.* So definiert, enthält jede Handlung eine Tätigkeitskomponente. Umgekehrt ist aber nicht jede Tätigkeit notwendig Teil einer Handlung, weil Tätigkeiten auch ohne Zweck / Ziel ausgeführt werden können.

Das (Berg-) Steigen ist somit z.b. die Tätigkeitskomponente der Handlung „auf den Berg X steigen". Der Gipfel ist das Ziel, die mit der Gipfelerreichung verbundenen Folgen, z.b. der Genuß der besonderen Aussicht, Selbst- und / oder Fremdbewertungen etc. der Zweck.

Zweck- und Tätigkeitsanreize

Eine weitere Abgrenzung ist in bezug auf die oben formulierte Zweckfreiheit notwendig. Denn auch für Handlungen, deren Anreiz in der Ausübung der Tätigkeit liegt, kann ein Zweck konstruiert werden, z.b. das Wohlbefinden während einer Tätigkeit oder spezifische Empfindungen, wie sie durch den Kontakt mit den natürlichen Elementen oder durch Bewegungen ausgelöst werden. In diesem Fall liegt der Anreiz also in der Ausübung der Tätigkeit, während er sonst mit aus den mit dem Erreichen eines Ergebnisses verbundenen, antizipierten Folgen resultiert. Dadurch ergeben sich auch unterschiedliche Verhaltensmuster. Bei Handlungen mit Zweck- bzw. Folgenanreizen liegt die Tätigkeitsausübung eher als zu überwindendes Hindernis zwischen dem ursprünglichen und dem angestrebten Zustand. Typischerweise kommt es mit zunehmender Annäherung an das Handlungsziel (= Ergebnis) zu einer Handlungsbeschleunigung.

Bei Handlungen bzw. Tätigkeiten, bei denen der Anreiz in der Tätigkeit selbst liegt, ist eher ein gegenteiliges Verhalten zu beobachten: das tätigkeitsbeendende Ereignis wird eher hinausgezögert.

Aufgrund der beschriebenen strukturellen Unterschiede im Verhalten und Verhaltensveranlassung ist es sinnvoll, nicht in beiden Fällen von zweckzentrierten Anreizen zu sprechen, sondern eine Differenzierung in *zweckzentrierte* (= mit Handlungsfolgen verbundene) und *tätigkeitszentrierte* (= mit dem Handlungsvollzug verbundene) *Anreize* vorzunehmen.

Verschachtelung von Zweck- und Tätigkeitsanreizen

Handlungen mit homogenen Anreizen sind im Alltag eher die Ausnahme, Verschachtelungen dagegen die Regel. Bei vorzeichenheterogenen Kombinationen ist dies leicht zu erkennen (siehe obiges Beispiel). Bei vorzeichenhomogenen Anreizen ist dies meistens unauffällig; bei genauerer Betrachtung lassen sich aber auch in solchen Fällen die Verknüpfungen zergliedern. Relativ offenkundig treten derartige Verknüpfung zu Tage, wenn ein dominant tätigkeitszentrierter Anreiz (bzw. Anreize) durch einen Zweck (= zweckzentrierter Anreiz) legitimiert wird (RHEINBERG 1989, 101). Derartige *Rechtfertigungen des Handelns* finden sich bereits in früheren Epochen, z.B. bei riskanten Unternehmungen, die durch wissenschaftliche Forschung oder politische oder ökonomische Interessen legitimiert wurden.

Diese Begründungen können sowohl im Hinblick auf die Beurteilung Dritter, wie auch möglicherweise auftretende kognitive Dissonanzen in der Selbstbewertung vorgenommen werden. Während meistens tätigkeitszentrierte Anreize in eine zweckzentrierte Handlungsstruktur eingebettet sind, ist auch der umgekehrte Fall möglich und in Form von Vorbereitungshandlungen sogar relativ häufig. Die allgemeine Struktur ist dadurch charakterisiert, daß die handlungsleitende Ergebnisfolge (= Zweck) darin besteht, eine bestimmte Tätigkeit ausführen zu können. Als Beispiel können die diversen, unter Umständen zeitlich weit vorgelagerten, zweckzentrierten Vorbereitungen für eine Tätigkeit mit tätigkeitszentrierten Anreizen, wie das Ausüben einer Sportart, genannt werden. So werden ggf. lange vor der angestrebten Tätigkeit, z.B. Skifahren o.ä., Überstunden angesammelt, Ausrüstungsgegenstände angeschafft, der Urlaubsort ausgewählt, das Fahrzeug beladen, die Fahrt zum Zielort gemacht usw., bevor der anreizbesetzte Tätigkeitsvollzug realisiert werden kann. All dies sind Zweckhandlungen, die durch den antizipierten Tätigkeitsvollzug valenziert sind (RHEINBERG 1989, 103).

An diesen Beispielen lassen sich auch die oben erwähnten „*Endphasenunterschiede*" deutlich erkennen: Während bei den Vorbereitungshandlungen die Zielannäherung (z.B. Erreichen des Urlaubsorts oder des Startpunktes) zu einer Beschleunigung der Handlungen führt (z.B. höhere Fahrtgeschwindigkeit, eiliges Umziehen und Abladen der Ski) ist bei der Endphase des Tätigkeitsvollzuges der gegenteilige Effekt beobachtbar; trotz Müdigkeit, anbrechender Dunkelheit wird am Lift noch eine Auffahrt ausgehandelt oder noch ein „kleiner" Umweg gemacht, um noch eine besonders „reizvolle" Abfahrt „mitnehmen" zu können.

Aus den obigen Beobachtungen und Überlegungen zu tätigkeits- und zweckzentrierten Anreizen liegt es nahe, das bislang verwendete „*Erweiterte Motivationsmodell*" nach HECKHAUSEN zu ergänzen. Neben die an die Handlungs(ergebnis)folgen gebundenen Anreize treten nun zusätzliche tätigkeitszentrierte Vollzugsanreize, die mit der Realisation der Handlung verbunden sind (siehe Abbildung 2.8).

Die Episodenstruktur der Handlung (Situation - Handlung - Ergebnis - Folgen) wird dabei unverändert beibehalten[22]. Ebenso unverändert bleiben die Situations-Ergebnis-Erwartung, die Handlungs-Ergebnis-Erwartung und die Ergebnis-Folge-Erwartung, wobei - wie bei dem „*Erweiterten Motivationsmodell*" - nicht alle Erwartungen vollständig elaboriert werden müssen. Neu hinzugekommen ist auf der Erwartungsebene die Situations-Handlungserwartung (S→H). Sie spiegelt die Annahmen der Person wider, welche Tätigkeitsvollzüge eine Situation in Aussicht stellt. Bei ausschließlich tätigkeitsbezogenen Anreizen genügt die Kenntnis dieser Situations-Handlungs-Erwartung, um die Attraktivität einer Situation zu bestimmen.

---

[22] Dabei ist allerdings anzumerken, daß dieser Prozeß hinsichtlich der Motivationsgenerierung nicht vollständig durchlaufen werden muß, sondern bereits mit der Tätigkeit beendet sein kann.

Anreizfokus-Modell (Rheinberg)

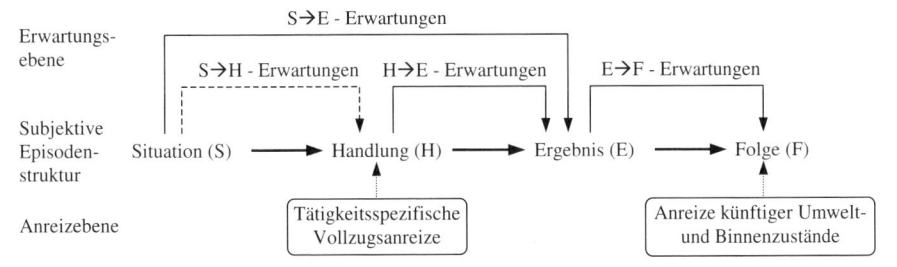

```
Erwartungs-            S→E - Erwartungen
ebene
                 S→H - Erwartungen   H→E - Erwartungen    E→F - Erwartungen

Subjektive
Episoden-    Situation (S) ——→ Handlung (H) ——→ Ergebnis (E) ——→ Folge (F)
struktur
                                        ▲                          ▲
Anreizebene                    Tätigkeitsspezifische       Anreize künftiger Umwelt-
                                 Vollzugsanreize            und Binnenzustände
```

Abbildung 2.8: Die Erweiterung des „*Erweiterten Motivationsmodells*" (RHEINBERG 1989, 104)

Welche Anreize bei verschiedenen sportlichen Tätigkeiten bislang erhoben wurden, wird in dem folgenden Kapitel zum Sportbezug des Modells erörtert.

2.6.2 Erfassung des Anreizfokus

In mehreren Studien zur Lernmotivation bzw. zur Motivation, sich auf Prüfungen vorzubereiten, zeigte sich eine deutlich Abhängigkeit der Vorbereitungszeit vom dominanten Anreizfokus (RHEINBERG 1989). Um dies genauer zu überprüfen, wurde der Fragebogen[23] zur Anreizfokus-Skala entwickelt. Der Fragebogen besteht aus 20 Aussagen zur Handlungsveranlassung, von denen je 10 den tätigkeitszentrierten und den zweckzentrierten Anreizfokus ansprechen. Die Wertung aller 20 Aussagen mit Ziffern zwischen 0 (= trifft gar nicht zu) bis 3 (= trifft genau zu) werden zu einem Kennwert für Tätigkeitszentrierung (TZ) und einem für Zweckzentrierung (ZZ) aufsummiert[24].

Nachteile dieses Erhebungsinstrumentes sind, daß es eine gewisse Reflexibilität bezüglich der eigenen Handlungsveranlassung voraussetzt, und daß der Fragebogen situations- und tätigkeitsunspezifisch ist, was zu Schwierigkeiten bei der Beantwortung führen kann. Daher wird empfohlen, den Fragebogen durch eine einleitende Vorgabe oder einen Hinweis auf den jeweiligen Untersuchungskontext zu spezifizieren. „Allerdings wird damit der Anspruch aufgegeben, einen hochgeneralisierten Personenunterschied zu erfassen; es kann dadurch nur noch bereichs- und episodenspezifisch argumentiert werden" (RHEINBERG 1989, 120). Da mit der Anreizfokus-Skala auf Basis des zugrundeliegenden theoretischen Motivationsmodells lediglich eine vorausgehende Schätzung erfolgen soll, welche Anreiztypen eine Personengruppe voraussichtlich stärker berücksichtigen wird, und sich dies meist auf bestimmte Handlungskontexte und / oder Episoden bezieht, erscheint diese Spezifikation durchaus angebracht (RHEINBERG 1989, 127).

---

[23] Obwohl für die Erfassung des interessierenden Personenunterschieds ein projektives oder semiprojektives Verfahren, wie es zur Messung des Leistungsmotivs verwendet wird, geeigneter erscheint, wurde aus ökonomischen Gründen die Fragebogenmethode angewandt (RHEINBERG 1989, 115).

[24] Der vollständige Fragebogen und die Auswertungsanleitung zur Anreizfokus-Skala von RHEINBERG befindet sich im Anhang.

Die interne Konsistenz der Anreizfokus-Skala wurde anhand von Daten aus drei verschiedenen Stichproben (siehe Tabelle 2.1) bestimmt. Sowohl für die Tätigkeitszentrierung (TZ) wie auch für die Zweckzentrierung (ZZ) ergaben sich zufriedenstellende CRONBACH α-Werte >,70. Die relativ niedrigen Korrelationen zwischen den Subskalen lassen eine Differenzwertbildung jedoch etwas problematisch erscheinen (RHEINBERG 1989, 119; 1997).

Tabelle 2.1: Charakteristische Kennwerte der AF-Skala aus verschiedenen Stichproben (N = 227) (RHEINBERG 1989, 118)

Kennwerte		Stichproben Sekundarstufe II (N = 50)	Psychologie-Studenten (N = 62)	PH-Studenten (N = 115)
Mittelwerte	TZ	17,59	19,42	19,72
	ZZ	14,30	12,68	14,00
Standardabweichung	TZ	4,01	4,36	4,29
	ZZ	4,91	4,35	3,99
Interne Konsistenz	TZ	,71	,74	,72
	ZZ	,82	,78	,72
Interkorrelation	TZ/ZZ	-,49	-,44	-,32

Legende:
TZ = Tätigkeitszentrierung, ZZ = Zweckzentrierung

Außerdem wurde die Konsistenz der Anreizfokus-Skala bzw. ihrer beiden Subskalen bei einer zweimaligen Befragung einer Stichprobe von 178 Mitgliedern eines Tanzsportclubs (64% w; Alter = 17-59; M = 32,3 Jahre; SD = 10,6 Jahre) bestimmt (ISER / PFAUSER 1995; RHEINBERG / ISER / PFAUSER 1997). An der zweiten Erhebung nach sechs Monaten beteiligten sich noch 79 Personen (w = 67%).

Die Tabelle 2.2 enthält die entsprechenden Kennwerte.

Tabelle 2.2: Charakteristische Kennwerte der AF-Skala (Standardversion; N = 178) (RHEINBERG 1997)

Kennwert	Md	M	SD	Min.	Max.	p_i	r_{it}	α	r_{tt}
TZ	19	18,72	4,37	5	30	,62	,42	,76	,52
ZZ	15	14,44	4,01	4	26	,46	,40	,74	,68

Legende:
p_i = Schwierigkeitsindex; r_{it} = mittlere Trennschärfe; α = Konsistenz nach CRONBACH; r_{tt} = Test-Retest-Korrelation nach 6 Monaten

Die Konsistenzwerte sind für ein Instrument mit je 10 Items zufriedenstellend. Die Test-Retest-Korrelation ist bei der Zweckzentrierung etwas größer, der ZZ-Kennwert über das Sechsmonatsintervall somit etwas stabiler. „Möglicherweise sind die zweckzentrierten Motivierungen über den kalkulatorisch-antizipatorischen Modus der unterliegenden Struktur kognitiv besser repräsentiert als die häufig eher spontane Motivierung über die Anmutungsqualitäten des Tätigkeitsvollzuges" RHEINBERG (1997).

Zusammenhang mit anderen Meßinstrumenten

Bei der eben erwähnten Untersuchung wurden außer der Konsistenz der Subskalen Retest- und der Reliabilität auch die transsituative Konsistenz sowie die konvergente Validität bezüglich der „Reversal Theory" (siehe Kapitel 4.3) und dem „flow-Erleben" (siehe Kapitel 5.2) überprüft. Dazu wurden zu den beiden Erhebungszeitpunkten - immer in der gleichen Reihenfolge - die Fragebögen AF-Skala für berufliche Tätigkeiten, PD-Skala, AF-Skala für Tanzen, Polaritätsprofil zum flow-Zustand, AF-Skala in der Standardversion und Selbsteinschätzung der transsituativen Konsistenz des Anreizfokus vorgegeben. Bei dem Retest nach sechs Monaten wurde statt der PD-Skala die TD-Skala vorgegeben[25].

Hinsichtlich der *absoluten transsituativen Konsistenz* der AF-Skala zwischen Arbeits- und Sportkontext (Tanzen), zeigte sich ein hoch signifikanter Einfluß des Kontexts (einfaktorielle Varianzanalyse mit Meßwiederholung; TZ: $F_{(2,354)} = 74,07$; $p < ,001$; ZZ: $F_{(2,354)} = 172,02$; $p < ,001$) auf die Mittelwerte. Es kann also weder für die Tätigkeitszentrierung noch für die Zweckzentrierung von einer absoluten transsituativen Konsistenz ausgegangen werden.

Zur Überprüfung der *relativen transsituativen Konsistenz* wurden die Werte der Standardversion mit denen der situativ spezifizierten Versionen korreliert. Alle Produktmoment-Korrelationen (nach PEARSON) sind hoch signifikant (siehe Tabelle 2.3).

Tabelle 2.3: Produktmoment-Korrelationen (nach PEARSON) der Kennwerte aus der Standardversion der AF-Skala mit den Skalenwerten der AF-Skala mit spezifiziertem Situationskontext (N = 178) (RHEINBERG 1997)

Standardversion	Kontext Tanzen	Kontext Beruf
TZ	,65**	,69**
ZZ	,44**	,71**

Legende:
** p ≤,01

Die gemeinsamen Varianzen liegen bei durchschnittlich 40%. Die relativ geringe Korrelation der ZZ-Werte der Standardversion und des Kontexts Tanzen werden dabei auf den Anteil von Turniertänzern in der Gruppe zurückgeführt, die auch im Sport eine starke Zweckstruktur aufweisen. „Insgesamt zwingen die Koeffizienten nicht dazu, die Annahme der relativen Konsistenz als falsifiziert zu betrachten" (RHEINBERG 1997).

Den *Zusammenhang der AF-Skala (Standardversion) mit den Subskalen der „Paratelic Dominance Scale"* (PDS) zeigt die Tabelle 2.4. Die innere Konsistenz der übersetzten PDS stellte sich dabei als zufriedenstellend heraus (spontaneous: $\alpha = ,80$; arousal seeking: $\alpha = ,72$; playful: $\alpha = ,62$; Gesamt: $\alpha = ,79$).

---

[25] Die erwähnten Fragebögen zur Paratelic Dominance Scale (PDS) und zur Telic Dominance Scale (TDS) sind ebenfalls im Anhang eingefügt und werden im Kapitel 4.3 noch näher erläutert.

Tabelle 2.4: Produktmoment-Korrelationen (nach PEARSON) zwischen den PD-Subskalen und den Kennwerten der AF-Skala (N = 178) (RHEINBERG 1997)

AF-Skala	PD-Skala			
	Playful	Spontaneous	Arousal Seeking	Gesamtwert
TZ	,31**	,21**	,04	,27**
ZZ	-,27**	-,25**	-,16*	-,33**

Legende:
** p ≤,01; * p ≤,05

Die Korrelationswerte werden durch eine multivariate Zusammenhangsanalyse (Kanonische Korrelation, Abbildung 2.9) bestätigt. Der kanonische Korrelationskoeffizient von r =,43 ist signifikant (p ≤,01). TZ-Werte gehen positiv, ZZ-Werte negativ in die Beziehung ein. Die Sub-Skala „playful" hat das stärkste Gewicht vor „spontaneous" und „arousal seeking".

PD-Skala	Kanonische Korrelation	AF-Skala

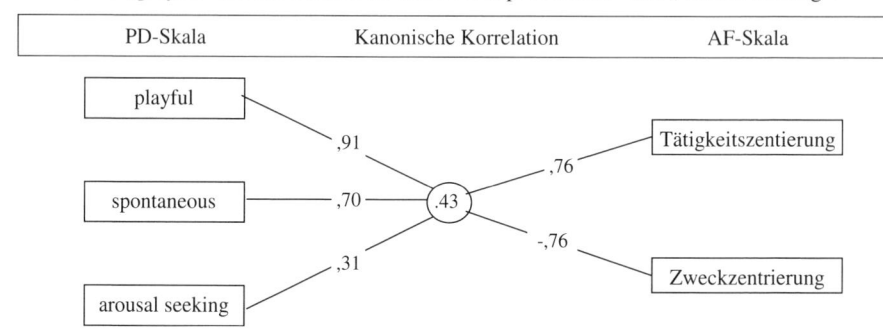

```
   playful
              ,91
                      ,76      Tätigkeitszentierung
   spontaneous ——,70——(.43)
                               -,76
              ,31
   arousal seeking              Zweckzentrierung
```

Abbildung 2.9: Multivariate Zusammenhangsanalyse zwischen PD-Skala und AF-Skala (RHEINBERG 1997)

Die Redundanz zwischen den beiden Skalen fällt mit 11% der Variabilität der AF-Skala eher niedrig aus. Daraus ergibt sich, daß durch die Kenntnis der PD-Skalenwerte nur 11% der Variabilität der AF-Skala erklärt werden können (und umgekehrt) (RHEINBERG 1997).

Zusammenhang mit dem affektiven Erleben (flow-Erleben) beim Tanzen. Das Profil ist deutlich zu den Polen flüssiges, freudvolles, positives Erleben verschoben, d.h. die Aktivität Tanzen ist für die untersuchte Population gut geeignet, um *flow*-Zustände herbeizuführen und aufrecht zu erhalten. Zur Überprüfung des Zusammenhangs mit der AF-Skala wurden die 14 Items zunächst einer Faktorenanalyse (Hauptkomponentenanalyse, Varimax-Rotation) unterzogen. Die drei Faktoren (Eigenwert ≥ 1; 61% Gesamtvarianzaufklärung) lassen sich wie folgt beschreiben: Faktor I entspricht der *flow*-Komponente des „flüssigen Tätigkeitsvollzuges"; Faktor II entspricht „kraftvoller Dynamik; Faktor III spiegelt „zuversichtliche Angstfreiheit" wider. Tabelle 2.5 zeigt die Korrelationen der beiden Kennwerte der AF-Skala mit den drei ermittelten Faktoren des *flow*-Erlebens beim Tanzen.

Anreizfokus-Modell (Rheinberg)

Tabelle 2.5: Produktmoment-Korrelationen (nach PEARSON) zwischen den Dimensionen des affektiven Erlebens beim Tanzen (Summenwerte) und den beiden Kennwerte der AF-Skala, spezifiziert für den Kontext „Tanzen" (N=169 Tanzsportler) (RHEINBERG 1997)

AF-Skala	Flüssiger Vollzug	Kraftvolle Dynamik	Zuversichtliche Angstfreiheit
TZ	,09	,09	-,04
ZZ	-,26**	-,24**	-,22**

Der TZ-Wert steht mit dem affektiven Erleben der ohnehin stark tätigkeitszentriert betriebenen Aktivität in keinem Zusammenhang. Bei den ZZ-Werten finden sich schwache, aber signifikante Zusammenhänge in der erwarteten (negativen) Richtung, d.h. je stärker zweckzentrierte Anreize beachtet werden, um so schwächer fallen *flow*-ähnliche Zustände aus.

Insgesamt zeigen sich also die erwarteten Zusammenhänge, deren Ausprägung ist jedoch verhältnismäßig gering, so daß von einer weitgehenden Eigenständigkeit des Instruments ausgegangen werden kann.

Erfassung von Anreizqualitäten

Nachdem mittels der Anreizfokus-Skala Tendenzen im Anreizfokus festgestellt und somit der Einfluß von Tätigkeitsanreizen auf die Handlungsveranlassung zumindest für einzelne Gruppen und Kontexte gezeigt werden konnte, wird in einem nächsten Schritt die inhaltliche Präzisierung dieser Anreizklassen beschrieben. Im Vordergrund stehen dabei die positiven Tätigkeitsanreize. Als Untersuchungsgegenstand wurden verschiedene Freizeitsportarten wie Skifahren, Surfen, Motorradfahren u.a. ausgewählt, die ein großes Spektrum von Tätigkeitsanreizen besitzen. Von deren Ausübung geht offenbar eine starke Anziehungskraft aus, weil Personen dafür Zeit, Geld und Anstrengung investieren und sogar negative Folgen, z.B. Verletzungen oder langfristige Gesundheitsschäden etc. in Kauf nehmen. Gleichzeitig ist kein[26] Zweck erkennbar, der außerhalb des Tätigkeitsvollzuges liegt und sich als Folge des tätigkeitsbewirkten Handlungsergebnisses einstellt.

Für die Analyse der Anreize schlägt RHEINBERG (1989, 147; 1993) folgende vierstufige Vorgehensweise vor:

1. Ausführung der betreffenden Tätigkeit durch den Untersucher, um Verständnis für mögliche Verbalisierungsschwierigkeiten zu entwickeln.
2. Erstellung des vorläufigen Anreizkataloges, wobei neben den Selbsterleben noch folgende Informationsquellen hinzugezogen werden:
   a) Experten, weil ihnen das Gebiet sehr vertraut ist und sie zudem Erlebnisse kennen, die sich vielleicht erst auf höheren Kompetenzstufen einstellen.

---

[26] Wie sich im 3. Kapitel zeigen wird, ist auch bei genannten Tätigkeiten zumindest für verschiedene Personengruppen die Existenz von Folgeanreizen wie z.B. der Verbesserung der Kondition, der Gesundheit, der Leistungsfähigkeit oder spezifischer sportlicher Fähigkeiten anzunehmen.

b) Fachzeitschriften und -bücher, insbesondere Reise- und Erfahrungsberichte von Lesern, aber auch Testberichte (Material, Reviere), weil sich auch aus ihnen ablesen läßt, worauf bei der jeweiligen Aktivität Wert gelegt wird.

c) Zudem wurde die Werbung für Produkte und ggf. auch Gebiete analysiert, da möglicherweise auch hier bedeutsame Faktoren erwähnt werden.

3. Dieser vorläufige Anreizkatalog wird nach Erprobungen mit Ergänzungsmöglichkeiten in offenen Kategorien und mittels 15-30 Einzelinterviews noch überarbeitet. Dabei wird insbesondere danach gefragt, wie sie zu der Aktivität gekommen sind, was sie damals daran gereizt hat und was sie heute an der Tätigkeit begeistert, welche Anreize neu hinzugekommen sind. Als Hilfen können dabei folgende Hinweise gegeben werden: Erinnerung an einen Tag, an dem die betreffende Tätigkeit besonders viel Spaß gemacht hat (Woran lag dies?); Hineinversetzen in die Vorbereitungsphase (Worauf freut man sich am meisten? Was hat man schon vor Augen?); Erinnerungen an Entzugsphasen (Was hat man am meisten vermißt?) und Fragen nach Tagträumen (Wie sehen diese selbstproduzierten Szenarien aus? Was ist das Schönste an ihnen?).

4. Der Katalog wird nun größeren Stichproben (60-200 Aktive) in Form eines standardisierten Fragebogens vorgelegt. Damit wird ermittelt,

a) ob der Vpn der umschriebene Anreiz aus dem Selbsterleben bekannt ist (ja / nein),

b) wie ausschlaggebend dieses Erlebnis für die eigene Motivation ist („nicht so wichtig", „wichtig", „ausschlaggebend") und

c) ob man die Tätigkeit auch noch ausüben würde, wenn dieses Erlebnis wegfiele.

Durch derartige Erhebungen entstehen Anreizprofile, anhand derer Tätigkeiten anreizseitig verglichen werden können. Um beispielsweise zu ermitteln, ob bestimmte Anreizkombinationen bei allen engagiert betriebenen Freizeittätigkeiten vorkommen und Beziehungen zu bekannten Motivationskonzepten bestehen, müssen die Einzelanreize im Sinne einer „induktiven Motivationspsychologie" (RHEINBERG 1993) zu einem höheren Abstraktionsniveau aggregiert werden. Da aufgrund der Interviews keine vergleichbaren Gewichtungen vorliegen, wurde eine andere Aggregationsmethode verwendet (BONIN 1992, RHEINBERG 1993). Die 115 Anreizumschreibungen der vier Freizeitaktivitäten Motorradfahren, Skifahren, Surfen und Musizieren wurden dazu auf Kärtchen gedruckt und anschließend von 40 Studenten verschiedener Fachrichtungen nach ihrer wahrgenommenen Ähnlichkeit gruppiert. Die Häufigkeiten der Anreizkombinationen (0-40), wie sie aus den Kartenstapeln (4-35, M = 14,05, SD = 6,83) wurden als Ähnlichkeitsmaße in eine 115x115-Matrix eingetragen, die sich aus den Kombinationen der einzelnen Anreize ergab. Diese Matrix - transformiert in eine Distanzmatrix - bildete die Basis für verschiedene Clusteranalysen. Bei drei von vier durchgeführten Verfahren (Average Linkage - Complete Linkage und Ward-Verfahren) ergaben sich ähnliche 15-Cluster-Lösungen. Die 15 Cluster werden ebenfalls im Kapitel 2.6.3 nach den einzelnen Anreizkatalogen beschrieben.

In diesem Zusammenhang ist noch auf auftretende Klassifikationsprobleme im Zusammenhang mit der Konzeptualisierung einer Tätigkeit hinzuweisen. Je feiner eine Tätigkeit in einzelne Sequenzen untergliedert wird, um so eher erscheinen diese zweckzentriert. So setzen Anreize wie das Erleben von „Kompetenzzuwächsen", „Präzisionsgenüssen",

"Selbstbestätigung" oder „Grenzerfahrungen" ein (Zwischen-) Ergebnis voraus. RHEINBERG schlägt vor, diese Anreize solange zu den tätigkeitszentrierten zu rechnen, wie die Person „solche ‚zweckzentrierten Parzellen' der molareren Tätigkeitseinheit erlebnismäßig subsumiert" (RHEINBERG 1989, 146). Das Konzeptualisierungsniveau ist also dem Verständnis der betreffenden Personen anzupassen. Wird der Anreiz einer umfassenderen Tätigkeit, z.b. dem Skifahren zugeordnet, so ist dies maßgeblich. Ebenso können Anreize aber auch mit Teilen solcher Tätigkeiten, wie z.b. einer einzelnen Abfahrt oder bestimmten Formen der Tätigkeit, z.b. Buckelpisten- oder Tiefschneefahren in Verbindung gebracht werden. Abhängig von der gewählten Bezugsgröße kann dann entschieden werden, ob der Anreiz quasi „parallel" zum Tätigkeitsvollzug erlebt wird oder als Konsequenz des Ergebnisses der abgeschlossenen Handlung. In einigen Fällen ist auch eine Kombination beider Varianten denkbar; z.b. kann während einer Abfahrt Freude am eigenen fahrerischen Können erlebt werden und nach deren Abschluß rückblickend das Ergebnis anhand der Spuren bewertet werden.

Die ermittelten Anreizkataloge der Freizeitaktivitäten sowie die übergeordneten Anreiz-Cluster werden im folgenden Kapitel 2.6.3 dargestellt.

2.6.3 Sportbezug des Anreizfokus-Modells

In diesem Abschnitt werden exemplarisch die ermittelten Anreizkataloge für Motorradfahren und Windsurfen und anschließend die übergreifenden Anreizbereiche dargestellt, wie sie sich mittels des oben beschriebenen Verfahrens ergaben.

Motorradfahren ist als Untersuchungsgegenstand geeignet, weil es aus zweckrationaler Sicht weitgehend unverständlich ist. Motorradfahren hat im Vergleich zum Autofahren ein 30- bis 40mal höheres Risiko von schweren oder sogar tödlichen Verletzungen, ist - zumindest auf längeren Strecken - unkomfortabel, erfordert spezielle Bekleidung, läßt nur sehr eingeschränkt die Mitnahme von Gepäck und Mitreisenden zu und ist insbesondere bei leistungsstarken Motorrädern sehr teuer. Da dem keine positiv zu bewertenden Konsequenzen gegenüberstehen[27], muß der Tätigkeitsvollzug Anreize bieten, die die genannten Nachteile - zumindest im subjektiven Empfinden - übersteigen.

Aus der Analyse von Motorradwerbung, Test- und Fahrberichten, Reiseberichten und einer Interviewstudie ermittelte NAGELS (1984) insgesamt 35 Anreizkategorien. Bei der anschließenden Befragung von 40 Motorradfahrern zeigte sich, daß „Sportlichkeit / Dynamik des Fahrens" (75%)[28], „Beschleunigung / Schnelligkeit" (75%), „Beherrschung der Maschine" (75%), „Naturwahrnehmungen / Umweltkontakt" (72,5%), „Leistung und Kraft" (65%), „soziale Kontakte" (62,5%) und das „intensive Erleben der Geschwindigkeit" (62,5%) die

---

[27] Als positive rationale Argumente für das Motorradfahrens könnten beispielsweise eine in bestimmten Situationen größere Mobilität im Straßenverkehr, leichtere Parkplatzsuche und ggf. der Imagewinn durch das Attribut des Motorradfahrers aufgeführt werden.

[28] Mehrfachnennung waren möglich.

am häufigsten genannten Gründe für das Motorradfahren sind (freie, wiedererkannte und projektive[29] Gründe zusammengefaßt) (NAGELS 1984, 14).

Der vorläufige Anreizkatalog auf Basis dieser Studie besitzt ein relativ niedriges Abstraktionsniveau, d.h. die Anreizkomponenten werden verhältnismäßig konkret und tätigkeitsbezogen umschrieben (siehe Abbildung 2.10).

Anreiztyp	Anreizkatalog zum Motorradfahren - Inhaltscharakteristik
Kompetenzzuwachs	Spaß daran spüren, wie man die gleiche Kurvenstrecke immer zügiger durchfährt, wie man die Maschine zunehmend in den Griff bekommt, mit ihr verwächst.
Präzisionsgenüsse	Perfektes Zusammenspiel von Fahrer und präzise funktionierender Maschine erleben.
Schwingende Bewegungsgeschmeidigkeit	„Wenn du so ganz elastisch durch die Kurvenkombination ziehst, links, rechts und wieder eine - zügig, aber nicht an der Grenze, das ist wie in Watte fallen oder besser, wie mit Ski im Pulverschnee."
Kraftentfaltung / Erregungssturm	„Du reißt das Gas auf und die Maschine brüllt wie ein Tier, und du explodierst nach vorne, daß dir die Luft wegbleibt. Du kannst dich fast nicht mehr festhalten. So etwas kann einen ganz schön wild machen."
Sturmwind	„Du bist ja bei 170 in einem Orkan. Da fliegen sonst die Bäume durch die Gegend. Das tobt und reißt an dir, daß du anfangs höllische Angst bekommst, und dann willst du es immer wieder haben."
Angstkontrolle	Spüren, wie man sich selbst und die eigene Angst immer besser in den Griff bekommt, wie man zunehmend lockerer die gleiche Schräglage fahren kann.
Nervenkitzel / Angstprickeln	„Wenn du echt an der Grenze bist und du nicht genau weißt, ob du das noch halten kannst. Das ist blöd, aber irgendwie sagenhaft, und später bist du ganz entspannt."
Toben	„Wenn du so durchs Gelände jagst, daß du meinst, gleich muß es dich oder den Bock (= Motorrad) zerreißen - das ist das Größte überhaupt."
Durchhalten	Lange Strecken trotz Kälte, Regen und Erschöpfung durchzuhalten, nicht schlapp zu machen.
„Einsamer Reiter"	„So ein großes Gefühl, so wie wenn du vor der Sonne ganz allein über ein weites, freies Land reiten würdest. Auf ganz bestimmte Weise fühlst du dich irgendwie groß und einsam."
„Wilder Geselle"	„Wenn ich so richtig in Rocker-Montur loslärme, das tut manchmal so richtig gut. Sonst muß ich ja in Schlips und Kragen die wohltemperierte ‚mittlere Führungskraft' spielen."
Beeindrucken	Genießen, wie die eigene hochkarätig frisierte Maschine bewundert wird, wenn man andere überholt oder an der Ampel neben ihnen steht.
Überlegenheit[30]	Schneller, besser, verwegener zu sein als die in den ‚zuhen Kisten' (= Auto); es denen zu zeigen.

---

[29] Neben den Gründen für das eigene Engagement beim Motorradfahren wurde auch nach möglichen Gründen für andere Fahrer gefragt, um auf diese Weise auch eventuell sozial unerwünschte Faktoren aufzudecken.

[30] Obwohl das Gefühl der Überlegenheit, des Besser- bzw. Schneller-Seins, abhängig von bestimmten Ergebnissen ist, die der Selbstbewertung unterzogen werden und somit zu entsprechenden Emotionen führen, kann er als Tätigkeitsanreiz angenommen werden, da er sich in der Regel nicht an einem bestimmten Ergebnis festmacht, sondern - mehr oder weniger - fortwährend, also parallel zur Tätigkeit erlebt wird.

Anreizfokus-Modell (Rheinberg)

Anreiztyp	Anreizkatalog zum Motorradfahren - Inhaltscharakteristik
Kameradschaft[31]	Zu einer Gruppe zu gehören, die sich grüßt, sich hilft; „echte Typen" auf Motorradtreffs kennenzulernen.
„Abschalten"	„Das wichtigste ist: sobald ich drauf sitze, ist alles weg - keine Probleme mit der Firma, den Kindern, nur fahren, fahren, fahren."
Naturkontakt, optisch	„Man gleitet mit niedriger Drehzahl ganz entspannt auf kleinen Straßen durch Felder, durch Waldschneisen, kleine Dörfer, - du siehst Dinge, die du sonst nie mitbekomrnen hast. Du bist irgendwie viel mehr in der Landschaft".
Naturkontakt, olfaktorisch	„Du riechst alles intensiv. Frisch gemähtes Heu, trockene Felder, natürlich auch Misthaufen und die stinkenden Hühnerfarmen."
Naturkontakt, thermorezeptorisch	„Wenn Du so durch die gemähten Kornfelder fährst, wenn die Luft darüber flimmert, ganz trocken und heiß - dann tauchst du in den Wald ein, und die Luft ist schlagartig kühl und feucht. Das ist ein wunderschönes Gefühl, das kriegst du sonst nie so deutlich mit. Das ist so wie durch Luft schwimmen."
Materialpflege	Auf perfekter Maschine zu sitzen; Maschine pflegen; schneller und schöner machen; schrauben; etwas von Motoren verstehen.

Abbildung 2.10: Anreizkatalog zum Motorradfahren (RHEINBERG 1989, 144)

An einigen der Beispiele wird deutlich, daß Anreize häufig durch eine Kombination aus Binnenzustand (Gefühl), Tätigkeit und Kontext repräsentiert werden. Dies könnte einerseits mit der schwierigen Verbalisierung der Anreize zusammenhängen, andererseits aber auch typisch für Tätigkeitsanreize sein. Abgrenzungsprobleme treten bei Anreizen auf, die sich nicht auf die Tätigkeit, sondern (nur) auf den Gegenstand (z.B. Materialpflege oder Bewunderung der „gestylten" Maschine) oder den Kontext (Naturerleben) beziehen. Für RHEINBERG (1989) gelten solche Anreize solange als tätigkeitszentriert, wie das Objekt oder der Umgebungskontakt in „notwendiger und unverwechselbarer Weise" zur Ausübung der Tätigkeit gehören (RHEINBERG 1989, 146).

Ein weiterer Anreizkatalog wurde für die Freizeitaktivität Windsurfen erstellt. Er umfaßt die folgenden Komponenten:

Anreiztyp	Anreizkatalog zum Windsurfen - Inhaltscharakteristik
Kompetenzzuwachs	Zu spüren, wie man das immer besser kann. (Sicherer auf dem Brett stehen, immer stärkeren Wind; Wellengang meistem zu können, radikale Manöver und Sprünge zu beherrschen u.ä.).
Perfektes Zusammenspiel	Zu spüren, wie Brett, Rigg und eigene Bewegungen eine Einheit werden, die mit Wind und Wellen umgeht (Abgrenzung zu 3: Erlebnisschwerpunkt ist diese Einheit).
Erlebte Bewegungsgeschmeidigkeit	Zu erleben, wie der eigene Körper elastisch-kraftvoll wirksam ist (Abgrenzung zu 2: Erlebnisschwerpunkt ist der eigene Körper).
Kontrolle	Zu spüren, wie das Brett macht, was man will.
Selbstbestätigung	Ein gutes Gefühl zu wissen, daß man etwas halbwegs gut kann.
Kämpfen	Spüren, wie man sich von der Wucht des Windes oder der Brandung nicht fertigmachen läßt (Reißen am Gabelbaum; z.B. Gefühl bei gerade noch verhindertem Schleudersturz).

---

[31] Wie bei der Kategorie Präzisionsgenüsse sind hier m.E. neben Tätigkeitsanreizen mit dem Erleben der Gruppenzugehörigkeit auch Zweckanreize in Form des angestrebten Zieles „Typen kennenlernen" enthalten.

Anreiztyp	Anreizkatalog zum Windsurfen - Inhaltscharakteristik
Powergefühl	Z.B.: Wenn das Brett beim Dichtholen im Starkwind rasant hochbeschleunigt und meine Kraft dagegenhält.
Speed	Mit „irrsinnigem Speed" auf kaum noch zu kontrollierendem und hart schlagendem Brett über das Wasser rasen. Schneller sein als andere.[32]
Verausgaben	Sich bis zur Erschöpfung auszutoben und dann „entspannt-kaputt sein".
Naturgewalt spüren	Es zu genießen, welche Wucht im Sturm auf mich einwirkt (Abgrenzung zu 6 und 12: Erlebnisschwerpunkt sind die einwirkenden Reize und nicht deren Bewältigung).
Ausgesetzt sein	Mit geringsten Hilfsmitteln auf sich allein gestellt zu sein.
Grenzerfahrung	Bedrohliche, teils beängstigende Situationen (z.B. „donnernde" Felsbrandung, Sturm, fliegendes Wasser, dunkler Himmel) gerade noch bewältigt zu haben; eigene Grenze fast überschritten zu haben, soeben noch das Ufer erreicht.
Aufregung / Angst	Das ‚Kitzeln', ob extrem hohe Sprünge überstanden werden; ob bei hohem Tempo ein Manöver oder die Querung hoher Wellen doch noch gut gehen; zu wissen, es ist gefährlich.
Abschalten	Man hat keine anderen Gedanken im Kopf, ganz in der Tätigkeit aufgehen.
Allein sein können	Nicht reden zu müssen, ganz „bei sich" sein zu können, Stille - nur das Brett zischt (Erlebnis bei Leicht- und Mittelwind).
Soziale Kontakte (Kameradschaft)	Mit anderen Surfern am Ufer zu reden, nette Leute kennenzulernen.
Kompetenz zeigen	Es schön zu finden, gutes Fahren zu zeigen und zu wissen, daß auch andere das sehen und schön finden.
Sich als Surfer begreifen	Tut gut zu wissen, daß man Surfer ist (Indikatoren: gutes Gefühl, mit dem Brett auf dem Autodach zu fahren; Autoaufkleber o.ä.).
Sonne, Strand und Meer	Angenehmes Umgebungsgefühl, Urlaubsthematik.
Unmittelbarer Naturkontakt	‚Draußen sein'; durch die Natur zu gleiten ohne zu stören.
Aktivsein	Etwas zu tun zu haben, keine Langeweile.
Materialumgang	Mit bestem Material umzugehen, es herzustellen, es kaufen; materialtechnisch kompetent zu sein.

Abbildung 2.11: Anreizkatalog zum Windsurfen (RHEINBERG 1989, 148)

Bis auf die spezifischen Aspekte des Surf-Katalogs („Kämpfen", „Power" und „Naturgewalt spüren") besteht eine weitgehende Ähnlichkeit der beiden äußerlich grundverschiedenen erscheinenden Sportarten. In beiden Katalogen finden sich Leistungsthematik, Aufgehen in der Tätigkeit, Bewegungsfreuden, Genuß starker Stimulation (z.B. Risiko, Aufregung, Angstlust, Krafterlebnisse, Abenteuerelemente).

Um die Anreize von Aktivitäten zu systematisieren, wurden die 115 einzelnen Anreize der vier Tätigkeiten Motorradfahren, Skifahren, Windsurfen und Musizieren einer Clusteranalyse unterzogen (BONIN 1992). Dabei ergaben sich die folgenden 15 Cluster:

---

[32] Anmerkung: Der zweite Aspekt ist m.E. nicht mit den Körperwahrnehmungen beim Schnellfahren verbunden, sondern bezieht sich auf den Leistungsaspekt mit sozialer Bezugsnorm.

Anreizfokus-Modell (Rheinberg) 71

(1)	Selbstbewertung: Kompetenzzuwachs, Erfolgserlebnis, Stolz / Freude über eigenes Können
(2)	Fremdbewertung: Andere beeindrucken, Applaus, Überlegenheit
(3)	Objektbewertung: Materialtechnische Kompetenz, Materialwissen, Materialbesitz
(4)	Identifikation, Selbstdefinition über die Tätigkeit
(5)	Genuß eines perfekten, harmonischen Bewegungsvollzuges
(6)	Abschalten, in der Tätigkeit aufgehen, Alltagsprobleme vergessen
(7)	Sinnliches Naturerleben
(8)	Allein, bei sich sein zu können
(9)	Anstrengende Bewährung, Durchhalten, Selbstdisziplin
(10)	Erregung, Abenteuer, Nervenkitzel
(11)	Anschluß, Kameradschaft, Geselligkeit
(12)	Anforderungsloser, spannungsfreier Freizeitgenuß
(13)	Selbstverwirklichung / -entfaltung im Schaffen (Musik)
(14)	Freudiges Aufgehen im Tätigkeitsvollzug (Musik)
(15)	Innere Vorgänge erzeugen und erleben (Musik)

Abbildung 2.12: Anreizgruppen der vier Freizeitaktivitäten Motorradfahren, Skifahren, Windsurfen und Musizieren (RHEINBERG 1993)

Die ersten 12 Cluster, bei denen ein Sportbezug festgestellt wurde, werden anschließend noch kurz erläutert und die entsprechenden Anreiztypen zu den Tätigkeiten Motorradfahren und Windsurfen angegeben[33].

Zu 1.: Selbstbewertung: Kompetenzzuwachs, Erfolgserlebnis, Stolz/Freude über eigenes Können
• Motorradfahren (Mot): Kompetenzzuwachs
• Surfen (Surf): Kompetenzzuwachs

Dieses Cluster entspricht der klassischen Leistungsmotivationspsychologie: Selbstbewertung und Stolz auf die eigene Tüchtigkeit. An der Formulierung „zu spüren ..." wird deutlich, daß es sich bei den Anreizen (eher) um Tätigkeits- als um Zweckanreize handelt, welche im Handlungsvollzug erlebt werden und nicht (primär) am Handlungsergebnis festmachen.

Zu 2.: Fremdbewertung: Andere beeindrucken, Applaus, Überlegenheit
• (Mot) Überlegenheit
• (Surf) Kompetenz zeigen

In diesem Cluster sind die Fremdbewertungskomponenten in Leistungssituationen enthalten. Überlegenheit und Anerkennung müssen dabei nicht unbedingt leistungsthematisch interpretiert werden; dies kann auch im Sinne der Machtthematik erfolgen.

Zu 3.: Objektbewertung: Materialtechnische Kompetenz, Materialwissen, Materialbesitz
• (Mot) Materialpflege
• (Surf) Materialumgang

Freude am Umgang, Besitz, Pflege und Kenntnis von gutem und hochwertigem Material ist bislang motivationspsychologisch nicht thematisiert worden. Es bieten sich jedoch Anknüpfungspunkte / Überschneidungen mit den Elementen der Selbstbewertung, Fremdbewertung und Identifikation an.

Zu 4.: Identifikation, Selbstdefinition über die Tätigkeit
• (Mot) Keine entsprechende Nennung
• (Surf) Sich als Surfer zu begreifen

Dieser Aspekt veranschaulicht die Nutzung der Tätigkeit zur Selbstdefinition. Nach der Theorie der „Symbolischen Selbstergänzung" im Sinne von WICKLUND / GOLLWITZER (1982) sollte dies vorwiegend bei Aktiven auftreten, die in ihrer Selbstdefinition noch unsicher sind.

Zu 5.: Genuß eines perfekten, harmonischen Bewegungsvollzuges
• (Mot) Schwingende Bewegungsgeschmeidigkeit
• (Surf) Perfektes Zusammenspiel

Das Gefühl des Funktionieren im Bewegungsablauf ist eindeutig ein Tätigkeitsanreiz, der sich nur im Handlungsvollzug genießen läßt. In dem glatten Ablauf der Tätigkeit zeigt sich eine Komponente, wie sie auch im *flow*-Konzept von CSIKSZENTMIHALYI (1975) enthalten ist.

Zu 6.: Abschalten, in der Tätigkeit aufgehen, Alltagsprobleme vergessen
• (Mot) Abschalten
• (Surf) Abschalten

Noch klarer als im Cluster 5 handelt es sich beim Abschalten im Sinne eines Aufgehens im Tätigkeitsvollzug um eine *flow*-Komponente

Zu 7.: Sinnliches Naturerleben
• (Mot) Naturkontakt
• (Surf) Naturgewalt spüren

Der enge Naturkontakt, das Draußensein, wurde bislang in der Motivationsforschung nicht näher untersucht, wenn überhaupt beachtet. Somit ist auch noch offen, was die tieferen Auslöser dieses Anreizes sind. Denkbar wäre z.B. eine beruhigende oder aber auch anregende Wirkung, der durch die verschiedenen Sinne (optisch, akustisch, olfaktorisch, taktil, thermorezeptorisch) aufgenommenen Informationen (Reize). Ähnlichkeiten finden sich hier zu den aktivationspsychologischen Ansätzen (siehe Kapitel 0).

Zu 8.: Allein, bei sich sein zu können
• (Mot) „Einsamer Reiter"
• (Surf) Allein sein können

---

[33] Die Darstellung und Erläuterung der Anreizcluster entspricht weitgehend den Angaben von RHEINBERG (1993).

Der Anreiz des Alleinseins wurde bislang in keiner motivationspsychologischen Theorie berücksichtigt. Zu klären wäre, wo der zugrundeliegende Wert dieses Anreizes liegt: Ob in der Abwesenheit eines übermäßigen Reizeinstroms, in der Möglichkeit sich auf die eigene Person zu konzentrieren oder in dem oben genannten Gefühl der Größe, welches aus der zentralen Wahrnehmung der eigenen Person und der Überzeugung resultiert, zumindest im Moment etwas einzigartiges zu tun.

Zu 9.: Anstrengende Bewährung, Durchhalten, Selbstdisziplin
- (Mot) Durchhalten
- (Surf) Ausgesetzt sein

Durchhalten und Selbstdisziplin in schwierigen Situationen besitzt sowohl einen Bezug zur Gruppe der Selbstbewertungsanreize, wie auch zur Machtmotivation: Die Person ist zugleich Quelle und Ziel der Machtausübung (MCCLELLAND 1975).

Zu 10: Erregung, Abenteuer, Nervenkitzel
- (Mot) Kraftentfaltung / Erregungssturm
- (Surf) Grenzerfahrung

Dieses Cluster entspricht aus motivationspsychologischer Sicht den von ZUCKERMAN (1979, siehe Kapitel 4.2) beschriebenen „Sensation Seekern". Es ist mit 14 Anreiznennungen zu Erregung, Abenteuer und Nervenkitzel das größte in der vorliegenden Untersuchung. Dies kann einerseits auf die Relevanz dieser Anreizkategorie zurückzuführen sein, andererseits wäre zu klären, ob die zugrundeliegenden Faktoren der Anreize noch eine weitere Differenzierung zulassen.

Zu 11.: Anschluß, Kameradschaft, Geselligkeit
- (Mot) Kameradschaft
- (Surf) Soziale Kontakte

Das Cluster 11 mit den Aspekten Gemeinschaft, Geselligkeit und Dazugehören läßt sich eindeutig der Anschlußmotivation zurechnen.

Zu 12.: Anforderungsloser, spannungsfreier Freizeitgenuß
- (Mot) Keine entsprechende Nennung
- (Surf) Sonne, Strand und Meer

Dieser Anreiz ist weniger typisch für engagiert betriebene Aktivitäten und ist mehr mit dem gesamten Kontext der Aktivität assoziiert, als mit der Tätigkeit im engeren Sinne.

Die restlichen drei Cluster beinhalten ausschließlich Anreize aus dem Bereich des Musizierens. Für das Cluster 13: Selbstverwirklichung / -entfaltung im Schaffen läßt sich die ausschließliche Besetzung durch musikbezogene Anreize unter Umständen durch die Auswahl der Sportarten erklären. Zu überprüfen wäre, ob Sportarten aus dem eher kreativ-künstlerischen Bereich, wie z.B. Rhythmische Sportgymnastik, Eiskunstlauf oder Tanzen, das Bild verändern würden. Ebenso ist zu erwarten, daß durch die Hinzunahme weiterer Aktivitäten sich das Spektrum der Anreizgruppen (wahrscheinlich) noch weiter ausdehnen würde. Als weitere Einschränkung ist noch die Gruppierung zu erwähnen, die sich aus den empfindungsbasierten Einschätzungen von 40 Personen ergibt.

2.7 Zusammenfassung

Im diesem Kapitel wurden verschiedene motivationspsychologische Ansätze beschrieben, die auf Erwartungs- und Wert- bzw. Anreizkognitionen basieren. Dieser Abschnitt beinhaltet eine Zusammenfassung der wesentlichen Merkmale der Theorien von HECKHAUSEN und RHEINBERG. Mittels entsprechender Beispiele aus dem Bereich des Mountainbiking werden diese zusätzlich veranschaulicht. Dabei wird von der Frage ausgegangen, was (welche Anreize) motiviert eine Person dazu, z.b. eine Mountainbiketour zu unternehmen.

▭ Das *„Erweiterte Motivationsmodell"* von HECKHAUSEN (1977; 1989) unterscheidet motivationswirksame (Zweck-) Anreize und Erwartungen. Bei den Anreizen sind dies die vier Kategorien: ***Selbstbewertung, Fremdbewertung, Annäherung an ein Oberziel*** oder ***„Nebenwirkungen"***. RHEINBERG (1989) ergänzt bei den Anreizen die sogenannten *„tätigkeitszentrierten Anreize"*, die nicht mit den Handlungsergebnisfolgen, sondern direkt mit dem Handlungsvollzug verbunden sind. Durch diese Ergänzung werden auch Handlungen erklärbar, die aus der Perspektive der vorhergehenden Modelle nicht zu begründen sind. Dies betrifft insbesondere die Fälle des Handelns bei positiven Tätigkeitsanreizen, trotz negativer Zweckanreize (z.B. hoher Zeitaufwand für Materialpflege, Risiko von Verletzungen etc.) sowie das Nichthandeln bei negativ eingestuftem Handlungsvollzug (z.B. Langeweile oder Angstempfinden u.ä.), trotz positiver Zweckanreize (z.B. Verbesserung der Fitness, Anerkennung durch Freunde, ggf. auch finanzielle Anreize etc.)[34].

⚲ Auf das Mountainbiking übertragen lassen sich folgende Beispiele für die verschiedenen Anreize denken:

Bei der Freude und / oder dem Stolz auf die Verbesserung einer persönlichen Bestzeit auf der „Hausstrecke" oder die geschafften Höhenmeter bei einer langen Tour handelt es sich um *Selbstbewertungen*, die einen Anreiz für die Durchführung der Tour darstellen können. Solche Selbstbewertungsaffekte resultieren aus dem Vergleich der eigenen Leistung mit vorhandenen Standards. Findet dieser Vergleich wie erwähnt, z.B. anhand der eigenen Bestzeit statt, besteht der Standard aus einer *individuellen Norm*. Beim Vergleich mit anderen Mountainbikern, z.B. bei einem Rennen, oder auch über bekannte Maßstäbe, z.B. in entsprechenden Magazinen, existiert eine *soziale Norm* als Vergleichswert.

Besteht der Anreiz eine schwierigen Passage oder Tour anzugehen in der erwarteten Anerkennung von anderen Mountainbikern, liegt ein *Fremdbewertungsanreiz* vor. Wie

---

[34] Die beiden anderen Möglichkeiten verschachtelter Anreize – Handeln bei positiv besetzten Folgen trotz negativ bewerteter Tätigkeit oder Nichthandeln bei negativen Folgen trotz positiver Tätigkeitsanreize – stellten auch in den vorherigen Modelle kein Erklärungsproblem dar, weil sich die Handlungsweise auch unter alleiniger Berücksichtigung von Folgenanreizen erklären ließ.

Zusammenfassung

bei den Selbstbewertungen sind auch hier individuelle oder soziale Vergleichsstandards möglich.

Ist die erfolgreiche Teilnahme an einem Radmarathon für einen Mountainbiker ein wichtiges, positiv bewertetes Ziel, so besteht ein Anreiz für das vorbereitende Training in der Annäherung an dieses (Ober-) Ziel.

Führt jemand eine Mountainbiketour aus, um anderen die schöne Landschaft zu zeigen oder ihnen Freude am Fahren interessanter Strecken zu vermitteln, so handelt es sich um sogenannte „*Nebenwirkungen*", die den Anreiz für diese Tätigkeit darstellen. Es wird deutlich, daß hier häufig Überschneidungen zu Fremdbewertungsanreizen bestehen, z.B. in Form der Anerkennung der Gruppenmitglieder für die fachkundige Führung oder wenn eine finanzielle Vergütung mit der Durchführung verbunden ist.

Neben den eben genannten Zweckanreizen können auch zahlreiche *Tätigkeitsanreize* vorhanden sein, die jemand zu einer bestimmten Tour oder auch nur zum Fahren einer speziellen Strecke bewegen. Das Spüren von Sonne und Wind auf der Haut, der Genuß eines schönen Gipfelpanoramas, das Prickeln bei extremen Schräglagen oder steilen Abfahrten oder auch die Freude am Zusammensein mit Gleichgesinnten sind Beispiele für Anreize, die unmittelbar während der Tätigkeit „erfahren" werden und nicht vom Erreichen bestimmter Ziele abhängen.

 Außer den Anreizen werden auch drei verschiedene Erwartungen in dem Modell von HECKHAUSEN differenziert. Neben der *Handlungs-Ergebnis-Erwartung*, der subjektiv eingeschätzten Wahrscheinlichkeit, mit der das eigene Handeln ein angestrebtes Ziel realisieren kann, ist die *Ergebnis-Folge-Erwartung (Instrumentalität)*, also die Wahrscheinlichkeit, mit der ein Ergebnis erwartete Folgen bewirkt, zu beachten. Ferner werden noch die *Situations-Ergebnis-Erwartung* und eine *Handlung bei Situations-Ergebnis-Erwartung* unterschieden. Die erste bezeichnet die eingeschätzte Wahrscheinlichkeit, mit der eine Situation ohne eigenes Zutun zu dem gewünschten Ergebnis führt, letztere die subjektiv eingeschätzte Wahrscheinlichkeit, mit der Situationsfaktoren die Handlungs-Ergebnis-Erwartung beeinflussen. Von RHEINBERG (1989) wurde die Situation-Handlungs-Erwartung ergänzt, die die Annahmen der Person über die möglichen Tätigkeiten ausdrückt, die potentiell von einer Situation in Aussicht gestellt werden.

 Aus dem Bereich des Mountainbiking lassen sich folgende Beispiele für die verschiedenen Erwartungen nennen:

Bei der Einschätzung, ob die eigenen konditionellen Fähigkeiten und die Fahrtechnik genügen, die ausgewählte Tour zu bewältigen, handelt es sich um eine *Handlungs-Ergebnis-Erwartung*.

Der geschätzte Grad, mit dem die erfolgreiche Bewältigung der Tour auch zu der erhofften Anerkennung durch die Freunde oder zu Verbesserung der Kondition führt, ist ein Beispiel für eine *Ergebnis-Folge-Erwartung (Instrumentalität)*.

Situations-Ergebnis-Erwartungen spielen im sportlichen Kontext kaum eine Rolle, d.h. sie sind meistens nahe Null. So läßt sich zwar ein Gipfel mittels Seilbahn ohne großes eigenes Zutun erreichen, dies wird jedoch so gut wie nie zu sportlicher Anerkennung und zu einer Verbesserung der Fitness führen; bezogen auf das (isolierte) Ziel „eine schöne Aussicht genießen" ist diese Erwartung jedoch durchaus relevant.

Zu den *Handlung bei Situation-Ergebnis-Erwartungen* zählen z.B. der Einfluß der Wetterbedingungen, aber auch das zur Verfügung stehende Material oder das Einwirken Dritter.

Die von RHEINBERG (1989) ergänzte *Situation-Handlungs-Erwartung* zeigt sich z.B. in der Einschätzung, wieweit das Gelände eine spannende Trialabfahrt verspricht.

Im Hinblick auf eine **empirische Analyse** von Anreizen sind verschiedene Aspekte zu berücksichtigen.

- Für die Frage nach der Intentionsbildung ist nicht nur die Bedeutung des Anreizes zu berücksichtigen, sondern auch die Instrumentalität des Ergebnisses bezüglich der erwarteten Folgen. Mit der Einführung der tätigkeitszentrierten Anreize spielen auch die Erwartungen eine Rolle, die die Situation hinsichtlich der von ihr gebotenen Tätigkeiten bewertet.

- Bei der Erfassung der Anreizwerte wurde von RHEINBERG (1989) in einer Studie eine „verzichtsthematische" Itemformulierung gewählt Dies erscheint auch für den sportlichen Kontext sinnvoll zu sein, wenn nach der „wirksamen" individuellen Bedeutung eines Anreizes und nicht nur nach der Einstellung gegenüber der betreffenden Eigenschaft gefragt ist. Es setzt jedoch einen geeigneten Bewertungsmaßstab voraus.

- Da die Veranlassungsstruktur rückschauend erfaßt wird, bleibt unklar, ob sämtliche Anreize genannt wurden; zudem können Abweichungen in den begrifflichen Konzepten zwischen Versuchsperson und Untersucher die Ergebnisse beeinflussen.

- Zur Erfassung der individuelle Disposition bezüglich einer Präferenz für zweckzentriertes oder tätigkeitszentriertes Verhalten wurde von RHEINBERG (1989) die sog. Anreizfokusskala (AF-Skala) entwickelt. Die allgemeine Version der AF-Skala sollte bei der Anwendung jedoch aktivitätsabhängig spezifiziert werden.

- Außerdem wurden auch Anreizkataloge zu verschiedenen sportlichen Aktivitäten erstellt. Bei der Vorgehensweise wurde jeweils zunächst ein vorläufiger Anreizkatalog erstellt, wobei Items aus Experteninterviews, verschiedenen Literaturquellen und auch aus der Werbung in dem speziellen Bereich stammten. Diese vorläufige Version wurde zu einem standardisierten Fragebogen weiterentwickelt und schließlich jeweils Stichproben von 60-200 Versuchspersonen vorgelegt.

- Aus den vielen gefundenen Anreizen der verschiedenen Aktivitäten ergaben sich bei Clusteranalysen 15 Anreizgruppen (siehe Kapitel 2.6.3). Aus der Perspektive der Outdoorsportarten sind dabei besonders die Kategorien „sinnliches Naturerleben" und „Erregung, Abenteuer, Nervenkitzel", weil diese zumindest auf den ersten Blick charakteristisch für diese Sportarten erscheinen.

Die anfängliche **Fragestellung** kann somit wie folgt differenziert werden:

? Welche Zweckanreize und welche Tätigkeitsanreize liegen bei Outdooraktivitäten vor?
? Wie verteilen sich Zweck- und Tätigkeitsanreize bei den Outdooraktivitäten?

3 Anreize sportlicher Aktivität - Motivationsstrukturen im Sport

Wie im zweiten Kapitel, so werden auch in diesem verschiedene Ansätze beschrieben, die die Beweggründe für menschliches Handeln, speziell im sportlichen Kontext, erklären wollen. Im Unterschied zu oben dargestellten Theorien handelt es sich bei den folgenden um Ansätze, die sich ausschließlich auf sportliche Aktivität beziehen und in diesem Kontext entwickelt worden sind[35]. Die Auswahl der hier vorgestellten Ansätze erfolgt unter der Prämisse, daß sich in ihnen Erklärungsansätze für die Beweggründe sportlicher Aktivität, insbesondere im Bereich der Outdoorsportarten finden sollten. Eine weitere Gemeinsamkeit der Ansätze besteht darin, daß sie sich, wie die allgemeinen Modell aus Kapitel 0, auf kognitive Aspekte der Handlungsveranlassung, z.b. Einstellungen oder Sinnzuschreibungen beziehen.

Der erste Abschnitt (Kapitel 3.1) ist überschrieben mit „der Sinn sportlichen Handelns". In ihm werden zunächst aus dem Bereich des Bergsteigens die Beschreibungen von FRANKL (1973, 1992) und AUFMUTH (1983; 1988) zum individuellen Sinn dieser Aktivität wiedergegeben. Aufbauend auf Überlegungen von GRUPE (1986) zu den „Sinnmustern des Sports" folgt das Modell der Sinnrichtungen von KURZ (1986; 1990).

Der zweite Abschnitt (Kapitel 3.2) beschreibt das Modell der „wahrgenommenen Instrumentalität"[36] von KENYON (1968a; 1968b). Das Modell beschreibt Funktionen des Sports, die in Form von Einstellungsmessungen erfaßt werden. Die von KENYON gefundenen Kategorien konnten mit einer deutschen Fassung der ATPA-Skalen von SINGER u.a. (1980) bestätigt werden.

Das im dritten Abschnitt (Kapitel 3.3) beschriebene „*Adventure Model*" von EWERT / HOLLENHORST weist zwar keinen entsprechenden theoretischen Bezug wie die vorher genannten Ansätze auf, dennoch finden sich Ähnlichkeiten in den ermittelten Kategorien.

Die beiden Ansätze von KENYON (1968b) und KURZ (1986; 1990) sowie Aspekte, die sich aus der fortschreitenden Differenzierung und der wachsenden Bedeutung von gesundheits- und fitnessorientierten Sportarten ergeben, integriert BREHM (1994) in sein „Strukturmodell der Sinnzuschreibungen sportlicher Aktivität", welches im vierten Abschnitt (Kapitel 0) dargestellt wird.

Bei den Ansätzen, zu denen empirische Daten verfügbar sind, werden jeweils zuerst die Grundlagen und Merkmale, dann die Erfassungsmethoden und schließlich der Sportbezug erläutert. Da der Sportbezug im allgemeinen quasi per se gegeben ist, werden - wo verfügbar - Beispiele aus dem Spektrum der Outdoorsportarten ausgewählt.

---

[35] Die Darstellung kann hier natürlich nicht umfassend oder gar vollständig sein.
[36] "Perceived instrumentality"

3.1 Sinn sportlichen Handelns (FRANKL, AUFMUTH, GRUPE, KURZ)

Der Sinn alpinistischer Unternehmungen (FRANKL, AUFMUTH)

FRANKL (1973) hält das Konzept der Homöostase in der Motivationstheorie, mit Verweis auf andere Bereiche, wie z.b. die Biologie, für überholt. Unter Bezug auf hirnphysiologische Forschungen von GOLDSTEIN ist er sogar der Meinung, daß der Zustand des Gleichgewichts nur in pathologischen Systemen angestrebt wird. Ferner glaubt er nicht, daß es dem Menschen überhaupt um innere Zustände, egal welcher Art, geht, sondern um Dinge und Personen in der Außenwelt. Dabei geht es auch nicht um Zweck-Mittel-Beziehungen im Hinblick auf Bedürfnisbefriedigung, sondern um die Dinge und Personen ihrer selbst willen. Selbsttranszendenz ist für ihn ein entscheidendes Merkmal menschlicher Existenz und gleichzeitig eine notwendige Voraussetzung für Selbstverwirklichung. Als Gegenpunkt zum Prinzip der Homöostase formuliert FRANKL (1973, 29) vier aufeinander aufbauende Thesen:

(1) Der Mensch ist nicht darauf aus, Spannungen zu vermeiden, der Mensch braucht vielmehr Spannung.

(2) Der Mensch sucht Spannung.

(3) Gegenwärtig findet der Mensch zu wenig Spannung.

(4) Deswegen schafft der Mensch sich Spannung.

Der Mensch benötigt keine übergroße Spannung, sondern eine gesunde, dosierte Spannung und zwar in der Form eines Spannungsfeldes zwischen ihm und dem von ihm zu erfüllenden Sinn[37]. Die Suche nach Spannung drückt sich in der Suche nach sinnvollen Aufgaben aus, die den Menschen in eine gesunde Spannung versetzen können. Der Mangel an geeigneten Möglichkeiten, Spannung zu erleben, zeigt sich in Form von Langeweile und einem Gefühl der Sinnlosigkeit. In der „affluent society" so FRANKL (1973, 30) „haben weite Bevölkerungsschichten zwar Geldmittel, aber keinen Lebenszweck; sie haben genug, wovon sie leben können, aber ihr Leben hat kein Wozu, eben keinen Sinn". Gleiches gilt für die Freizeit: Viele Menschen haben mehr Zeit zur freien Verfügung, aber nichts, wofür sie diese sinnvoll verwenden könnten. Im Verhältnis zu früheren Zeiten bleibt dem Menschen viel Spannung und Not erspart, so daß er verlernt hat, beides zu ertragen. Aufgrund dieses Defizits an Spannung in unserer Gesellschaft schaffen sich die Menschen eine künstliche Spannung, u.a. durch das Leisten von Verzicht, durch künstlich und absichtlich erzeugte Situationen des Notstands. Sport bezeichnet FRANKL (1973, 30) als eine moderne, säkulare Askese. Neben der künstlichen Not schafft der Mensch sich auch künstliche Notwendigkeiten. Obwohl die modernen Verkehrsmittel sowie Aufzüge und andere Hilfsmittel es nicht mehr notwendig machen zu gehen, zu steigen oder zu klettern, schafft der Mensch sich ebensolche Situationen. „Der biologisch unterforderte Mensch arrangiert freiwillig, künstlich und absichtlich Notwendigkeiten höherer Art, indem er aus freien Stücken von sich etwas for-

---

[37] Spannung meint hier weniger ein Gefühl der Erregung oder Aktiviertheit im Sinne von „arousal", sondern eine Spannung als erlebte Diskrepanz zwischen einem angestrebten (sinnvermittelnden) Ziel und dem aktuellen Zustand. Für diese Spannung trifft eher der Begriff „tension" oder Stress zu, wobei es sich hier um die positive Form, den sog. „Eustress" handelt (FRANKL selbst bezieht sich in seinen Formulierungen auf die Stress-Forschung von H. SELYE).

dert, sich etwas versagt, auf etwas verzichtet" (FRANKL 1992, 26). Neben dem Zweck, Notwendigkeiten zu erzeugen, geht es den Menschen auch um die Möglichkeit zu erkunden, die eigenen Grenzen und die Grenzen des Menschenmöglichen zu finden (FRANKL 1973, 31).

Auch AUFMUTH (1983) befaßt sich mit dem Sinn bergsteigerischer Betätigung. Ihm geht es vor allem um den Zusammenhang von Risiko und Identitätsproblematik beim Extrem-Alpinismus. Um zunächst den Begriff *Extrem-Bergsteigens*[38] abzugrenzen, formuliert er vier Kriterien (AUFMUTH 1983, 249). Extrem-Bergsteigen erfordert:

- Äußerste körperliche und seelische Beanspruchung über einen längeren Zeitraum,
- ein objektiv vorhandenes und subjektiv empfundenes erhöhtes Lebensrisiko[39],
- die Meisterung der Gefährdung durch eine besondere Geschicklichkeit und
- eine Grundhaltung des inneren Engagiertseins (Leidenschaft, Besessenheit).

Die *einfachen Formen des Bergsteigens* und Kletterns und andere populäre Natursportarten hält AUFMUTH (1989a) für eine Reaktion auf Defizite im Selbsterleben, wie sie in unserer Alltagswelt entstehen:

- Mangel an intensiven und ganzheitlichem Körpererleben, wie es aus einer vollen und anhaltenden körperlichen Anstrengung entsteht,
- gedämpfte Intensität der elementaren sinnlichen Lusterfahrungen des Essens, Trinkens, Entspannens, usw.,
- Mangel an konkretem Leistungserleben,
- Mangel an elementaren Möglichkeiten des Kämpfens und des Kräftemessens,
- Mangel an Erlebnissen einer unmittelbaren Verbundenheit mit Mitmenschen und
- Mangel an „Gegenwärtigkeit" in Sinne des vollen Da-Seins in jeweiligen Augenblick.

In den Beweggründen für das „normale", breitensportliche Bergsteigen sieht AUFMUTH (1989a, 132) jedoch nur „eine Art unspezifischer Grundschicht", die in die Motivation für das Extrem-Bergsteigen mit eingebunden ist. Für das Extrem-Bergsteigen sind dagegen weitere Aspekte von größerer Bedeutung. Während er die „einfachen" Bergsteiger eher zu den Hedonisten zählt, für die genießendes Erleben im Mittelpunkt ihrer Aktivität steht, handelt es sich bei den Extrem-Bergsteigern meistens um Asketen, deren Erleben überwiegend von empfundenen Leiden und nur selten von Glücksempfinden geprägt ist[40]. Zu der

---

[38] Die Kriterien sieht AUFMUTH (1983) als übertragbar auf andere als extrem bezeichnete Sportarten.

[39] Maßgeblich für die Bestimmung der Beanspruchung und des Risikos ist dabei der jeweils subjektiv empfundene Grad und nicht der objektiv gegebene Schwierigkeitsgrad. Inkonsistent, weil eher objektiv zu verstehen, ist dagegen die nachfolgende Voraussetzung einer besonderen Geschicklichkeit.

[40] Die Sportkletterer haben nach AUFMUTH (1989b, 52) einen starken Einschlag in beide Richtungen: „Sie zeigen teilweise eine hohe Leidensbereitschaft, und sie haben andererseits auch einen ausgeprägten Hang zur Lässigkeit und zum Genießen. Sie sind große Hedonisten und ausgeprägte Asketen in einem". AUFMUTH läßt an dieser Stelle jedoch offen, ob diese Eigenschaften intrapersonell vorkommen oder ob er sie innerhalb der Spezie der Kletterer verteilt sieht.

Erforschung der Motivation wurden die schriftlichen und mündlichen Aussagen von anerkannten Extrem-Bergsteigern ausgewertet.

Als einen wesentlichen Beweggrund für das extreme Bergsteigen sieht AUFMUTH (1983, 250) die *„Krisis der unvollständigen Identität"*[41]. Die heutige Gesellschaft bietet eine komplexe Vielfalt von Identitäten, die durch einen schnellen Wandel der Kultur beeinflußt werden. Neben den Möglichkeiten, die sich aus dieser Vielfalt ergeben, entsteht zugleich eine *Orientierungsproblematik*[42]. Da von der Gesellschaft immer weniger konsistente und konkrete Orientierungen vorgegeben werden, wird „die intensiv erfahrene persönliche Innenwelt zum Hauptkompaß der Identitätsfindung" (AUFMUTH 1983, 251). Aus den Aussagen von Extrem-Bergsteigern ist abzuleiten, daß die motivationale Grundlage für diese sportliche Aktivität (und für verwandte Sportarten) in der Bewältigung akuter Identitätsprobleme liegt.

Die Hauptursache für die Selbstfremdheit (als Gegensatz zur Selbstklarheit) der Extrem-Bergsteiger sieht AUFMUTH (1983, 253-255) in einer *Gefühlentfremdung*, die sich besonders auf Empfindungen der Schwäche, Hilflosigkeit, Angst, Trauer, Zärtlichkeit und Lust bezieht. Die Selbstfremdheit wird meist als diffuses Unruhig- und Unbefriedigtsein empfunden und wirkt als Antrieb zur Suche nach innerer Ruhe und dem wahren Selbst. Die Aktivität des Bergsteigens beseitigt diese Unruhe, indem es das Bewußtsein vollständig für die augenblickliche Tätigkeit absorbiert und keinen Platz für zweifelnde Reflexionen läßt.

Auch der *Desintegration* (als Gegensatz zur Erfahrung der Einheit des Ich, der Harmonie) kann das Bergsteigen entgegenwirken. „Die instinktmäßige Ganzheitlichkeit der totalen Anstrengung am Berg erzeugt ein unerhört starkes Gefühl der Ganzheit. Die existentielle Harmonie des Handelns, tief aus dem Körper heraus erlebt, bewirkt die Harmonie des Ich" (AUFMUTH 1983, 256-257). Die sportliche Aktivität vermag auf diese Weise, zumindest vorübergehend, Ich-Spaltungen auszugleichen.

Sinndefizite resultieren bei Extrem-Bergsteigern häufig aus der problematischen Beziehung zu den üblichen Sinnspendern (AUFMUTH 1983). So besitzen viele Extrem-Alpinisten keinen „Norm-Lebenslauf" mit den Eckpfeilern der beruflichen Karriere, Besitzerwerb und Familie. Außerdem entfällt bei ihnen häufig die Möglichkeit zu elementaren Sinnerleben wie es aus der Erfahrung von Körperlust und Sinnenfreuden entsteht; vielmehr dominiert häufig die Askese, das Bezwingen des schwachen Körpers. Als Sinnquellen fallen auch religiöse oder ideologische Institutionen weg; Extrem-Bergsteiger neigen eher zu einer „Privatreligion" (LAMMER 1923; MESSNER 1979; zitiert nach AUFMUTH 1983, 259). Auch zwischenmenschliche Beziehungen als Sinngeber finden sich bei den eher einzelgängeri-

---

[41] Unter Identität versteht AUFMUTH (1983) eine seelische Grundstruktur, die sich auf der emotionalen Ebene im positiven Fall durch ein Gefühl der inneren Klarheit und Stärke ausdrückt (Klarheit bezüglich eigener Interessen, Empfindungen und Motive; Selbstwahrnehmung als seelische Einheit, als unverwechselbares Individuum, als Teil der Gemeinschaft).

[42] Identitätsprobleme, Orientierungsprobleme, Bedürfnisse nach Distinktion (Abgrenzung) und Affiliation (Zugehörigkeit) lassen sich nicht nur bei Extremsportlern feststellen, sondern zeigen sich bereits bei „normalen" Kindern und Jugendlichen. Neben bestimmten Bewegungsformen dient hier vor allem das richtige Outfit dazu, diese Bedürfnisse zu befriedigen (FUNKE-WIENEKE u.a. 1997).

schen und häufig bindungsscheuen Bergsteigern selten. Im Vergleich zu den schwach ausgeprägten normalen Sinnquellen des Alltagslebens findet sich bei Extrem-Bergsteigern als sinnstiftendes Moment in besonderem Maße eine „Aufgabe", d.h. eine Tätigkeit in Form einer neuen Tour, einer neuen Route, die einen extremen inneren Stellenwert einnimmt[43].

Die *sinnvermittelnde Wirkung des Bergsteigens* führt AUFMUTH (1983, 260) auch auf die *„logische Bewegung auf eindeutige Ziele hin"* zurück. Da es sich in den Augen der Öffentlichkeit bei den häufig gefährlichen Touren um „sinnloses" Tun handelt und eine geringe gesellschaftliche Akzeptanz für derartige Unternehmungen besteht, wirkt auch diese Sinnquelle andererseits verstärkend für die Identitätskrise.

Ein weiterer sinnschaffender Faktor des Bergsteigens liegt in den *elementaren Empfindungen*. Egal, ob es sich um positive oder negative Emotionen handelt, „in Momenten starker emotionaler Lebendigkeit ist der Daseinssinn von selbst vorhanden" (AUFMUTH 1983, 261).

Schließlich bleibt noch das *ausgeprägte Gefahrenmoment* der Aktivität, welches das elementarste aller Sinnmomente darstellt, nämlich die Sicherung des „blanken leiblichen Fortexistierens" (AUFMUTH 1983, 261). Angesichts existentieller Gefahren werden intellektuelle Sinnprobleme ausgeblendet. Gleichzeitig besteht ein Zusammenhang zwischen der Risikosuche und dem bei extremen Alpinisten verbreiteten Leistungsehrgeiz. Neben der Mühseligkeit und der technischen Schwierigkeit einer alpinen Aktion ist ihre Gefährlichkeit eine der Hauptkriterien für deren Bewertung (AUFMUTH 1989a, 131).

Zusammengefaßt zeigt dies, daß Extrem-Bergsteigen und vergleichbare Tätigkeiten häufig als Mittel zur Bewältigung von Identitätsproblemen dienen. Das Bergsteigen vermittelt Erfahrungen der eigenen Wirksamkeit, der Überwindung der Bedürfnisse des menschlichen Körpers, bis hin zur Bewältigung lebensbedrohlicher Situationen. Dazu kommen die Wahrnehmungen einer räumlich und im interpersonellen Vergleich exponierten Position. Obwohl das Identitätserlebnis am Berg sehr intensiv ist, beruht es zum Teil doch nur auf einer Ausschaltung bzw. Umlenkung des Bewußtseins und führt zu keiner Veränderung des Ichs; deswegen sind diese Wirkungen meist von begrenzter Dauer. Das daraus resultierende Bedürfnis nach Wiederholung kann im Extremfall suchtartigen Charakter annehmen. AUFMUTH (1983, 264) formuliert diesen Sachverhalt wie folgt: „Das beim extremen Bergsteigen sich einstellende Identitätserlebnis ist eine Identitätserfahrung ohne Selbsterkenntnis."

Einige der genannten Elemente deuten auf *flow*-ähnliche Formen hin, wie z.B. die absolute Konzentration auf die aktuelle Handlung[44], die logische Bewegung auf eindeutige Ziele hin,

---

[43] AUFMUTH (1983, 260) umschreibt dieses Ausmaß an Engagement mit „Berufung" oder auch „Besessenheit".

[44] Neben dem Aufgehen im Augenblick und der extremen Aktiviertheit beschreibt AUFMUTH (1989b, 48-50) auf noch Grenzsituationen der Apathie, die nach lange andauernden Belastungen auftreten und in denen nur noch eine „gleichmäßige ‚graue' Empfindung der Erschöpfung" vorhanden ist. Im Extremfall kann das Körperempfinden sogar völlig verschwinden und der Mensch nur noch „wie ein Automat" funktionieren. Aber auch in diesen Zuständen bleibt kein Platz für Reflexionen und innere Leere und somit besitzen auch diese Phasen als „geschützte Stunden" einen gewissen Wert.

verbunden mit unmittelbarer und eindeutigen Rückmeldungen des Erleben (siehe Kapitel 5.2). Die mit dem *flow*-Erleben einhergehende Ausblendung reflexiver Gedanken über den Sinn des Daseins erleichtert offenbar die Bewältigung oder zumindest das zeitweise Zurückdrängen der geschilderten Identitätsprobleme.

Weitere Aspekte, die für die Motivation alpinistischer Aktivitäten relevant sein können, beschreibt AUFMUTH (1989b, 56-57) mit seiner persönlichen Entwicklung zum „Genußbergsteiger":

- Es geht um ein souveränes Hinaufkommen und nicht nur irgendwie.
- Der richtige Begleiter ist wichtig, große Touren werden zu Festen der Freundschaft.
- Es gilt den richtigen Rhythmus zu finden, den guten Punkt des wachen und lockeren Einklangs mit sich selber, ein Empfinden von Kraft, Gelassenheit und Stimmigkeit.
- Bedürfnissen des Körpers nach Essen, Trinken oder Ruhe wird bewußt gefolgt und deren Befriedigung genossen.
- Die ästhetische Linie zum Gipfel, die bereits für das Auge begeisternd ist, gewinnt an Bedeutung gegenüber dem bloßen Erreichen des Gipfel oder der Überwindung eines bestimmten Schwierigkeitsgrades.
- Der Gipfel wird nicht in einer „Blitzaktion" erobert, sondern es findet eine allmähliche Annäherung statt. Kleinere Touren an den Vortagen bereiten den eigentlichen Aufstieg vor, der auf zwei Tage verteilt wird. Viel Zeit wird auch für den Abstieg und die Heimreise eingeplant. Das Übernachten und Essen am Berg, das Baden im Bergbach gewinnt eine eigene Qualität.
- Gleichwohl gibt es Tage, an denen das Spüren der eigenen Stärke und der Schnelligkeit wichtig sind, gibt es auch Stunden der Gefahr, der Erschöpfung und der Qual, die „gut tun".
- Das Bergerleben dient auch auf diese Weise dem seelischen Ausgleich, wird aber mehr zu einem Ort der leisen und sanften Selbstbegegnung.

In der letzten Aufzählung finden sich verschiedene Hinweise auf die Veränderung der dominanten Anreize. Diese besteht vor allem in einer schwächeren Gewichtung von Leistungsanreizen bzw. des Anreizes der Selbstdefinition über die Leistungserbringung und einer Aufwertung des vielfältigen Erlebnisses mit Anreizen aus dem Bereich des Naturerlebens, sozialer und ästhetischer Aspekte u.a. Hinsichtlich der bei RHEINBERG (1989) vorgenommenen Differenzierung zwischen Zweck- und Tätigkeitsanreizen ist in dieser Auflistung zugleich einer Verschiebung des Schwerpunktes zu den Tätigkeitsanreizen festzustellen.

Sinnmuster des Sports (GRUPE, KURZ)

Im Vergleich zu den sehr alpinismusspezifischen und zum Teil sehr „extremen" Beweggründen basieren die folgenden Darstellungen auf sportlicher Aktivität im allgemeinen.

Zentrales Element bei GRUPEs (1986) Beschreibung von „*Sinnmustern des Sports*" sind die *Erfahrungsmöglichkeiten*[45], die der Sport bereitstellt. Grundlage des Sports ist die Bewegung[46]. Sie ist Vermittlung und Zugang zur Welt, Medium zur Kommunikation mit unserer Umwelt und Wahrnehmung der Welt, in dem wir sie durch Bewegung erfahren, erleben und erkennen. Der Sport mit seinen institutionellen, organisatorischen, kulturellen und sozialen Dimensionen ermöglicht aber nicht nur die Erfahrung der unmittelbaren Bewegung, sondern auch der Voraussetzungen, unter denen sie stattfindet, der Rahmen, der sie bestimmt, und die Regeln, denen sie folgt (GRUPE 1986, 16). Das besondere am Sport ist dabei die Möglichkeit, primäre, also unmittelbare Erfahrungen zu machen. GRUPE (1986, 18) unterscheidet dabei *drei Ebenen*:

- *Leibliche bzw. körperliche Erfahrungen*: Die sportliche Bewegung selbst und der sich bewegende Körper sind Inhalt der Erfahrung.
- *Personale Erfahrungen*: Erfahrungsinhalt sind die durch die Bewegung hervorgerufenen Zielzustände.
- *Materiale und soziale Erfahrungen*: Die Bewegung hat hierbei eine Vermittlerfunktion.

Einschränkend fügt GRUPE (1986, 17) allerdings hinzu, daß der Sporttreibende oftmals nicht beeinflussen kann, welche Erfahrungen er macht; auch deshalb, weil die Erfahrungen oft nicht von der Bewegung unmittelbar, sondern von den Rahmen- und Randbedingungen (z.B. Trainer, Gruppe, Wetter etc.) abhängen. Außerdem ist nicht jede Erfahrung per se wertvoll und wünschenswert, sondern erst die Auswahl und Verarbeitung durch das Individuum machen sie dazu. Dabei ist immer zu berücksichtigen, daß es sich um Erfahrungs*möglichkeiten* handelt, es also nicht sicher ist, daß jemand in einer sportlichen Situation (bestimmte) Erfahrungen macht, und auch nicht, daß alle Menschen bei (gleichen) sportlichen Aktivitäten die gleichen Erfahrungen machen.

Bei der Darstellung der verschiedenen Sinnmuster geht GRUPE (1986) von den *Folgen fehlender Erfahrungsmöglichkeiten im Sport* aus. Diese werden im folgenden kurz beschrieben.

Weniger Gesundheit und weniger Wohlbefinden

Weniger Bewegung und weniger Sport führen in unserer bewegungsarmen Kultur zu entsprechenden negativen Wirkungen auf körperliches und psychisches Wohlbefinden. Umgekehrt kann regelmäßige Bewegung, d.h. langfristig und nach geeigneten Trainingsprinzipien durchgeführt, in Verbindung mit einer adäquaten Lebensführung (Essen, Genußmittelkonsum, Nutzung von Bewegungsmöglichkeiten im Alltag) gesundheitlichen Schäden vorbeugen und sowohl das aktuelle wie auch das langfristige Wohlbefinden verbessern. In diesem Zusammenhang weist GRUPE (1986, 19) darauf hin, daß nicht das Sich-Bewegen allein für diese Effekte verantwortlich sein muß, sondern auch das Umfeld, insbesondere die Gruppe, zur Steigerung des aktuellen Wohlbefindens beiträgt.

---

[45] GRUPE (1986, 14-15) spricht bewußt von Möglichkeiten und nicht von Funktionen des Sports, da seiner Meinung nach die postulierten positiven und negativen Wirkungen des Sports und die dabei wirksamen Bedingungen und Voraussetzungen noch nicht exakt untersucht sind.

[46] Ausführliche Darstellungen der Bedeutung von Bewegung findet sich z.B. bei GRUPE 1982.

Weniger Gelegenheit für „primäre Erfahrungen", die an eigene Aktivität gebunden sind

Mit diesen primären Erfahrungen sind vier Bereiche angesprochen.

(1) Weniger *körperliche Erfahrungen*: „Ohne sportliche Betätigung hätten wir weniger Erfahrungen mit unserem Körper, über das, was wir an ihm und durch ihn wahrnehmen ..." GRUPE (1986, 19). Sportliche Aktivität ermöglicht auch „Grenzerfahrungen", die in anderen Bereichen kaum möglich sind. Solche selbst gewonnenen Erfahrungen sind eine Voraussetzung für ein „neues Körpergefühl", für eine „körperliche Identität" (GRUPE 1986, 20).

(2) Weniger *materiale Erfahrungen*: Bewegung ermöglicht einerseits das Erfahren der Natur, das Erleben der verschiedenen Elemente, andererseits ermöglicht sie auch Erfahrungen über die „Manipulierbarkeit" (i.s.v. Hantierbarkeit) der Dinge.

(3) Weniger *soziale Erfahrungen*: Ohne Sport gäbe es weniger Möglichkeiten, soziale Kontakte zu besitzen oder anzuknüpfen, weniger Gelegenheiten Gruppenzugehörigkeit und Gemeinschaft zu erleben. Sport kann ferner Fähigkeiten für den sozialen Umgang vermitteln. Das Bewegungskönnen ist in diesem Sinne „eine Art Schlüssel, der Menschen den Zugang zu sozialen Situationen öffnet und sie fähig machen kann, in ihnen zu handeln" (GRUPE 1986, 21).

(4) Weniger *Selbsterfahrungen*: Sport bietet die Möglichkeit der Erfahrung eigener Fähigkeiten und Mängel; quasi „,selbstgeschaffene Situationen eines künstlichen Notstandes', die dem Menschen die Chance liefern, seinem Leben Spannung zu geben, sich zu erproben, Maßstäbe für das eigene Können zu setzen, freiwillig nach den Grenzen des ihm noch oder wieder Möglichen zu suchen und an der Bewältigung des Nicht-Notwendigen sich zu messen" (FRANKL 1973, zitiert nach GRUPE 1986, 22).

Weniger Spannung, Unterhaltung, Vergnügen, Aufregung und Lebendigkeit

Hierbei geht es um die erlebten Gegensätze von Euphorie und Niedergeschlagenheit, Freude und Leid im Sport und am Sport, d.h. sowohl beim Mitmachen wie beim Zuschauen. GRUPE (1986, 23) zitiert in diesem Zusammenhang den Begriff der „Vivification" (= Wieder-/ Belebung) von SUTTON-SMITH (1978) und Elemente des *flow*-Erlebens von CSIKSZENTMIHALYI (1975).

Weniger Gelegenheiten zum Spielen

Im Spiel sieht GRUPE (1986, 23) eine Metapher des Lebens, ein Wechselspiel von Ordnung und Chaos, von oben und unten, von vertauschten Rollen. Siegen und Verlieren sind zwar (meistens) ohne ernste Konsequenzen, werden aber ernst genommen. Spielen ist die Erfahrung des „eigentlich Nicht-Notwendigen, das Lernen des Spielens ist das Lernen des letztlich Überflüssigen". Indem das Spiel viele Grundsituationen in oft symbolischer Weise erfahrbar macht, bietet es Möglichkeiten zur Ausweitung und Vermehrung menschlicher Verhaltensweisen.

Weniger Ästhetik

Sport stellt zwar keine Kunst im klassischen Sinne dar, liefert aber eine Form der Alltagsästhetik und -dramatik. Als Beispiele nennt GRUPE (1986, 24) die harmonischen Bewegungen von Gymnastinnen, Turnern und Tänzern, die eleganten und geschmeidigen Bewegungen von Spielern, „Bilder" der Segelboote auf dem Wasser oder der Drachenflieger in der Luft und die Dramatik von Sportereignissen wie Tour-Etappen oder Endspielen.

Weniger Freiheit

Sport ermöglicht Freiheit in Form von Möglichkeiten zur individuellen und sozialen Selbstbestimmung, von Wahl- und Entscheidungsmöglichkeiten. In Anlehnung an ROUSSEAU bezeichnet GRUPE (1986, 24) bereits Bewegungsfreiheit als ein Stück persönlicher und sozialer Freiheit.

GRUPE (1986, 25) weist auch darauf hin, daß nicht jeder Sport diese Vielzahl an Möglichkeiten bietet und einige Menschen sogar negative Erfahrungen machen, die sie abhalten oder entmutigen. Ohne Sport würden aber „viele Gelegenheiten und Möglichkeiten fehlen, eine größeres Stück von der Fülle des Lebens zu erfahren". Insgesamt lassen sich aus den „Sinnmustern des Sport" eine Vielzahl unterschiedlicher Beweggründe für sportliche Aktivität ableiten, auch im Bereich der Outdooraktivitäten.

Bei dem Modell der *Sinnrichtungen* von KURZ (1990) handelt es sich um einen didaktisch-pädagogisch ausgerichteten Ansatz. Mit den Fragen „Was ist es eigentlich, was wir als „Sport" in der Schule haben wollen: ein bestimmter Sport oder ein beliebiger; und ist es überhaupt etwas, wofür ohne Einschränkung die Bezeichnung Sport zutrifft? Welche Erfahrungen sollen Schüler an diesem Sport machen, was sollen sie an und in ihm lernen, in welcher Weise soll ihre Entwicklung durch ihn beeinflußt werden?" (KURZ 1990, 7) läßt sich beschreiben, worauf KURZ mit den „Elementen des Schulsports" als „Grundlage für eine pragmatische Fachdidaktik" eine Antwort geben will. Bei seiner Analyse des Sports wird „der" Sport nicht als etwas Geschlossenes, Ganzheitliches betrachtet; Ausgangspunkt ist vielmehr die Vielfalt, Veränderlichkeit und die gelegentliche Widersprüchlichkeit des Sports.

Ein weiterer Aspekt sind die Bedeutung und Anerkennung, die dem Sport in unserer heutigen Gesellschaft beigemessen werden. Sport repräsentiert einen Ausschnitt gesellschaftlicher Wirklichkeit, „dessen Umfang, Komplexität und Ambivalenz es verbieten, daß Schüler ihm unvorbereitet ausgeliefert werden" (KURZ 1990, 61). Daraus leitet KURZ (1990, 61) die „didaktische Leitidee der Förderung einer *Handlungsfähigkeit im Sport"* her. Schulsport soll also zunächst und vor allem die Fähigkeit der Schüler entwickeln helfen, im Feld des Sports zu handeln. Ein zentraler Aspekt der Handlungsfähigkeit im Sport ist für KURZ daher die Fähigkeit des Handelns im Hinblick auf unterschiedliche Sinnrichtungen des Sports.

Aus dieser Perspektive sind folgende Fragen bedeutsam: Welchen Sinn sehen Sporttreibende in ihrem Handeln? Mit welchen Motiven und Erwartungen gehen sie auf die Situationen des Sports zu? Gibt es Zusammenhänge der Art, daß bestimmte Formen des Sports bestimmte Sinnorientierungen besonders nahelegen?

Bereits in Rahmen früherer didaktisch orientierter Analyse (z.B. PASCHEN 1961) ging es darum, „die Vielfalt der Leibesübungen in eine überschaubare Ordnung zu bringen, deren Einteilungskriterium nicht äußere Merkmale (der Bewegungs- oder Interaktionsstruktur) bilden, sondern der Sinn, der sich in der jeweiligen Leibesübung für den, der sie ausübt, erfüllen kann" (KURZ 1990, 85). Auch hier wurde bereits (z.T.) die Auffassung vertreten, daß auch äußerlich gleiche oder ähnliche Handlungsvollzüge von den Handelnden mit unterschiedlichem Sinn belegt werden können. Das Ziel solcher Analysen von Sinnorientierungen liegt im Nachweis eines didaktisch-pädagogischen Nutzen. Lassen sich die verschiedenen Sinnorientierungen als pädagogisch wertvoll begründen, könnte daraus für den Schulsport gefolgert werden, diese unterschiedlichen Sinnorientierungen erfahrbar zu machen und so die damit verbundenen pädagogischen Werte zu erschließen. Auch wenn die Analyse im Hinblick auf Ziele und Inhalte des Schulsports angelegt war, so gelten die Aussagen zum Sinn des Sports, also zum Wert sportlicher Aktivität für sämtliche Formen sportlicher Betätigung.

KURZ (1990, 88) verwendet den Begriff „Sinnrichtungen", um sie von der „Vielfalt der oft nur zufälligen, peripheren oder nur gelegentlich wirksamen Erwartungen" abzugrenzen. Nur solche sind gemeint, „ohne die das Handeln beliebiger Personen in typischen und verbreiteten Situationen des Sports nicht verständlich ist". Als Grundlage für sein Modell der sechs Sinnrichtungen des Sports sieht KURZ (1990, 88) ausschließlich Plausibilitätsüberlegungen, wenngleich er auch auf Anregungen durch empirische Untersuchungen (z.B. KENYON 1968b; ARTUS 1971) verweist. Er kritisiert an ihnen jedoch, daß die beschriebenen Motive häufig nicht auf einer Ebene liegen, unscharf bleiben oder sich überschneiden. Die Anzahl der Sinnbezirke ist, so KURZ (1986, 46), mehr oder weniger willkürlich, „zwischen den Bezirken [bestehen] keine trennscharfen Grenzen, sondern fließende Übergänge".

Im einzelnen beschreibt und begründet KURZ (1990) die sechs postulierten Sinnrichtungen wie folgt:

(1) Leistung, Präsentation, Selbstdarstellung, Selbstbewährung

Im Streben nach Leistung sieht KURZ (1990, 88) ein zentrales Motiv des Sports. Unter Bezug auf die Theorie der Leistungsmotivation definiert er als sportliche Leistung eine Handlung, die nach Maßgabe anerkannter Gütekriterien als gut zu bewerten ist. Sport unter der Sinnrichtung Leistung zu betreiben bedeutet damit, „sportliche Situationen deswegen aufzusuchen, weil man erwartet, in ihnen bezogen auf anerkannte Gütekriterien tüchtig zu sein und sich auf diese Weise gegenüber anderen darstellen („präsentieren") und vor sich selbst bewähren zu können" (KURZ 1990, 89).

Als Gütekriterien lassen sich „Zeitminimierung" (z.B. Laufdisziplinen, Schwimmen etc.), „Treffermaximierung" (z.B. Spielsportarten, Schießsport, Fechten etc.), „Gestaltoptimierung" (z.B. Turnen, Tanz, Eiskunstlauf, Wasserspringen etc.), „Distanzmaximierung" (z.B. Sprung- und Wurfdisziplinen), „Lastmaximierung" (z.B. Gewichtheben) und „Positionserzwingung" (z.B. Ringen und Judo) unterscheiden.

Als Vorstufe zu Leistungshandlungen, die sich auf die genannten Gütekriterien beziehen, sieht KURZ (1990, 92) Handlungen, „in denen es lediglich darauf ankommt, eine bestimmte, durch den Aufforderungscharakter der Umgebungsbedingungen scheinbar selbst gegebene Aufgabe zu lösen". Das Gütekriterium ergibt sich aus der Aufgabe selbst und läßt sich nicht skalieren, d.h. es gibt nur die Möglichkeiten des Gelingens oder des Mißlingens. Typisch Beispiele für diese Art von Handlungen finden sich bei den Natursportarten, z.B. im Bestei-

gen eines Gipfels, dem Bezwingen eines Wildwassers, einer Felswand oder eines Skihanges.
Unter dieser Perspektive kommt Sport ohne Leistungsorientierung, d.h. in dem Handlungen nicht auf die Bewertung nach solchen Gütekriterien angelegt sind, nur in Ausnahmesituationen vor[47]. Die Leistungsorientierung muß jedoch nicht permanent die dominante Sinnrichtung sein, sondern kann auch nur latent vorhanden sein. KURZ (1990, 93) sieht in der Leistung zwar die zentrale Sinnrichtung für die meisten sportlichen Situationen, „neben sie können jedoch andere treten, und manches deutet sogar darauf hin, daß niemand Sport längerfristig ausschließlich unter dieser einen Sinnrichtung betreibt"[48].

(2) Ausdruck, Ästhetik, Gestaltung, Darstellung, Expression

Diese Sinnrichtung besitzt Anknüpfungspunkte zur Sinnrichtung Leistung, und zwar über das Gütekriterium der Gestaltoptimierung[49], das z.B. beim Gerätturnen, Eiskunstlauf oder dem Wasserspringen Anwendung findet. Während die anderen Gütekriterien auf einzelne Punkte der Gesamthandlung abstellen, bezieht sich das Kriterium der Gestaltoptimierung auf den Gesamtverlauf der Bewegung. Die Festsetzung dessen, was als ästhetisch eingestuft wird und dessen, was die Norm in einer Sportart darstellt und damit wiederum die Grundlage für die Bewertung der Leistung liefert, führt zu einer Auslegung des Ausdrucks als Leistung. Diese Gleichsetzung ist in vielen Sportarten zwar gebräuchlich, aber insbesondere im nicht-institutionalisierten - genauer: nicht im Wettkampfkontext ausgeübten - Sport, wie z.B. Tanz, Jazztanz oder Artistik nicht notwendig. Neben den quasi-objektivierbaren Merkmalen können Bewegungen aber auch nur subjektiv erfaßbare Eigenschaften besitzen, die nicht notwendigerweise in einem funktionalen Zusammenhang mit dem Zweck stehen müssen. Aus diesem Grund handelt es sich bei den betreffenden Sportarten um diejenigen mit der größten Anfechtbarkeit der Ergebnisse.

(3) Eindruck, Exploration, Sensation, „vertigo"

Im Gegensatz zur Sinnrichtung „Leistung" geht es hier nicht um eine Orientierung der Bewegungsausführung an anerkannten Gütekriterien, sondern darum, daß „der Vollzug der Bewegung selbst - unabhängig von seiner Bewertung durch andere - Eindrücke vermittelt, Reize enthält, Spaß macht, als lustvoll empfunden wird" (KURZ 1990, 95). Diese Beschreibung läßt sich anhand dreier Kriterien präzisieren.

(1) Die Bewertung durch andere ist nicht notwendig, sondern hat lediglich eine unterstützende oder bestätigende Funktion.

(2) Motivierend sind die gegenwärtigen Reize des Bewegungsvollzugs, nicht dessen erwartete oder mögliche Folgen.

---

[47] KURZ (1990, 92) ist sogar der Auffassung, daß Handlungen, „die weder vom Handelnden zumindest auch als Leistung gemeint sind, noch von Beurteilenden zumindest auch als Leistung interpretiert werden können, ... nicht als sportlich anzusehen [sind]."

[48] KURZ bezieht sich hierbei auf LÜDTKE (1972), wonach der Sport am beliebtesten ist, der sich durch die größte „Diffusität" auszeichnet, d.h. möglichst viele verschiedene Motive ansprechen kann.

[49] Bewertet wird hierbei die Annäherung an eine Idealform.

(3) Der gegenwärtige Reiz eines Bewegungsvollzugs kann in den Empfindungen liegen, die man am eigenen Körper macht, oder durch Qualitäten der Umwelt bedingt sein.

Bei den Eindrücken unterscheidet KURZ (1990, 96) zwischen „Erfahrungen", die mehr von kognitiver Natur sind, und emotional getönten Eindrücken, für die er die Begriffe „Erlebnis", „Sensationen" oder „Lust", Spaß" und „Freude" nennt. Einen Grenzbereich stellen seiner Meinung nach Eindrücke dar, „die durch die Bewegung zwar erschlossen, aber durch sie kaum modifiziert werden (wie der Genuß einer außergewöhnlichen Landschaft beim Bergsteigen)".

Diese Sinnrichtung kann umso mehr an Gewicht in sportlichen Situationen gewinnen, je stärker sich die dabei durchgeführten Bewegungen von den gewöhnlichen, alltäglichen Bewegungen unterscheiden. Meistens finden solche Bewegungen nicht in einer Ebene statt, sondern im dreidimensionalen Raum und/oder bieten aufgrund ihrer individuellen Beschaffenheit besondere Erlebnismöglichkeiten, wie z.B. bei Aktivitäten im strukturierten Gelände, am Fels, im und auf dem Wasser, auf dem Eis, im Schnee oder in der Luft[50].

Da viele Aktivitäten dieses Typs „allenfalls latent leistungsthematisch" sind, rechnet diese KURZ (1990, 97) zu den „Randzonen des Sports".

(4) Gesundheit, Ausgleich, Kompensation, Fitness, Wohlbefinden

Sportliche Aktivitäten werden auch - manchmal sogar vorrangig oder ausschließlich - deswegen ausgeübt, weil die Betroffenen sie förderlich für ihre Gesundheit halten (im Sinne von Prävention oder Rehabilitation). Dabei handelt es sich jedoch nur um die Vermutung einer Wirkung. Unmittelbar empfunden wird dabei das subjektive Gefühl körperlichen Wohlbefindens oder der objektiv meßbare Zuwachs an Fitness bzw. körperlicher Leistungsfähigkeit (KURZ 1990, 97). Insbesondere im Unterschied zur eben beschriebenen Sinnrichtung „Eindruck", bezieht sich diese mehr auf die erwarteten (subjektiven und objektiven) Folgen der sportlichen Bewegung als auf ihre unmittelbaren Begleiterscheinungen.

Zu berücksichtigen ist zudem, „daß Gesundheit kein rein körperliches, sondern immer auch ein psychisches und damit auch soziales Phänomen ist. Als Sinnrichtung des Sports schließt Gesundheit in diesem Verständnis daher immer auch das Bemühen um Merkmale wie Wohlbefinden, Frische, Belastbarkeit, Anpassungsfähigkeit, Leistungsfähigkeit, Aktivität, Vitalität, Energie aber auch - besonders bei Frauen - die gute Figur ein" (KURZ 1990, 98). In diesem Zusammenhang wird auch deutlich, daß nicht jede sportliche Aktivität die gleichen gesundheitlichen Auswirkungen hat, sondern sich diese nach Art und Intensität unterscheiden.

(5) Anschluß, Geselligkeit, Kommunikation, Beisammen-Sein

Sportliche Situationen werden häufig deswegen aufgesucht, weil sie die Gelegenheit bieten, mit anderen Menschen zusammen zu sein oder neue Menschen kennenzulernen. Der Sport ist aufgrund mehrerer Eigenschaften dafür prädestiniert: Die relativ einfachen, häufig sogar international gleichen Regeln in Form von Normen und Gütekriterien erleichtern das Ver-

---

[50] In Sinne der Anreizcharakteristik, wie sie im Kapitel 2.6 beschrieben wird, handelt es sich hierbei eindeutig um Tätigkeitsanreize.

ständnis und den Zugang. Sport ist häufig auf gemeinsames Handeln angelegt und enthält in vielen Varianten ein „expressives Element", d.h. es bietet Gelegenheit sich und seine Körperlichkeit vor anderen Sportlern oder Zuschauern darzustellen. Zusätzlich ergeben sich im Umfeld sportlicher Situationen viele Anlässe für Kommunikation, z.b. während der Vorbereitungsphasen (Planung, Packen, Besprechung, Anfahrt, Umkleiden etc.), in Pausen, beim Zuschauen, nach der sportlichen Aktivität (z.b. Duschen, Heimfahrt, gemeinsames Essengehen etc.) und natürlich während der Sportausübung selbst. Offensichtlich gibt es graduelle Unterschiede zwischen den verschiedenen Sportarten, inwieweit sie derartige Gelegenheit anbieten. So sind in diesem Sinne Aktivitäten wie Bergwandern, Radfahren, Segeln geeigneter als Kurz- und Mittelstreckenlauf, Schwimmen, Turnen oder Paragliding bzw. Fallschirmspringen[51]. Weiterhin können Sportarten mehr oder weniger geeignet sein, Personen mit unterschiedlichen Voraussetzungen eine gemeinsame Sportausübung zu ermöglichen. Eine gemeinsame Wanderung oder Kegeln ist hierfür sicherlich besser geeignet als ein Berglauf oder Gerätturnen.

(6) Spiel, Spannung, Abenteuer, Risiko, Wettkampf

Unter dieser Perspektive werden Situationen im Sport deshalb aufgesucht, „weil die Ungewißheit ihres Ausgangs eine Spannung erzeugt, die sich in der Situation eine Weile erhält und dann in einer Weise löst, die als angenehm empfunden wird" (KURZ 1990, 100). Wie auch bei verschiedenen Spielen finden sich hier die Grundelemente Ambivalenz und Spannung.

„Als charakteristische für die Sinnrichtung Spiel (...) können dann sportliche Situationen angesehen werden, deren Ausgang innerhalb eines kalkulierbaren Rahmens ungewiß ist, von dem jedoch, der diese Ungewißheit eingeht, nicht als belanglos betrachtet wird. Diese Ungewißheit des Ausgangs kann darauf beruhen, daß einige Bedingungen der Situation nicht zuverlässig kalkulierbar sind, aber auch darauf, daß man die eigene Fähigkeit oder die der Kooperierenden oder Assoziierten nicht im voraus einzuschätzen weiß" (KURZ 1990, 100).

Als Beispiele können z.B. Aktivitäten bei ungewissen Schnee-, Wind- und / oder Wetterverhältnissen in unbekanntem Gelände genannt werden, oder für das zweite Merkmal das erste Saisonspiel, wo noch Ungewißheit über die eigene Leistungsfähigkeit und die des Gegners besteht.

Die obige Darstellung hat gezeigt, daß sich die Erwartungen hinsichtlich des Sinns sportlicher Situationen auf verschiedene Aspekte dieser Situation richten können:

(1) Den Vollzug der Bewegung selbst mit den durch sie erschlossenen sensitiven Reizen („Eindruck"),

(2) die körperlichen und / oder seelischen Folgen der Bewegung („Gesundheit"),

---

[51] Diese Einstufung bezieht sich auf die Ausübung der Aktivität im engeren Sinne, also während des Handlungsvollzugs. Allerdings sind auch hier noch starke individuelle Unterschiede möglich; so kann Radfahren ein gemütlicher Familienausflug sein, genauso gut aber auch intensives, leistungsorientiertes Training.

(3) das Beisammensein mit anderen während oder aus Anlaß der sportlichen Situation („Anschluß"),
(4) die ästhetische Aufnahme der Handlung durch andere („Ausdruck"),
(5) die Bewertung der Handlung nach anerkannten Kriterien („Leistung") und
(6) die Ambivalenz des Handlungsverlaufs hinsichtlich Gelingen und Mißlingen („Spiel").

In den meisten Situationen sind mehr als einer der genannten Aspekte wirksam; eine direkte Zuordnung von Arten und Formen des Sports zu den verschiedenen Sinnrichtungen ist nicht möglich, „es schließen sich vielmehr je nach dem gewählten Gesichtspunkt jeweils andere sportliche Situationen zu Gruppen zusammen" (KURZ 1990, 122).

3.2 Wahrgenommene Instrumentalität sportlicher Aktivität (KENYON, SINGER)

3.2.1 Grundlagen und Merkmale des Strukturmodells von KENYON

Das Ziel von KENYON war die Messung der Einstellung von Personen gegenüber sportlicher Aktivität (Attitude towards physical activity, ATPA). KENYON (1968a, 97) beschrieb in seinen Studien sportliche Aktivität als „organized, (structured), nonutilitarian (in an occupational or maintenance sense), gross human movement, usually manifested in active games, sports, calisthenics, and dance"[52]. Allerdings stellte sich heraus, daß sportliche Aktivität zu komplex und vielschichtig ist und deswegen durch ein adäquat definiertes „psychologisches Objekt" zu ersetzen ist, dem gegenüber man positiv oder negativ eingestellt sein kann.

KENYON ging von der Annahme aus, daß das „soziopsychologische Phänomen" sportliche Aktivität durch ein *Set spezifischer Untereinheiten bzw. Komponenten* dargestellt werden kann. Für diese Komplexitätsreduktion nimmt KENYON (1968a, 97) den wahrgenommenen, instrumentellen Wert einer sportlichen Aktivität, den diese für ein Individuum haben kann, als Ausgangspunkt. KENYON (1968a, 97) bezeichnet diesen als „perceived instrumentality" (wahrgenommene Instrumentalität).

Um zu klären, ob sich das komplexe Phänomen sportliche Aktivität durch mehrere unabhängige oder quasi-unabhängige Komponenten darstellen läßt, wurde in einem ersten Schritt ein Strukturmodell formuliert, dessen Komponenten verschiedene hypothetische instrumentelle Werte sportlicher Aktivität repräsentieren, egal ob diese manifest oder latent sind. Der zweite Schritt bestand in der empirischen Überprüfung des mehrdimensionalen Modells, in dem Antworten auf verbale Stimuli, die die verschiedenen Dimensionen abbilden sollten, ausgewertet wurden. Wenn die Dimensionen voneinander unabhängig sind, sollten die Antworten innerhalb einer Kategorie miteinander korrelieren (interne Konsistenz), nicht aber Antworten zu verschiedenen Dimensionen. Insgesamt wurden von KENYON (1968a) drei Modelle aufeinanderfolgend überprüft, von denen er die beiden ersten nur kurz beschreibt.

---

[52] „(...) organisierte, (strukturierte), nicht nützliche (im Hinblick auf Beruf oder Lebensunterhalt), großmotorische Bewegung des Menschen, wie sie sich gewöhnlich in aktiven Spielen, im Sport, in der Gymnastik und im Tanz manifestiert".

Die Komponenten des ersten Modells waren „physical health" (körperliche Gesundheit), „mind-body dichotomy" (Körper-Geist Dichotomie), „cooperation-competition" (Kooperation-Wettkampf), „mental health" (geistige Gesundheit), „social intercourse" (geselliger Umgang) und „patriotism" (Patriotismus). Diese Auswahl basierte auf einer Kombination intuitiver und traditioneller Konzeptionen hinsichtlich möglicher Dimensionen sportlicher Aktivität. Die empirische Überprüfung an zwei Stichproben (756 zufällig ausgewählter Erwachsener und ca. 100 College-Studenten) in Form von Korrelationsberechnungen und Faktorenanalysen ergab jedoch keine Anhaltspunkte, daß es sich um eine sinnvolle Struktur handeln würde. Als mögliche Erklärungen nennt KENYON (1968a, 98) zu wenige Items und die Möglichkeit, daß die Dimensionen der sportlichen Aktivität ihrerseits mehrdimensional sind oder nicht alle auf dem selben Abstraktionsniveau liegen.

Das zweite Modell baute teilweise auf dem ersten auf und bezog noch weitere Überlegungen zum instrumentellen Wert sportlicher Aktivität mit ein. Die sechs Dimensionen lauteten hier: „social experience" (soziale Erfahrung), „health and fitness" (Gesundheit und Fitness), „pursuit of vertigo" (Streben nach Spannung und Risiko), „aesthetic experience" (ästhetische Erfahrungen), „recreational experience" (Mittel zur Erholung) und „competitive experience" (Erfahren von Wettkampfsituationen). Zur Überprüfung des Modells wurden 73 Items mit einer Likert-Skala entwickelt, durch Experten beurteilt, überarbeitet und in Form eines Fragebogens und 176 College-Studenten getestet. Zwar konnte diesmal die Mehrdimensionalität des Modells, insbesondere für die ersten vier Faktoren, nachgewiesen werden, die Items der beiden Komponenten „recreational experience" und „competitive experience" trugen jedoch nicht zur Varianzaufklärung bei.

Von diesen Ergebnissen ausgehend, übernahm KENYON die ersten vier Komponenten für sein drittes Modell und veränderte die beiden übrigen Skalen in „catharsis" (Katharsis) und „ascetic experience" (asketische Erfahrung). Hinter den sechs Komponenten, die die wahrgenommenen, instrumentellen Werte sportlicher Aktivität repräsentieren sollen, standen folgende Überlegungen.

(1) *„Physical activity as a social experience"* (Sportliche Aktivität als soziale Erfahrung)

Von Aktivitäten, an denen zwei oder mehr Personen teilnehmen, wird angenommen, daß sie in den Augen vieler Personen einen sozialen Wert besitzen, in dem sie verschiedene soziale Bedürfnisse befriedigen können. Sportliche Aktivität als soziale Erfahrung wird deswegen in diesem Zusammenhang durch sportliche Aktivitäten charakterisiert, „whose primary purpose is to provide a medium for social intercourse, i.e. to meet new people and to perpetuate existing relationships"[53] (KENYON 1968a, 99). Obwohl in diesem Zusammenhang der naheliegende Gedanke an Mannschaftssportarten, Tanzveranstaltung und ähnliche Aktivitäten aufkommt, weist KENYON (1968a, 99) darauf hin, daß „almost any physical activity can serve such a purpose, either incidently or by design"[54]. Zumindest die Funktion eines Medi-

---

[53] „deren Hauptzweck darin liegt, ein Medium für soziale Interaktion zu bieten, d.h. um neue Menschen kennenzulernen oder bestehende Beziehungen zu pflegen".
[54] „nahezu jede sportliche Aktivität einem derartigen Zweck dienen kann, sei es eher beiläufig oder beabsichtigt."

ums für soziale Interaktion ist offensichtlich für viele Arten sportlicher Betätigung zutreffend.

(2) „Physical activity for health and fitness" (Sportliche Aktivität als Mittel zur Verbesserung von Gesundheit und Fitness)

Die Meinung, daß sportliche Aktivität förderlich für die Gesundheit ist oder zumindest sein kann, ist heute, insbesondere in der westlichen Zivilisation, weit verbreitet, unabhängig davon, ob die betreffenden Personen selbst Sport treiben oder nicht. Vor diesem Hintergrund nimmt KENYON (1968a, 99) an, daß „some physical activity can be characterized primarily by its contribution to the improvement of one's health and fitness"[55]: Auch hier ist der Gedanke an spezielle sportliche Aktivitäten wie Gymnastik oder verschiedene Formen von Kraft- oder Ausdauertraining naheliegend, aber auch andere Sportarten können diese Funktion mehr oder weniger deutlich erfüllen.

(3) „Physical activity as the pursuit of vertigo" (Sportliche Aktivität Mittel zum Erleben von Spannung und Risiko[56])

Diese Dimension sportlicher Aktivität geht auf Überlegungen von CAILLOIS (1961) zur Klassifikation von Spielen zurück[57]. KENYON (1968a, 100) beschreibt sportliche Aktivitäten mit dem Ziel des Erlebens von Spannung und Risiko als „those physical experiences providing, at some risk to the participant, an element of thrill through the medium of speed, acceleration, sudden change of direction, or exposure to dangerous situations, with the participant usually remaining in control"[58]. So gesehen wird der „Schwindel" angestrebt, aber nicht erreicht, d.h. die eigentliche Erfahrung liegt im Streben nach der Spannung[59]. KENYON hält

---

[55] „einige Arten sportlicher Aktivität hauptsächlich durch ihren Beitrag zur Verbesserung der Gesundheit oder der Fitness charakterisiert werden können".

[56] Vertigo ist eigentlich mit (Dreh-) Schwindelgefühlen zu übersetzen. Von daher stellt die Formulierung „Spannung und Risiko" eine Einschränkung dar, weil die dynamische Komponente als Auslösebedingung nicht (explizit) eingeht, andererseits auch eine Erweiterung, weil Spannung und Risiko nicht auf aktive Tätigkeiten beschränkt sind.

[57] Games based on the pursuit of vertigo „(...) consist of an attempt to momentarily destroy the stability of perception and inflict a kind of voluptuous panic upon otherwise lucid mind. In all cases, it is a question of surrendering to a kind of spasm, seizure, or shock which destroys reality with sovereign brusqueness. (...) Various physical activities (...) provoke these sensations, such as the tight rope, falling or being projected into space, rapid rotations, sliding, speeding, and acceleration of vertilinear movement separately or in combination with gyrating movement. (...) men surrender to the intoxication of many kinds of dance, from the common but insidious giddiness of the waltz to the many mad, tremendous [sic] and convulsive movements of dances. They derive the same kind of pleasure from the intoxication stimulated by high speed on skis, motor cycles, or driving sport cars" (CAILLOIS 1961, 23-25, zitiert nach KENYON 1968a, 99-100).

[58] „jene physischen Erfahrungen, die bei einem bestimmten Risiko für den Teilnehmer, ein Element der Spannung (Erregung) enthalten, welche durch Geschwindigkeit, Beschleunigung, plötzliche Richtungswechsel oder der Konfrontation mit gefährlichen Situationen hervorgerufen werden kann, wobei der Teilnehmende jedoch üblicherweise die Kontrolle über die Situation behält".

[59] „In that he usually approaches vertigo without actually achieving it, the experience becomes the pursuit of vertigo" (KENYON 1968a, 100).

es für möglich, daß dieser instrumentelle Wert häufig latent ist, d.h. die Sportler erkennen ihn nicht als gemeinsames, kennzeichnendes Element. Sportarten wie Skifahren, Turmspringen, Segeln bei schwerem Wetter, Bergsteigen, Fallschirmspringen etc. erscheinen deswegen oft ohne Zusammenhang.

(4) „Physical activity as an aesthetic experience" (Sportliche Aktivität als ästhetische Erfahrung)

Bei diesem Aspekt geht KENYON (1968a, 100) davon aus, daß zumindest einige Formen sportliche Aktivität „für das Auge sehr gefällig sind und geeignet ästhetischen Ansprüchen zu genügen". Ob diese nur den kreativen und expressiven Bewegungen, wie sie beim Ballett, dem Tanz, Eiskunstlaufen oder der Rhythmischen Sportgymnastik vorkommen zugeschrieben werden oder ganz generell jeder gut koordinierten, gekonnt ausgeführten Bewegung, ist dabei nicht von Bedeutung. Entscheidend ist, daß den sportliche Aktivitäten in der Meinung der Personen ein ästhetischer Wert zuerkannt wird, d.h. „activities are conceived of as possessing beauty or certain artistic qualities"[60] (KENYON 1968a, 100).

(5) „Physical activity as catharsis" (Sportliche Aktivität als Katharsis)

Da sich in dem vorhergehenden Modell die Kategorie „sportliche Aktivität als Mittel zur Erholung" als zu unscharf herausgestellt hatte, versucht KENYON dies durch eine Einengung auf „physical activity perceived as providing a release of tension precipitated by frustration through some vicarious means[61]" zu beheben. Ob sportliche Aktivitäten tatsächlich diese Funktion besitzen, wie von KENYON selbst (1968a, 101) und SINGER u.a. (1980, 37) bezweifelt wird, ist dabei abermals nicht von Bedeutung, sondern ob jemand sportlicher Aktivität diese Funktion zuschreibt.

(6) „Physical activity as an ascetic experience" (Sportliche Aktivität als asketische Erfahrung)

Auch bei dieser Kategorie war die in dem früheren Modell angewandte Beschreibung als „competitive experience" nicht befriedigend, was KENYON darauf zurückführt, daß entweder die verwendeten Items nicht geeignet waren oder die Dimension für sich kein einheitliches Phänomen darstellt. Die neuere Formulierung geht u.a. auf Überlegungen von MCINTOSH (1963) zu der von CAILLOIS abgegrenzten Kategorie „competition" zurück. MCINTOSH diskutiert dabei vier Unterkategorien, denen alle das Merkmal „desire for superiority" (Streben nach Überlegenheit) gemeinsam ist. Mit MCINTOSH nimmt KENYON (1968a, 101) daher an, daß ein Medium für das Erleben von Überlegenheit darstellt. Diejenigen, die ein hohes Leistungsniveau anstreben (unabhängig ob im Sport oder anderweitig), erkennen damit die Notwendigkeit an, die Befriedigung verschiedener Bedürfnisse zurückzustellen und sich einem langfristigen, anstrengenden Training zu unterziehen. In der damit

---

[60] „Aktivitäten werden als schön wahrgenommen oder ihnen werden bestimmte künstlerische Qualitäten zugeschrieben" (SINGER u.a. 1980, 36-37).
[61] „sportliche Aktivitäten, die als Mittel zum Abbau von Spannungen wahrgenommen werden, die in Folge von Frustrationen durch die Zwänge des alltäglichen Lebens entstehen" (SINGER u.a. 1980, 37).

verbunden „Bestrafung" (punishment) des Körpers sieht KENYON eine Parallele zu religiöser Askese. Er beschreibt den Bezug zum Leistungssport folgendermaßen: „Championship performance today requires athletes to undergo a kind of ‚ascetic' experience whereby physical activity for him involves long strenuous, and often painful training and stiff competition demanding a deferment of many gratifications"[62] (KENYON 1968a, 101).

KENYON erhebt mit seinem Modell nicht den Anspruch, den gesamten Bereich sportlicher Aktivität erfaßt zu haben, sondern räumt die Möglichkeit ein, damit nur einige der tatsächlichen Dimensionen sportlicher Aktivität abzudecken (KENYON 1968a, 104).

SINGER u.a. (1980) haben eine deutsche Fassung der ATPA-Skalen von KENYON erstellt. Da an der Konzeption des zugrundeliegenden Strukturmodells nichts geändert wurde, werden nur die Skalen und die dafür errechneten Werte bezüglich Reliabilität und Validität der Skalen im nächsten Kapitel dargestellt.

3.2.2 Erfassung der Einstellungen

Wenn das oben dargestellte Modell die soziopsychologischen Charakteristika sportlicher Aktivität repräsentieren soll, muß es zwei Bedingungen erfüllen: (a) Jede Dimension muß in sich konsistent sein, d.h. die ihr zugeordneten Items sollten eine hohe Korrelation aufweisen, und (b) die einzelnen Dimensionen müssen voneinander relativ unabhängig sein, d.h. Items verschiedener Dimensionen sollten nicht miteinander korrelieren (KENYON 1968a, 101).

Bei der Konstruktion der Skala des Likert-Typs wurden für jeden der sechs Teilaspekte zunächst wertende Aussagen (Stimuli) formuliert, wobei darauf geachtet wurde, daß positive und günstige sowie negative und ungünstige Aussagen in etwa im gleichen Verhältnis vertreten waren. Die Formulierung und die Anordnung der Items der ATPA-Skala (Version D) sind dem Anhang zu entnehmen.

Nach zwei Überarbeitungen des Itempools entstanden eine Skala für männliche College-Studenten (CM-men) und eine für weibliche College-Studenten (CW-women), von denen jede 84 Items (14 für jede Dimension) umfaßt[63].

Die beiden Versionen (Version CM für Männer und Version CW für Frauen) wurden bei einer Stichprobe von 353 College-Studenten und 215 College-Studentinnen angewendet. Danach wurden mittels Item- und Faktorenanalysen die besten Items ausgewählt (KENYON 1968b, 576), die die Version D bilden. Die Anzahl der verbleibenden geeignetsten Variablen und das Maß für die interne Konsistenz der Subskalen (bestimmt für die verbleibenden Items nach der varianzanalytischen Methode von HOYT) sind in Tabelle 3.1 wiedergegeben.

---

[62] „Sportliche Höchstleistungen verlangen heute vom Athleten asketische Erfahrungen auf sich zu nehmen, wobei die sportliche Aktivität langes, intensives und oft schmerzvolles Training sowie einen harten Wettbewerb mit sich bringt und den Aufschub vieler Belohnungen verlangt".

[63] Die Entscheidung, getrennte Skalen für Männer und Frauen zu entwickeln, begründete KENYON damit, daß sich die Verwendung dem jeweiligen Geschlecht angemessener Aussagen als notwendig erwies (SINGER u.a. 1980, 39).

Tabelle 3.1: HOYT Reliabilitäten für jede der sechs ATPA-Subskalen (KENYON 1968b, 570)

Subskala	$N_m = 353$ $N_w = 215$	Anzahl der besten Items	HOYT r
(1) Social experience	Männer	10	,70
	Frauen	8	,68
(2) Health and fitness	Männer	10	,79
	Frauen	11	,83
(3) Pursuit of vertigo	Männer	10	,88
	Frauen	9	,86
(4) Aesthetic experience	Männer	10	,82
	Frauen	9	,87
(5) Catharsis	Männer	9	,77
	Frauen	9	,79
(6) Ascetic experience	Männer	10	,81
	Frauen	8	,74

Wie der Tabelle 3.1 zu entnehmen ist, liegen die Reliabilitätswerte zwischen r_H =,68 und r_H =,88 und sind damit nach Meinung SINGER u.a. (1980, 40) für Gruppenvergleiche ausreichend hoch. Sowohl bei Männern wie bei Frauen ist die Reliabilität der Subskalen „social experience" am niedrigsten, die für „aesthetic experience" und „pursuit of vertigo" am höchsten.

Die Überprüfung der Beziehung zwischen den Subskalen ergab folgende Korrelationswerte. Die in der Tabelle 3.2 aufgeführten Interkorrelationen zwischen den Subskalen sind meist signifikant (p ≤,05), jedoch im allgemeinen relativ niedrig. Die durchschnittliche Korrelation beträgt r =,21 bei den Männern und r =,28 bei den Frauen, d.h. die gemeinsamen Varianzanteile der Subskalen betragen im Mittel 6%. Die engsten Beziehungen bestehen zwischen den Subskalen „ascetic experience", „carthasis" und „health and fitness" sowohl bei Männern wie bei Frauen (SINGER u.a. 1980, 40).

Tabelle 3.2: Interkorrelationen der Subskalen der ATPA-Skala für Männer (obere Hälfte) und Frauen (untere Hälfte) (SINGER u.a. 1980, 40 nach KENYON 1968b, 104)

Subskalen	(1)	(2)	(3)	(4)	(5)	(6)
(1) Social experience	--	,03	,16	,39	,18	,01
(2) Health and fitness	,12	--	,15	,22	,52	,44
(3) Pursuit of vertigo	,16	,28	--	,07	,18	,17
(4) Aesthetic experience	,18	,11	,02	--	,14	,04
(5) Catharsis	,36	,38	,29	,08	--	,45
(6) Ascetic experience	,44	,57	,45	,20	,57	--

Da es sich bei Einstellungen um latente Variablen handelt, die nicht direkt erfaßt werden können, gestaltet sich die Validierung der Skalen schwierig. KENYON (1968b, 372) ließ zu diesem Zweck auf einem separaten Fragebogen eine Präferenzrangliste für verschiedene Typen sportlicher Aktivität erstellen, die den sechs Dimensionen entsprechen. Für jede Dimension wurden anschließend die entsprechenden Subskalenwerte der Personen mit einer starken Präferenz (Rangplatz 1 oder 2) für den betreffenden Typ sportlicher Aktivität mit den Skalenwerten der Personen mit schwacher Präferenz (Rangplatz 5 oder 6) verglichen.

Wie sich aus Tabelle 3.3 ablesen läßt, sind die Mittelwertsunterschiede auf allen Subskalen signifikant.

Tabelle 3.3: Validierung der Skalen mittels des Kriteriums Präferenz für generelle Aktivitätstypen (KENYON 1968b, 571)

Präferenzkriterium	Subskala	Geschlecht	Präferenzgruppe	N	M	SD	t	p
„Physical activity for social purposes"	Social experience	Männer	Stark	86	43,3	3,7	9,03	<,001
			Schwach	115	41,6	4,3		
		Frauen	Stark	111	34,8	2,8	3,85	<,001
			Schwach	36	32,6	3,6		
„Physical activity for health and fitness"	Health and fitness	Männer	Stark	143	42,9	4,1	3,59	<,001
			Schwach	55	38,6	3,8		
		Frauen	Stark	78	47,9	4,2	6,51	<,001
			Schwach	48	42,6	4,7		
„Physical activity for thrills and excitement"	Pursuit of vertigo	Männer	Stark	142	44,8	6,6	10,51	<,001
			Schwach	81	36,4	3,8		
		Frauen	Stark	47	41,3	3,3	9,89	<,001
			Schwach	98	34,9	3,8		
„Physical activity for aesthetic experience"	Aesthetic experience	Männer	Stark	10	40,3	4,8	2,34	<,02
			Schwach	297	38,2	3,7		
		Frauen	Stark	35	40,0	5,8	7,98	<,001
			Schwach	92	33,4	3,4		
„Physical activity for recreation and relaxation"	Catharsis	Männer	Stark	184	37,1	3,1	-	<,001
			Schwach	54	42,5	3,8	10,82	
		Frauen	Stark	128	35,8	4,6	-3,02	<,01
			Schwach	20	39,1	4,6		
„Physical activity to meet a physical challenge"	Ascetic experience	Männer	Stark	135	43,7	6,0	13,22	<,001
			Schwach	104	36,8	4,1		
		Frauen	Stark	27	35,9	4,8	7,02	<,001
			Schwach	129	30,8	3,1		

Bei der Subskala „catharsis" haben die Differenzen jedoch eine erwartungswidrige Richtung, d.h. Personen, die eine starke Präferenz für „sportliche Aktivität zur Erholung und Entspannung" besitzen, hatten deutlich niedrigere Werte auf der „catharsis"-Subskala als Personen mit schwacher Präferenz.

Als möglichen Grund sieht KENYON (1968b, 572) den Umstand, daß auf dem Faktor „catharsis" auch Items aus den Subskalen „health and fitness", „social experience" und „ascetic experience" laden (>,30). Diese „Kontamination" zeigte sich auch in der Korrelation der betreffenden Subskalen (bis r =,52).

Obwohl die Validität der Subskala „catharsis" nicht nachgewiesen werden konnte, sieht KENYON (1968, 573) die ATPA-Skalen aufgrund einer hinreichenden internen Konsistenz und Unabhängigkeit der Dimensionen als eine „moderately reliable and valid scale". Allerdings empfiehlt er, die Skalen nur zu Forschungszwecken und nicht für Einstufungen (Einzelbewertungen) einzusetzen.

Neben der ATPA-Skala vom Likert-Typ hat KENYON auch eine Version in Form eines semantischen Differentials erstellt und eingesetzt (KENYON 1968c). Gleichzeitig wurde in dieser Studie eine Modellerweiterung vorgenommen, der Struktur wurde eine siebente Komponente in Form von „physical activity as chance" (Sportliche Aktivität als Glücksspiel) hinzugefügt[64]. Die Verwendung dieser Methode wird mit nicht näher ausgeführten Erfahrungen begründet, wonach diese Methode „schneller und effizienter war und zu höheren Reliabilitätskoeffizienten führte als das Inventar vom Likert-Typ" (KENYON 1968c, 13 zitiert nach SINGER u.a. 1980, 42).

„Die Aussage KENYONs, daß die Methode der Einstellungsmessung mittels eines ‚Semantischen Differentials' ‚zu höheren Reliabilitätskoeffizienten führte als das Inventar vom Likert-Typ' (KENYON 1968c, 13), läßt sich mit den mitgeteilten diesbezüglichen Ergebnissen nur bedingt belegen. Weitergehende Vergleiche zwischen den beiden Skalentypen sind nicht möglich, da KENYON keine Ergebnisse zur faktoriellen Struktur der Gesamtskala und zur Validität der Subskalen vom Typ ‚Semantisches Differential' mitteilt und offensichtlich auch nicht überprüft ist, inwieweit die beiden Skalentypen bei den gleichen Pbn eingesetzt zu identischen Ergebnissen führen"[65].

Die ATPA-Skala als semantisches Differential findet sich ebenfalls im Anhang der Arbeit. Nach einer Analyse von Arbeiten, in denen die Dimensionalität der ATPA-Skala faktorenanalytisch überprüft wurde, kamen SINGER u.a. (1980, 49) zu dem Fazit,

„daß trotz keineswegs einheitlicher Ergebnisse (...) die bislang vorliegenden Untersuchungen zur Dimensionalität der Skalen von KENYON insgesamt dafür [sprechen], die 6 von KENYON postulierten und gefunden Dimensionen beizubehalten, wenn auch offensichtlich die Dimensionen ‚Katharsis' und ‚Asketische Erfahrung' je nach Formulierung der Items bzw. Art der untersuchten Stichprobe u.U. nur schwer nachweisbar sind."

Wie bereits oben erwähnt, ist die Validierung von Einstellungsskalen wie von anderen hypothetischen Konstrukten problematisch. Ausgehend von Plausibilitätsüberlegungen wurden von SINGER u.a. (1980) die Variablen Sportengagement und ausgeübte Sportart in Beziehung zur Einstellung als Kriterien für die Validität des Modells herangezogen.

Bezüglich der ersten Variable wurde die Hypothese bestätigt, daß Personen eine umso positivere Einstellungen zu sportlicher Aktivität haben, je höher ihr sportliches Engagement ist. Am deutlichsten zeigte sich dies bei den Dimensionen „ascetic experience", „pursuit of vertigo" und „social experience" der Fall, am wenigsten bei „aesthetic experience"[66].

Für den zweiten Fall wurde angenommen, daß es im allgemeinen keine sportartspezifischen Einstellungsmuster geben sollte. Nur zwischen Sportarten, die sich deutlich den unterschiedlichen Dimensionen des Strukturmodells zuordnen lassen, sind Einstellungsunter-

---

[64] Diese Ergänzung begründet KENYON vor allem durch Belege aus der Literatur, so z.B. von CAILLOIS 1961 und ROBERTS / SUTTON-SMITH 1963.

[65] Weitere Ausführungen zu der ATPA-Skala als Semantisches Differential sowie dem verwendete Fragebogen finden sich bei SINGER u.a. (1980, 41-44, 153-156).

[66] Bei einigen Untersuchungen wurden bei dieser Subskala sogar negative Zusammenhänge gefunden, d.h. Personen mit geringerem sportlichen Engagement hatten eine positivere Einstellung zu ästhetischen Erfahrungen als Personen mit starkem Engagement.

schiede zu erwarten. Da die Auswahl der Sportarten bei den bisherigen Untersuchungen bezüglich dieser Fragestellung nicht hypothesengeleitet war (SINGER u.a. 1980, 54), liegen nur widersprüchliche Ergebnisse vor, die einerseits gegen konsistente Einstellungsmuster, andererseits aber auch nicht gegen die Diskriminationsfähigkeit der Skalen (bei entsprechender Auswahl der Sportarten) sprechen.

Die deutsche Version der ATPA-Skala (= ATPA-D-Skala) entstand, in dem die 59 Items der ATPA-Skala für Männer bzw. die 54 Items für Frauen zunächst relativ frei übersetzt wurden und anschließend diejenigen Items, die speziell auf amerikanische Besonderheiten zugeschnitten waren, den deutschen Verhältnissen angepaßt wurden. Im Unterschied zur ATPA-Skala von KENYON wurde aufgrund von Erfahrungen aus Vorbefragungen in der deutschen Version eine fünfstufige Ratingskala verwendet („stimme völlig zu", „stimme zu", „unentschieden", „stimme nicht zu" und „stimme überhaupt nicht zu"). Nach mehreren Revisionen der Items anhand verschiedener Stichproben (Student/-innen, Teilnehmer am olympischen Jugendlager) wurden schließlich 59 Items für die Form M (Männer) und 54 Items für die Form F (Frauen) der ATPA-D-Skala ausgewählt[67].

Für die nachfolgenden Untersuchungen wurden außer den obigen Items noch weitere Fragen formuliert.

Zur Bestimmung der *Präferenz für bestimmte Motive zum Sporttreiben* wurden aus den sechs Komponenten des KENYON-Modells sechs Aussagen abgeleitet, die entsprechende Motive widerspiegeln sollen, und in Form eines systematischen Paarvergleiches (insgesamt 30 Einzelvergleiche) gegenübergestellt. Die Formulierungen lauteten:

Ich treibe Sport, weil ich ...

(1) mit anderen zusammen sein will.

(2) mich gesund und fit halten will.

(3) Aufregung und Nervenkitzel brauche.

(4) Freude an schönen und eleganten Bewegungen habe.

(5) mich entspannen will.

(6) meine Leistungsfähigkeit steigern will.

Die *Präferenz für bestimmte Sportarten* wurde ebenfalls durch einen Paarvergleich (10 Einzelvergleiche) ermittelt. Dazu wurden von Sportstudenten 42 verschiedene Sportarten den ersten fünf Komponenten des Strukturmodells von KENYON zugeordnet[68]. Die größten Übereinstimmungen zeigten sich für die Sportarten Kegeln bei „soziale Erfahrung", Schwimmen bei „Gesundheit und Fitness", Judo bei „Spannung / Risiko", Eiskunstlauf bei „ästhetische Erfahrung" und Angeln bei „Katharsis"[69].

---

[67] Die vollständigen Fragebögen der ATPA-D-Skalen (Form F und M) einschließlich Testanweisung und Auswertungsanleitung finden sich im Anhang.

[68] Die Komponenten „asketische Erfahrung" wurde weggelassen, da prinzipiell jede Sportart wettkampfmäßig betrieben und deshalb nicht eindeutig eine Sportart zugeordnet werden kann.

[69] Bei Angeln war im Vergleich zu den vorhergehenden Sportarten die Übereinstimmung deutlich geringer.

Außerdem wurden noch *Grad und Art des Engagements* im Sport durch folgende Angaben erhoben: Letzte Sportnote, Zugehörigkeit zu schulischen Sport- und Neigungsgruppen, Sportvereinszugehörigkeit, im Verein betriebene Sportarten, Trainingsdauer, -intensität und Wettkampftätigkeit in den genannten Sportarten, erzielte Bestleistungen, sportliche Aktivitäten außerhalb von Schule und Verein und Besuch von Sportveranstaltungen.

Schließlich wurden noch die üblichen soziodemographischen Daten erfaßt.

Mit schriftlichen Gruppenbefragungen (Fragebogen) unter Aufsicht wurden die Daten von insgesamt 1440 weiblichen und 1307 männlichen Versuchspersonen erhoben. Bei den Befragten handelte es sich überwiegend um Schüler/-innen aus Haupt-, Real- und Berufsschulen und Gymnasien im Alter zwischen 14 und 19 Jahren sowie um (Sport-) Student/-innen. Zusätzlich wurden noch 251 männliche Probanden aus dem Leistungssport und dem Freizeitsport (mit Vereinsbindung) befragt.

Faktorenanalysen (Hauptachsenmethode, 5-8 Faktorenlösungen, Varimax-Rotation) und Itemanalysen bestätigten die sechs von KENYON postulierten Dimensionen. Dies traf auf alle Gruppen mit Ausnahme der Haupt- und Berufsschüler zu, wo sich meist nur fünf Faktoren reproduzieren ließen. Aufgrund dieser Ergebnisse wurde schließlich die insgesamt 47 besten Items bei den Männern und 45 Items bei den Frauen ausgewählt. Erneute Faktorenanalysen mit diesen Items bestätigte wieder die 6-Faktorenlösung mit einer Varianzaufklärung der Faktoren von 70,6-71,4%. Die inhaltliche Bedeutung der einzelnen Faktoren wie sie in der Abbildung 3.1 dargestellt wird, entspricht den von KENYON (1968a) angenommenen Dimensionen.

Faktor	Inhaltliche Bedeutung
Soziale Erfahrung	Sportliche Aktivität als Medium für soziale Interaktion: Mit anderen Menschen in Kontakt kommen - gemeinsames Sporttreiben - Geselligkeit beim Sport
Gesundheit / Fitness	Sportliche Aktivität als Mittel zur Erhaltung / Verbesserung der Gesundheit / Fitness: Sporttreiben um der Gesundheit willen - Bedeutung des Gesundheitswertes von Sportarten
Spannung / Risiko	Sportliche Aktivität als das Erleben von Spannung und Risiko: Wagnis - Gefahr - Risiko - Nervenkitzel beim Sporttreiben
Ästhetische Erfahrung	Sportliche Aktivität als ästhetische Erfahrung: Eleganz - Schönheit - Ausdruckskraft sportlicher Bewegungen
Katharsis	Sportliche Aktivität als Katharsis: Lösung von seelischen Spannungen - Abbau von aufgestauten Aggressionen - Entspannung - Erholung von Alltagsbelastungen - Ausgleich
Asketisch befriedigend	Sportliche Aktivität als asketische Erfahrung: Bereitschaft zu langem, intensivem Training - zu harten Wettkämpfen - für sportlichen Erfolg Opfer bringen

Abbildung 3.1: Inhaltliche Beschreibung der Subskalen (SINGER u.a. 1980, 73)

Zur Überprüfung der Unabhängigkeit der Subskalen wurden die Interkorrelationswerte der betreffenden Items berechnet. Bei etwa der Hälfte der Fälle waren die Werte zwar signifikant, aber im allgemeinen relativ niedrig. Der höchste Betrag gemeinsamer Varianz betrug 27,7%. Die engsten Beziehungen fanden sich zwischen der Subskala „asketische Erfahrung" und den Subskalen „Katharsis" bzw. „Spannung / Risiko". Insgesamt gesehen kann somit von einer „weitgehenden Unabhängigkeit der Subskalen untereinander gesprochen werden" (SINGER u.a. 1980, 74).

Die Reliabilitätswerte (nach SPEARMAN-BROWN) der Subskalen der Form F (Frauen) liegen - abgesehen von den Hauptschülerinnen und der Subskala „asketische Erfahrung" - bei ,80 und sind für Gruppenvergleiche ausreichend. Bei der Form M (Männer) zeigt sich ein ähnliches Bild. Auch hier liegen die Werte für Haupt- und Berufsschüler an unteren Ende und sind auch für Gruppenvergleich z.T. zu niedrig. Von den Subskalen haben „soziale Erfahrung" (,70) und „Katharsis" (,76) die niedrigsten Reliabilitätswerte.

Bereits bei den Angaben zur Validität der ATPA-Skala von KENYON wurde darauf hingewiesen, daß man bei der Suche nach Validitätskriterien für Einstellungsskalen noch auf Plausibilitätsüberlegungen angewiesen ist. Als Hilfsmittel dienten die Beziehung der Subskalen zu den Variablen Sportengagement und sportliche Aktivität. Auch für die deutsche Version der ATPA-Skala wurden u.a. diese Kriterien herangezogen.

3.2.3 Sportbezug des Modells der wahrgenommenen Instrumentalität

Im Hinblick auf den Einsatz der ATPA-Skala liegen eine Vielzahl von Arbeiten vor, in denen unterschiedliche kognitiv-affektive, motorische, soziale, genetische und organisatorische Variablen mit der Einstellung korreliert wurden. Viele davon, so SINGER u.a. (1980, 45), lassen jedoch einen expliziten theoretischen Bezug vermissen[70].

Da zu den ATPA-D-Skalen keine Untersuchungen zu Outdoorsportarten bekannt sind, werden in diesem Abschnitt statt dessen die im Rahmen der Validitätsüberprüfung untersuchten Beziehungen zu verschiedenen Motivpräferenzen und Sportarten erläutert.

Im Hinblick auf den Zusammenhang von **Motivpräferenz und Subskalenwert** lautete die Hypothese, daß Personen mit einer starken Präferenz für ein Motiv, das einen engen Bezug zu einer der sechs Dimensionen des Modells hat, eine positivere Einstellung bezüglich dieser Dimension besitzt als Personen ohne besondere diesbezüglicher Präferenz. Mittels systematischer Paarvergleiche zwischen den in Abbildung 3.2 aufgeführten Motiven wurde zunächst eine individuelle Präferenzreihenfolge bestimmt.

Motiv	Ich treibe Sport, weil ich ...	Subskala	
Motiv 1	mit anderen zusammen sein will.	Subskala 1	Soziale Erfahrung
Motiv 2	mich gesund und fit halten will.	Subskala 2	Gesundheit und Fitness
Motiv 3	Aufregung und Nervenkitzel brauche.	Subskala 3	Spannung und Risiko
Motiv 4	Freude an schönen und eleganten Bewegungen habe.	Subskala 4	Ästhetische Erfahrung
Motiv 5	mich entspannen will.	Subskala 5	Katharsis
Motiv 6	meine Leistungsfähigkeit steigern will.	Subskala 6	Asketische Erfahrung

Abbildung 3.2: Zuordnung von Motiven und Subskalen (SINGER u.a. 1980, 102)

---

[70] Ein Überblick zu den auf den ATPA-Skalen basierenden Arbeiten findet sich bei SINGER u.a. (1980, 45-46).

Bei den Berechnungen (KENDALL'S Tau B) ergaben sich abgesehen von Motiv 5 / Skala 5 bei Männern und Frauen bis auf zwei Ausnahmen bei allen Stichproben signifikante Zusammenhänge. Abgesehen von der Subskala 5 kann somit die Hypothese bestätigt und die Skalen nach diesem Kriterium als valide bezeichnet werden. Für die in den meisten Gruppen negativen und z.T. sogar signifikanten Beziehungen zwischen dem Motiv „Sport treiben, weil ich mich entspannen will" und der Subskala „Katharsis" konnten auch SINGER u.a. (1980, 106) keine plausible Erklärung finden.

Die zweite Hypothese bezog sich auf den Zusammenhang von *Sportartpräferenz und Subskalenwert*. Personen die eine starke Präferenz hinsichtlich einer Sportart zeigen, die sich einer der ersten fünf Komponenten des Modells von KENYON zuordnen läßt, sollten auf dieser Subskala höhere Einstellungswerte haben als Personen ohne besondere Präferenz für diese Sportart. Wiederum wurde zunächst ein systematischer Paarvergleich zwischen den Sportarten Kegeln, Schwimmen, Judo, Eiskunstlauf und Angeln angestellt, um so individuelle Präferenzranglisten zu bekommen. Für die Beziehung dieser Rangplätze mit den entsprechenden Subskalenwerten wurde anschließend KENDALL'S Tau B errechnet. Signifikante Zusammenhänge ergaben sich nur zwischen Eiskunstlaufen und der Subskala „ästhetische Erfahrungen" und bei den Frauen zusätzlich zwischen Judo und „Spannung / Risiko". Diese „unbefriedigenden" Ergebnisse erklären SINGER u.a. (1980, 110) mit der problematischen Zuordnung von sportlichen Aktivitäten zu den sechs verschiedenen Dimensionen, die „immer nur akzentuierend und in manchen Fällen gar nicht möglich" ist. So kann praktisch jede sportliche Aktivität wettkampfmäßig betrieben werden und daher asketische Erfahrungen ermöglichen und ebenso kann - wie bereits KENYON (1968a) feststellte[71] - vielen sportlichen Aktivitäten eine kathartische oder soziale Funktion zugesprochen werden[72].

Die dritte Annahme richtete sich auf den Zusammenhang von *Sportengagement und Subskalenwert*. Je höher der Grad des allgemeinen Engagements im Sport ist, umso höhere Einstellungswerte sollten die betreffenden Personen haben. Eine Ausnahme hiervon sollte die Skala „Gesundheit und Fitness" machen. Zur Überprüfung dieser Hypothese wurden die Vpn zunächst in vier Gruppen unterteilt:

- Leistungssportler (mehr als 2,5 Stunden Training pro Woche in einer Sportart und Teilnahme an Wettkämpfen).

- Freizeitsportler mit Vereinsanbindung (in keiner Sportart mehr als 2,5 Stunden Training pro Woche, keine Teilnahme an Wettkämpfen).

- Freizeitsportler ohne Vereinsanbindung (sportliche Betätigung ohne Vereinszugehörigkeit).

- Nicht-Sportler (keinerlei sportliche Aktivität).

---

[71] „Although such events as school- or college-dances and bowling immediately come to mind, almost any physical activity can serve such a purpose, either incidentally or by design. (...) obviously, calisthenics and other conditioning exercises are for such a purpose, but conceivably, many activities could be similarly orientated" (KENYON 1968a, 99).

[72] Dieses Ergebnis bestätigt auch die Aussagen HECKHAUSENs (1989) hinsichtlich der Äquifinalität von Handlungen. Demnach kann letztendlich immer nur aus der subjektiven Perspektive beurteilt werden, welche Zwecke mit welcher Tätigkeit angestrebt werden.

Anschließend wurden Varianzanalysen bezüglich der Mittelwerte auf den sechs Subskalen gerechnet, wobei die Gruppenzugehörigkeit als unabhängige Variable einging. Bei den Subskalen „soziale Erfahrung", „Spannung / Risiko", „Katharsis" und „asketische Erfahrung" ergaben sich signifikante Unterschiede ($p < ,01$) in der erwarteten Richtung. Bei Männern gilt dies zusätzlich hinsichtlich der „ästhetischen Erfahrung". Bei der Subskala „Gesundheit und Fitness" zeigte sich der erwartete negative Zusammenhang, der allerdings nur bei den Frauen statistisch signifikant ($p < ,001$) war. In dieser Dimension hatten Freizeitsportler ohne Vereinszugehörigkeit die positivste Einstellung, Leistungssportler die negativste. Bis auf die Skala „ästhetische Erfahrung" entsprechen die Ergebnisse also den Annahmen.

Zusätzlich wurde in diesem Zusammenhang noch eine weitere Vermutung untersucht, nämlich daß die Wahrnehmung der instrumentellen Werte in unterschiedlichem Ausmaß an eigene Erfahrungen mit der jeweiligen sportlichen Aktivität gebunden ist. So kann es bei vielen sportlichen Aktivitäten „von außen" kaum eingeschätzt werden, welche Opfer sie abverlangt (asketische Erfahrung), wieweit sie zur Entspannung beiträgt (Katharsis) oder ein Medium für soziale Interaktion (soziale Erfahrung) darstellt. Demgegenüber ist die Wahrnehmung von zu erlebender Spannung und Risiko bei einer Sportart und erst recht die von Schönheit und Eleganz der Bewegungen weniger an eigene Erfahrungen in der Ausübung dieser Sportart gebunden. Die Eignung einer Sportart oder sportlicher Aktivität allgemein, „Gesundheit und Fitness" zu fördern, ist häufig kognitiv verankert oder relativ leicht erfahrbar, wenn die sportliche Aktivität im angemessenen Umfang und Intensität durchgeführt wird. So gesehen wäre - unabhängig von der betriebenen Sportart - bei „asketischer Erfahrung", „Katharsis" und „sozialer Erfahrung" eine starke positive Beziehung zwischen Sportengagement und Ausprägungsgrad der Einstellung zu erwarten. Bei „Spannung / Risiko" wäre demzufolge eine mittlere positive, bei „ästhetische Erfahrung" keine oder eine gering positive und bei „Gesundheit und Fitness" keine oder eine gering negative Beziehung zu vermuten. Die Ergebnisse einer gerechneten schrittweisen linearen Diskriminanzanalyse bestätigten diese Annahmen. Anhand der Skalenwerte der ATPA-D lassen sich die vier Gruppen mit unterschiedlichem Sportengagement signifikant ($p < ,001$) voneinander trennen. Erwartungsgemäß tragen dabei die Subskalen „asketische Erfahrung" und „Katharsis" am meisten zu Gruppentrennung bei (SINGER u.a. 1980, 122).

Das letzte untersuchte Validitätskriterium war der Zusammenhang von *tatsächlich ausgeübter Sportart und Subskalenwert*. Wie bei der Untersuchung der Beziehung von Sportartpräferenz und Subskalenwert wurde hier auf Basis der tatsächlich ausgeübten Sportart der Einfluß auf den Ausprägungsgrad auf der jeweiligen Subskala bestimmt. Dazu wurden zunächst die genannten Sportarten mit dem höchsten Trainingsaufwand einer der vier Gruppen Mannschaftssport (Basket-, Fuß-, Hand- und Volleyball), Schwimmen, Gerätturnen und „Risikosport" (Judo, Karate, Motorsport) zugeordnet. Angenommen wurde, daß Sportler der Gruppe „Risikosport" auf der Subskala „Spannung / Risiko", Sportler der Gruppe „Gerätturnen" auf der Subskala „ästhetische Erfahrung", Sportler der Gruppe „Schwimmen" auf der Subskala „Gesundheit und Fitness" und die Sportler der Gruppe „Mannschaftssport" auf der Subskala „soziale Erfahrung" die höchsten Werte aufweisen sollten. Wie erwartet wiesen alle vier Sportartengruppen auf der ihnen zugeordneten Subskala die höchsten Werte auf. Allerdings nur in den Skalen „Spannung / Risiko" und „ästhetische Erfahrung" waren nicht nur die Gruppenunterschiede signifikant, sondern auch die einzelnen Unterschiede zwischen den Gruppen untereinander. Bei durchgeführten linearen Diskriminanzanalysen zeigte sich, daß die Einstellungsunterschiede zwischen den Sportler der verschiedenen Sportartengruppen eine signifikante (p <,001) Trennung der Gruppen auf Basis ihrer Subskalenwerte erlauben (SINGER u.a. 1980, 130). „Inwieweit dies bei allen Sportarten zutrifft, die sich den sechs verschiedenen instrumentellen Werten sportlicher Aktivität mehr oder weniger eindeutig zuordnen lassen, muß in weitergehenden Untersuchungen erst noch geprüft werden" (SINGER u.a. 1980, 133).

Die von KENYON gefunden Faktoren wurden auch in einer Studie von ABELE / BREHM (1985) im wesentlichen bestätigt. In dieser Studie wurde der Zusammenhang von allgemeinen Einstellungen zu sportlicher Aktivität, persönlichen Präferenzen im Sinne spezifischer Erwartungen und Motive und Befindlichkeitsveränderungen untersucht. Da sich die Stichprobe aus fünf Gruppen zusammensetzte, deren sportliche Aktivitäten zu den gesundheits- und fitnessorientierten Sportarten gehören, werden die einzelnen Ergebnisse hier nicht weiter dargestellt, sondern lediglich auf einige Zusammenhänge hingewiesen. So zeigte sich, daß zwischen den allgemeinen Einstellungen und den Präferenzen für das eigene Sporttreiben keine Korrelation besteht. Auch zwischen Einstellungen und Befindlichkeitsveränderungen konnte kein Zusammenhang gefunden werden. Für die individuellen Präferenzen und die Befindlichkeitsveränderungen ergaben sich unterschiedliche Zusammenhänge, die von der jeweiligen Präferenzgruppe (z.B. Leistung oder Gesundheit etc.) abhängig waren.

JANSSEN / WEGNER / BOLTE (1992) setzten bei einer gemischten Stichprobe (N = 216) mit vier Gruppen (Wettkampfsportler, Hobbysportler, Aerobic-Aktive im Studio und Aerobic-Aktive im Verein) ebenfalls die deutsche Version der ATPA-Skala von SINGER u.a. (1980) ein, wobei noch zusätzliche Aussagen zur Lern- und Trainingserfahrung, zur Selbstbestimmung, zum Naturerleben und zur Wirkung modischer Kleidung in den Fragenkatalog aufgenommen wurden. Die durchgeführten Faktorenanalysen (Hauptachsenmethode, rechtwinklige Rotation, Eigenwertkriterium) konnten die von KENYON gefundenen Einstellungsdimensionen im wesentlichen bestätigen. Die angewendeten Kriterien ließen sowohl eine fünffaktorielle wie eine achtfaktorielle Lösung zu. Die Faktoren der achtfaktoriellen Lösung lassen sich wie folgt beschreiben: „Soziale Erfahrung", „Spannung / Risiko", „Askese" (Leistung, Lernen, Trainieren), „Körper / Gesundheit / Mode", „Entspannung / Katharsis", „Körpererfahrung" (Training, Grenzerfahrung, Ästhetik), „Ästhetik" und „Training-Lernerfahrung". In der fünffaktoriellen Lösung ergaben sich folgende Faktoren: „Soziale Erfahrung", „Askese / Fitness / positive Trainings- bzw. Lernerfahrung", „Spannung / Risiko", Gesundheit / Körpererlebnis / Mode / negative Trainings- bzw. Lernerfahrung" und „Ästhetik / Körper". Der Faktor „Katharsis / Entspannung" konnte nicht in der Gesamtgruppe, jedoch bei den Wettkampfsportlern und den im Verein Aerobic betreibenden Sportlern nachgewiesen werden. In einer nachfolgenden Diskriminanzanalyse zeigte sich die achtfaktorielle Lösung hinsichtlich der Zuordnung der Sportler auf die vier Gruppen als die trennschärfere Variante.

3.3 „Adventure Model" (EWERT / HOLLENHORST)

In einer Studie an Kletterern untersuchte EWERT (1985) die zugrundeliegenden Beweggründe für die Sportart als einer Form der „risk recreation" und die Abhängigkeit dieser Gründe von der jeweiligen Erfahrung in der Sportart. Da es sich hierbei um eine rein empirisch orientierte und keine theoriebasierte Vorgehensweise handelt, entfallen die Abschnitte zu den Grundlagen und Merkmalen sowie zu der Erfassungsmethode. Letztere wird bei der Darstellung der Untersuchung beschrieben.

Als „Risk recreation" definierte EWERT (1985, 241) diejenigen Freizeitaktivitäten, „exposing the participant to real or perceived physical danger usually in an outdoor natural setting". Dazu füllten 480 Kletterer[73] unmittelbar vor dem Beginn der sportlichen Aktivität einen Fragebogen mit 40 Items[74] aus. Bei der anschließenden Hauptkomponenten-Faktorenanalyse mit Varimax-Rotation ergaben sich sechs Faktoren mit einem Eigenwert größer 1,0. Die 30 Items mit Faktorladungen größer ,35, ihre Zuordnung zu den Faktoren sowie die Mittelwerte für Anfänger und Fortgeschrittene zeigt die Tabelle 3.4.

Tabelle 3.4: Faktorladungen und Mittelwerte für Motive bei Kletterern (EWERT 1985, 245-248)

Faktor / Item	Reliabilität / Faktorladung (N = 441)	Mittelwert Anfänger (N = 175)	Mittelwert Fortgeschrittene (N = 266)
Challenge / Risk *	**,74**	**3,84**	**3,96**
Exhilaration *	,51	4,12	4,30
Accomplishment	,57	4,29	4,43
Excitement	,59	4,00	4,08
Because of Risks	,42	2,75	2,90
Physical Skills *	,54	3,92	4,03
Personal Testing *	,62	3,84	4,02
Catharsis	**,69**	**3,33**	**3,33**
Solitude	,44	3,24	3,37
Relaxation	,56	3,83	3,88
Disengagement	,52	3,43	3,39
Slow Mind	,65	3,52	3,46
Personal Values	,40	3,26	3,30
Escape Authority	,35	2,61	2,48
Recognition	**,74**	**2,27**	**2,21**
Recognition	,71	2,39	2,29
Competition	,45	2,37	2,27
To Show others *	,70	2,39	2,09
To Be A Mountaineer	,54	2,03	2,19

---

[73] Von den 480 Fragebögen konnten 460 ausgewertet werden. 372 (= 80,9%) der Vpn waren männlich; die Altersspanne lag zwischen 14 und 65 Jahre (Mittelwert = 29,65 Jahre); 175 (= 38%) waren unerfahrene Kletterer bzw. Anfänger.

[74] Es wurde in der Studie keine der Zusammenstellung der Items zugrundeliegende Theorie genannt. Ihre Auswahl erfolgte abhängig von ihrer Eignung zur Messung einer allgemeinen „Freizeitmotivation" (leisure motivation) im Rahmen einer Untersuchung von CRANDALL (1980).

Faktor / Item	Reliabilität / Faktorladung (N = 441)	Mittelwert Anfänger (N = 175)	Mittelwert Fortgeschrittene (N = 266)
Creativity	**,73**	**3,17**	**3,24**
To Help Others	,50	2,70	2,84
Creativity	,43	2,91	3,00
Self-expression	,38	3,58	3,69
Photography	,37	3,27	3,26
Use Mind	,53	3,15	3,35
To Think	,41	3,26	3,30
Locus Of Control *	**,75**	**3,18**	**3,34**
Develop Abilities	,57	3,92	4,14
Make Decisions *	,61	2,79	3,05
Gain Control	,50	2,27	2,73
Team Effort *	,53	3,08	3,29
Friendships	,50	3,36	3,50
Physical Setting	**,73**	**4,52**	**4,51**
Enjoy Wilderness	,83	4,51	4,65
View Scenery	,73	4,63	4,62
Be Close To Nature	,53	4,27	4,22

Legende: Ratings von 1 - 5; 5 = starke Zustimmung
* Signifikante Mittelwertsunterschiede auf 5%-Niveau

Insgesamt ergaben sich nur relativ geringe Unterschiede zwischen erfahrenen und unerfahrenen Kletterern, wobei erstere stärkere Präferenzen bei „inneren Werten" wie „Exhilaration" oder „Challenge" zeigten, letztere eher nach externer Anerkennung streben, wie an den Variablen, die auf den Faktor „Recognition" laden, deutlich wird. Insgesamt lassen sich Präferenzen im Bereich des Naturerlebens und der Herausforderung erkennen.

Aus diesen und weiteren Ergebnissen entwickelten EWERT / HOLLENHORST (1989; 1994) das „*Adventure model*". Dieses wurde nicht explizit zur Erklärung der Motivation für sportliche Aktivität konzipiert, sondern als ein Modell, welches auf der Erfahrung der Personen in einer sportlichen Aktivität beruht und Aufschluß über ihre Präferenzen im Hinblick auf ihre Aktivitäten geben soll. Wie andere Arbeiten zur „Adventure Recreation Experience" (MCINTYRE 1992; PRIEST 1992; ROBINSON 1992), so gingen auch EWERT / HOLLENHORST (1994, 181) davon aus, daß es aus wissenschaftlicher und aus Management-Perspektive von Vorteil wäre, „if by knowing a participant's level of experience, one could also identify setting and individual preferences". Untersucht wurde deswegen der Zusammenhang zwischen der Erfahrung in einer Sportart und personen- und situationsbezogenen Variablen, um somit mittels der (einfachen) Erfassung der Erfahrung in einer sportlichen Aktivität die Aktiven homogenen Gruppen hinsichtlich ihrer Präferenzen und Bedürfnisse zuordnen zu können. Diese angenommenen Zusammenhänge veranschaulicht Abbildung 3.3.

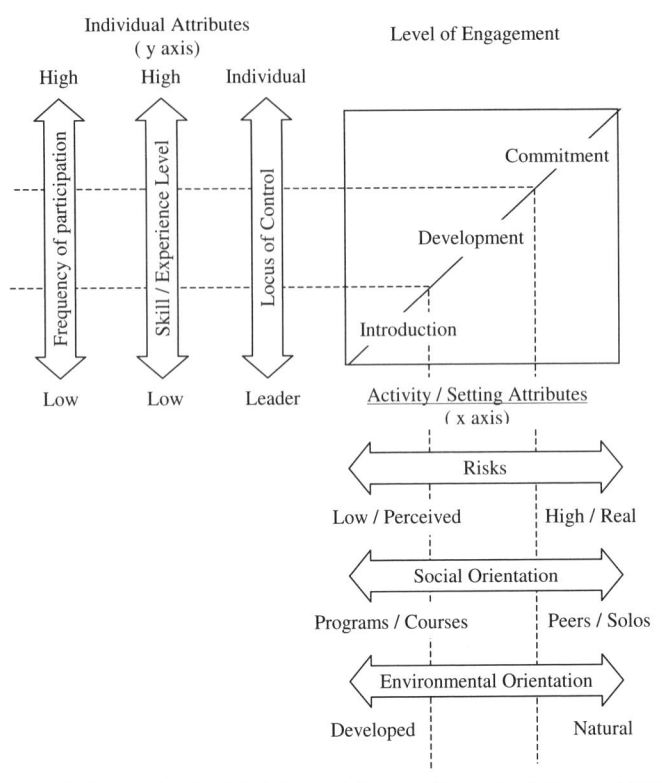

Abbildung 3.3: Konzeptionelles Modell der „Adventure Recreation" (EWERT / HOLLENHORST 1989, 126)

Zwischen der Erfahrung und den Variablen „frequency", „skill", „locus of decision-making"[75], „involvement", „types of environment", „social orientation", „preferred level of risk" und verschiedenen „motivations for participation" wurden jeweils positive Korrelationen vermutet.

---

[75] Wie auch der Abbildung 3.3 zu entnehmen ist, besagt die Hypothese, daß mit zunehmender Erfahrung mehr Eigenverantwortung und Unabhängigkeit für die Entscheidungen beansprucht wird, die bei Anfängern noch an andere Personen delegiert wird. Inhaltlich umfaßt dabei Kontrolle sowohl die Anpassung der Situation an die Pläne, beispielsweise durch den Einsatz von Hilfsmitteln (Seile, Haken etc.) wie auch Entscheidungen über die Anpassung der geplanten Aktivität an bestehende situative und personale Bedingungen (Wetterverhältnisse, Trainingszustand etc.). Gleiches gilt für die Variable „Locus of Control".

An einer weiteren Stichprobe von 115 Studenten[76], die an verschiedenen Outdoorprogrammen (Klettern, Höhlenerkundungen, Backcountry Camping, Kanutouren etc.) teilnahmen, konnten diese Annahmen teilweise bestätigt werden. Bei den 20 abgefragten Motiven für die Outdooraktivität zeigte sich nur in acht Fällen ein Zusammenhang in der vorhergesagten Richtung, der auch nur bei den beiden Items „to develop skills" und „for the competition" signifikant war. Für die restlichen Items ergaben sich keine erfahrungsabhängigen Unterschiede (siehe Tabelle 3.5).

Tabelle 3.5: Mittelwerte der Teilnahmemotive in Abhängigkeit vom Grad der Erfahrung (EWERT / HOLLENHORST 1989, 133)

Item	Mittelwerte			Unter-schiede
	Anfänger	Fortgeschrittene	Könner	
Fun	6,9	6,9	6,8	0
Challenge	6,9	6,6	6,7	0
Novelty	6,6	6,4	6,6	0
Achievement	6,5	6,2	6,4	0
For the Excitement	6,2	6,6	6,3	0
Physical Fitness	6,0	5,6	6,4	0
Nature	6,0	6,3	5,9	0
Feelings of Self-Esteem	5,7	5,3	5,4	0
Develop Skills	5,6	6,4	6,6	+x*
Sense of Control	5,4	5,6	6,1	+x
To Make Friends	5,1	5,3	5,7	+
To Take Risks	4,8	4,9	5,5	+x
Creativity	4,5	4,7	5,2	+x
Socializing	4,5	4,0	4,9	0
Competition	4,0	4,4	5,1	+x*
For the Image	3,0	2,7	2,1	-x
Request of Others	2,7	1,8	2,9	0
Career	2,2	2,3	2,7	+x
Status	2,0	2,5	2,9	+x

Legende:
Rating-Skala 1 bis 9; 9 = starke Zustimmung; 0 = keine Veränderung, + = Anstieg, - = Abnahme
x = vorhersagekonform, * = signifikant auf 10%-Niveau

Bei einer weiteren Studie von EWERT / HOLLENHORST (1994) wurde ebenfalls personale und situative Merkmale der „Adventure Recreation Experience" untersucht. Als Stichprobe dienten 329 Kletterer und 257 Wildwasserfahrer. Aus dem ursprünglichen Set von 57 Items wurden die 31 besten ausgewählt[77]. Die vier Faktoren der individuellen Merkmale „amount

---

[76] Von den 115 Vpn konnten 106 ausgewertet werden, 73 (69%) der Teilnehmer waren männlich; das Durchschnittsalter lag bei 20 Jahren. Nach der Erfahrung verteilten sich die Vpn zu 22% (23) auf Einsteiger, 59% (63) auf Fortgeschrittene und 19% (20) auf Könner. Die 25 Items waren anhand einer 9-stufigen Likert-Skala zu bewerten. Mittelwertsunterschiede wurden mit einer one-way-ANOVA überprüft und anschließend eine Diskriminanzanalyse durchgeführt.

[77] Die Formulierungen der Items wurden in der Veröffentlichung nicht aufgeführt.

and frequency of past experience", "skill level", "locus of control" und "involvement" und die vier Faktoren der situativen Merkmale "naturalness", "social orientation", "equipment" und "risk" erreichten dabei Alpha-Koeffizienten von $\alpha =,60$ bis $\alpha =,70$. Als Hypothesen wurden wieder Beziehungen zwischen der Erfahrung in der Sportart und Ausprägungen der genannten Merkmale formuliert, die sich in positiven Korrelationen zwischen den Merkmalen ausdrücken sollten. Insgesamt waren auch 51 der 56 Korrelationen positiv, signifikant 39 ($p \leq,05$; 19 bei Kletterern, 20 bei Wildwasserfahrern). Mit Ausnahme der Hypothese zum Risiko ("as participants become more involved and experienced, they will seek out more difficult and risky endeavors"; EWERT / HOLLENHORST 1994, 181) konnten die Annahmen somit bestätigt werden. Lediglich zwischen "involvement" und "naturalness" bei den Kletterern und zwischen "equipment" und "risktaking" bei den Wildwasserfahrern ergaben sich signifikante negative Korrelationen. Obwohl das Modell keine Aussagen über die Motivation für die jeweilige sportliche Aktivität ermöglicht, gibt es doch Hinweise auf Aspekte, die für die Veranlassung zur Ausübung einer Outdooraktivität aus Sicht des Individuums bedeutsam sein können und in welchem Verhältnis dabei personale und situative Merkmale des sportlichen Kontexts stehen.

3.4 Strukturmodell der Sinnzuschreibungen und Anreizqualitäten sportlicher Aktivität (BREHM)

3.4.1 Grundlagen und charakteristische Merkmale des Strukturmodells von BREHM

Die Frage nach dem "*W*arum?" bzw. "*W*ozu?" einer sportlichen Aktivität bilden den Ausgangspunkt des Strukturmodells von ABELE / BREHM (1990). Die Grundlagen für das Modell stammen aus der (Sport-) Psychologie, z.B. Erklärungsansätze zum kognitiven Aspekt der Funktionen von Handlungen bzw. sportlicher Aktivitäten (NITSCH 1986; siehe Kapitel 1; KENYON 1968a, b; SINGER u.a. 1980; siehe Kapitel 3.2) oder zum motivationalen Aspekt der Anreize von Handlungen bzw. Handlungsfolgen (HECKHAUSEN 1989; RHEINBERG 1989; siehe Kapitel 2.6) und aus der Sportpädagogik (Ansatz des Sinns sportlicher Aktivität; GRUPE 1986; KURZ 1990; siehe Kapitel 3.1).

Sinnzuschreibungen, die das zentrale Element des Modells bilden, können als Kognition - in elaborierten Zustand - als subjektive Theorie über die Funktionen der ausgeübten sportlichen Aktivitäten bezeichnet werden (ABELE / BREHM 1990a, 194). Als solche besitzen sie eine kognitive Orientierungsfunktion im Sinne einer handlungsleitenden oder handlungsrechtfertigenden Funktion[78], mit der die Ausübung der sportlichen Aktivität begründet wird (BREHM 1994, 2). Die Orientierungsfunktion kann sich dabei auch auf den pädagogischen Wert der Aktivität beziehen. Daneben umfassen Sinnzuschreibungen auch motivationale Aspekte in Form der repräsentierten Anreize.

Die Entwicklung des Modells orientierte sich an zwei Leitfragen (BREHM 1994, 3):

---

[78] Letzteres ist für die Fälle wahrscheinlicher, in denen es sich um sozial erwünschtes Verhalten handelt.

(1) Wie läßt sich der sportlichen Aktivitäten zugeschriebene Sinn differenzieren und strukturieren?

(2) Welche Anreizqualitäten sind mit den Sinnzuschreibungen verbunden?

Die erste Frage bezieht sich auf die kognitive Orientierungsqualität von Sinnorientierungen. Die Vorgehensweise bei der Bearbeitung dieser Frage bestand aus drei Schritten:

(a) Den Ausgangspunkt bildeten empirische Studien zu den Funktionen sportlicher Aktivität (KENYON 1968b; SINGER u.a. 1980; ABELE / BREHM 1985).

(b) Diese Funktionen wurden inhaltlich durch Aspekte ergänzt, die als pädagogisch wertvoll gesehen werden (KURZ 1986, 1990; GRUPE 1986).

(c) Schließlich wurde versucht, die wachsende Bedeutung gesundheits- und fitnessorientierter Sportarten sowie sportlicher Aktivitäten in der Natur zu berücksichtigen.

Ferner wurde davon ausgegangen, daß die Sinnzuschreibungen aktivitätsspezifisch variieren, d.h. abhängig von jeweiligen Kontext (z.B. Fitness-, Natur- oder Spielsportarten), eine unterschiedliche Gewichtung erfahren (ABELE / BREHM 1990a).

Die zweite Frage ist auf die motivationale Anreizqualität der Sinnzuschreibungen gerichtet. Hier wurde auf Ansätze von HECKHAUSEN (1989; „Erweitertes Motivationsmodell", siehe Kapitel 2.5) und RHEINBERG (1989; *Anreizfokus-Modell*, siehe Kapitel 2.6) Bezug genommen. Anreize lassen sich demnach unterscheiden, welche individuelle Bedeutsamkeit, d.h. welchen Wert sie für die betreffende Person besitzen (quantitativer Aspekt), sowie danach, ob es sich um mit den Handlungsfolgen verbundene (langfristige) Zweckanreize handelt oder um am Handlungsvollzug ansetzende Tätigkeits- bzw. Situationsanreize (qualitativer Aspekt)[79].

Das aus diesen Ansätzen abgeleitet Strukturmodell der Sinnzuschreibungen sportlicher Aktivitäten ist in Abbildung 3.4 dargestellt.

Im folgenden Abschnitt werden die einzelnen Sinnzuschreibungen beschrieben und außerdem der Bezug zu den Kategorien der oben genannten Ansätze hergestellt.

Der erste Faktor „*Gesundheit und Fitness*" entspricht weitgehend der Dimension „health and fitness" bei KENYON (1968a, b) und Teilen der Sinnrichtung „Körperlichkeit, Fitneß, Gesundheit" (KURZ 1986). Der Faktor wird unter den Aspekten Rehabilitation („Gesundheitszustand verbessern"), Prävention („Beschwerden und Krankheit vorbeugen") und Fitness („Etwas für die Fitness tun") in drei Sinnzuschreibungen differenziert. Diese Aufgliederung erfolgt entsprechend der unterschiedlichen Zielrichtungen, der im Bereich Gesundheit und Fitness angesiedelten sportlichen Aktivitäten (BREHM 1994, 4). Der Faktor „Gesundheit und Fitness" läßt sich der bei NITSCH (1986) genannten „modifikatorischen Funktion" zuordnen. Bei allen drei Operationalisierungen handelt es sich um Zweckanreize, also Anreize, die mit den Folgen der Tätigkeit verbunden sind.

---

[79] Aufgrund der Ergebnisse früherer Studien (ABELE-BREHM / BREHM 1990) setzt eine stabile Handlungsmotivation außer Zweckanreizen auch Tätigkeits- bzw. Situationsanreize voraus (BREHM 1994, 4).

Faktor	Sinnzuschreibungen	motivationale Orientierungsperspektive
I. Gesundheit & Fitness	1. Gesundheitszustand verbessern	Z
	2. Beschwerden und Krankheiten vorbeugen	Z
	3. Etwas für die Fitness tun	Z
II. Wohlbefinden	4. Sich wohlfühlen	S
	5. Alltagsstress abbauen	S
	6. Seelisch ausgeglichener werden	Z
III. Körperarbeit	7. Eine sportliche Figur bekommen	Z
	8. Das Gewicht regulieren	Z
	9. Körper kennenlernen und erfahren	S
IV. Leistung	10. Sich messen und vergleichen	S
	11. Sich verbessern	Z
	12. Sich anstrengen und körperlich belasten	S
V. Spannung	13. Spannende Situationen erleben	S
VI. Natur	14. Natur erleben	S
VII. Darstellung	15. Zeigen, wie attraktiv diese sportliche Aktivität ist	S
	16. Zeigen, wie ich bin und was ich kann	S
VIII. Sozialerfahrung	17. Mit netten Leuten zusammen sein	S
	18. Kontakte knüpfen	Z
	19. Kontakte pflegen	Z

Legende:
S = Situationsanreiz; Z = Zweckanreiz

Abbildung 3.4: Strukturmodell der Sinnzuschreibungen sportlicher Aktivitäten (BREHM 1994)

Der zweite Faktor „*Wohlbefinden*" ist inhaltlich weiter gefaßt als die Dimension „catharsis" bei KENYON (1968a, b), da er neben dem Ausgleichsaspekt noch das aktuelle „Sich wohlfühlen" umfaßt. Dieser Faktor deckt ergänzend zum obigen Faktor „Gesundheit und Fitness" die Sinnrichtung „Körperlichkeit, Fitness, Gesundheit" von KURZ (1986) ab. Auch hier finden sich drei Sinnzuschreibungen, von denen „sich wohlfühlen" und „Alltagsstress abbauen" den Situationsanreizen zuzuordnen sind, „seelisch ausgeglichener werden" den Zweckanreizen. Wie der Faktor „Gesundheit" besitzt auch „Wohlbefinden" eine modifikatorische Funktion im Sinne von NITSCH (1986).

Bei dem dritten Faktor „*Körperarbeit*" wurden die in früheren Versionen (ABELE / BREHM 1990a) getrennten Bereiche „Aussehen" und „Körpererfahrung" zusammengefaßt. Bei KENYON (1968a, b) ist dieser Aspekt, der sich vor allem aus der Expansion der unterschiedlichsten Fitness-Aktivitäten in den 80er Jahren ergab, noch nicht berücksichtigt, bei KURZ (1986) findet er sich zusammen mit den beiden obigen Faktoren in dem Faktor „Körperlichkeit, Fitness, Gesundheit" wieder. Den von NITSCH (1986) angenommenen Funktionen (siehe Kapitel 1.2) läßt sich dieser Faktor als ganzes nicht eindeutig zuordnen. Die beiden Zweckanreize „eine sportliche Figur bekommen" und „das Gewicht regulieren" besitzen eindeutig modifikatorischen Charakter, der Situationsanreiz „den Körper kennenlernen und erfahren" dagegen explorativen Charakter.

Der vierte Faktor „*Leistung*" findet sich sowohl bei KENYON (1968a, b) in der Dimension „ascetic experience" wie auch bei KURZ (1986) in der Sinnrichtung „Leistung, Aktivierung,

Selbstbewußtsein". Im Vergleich zu den genannten Ansätzen erfassen die drei Sinnzuschreibungen „sich messen und vergleichen", „sich verbessern" und „sich anstrengen und körperlich belasten" den Leistungsaspekt sportlicher Aktivitäten differenzierter, was dem großen Spektrum verschiedener sportlicher Situationen entspricht. Während „sich messen und vergleichen" objektive, externe Maßstäbe bzw. den direkten Vergleich mit anderen Personen in den Mittelpunkt stellt, dient bei den Sinnzuschreibungen „sich verbessern" und „sich anstrengen und körperlich belasten" die individuelle Leistungsfähigkeit als subjektiver, interner Maßstab. Bei „sich verbessern" handelt es sich um einen eher langfristig orientierten Zweckanreiz, wohingegen der Zweckanreiz „sich messen und vergleichen" und der Situationsanreiz „sich anstrengen und körperlich belasten" ihre Attraktivität aus dem Erleben der entsprechenden Situation beziehen. Heterogen ist ebenfalls der Bezug zu den Funktionen. Die Sinnzuschreibung „sich verbessern" besitzt eine modifikatorische Funktion, während „sich messen und vergleichen" und „sich anstrengen und körperlich belasten" eine explorative Funktion zuzuschreiben ist, wobei sie im ersteren Falle nach außen, im zweiten nach innen gerichtet ist.

Der fünfte Faktor „*Spannung*" ist durch die Sinnzuschreibung „spannende Situationen erleben" präsentiert. Um der Situation des Sportspiels gerechter zu werden, ist diese Kategorie hier deutlich moderater formuliert als bei KENYON (1968a, b) oder KURZ (1986, 1990), die in der Benennung stärker den Aspekt des Risikos und des Abenteuers thematisieren (BREHM 1994, 5). Bei der Sinnzuschreibung „spannende Situationen erleben" handelt es sich deutlich um einen Situationsanreiz mit explorativer Funktion.

Beim sechsten Faktor „**Natur**" findet sich ebenfalls nur eine Sinnzuschreibung („Natur erleben"). Bei KENYON (1968a, b) fehlt dieser Aspekt vollständig, bei KURZ (1990) wird er ebenfalls nicht explizit erwähnt. In den Beispielen zur Sinnrichtung „Eindruck, Exploration, Sensation, 'Vertigo'" finden sich jedoch Bezüge zu dieser Thematik[80]. Wie bei der Sinnzuschreibung „spannende Situationen erleben" handelt es sich auch hier um einen Situationsanreiz mit explorativem Charakter.

Der siebte Faktor „*Darstellung*" schließt sowohl die Präsentation der sportlichen Aktivität wie auch der eigenen Person mit ein. Während die Sinnzuschreibung „zeigen, wie attraktiv diese sportliche Aktivität ist" sich auch in der Dimension „aesthetic experience" (KENYON 1968a, b) und in der Sinnrichtung „Ausdruck, Ästhetik, Gestaltung" (KURZ 1986) wiederfindet, wurde der Aspekt der Selbstdarstellung, wie er in der Sinnzuschreibung „zeigen, wie ich bin und was ich kann" in keinem der Modelle berücksichtigt, sondern geht auf Ergebnisse von GROVE / DODDER (1982, zitiert nach BREHM 1994) zurück. Da die beiden Sinnzuschreibungen unmittelbar mit dem Erleben einer Situation verbunden sind, handelt es sich um Situationsanreize. In der Klassifikation der Funktionen von Handlungen (NITSCH 1986) fallen sie in die Kategorie der „präsentativen Funktion".

---

[80] KURZ (1990, 97) erwähnt hier den Spazierritt durch den Herbstwald oder das Schnorcheln an der Felsenküste. Wenn man diese Beispiele verallgemeinert, sind somit Aktivitäten gemeint, die Eindrücke ermöglichen, welche mit dem Erleben eines natürlichen Kontexts verbunden sind, wobei die eigene Aktivität eher in den Hintergrund tritt, bzw. nur mit geringer Intensität stattfindet.

Der achte Faktor „*Sozialerfahrungen*" ist sowohl in dem Modell von KENYON (1968a, b) als „social experience" wie auch bei den Sinnrichtungen von KURZ (1986) als „Miteinander, Geselligkeit, Gemeinschaft" enthalten. Das breite Spektrum sozialer Interaktionsformen wird durch die drei Sinnzuschreibungen „mit netten Leuten zusammen sein", „Kontakte knüpfen" und „Kontakte pflegen" erfaßt. Die erstgenannte Sinnzuschreibung ist auf das Erleben der aktuellen Situation gerichtet und daher ein Situationsanreiz, während bei den beiden anderen Sinnzuschreibungen die Teilnahme an der sportlichen Aktivität Mittel zum Zweck ist und deswegen den Zweckanreizen zuzuordnen ist. Hinsichtlich der von NITSCH (1986) definierten Handlungsfunktionen existierte keine entsprechende Kategorie. Deswegen wurde hier eine „soziale Funktion" ergänzt.

Zusammenfassend läßt sich feststellen, daß einerseits sowohl die empirisch bestätigten Dimensionen von KENYON (1968a, b) wie auch die pädagogisch begründeten Sinnrichtungen (KURZ 1986, 1990) in das Strukturmodell einbezogen, und andererseits auch die starke Zunahme von Aktivitäten im Bereich von Gesundheit und Fitness durch das Hinzufügen bzw. die entsprechende Formulierung von Sinnzuschreibungen berücksichtigt wurden.

Der Fragebogen zur Erfassung der Sinnzuschreibungen des Strukturmodells und damit gewonnene Daten werden in den beiden folgenden Kapiteln erläutert.

3.4.2 Erfassung der Sinnzuschreibungen

Der zur Erhebung verwendete standardisierte Fragebogen entstand durch die Formulierung je eines Items für jede Sinnzuschreibung. Die Ausrichtung auf eine spezielle sportliche Aktivität erfolgte durch einen entsprechenden Bezug im einführenden Text, durch die Einbeziehung in die Ausgangsfrage (z.B. „Warum fahren Sie Mountainbike?") und durch die spezifische Formulierung der einzelnen Items, z.B. „Ich möchte mich beim *Mountainbiking* anstrengen und körperlich belasten". Die individuelle Bedeutung der einzelnen Sinnzuschreibung (= motivationale Valenz) erfolgt durch die Bewertung der einzelnen Aussagen auf einer 7-stufigen Ratingskala (1 = „trifft überhaupt nicht zu" bis 7 = „sehr wichtig für mich"). Die Orientierung auf die spezielle Sportart wurde ferner dadurch verstärkt, daß die Befragung, wenn möglich, im Kontext der Sportausübung, z.B. unmittelbar vor dem Training oder in der Mittagspause beim Skifahren, durchgeführt wurde. Bei der Untersuchung von sportlichen Aktivitäten, die grundsätzlich in der Halle bzw. sonstigen Räumlichkeiten („indoor") stattfanden, wurde das Item zur Sinnzuschreibung „Natur erleben" weggelassen, wie z.B. beim Krafttraining, Aerobic, Volleyball etc. Der Fragebogen mit den Formulierungen zur sportlichen Aktivität Mountainbiking findet sich im Anhang.

Bei der Formulierung des Fragebogens wurde auf eine gleichmäßige Verteilung von Zweck- (9) und Situationsanreizen (10) geachtet. Wie BREHM (1994, 5) einräumt, ist die unterschiedliche Anzahl der Items bei den Faktoren „Spannung" und „Natur" noch unbefriedigend.

Basierend auf mehreren Einzeluntersuchungen (siehe unten) wurde ein zusammengefaßter Datensatz[81] einer Hauptkomponenten-Faktorenanalyse mit anschließender Varimax-Rotation unterzogen[82]. Von den berechneten Lösungen erwies sich die 4-Faktorenlösung als am besten interpretierbar. Am deutlichsten zeichnete sich der Faktor „Soziale Erfahrungen" mit den Sinnzuschreibungen[83] „Mit netten Leuten zusammen sein", „Kontakte pflegen" und „Kontakte knüpfen" ab. Der zweite Faktor umfaßt die Sinnzuschreibungen zu den Bereichen „Gesundheit und Fitness" sowie „Wohlbefinden", also „Sich Wohlfühlen", „Körperliche Fitness", „Gesundheit verbessern", „Vorbeugen" und „Alltagsstress abbauen". Auf den dritten Faktor, der mit „Leistung" überschrieben ist, laden die Sinnzuschreibungen „Selbstdarstellung", „Leistungsvergleich", „Sich anstrengen und belasten", „Darstellung sportlicher Aktivität", „Sich messen und vergleichen" und „Spannung erleben". Der vierte Faktor wird durch die Sinnzuschreibungen zur „Körperarbeit", nämlich „Sportliche Figur", „Gewicht regulieren" und „Körper erfahren" bestimmt. Diese weitgehende Übereinstimmung der berechneten Faktoren mit den Modellannahmen kann somit als eine Bestätigung des Modells betrachtet werden.

3.4.3 Ergebnisse zu Sinnzuschreibungen und Anreizqualität bei Outdoorsportarten

Aus dem Bereich der Outdooraktivitäten liegen Daten zum Jogging (SCHMELZ 1989), Mountainbiking (BEIER 1993) und Skifahren (PLOCHER 1994) vor.

Sinnzuschreibungen beim Jogging

Beim Jogging handelt es sich zwar um eine sportliche Aktivität, die überwiegend im Freien ausgeübt wird, jedoch fehlt die funktionelle Bedeutung des natürlichen Umfeldes als bestimmenden Faktor für die Ausübung, da Jogging auch in der Stadt praktiziert werden kann und wird. Auch Spannungs- und Abenteuerelemente kommen hier gar nicht oder nur sehr selten vor. Insgesamt handelt es sich somit um keine „typische" Outdoorsportart, sondern eher um eine gesundheitsorientierte Sportart. Dies zeigt sich auch an den Sinnzuschreibungen der „Jogger". Folgende Mittelwerte und Standardabweichungen wurden für die befragten Läufer/-innen (N = 107) gefunden.

---

[81] Die Sinnzuschreibungen „Ausgeglichener werden" und „Natur erleben" wurden von der Analyse ausgeschlossen, da diese Items nicht bei allen Stichproben erhoben wurden.

[82] Die hier beschriebenen statistischen Prozeduren und daraus resultierenden Ergebnisse basieren auf dem oben beschriebenen Datensatz, wurden jedoch nicht in die Veröffentlichung (BREHM 1994) einbezogen. Die dargestellten Ergebnisse wurden von Herrn Prof. BREHM zur Verfügung gestellt.

[83] Die Nennung der Sinnzuschreibungen erfolgt entsprechend der Größe ihrer Ladung auf den jeweiligen Faktor.

Tabelle 3.6: Sinnzuschreibungen bei „Jogging" (N = 107) (SCHMELZ 1989)

Faktor	Sinnzuschreibungen	Mittelwert	Standardabweichung	Rangplatz
Gesundheit & Fitness	1. Gesundheitszustand verbessern	6,34	0,94	3
	2. Beschwerden und Krankheiten vorbeugen	5,21	1,77	6
	3. Etwas für die Fitness tun	6,65	0,68	1
Wohlbefinden	4. Sich wohlfühlen	6,49	1,05	2
	5. Alltagsstress abbauen	5,25	1,91	5
	6. Seelisch ausgeglichener werden	5,58	1,79	4
Körperarbeit	7. Eine sportliche Figur bekommen	4,84	1,91	10
	8. Das Gewicht regulieren	3,80	2,16	13
	9. Körper kennenlernen und erfahren	4,44	1,97	11
Leistung	10. Sich messen und vergleichen	2,96	1,85	15
	11. Sich verbessern	4,95	1,92	8
	12. Sich anstrengen und körperlich belasten	4,89	1,75	9
Spannung	13. Spannende Situationen erleben	1,94	1,47	19
Natur	14. Natur erleben	4,99	1,61	7
Darstellung	15. Zeigen, wie attraktiv diese sportl. Aktivität ist	2,82	1,85	17
	16. Zeigen, wie ich bin und was ich kann	2,70	1,87	18
Sozialerfahrung	17. Mit netten Leuten zusammen sein	3,90	2,21	12
	18. Kontakte knüpfen	2,92	2,02	16
	19. Kontakte pflegen	3,55	2,25	14

Wie anhand der Rangplätze in der Tabelle 3.6 zu erkennen ist, sind die Sinnzuschreibungen zu den Faktoren „Gesundheit und Fitness" sowie „Wohlbefinden" erwartungsgemäß am stärksten gewichtet, „Spannung" dagegen am schwächsten. Obwohl es sich um keine typische Outdoorsportart handelt, läßt sich doch am Mittelwert von 4,99 und Rangplatz 7 für die Sinnzuschreibung „Natur erleben" erkennen, daß die Ausübung der Aktivität in einem natürlichen Kontext für die Läufer nicht ohne Bedeutung ist.

Den größten Einfluß auf die Variation der Sinnzuschreibungswerte stellte SCHMELZ (1989, 39-41) für die Variable Geschlecht fest. Signifikante Unterschiede ($p \leq ,05$) zwischen Männern (N = 84) und Frauen (N = 23) ergaben sich für die Sinnzuschreibungen „Gesundheitszustand verbessern", „Beschwerden und Krankheiten vorbeugen", „Sich wohlfühlen", „Seelisch ausgeglichener werden", „Körper kennenlernen und erfahren", „Natur erleben", „Sich anstrengen und körperlich belasten", „Mit netten Leuten zusammen sein" und „Kontakte pflegen". Mit Ausnahme der leistungsbezogenen Sinnzuschreibung fanden sich bei den Läuferinnen die höheren Mittelwerte. Andere Einflußfaktoren, wie durchschnittliche Laufpraxis, Alter, Begleitung u.a. wirkten sich nur selten signifikant auf die Ausprägung von Sinnzuschreibungen aus.

Sinnzuschreibungen von Mountainbikern

Die Sinnzuschreibungen von Mountainbikern (N = 67) wurden von BEIER (1993) untersucht. Dabei ergaben sich für die einzelnen Sinnzuschreibungen folgende Gewichtungen.

Tabelle 3.7: Sinnzuschreibungen bei Mountainbikefahrern (N = 67) (BEIER 1993)

Faktor	Sinnzuschreibungen	Mittelwert	Standardabweichung	Rangplatz
Gesundheit & Fitness	1. Gesundheitszustand verbessern	5,61	1,69	6
	2. Beschwerden und Krankheiten vorbeugen	3,97	2,15	13
	3. Etwas für die Fitness tun	6,31	0,91	1
Wohlbefinden	4. Sich wohlfühlen	6,07	1,11	3
	5. Alltagsstress abbauen	4,90	1,86	9
	6. Seelisch ausgeglichener werden	5,43	1,58	7
Körperarbeit	7. Eine sportliche Figur bekommen	4,00	2,04	12
	8. Das Gewicht regulieren	3,01	2,01	16
	9. Körper kennenlernen und erfahren	4,51	1,81	10
Leistung	10. Sich messen und vergleichen	2,85	1,76	17
	11. Sich verbessern	5,81	1,23	5
	12. Sich anstrengen und körperlich belasten	6,06	0,97	4
Spannung	13. Spannende Situationen erleben	3,87	1,86	14
Natur	14. Natur erleben	6,15	1,14	2
Darstellung	15. Zeigen, wie attraktiv diese sportl. Aktivität ist	2,74	2,03	18
	16. Zeigen, wie ich bin und was ich kann	2,22	1,53	19
Sozialerfahrung	17. Mit netten Leuten zusammen sein	4,93	1,95	8
	18. Kontakte knüpfen	3,12	1,79	15
	19. Kontakte pflegen	4,48	2,08	11

Erwartungsgemäß fand sich in der Rangfolge der Sinnzuschreibungen das „Natur erleben" ganz vorne (Rangplatz 2). Unerwartet waren hingegen die Konzentration der Sinnzuschreibungen aus den Bereichen „Gesundheit und Fitness" und „Wohlbefinden" auf den ersten zehn Plätzen. Außer diesen Aspekten sind neben der Naturerfahrung nur noch „Sich anstrengen und körperlich belasten", „Sich verbessern" und „Mit netten Leuten zusammen sein" in den ersten zehn Rängen zu finden. Eine stärkere Gewichtung wurde insbesondere für die Sinnzuschreibung „Spannende Situationen erleben" erwartet, die jedoch nur einen 14. Platz einnahm. Die beiden präsentativen Funktionen belegten die letzten Plätze. „Der ‚durchschnittliche' Mountainbiker [ist also] mehr an sinnlichem Erleben und Wohlbefinden interessiert, [...] als an aufregenden Situationen und Repräsentation" (BEIER 1993, 153). Die Daten widersprechen somit dem weitverbreiteten Image des Mountainbiking, demzufolge es vor allem durch einen - durch riskante und „actionorientierte" Verhaltensweisen hervorgerufenen - Nervenkitzel gekennzeichnet ist[84]. Auf die vorliegenden Mittelwerte bezogen, ist Mountainbiking am besten als „fitnessorientierte Natursportart" (BEIER 1993, 154) zu charakterisieren, mit Ähnlichkeiten zum Bergsteigen oder Skilanglauf[85].

---

[84] Diese Diskrepanz bestätigen auch weitere Umfrageergebnisse. Von Lesern des bike-Magazins wurden das Naturerlebnis (26%) vor körperlicher Anstrengung (24%) und fahrtechnischen Herausforderungen (21%) als wichtigste Anreize für das Mountainbiking genannt (WÖLFINGER 1992, 230). Das Erleben des Gefühls hoher Geschwindigkeiten wurde nur von 9% genannt.

[85] Die genannten Ähnlichkeiten sind bislang spekulativer Natur und noch nicht empirisch überprüft, da Ergebnisse zu den anderen Sportarten bislang noch nicht vorliegen.

Signifikante geschlechtsabhängige Mittelwertsunterschiede (p ≤,05) zeigten sich lediglich bei den Sinnzuschreibungen „Sich anstrengen und körperlich belasten" und „Spannende Situationen erleben", wobei Männer (N = 45) jeweils höhere Werte aufwiesen als Frauen (N = 22).

Altersabhängige Unterschiede fanden sich ebenfalls bei der Sinnzuschreibung „Sich anstrengen und körperlich belasten" (Jüngere wollten sich mehr anstrengen), „Alltagsstreß abbauen" (am stärksten in der mittleren Altersgruppe von 29-39 Jahre) und „Kontakte knüpfen" (mit zunehmendem Alter abnehmend).

Eine zumindest teilweise Bestätigung der Zuordnung der Faktoren des Strukturmodells ergab eine Faktorenanalyse (Hauptkomponentenanalyse, Varimax-Rotation), bei der fünf Faktoren nach dem Kaiser-Kriterium (Eigenwert ≥ 1,0) extrahiert wurden.

Faktor 1 („Etwas für die Fitness tun", „Sich anstrengen und körperlich belasten", „Sich verbessern", „Sich wohlfühlen" und „Gesundheitszustand verbessern") beinhaltet vor allem Elemente, die sich auf die Stärkung vorhandener Kompetenzen bzw. Ressourcen beziehen. „Sich wohlfühlen" repräsentiert in diesem Zusammenhang möglicherweise die „Lust" an der Anstrengung bzw. die Freude an der Kompetenzsteigerung.

Faktor 2 („Zeigen, wie attraktiv diese sportliche Aktivität ist", „Zeigen, wie ich bin und was ich kann", „Sich messen und vergleichen" und „Spannende Situationen erleben") enthält die nach außen gerichteten Elemente der Präsentation sowie des Vergleichs anhand externer Maßstäbe. Die Sinnzuschreibung „Spannende Situationen erleben" läßt sich durch die Charakteristik der ersten drei genannten Aspekten erklären. Es handelt sich um die Spannung, die sich aus der Ungewißheit über den Erfolg der Sport- bzw. Selbstinszenierung oder des Vergleichs mit anderen ergibt.

Faktor 3 („Seelisch ausgeglichener werden", „Natur erleben", „Alltagsstress abbauen" und „Körper kennenlernen und erfahren") setzt sich aus Elementen der Erholung und der Eindrücke bzw. Erfahrungen zusammen. Es umfaßt am meisten das nach innen gerichteten Erleben.

Faktor 4 („Gewicht regulieren", „Eine sportliche Figur bekommen" und „Beschwerden und Krankheiten vorbeugen") repräsentiert das modifikatorische Element des Sports. Sport als Mittel zur Zweckerreichung (ausschließlich Zweckanreize).

Faktor 5 („Mit netten Leuten zusammen sein", „Kontakte pflegen" und „Kontakte knüpfen") ist ausschließlich durch die Sinnzuschreibungen der Sozialerfahrung gekennzeichnet und daher auch mit diesem Etikett versehen worden.

Die Faktoren geben das Strukturmodell zwar nicht identisch wieder, jedoch sind Übereinstimmungen festzustellen.

Sinnzuschreibungen von Skifahrern

Eine weitere Analyse einer Outdoorsportart wurde von PLOCHER (1994) an 139 Freizeitskifahrern verschiedener Nationalitäten (Deutsche, Franzosen, Italiener und Engländer) und 84 Skilehrern durchgeführt. Für die verschiedenen Sinnzuschreibungen ergaben sich die in

Tabelle 3.8 dargestellten Mittelwerte und Rangplätze (Standardabweichungen wurden nicht angegeben).

Bei den Skifahrern finden sich die Sinnzuschreibungen „Mit netten Leuten zusammen sein", „Sich verbessern", „Sich wohlfühlen" und „Natur erleben" auf den ersten Plätzen. Während bei den Mountainbikern die Verbesserung der Fitness an erster Stelle steht, ist bei Skifahrern das Erleben von Gemeinschaft und Geselligkeit am wichtigsten. Auf den folgenden Plätzen finden sich bei beiden Sportarten ähnliche Sinnzuschreibungen. Wichtig ist ebenfalls der Aspekt „Natur erleben" und „Sich verbessern"; einen im Vergleich höheren Stellenwert hat jedoch die Kategorie „Spannung" auf Platz 7, während sie bei Mountainbikern nur auf Platz 14 kommt.

Im Vergleich besitzen Frauen höhere Werte für den Aspekt Spannung aufweisen, während Männer der Naturerfahrung eine höhere Bedeutung zumessen[86].

Tabelle 3.8: Sinnzuschreibungen bei Freizeitskifahrern (N = 139) (PLOCHER 1994)

Faktor	Sinnzuschreibungen	Mittelwert	Standardabweichung	Rangplatz
Gesundheit & Fitness	1. Gesundheitszustand verbessern	4,3	-	9
	2. Beschwerden und Krankheiten vorbeugen	2,9	-	17
	3. Etwas für die Fitness tun	4,8	-	5
Wohlbefinden	4. Sich wohlfühlen	5,3	-	3
	5. Alltagsstress abbauen	4,3	-	9
	6. Seelisch ausgeglichener werden	4,1	-	11
Körperarbeit	7. Eine sportliche Figur bekommen	3,3	-	13
	8. Das Gewicht regulieren	2,1	-	19
	9. Körper kennenlernen und erfahren	3,2	-	15
Leistung	10. Sich messen und vergleichen	2,4	-	18
	11. Sich verbessern	5,4	-	2
	12. Sich anstrengen und körperlich belasten	4,8	-	5
Spannung	13. Spannende Situationen erleben	4,4	-	7
Natur	14. Natur erleben	5,2	-	4
Darstellung	15. Zeigen, wie attraktiv diese sportl. Aktivität ist	3,3	-	13
	16. Zeigen, wie ich bin und was ich kann	3,0	-	16
Sozialerfahrung	17. Mit netten Leuten zusammen sein	5,7	-	1
	18. Kontakte knüpfen	3,9	-	12
	19. Kontakte pflegen	4,4	-	7

Die für die Sinnzuschreibungen der Skifahrer ebenfalls durchgeführte Faktorenanalyse (Hauptkomponentenanalyse, Varimax-Rotation) ergab fünf Faktoren.

Faktor 1: „Eine sportliche Figur bekommen", „Gesundheitszustand verbessern", „Beschwerden und Krankheiten vorbeugen", „Etwas für die Fitness tun" und „Das Gewicht regulieren".

Faktor 2: „Seelisch ausgeglichener werden", „Natur erleben", „Sich wohlfühlen" und „Alltagsstress abbauen".

---

[86] Aufgrund fehlender Berechnungen können keine Aussagen zur statistischen Signifikanz von Mittelwertsunterschieden zwischen Männern und Frauen gemacht werden.

Faktor 3: „Zeigen, wie ich bin und was ich kann", „Sich messen und vergleichen", „Zeigen, wie attraktiv diese sportliche Aktivität ist", „Spannende Situationen erleben" und „Körper kennenlernen und erfahren".

Faktor 4: „Mit netten Leuten zusammen sein", „Kontakte knüpfen", „Kontakte pflegen".

Faktor 5: „Sich verbessern" und „Sich anstrengen und körperlich belasten".

Trotz einiger Unterschiede bestehen doch überwiegend Übereinstimmungen zwischen den Faktorstrukturen der Sinnzuschreibungen von Mountainbikern und Skifahrern. Identisch ist z.b. der Faktor 4 „Sozialerfahrungen". Abgesehen von den Körpererfahrungen findet sich auch der Faktor 3 bei den Mountainbikern. Auch der Faktor 2 existiert in ähnlicher Form; statt „Sich wohlfühlen" lud bei den Mountainbikern „Körper kennenlernen und erfahren" auf diesen Faktor. Bei den Faktoren 1 und 5 bestehen die größten Abweichungen. Faktor 1 bildet bei den Skifahrern sämtliche Zweckanreize der Kategorien „Gesundheit und Fitness" und „Körperarbeit" ab; die im Faktor 5 thematisierten Leistungsaspekte sind bei den Mountainbikern dem eher fitnessorientierten Faktor 1 zugeordnet.

Sinnzuschreibungen verschiedener sportlicher Aktivitäten im Vergleich

In einem zusammenfassenden Vergleich der Sinnzuschreibungen bei verschiedenen sportlichen Aktivitäten bezog BREHM (1994), außer den oben dargestellten Studien, auch noch Ergebnisse aus den Bereichen Fitness- und Gesundheitssportarten sowie von Spielsportarten mit ein. Die Stichprobe umfaßte somit insgesamt 1221 Sporttreibende im Alter zwischen 18 und 70 Jahren (536 weibliche und 685 männliche Vpn). Untersucht wurden die drei Fitnessaktivitäten: „Aktivitäten in Kursform" (z.B. Aerobic, Skigymnastik etc.; 182 w, 92 m); „Einzeltraining an Ausdauer- oder Kraftmaschinen" (49 w, 54 m), „Sportliche Aktivitäten im Rahmen von Gesundheitsförderungsmaßnahmen" (69 w, 36 m). Hinzu kamen die drei Spielsportarten Fußball (146 m), Volleyball (69 w, 69 m) und Tennis (21 w, 19 m). Bei den Outdooraktivitäten wurden die oben genannten Aktivitäten Jogging (23 w, 84 m), Mountainbiking (22 w, 45 m) und alpines Skifahren[87] (101 w, 140 m) einbezogen.

Der Vergleich zwischen den verschiedenen Gruppen[88] zeigte, daß die Spielsportarten die homogenste Gruppe bilden. Der Hauptanreiz liegt bei den Sozialerfahrungen, außerdem zeigen sich deutlich die Sinnzuschreibungen „Spannende Situationen erleben" sowie die Selbstpräsentation.

Die sportlichen Aktivitäten aus dem Bereich der gesundheits- und fitnessorientierten Aktivitäten zeigen erwartungsgemäß Schwerpunkte bei den Faktoren „Gesundheit und Fitness", „Wohlbefinden" und „Körperarbeit". Aufgrund inhaltlich verschiedener Schwerpunkte der einzelnen Aktivitäten sind die Profile jedoch heterogener als bei den Spielsportarten. Dies zeigt sich vor allem bei dem Faktor „Körperarbeit".

---

[87] Die größere Anzahl bei den Skifahrern im Vergleich zur obigen Studie ergibt sich durch die Einbeziehung von Daten einer weiteren Studie.

[88] Hier ist anzumerken, daß eine mehrfaktorielle Varianzanalyse (sportliche Aktivität, Alter, Geschlecht) keine signifikanten Interaktionseffekte ergab und somit im folgenden mit einfaktoriellen Verfahren gearbeitet wurde.

Am heterogensten war das Bild bei den Outdooraktivitäten. So zeigen Skifahrer viel Ähnlichkeiten mit Spielsportlern. Abweichungen finden sich lediglich bei den leistungsbezogenen Items und „naturgemäß" bei der Naturerfahrung. Läufer hingegen zeigen starke Ähnlichkeiten mit den Fitness-Aktivitäten, wenn auch kontextbedingt der Faktor „Sozialerfahrung" geringer gewichtet wird. Die Mountainbikern besetzen eine Mittelposition zwischen Läufern und Skifahrern und zwischen Fitness- und Spielaktivitäten. Besonders hervorzuheben ist ihre starke Gewichtung der Naturerfahrung.

In der folgenden Tabelle 3.9 werden die Werte der sportlichen Aktivitäten gegenübergestellt, wobei die Outdooraktivitäten aufgrund ihrer Heterogenität getrennt aufgelistet sind.

Tabelle 3.9: Vergleich der Sinnzuschreibungen von sportlichen Aktivitäten aus den Bereichen Spielsportarten, Outdooraktivitäten und Gesundheits- und Fitnessaktivitäten (modifiziert nach PLOCHER 1994, 82)

Faktor	Sinnzuschreibungen	Spielsport	Skifahren	Mountainbiking	Laufen	Fitnesssport
Gesundheit & Fitness	1. Gesundheitszustand verbessern	-	4,3	5,6	6,3	6,6
	2. Beschwerden und Krankheiten vorbeugen	-	2,9	4,0	5,2	6,1
	3. Etwas für die Fitness tun	6,3	4,8	6,3	6,7	6,5
Wohlbefinden	4. Sich wohlfühlen	6,1	5,3	6,1	6,5	6,5
	5. Alltagsstress abbauen	4,7	4,3	4,9	5,3	5,7
	6. Seelisch ausgeglichener werden	-	4,1	5,4	5,6	5,2
Körperarbeit	7. Eine sportliche Figur bekommen	3,7	3,3	4,0	4,8	2,4
	8. Das Gewicht regulieren	2,3	2,1	3,0	3,8	3,1
	9. Körper kennenlernen und erfahren	3,0	3,2	4,5	4,4	5,4
Leistung	10. Sich messen und vergleichen	4,4	2,4	2,9	3,0	2,6
	11. Sich verbessern	5,4	5,4	5,8	5,0	6,3
	12. Sich anstrengen und körperlich belasten	5,3	4,8	6,1	4,9	4,7
Spannung	13. Spannende Situationen erleben	4,6	4,4	3,9	1,9	4,8
Natur	14. Natur erleben	-	5,2	6,2	5,0	-
Darstellung	15. Zeigen, wie attraktiv diese sportl. Aktivität ist	3,5	3,3	2,7	2,8	3,3
	16. Zeigen, wie ich bin und was ich kann	3,8	3,0	2,2	2,7	2,8
Sozialerfahrung	17. Mit netten Leuten zusammen sein	5,7	5,7	4,9	3,9	5,4
	18. Kontakte knüpfen	4,6	3,9	3,1	2,9	4,0
	19. Kontakte pflegen	5,1	4,4	4,5	3,6	4,1

Im Hinblick auf Geschlechtsunterschiede zeigte sich über alle Gruppen hinweg, daß bei den Sinnzuschreibungen „Alltagsstress abbauen", „Das Gewicht regulieren", „Sich verbessern", „Spannende Situationen erleben", „Mit netten Leuten zusammen sein" und „Kontakte knüpfen" keine signifikanten Unterschiede zwischen Männern und Frauen bestehen.

Frauen haben insbesondere bei den Faktoren „Gesundheit und Fitness", Wohlbefinden" und „Körperarbeit" stärkere Präferenzen als Männer sowie bei „Natur erleben" und „Zeigen, wie ich bin und was ich kann".

Männer hatten höhere Werte bei den Sinnzuschreibungen „Sich messen und vergleichen", „Sich anstrengen und körperlich belasten", „Zeigen, wie attraktiv diese sportliche Aktivität ist" und „Kontakte pflegen".

Bei der Untersuchung der Alterseffekte zeigte sich über die drei Gruppen (21-30 Jahre, 31-40 Jahre, 41-50 Jahre) hinweg eine gleichmäßige Bedeutung der Sinnzuschreibungen „Sich wohlfühlen", „Natur erleben" und „Sportliche Figur bekommen". Mit zunehmenden Alter nahmen erwartungsgemäß die Sinnzuschreibungen des Faktors „Gesundheit und Fitness" an Bedeutung zu, aber auch der Aspekt der Körpererfahrung. Dagegen ging die Bedeutung von „Sich messen und vergleichen", „Sich körperlich anstrengen und belasten", „Spannende Situationen erleben", „Darstellung" und auch die „Sozialerfahrungen" zurück [89].

3.5 Zusammenfassung

📖 Trotz zum Teil recht unterschiedlicher theoretischer und methodischer Vorgehensweisen finden sich in den beschriebenen Ansätzen weitgehend ähnliche Begründungen für sportliche Aktivität. Insbesondere die empirische Bestätigung der Modelle bei KENYON (1968b), SINGER u.a. (1980) und BREHM (1994) trägt zur Plausibilität der angenommenen Strukturen bei. Übereinstimmungen zeigen sich zum Teil auch im Hinblick auf die von RHEINBERG (1989) gefundenen Anreize. Zur Verdeutlichung der Unterschiede und Gemeinsamkeiten findet sich in Abbildung 3.5 eine Gegenüberstellung der Dimensionen und deren Operationalisierungen aus den Modellen von SINGER u.a. (1980), BREHM (1994) und RHEINBERG (1989).

Größere Abweichungen finden sich vor allem bei den Anreizkategorien von RHEINBERG / ISER / PFAUSER (1997). Hier zeigen sich sowohl die konzeptionellen wie methodischen Unterschiede. Die modifikatorischen Kategorien „Gesundheit & Fitness" und „Körperarbeit" fehlen hier vollständig, was sich jedoch aufgrund der zugrundeliegenden Sportarten Motorradfahren, Windsurfen und Skifahren erklären läßt.

📖 Spezifische Gründe für sportliche Aktivität zeigen sich in den Ausführungen zum Klettern von FRANKL (1973) und AUFMUTH (1983). Zu erwähnen sind hier das Streben nach dosierter Spannung in Verbindung mit einem künstlich erzeugtem Verzicht auf zivilisatorische Annehmlichkeiten. AUFMUTH (1983) nennt vor allem die sinnstiftende Funktion extremer bergsteigerischer Betätigung, indem es einerseits eine „sinnvolle" Aufgabe in Form einer logischen Bewegung auf ein logisches Ziel hin bietet und zusätzlich elementare Empfindungen (Emotionen) ermöglicht. Dabei ist jedoch zu berücksichtigen, daß es sich bei den beobachteten Personen um eine kleine Gruppe von Extremsportlern handelt, so daß eine Übertragung und Verallgemeinerung der Ergebnisse nur bedingt möglich ist.

---

[89] Die Altersabhängigkeit von Sportmotiven wurde ausführlich von HOPPE / UHLIG (1990) untersucht, die zu ähnlichen Ergebnissen kamen. Interessant ist, daß sich kein Zusammenhang zwischen der Ausprägung von Sportmotiven und der aktuellen Befindlichkeit feststellen ließ. HOPPE / UHLIG (1990, 437) führen dies auf die relative Zeit- und Situationskonstanz der Sportmotive im Verhältnis zur aktuellen Befindlichkeitswerten zurück. Zum gleichen Ergebnis (Unabhängigkeit von Präferenz für sportliche Aktivität und Befindlichkeitsveränderungen) kamen auch ABELE/BREHM (1985, 269).

Zusammenfassung

"WAHRGENOMMENE INSTRUMENTALITÄT" (SINGER u.a. 1980)	SINNZUSCHREIBUNGEN (BREHM 1994)	ANREIZE (RHEINBERG 1989)
Soziale Erfahrung	**Soziale Erfahrungen:** Mit netten Leuten zusammen sein Kontakte knüpfen Kontakte pflegen	Anschluß, Kameradschaft, Geselligkeit
Verbesserung von Gesundheit und Fitness	**Gesundheit & Fitness:** Gesundheitszustand verbessern Beschwerden und Krankheiten vorbeugen Etwas für die Fitness tun	
Erleben von Spannung und Risiko	**Spannung:** Spannende Situationen erleben	Erregung, Abenteuer, Nervenkitzel
Ästhetische Erfahrung	**Darstellung:** Zeigen, wie attraktiv die sportliche Aktivität ist Zeigen, wie ich bin und was ich kann	
Katharsis / Entspannung	**Wohlbefinden:** Sich wohlfühlen Alltagsstress abbauen Seelisch ausgeglichener werden	Anforderungsloser, spannungsfreier Freizeitgenuß Abschalten, in der Tätigkeit aufgehen, Alltagsprobleme vergessen Allein, bei sich allein sein können
Asketische Erfahrung	**Leistung:** Sich messen und vergleichen Sich verbessern Sich anstrengen und körperlich belasten	Fremdbewertung: Andere beeindrucken, Applaus, Überlegenheit Selbstbewertung: Kompetenzzuwachs, Erfolgserlebnis, Stolz / Freude über eigenes Können Anstrengende Bewährung, Durchhalten, Selbstdisziplin
	Körperarbeit: Körper kennenlernen und erfahren Eine sportliche Figur bekommen Das Gewicht regulieren	Genuß eines perfekten, harmonischen Bewegungsvollzuges
	Natur: Natur erleben	Sinnliches Naturerleben
		Objektbewertung: Materialtechnische Kompetenz, Materialwissen, Materialbesitz
		Identifikation, Selbstdefinition über die Tätigkeit

Abbildung 3.5: Gegenüberstellung von wahrgenommenen Funktionen (KENYON), Sinnzuschreibungen (BREHM 1994) und Anreizen (Kategorien) sportlicher Aktivität (RHEINBERG 1989).

Für ein breiteres Spektrum an sportlicher Aktivitäten sind jedoch die Aspekte relevant, die sich aus den von AUFMUTH (1983) geschilderten Mängel unserer heutigen Lebensform und seinen persönlichen Erfahrungen und Präferenzen beim Bergsteigen ergeben. Zusammengefaßt sind dies ein Bedürfnis nach

- „intensiven, ganzheitlichem Körpererleben", welches aus körperlicher Anstrengung resultiert,
- „Einklang mit dem selbst", „Empfindungen von Kraft, Gelassenheit und Stimmigkeit",
- „Leistungserleben", auch in Verbindung mit „Kampf und Kräftemessen",
- „Verbundenheit mit Mitmenschen", „Freundschaft",
- Befriedigung von „ästhetischen Ansprüchen" (in bezug auf die Aufstiegsroute),
- einem „Aufgehen im Augenblick" und
- dem „Erleben von Gefahr, Erschöpfung und Qual".

Auch diese aus dem Bergsteigen abgeleiteten Gründe lassen sich den oben genannten Kategorien zuordnen.

An den Untersuchungen ist auffällig, daß die relativ *starke Gewichtung des Naturerlebens* in den Outdooraktivitäten keinen Niederschlag in einer entsprechenden Differenzierung diesbezüglicher Items in den Instrumenten gefunden hat. In einigen Ansätzen wird dieser nicht oder nur indirekt berücksichtigt (z.B. bei KENYON 1968a; KURZ 1990), in anderen nur in sehr allgemeinen Formulierungen (BREHM 1994). Bei EWERT / HOLLENHORST (1985) liegt bereits eine Dreiteilung des Faktors „Physical Setting" in die Elemente „Enjoy Wilderness", „View Scenery" und „Be Close To Nature". Wie sich bei der Ermittlung der Anreizstrukturen zu verschiedenen Freizeittätigkeiten gezeigt hat (RHEINBERG 1989), bieten sich jedoch durchaus noch weitere Ansatzpunkte für eine derartige Differenzierung. In den Interviews mit Windsurfern festgehaltene Aussagen wie „Es zu genießen, welche Wucht im Sturm auf mich einwirkt" oder „'Draußen sein'; durch die Natur zu gleiten ohne zu stören" etc. deuten auf mögliche Differenzierungen hin (siehe Kapitel 2.6.3). Weitere Aspekte wurden auch bei Motorradfahrern gefunden. Zusammenfassend meint RHEINBERG (1993):

„Der enge Naturkontakt, das „Draußensein" wurde bislang in der Motivationsforschung nicht näher untersucht, wenn überhaupt beachtet. Somit ist auch noch offen, was die tieferen Auslöser dieses Anreizes sind. Denkbar wäre z.B. eine beruhigende oder aber auch anregende Wirkung, die durch verschiedene Sinne (optisch, akustisch, olfaktorisch, taktil, thermorezeptorisch) aufgenommenen Informationen (Reize)".

Auch *spezifische Bewegungsformen* bei Outdooraktivitäten, z.B. das Gleiten, außergewöhnliche Körperlagen / Schräglagen oder kleine Sprünge, wie sie beim Skifahren, Windsurfen oder auch beim Mountainbiking vorkommen, blieben ebenfalls ohne Niederschlag in den meisten Instrumentarien. Ansatzweise Berücksichtigung finden sie in der Kategorie „Eindruck, Sensation, vertigo" bei KURZ (1990) und bei KENYON (1968a) als „physical activity as the pursuit of vertigo". Bei BREHM (1994) wurde dieser Aspekt mit der Sinnzuschreibung „Spannende Situationen erleben" abgeschwächt und verallgemeinert, um ein breiteres Spektrum an Sportarten berücksichtigen zu können. Bei RHEINBERG (1989) finden sich in den Interviews zu den Anreizen von Freizeitaktivitäten verschiedene Hinweise. So z.B. in den Aussagen zum Windsurfen: „Wenn das Brett beim Dichtholen im Starkwind rasant hochbeschleunigt und meine Kraft dagegenhält"

Zusammenfassung 123

oder „Mit ‚irrsinnigem Speed' auf kaum noch zu kontrollierendem und hart schlagendem Brett über das Wasser rasen".

📖 Erwartungsgemäß zeigen sich auch für die verschiedenen ausgeübten Sportarten Unterschiede bei den Einstellungen und Sinnzuschreibungen bzw. Anreizen. Bislang liegen für den Bereich der Outdoorsportarten aber nur wenige Studien vor.

🚵 Zieht man wieder das Beispiel der Mountainbiker heran, so werden die verschiedenen denkbaren Anreize jetzt inhaltlich sportspezifischer erfaßt. Ein Mountainbiker kann eine Tour z.b. um der erhofften gesundheitlichen Aspekte wegen unternehmen, wegen der erwarteten Verbesserung seiner aktuellen Befindlichkeit, wegen der Verbesserung seiner Leistung und Fähigkeiten oder wegen der angenehmen Atmosphäre während einer gemeinsamen Ausfahrt. Bei der Tour können auch Aspekte des „Naturerlebens" von Bedeutung sein, wie z.b. das Spüren der Hitze, der Geruch des Waldes, der Fahrtwind im Gesicht u.ä. Ferner können auch besondere Bewegungserlebnisse ein wichtiger Anreiz für die sportliche Aktivität sein, so z.b. das Spüren der Beschleunigung beim Antritt oder der Verzögerung beim Bremsen, der Schräglage und das Driften in der Kurve, das Abheben an einem Sprung usw.

Aus **methodischer Sicht** ergeben sich für eine empirische Studie folgende Hinweise:
- Hinsichtlich einer eventuell vorhandenen dominanten Präferenz, sollte zwischen Zweck- und Tätigkeitsanreizen unterschieden werden, wie dies bereits bei RHEINBERG (1989) und BREHM (1994) praktiziert wird.
- Die Anreize sollten insbesondere in den Bereichen Naturerleben, Bewegungserleben und Spannungs- und Risikoerleben stärker differenziert werden.
- Sportartspezifische Unterschiede sind zu berücksichtigen.

Die **Fragestellung** kann nun weiter ergänzt und differenziert werden:
? Welche Anreize finden sich insbesondere in den Bereichen Naturerleben, Bewegungserleben und Spannungs- und Risikoerleben?
? Welche sportartspezifischen Unterschiede existieren in den Anreizprofilen?

4 Anreiz und Disposition - aktivationspsychologische Ansätze

Im Hinblick auf die „Empfänglichkeit" für bestimmte Anreize einer Situation wurde im Kapitel 1.4 auf die Funktion von Motiven hingewiesen. Motive werden als Wertungsdispositionen bezeichnet und besitzen den Charakter von Persönlichkeitseigenschaften, die zwar nicht unveränderlich sind, aber sich nur über längere Zeiträume verändern. In ähnlicher Weise werden in der aktivationspsychologischen Linie Dispositionen angenommen, die die Präferenz für bestimmte Situationen und Verhaltensweisen bestimmen. Diese Theorien haben gemeinsam, daß sie sich auf das bevorzugte Aktivationsniveau (level of arousal) als maßgebliche Größe beziehen. HECKHAUSEN (1989, 49) sieht bei allen Vertretern der aktivationspsychologischen Linie vier gemeinsame Betrachtungsweisen:

1. Sie orientieren sich stark an neurophysiologischen Befunden und Theorien über die Gehirntätigkeit, insbesondere zu Aktivationssystemen im Hirnstamm.

2. Sie machen, auf Kosten einer inhaltsmäßig spezifizierten Erklärung des Verhaltens, sehr allgemeine Aussagen über Aktivierung und Steuerung des Verhaltens.

3. Affekte und Emotionen spielen eine hervorgehobenere Rolle als in den meisten anderen Motivationstheorien.

4. Sie sind bemüht, auf der Reizseite (= Situation) die Eigentümlichkeiten und Strukturmuster aufzuzeigen, die Verhalten in genereller Weise aktivieren und ihm eine aufsuchende oder meidende Tendenz geben.

Im Hinblick auf die Ergänzung der Anreize bzw. Anreizklassen für Outdooraktivitäten geht es im folgenden darum, Hinweise auf eine Präferenz von Anreizen bzw. einer Anreizklasse zu erhalten, die mit dem Aktivierungsniveau zusammenhängt.

Die Grundlagen der Aktivationstheorien liegen auf der physiologischen Ebene. Insbesondere die hirnphysiologische „Entdeckung" des „aufsteigenden retikulären Aktivationssystems" (ARAS) im Hirnstamm (MORUZZI / MAGOUN 1949, LINDSLEY 1957) und des „Bekräftigungssystems" im Hypothalamus (OLDS / MILNER 1954) haben die motivationspsychologische Theoriebildung stark beeinflußt.

Auf die Vielzahl der vorliegenden und recht komplexen Befunde und Zusammenhänge aus dem biochemischen und neurophysiologischen Bereich soll in dieser Arbeit aber nicht eingegangen werden. Als wichtige Vertreter dieser Richtung werden die Theorien von HEBB (1953; 1955) und BERLYNE (1960; 1974) knapp erläutert. Anschließend wird auf die *Sensation Seeking-Theorie* von ZUCKERMAN (1979a) eingegangen. ZUCKERMAN begründet die Neigung zum Engagement in riskanten Tätigkeiten mit einer zeitlich stabilen und biologisch determinierten Disposition. Zu dieser Theorie liegen einige Untersuchungen zu verschiedenen Sportarten vor. Außerdem wird die *Reversal Theory* von APTER (1982) vorgestellt. Ähnlich wie die *Sensation Seeking Theorie* postuliert sie - vergleichbar mit einer Disposition - eine dominante Präferenz für bestimmte Erregungszustände, läßt aber Wechsel zwischen den Zuständen, sogenannte „reversals" zu. Auch hierzu existieren einige empirische Untersuchungen im Bereich des Sports.

4.1 Grundlegende Aktivationstheorien (HEBB, BERLYNE)

Bei HEBB (1953) beschränkte sich das Motivationsproblem auf die Erklärung von Richtung und Ausdauer des Verhaltens. Die Energetisierung ergab sich von selbst aus der Aktivität des Organismus. Es geht daher nur um die Fragen, warum jeweils an bestimmten Stellen des Organismus, in bestimmter Verteilung und zeitlichen Folgen, Energie freigesetzt wird. HEBB führte dies auf Zellverbände (cell assemblies) zurück, die sich aufgrund wiederholter Stimulation langsam herausbilden, zu einem geschlossenem System werden und dadurch motorische Reaktionsabläufe bahnen. Ein derartiger Zellverband ruft, häufig im Zusammenwirken mit sensorischen Afferenzen, andere Zellverbände hervor, so daß sich sog. „organisierte Phasensequenzen" bilden. Diese waren für HEBB (1953) das physiologische Äquivalent von gedanklichen Prozessen, die das Verhalten steuern.

Auf der Seite der Bedingungen der Aktivation unterscheidet HEBB (1953) bei jeder Stimulation die *Aktivationsfunktion* (arousal function) und die *Hinweisfunktion* (cue function). Damit der Informationseinstrom eine Hinweis-, d.h. eine Steuerungsfunktion ausüben kann, muß ein bestimmtes *unspezifisches Aktivationsniveau* vorhanden sein, um die Bildung der integrierten Phasensequenzen anzuregen, z.B. aus dem Zustand der sensorischen Deprivation heraus. Das Kontinuum des Reizes reicht dabei vom Reizentzug (sensory deprivation) bis zu einem Reizeinstrom, der „Inkongruenzen" hervorruft, d.h. der nicht mehr verarbeitet werden kann, weil er zu komplex und / oder widersprüchlich im Vergleich zu Bekanntem, Erwartetem und Verstehbarem ist. Ein dermaßen hohes Aktivationsniveau führt zur Unterbrechung des Ablaufs der aufgebauten Phasensequenzen. Auf diese Weise kommt es zu emotionalen Reaktionen von Unlust und Irritationen bis zu panischen Schrecken.

Das Aktivationsniveau ist von einer Vielzahl von Parametern der externen Stimulation abhängig. Neben der Intensität des Reizeinstroms spielt auch dessen räumliche und zeitliche Verteilung und die psychologischen Parameter Informationsgehalt, Komplexität und die Abweichung vom Vertrautem / Verstehbarem eine Rolle.

Zwischen den beiden genannten Extremen besteht ein breites Spektrum an Reizvariation und Inkongruenzen im Informationsstrom, im dem es zu leichten Abweichungen von den aufgebauten Phasensequenzen kommt. Dieser Bereich wird als angenehm und lustvoll empfunden, und motiviert zu einer Fortsetzung des auslösenden Verhaltens. Damit wechselt man von den Bedingungen der Aktivation zu deren Auswirkungen.

Untersucht wurde vor allem der Zusammenhang des Aktivationsniveaus mit Leistungsmerkmalen, der sich in Form der bekannten umgekehrten *U-Funktion* darstellen läßt (Abbildung 4.1). In ihm spiegelt sich die von HEBB postulierte Wechselwirkung von Aktivations- und Hinweisfunktion wider. Bei niedriger oder sehr hoher Aktivation ist die Leistung, bestimmt durch die Hinweisfunktion der Informationen, geringer als bei einem mittleren Niveau der Aktivation. Dieser Zusammenhang wird zusätzlich vom Schwierigkeitsgrad der Aufgabe beeinflußt: Je höher der Schwierigkeitsgrad der Aufgabe, umso günstiger ist ein niedrigeres Aktivationsniveau. In ähnlicher Weise wurde dieser Zusammenhang bereits im sogenannten YERKES-DODSON-Gesetz formuliert (YERKES / DODSON 1908).

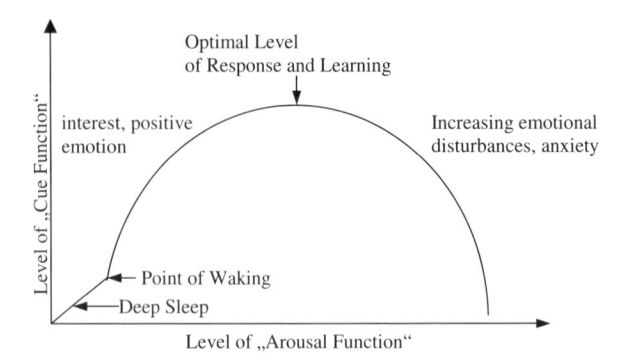

Abbildung 4.1: Umgekehrte U-Funktion als Beziehung zwischen Leistungstüchtigkeit des Verhaltens (Hinweisfunktion) und Aktivationsniveau (HEBB 1955, 250)

Daniel E. BERLYNE hat die aktivationspsychologische Motivationstheorie noch weiter ausgebaut. Dabei hat er vor allem die Ansätze von HEBB fortgeführt und diese mit den Grundpositionen von PIAGET (kognitive Akkomodation) und HULL („integrativer Neo-Assoziationismus") vereinigt (HECKHAUSEN 1989, 50). Wie HEBB auf der ARAS- und Bekräftigungszentren-Forschung aufbauend, hat BERLYNE die Stimulusseite der Aktivation und die aktivationsabhängigen Motivationswirkungen genauer erforscht.

Auf der Stimulusseite sind bei BERLYNE (1960; 1974) Konflikt- und Informationsgehalt für die Aktivationsfolgen entscheidend. Diese Gehalte faßt er unter dem Begriff „kollative Variablen" zusammen. „Kollativ" bedeutet in diesem Zusammenhang, daß die einströmenden Informationen Vergleichsprozessen unterworfen sind, die zu mehr oder weniger großen Inkongruenzen und Konflikten mit dem Vertrautem bzw. dem Erwartetem führen können. BERLYNE (1974) unterscheidet vier Arten kollativer Variablen: Neuigkeit und Wechsel, Ungewißheit und Konflikt, Komplexität sowie Überraschungsgehalt. Die Gruppe der kollativen Variablen sind eine Bestimmungsgröße des Aktivationspotentials (arousal potential, auch Anregungspotential). Das Aktivationspotential ist eine hypothetische Größe, die sich aus verschiedenen Aspekten des momentanen Informationseinstroms zusammensetzt:

- Kollativen Variablen,
- affektiven Reizen,
- starken äußeren Reizen und
- inneren Reizen, die von Bedürfniszuständen herrühren.

Das Aktivationspotential ist von seinen Wirkungen zu unterscheiden: zum einen vom Aktivationsniveau und zum anderen vom positiven oder negativen Gefühlston und den damit verbundenen aufsuchenden oder meidenden Tendenzen.

Im Unterschied zu HEBB differenziert BERLYNE zwischen Aktivationspotential und resultierendem Aktivationsniveau, weil sich gezeigt hat, daß das Aktivationsniveau nicht linear mit dem Aktivationspotential ansteigt, sondern in einem U-förmigen Zusammenhang steht. Niedriges und hohes *Aktivationspotential* führen somit zu einem hohen *Aktivationsniveau*, werden als unangenehm erlebt und lösen Aktivitäten aus, die zu einer Verringerung der Aktivation, d.h. zu einem mittleren Aktivationspotential, führen. Das Aktivationsniveau besitzt somit eine *Bekräftigungsfunktion*. Jedes Verhalten, das die Aktivation auf ein niedrigeres Niveau senkt, wird bekräftigt. BERLYNE (1960, 194) formuliert dies wie folgt:

> „Our hypotheses imply, therefore, that for an individual organism at a particular time, there will be an *optimal influx of arousal potential*. Arousal potential that deviates in either an upward or a downward direction from this optimum will be drive inducing or aversive. The organism will thus strive to keep arousal potential near its optimum."[90]

In beiden Fällen, Senkung bzw. Erhöhung des Anregungspotentials, wird ein spezifisches Verhalten ausgelöst. Im Falle eines zu hohen Aktivationspotentials kommt es zu einer „*spezifischen Exploration*", die spezifische Informationen zum Gewinn von mehr Wissen, Überblick und Einsicht verschaffen soll (= epistemisches Verhalten). Ein zu niedriges Aktivationspotential bewirkt eine „*diversive Exploration*", die auf die Erhöhung des Anregungspotentials durch anregende, unterhaltsame Stimulation zielt.

Die Unterschiede zwischen den Ansätzen von HEBB und BERLYNE veranschaulichen die beiden folgenden Grafiken (Abbildung 4.2). Da HEBB nicht zwischen Aktivationspotential und Aktivationsniveau unterscheidet, kann eine direkte Proportionalität angenommen werden, die sich in der linear monoton steigenden Funktion des Zusammenhangs von Aktivationspotential und Aktivationsniveau zeigt. Im Zusammenwirken mit der postulierten umgekehrten U-Funktion für den Zusammenhang zwischen Aktivation und Attraktivität eines Zustandes bzw. einer Situation führt es dazu, daß das mittlere Aktivationspotential einen Optimalzustand darstellt. Geringe und sehr hohe Anregungspotentiale (= Aktivationsniveaus) werden dagegen als unangenehm erlebt.

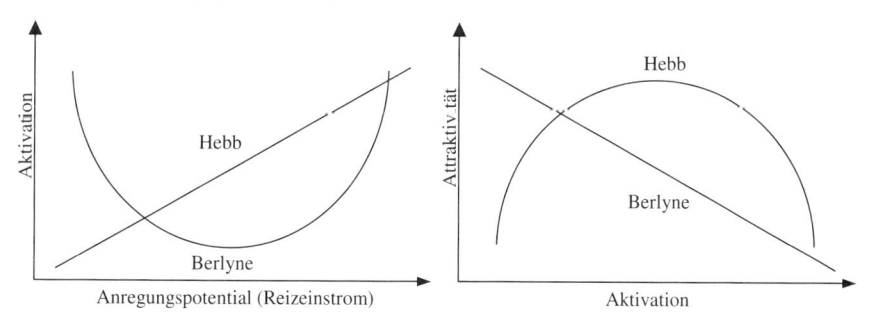

Abbildung 4.2: Unterschiedliche Postulate von HEBB und von BERLYNE über die Beziehungen zwischen Anregungspotential und Aktivation (links) und zwischen Aktivation und Attraktivität (= bevorzugter Aktivationszustand; rechts) (HECKHAUSEN 1989, 111)

---

[90] „Unsere Hypothesen implizieren daher, daß es für einen individuellen Organismus zu einer bestimmten Zeit eine *optimale Zufuhr von Aktivierungspotential* gibt. Aktivierungspotential, welches entweder in steigender oder sinkender Richtung von diesem Optimum abweicht, wird antriebinduzierend oder aversiv wirken. Der Organismus wird deshalb danach streben, das Aktivierungspotential möglichst nahe an seinem Optimum zu halten." (BERLYNE 1974, 244)

BERLYNE hingegen unterscheidet zwischen Aktivationspotential und Aktivationsniveau, wobei der oben beschriebene U-förmige Zusammenhang angenommen wird. Für den Zusammenhang von Aktivation und Attraktivität wird dagegen eine lineare monoton fallende Funktion zugrunde gelegt.

Bestimmt man aus den Funktionen für beide Ansätze den jeweiligen Zusammenhang von Anregungspotential und Attraktivität eines Zustandes, ergibt sich in beiden Fällen ein Maximum im Bereich mittlerer Anregungspotentiale und geringe Attraktivität für geringe oder sehr hohe Anregungspotentiale. Obwohl die Postulate in beiden Ansätzen stark verallgemeinernd und spekulativ sind, scheinen die beigebrachten Befunde für die Annahmen BERLYNES zu sprechen (HECKHAUSEN 1989, 111).

4.2 Sensation Seeking (ZUCKERMAN)

4.2.1 Grundlagen und charakteristische Merkmale der Sensation Seeking-Theorie

Hinsichtlich der Präferenz bestimmter Aktivitäten wurde auch im Bereich des Sports der Einfluß von Persönlichkeitsmerkmalen diskutiert. Große Resonanz hat dabei die Theorie des *Sensation Seeking* von Marvin ZUCKERMAN (1979a) gefunden, die zu den sogenannten „optimal arousal"-Theorien aus der aktivationspsychologischen Linie der Motivationsforschung zu rechnen ist. Die von ZUCKERMAN entwickelte *Sensation Seeking*-Skala (SSS) und ihre vier Subskalen wurden auch bei Sportlern angewandt. In diesem Kapitel sollen die wichtigsten theoretischen Grundlagen sowie einige empirische Daten vorgestellt werden.

Die Ursprünge der Theorie basieren auf Experimenten zu Auswirkungen sensorischer Deprivation (= Reizverarmung). Aus der Feststellung, das manche Personen diesen Zustand besser ertragen, andere ihn dagegen hoch aversiv erleben, leitete er die Verhaltensdisposition des *Sensation Seeking* ab.

Das *Persönlichkeitsmerkmal* (trait) **Sensation Seeking** ist definiert durch

„the need for varied, novel and complex sensations and experiences and the willingness to take physical and social risks for the sake of such experience."[91] (ZUCKERMAN 1979a, 10)

Bei der Definition ist noch auf folgende Einzelheiten hinzuweisen:
- Der Begriff *„sensations"* (Eindrücke) wird dabei dem Begriff *„stimulation"* (Anregung) vorgezogen, weil die sensorischen Effekte von externen Anregungen die größte Bedeutung als Verstärker besitzen. Eindrücke werden auch im Kontrast zu Kognitionen gebraucht, worin sich zeigt, daß *Sensation Seeking* nicht mit dem kognitiven Konstrukt Neugier gleichgesetzt werden kann.
- Das Wort *„seeking"* (Suche) drückt aus, daß es sich um einen aktiven Vorgang handelt.

---

[91] Das individuell unterschiedliche Bedürfnis nach abwechslungsreichen, neuen und komplexen Eindrücken und der zugehörigen Bereitschaft, um solcher Eindrücke willen physische und soziale Risiken in Kauf zu nehmen.

Sensation Seeking (Zuckerman)

- *Sensation Seeking* kann als Disposition oder Zustand beschrieben werden. Diese **Disposition (trait)** kann als Tendenz definiert werden, den entsprechenden Zustand zu erleben und sich bei vielen (aber nicht allen) Gelegenheiten und Situationen auf eine bestimmte Weise zu verhalten. Es geht also um die Tendenz, relativ neuartige und anregende Situationen aufzusuchen und zu erkunden[92]. Der **Zustand (state)** des *Sensation Seekings* ist durch die Dominanz charakteristischer Arten von starken, positiven Emotionen in neuartigen und riskanten Situationen gekennzeichnet[93].

- Der Teil „*varied*" (wechselnde), „*novel*" (neuartige) und „*complex*" (komplexe) Eindrücke und Erfahrungen" bezieht sich auf die Qualitäten der gesuchten Eindrücke. „Wechselnde" spiegelt dabei das Bedürfnis nach Abwechslung. Mit „neuartig" sind andere als bereits bekannte Erfahrungen und auch Unvorhersagbarkeit gemeint. „Komplexität" bezieht sich auf Anzahl und Anordnung der stimulierenden Elemente.

- „*Risiko*" ist als die Wahrscheinlichkeit von negativen Ergebnissen zu verstehen. Verhaltensunterschiede von starken und schwachen Sensation Seekern[94] können aus unterschiedlichen Risikoeinschätzungen oder unterschiedlichen Reaktionen bei ähnlich eingeschätztem Risiko resultieren. Ferner kann noch zwischen physischem Risiko, also der Möglichkeit körperlich verletzt zu werden oder sogar tödlich zu verunglücken und sozialem Risiko, also der Wahrscheinlichkeit von Blamage, Erniedrigung, Schuldgefühlen, Verlust von Zuneigung oder Respekt u.ä. unterschieden werden (ZUCKERMAN 1979a, 10-11).

Das *Sensation Seeking*-Motiv ist identisch mit der Verhaltensdisposition zur optimalen sensorischen Stimulation oder zum diversiven Neugierverhalten im Sinne von BERLYNE (1974).

Die unterschiedlichen Ausprägungen der Disposition sieht ZUCKERMAN (1991) in den Funktionsweisen von verschiedenen biochemischen und neurophysiologischen Systemen begründet. Eine kritische Zusammenfassung der neurobiologischen Grundlagen der *Sensation Seeking*-Theorie und deren Diskussion findet sich bei SCHNEIDER / RHEINBERG (1996, 416-420).

Hinsichtlich der **Bedeutung von Kognitionen** stellt ZUCKERMAN (1991, 41) fest, daß sensationssuchendes Verhalten in neuartigen Situationen auf kognitiven Faktoren, einschließlich Wirksamkeitserwartungen (efficacy expectations), Ergebniserwartungen (outcome expectations), Kompetenzerleben und Risikoeinschätzungen basiert. Der Tendenz, sich in entsprechenden Aktivitäten zu engagieren, gehen die Erwartungen von emotionalen Reaktionen voraus: geringes Angstempfinden und starke positive Affekte bei starken Sensation Seekern, entsprechend umgekehrt bei schwachen Sensation Seekern. Auch wenn starke und

---

[92] „A Sensation Seeker, for instance, might be regarded as a person who tends to perceive less risk than others in a variety of novel situations and tends to engage in a variety of risky activities that more sensible people refrain from" (ZUCKERMAN 1979a, 114).

[93] „A Sensation Seeking state might be some kind of eager, positive feeling aroused by prospect of a new experience" (ZUCKERMAN 1979a, 114).

[94] Da der Begriff Sensation im Deutschen überwiegenden im Kontext von außergewöhnlichen (zumeist medienwirksamen) Ereignissen gebraucht wird und die Formulierung „Eindruckssucher" sehr „gekünstelt" wirkt, wird der englische Begriff Sensation Seeker verwendet.

schwache Sensation Seeker gleiche Einschätzungen bezüglich des Risikos haben (= outcome expectation), unterscheiden sie sich in den Erwartungen hinsichtlich ihrer Reaktionen (= efficacy expectations) (ZUCKERMAN 1991, 35). Unter Bezug auf SKINNER (1953) merkt er allerdings an, daß Kognitionen nur Korrelate, aber keine Gründe für Verhalten sind. Die Erklärung sowohl des *Sensation Seeking* (Verhaltens) wie auch der Kognitionen muß dem Umstand einer starken Vererblichkeit für die Disposition und seine biologischen Korrelate berücksichtigen.

ZUCKERMAN (1979) entwickelte ein Modell (siehe Abbildung 4.3) über den theoretischen Zusammenhang von Neuigkeit, eingeschätztem Risiko und dem emotionalen Zustand in der neuartigen Situation. Dabei wird unterstellt, daß die Neuartigkeit gemeinsam mit dem eingeschätzten Risiko bis zu einem gewissen Punkt ansteigt, nach dem ein weiterer Anstieg des Risikos nicht mit einer Zunahme der Neuartigkeit verbunden ist. Die Ängstlichkeit steigt nahezu linear mit dem eingeschätzten Risiko. Die Tendenz zur Sensationssuche steigt dagegen nur bis zu einem optimalen Niveau der Neuartigkeit und eingeschätztem Risiko und nimmt danach wieder ab. So lange diese Tendenz größer ist als die erlebte Angst, wird die Person die Situation aufsuchen bzw. fortführen; wird die Angst jedoch stärker, so wird die Person versuchen die Situation zu meiden oder sich aus ihr zurückzuziehen. Eine starke *Sensation Seeking-Disposition* würde die Kurve für das *Sensation Seeking* nach rechts verschieben und die Steigung der Kurve der Ängstlichkeit verringern.

Bei diesem Modell handelt es sich um ein Konfliktmodell, welches auf Zuständen in verschiedenen Situationen basiert.

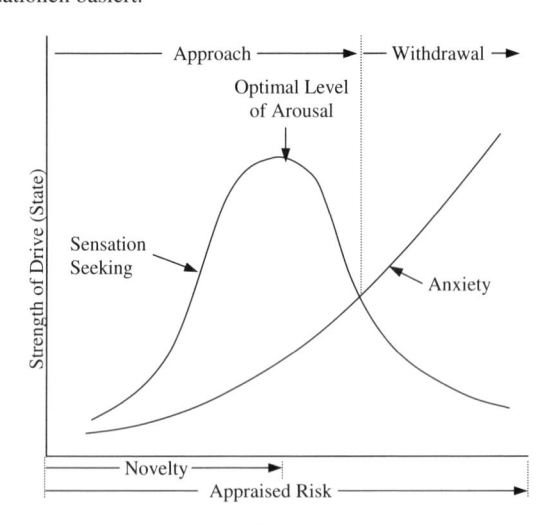

Abbildung 4.3: *Sensation Seeking* (state) und Ängstlichkeit (state) als Einflußgrößen des Verhaltens in neuartigen Situationen (nach ZUCKERMAN 1976; 1991, 34)

Aus Sicht der kognitiven Motivationspsychologie kritisiert RHEINBERG (1996) das Theoriedefizit des *Sensation Seeking-Konzepts* hinsichtlich der Klärung des Zusammenhangs von Disposition und Verhalten. Es fehlt eine Bestimmung, bei welchen Ausprägungen von *Sen-*

sation Seeking welche Situationsfaktoren welche kognitiven und emotionalen Faktoren anregen, deren Zusammenwirken dann zu einem bestimmten Verhalten führt. Die vorliegende eigenschaftstheoretische Verhaltenserklärung berücksichtigt keine situativen Elemente und führt Verhaltensunterschiede lediglich auf basale Besonderheiten der Person zurück. Im Sinne von HECKHAUSEN (1989) handelt es sich bei der *Sensation Seeking*-Theorie somit um eine „Motivationsforschung auf den ersten Blick". Die Verhaltensaufklärung ohne Kenntnis der Vermittlungsprozesse und Spezifikation von Situationen bleibt deswegen relativ gering.

4.2.2 Erfassung des Sensation Seeking

Die Erfassung der *Sensation Seeking-Disposition* erfolgt anhand eines Fragebogen zur Bevorzugung von Situationen und Reaktionsweisen, der sogenannten **Sensation Seeking Scale** (SSS). Die jüngste Fassung (Form V; siehe Anhang 0) wurde über drei Zwischenschritte (Form II – IV) entwickelt und enthält 40 Items.

Faktoranalytische Auswertungen ergaben, daß das *Sensation Seeking-Konstrukt* vier Komponenten umfaßt (siehe Abbildung 4.4). Jede dieser vier Subskalen wird in dem aktuellen Fragebogen mit je zehn Aussagen erfaßt. Die Werte der vier Komponenten werden anschließend zu einem Gesamtwert summiert.

Kategorie	Tendenz zu ...
Thrill and Adventure Seeking (TAS)	risikoreichen Aktivitäten im Sport und Freizeit mit hohem Erlebniswert (z.B. Fallschirmspringen, Bergsteigen, Surfen etc.)
Experience Seeking (ES)	neuen Erfahrungen durch Reisen, Kunstgenuß, neue Speisen, interessante Personen, Einnahme von Drogen etc.
Disinhibition (DIS)	Enthemmung in sozialen Situationen, z.B. auf Parties, in sexuellen Beziehungen, insbesondere im Zusammenhang mit Alkoholkonsum
Boredom Susceptibility (BS)	Meidung monotoner, sich wiederholender, langweiliger Situationen und Tätigkeiten sowie Personen

Abbildung 4.4: Charakterisierung der vier Kategorien des *Sensation Seeking* (ZUCKERMAN 1979b, 165)

Die anhand einer englischen Stichprobe (254 m, 693 w; ZUCKERMAN / EYSENCK / EYSENCK 1978) berechneten CRONBACH-α-Koeffizienten erbrachten mit Ausnahme des BS-Subskala ($\alpha = ,59$ bzw. $\alpha = ,65$) Werte zwischen $\alpha = ,65$ und $\alpha = ,82$, für den Gesamtwert sogar $\alpha = ,83$ bzw. $\alpha = ,86$[95]. Damit zeigte die auf 40 Items gekürzte Version sogar eine bessere interne Reliabilität als die 72-Item-Version IV. Die Retest-Reliabilitätswerte der Form V über ein Drei-Wochen-Intervall lagen zwischen $r_{tt} = ,71$ (BS) und $r_{tt} = ,94$ (TAS), für den Gesamtwert sogar bei $r_{tt} = ,94$ (N = 62 m & w). Ein von STRAUB (1982; siehe Kapitel 4.2.3) bei Drachenfliegern, Autorennfahrern und Bowlingspielern ermittelter Retestwert von $r_{tt} = ,84$ bestätigt weitgehend den von ZUCKERMAN angegebenen Wert. Für die oben genannten Stichprobe waren alle Korrelationen zwischen den Subskalen mit Ausnahme der Kombination TAS-BS signifikant und lagen zwischen $r = ,10$ und $r = ,48$. In der amerikanischen Stichprobe fielen die Werte geringfügig niedriger aus.

---

[95] Die Werte einer amerikanischen Stichprobe (97 m, 122 w) lagen auf vergleichbarem Niveau.

Aus methodischer Perspektive ist die Summierung der vier Subskalenwerte zu einem Gesamtwert kritisch zu sehen (ANDRESEN 1986; 1990; SCHNEIDER / RHEINBERG 1996). So korrelieren die faktoranalytisch gefundenen Unterskalen nur mäßig miteinander (r =,20 bis r =,40), außerdem zeigen die einzelnen Komponenten einen starken Zusammenhang zu unterschiedlichen Persönlichkeitsmerkmalen (16-PF-Test von CATTELL 1956; BIRENBAUM / MONTAG 1987) und schließlich trennt die Unterskala TAS häufig zuverlässiger zwischen Versuchs- und Kontrollgruppen als der Gesamtwert. Die Zusammenfassung zu einem Skalenwert als Indikator der *Sensation Seeking-Disposition* erscheint somit als fragwürdig. Es ist eher anzunehmen, daß es sich um ein multidimensionales Konstrukt zusammenhängender Präferenzen für bestimmte Verhaltensweisen handelt (SCHNEIDER / RHEINBERG 1996, 412-413). Die Zusammenfassung der Subskalen erscheint nach SCHNEIDER / RHEINBERG auch aus motivationstheoretischer Sicht als unbefriedigend, da mit den Items der Skalen „auf der einen Seite motivationale Sachverhalte im engeren Sinne erfragt werden, also Strebungen und Wünsche sowie die zugehörigen Verhaltenshemmungen. Auf der anderen Seite zielen die Fragen aber auch auf Reagibilitätsunterschiede bezüglich der Intensität und Qualität von emotionalen Reaktionen" (SCHNEIDER / RHEINBERG 1996, 414).

Wiederum in mehreren Schritten wurde von NEARY (1975) auch eine *Sensation Seeking State Scale* entwickelt, deren letzte Fassung je 15 Items zum aktuellen *Sensation Seeking*-Zustand und 15 Items zur Ängstlichkeit enthält. Die *Sensation Seeking Anxiety State Scale* ist im Anhang aufgeführt.

Die Gütekriterien wurden an einer Stichprobe mit 86 Männern und 102 Frauen bestimmt, die an psychologischen Experimenten teilnehmen sollten (NEARY 1975). Die als Maß für die interne Reliabilität berechneten durchschnittlichen Interitem-Korrelationen betrugen zwischen r_{it} =,87 und r_{it} =,93, die Retest Reliabilität zwischen r_{tt} =,38 und r_{tt} =,57.

4.2.3 Sportbezug der Sensation Seeking-Theorie

Aus der Vielzahl der vorliegenden Untersuchungen (einen Überblick gibt ZUCKERMAN 1983) wurden vorwiegend solche ausgewählt, die Ergebnisse bezüglich der Ausübung sportlicher Aktivitäten insbesondere des hier interessierenden Bereichs der Outdoorsportarten enthalten. Daten aus anderen Bereichen, wie z.B. Autofahren, riskante Berufe (Feuerwehr, Polizei, Militär), sowie zum Zusammenhang der *Sensation Seeking Skalen* mit biochemischen Größen werden hier nicht aufgeführt.

HEYMAN und ROSE (1980, zitiert nach ZUCKERMAN 1983) verglichen Studenten, die an einem Tauchkurs teilnahmen, mit anderen Studenten und untersuchten dabei die Korrelationen von *Sensation Seeking* (Gesamtwert SSS Form V) mit dem Verhalten während des ersten freien Tauchgangs. Männliche (N = 29) und weibliche (N = 16) Taucher hatten höhere SS-Werte als die Kontrollgruppe. Interessant ist ferner die Beobachtung, daß der SS-Wert positiv mit der Länge des Tauchgangs und negativ mit der Tauchtiefe korreliert. Letzteres scheint gegen die Hypothese zu sprechen, daß Sensation Seeker höhere Risiken suchen bzw. bevorzugen. Die Autoren vermuten, daß die ausgeprägten Sensation Seeker ihre Zeit lieber zum Erleben neuer Eindrücke verwenden, während schwache Sensation Seeker weniger Zeit unter Wasser verbringen und einfach soweit abtauchen wie sie es sich zutrauen und in der

Tauchtiefe ihr einziges Ziel sehen. Dies unterstreicht die Vermutung, daß Sensation Seeker das Risiko nicht um seiner selbst willen suchen, sondern daß eine Belohnung in Form neuartiger Erlebnisse vorhanden sein muß, die das Risiko rechtfertigt. In dieser Untersuchung wurde allerdings nur der Gesamtwert der SSS herangezogen, so daß mögliche Unterschiede hinsichtlich der Werte auf der TAS- und der ES-Skala nicht interpretiert werden können.

CONNOLLY (1981) verglich Skifahrer, einschließlich Skilehrer (insgesamt 27 männliche und 18 weibliche), mit Nichtskifahrern. Skifahrer erzielten beim Gesamtwert und der TAS höhere Werte als Nichtskifahrer, die Skilehrer wiederum höhere Gesamt-, TAS und ES-Werte (SSS Form V) als normale Skifahrer. Außerdem wurden die 24 Skifahrer, die bereits eine Verletzung beim Skifahren erlitten hatten mit den 20 bislang unverletzten Fahrern verglichen. Diejenigen mit Verletzung hatten signifikant höhere Werte auf den Gesamt-, TAS- und Dis-Skalen, was auf eine höhere Risikobereitschaft bei den starken Sensation Seekern schließen läßt. Die Vermutung, daß starke Sensation Seeker geringere skifahrerische Fähigkeiten besitzen wird, durch die hohen SS-Werte der Skilehrer widerlegt. Der Befund, daß mehr als drei Viertel der Verletzten männlich sind, stimmt mit den höheren SS-Werten (Gesamt und TAS) bei den männlichen Skifahrern der Studie und den höheren Werten der Männer in der Gesamtpopulation überein. Im Vergleich zu schwachen Sensation Seekern tendieren sie also zu einer Unterschätzung des Risikos.

STRAUB (1982) verglich eine Gruppe männlicher Hängegleiter (N = 33; Alter: M = 30,15 Jahre; durchschnittl. 3 Jahre Erfahrung) mit Autorennfahrern (N = 22; M = 31,59 Jahre; 9,3 Jahre) und Bowlingspielern (N = 25; M = 19,24 Jahre; 7,5 Jahre). Erwartungsgemäß hatten die Teilnehmer der risikoreichen Sportarten höhere SS-Gesamtwerte. Bei den Unterskalen traf dies jedoch nur für die BS- und die ES-Skala zu, nicht dagegen bei der TAS- und der Dis-Skala. Bei der Klassifikation der Athleten mittels ihrer Werte auf den verschiedenen Skalen zeigte sich, daß die Dis-Skala keinen signifikanten (p ≤,05) Beitrag zur Vorhersage der Zugehörigkeit zu einer Gruppe erbrachte. Dies wird mit dem nonkonformistischem Lebensstil begründet, der sich in dieser Skala widerspiegelt, der aber für Sportler untypisch ist (ZUCKERMAN 1979a). Ein ebenfalls nach drei Wochen durchgeführter Retest mit 19 Vpn konnte den von ZUCKERMAN (1979a, 111) angegebenen Test-Retest-Korrelationswert von r_{tt} =,94 mit r_{tt} =,84 relativ gut bestätigen.

In einer Vergleichsstudie (bei einer risikoarmen Sportart) von Wettkampfläufern mit Nichtläufern ergaben sich keine Unterschiede (MCCUTCHEON 1980, zitiert nach ZUCKERMAN 1983). Auf der Dis-Skala erzielten die männlichen Läufer sogar einen geringeren Durchschnittswert (p ≤,10) als die Nichtläufer. Bei den weiblichen Läufern lagen der Gesamt- und der TAS-Wert unter den Werten der Kontrollgruppe.

CRONIN (1991) verglich eine Gruppe von Bergsteigern (N = 20, Alter: M = 21 Jahre, SD = 8,8 Jahre, 9 männliche und 11 weibliche Mitglieder eines Alpin Clubs) mit einer Kontrollgruppe (N = 20, Alter: M = 20 Jahre, SD = 1,6 Jahre, 8 männliche und 13 weibliche Psychologiestudenten) bezüglich ihrer Werte auf der SS-Skala (Form V). Die Mittelwerte und Standardabweichungen für beide Gruppen sind in Tabelle 4.1 aufgelistet.

Tabelle 4.1: Mittelwerte und Standardabweichungen auf der SS-Skala und den Subskalen für Alpin Club-Mitglieder (N = 20) und Kontrollgruppe (N = 21) (CRONIN 1991, 654)

Gruppe		Total	TAS	ES	Dis	BS
Kontrollgruppe	M	18,5	6,9	4,7	4,0	2,7
	SD	6,6	2,8	1,6	2,8	1,6
Alpin Club	M	23,3	8,6	6,7	4,6	3,3
	SD	4,8	1,4	1,5	2,2	1,8
		p <,01	p <,05	p <,001	n.s.	n.s.

Die Ergebnisse bestätigen die Annahmen CRONINS, daß Bergsteiger höhere Werte auf den TAS- und ES-Subskalen sowie beim Gesamtwert aufweisen sollten. Durch die höheren Werte sowohl auf der ES- wie auch der TAS-Skala geht er auch davon aus, daß die Unterschiede nicht durch die Items auf der TAS-Skala bewirkt werden, sondern schreibt diese einer zugrundeliegenden *Sensation Seeking-Disposition* zu. Außerdem widerspricht er einer Vermutung von ROWLAND / FRANKEN / HARRISON (1986), wonach Sensation Seeker eher dazu tendieren eine Vielzahl verschiedener Aktivitäten auszuüben, als vom Risiko per se angezogen zu sein. Er begründet dies mit der durchschnittlichen Ausübung des Bergsteigens von 4 Jahren (SD = 3,4 Jahre), wobei nur 6 der 20 Befragten weniger als ein Jahr angaben.

ROSSI / CEREATTI (1993) untersuchten ebenfalls Aktive aus dem Bereich alpiner Sportarten (N = 107, männlich, gleiches sozio-kulturelles Niveau). Neben den SS-Werten (siehe Tabelle 4.2) wurde zudem das objektive Risiko in Form der Anzahl der in den letzten drei Jahren erlittenen Verletzungen erhoben. Demnach haben Bergsteiger und Speläologen (Höhlenforscher) ein hohes, Skispringer ein mittleres, Kletterer und Sportstudenten ein geringes und die Kontrollgruppe ein sehr geringes Risiko. Die Sportarten wurden außerdem nach dem Grad ihrer Unsicherheit, im Sinne der Vorhersehbarkeit auftretender Situationen eingestuft. Bergsteiger und Speläologen haben ein hohes Maß an Unsicherheit, Kletterer ein mittleres und Skispringer ein geringes. Zur Erfassung des subjektiven Risikos sollten die Vpn eine risikoabhängige Rangfolge (Skala von 0-5) der vier Sportarten erstellen.

Tabelle 4.2: Mittelwerte und Standardabweichungen auf der SS-Skala und den Subskalen für Kletterer, Bergsteiger, Speläologen, Skispringer, Sportstudenten und Kontrollgruppe (N = 107) (ROSSI / CEREATTI 1993)

Gruppe		Total	TAS	ES	Dis	BS
Kontrollgruppe	M	13,3	3,8	4,0	2,9	2,7
(N = 20, Alter: M = 27,8, SD = 6,5)	SD	5,4	2,2	2,1	2,2	1,8
Sportstudenten (Lehramt)	M	19,7	6,9	4,6	4,5	3,7
(N = 20, Alter: M = 22,7, SD = 1,7)	SD	5,2	2,9	1,9	2,9	1,7
Kletterer (hohes Fertigkeitsniveau)	M	21,0	6,5	5,8	4,5	4,1
(N = 20, Alter: M = 26,7, SD = 4,8)	SD	6,1	3,0	1,8	2,3	1,7
Bergsteiger (hohes Fertigkeitsniveau)	M	25,5	7,8	7,3	5,8	3,6
(N = 20, Alter: M = 32,3, SD = 5,8)	SD	4,1	2,5	1,6	2,3	1,7
Speläologen (hohes Fertigkeitsniveau)	M	27,1	8,9	7,5	6,7	4,0
(N = 20, Alter: M = 27,6, SD = 3,9)	SD	3,7	1,2	1,5	1,6	1,7
Skispringer (ital. Nationalmannschaft)	M	21,6	8,0	4,0	5,8	3,7
(N = 7, Alter: M = 19,7, SD = 1,5)	SD	6,1	1,1	2,0	2,2	2,7

Bezüglich des *Gesamtwertes* ergab sich ein signifikanter Unterschied zwischen den Gruppen ($F_{(5/101)} = 11,45$; $p \leq ,001$). Im einzelnen zeigten sich:

- Signifikante Unterschiede zwischen der Kontrollgruppe und allen anderen Gruppen
- Keine Unterschiede zwischen Sportstudenten, Kletterern und Skispringern
- Keine Unterschiede zwischen Bergsteigern und Speläologen.

Bezüglich der Einzelskalen ergaben sich folgende signifikante Ergebnisse:

TAS-Skala:

- Sportstudenten unterscheiden sich von Speläologen, aber nicht von Kletterern und Bergsteigern.
- Kletterer haben niedrigere Werte als Speläologen, Bergsteiger und Skispringer.

ES-Skala:

- Es gibt keine Unterschiede zwischen Kontrollgruppe, Sportstudenten und Skispringern.
- Skispringer haben niedrigere Werte als Kletterer.
- Kletterer haben höhere Werte als die Kontrollgruppe und die Sportstudenten, aber niedrigere als Speläologen und Bergsteiger.
- Keine Unterschiede bestehen zwischen Speläologen und Bergsteigern.

Dis-Skala:

- Die Kontrollgruppe hat niedrigere Werte als sämtliche anderen Gruppen.
- Sportstudenten und Kletterer zeigen im Vergleich zu Skispringern, Bergsteigern und Speläologen geringere Werte.

BS-Skala:

- Die BS-Skala konnte nicht zwischen den einzelnen Gruppen differenzieren.

Zwischen der Anzahl der Verletzungen und dem SS-Gesamtwert sowie dem TAS-Wert ergaben sich signifikante Korrelationen (PEARSON, $r = ,20$; $p \leq ,05$ bzw. $r = ,26$; $p \leq ,01$). Ebenfalls signifikante Korrelationen ergaben sich zwischen objektivem und subjektivem Risiko bei Bergsteigern ($r = ,45$; $p \leq ,05$) und Skispringern ($r = ,49$; $p \leq ,05$).

Die Korrelation von Verletzungen und Gesamt- und TAS-Wert unterstützt die Annahme einer Proportionalität zwischen Höhe des Risikos und Höhe des SS-Wertes von Athleten einer bestimmten Disziplin. Das gleichzeitige Fehlen eines Zusammenhangs zwischen der ES-Skala und Verletzungen scheint teilweise die These (WOHLWILL 1984, zitiert nach ROSSI / CEREATTI 1993) zu stützen, daß die TAS- und die ES-Skala unterschiedliche Aspekte der Attraktivität neuartiger Situationen repräsentieren: Einerseits die Suche nach Eindrücken (emotionaler Aspekt, verbunden mit Risiko) und andererseits die Suche nach Informationen (kognitiver Aspekt). Dies unterstreichen die hohen TAS-Werte bei Bergsteigern, Speläologen und Skispringern. Die häufig wechselnden, teils ungewöhnlichen oder gefährlichen Situationen (z.B. bedingt durch Erfahrungen des Fliegens, der Höhe, der Tiefe, der Dunkelheit etc.) bewirken solche starken emotionalen Reaktionen.

Bestätigt werden konnten auch die Feststellung ZUCKERMANs (1979a), daß ausgeprägte Sensation Seeker dazu tendieren Risiken zu unterschätzen, wogegen schwache Sensation Seeker das Ausmaß von Risiken realistisch oder eher überschätzen. Dies ergab sich aus einem Vergleich von hochklassigen Rugby-Spielern (N = 35; Alter: M = 26,6 Jahre) mit Marathonläufern (N = 32; Alter: M = 30,6 Jahre) (POTGIETER / BISSCHOFF 1990). 54% der Rugby-Spieler aber 75% der Marathonläufer stuften Rugby als eine sehr risikoreiche Sportart ein. Fast 44% der Marathonläufer betrachteten (Wettkampf-) Laufen als eine mittelriskante Sportart, während nur 17% der Rugby-Spieler so urteilten. Ferner zeigten sich die erwarteten Unterschiede beim SS-Gesamtwert (M_R = 16,66; SD_R = 4,53; M_M = 14,13; SD_M = 5,68; $F_{1/66}$ = 4,10; p ≤,05) und der TAS-Skala (M_R = 6,83; SD_R = 1,64; M_M = 5,44; SD_M = 2,40; $F_{(1,66)}$ = 7,78; p ≤,01). Bei den anderen Skalen fanden sich keine signifikanten Unterschiede, was POTGIETER / BISSCHOFF (1990) u.a. auf die Sozialisation im Leistungssport zurückführen, der meist einen disziplinierten und konventionellen Lebensstil erfordert.

Diese empirischen, scheinbar theoriebestätigenden Ergebnisse sind jedoch auch kritisch zu sehen. So liegt insbesondere im Fall der TAS-Skala eine weitgehende Überschneidung von Prädiktor und Kriterium vor, in dem die Bereitschaft für die Ausübung von relativ gefährlichen Aktivitäten, darunter auch diverse Sportarten wie z.B. Fallschirmspringen, Bergsteigen oder Hochgeschwindigkeitsskifahren, abgefragt wird. Der Erkenntnisgewinn der Untersuchungen von Sportlern der genannten Aktivitäten beschränkt sich demzufolge auf die Feststellung, daß es relativ konsistente Unterschiede im Wunsch nach der Ausübung riskanter Sportarten gibt und daß der Personenunterschied nicht nur auf der Wunschebene existiert, sondern auch die Ebene realen Verhaltens betrifft (SCHNEIDER / RHEINBERG 1996, 422).

4.3 Reversal Theory (APTER)

4.3.1 Grundlagen und charakteristische Merkmale der „Reversal Theory"

Allgemeine Merkmale der Theorie:

Die Anfang der 70er Jahre von Michael J. APTER und K. C. P. SMITH entwickelte *Reversal Theory*[96] basiert ebenfalls auf aktivationspsychologischen Grundlagen und ist insbesondere durch vier Merkmale gekennzeichnet.

1. Sie ist als eine **allgemeine Theorie** konzipiert, d.h. sie ist nicht auf einen bestimmten Anwendungsbereich beschränkt.

2. Sie ist eine **phänomenologische Theorie**, d.h. sie befaßt sich mehr mit Kognitionen und Affekten, insbesondere dem Erleben der eigenen Motivation, als mit beobachtbarem Verhalten.

3. Sie ist eine **„strukturelle" (structural) Theorie**, d.h. sie postuliert bestimmte Strukturen und Muster, die dem phänomenologischen Erleben zugrunde liegen.

---

[96] Da der deutsche Begriff „Umschwungtheorie" (BECKER 1994, 33) weniger präzise ist, wird die originale Bezeichnung *„Reversal Theory"* beibehalten.

4. Die *Reversal Theory* geht weiter davon aus, daß das menschliche Verhalten inkonsistent ist. Personen verhalten sich unterschiedlich zu verschiedenen Zeitpunkten in ähnlichen Situationen (zeitpunktbezogene Inkonsistenz); sie können sich auch zu verschiedenen Zeitpunkten auf ähnliche Weise in unterschiedlichen Situationen verhalten (situationsbezogene Inkonsistenz) und schließlich können sie sich zu verschiedenen Zeitpunkten in ähnlichen Situationen auf ähnliche Weise verhalten mit unterschiedlichen zugrundeliegenden Motivationen (motivationsbezogene Inkonsistenz) (POTOCKY / MURGATROYD 1993, 14). Das *„principle of inconsistency"* ist eines der wesentlichen Elemente der *Reversal Theory* (APTER 1982, 8-9).

Die meisten Theorien, wie z.b. die Aktivationstheorien (z.B. HEBB 1955; BERLYNE 1960) oder die *Sensation Seeking-Theorie* von ZUCKERMAN (1979), gehen von Prinzip der Homöostase aus, d.h. für jeden Menschen gibt es ein Aktivationsniveau, an dem er am besten „funktioniert" und um dessen Wert er sich in der Regel bewegt. Bei zu starken Abweichungen werden Ressourcen aufgewendet, um in diesen Zustand zurückzukehren. Bei den bereits beschriebenen Aktivationstheorien ist dies das „optimal level of arousal" (HEBB 1955) bzw. das „optimal level of arousal potential" (BERLYNE 1960). Ist das Aktivationsniveau zu hoch, empfindet die Person Angst, ist es zu niedrig, empfindet sie Langeweile. Im Gegensatz dazu geht die *Reversal Theory* nicht vom Prinzip der Homöostase aus.

> „The theory denies that people automatically attempt to avoid ambiguity, incongruity, high arousal, disagreement, confrontation; rather, in certain states, they will seek out and enjoy all of these. It denies that all aspects of personality remain consistent, even over the short length of time of a laboratory experiment. It denies that people always act purposefully towards future goals, as learning theorists, cybernicians, and others seem to imply; instead it suggests that people often do things ,for the hell of it', and undertake activities *because* they have no point."[97] (APTER 1982, 332)

Metamotivationale Zustände (states):

Im Gegensatz zu den oben genannten Theorien postuliert die *Reversal Theory* ein **bistabiles System**, welches aus zwei möglichen Zuständen, sogenannten „states" besteht. Der Begriff „*state*" (auch: Modus) bezeichnet dabei den Zustand einer Person zu einem gegebenen Zeitpunkt. Die „states" können sehr schnell wechseln und unterschiedlich lange dauern (Sekunden bis Tage); sie können durch Umwelteinflüsse, zwischenmenschliches Einwirken (interpersonal transactions), kognitive Prozesse, biologische Veränderungen und die jeweilige Motivation beeinflußt werden (MURGATROYD 1985, 4). „States" fungieren als alternative „Rahmen" (frames), innerhalb derer eine Person ihre spezifischen Motive und Aktivitäten wahrnehmen kann. Jeder der beiden Zustände innerhalb eines Paares deckt das gesamte

---

[97] APTER (1982, 332) führt hier weiter aus: „In making such denials it should not be supposed that *Reversal Theory* is necessarily saying anything original, but rather that it is simply returning to what people already know in a common-sense way. Going ,back to the things themselves', to use Husserl's famous rallying cry, can mean becoming aware again of things which have become overlooked in the course of previous abstraction, formalisation, and systematisation. Going backwards can in such circumstances be an excellent way of going forwards."

Spektrum der zugrundeliegenden Variable (z.B. der Aktivation) ab. Außerdem schließen sich die beiden Modi gegenseitig aus, d.h. eine Person kann sich zu einem bestimmten Zeitpunkt immer nur in einem der beiden Zustände befinden.

Eines der von der *Reversal Theory* postulierten, bistabilen Systeme beschreibt den Zusammenhang von Aktivation (arousal[98]) und positivem Erleben (hedonic tone). Demnach ist es vom aktuellen „state" der Person abhängig, wie die aktuell vorliegende Aktivation empfunden wird. Wie bei den erläuterten Theorien von HEBB und BERLYNE wird davon ausgegangen, daß sowohl ein (sehr) hohes wie ein (sehr) niedriges Aktivationsniveau als unangenehm erlebt werden <u>kann</u>; die Bezeichnungen der Zustände lauten „anxiety" (Angst) und „boredom" (Langeweile). Darüber hinaus nimmt die *Reversal Theory* jedoch an, daß es <u>auch</u> möglich ist, hohe oder niedrige Aktivation als angenehm zu empfinden. Eine angenehm empfundene, hohe Aktivation wird in der Terminologie der *Reversal Theory* als „excitement" (positive, freudige Erregung), angenehm empfundene, niedrige Aktivation als „calmness" (Entspannung, Ruhe) bezeichnet.

Das damit angesprochene metamotivationale Zustandspaar bilden der telischer [99] Modus und der paratelischer[100] Modus.

- Im „*telic state*" wird ein niedriges Aktivationsniveau als angenehm empfunden (calmness), ein hohes dagegen als unangenehm (anxiety); es handelt sich also um einen *aktivationmeidenden* (*arousal-avoiding*) Zustand.

- Im „*paratelic state*" wird niedrige Aktivation als Langeweile (boredom) und hohe Aktivation als positive Erregung (excitement) empfunden; daher wird der „paratelic state" auch als ein *aktivationsuchender* (*arousal-seeking*) Zustand charakterisiert.

Die Abbildung 4.5 veranschaulicht den Zusammenhang von Aktivation (arousal) und dem Empfinden (hedonic tone), der wahrgenommenen Qualität der Empfindungen.

MURGATROYD (1985, 14) weist darauf hin, daß, obwohl die telischen / paratelischen Modi eng mit den Merkmalen „arousal-avoiding" bzw. „arousal-seeking" verbunden sind, nicht mit ihnen gleichgesetzt werden dürfen. Obgleich hohe Aktivation im telischen Modus immer unangenehm empfunden wird, so wird sie doch in Fällen toleriert, wo die erwartete Befriedigung bei Erreichen des angestrebten Zieles dieses Gefühl übertrifft. Auch im paratelischen Modus wird niedrige Aktivation toleriert, wenn sie durch andere angenehme Aspekte, z.B. den guten Geschmack von Speisen / Getränken aufgewogen bzw. übertroffen wird[101]. Arousal-seeking / arousal-avoiding sind also ein unabhängiges Sub-Set der telic /

---

[98] Als „felt arousal" definiert APTER (1982, 81) „the degree of motivational intensity which an individual experiences in consciousness at a given time". Dabei handelt es sich um eine phänomenologische Definition, d.h. wie die Erregung erlebt wird und nicht um eine verhaltensabhängige oder physiologische Definition. Wenngleich angenommen wird, daß die erlebte Erregung eng mit der physiologischen Erregung verbunden ist.

[99] telos = griech. Ziel

[100] para = griech. „Außer-" oder „Neben-", d.h. paratelisch meint, daß es nicht auf das Erreichen von Zielen gerichtet ist (siehe unten).

[101] Kritik an dieser „Inkonsistenz" der *Reversal Theory* findet sich bei BECKER (1994, 34).

paratelic states (siehe APTER 1982, 56-57). Häufig werden die beiden Paare aber gleichgesetzt.

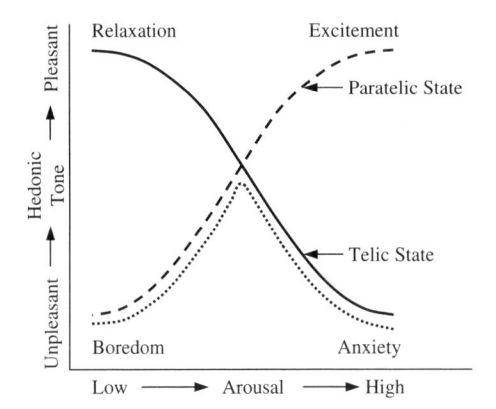

```
                    Relaxation        Excitement
                                           ---
            Pleasant                   ,--
                                      /   ←— Paratelic State
                                     /
     Hedonic                        /
      Tone                         /
                                  /
                                 /
            Unpleasant          /          ←— Telic State
                               /
                    Boredom            Anxiety
                    Low  ——→  Arousal  ——→  High
```

Abbildung 4.5: Zusammenhang von Aktivation (arousal) und Qualität der Empfindungen (hedonic tone) für den telischen bzw. den paratelischen Zustand (APTER 1989; 18)

Weitere Merkmale des telisch / paratelischen Zustandspaares beschreibt APTER (1982, 42) wie folgt:

„The telic state is defined as a phenomenological state in which the individual is primarily orientated towards, or feels the need to be primarily orientated towards, some essential goal or goals. The paratelic state in contrast, is defined as a state in which the individual is primarily orientated towards, or feels the need to be primarily orientated towards, some aspect of his continuing behavior and its related sensations."

Neben diesem dominanten Unterscheidungsmerkmalen finden sich noch weitere typische Eigenschaften, die in der Abbildung 4.6 zusammengefaßt sind.

Im *telischen Modus* sind Personen eher zielorientiert und ernsthaft und versuchen ihre aktuelle Tätigkeit zu vollenden um damit ihr Ziel zu erreichen. Sie planen voraus, sind zukunftsorientiert und empfinden ihr Tun als (individuell) wichtig und bedeutsam.

Im *paratelischen Modus* treten die Ziele in den Hintergrund, die Personen sind eher erlebnisorientiert (sensation-oriented), auf den Augenblick konzentriert und versuchen ihre aktuelle Tätigkeit (so lange wie dies möglich bzw. interessant ist) fortzusetzen[102]. Ihr Verhalten ist eher spielerisch und spontan und ihr Tun wird von ihnen als weniger bedeutsam und wichtig eingestuft.

---

[102] Wie später noch genauer ausgeführt wird (siehe Kap. 4), bestehen hier weitgehende Übereinstimmungen mit dem tätigkeitszentrierten Anreizfokus von RHEINBERG (1989).

Dimension	Telic	Paratelic
Means-ends dimension	Essential goals Imposed goals Unavoidable goals Reactive Goal-orientated End-orientated Attempts to complete activity	No essential goals Freely chosen goals Avoidable goals Proactive Behavior-orientated Process-orientated Attempts to prolong activity
Time dimension	Future-orientated 'Points beyond itself' Planned Pleasure of goal anticipation High significance preferred	Present-orientated 'Sufficient into itself' Spontaneous Pleasure of immediate sensation Low significance preferred
Intensity dimension	Low intensity preferred Synergies avoided Generally realistic Low arousal preferred	High intensity preferred Synergies sought Make-believe prevalent High arousal preferred

Abbildung 4.6: Charateristika von telischem und paratelischem Modus (APTER 1982, 52)

Innerhalb der *Reversal Theory* wurden mehrerer solcher Paare metamotivationaler Zustände definiert. Da diese zusätzlichen Paare für die Thematik dieser Arbeit nicht von Bedeutung sind, werden die wesentlichen Merkmale nur stichpunktartig in der Abbildung 4.7 dargestellt.

Independent Variable	Metamotivational States	
Arousal	**Telic** Arousal-avoiding Goal-oriented Serious-minded Future-oriented Planing ahead Prefer important activity Attempt to complete activity	**Paratelic** Arousal-seeking Sensation-oriented Playful Present-oriented Spontaneous Prefer unimportant activity Attempt to prolong activity
Felt Negativism	**Conformist** Desire to comply to rules Compliant Cooperative Agreeable Sometimes unaware of rules	**Negativistic** Desire to break rules Rebellious Stubborn Angry
	Mastery Competition Struggle Control Toughness Strength	**Sympathy** Harmony Unity Caring Tenderness Sensitivity
Felt Transactional Outcome	**Autocentric** Concern with self	**Allocentric** Concern with other(s)

Abbildung 4.7: Charakteristische Merkmale von „metamotivational states" (leicht verändert nach POTOCKY / MURGATROYD 1993, 22)

Reversals

Wie bereits erwähnt, kann sich eine Person zu einem Zeitpunkt immer nur in einem Modus befinden, d.h. bildlich gesprochen sich immer nur auf einer der beiden Kurven bewegen (siehe Abbildung 4.5). Zum Wechsel von einem in den anderen Zustand, also von einer auf die andere Kurve, muß ein sogenannter „reversal"[103] stattfinden, durch den es zu einer Änderung der Interpretation des Aktivationsniveaus kommt. Reversals können auf drei Weisen ausgelöst werden:

(1) **Kontingente Ereignisse** (contingent events) in Form *externer* oder *interner* Faktoren.

Bei einem Skifahrer oder Mountainbiker, der einen Berg herunterfährt, sich im paratelischen Modus befindet, und dabei eine positive Erregung empfindet, kommt es durch die Wahrnehmung eines unerwarteten Hindernisses (= externer Anlaß) oder durch den plötzlichen Gedanken an die Risiken seines Tuns (= interner Anlaß) zu einem reversal, der ihn in den telischen Modus versetzt. In diesem Zustand wird er das Aktivationsniveau hochgradig unangenehm in Form von Angst erleben.

(2) **Frustration**.

Stellt z.B. ein trainierender Sportler, der sich bei niedriger Aktivation im telische Modus befindet fest, daß er seine Ziele nicht erreichen kann, kann es durch die dadurch ausgelöste Frustration zu einem Wechsel in den paratelischen Modus kommen. Die niedrige Aktivation wird jetzt als Langeweile interpretiert und der Sportler wird versuchen sein Aktivationsniveau zu erhöhen, indem er z.B. das Gespräch mit Mitspielern sucht oder besonders riskante Pässe, Anspiele etc. ausprobiert.

(3) **(Über-) Sättigung**.

Auch ohne kontingente Ereignisse oder Frustrationen kann es zu einem Reversal kommen, wenn sich die Person über einen längeren Zeitraum in einem Modus befunden hat. POTOCKY / MURGATROYD (1993, 18) nennen dazu das Beispiel des „Saturday morning phenomenon". Eine Person, die den Morgen mit angenehmen Herumbummeln (paratelischer Modus) verbracht hat, sorgt sich ohne sonstigen Anlaß plötzlich darüber, daß sie den ganzen Morgen nichts vollbracht hat (telischer Modus). Eine vergleichbare Situation ist gegeben, wenn ein Sportler das Faulenzen im Urlaub genießt und er ohne besonderen Anlaß sich Gedanken darüber macht, daß er eigentlich etwas für seine Kondition tun sollte.

Reversals können *nicht bewußt herbeigeführt* werden, Personen können sich aber in Situationen begeben, die die Wahrscheinlichkeit für einen Wechsel in den anderen Modus erhöhen, z.B. der Besuch einer Sportveranstaltung kann einen Wechsel vom telischen in den paratelischen Zustand bewirken.

---

[103] „Reversal" kann mit Umkehrung, Umschlagen, Umschalten oder Umschwung übersetzt werden. Wegen der Eindeutigkeit wird jedoch die englische Originalbezeichnung beibehalten.

Inkonsistenz:

Zwischen dem metamotivationalen Zustand und dem Verhalten besteht ein komplexer Zusammenhang.

„It does not assume that there is a simple one-to-one correspondence between mental states and a given piece of behavior, such that for a given individual the same behavior is always accompanied by the same significant mental states" (APTER 1982, 5).

Demzufolge kann eine Person die gleiche Tätigkeit alternativ in beiden Modi ausüben. APTER (1982) erläutert dies am Beispiel eines Autofahrers, der schnell auf der Autobahn fährt, mit dem Ziel, einen bestimmten Ort zu erreichen. Diese Beobachtung alleine erlaubt noch keinen Rückschluß auf den Zustand, in dem sich der Autofahrer befindet. Das Verhalten könnte sowohl dazu dienen, einen wichtigen Geschäftstermin zu erreichen und somit extrem zielorientiert sein (telischer Zustand), als auch einfach die Geschwindigkeit, die Landschaft und die Tätigkeit des Fahrens zu genießen; der Zielort wäre somit sekundär (paratelischer Modus). Vergleichbar ist das Beispiel des Radfahrens von MURGATROYD (1985, 5). Das Verhalten ist Radfahren, das Ziel besteht im Erreichen eines bestimmten Ortes. Die Beziehung zwischen Verhalten und Ziel kann auf zwei Arten erlebt werden. Einerseits kann das Ziel (Ort) im Vordergrund stehen und die Tätigkeit (Radfahren) im Hintergrund. Dies tritt z.b. ein, wenn der Ort bzw. sein Erreichen eine besondere Bedeutung besitzt (Arbeitsplatz, wichtiges Treffen etc.). Das Verhalten wird also danach ausgewählt, das Ziel zu erreichen. Andererseits kann auch die Tätigkeit im Vordergrund stehen und das Ziel um Hintergrund. In diesen Fällen ist das Ziel eher eine Rechtfertigung oder Entschuldigung des Verhaltens. Der Radfahrer könnte einfach das Gefühl des Windes in den Haaren mögen, wenn er einen Berg hinunter „rast" oder einen Waldweg entlang fährt. Die Beispiele zeigen, daß

„grossly similar behavior (cycling) may be associated with contrasting motivational states (goal achievement vs. behavioural satisfaction). What is more, the cyclist may switch between these motivational states on different occasions or even during one cycle ride" (MURGATROYD 1985, 6).

Die *Reversal Theory* liefert mit den metamotivationalen Modi also eine *Erklärung für unterschiedliches Verhalten in gleichen Situationen* oder *äußerlich gleiches, aber unterschiedlich motiviertes Verhalten*. Je nach aktivem „state" wird die Situation in der einen oder anderen Weise interpretiert und erlebt.

Dominanz:

Die beschriebenen metamotivationalen Modi stellen das zentrale Element der *Reversal Theory* dar, am meisten empirische Forschung existiert jedoch zu dem Konzept der Dominanz (dominance). Dominanz wird durch den relativen Zeitanteil operationalisiert, den eine Person in dem einen oder anderen metamotivationalen Modus eines Paares verbringt. Wie bei der Motivation, wo die *Reversal Theory* mit dem Konzept der Multistabilität und der metamotivationalen Modi einen Gegenpol zu Modellen darstellt, die auf dem Prinzip der

Homöostase basieren, wird bei der Erforschung der Persönlichkeit das Konzept der Dominanz (dominance) den Persönlichkeitsmerkmalen (traits[104]) gegenübergestellt.

Bei der *Reversal Theory* handelt es sich um eine Verhaltenserklärung „auf den dritten Blick" (HECKHAUSEN 1989). Wie eine Person eine bestimmte Situation zu einem bestimmten Zeitpunkt erlebt, ist von ihrem aktuellen metamotivationalen Zustand (state) abhängig. Welcher „state" eines Paares gerade aktiv ist, hängt sowohl von dispositionellen Faktoren (Dominanz = Personmerkmal), als auch von situativen Elementen ab, die in Form kontingenter Ereignisse oder von Frustrationen Reversals bewirken können. Die metamotivationalen Modi können als eine Art Moderatorvariable zwischen der Situation und dem Verhalten verstanden werden.

Ergänzend soll noch darauf hingewiesen werden, daß die *Reversal Theory* außer im Kontext der Motivation (APTER 1982, 1984, 1989) auch als Erklärungsansatz für Emotionen (APTER 1982, 1991) und Persönlichkeitsunterschiede (APTER 1989, 190-194) verwendet wurde. Anwendungen des Ansatzes finden sich in so verschiedenen Bereichen, wie religiöser Erfahrungen (APTER 1982), Ausbildung und Kreativität (FONTANA 1985), Gesundheitsverhalten, klinische und pathologische Problemstellungen und sportliche Aktivitäten (FREY 1993; KERR 1985a, 1985b, 1987, 1988, 1989a, 1991; WILSON 1993). Letztere werden zum Teil im Kapitel 4.3.3 dargestellt.

4.3.2 Erfassung von Dominanz und metamotivationalen Zuständen

In diesem Kapitel werden verschiedene Instrumente beschrieben, die der Messung der telisch / paratelischen Dominanz sowie des aktuellen telisch / paratelischen Zustands dienen.

Die „Telic Dominance Scale" (TDS)

Die „Telic Dominance Scale" (TDS) wurde von MURGATROYD u.a. (1978) entwickelt, um das Persönlichkeitsmerkmal der telischen Dominanz zu erfassen. Wie im vorigen Kapitel erläutert, ist die „Dominance" kein Persönlichkeitsmerkmal im „klassischen" Sinn, weil es bei dem telisch / paratelischen Paar um ein bistabiles System handelt. Die „Telic Dominance" gibt vielmehr die Wahrscheinlichkeit wieder, mit der sich die betreffende Person im telischen Modus befindet. Dies ist gleichbedeutend mit dem relativen Zeitanteil des telischen Modus an der Wachzeit der Person.

Bei der Erstellung des Instruments wählten zunächst fünf Rater aus einem Pool von 90 potentiellen Items 69 nach deren psychologischen Validität (face validity = Augenscheinvalidität) aus. Jedes der Items besteht aus zwei Alternativen, von denen die Befragten dasjenige auswählen sollen, welches sie besser charakterisiert. Zusätzlich steht jeweils eine Antwortkategorie „nicht sicher" zur Auswahl. Die ausgewählten Items wurden entsprechend den Merkmalen der telisch / paratelischen Modi (siehe Kapitel 4.3.1) den drei Subskalen

---

[104] Im Sinne der Theorien von ALLPORT, CATTELL oder EYSENCK beschreibt (APTER 1989, 190) traits als „a form of regularity or stable disposition in personality which is supposed to lead consistency in some respect across situations and therefore a certain predictability in an individual's behavior".

"Seriousmindedness", "Planing Orientation" und "Arousal Avoidance" zugeordnet. Die **Subskalen** werden inhaltlich wie folgt beschrieben:

- *Seriousmindedness (SM)*
Die SM-Skala mißt die Häufigkeit, mit der eine Person Aktivitäten ausübt, die primär darauf ausgerichtet sind, ein Ziel zu erreichen und nicht um der Tätigkeit selbst willen ausgeführt werden. In anderen Worten: die Häufigkeit, mit der sich die Person in einem Zustand befindet, der auf wichtige Ergebnisse statt auf den spielerischen Genuß der fortlaufenden Eindrücke ausgerichtet ist.

- *Planing Orientation (PO)*
Die PO-Skala mißt die Häufigkeit, mit der eine Person Aktivitäten ausübt, die Vorausplanung und Voraussicht erfordern, anstatt Aktivitäten, die ungeplant, spontan und auf das „hier und jetzt" ausgerichtet sind.

- *Arousal-Avoiding (AA)*
Die AA-Skala mißt die Häufigkeit, mit der sich eine Person in Aktivitäten engagiert, die eher dazu geeignet sind, Aktivation / Erregung zu senken als sie zu erhöhen.

Anschließend wurden die Items einer ersten Stichprobe (119 Erwachsene) vorgelegt. Dabei wurde die Anweisung vorangestellt: „If you have an open choice, which of the following alternatives would you usually prefer, or which most nearly applies to you?" Die Befragten wurden somit aufgefordert, nicht ihren aktuellen Zustand, sondern allgemeine, langfristige Einschätzungen zu beschreiben. Danach wurden die Summen für die Unterskalen und ein Total-Score berechnet. Die telische Option eines Itempaares wurde dabei mit 1 bewertet, die paratelische mit 0 und „nicht sicher" mit 0,5.

Auf allen drei Subskalen ergab sich eine Normalverteilung, und die Skalen korrelierten miteinander signifikant auf dem 1%-Niveau, wobei die Korrelation der arousal-avoidance-Skala mit den beiden anderen Subskalen schwächer ausfiel als die Korrelation zwischen serious-mindedness und planing orientation.

Von den 69 Items wurden insgesamt 14 ambivalente Items[105] und solche, die nicht zur Unterscheidung der Versuchspersonen beitrugen[106] aus dem Fragebogen eliminiert. Zwei weitere Items wurden aufgrund zu geringer Korrelation mit der jeweiligen Subskala oder dem Gesamtwert herausgenommen. Schließlich wurden noch Items entfernt, um die Itemzahl für alle Subskalen anzugleichen. Dies hat den Vorteil, daß die Werte der Subskalen unmittelbar miteinander vergleichbar sind und der Gesamt-Score nicht gewichtet ist. Die endgültige Version enthält somit 42 Items, verteilt auf drei Subskalen mit je 14 Items. Der Fragebogen einschließlich Instruktionen und Auswertungsschlüssel ist im Anhang (A 1.6) dargestellt.

Die Bestimmung der **Konsistenz der Subskalen** mittels CRONBACH α ergab zufriedenstellende Werte (SM =,691; PO =,655; AA =,734; Total =,837).

Die **Reliabilität** der TD-Skala wurde anhand eines *Test-Retest-Designs* ermittelt, wobei vier Gruppen im Abstand von sechs Stunden, sechs Wochen, sechs Monaten oder 12 Monaten

---

[105] Mehr als 10% der Vpn antworteten mit „not sure".
[106] Mehr als 85% der Vpn entschieden sich für die telische oder die paratelische Option.

nochmals einen gleichen Fragebogen beantworteten. Unabhängig vom Zeitintervall ergaben sich zufriedenstellende, auf dem 1%-Niveau signifikante Test-Retest-Koeffizienten für alle Subskalen. Die Werte lagen zwischen r_{tt} =,605 und r_{tt} =,952. Nach Meinung der Autoren zeigt dies, daß mittels der TDS nicht ein aktueller Zustand (state), sondern eine dauerhafte Disposition erfaßt wird (MURGATROYD u.a. 1978, 523).

Es wurden eine Reihe verschiedener Studien zur Überprüfung der *Validität* des Instruments durchgeführt. Darunter eine *Faktorenanalyse* mit Hauptkomponentenanalyse und Varimax Rotation, deren Dreifaktorenlösung den Subskalen des Modells sehr nahe kommt. Die beiden Faktoren „Seriousmindedness" und „Planing Orientation" erklären dabei 79% der Varianz. Bei einer Varianzanalyse (ANOVA) wurden keine signifikanten Geschlechts- oder Alterseffekte gefunden.

Anhand zweier siebenstufiger Skalen wurde erfaßt, inwieweit die aktuelle Tätigkeit eher ernsthafter oder eher spielerischer Natur bzw. dazu geeignet ist Erregung zu vermeiden oder zu erzeugen. Diese Werte wurden mit den Werten der SM- und der AA-Skalen verglichen. Die Rangkorrelationen hatten die erwarteten Vorzeichen und waren für die AA-Skala signifikant (r =,662; p <,01), für die SM-Skala (knapp) nicht signifikant. Dieser Test sollte zeigen, ob die mit der TDS gemessenen Werte die Präferenzen im alltäglichen Leben wiedergeben.

Bei der Überprüfung der Konstruktvalidität wurde einer Stichprobe von 112 Studenten der TDS-Fragebogen gemeinsam mit einer kurzen 12-Item-Version des Extraversion / Neurotizismus-Fragebogens (EPI) von EYSENCK (1958) vorgelegt. Sämtliche Korrelationen der Subskalen (r =-,45 bis r =,77) waren nicht signifikant und bestätigen somit, daß die TDS nicht die Persönlichkeitsmerkmale Extraversion oder Neurotizismus mißt (MURGATROYD u.a. (1978, 526).

Eine **deutsche Version der TDS** wurde von ISER / PFAUSER (1995) erstellt und eingesetzt. Die entsprechenden Formulierungen finden sich im Anhang (A 1.7)[107].

Kritik an der Telic Dominance Scale äußern HYLAND / SHERRY / THACKER (1988). Insbesondere drei Kritikpunkte werden hinsichtlich der meistens angewendeten Variante der Faktorenanalyse genannt:

(1) Für die verschiedenen Faktoren wird nur angegeben, welchen Anteil sie an der erklärten Varianz (extracted variance) haben, nicht an der Gesamtvarianz. Zudem könnte die Faktorenanalyse noch dazu genutzt werden, unpassende Items, die die erklärte Varianz negativ beeinflussen, zu eliminieren.

(2) Bislang wurde immer die (rechtwinkelige) Varimax Rotation angewendet. Diese ist aber nicht theoriekonform, da dies die Unabhängigkeit der Faktoren und damit der Subskalen impliziert. Deshalb ist z.B. eine Oblimin-Rotation zu bevorzugen. Falls, wie die *Reversal Theory* postuliert, die Items stark miteinander korrelieren, müßte die Faktorenanalyse einen einzigen dominanten Faktor ergeben.

---

[107] Von BOEKAERTS / HENDRIKSEN / MICHELS (1993) wurde eine Version der TDS für den Einsatz bei Kindern im Grundschulalter entwickelt, die hier aber nicht näher erläutert werden soll.

(3) Die Anzahl der ausgewählten Faktoren ist mehr oder weniger zufällig. Entweder erfolgt sie nach dem Standardverfahren der Eigenwerte (> 1,0), nach CATTELL's „scree test" oder psychologischer Plausibilität bzw. Interpretierbarkeit.

Von HYLAND / SHERRY / THACKER (1988) durchgeführte Berechnungen ergaben für eine 5-Faktoren-Lösung mit Oblimin Rotation lediglich einen Anteil von 32% erklärter Varianz. Auch bei 2-, 3- und 4-Faktoren-Lösungen ergaben sich nur sehr schwache Korrelationen zwischen den Items.

Ferner zeigte sich, daß auf dem ersten Faktor Variablen aus allen drei Subskalen geladen haben (insgesamt aber nur 6,4% der Gesamtvarianz erklärten).

Dies führt HYLAND / SHERRY / THACKER (1988) zu der Vermutung, daß der erste Faktor
(1) Die telische Dominanz darstellt.
(2) Die Drei-Komponenten-Hypothese der *Reversal Theory* bestätigt.
(3) Für die positiven Ergebnisse frühere Validierungsstudien verantwortlich ist.

Zusammengefaßt sagen HYLAND / SHERRY / THACKER (1988, 290): „(...) the TDS may measure telic dominance but that there are many items in the scale which are unrelated to telic dominance."

Ein weiterer Kritikpunkt sind unklar formulierte Instruktionen und Items, die nicht klar zwischen Dominanz und Präferenz[108] unterscheiden lassen. Die Autoren schlagen deshalb vor, den Fragebogen so zu gestalten, daß die Befragten angeben können, welchen Zeitanteil sie mit der jeweiligen telischen bzw. paratelischen Aktivität verbringen würden. Zudem müßten „checks" integriert werden, die Aufschluß darüber geben, ob die Interpretation der Begriffe durch die Befragten der telisch-paratelischen Klassifikation entspricht. Als einfachere Alternativstrategie schlagen sie vor, den Vpn zu erklären, was telische Dominanz bedeutet und sie anschließend danach zu fragen, wie telisch sie sich einschätzen, bzw. sie auffordern abzuschätzen, welchen Zeitanteil sie mit Dingen verbringen, die auf langfristige Ziele ausgerichtet sind im Gegensatz zu Zielen, die in der Tätigkeit liegen (HYLAND / SHERRY / THACKER 1988, 295).

Die „Paratelic Dominance Scale" (PDS)

Anhand mehrerer amerikanischer Stichproben überprüften auch COOK / GERKOVICH (1993) die Gütekriterien der TDS. Ihre Kritikpunkte lassen sich wie folgt zusammenfassen:
- Die Reliabilität in Form der interne Konsistenz (CRONBACH α) ist relativ gering.
- Die Test-Retest-Reliabilität der drei Subskalen variiert über verschiedene Stichproben.
- Die Ergebnisse der Faktorenanalyse sind nicht konsistent.
- Es fehlt Klarheit hinsichtlich der Bedeutung der Subskalen und deren Beziehungen untereinander.
- Die Form der „erzwungenen Wahl" bei dem Fragebogen der TDS setzt die Befragten unter einen gewissen Druck.

---

[108] Präferenzen würden eher auf ein „klassisches" stabiles Persönlichkeitsmerkmal schließen lassen.

- Viele Items sind kulturspezifisch für Großbritannien, d.h. sie beziehen sich eher auf Verhalten als auf Gedanken und Gefühle und sie beschreiben Alternativen, wie sie in den USA nur recht selten anzutreffen sind.

Aus diesen Gründen entwickelten COOK / GERKOVICH (1993) eine eigene Skala, die sie zur Unterscheidung von der TDS als „Paratelic Dominance Scale"[109] (PDS) bezeichneten. Ziele bei der Entwicklung der PDS waren ein CRONBACH α-Koeffizient >,80 für den Skalengesamtwert und von α >,70 für die Unterskalen sowie eine mit der *Reversal Theory* konsistente Faktorenstruktur des Instruments.

Dazu wurden folgende Schritte unternommen:

(1) Die Selektion der besten Items aus der TDS.

(2) Der Einsatz von Expertenurteilen zur Erreichung von Inhaltsvalidität und zur Verteilung der Items auf die Subskalen.

(3) Die Anwendung eines iterativen Prozesses, in dem ungeeignete Variablen eliminiert und neue hinzugefügt werden.

Insgesamt wurden nacheinander vier Versionen erstellt und anhand von Stichproben überprüft. Die letzte Fassung (siehe Anhang A 1.8) enthält 30 Items, mit je 10 Items auf den Subskalen „Playfulness", „Spontaneity" und „Arousal Seeking". Diese Version wurde an einer Stichprobe (N = 955; 52% w; Alter: 15-76) in den USA (N = 849) und Großbritannien (N = 106) getestet, wobei in Großbritannien zusätzlich der Fragebogen zur TDS zur Anwendung kam. Die Stichprobe wurde getrennt nach geraden und ungeraden Identifikationsnummern ausgewertet. Die CRONBACH α-Werte für die Subskalen „Playfulness", „Spontaneity", „Arousal Seeking" und den Gesamtwert ergaben ,75 /,83 /,83 /,87 für ungerade Identifikationsnummern und ,78 /,84 /,84 /,86 für gerade Identifikationsnummern. Die Werte waren normalverteilt. Die Korrelationen zwischen den Unterskalen variierte zwischen r =,34 und r =,52, zwischen den Unterskalen und dem Gesamtwert zwischen r =,74 bis r =,82 (für die TDS lagen die Werte zwischen r =,37 und r =,49 bzw. r =,75 und r =,83). Die Korrelation der Subskalen der PDS und der TDS ergab (erwartungsgemäß) durchwegs negative Werte; signifikante Mittelwertsunterschiede wurden nicht festgestellt. Im ganzen gesehen, konnten die gesteckten Ziele (Konsistenz der Skalen, Theoriekonformität der Faktoren) erreicht werden; die Faktoren weisen auch keine geschlechtsspezifischen Unterschiede auf, wie sie bei der TDS an einer amerikanischen Stichprobe beobachtet wurden. Nach wie vor erklären die Faktoren aber weniger als die Hälfte der Gesamtvarianz. COOK / GERKOVICH (1993, 187) nehmen daher an, daß die Items auch menschliches Erleben messen, welches nicht den telic / paratelic states der *Reversal Theory* zugeordnet werden kann.

Eine deutsche Übersetzung der PDS wurde von ISER / PFAUSER (1995) erstellt (siehe Anhang A 1.9) und in einer Studie zur transsituativen Konsistenz des Anreizfokus mit der Anreizfokus-Skala verglichen (RHEINBERG / ISER / PFAUSER 1997). Die interne Konsistenz der übersetzten Version erreichte mit Ausnahme der „playfulness"-Skala annähernd die

---

[109] Im Prinzip geht es um die Messung derselben Persönlichkeitseigenschaft bzw. Dominanz, da sich auch die PDS auf die metamotivationalen Modi telisch / paratelisch bezieht und der Person ein Wert auf dem Kontinuum zwischen telisch und paratelisch zugeordnet wird. Lediglich die Perspektive ändert sich.

Werte der amerikanischen Version (playfulness: α =,62; spontaneity: α =,80; arousal seeking: α =,72; Gesamtwert: α =,79).

Das „Telic State Measure" (TSM)

In einer Untersuchung der Validität der TDS von SVEBEK / MURGATROYD (1985) wurde der Zusammenhang der telischen Dominanz mit physiologischen Korrelaten sowie mit Beschreibung des Alltagslebens untersucht. Zu diesem Zweck füllten 110 Versuchspersonen den Fragebogen zur TDS aus. Die Personen konnten nun nach ihrem Verhaltensstiles unterschieden werden. Je 10 Versuchspersonen mit ausgeprägt telischer bzw. paratelischer Tendenz wurden für die weiteren Untersuchungen ausgewählt. Ein psychophysiologisches Experiment zu kurzfristig zielorientiertem Verhalten ergab Differenzen hinsichtlich biologischer Variablen. So fand sich in der telischen Gruppe ein steilerer Gradient der elektromyographischen Aktivität, eine höhere Leitfähigkeit der Haut und eine größere Atemamplitude.

Zusätzlich wurde der folgende *Fragebogen* zur Messung des aktuellen telischen Zustandes („Telic State Measure", TSM) eingesetzt (SVEBEK / MURGATROYD 1985, 110).

Die Fragen des „Telic State Measure" (TSM) lauten:
(1) Estimate here how playful or serious you felt.
(2) Estimate here how far you would have preferred to plan ahead or to be spontaneous.
(3) Estimate here how aroused you actually felt.
(4) Estimate here the level of arousal you would have liked.

Zu den Fragen wurde der Hinweis gegeben, daß sie sich auf die gerade beendete Tätigkeit beziehen. Die Ausprägung war jeweils auf einer sechsstufigen Skala mit den charakterisierenden Adjektiven (playful - serious, preferred spontaneous - preferred planned, low arousal - high arousal, preferred low arousal - preferred high arousal) an den Enden. Ein zusätzliches Item, welches auf die gleiche Weise die Schwierigkeit der Aufgabe erfaßte, wurde nicht in das TSM einbezogen, da es sich dabei nicht um eine Selbstwahrnehmung, sondern um eine Aufgabenwahrnehmung handelte. Das gesamte Instrument samt Instruktionen findet sich im Anhang (A 1.10).

Die Ergebnisse zeigten, daß die Versuchspersonen ihren dominanten Zustand auch während des Experiments beibehielten (SM: p <,007; PO: p <,02). Keine signifikanten Unterschiede ergaben sich bei der empfundenen Aktivation / Erregung und dem bevorzugtem Aktivationsniveau. Im ersten Fall entspricht dies der Erwartung, da die *Reversal Theory* besagt, daß sich die Gruppen hinsichtlich der empfundenen Aktivation / Erregung wie auch nach der Art diese zu erleben unterscheiden. Das zweite Ergebnis entspricht jedoch nicht den Erwartungen. Dies wird auf eine mögliche Verwechslung von Aktivation / Erregung mit dem positiven Empfinden dieser Aktivation / Erregung bei den befragten Personen aufgrund fehlender Hinweise in den Instruktionen zurückgeführt. Keine Gruppenunterschiede zeigten sich ferner hinsichtlich der wahrgenommenen Aufgabenschwierigkeit. Ergebnisse zu den Gütekriterien dieses Instruments liegen nicht vor.

Von POTOCKY / COOK / O'CONNELL (1993) wurde außer der PD-Skala ebenfalls ein Instrument zur Erfassung des aktuellen telischen bzw. paratelischen Zustandes entwickelt.

Dabei handelt es sich im Gegensatz zu SVEBAK / MURGATROYD (1985) nicht um einen Fragebogen, sondern ein *halbstrukturiertes Interview* mit entsprechendem Kodierplan[110].

Als Nachteile der üblichen Fragebogenmethode wurden die Einschränkung auf stark kontrollierbare Laborsituationen, die Beschränkung auf ein metamotivationales Paar (telisch / paratelisch) und die zeitliche Nähe bzw. Übereinstimmung von auslösender Situation und Erhebung angeführt. Der Anspruch von POTOCKY / COOK / O'CONNELL bestand darin, ein Instrument zu entwickeln, welches sowohl das telisch / paratelische als auch das negativistisch / konformistische Paar erfaßt, sich für eine Vielzahl experimenteller und natürlicher Situationen eignet, die Erfassung retrospektiver Selbstberichte ermöglicht und die Berücksichtigung von Reversals erlaubt, die in diesem Zeitraum aufgetreten sind.

Nach dem sich in einer ersten Version Fragen, die direkt an Formulierungen aus der *Reversal Theory* (APTER 1982) angelehnt waren, Schwierigkeiten bei der Beantwortung ergaben, wurde eine überarbeitete Version erstellt. Für diese ergab sich eine Validitätskoeffizient von ,88 sowohl für das telisch / paratelische wie für das negativistisch / konformistische Paar (POTOCKY / COOK / O'CONNELL 1993, 146).

Für die Anwendung des Verfahrens werden zwei situative *Voraussetzungen* formuliert. Die zu beschreibenden Episoden sollten klar im Zeitablauf verankert sein und relativ intensive emotionale Erfahrungen enthalten.

Als mögliche *Einschränkungen* und Probleme beim Einsatz dieses Instruments sehen die Autoren die oft nicht exakt chronologische Wiedergabe der Ereignisse für den Fall schnell aufeinander folgender Reversals zwischen den beiden Modi eines Paares und die Tendenz von Versuchspersonen, Erinnerungslücken mit Spekulationen zu füllen. Außerdem liegen keine Informationen vor, inwieweit der aktuelle Zustand die Wiedergabe der erlebten Zustände beeinflußt und ob die Terminologie der *Reversal Theory* von den Personen jeweils gleich verstanden wird. Schwierigkeiten bei der Erfassung bereiten auch die sogenannten Alltagserlebnisse, hinter denen POTOCKY / COOK / O'CONNELL (1993, 148) in der Regel telische Zustände mit niedrigem Aktivationsniveau vermuten, da die befragten Personen hierzu oft keine Einzelheiten berichten konnten, die die Situation begleiteten.

4.3.3 Sportbezug der Reversal Theory

Zur *Reversal Theory* liegen auch einige Studien für den Bereich sportlicher Aktivität vor. Die Mehrzahl dieser Arbeiten befaßt sich mit dem Zusammenhang von telischer bzw. paratelischer Dominanz und der Präferenz für bestimmte Sportarten.

Studien ohne den Einsatz von Erhebungsinstrumenten

Verschiedene Arbeiten von KERR (1985a; 1985b, 1988a, 1989b) verdeutlichten anhand von Beispielen aus dem Bereich des Sports die Unzulänglichkeiten der „optimal arousal theory"

---

[110] Die Fragen sowie Erläuterungen zur Auswertung sind im Anhang (A 1.11) wiedergegeben.

und stellten dem die Interpretation aus der Perspektive der *Reversal Theory* gegenüber[111]. Da diese Arbeiten keine empirischen Untersuchungen beinhalten, wird auf diese nicht näher eingegangen.

Im Hinblick auf die von der *Reversal Theory* angenommene Inkonsistenz des Verhaltens analysiert FREY (1993) Aspekte des Langstreckenlaufs[112] aus einer beschreibenden „inside-out"-Perspektive, wobei er sich vorwiegend auf Selbstberichte von Läufern stützt. Als mögliche Veranlassungen für das Laufen nennt er Fitness und Prävention, Wettkampfvorbereitungen oder die Verbesserung eigener Bestleistungen, die Flucht vor den Verpflichtungen des Alltags, den Naturgenuß, die Verwirklichung eines positiven Lebensstiles, die Unterstützung von Entscheidungs- und Problemlöseprozessen, die Anregung kreativer Gedanken, die Bewältigung von Depressionen oder Ängsten, das Erlangen von Selbstbewußtsein und Selbstkontrolle, das Erleben von Hingabe und Intensität, die Darstellung des eigenen Körpers oder die Möglichkeit zu Kontakten mit Freunden.

Im *telischen* Modus, schreibt FREY (1993, 159), wird das Laufen eher als eine Form befriedigender Arbeit als eine freudvolle Art des Spiels empfunden. In diesem Modus verfolgt der Läufer kurz- und langfristige Ziele, die mit seiner Leistung in Verbindung stehen und wünscht dabei ein konstantes feedback über seinen aktuellen Leistungsstand. Der telische Läufer bevorzugt häufig das Laufen auf der Bahn, weil es weniger Ablenkungen bietet und sichere Informationen über Strecke und Geschwindigkeit erlaubt. Die Dokumentation dieser Daten in Form eines exakt geführten Trainingstagebuchs ist ein häufig beobachtetes Detail und weist auf die Bedeutung des Laufens für die Person hin. Läufer im telischen Modus sind meist nur ab einem bestimmten persönlichen Leistungsniveau zufrieden.

Laufen im *paratelischen* Modus bietet vor allem Freude, Anregung und andere Formen intensiver Emotionen. Läufer genießen oftmals physische Eindrücke (Barfußlaufen auf verschiedenen Untergründen, Sonne, Wind, Schnee, Temperaturunterschiede) oder den schönen Ausblick an besonders reizvollen Strecken. Da Laufen im Vergleich zu vielen anderen technischen und konkurrenzorientierten Sportarten weniger Aufmerksamkeit erfordert, kann sich die Person mehr Gedanken um andere Dinge machen, z.B. Probleme lösen, neue und kreative Gedanken entwickeln. Das Spektrum reicht bis hin zu Phantasien und meditativen Zuständen. Der spielerische Aspekt bei Laufen im paratelischen Modus zeigt sich nach FREY (1993, 161) in der Trainingsform des Fartlek-Spiels, „a type of training that is intended to take the *work* out of the workout".

Beim Laufen können auch die Modi „mastery" und „sympathy" unterschieden werden. Innerhalb des „*mastery mode*" differenziert FREY (1993) zwischen einem „autocentric state", wenn gegen andere gelaufen wird und einem „intra-autocentric state", wenn die aktuelle Leistung mit eigenen Bestzeiten verglichen wird. Bei letzterem sind vor allem die Aspekte

---

[111] In einem Beitrag (KERR 1988b) wird z.B. die Klassifikation von Spielen von CAILLOIS (1961; 1971) den Annahmen der *Reversal Theory* gegenübergestellt und auf Gemeinsamkeiten untersucht.

[112] „Not only do runners differ regarding their general motives for running, but so too does each runner differ regarding his motives for each particular run" (FREY 1993, 158).

wie Selbsttranszendenz, Selbstdisziplin, Intensität, Hingabe und Realisation eines positiven Lebensstils betroffen

Laufen im „sympathy mode" äußert sich in der Regel durch Laufen zu zweit oder in kleineren Gruppen. Dabei kommt es zu Empfindungen von Freundschaft, Einigkeit und „Synchronität". Dabei dient Laufen nicht nur zur Kontaktpflege, sondern auch als Mittel zur Kontaktaufnahme, wie sich z.b. an den Kontaktanzeigen in den entsprechenden Sportmagazinen ablesen läßt (GAMBUCCINI 1990, zitiert nach FREY 1993). Im „intra-autocentric state" berichten Läufer sogar von mystischen Erfahrungen.

Studien auf Basis der „Telic Dominance Scale" (TDS)

In einer empirischen Studie prüfte KERR (1987) die Hypothese, ob Berufssportler eine stärke telische Dominanz aufweisen als engagierte Amateursportler. Diese sollten wiederum höhere Werte als Freizeitsportler haben.

Die Stichprobe (N = 120) setzte sich aus 37 Profisportlern (Radfahren, Fußball), 38 hochklassigen Amateuren auf internationalem Niveau (Feldhockey, Tischtennis, Trampolinspringen) und 45 Freizeitsportlern (diverse Sportarten) zusammen. Als Kontrollgruppe diente eine zwanzigköpfige Gruppe von sportlich nicht aktiven Personen. Zur Datenerhebung wurde die oben beschriebene TD-Skala von MURGATROYD u.a. (1978) eingesetzt. Anschließend wurden Häufigkeitsverteilungen und Varianzanalysen gerechnet.

Die Ergebnisse der Varianzanalyse (siehe Tabelle 4.3) zeigen signifikante Unterschiede hinsichtlich des TDS-Gesamtwertes, wobei Profis erwartungsgemäß den höchsten Wert aufweisen, Amateure und Freizeitsportler jedoch geringere Werte als die Kontrollgruppe hatten.

Tabelle 4.3: Mittelwerte, Standardabweichungen und F-Werte der TDS und ihrer Subskalen für Berufs-, Amateur- und Freizeitsportler sowie die Kontrollgruppe (N = 120) (KERR 1987, 381)

Gruppe	N	Planing Orientation		Serious- mindedness		Arousal Avoidance		Total TDS	
		M	SD	M	SD	M	SD	M	SD
Professional	37	6,08	2,02	6,09	1,74	4,66	2,18	16,80	4,56
Serious Amateur	38	4,75	2,39	3,64	1,70	5,17	2,71	13,54	4,78
Recreational	45	4,64	2,41	4,22	2,17	4,24	2,38	13,12	5,41
Kontrollgruppe	20	4,35	2,63	4,60	2,61	5,92	2,35	14,88	5,43
$F_{(3,136)}$		3,64		10,15		2,55		4,20	
p		,05		<,05		,06		<,05	

Nahezu gleiche Verhältnisse ergaben sich bei den Unterskalen für „planing orientation" und „seriousmindedness". Bei der Skala „arousal avoiding" war das Bild weniger klar. Sportler allgemein, besonders aber Berufssportler und Freizeitsportler zeigten niedrigere Werte als

Amateure und die Kontrollgruppe[113]. Hinsichtlich des Gesamtwertes und für die Profisportler sieht KERR (1987, 381-382) die Hypothese jedoch bestätigt.

In anderen Studie zu „Speed Sports" bezog KERR (1988b) sich auf Forschungsarbeiten von WALTERS (1981) zur Effizienz von Trainingsprogrammen zur Verminderung von Motorradunfällen. Anhand von umfassenden, teilstrukturierten Tiefeninterviews ließen sich drei Kategorien von Motorradfahrern bilden[114]:

(1) „Practical Riders" (35%), die nur aus pragmatischen Gründen Motorrad fahren. Ihr Zugang zum Motorradfahren ist meistens auf kurze Fahrten zum Arbeitsplatz beschränkt und damit sehr zielorientiert. Die potentiell gefährlichen Elemente des Motorradfahrens lösen bei ihnen vor allem Ängstlichkeit aus. Die Gruppe bezeichnet KERR als „telic dominant".

(2) „Rider enthusiasts" (48%), die Motorradfahren seiner selbst willen genießen. Diese Gruppe sieht Motorradfahren als ein anregendes Erlebnis und ist bereit, akzeptable Risiken in Kauf zu nehmen, um das Niveau der Erregung zu steigern. Sie fahren im Vergleich zur Gruppe (1) größere und stärkere Maschinen und erleben riskante Aspekte des Motorradfahrens als eine Herausforderung. Diese Gruppe bezeichnet KERR als „paratelic dominant".

KERR (1988b) sieht damit auch eine These APTER's (1982) bestätigt, nach der „situations where the individual is able to overcome the natural limitations of the human body are potential sources of high arousal". Als weitere Beispiele nennt er dazu Trampolinspringen oder die Empfindungen beim Achterbahnfahren u.ä.

In einer weiteren Untersuchung erhob KERR (1989a) den Zusammenhang von telischer Dominanz (insbesondere von „arousal avoidance") und Impulsivität (gemessen mit der Barrett Impulsiveness Scale, BIS) sowie die Präferenz für die Ausübung riskanter oder sicherer Sportarten. 181 australische Studenten füllten die Fragebögen zur TD-Skala und zur BI-Skala aus. Ferner sollten je drei aktiv ausgeübte Sommer- und Wintersportarten genannt werden, sowie jeweils drei weitere Sommer- und Wintersportarten, die die Vpn bei freier Wahl gerne ausüben würden. Die 49 genannten Sportarten wurden in Anlehnung an ZUCKERMAN (1983) und ROWLAND / FRANKEN / HARRISON (1986) nach ihrem potentiellen Risiko klassifiziert. Als Sportarten mit relativ hohem physischen Risiko wurden z.B. Kajakfahren, Speläologie, Alpinskifahren, Motorrennsport, Surfen, Wasserskifahren und Windsurfen eingestuft; Sportarten mit geringem Risiko waren z.B. Bogenschießen, Bowling, Frisbee, Golf, Billard, Wandern und Yoga. Mittels einfaktorieller Varianzanalysen wurde auf signifikante Mittelwertunterschiede zwischen Personen mit „riskanten" und Personen mit „sicheren" Sportarten bezüglich der drei TD-Subskalen geprüft. Dieselben Berechnungen wurden jeweils für die erste und zweite „Wunschsportart" und für die beiden erstgenannten tatsächlich ausgeübten Sommer- und Wintersportarten durchgeführt.

---

[113] An dieser Stelle wurde der Zusammenhang zwischen der Auswahl bestimmter Sportarten wie Radfahren und Fußball und relativ niedrigen Werten auf der arousal avoiding-Skala nicht weiter untersucht oder diskutiert.

[114] Die dritte Gruppe wurde in der Arbeit nicht beschrieben.

Vpn mit einer riskanten ersten Wunschsportart (N = 27) hatten durchwegs kleinere Werte auf den drei Subskalen der TDS als Vpn mit einer sicheren ersten Wunschsportart (N = 9). Signifikant war dieser jedoch nur auf der „Arousal avoidance"-Subskala (p <,0001). Für die zweite Wunschsportart ergaben sich keine signifikanten Unterschiede. Die dritte Untersuchung bezog sich auf tatsächlich ausgeübten, erstgenannten Sportarten. Sowohl bei Sommer- als auch Wintersportarten ergaben sich nur für die „Arousal avoidance"-Subskala signifikante Unterschiede (Sommer: p <,0003; Winter p <,002); bei den Wintersportarten zusätzlich für die „Serious-mindedness"-Subskala (p <,04). Die gemessenen Werte der Barrett Impulsiveness Scale zeigten keinerlei Abhängigkeit von der jeweiligen Sportart.

KERR (1989a, 799) sieht darin eine Bestätigung der *Reversal Theory*, indem Personen mit kleinen TDS-Werten, insbesondere auf der „Arousal avoidance"-Skala offenbar Aktivitäten präferieren, die hohe Erregungsniveaus erzeugen. Keine Erklärung sieht er dagegen für die Beobachtung, daß für die zweite Wunschsportart kein entsprechender Zusammenhang gefunden wurde. KERR vermutet dahinter mögliche Einflüsse von sozialen Normen, von persönlichen Beziehungen sowie ökonomischen und geographischen Gründen.

CHIRIVELLA / MARTINEZ (1993) untersuchten die Beziehung zwischen Telic Dominance Scale (TDS) und der *Sensation Seeking Scale (SSS)*. Die beiden entsprechenden Fragebögen (siehe Anhang) wurden 30 Tennisspielern, 53 Karateka und 21 Paraglidern (N = 105) jeweils vor dem Training zur Beantwortung vorgelegt. Ferner wurden Alter (M = 22,18 Jahre, SD = 8,5 Jahre), durchschnittliche Erfahrung mit der Sportart (M = 56,4 Monate, SD = 49,8 Monate) und das Bildungsniveau[115] erhoben. Anhand der Daten konnten starke Korrelationen zwischen den Subskalen der TDS und vor allem zwischen den Subskalen und dem Gesamtwert festgestellt werden (siehe Tabelle 4.4).

Nach Meinung von CHIRIVELLA / MARTINEZ (1993, 135) spricht dies für die interne Konsistenz der Skalen. Insgesamt zeigte sich der erwartete negative Zusammenhang zwischen TDS und SSS (r =-0,42; p <,01). Am deutlichsten wurde dies bei der „Arousal avoidance"-Subskala, die die höchsten negativen Korrelationen mit den SS-Subskalen und dem Gesamtwert der SSS aufwies. Nicht interpretiert wurden die relativ schwachen negativen Korrelationen zwischen „Arousal avoidance" und „Thrill and Adventure Seeking" sowie die positive Korrelation zwischen „Serious-mindedness" und der TAS-Subskala. Auch die signifikanten positiven Korrelationen zwischen „Planing orientation", „Arousal Avoidance" und der Erfahrung mit der Sportart (T. EXP.) wurden nicht erwähnt.

Bei Varianzanalysen bezüglich der ausgeübten Sportarten fanden sich signifikante Unterschiede bei den Subskalen „Serious-mindedness" (p <,03), „Arousal avoidance" (p <,01) und bei dem Gesamtwert (p <,03), wobei lediglich bei der „Arousal avoidance"-Subskala die Paraglider den kleinsten Wert hatten, die sich ansonsten bei den Tennisspielern fanden. Hinsichtlich der SSS und sämtlicher Subskalen lagen die größten Ausprägungen bei den Paraglidern. Mit Ausnahme der BS-Skala waren alle Unterschiede zwischen den Sportarten signifikant (p <,03).

---

[115] Zur Skalierung des Bildungsniveau wurden keine Angaben gemacht.

Die Autoren weisen noch auf einen nicht kontrollierten Zusammenhang von Alter und ausgeübter Sportart hin, demnach waren Tennisspieler signifikant jünger als Mitglieder der anderen Gruppen. Bei zukünftigen Untersuchungen sollten neben Alter und Erfahrung auch noch der Einfluß weiterer ausgeübter Sportarten berücksichtigt werden.

Tabelle 4.4: Korrelationsmatrix der Telic Dominance Scale und ihrer Subskalen (CHIRIVELLA / MARTINEZ 1993, 136)

Variable	serious mindedness	planing orientation	arousal avoidance	total scale
TDS - SM	1,00			
TDS - PO	0,49*	1,00		
TDS - AA	0,29**	0,45*	1,00	
TDS - TOT	0,77*	0,84*	0,73*	1,00
SSS - BS	-0,26**	-0,37*	-0,44*	-0,45*
SSS - TAS	0,25**	-0,04	-0,27**	-0,02
SSS - DIS	-0,25**	-0,37*	-0,54*	-0,49
SSS - ES	-0,03	-0,17	-0,45*	-0,27**
SSS - TOT	-0,09	-0,32*	-0,59	-0,42*
L. R. S.	0,23**	-0,01	-0,02	-0,02
AGE	0,07	0,03	-0,07	-0,07
T. EXP.	0,07	0,29**	0,28**	0,28**
ED. LEV.	-0,02	-0,03	-0,18	-0,10

Legende:
* = p <,01
** = p <,03
TDS = Telic Dominance Scale; SM = Serious-mindedness; PO = Planning Orientation; AA = Arousal Avoidance; TOT = Total Scale; SSS = Sensation Seeking Scale; BS = Boring Susceptibility; TAS = Thrill and Adventure Seeking; DIS = Disinhibition; ES = Experience Seeking; T.EXP.= Training Experience; ED.LEV.= Education Level

Studien auf Basis des „Telic State Measure" (TSM)

WILSON (1993) untersuchte kurzfristige Veränderungen des telischen paratelischen Modus an Tennisspielern bzw. -spielerinnen. Die Stichprobe umfaßte 11 hochklassige College-Tennisspieler (6 m, 5 w) und 14 Teilnehmerinnen an der sogenannten Volvo-Liga (Alter M = 42 Jahre). Der aktuelle Zustand wurde 30 Minuten vor und 30 Minuten nach dem Match mittels des „Telic State Measure" (TSM) bestimmt. Erhoben wurden die Variablen „serious / playful", „plan ahead / spontaneous", „felt arousal" und „preferred arousal". Es wurde u.a. angenommen, daß die Spieler eine große Diskrepanz bezüglich der empfundenen und der bevorzugten Aktivation angeben würden.

Die durchgeführten Varianzanalysen ergaben folgende Ergebnisse[116]:

---

[116] In der Arbeit von WILSON (1993) wurden lediglich signifikante Ergebnisse genannt, so daß hier keine nicht-signifikanten Ergebnisse erwähnt (sondern nur indirekt erschlossen) werden können.

- *Vergleich vor und nach dem Match* :
  Männer und Frauen zeigten eine Verschiebung Richtung „spontaneous" und höhere erlebte Aktivation (paratelisch)[117].
- *Geschlechtsspezifische Unterschiede*
  - *„Serious / playful"-Skala*: Frauen sind eher spielerischer, Männer eher ernster, wobei Frauen nach dem Spiel eher zu einem telischen, Männer eher zu einem paratelischen Zustand tendieren.
  - *„Plan ahead / spontaneous"-Skala*: Frauen sind vor und nach dem Match spontaner als Männer.
  - *Differenzen für die Aktivation*: Während Männer große Unterschiede vor dem Spiel zeigten, traf dies bei Frauen nach dem Spiel zu. Dabei war die Differenz zwischen dem empfundenen und dem bevorzugten Niveau bei den Männern negativ (d.h. sie war tatsächlich niedriger als erwünscht), bei den Frauen positiv (d.h. höher als erwünscht). Nach Meinung von WILSON (1993, 154) ergeben sich insbesondere aus dem Muster für Spielerinnen (hohes Aktivationsniveau und hohe Diskrepanz nach dem Spiel) Anknüpfungspunkte hinsichtlich der möglichen Leistung und zur Angst vor dem Erfolg".
- *Wechselwirkungen von Geschlechts- und Vorher-nachher-Effekten:*
  Beinahe signifikant waren geschlechtsspezifische Unterschiede für die empfundene Aktivation und der Vergleich der Diskrepanzwerte vor und nach dem Spiel.
- *Nicht signifikant:*
  Weder für Geschlecht noch im Vorher-nachher-Vergleich zeigten sich signifikante Unterschiede beim bevorzugten Aktivationsniveau und bei der Einschätzung hinsichtlich der aufgewendeten Anstrengung.
- *Altersunterschiede:*
  - *„Serious / playful"-Skala*: Die jüngeren Spielerinnen sind spielerischer als ältere.
  - *„Plan ahead / spontaneous"-Skala*: Jüngere Spieler sind generell spontaner und haben auch eine stärkere Verschiebung zu diesem Pol nach dem Spiel.
  - *Empfundene Aktivation im Vorher-nachher-Vergleich*: Nachher ist sie in beiden Gruppen höher. Alters- und Geschlechtseinflüsse gab es bei den Differenzwerten der Aktivation: die älteren Spielerinnen hätten ein höheres Niveau vor dem Spiel bevorzugt, die jüngeren ein niedrigeres Niveau nach dem Spiel.

Den Unterschied zwischen beiden Frauengruppen führt WILSON (1993, 154) auf die Umstände zurück, daß die Spielerinnen der Volvo-Liga keiner Bewertung durch einen Trainer oder der Gefahr des Verlusts eines Stipendiums ausgesetzt sind. Zudem spielen sie nur Doppel, wo es zu einer Aufteilung der Verantwortung kommt.

---

[117] Diese Daten widersprechen den Ergebnissen von KERR / COX (1988), die bei Squashspielern bei den beiden Variablen eine genau umgekehrte Verschiebung in die telische Richtung festgestellt haben.

4.4 Zusammenfassung

Für die Fragestellung der Arbeit sind vor allem folgende Punkte aus den drei Abschnitten 4.1 bis 4.3 bedeutsam.

📖 Die dargestellten Theorien gehen davon aus, daß es einen *Zusammenhang zwischen der Aktivation bzw. dem Aktivationsniveau und der Präferenz für bestimmte Tätigkeiten* gibt. Damit stellt die (erwartete) Aktivation während einer Tätigkeit einen *Anreiz für die Ausführung* dieser Tätigkeit dar. Somit ist auch von Bedeutung, welche Faktoren die Aktivation einer Person beeinflussen. BERLYNE (1974) nennt hier die kollativen Variablen Neuigkeit und Wechsel, Ungewißheit und Konflikt, Komplexität sowie Überraschungsgehalt, die über Vergleichsprozesse mit Vertrautem entstehen und ein entsprechendes Konflikt- und Informationspotential enthalten und auf diesem Wege eine Aktivation bewirken. Auch HEBB (1955) nennt als Kriterien neben der räumlichen und zeitlichen Verteilung des Informationseinstroms die psychologischen Parameter Informationsgehalt, Komplexität und die Abweichung vom Vertrautem / Verstehbarem.

🚴 Auf das Mountainbiking bezogen heißt dies, daß die Aktivation von vielen Faktoren beeinflußt werden kann. Neuigkeit kann sich z.b. aus dem „Erfahren" neuer Touren mit neuen landschaftlichen Eindrücken ergeben oder in Form von Körpererfahrungen bei der ersten Bewältigung eines Radmarathons. Oftmals ist damit auch eine Ungewißheit verbunden, wenn z.B. nicht vorhersagbar ist, ob die Strecke oder eine besonders schwierige Passage bewältigt werden kann. In solchen Situationen kann es auch zu Abwägungskonflikten kommen. Soll die vermeintlich interessantere, weil schwierigere und damit herausfordernde Variante gewählt werden oder wird das Teilstück umfahren oder geschoben, um einen eventuellen Sturz und damit Verletzungen zu vermeiden, die die Fortsetzung der Tour verhindern könnten. Mit steigender Anzahl, der bei Entscheidungen zu berücksichtigenden Parametern und den daraus resultierenden Informationen und ihren Zusammenhängen, steigt natürlich auch die Komplexität des Entscheidungsprozesses. Dabei sind langfristige Aspekte wie die zur Verfügung stehende Zeit, das Höhenprofil der Tour, der eigene Trainingszustand und auch kurzfristige Aspekte wie der Schwierigkeitsgrad der aktuellen Passage, Witterungseinflüsse (Kälte, Nässe, Hitze etc.), der Einfluß dritter Personen (z.B. als Konkurrenten im Wettkampf oder als Begleiter) oder die momentane körperliche und mentale Leistungsfähigkeit zu berücksichtigen. Alle genannten Faktoren und noch zahlreiche weitere können einen Einfluß auf das aktuelle Aktivationsniveau haben, abhängig von vorhandenen Erfahrungen und Kenntnissen.

📖 Sowohl HEBB wie BERLYNE kommen, wenn auch auf verschiedenen Wegen, zu dem Ergebnis, daß jeder Mensch ein *optimales Aktivationsniveau (optimal level of arousal)* besitzt. Die Erhöhung oder Senkung des aktuellen Aktivationsniveaus in Richtung auf das Optimalniveau besitzen bekräftigende Funktion, tragen also zur Stabilisierung des betreffenden Verhaltens bei.

ZUCKERMAN (1979a) geht ebenfalls von einem individuell optimalen Aktivationsniveau aus. Das jeweilige Aktivationsniveau sowie das Verhalten zur Erreichung dieses Niveaus betrachtet er als eine stabile Disposition. Er definiert dieses **Sensation Seeking** als *eine Disposition (trait)*, die das individuell unterschiedliche Bedürfnis nach abwechslungsreichen, neuen und komplexen Eindrücken darstellt, einschließlich der zugehörigen Bereitschaft, um solcher Eindrücke willen, physische und soziale Risiken in Kauf zu nehmen. Diese Disposition erklärt er durch biologische und neurophysiologische Faktoren, wodurch sie stark genetisch bestimmt ist. Das sensationssuchende Verhalten basiert für ZUCKERMAN (1991, 41) aber auch auf kognitiven Faktoren, wie Wirksamkeitserwartungen (efficacy expectations), Ergebniserwartungen (outcome expectations), Kompetenzerleben und Risikoeinschätzungen. Der Tendenz, sich in entsprechenden Aktivitäten zu engagieren, gehen die Erwartungen von emotionalen Reaktionen voraus: Geringes Angstempfinden und starke positive Affekte bei starken Sensation Seekern und entsprechend umgekehrt bei schwachen Sensation Seekern. D.h., auch wenn starke und schwache Sensation Seeker gleiche Einschätzungen bezüglich des Risikos haben, unterscheiden sie sich in den Erwartungen hinsichtlich ihrer Reaktionen (ZUCKERMAN 1991, 35).

Sensation Seeking ist aber nicht nur unter der langfristigen „trait"-Perspektive zu sehen, sondern auch in der aktuellen Situation. Den situativen Zusammenhang von Neuigkeit, Risiko, Ängstlichkeit und *Sensation Seeking (als „state")* stellt ZUCKERMAN folgendermaßen dar: Die Neuartigkeit steigt gemeinsam mit dem eingeschätzten Risiko bis zu einem gewissen Punkt an. Nach diesem Punkt ist ein weiterer Anstieg des Risikos nicht mit einer Zunahme der Neuartigkeit verbunden. Die Ängstlichkeit steigt (nahezu) linear mit dem eingeschätzten Risiko. Die Tendenz zur Sensationssuche steigt dagegen nur bis zu einem optimalen Niveau der Neuartigkeit und des eingeschätzten Risikos und nimmt danach wieder ab. So lange diese Tendenz größer ist als die erlebte Angst, wird die Person die Situation aufsuchen bzw. fortführen; wird die Angst jedoch stärker, so wird die Person versuchen die Situation zu meiden oder sich aus ihr zurückzuziehen. Eine starke *Sensation Seeking-Disposition* würde die Kurve für das *Sensation Seeking* nach rechts verschieben und die Steigung der Kurve der Ängstlichkeit verringern (siehe Abbildung 4.3).

🐾 Wiederum auf das Mountainbiking übertragen, kann dies sich folgendermaßen auswirken. Unter einer langfristigen Perspektive wären verschiedene „Typen" zu unterscheiden. Die einen, die riskantere, im Sinne von aktivierenderen Situationen aufsuchen (= starke Sensation Seeker) und solchen, die diese Situationen eher meiden (= schwache Sensation Seeker). Dementsprechend würden Mountainbiker des ersten „Typs" sich überwiegend Touren aussuchen, die ihr Aktivationsniveau heben; die dazu eingesetzten Mittel können verschiedener Art sein, wie oben beschrieben wurde. Andere Mountainbiker können wiederum darauf bedacht sein, ihr Aktivationsniveau zu senken oder zumindest suchen sie nicht nach einer Erhöhung. Der von ZUCKERMAN beschriebene *Sensation Seeking*-Zustand läßt sich an folgendem Beispiel veranschaulichen. Das Erleben von Neuartigem ist häufig mit der Zunahme des Risikos (z.B. eines Sturzes aufgrund zu hoher Geschwindigkeit oder technisch schwieriger Passagen) verbunden. Proportional zu Risiko kommt es zu einem Anstieg der Ängstlichkeit, wobei die Wahrnehmung des Risikos und die daraus resultierende Ängstlichkeit von der individuellen Disposition der Person abhängen. Die Tendenz zum *Sensation Seeking* (als „state") steigt bzw. bleibt solange vorhanden, bis die Ängstlichkeit den Reiz von Neuigkeit und Risiko überwiegt. Ein Mountainbiker wird sich also solange mit immer schwierigeren Aufgaben, z.B. in Form höherer Geschwindigkeit oder technisch anspruchsvoller Trialpassagen, konfrontieren, bis die Angst vor einem Sturz und den damit möglicherweise verbundenen Verletzungen oder auch der möglichen Blamage vor anderen (= soziales Risiko) den Reiz des Neuen übersteigt.

 Während die Theorie des *Sensation Seeking* eine konstante Disposition annimmt, vertritt die **Reversal Theory** das Konzept der **Dominanz eines metamotivationalen Zustandes**. Im Gegensatz zu den „optimal arousal"-Theorien existiert nicht ein definiertes Aktivationsniveau, welches angestrebt wird und welches je nach Ausprägung der Disposition des *Sensation Seeking* höher oder niedriger liegen kann, sondern zwei Zustände zwischen denen Wechsel möglich sind. Ein Paar der von der *Reversal Theory* hypothetisierten metamotivationalen Modi sind der „telic state" und der „paratelic state". Diese Zustände sind vor allem durch die Tendenz des „arousal-avoiding" bzw. „arousal-seeking" gekennzeichnet. Befindet sich eine Person im telischen Modus, tendiert sie dazu, Erregung zu vermeiden. Ein geringes Aktivationsniveau („calmness") wird einem hohen Niveau („anxiety") vorgezogen. Im paratelischen Modus besteht dagegen eine Präferenz für starke Aktivation („excitement") gegenüber geringer Aktivation, die als Langeweile wahrgenommen wird („boredom"). Hinsichtlich des Zusammenhangs von Aktivation („arousal") und positivem Erleben („hedonic tone") existieren jetzt also zwei Kurven, auf denen sich eine Person befinden kann (siehe Abbildung 4.5) statt der einen Kurve der umgekehrten U-Funktion, wie sie bei der Theorie der optimalen Aktivation angenommen wird (siehe Abbildung 4.1). Wechsel zwischen den beiden Modi, sogenannte „Reversals", können aufgrund kontingenter Ereignisse, Frustration oder Übersättigung erfolgen.

 Auch hier finden sich Beispiel aus dem sportlichen Kontext. Ein Mountainbiker, der sich im telischen Zustand befindet, wird der Theorie entsprechend ein geringeres Aktivationsniveau bevorzugen und sich überwiegend mit bedeutsamen Zielen beschäftigen, die er vorausgeplant hat. Ein Beispiel dafür ist das zielorientierte Training, mit welchem sich der Mountainbiker auf einen Wettkampf bzw. eine Wettkampfsaison vorbereitet. Befindet er sich dagegen im paratelischen Modus, wird er überwiegend anregende Situationen aufsuchen, so z.B. eine rasante Abfahrt, eine knifflige Trialpassage oder auch ein anregendes Panorama am Ziel der Tour. Zu Wechseln vom telischen in den paratelischen Zustand kann es durch Frustrationserlebnisse kommen. Erkennt z.B. ein Mountainbiker, daß er seine gesteckten Trainingsziele heute nicht erreichen kann, kann dies zu einem Wechsel in den paratelischen Zustand führen. Der Mountainbiker wird jetzt nach einer Steigerung seines Aktivationsniveaus streben, in dem er z.B. seine ursprünglich geplante Strecke verläßt und sich auf eine ihm bislang unbekannte Route begibt. Ein ähnlicher Wechsel kann auch aufgrund von Übersättigung eintreten. Verbringt ein Mountainbiker während der Vorbereitung wöchentlich viele Stunden im Grundlagenausdauertraining, so kann es plötzlich dazu kommen, daß er es überdrüssig wird, immer mit einer Herzfrequenz von 120 zu fahren, sondern sich stattdessen wieder richtig „aus-

Zusammenfassung

powern" will. Auch in umgekehrter Richtung sind Reversals möglich. Ein Mountainbiker, der z.B. wegen einer Reifenpanne oder eines wegrutschenden Steins beinahe das Gleichgewicht verliert oder plötzlich merkt, daß er eine Kurve zu schnell angefahren ist und nun immer mehr auf den Kurvenrand zudriftet, kann durch solche „kontingente" Ereignisse vom ursprünglichen paratelischen Zustand (anregende Abfahrt), in dem er die hohe Aktivation als angenehm empfunden hat, in den telischen Zustand wechseln, in dem dieses hohe Aktivationsniveau sehr unangenehm in Form von Ängstlichkeit wahrgenommen wird. Ein Mountainbiker ist telisch bzw. paratelisch dominant, wenn er überwiegend einen der beiden Zustände anstrebt bzw. sich in ihm befindet.

 Kritisch ist anzumerken, daß auch im Rahmen der *Reversal Theory*, wie bei der *Sensation Seeking Theorie*, vor allem die Präferenz bestimmter Aktivationsniveaus bzw. Tätigkeiten überprüft wurden. Situative Aspekte, wie die Wechsel zwischen den „states" wurden bislang kaum untersucht. Außerdem basieren zahlreiche vergleichende Untersuchungen auf allgemeinen Einschätzungen der jeweiligen sportlichen Aktivität als risikoreich bzw. risikoarm; individuellen Aktivations- bzw. Risikoeinschätzungen wurden in der Regel nicht erhoben. Dies widerspricht den Annahmen der *Reversal Theory*, wonach eine Person in den verschiedenen Modi eine (sportliche) Situation in unterschiedlicher Weise wahrnehmen kann und somit auch andere Auswirkungen auf die aktuelle Aktivation zu erwarten sind.

Für die **empirische Studie** ergeben sich aus den dargestellten Ansätzen folgende Hinweise:
- Die „*Sensation Seeking Scale*" und die „Telic Dominance Scale" (bzw. „Paratelic Dominance Scale") bieten sich an, den Zusammenhang zwischen Anreizen und einer ggf. vorliegenden *Sensation Seeking Disposition* bzw. einer telischen / paratelischen Dominanz im Sinne der *Reversal Theory* zu untersuchen.
- Mittels des „Telic State Measure" ließe sich der Zusammenhang zwischen den telischen / paratelischen Zuständen, dem vorliegenden Aktivationsniveau und verschiedenen Tätigkeiten überprüfen.

Für die **Fragestellung** nach den Anreizen von Outdooraktivitäten erscheinen folgende Ergänzungen interessant und sinnvoll:

? Welche Bedeutung besitzen Anreize, die auf der Erhöhung der Aktivation basieren?
? Bestehen Zusammenhänge zwischen den Ausprägungen des Sensation Seekings (insbesondere auf der TAS-Subskala) bzw. der „Paratelic Dominance" (insbesondere auf der arousal-seeking-Subskala) und der Gewichtung der verschiedenen Anreize?
? Sind die Anreizstrukturen über verschiedene Ausübungszeitpunkte stabil?
? Sind die Anreizstrukturen über verschiedene Situationen (sportliche Aktivitäten) stabil?

Die beiden letzten Fragen beziehen sich auf die *Konsistenz* der Anreizstrukturen.

5 Anreize und Erlebnisqualität – erlebnisorientierte Ansätze

In diesem Kapitel werden die Ansätze zur „*Peak Experience*" von MASLOW (1962), zur „*Peak Performance*" von PRIVETTE (1981) und zum „*flow*" von CSIKSZENTMIHALYI (1975a) beschrieben. Bei diesen Ansätzen handelt es sich nicht um Motivationstheorien, sondern um Erklärungsansätze für das Auftreten und die Qualität bestimmter Erfahrungen. Weil angenommen wird, daß positiv bewertete Erlebnisse als Anreize für die Aktivität in Frage kommen, werden an dieser Stelle die Merkmale und die Voraussetzungen dieser Erfahrungen dargestellt. Ein weiteres Augenmerk liegt wiederum bei der Darstellung der entsprechenden Erfassungsmöglichkeiten und vorliegender Ergebnisse aus dem Bereich des Sports. Aufgrund ihrer konzeptionellen Ähnlichkeit sowie hinsichtlich der verwendeten Erhebungsinstrumente, werden die Ansätze der „*Peak Experience*" und der „*Peak Performance*" in einem Unterkapitel zusammengefaßt.

5.1 Peak Experience (MASLOW) und Peak Performance (PRIVETTE)

5.1.1 Grundlagen und Merkmale der „Peak Experiences"

Merkmale

Das deutsche Wort „Grenzerfahrung" für den Begriff „*peak experience*" ist leicht mißverständlich, weil damit überwiegend Formen des Erlebens assoziiert werden, die an der absoluten Obergrenze des eigenen oder der menschlichen Leistungs- oder auch Leidensfähigkeit auftreten oder gar etwas mystisches an sich haben. MASLOW (1962, 69) definierte **peak experiences** als „*moments of highest happiness and fulfillment*"[118]. Diese Definition ergänzt er später durch die Merkmale einer „*generalisation for the best moments of the human being, for the happiest moments of life, for the experiences of ecstasy, bliss, of the greatest joy*"[119] (MASLOW 1971, 105). Diese Erkenntnisse resultierten aus seinen Forschungen zum Sein und zur Selbstverwirklichung. Das Bedürfnis nach Selbstverwirklichung bildet dabei die Spitze der von ihm angenommenen „Bedürfnis-Pyramide". Seiner Auffassung zufolge müssen erst die tieferstehenden Bedürfnisse der Menschen (z.B. Nahrung, Schutz, Zuneigung, Anerkennung u.ä.) befriedigt sein, bevor sie sich der Selbstverwirklichung zuwenden. Die „Seins-Erkenntnis" (Being Cognition), gekennzeichnet durch die Erfahrung der Ganzheitlichkeit von Objekten und deren Losgelöstheit von Zwecken, ist dabei das zentrale Element. Der Mensch in diesem Stadium seiner Entwicklung strebt nach intrinsischen, idealen „Seins-Werten" (Being Values), z.B. Schönheit, Wahrheit und Gerechtigkeit (MASLOW

---

[118] „Momente des höchsten Glücks und Erfüllung"

[119] „Überbegriff für die besten Momente des menschlichen Seins, für die glücklichsten Momente des Lebens, für Erfahrungen der Ekstase, Verzückung und größter Freude".

1970). Grenzerfahrungen[120] sind Bestandteile dieses Prozesses, die jedoch nicht bewußt herbeigeführt werden können und nur sehr selten auftreten.

Grenzerfahrungen können auch als positiver Pol einer Gefühlsskala verstanden werden, deren Gegenpol durch die sogenannten „nadir experiences", dies sind z.b. die emotionalen Zustände bei und nach lebensbedrohlichen Ereignissen, repräsentiert werden (PRIVETTE 1986, 233). Das Konzept der „peak experiences" bietet ferner die Möglichkeit zur Erforschung von herausragenden positiven Erlebnissen (PRIVETTE 1983, 1361; PRIVETTE / BUNDRICK 1991, 170).

Neben den *peak experiences* gibt es nach MASLOW (1962, 11) auch noch sogenannte „*milder peaks*", weniger intensive, kurzzeitige Emotionen, die durch alltägliche Erlebnisse hervorgerufen werden (z.B. das angenehme Gefühl nach erfolgreicher Lösung einer Aufgabe, beim Genuß von Speisen und Getränken etc.). Ebenfalls weniger intensiv als *peak experiences* sind die sogenannten „*plateau experiences*". Im Gegensatz zu den Grenzerlebnissen können letztere länger andauern, erlernt und bewußt hervorgerufen werden.

Obwohl die Ursachen und Auslöser von Grenzerlebnissen höchst unterschiedlich sein können, gibt es, „unabhängig von Kultur, Epoche, Religion oder Klasse auch Gemeinsamkeiten (MASLOW 1970, 72). DAVIS / LOOKWOOD / WRIGHT (1991, 88) charakterisieren Grenzerfahrungen folgendermaßen:

„Peak experiences have been defined as the best, happiest, most wonderful moments of one's life. A peak experience has some (but usually not all) of the following characteristics: an almost overwhelming sense of pleasure, euphoria, or joy, a deep sense of peacefulness or tranquility, feeling in tune, in harmony, or at one with the universe, a sense of wonder or awe, altered perceptions of time and/or space, such as expansion, a feeling of deeper knowing or profound understanding, a feeling of love (of yourself, another, or all people), a greater awareness of beauty or appreciation, a sense that it would be difficult or impossible to describe adequately in words."

Etwas detaillierter lassen sich die genannten Elemente wie folgt beschreiben:

- **Intensives Gefühlserleben**
Wie bereits in der Definition beschrieben, umfaßt dieses Hauptmerkmal die starken positiven Emotionen, wie z.B. Freude, Erfüllung, Glück und auch Dankbarkeit, die Grenzerfahrungen begleiten und sie von alltäglichen Erfahrungen unterscheiden (PRIVETTE 1986, 241; PRIVETTE / BUNDRICK 1991, 171). Gleichzeitig werden negative oder hemmende Gedanken und Empfindungen verhindert[121].

---

[120] Nach der obigen Begriffsbestimmung und aufgrund seiner Gebräuchlichkeit im deutschen Sprachraum (z.B. STRANG / SCHWENKMEZGER 1989), soll der Ausdruck Grenzerfahrung im folgenden gebraucht werden.

[121] „These moments were of pure positive happiness when all doubts, all fears, all inhibitions, all tensions, all weakness, were left behind" (MASLOW 1962, 9).

- **Subjektive Sicherheit**
  Mit dem Ausblenden von Ängsten und Zweifeln ist das Empfinden einer subjektiven Sicherheit verbunden, die zugleich Voraussetzung für Grenzerlebnisse ist (MASLOW 1962, 9; 1970, 66-69).

- **Verschmelzung mit der Welt**
  Die Person wird Teil des Ganzen, steht zugleich inmitten und über den ihn umgebenden Dingen. In diesem Zustand, der mit der Losgelöstheit von persönlichen Problemen, von Pluralismus und Ambivalenz, von Meinungen und Anschauungen sowie einer starken Konzentration verbunden ist, können die oben genannten B(eing)-cognitions und B(eing)-Values erfahren werden (MASLOW 1970, 61). In diesem Idealzustand kommt die Person ihrem eigentlichen Selbst näher (MASLOW 1970, 64, PRIVETTE 1986, 239).

- **Bedeutungsvolles, tiefes Erleben**
  Das Erleben während der Grenzerfahrungen wird meist als sehr bedeutsam, wichtig und wertvoll angesehen (MASLOW 1978, 238; PRIVETTE 1986, 239). Trotz der Bedeutung und Werthaftigkeit des Erlebens wird das Handeln bei Grenzerfahrungen häufig als spielerisch und mühelos empfunden (MASLOW 1981, 115-116; PRIVETTE 1983, 1364-1366).

- **Unerwartetes und plötzliches, kurzzeitiges Auftreten**
  Grenzerfahrungen kommen unerwartet und plötzlich und dauern nicht länger an. Sie können nicht bewußt herbeigeführt, länger hinausgezögert oder festgehalten werden (MASLOW 1962, 13-15). Die Person befindet sich in einem Zustand des Fließens (floating) und Gehenlassens (letting go).

- **Veränderte Wahrnehmung von Raum und Zeit**
  Eine gleiche Zeitspanne kann dann entweder als extrem kurz oder sehr lang empfunden werden. Es kommt zu einen Gefühl der Unendlichkeit (MASLOW 1970, 63).

- **Erhöhte Kreativität, Expressivität und Spontaneität**
  Während Grenzerfahrungen empfindet sich der Mensch häufig als „creative center of his own activities" (MASLOW 1970, 69). Begünstigt wird dies durch das Gefühl der Ungezwungenheit und der Freiheit von Beschränkungen (MASLOW 1970, 69; PRIVETTE 1986, 241).

- **Unbeschreibbarkeit**
  Grenzerfahrungen sind nur sehr schwer treffend zu beschreiben (DAVIS / LOOKWOOD / WRIGHT 1991, 92; PRIVETTE 1986, 241). Nach MASLOW (1962, 13) ist eine Kommunikation über solche Erfahrungen nur möglich, wenn beide Seiten bereits derartige Erfahrungen gemacht haben oder sie statt der rational-analytischen Sprache eine mehr poetisch-metaphorische verwenden.

Besonders tiefe Erfahrungen mit existentiellem Charakter sind eher selten (DAVIS / LOOKWOOD / WRIGHT 1991, 92; STRANG / SCHWENKMEZGER 1989, 198). Andererseits gibt es viele Erlebnisse, die auch Grenzerfahrungen darstellen, nur mit geringerer Intensität.

Auslösebedingungen

Grenzerfahrungen können durch viele Situationen hervorgerufen werden. Sie sind nicht an bestimmte Handlungen oder bestimmte Zeitpunkte oder Orte gebunden. Den Situationen ist gemeinsam, daß sie positive Emotionen ermöglichen, indem Hoffnungen oder Aufgaben aufgrund des eigenen angepaßten Könnens realisiert werden. Besonders häufig kommt es zu Grenzerfahrungen bei Musik und Sex (MASLOW 1971, 175). Aber auch Geburtserlebnisse, enge zwischenmenschliche Beziehungen, Situationen in Schule oder Beruf, Sport, religiöse Erlebnisse oder Naturerfahrungen sind günstige Auslösebedingungen für Grenzerfahrungen (MASLOW 1962, 10; PRIVETTE 1986, 237). Gemeinsam ist vielen der Situationen, in denen es zu Grenzerfahrungen kommt, ein Gefühl der subjektiven Perfektion, d.h. basierend auf eigenen Wertmaßstäben, nehmen Personen die ausgeführte Handlung als subjektiv optimal für den aktuellen Könnens- und Wissensstand wahr (MASLOW 1971, 175).

Vor dem Hintergrund der großen Vielfalt möglicher Zugänge und der relativ geringen Voraussetzungen müßten sehr viele Menschen Grenzerfahrungen machen[122]. Dennoch wird relativ selten von Grenzerfahrungen berichtet, weil die Menschen diese nicht als solche erkennen oder sie verneinen. MASLOW (1962, 15; 1970, 22) spricht deshalb von einer Verdrängungsreaktion. Bezüglich dieser Verhaltensweisen unterscheidet er zwischen sogenannten „peakers" und „non-peakers", wobei letzteres nicht für eine Person steht, „who is unable to have *peak experiences*, but rather the person who is afraid of them, who suppresses them, who denies them, who turns away from them" (MASLOW 1970, 22). Vor allem sehr rational denkende Menschen tendieren dazu, starke Emotionen mit einem Kontrollverlust gleichzusetzen, dem durch Verneinung bzw. Unterdrückung entgegengewirkt werden soll. „Nonpeakers" wären demnach als eher rationale und „praktisch" veranlagte Menschen, „peakers" hingegen als ästhetisch und poetisch sehr empfindsame Menschen zu typisieren. Diese Vermutungen MASLOWS wurden bislang noch nicht empirisch überprüft.

In die gleiche Richtung gehen Überlegungen von DAVIS / LOOKWOOD / WRIGHT (1991, 91), demzufolge Menschen zwar Grenzerfahrungen machen, diese anderen aber nicht mitteilen. Als mögliche Gründe für dieses Verhalten nennt er (1) die Intimität und Persönlichkeit des Erlebnisses; es ist persönlicher Natur und soll mit niemand geteilt werden, (2) die Befürchtung, die Öffentlichmachung des Erlebnisses würde seine persönliche Bedeutung und Wert verringern, (3) Schwierigkeiten bei der Verbalisierung der Erlebnisse sowie (4) aus Angst vor Bloßstellung und Blamage.

5.1.2 Grundlagen und Merkmale der „Peak Performance"

Merkmale

Bei der „*peak performance*", der „Grenzleistung", erbringt der Mensch eine Leistung im oberen Bereich seines individuellen Leistungsspektrums. Es handelt sich also nicht um absolute Bestleistungen auch nicht um einen besonderen, abgrenzbaren Funktionszustand

---

[122] DAVIS / LOCKWOOD / WRIGHT (1991, 87) geben, je nach Studie, zwischen 35-100% der Befragten an, die, nach ihren Schilderungen geurteilt, Grenzerfahrungen gemacht haben.

(PRIVETTE 1983, 1362), sondern um subjektiv optimale Ergebnisse. **Peak performance** wird deswegen auch als *„superior functioning"* (PRIVETTE 1981a, 58), *„optimal functioning"* oder auch *„full use of potential"* (PRIVETTE / BUNDRICK 1991, 169) definiert, d.h. alle für eine Handlung benötigten Ressourcen werden optimal genutzt.

Grenzleistungen, im Sinne einer Erlebnisqualität, zeichnen insbesondere folgende Merkmale aus:

- *Zentrierung der Aufmerksamkeit („clear focus")*
Im Mittelpunkt der gebündelten Aufmerksamkeit stehen die eigene Person, das Objekt der Handlung und die Beziehung zwischen ihnen. Andere Personen haben, sofern sie nicht das Objekt der betreffenden Handlung sind, keine Bedeutung (PRIVETTE 1981; PRIVETTE / BUNDRICK 1991, 181). Umso klarer wird die eigene Person erlebt.

- *Bedeutsame, positiv bewertete Tätigkeit*
Grenzleistungen werden vor allem bei Handlungen erlebt, die für die Person eine große Bedeutung besitzen und zudem auch positiv bewertet sind (PRIVETTE / BUNDRICK 1987, 327; 1991, 181). Dies führt zum notwendigen Engagement und zur Konzentration auf die Handlung.

- *Gefühl (gesteigerter) physischer und psychischer Stärke*
Während Grenzleistungen ist die Person am Optimum ihrer individuellen physischen und psychischen Fähigkeiten. Die Quelle der Kraft wird dabei häufig als extern und als unerwarteter, spontaner „Schub" erlebt (PRIVETTE / LANDSMAN 1983, 195). Das Gefühl der Stärke kann bis zu „Allmachtsgefühlen" reichen.

- *Gefühle der Stärke, Kraft, Vollkommenheit; keine Zweifel oder Ängste*
Das Erleben von Vollkommenheit, die Klarheit der eigenen Ziele und Wünsche fördern ein gesteigertes Selbstvertrauen; Zweifel und Ängste treten nicht auf.

- *Freisein von Zwängen und Hemmungen; erhöhte Spontaneität*
Das Handeln während Grenzleistungen erfolgt in der Wahrnehmung der Betroffenen wie von selbst. Äußere Zwänge und Hemmungen werden nicht wahrgenommen. Das Handeln erscheint dadurch spontaner als in normalen Situationen.

Auslösebedingungen

Aus den genannten Merkmalen lassen sich bereits einige Rückschlüsse auf die Voraussetzungen von Grenzleistungen ziehen. Abgesehen davon, daß es sich um eine *subjektive „Spitzen"-Leistung* handeln muß, ist es notwendig, daß die Person stark *in die Situation eingebunden* (quasi „gefesselt") ist und für sie einen *hohen subjektiven Wert* besitzt (PRIVETTE / LANDSMAN 1983, 200). Damit einher geht eine *hohe Aufmerksamkeit*, die auf das betreffende Objekt oder die betreffende Person konzentriert ist.

Peak performance ist an keine bestimmten Situationen gebunden. Grundvoraussetzungen sind nur das *eigenständige Handeln*[123] der Person und eine *überdurchschnittliche Leistung, gemessen am individuellen Standard*. Als auslösende Situationen werden u.a. künstlerisches Schaffen, intellektuelle und sportliche Aktivitäten, Schule und Beruf, zwischenmenschliche Beziehungen, aber auch lebensbedrohliche Situationen, Krankheit und Krisen genannt (PRIVETTE 1983, 1363; PRIVETTE / BUNDRICK 1987, 322). Die genannten Merkmale der Grenzleistungen zeigten sich unabhängig von der jeweiligen Tätigkeit (PRIVETTE 1986, 235). Auch wurden keine geschlechtsspezifischen Unterschiede festgestellt werden.

Auswirkungen der peak performance

Zu den Auswirkungen von Grenzerfahrungen liegen bislang keine Untersuchungen vor, abgesehen von „positive feelings afterwards to superior performance" (PRIVETTE / BUNDRICK 1991, 181). An langfristigen Effekten kann nur vermutet werden, daß die genannten positiven Gefühle im Sinne einer intrinsischen Belohnung wirken und eine verstärkte Bindung zu der Aktivität bewirken. Denkbar ist auch eine Verbesserung von Selbstbewußtsein und Selbstwertgefühl (MEIER 1996, 49). Als Folge der Wechselwirkung von positiven Erlebnissen bei der Tätigkeit und daraus resultierender Verstärkung der Motivation, diese Tätigkeit auszuüben, ergibt sich häufig vermehrtes Üben und damit oft eine Verbesserung der Leistung.

Unterschiede zwischen peak experience und peak performance

Obwohl zahlreiche Ähnlichkeiten in den jeweiligen Erlebnisformen von *peak performance, peak experience* und auch *flow* bestehen (PRIVETTE / BUNDRICK 1987, 317; 1991, 171), konnte PRIVETTE zeigen, daß es sich bei der Grenzleistung um eine unabhängige Erfahrung handelt, die auch unabhängig von den anderen Konzepten gemessen werden kann (PRIVETTE 1986, 238-239; PRIVETTE / BUNDRICK 1991, 175; PRIVETTE / LANDSMAN 1993, 198). Dies schließt nicht aus, daß Grenzleistungen und Grenzerfahrungen häufig zusammen erlebt werden. Insbesondere für den Sport ist dies gut nachvollziehbar, da Grenzerfahrungen oft von Personen berichtet werden, die außergewöhnlich hohe Leistungen vollbracht haben (RAVIZZA 1977, 37-39).

Im Unterschied zur *peak experience* tritt *bei Grenzleistungen keine Selbstvergessenheit oder Transzendenz* auf (PRIVETTE 1983, 1364; PRIVETTE / LANDSMAN 1983, 199). Situationen der Grenzleistungen besitzen auch *keinen religiösen oder spirituellen Charakter*.

Peak performance und *peak experience* bilden nach PRIVETTE (1986, 234) die positiven Pole zweier Skalen (siehe Abbildung 5.1). Der „feeling scale" mit den Polen „*peak experience*" und „misery" und der „performance scale" mit den Polen „*peak performance*" und „total failure". Die horizontale „performance scale" gibt den Grad der erfahrenen Leistung wieder. Zwischen der *peak performance* als der „individuell besten Leistung" (personal best) und dem „vollständigen Mißlingen" (total failure) liegen die Abstufungen „hohe Leistung" (high

---

[123] Handeln ist in diesem Zusammenhang nicht auf physische Aktivität eingeschränkt, sondern umfaßt auch mentales Handeln, wie sie beispielsweise bei künstlerischen oder intellektuellen Tätigkeiten auftreten können.

performance), „Effektivität" (effectiveness), „Mittelmaß" (mediocrity), „Ineffizienz" (inefficiency) und „Unangemessenheit" (inadequacy). Auf der vertikalen „feeling scale" werden die Abstufungen zwischen der „Grenzerfahrung" (*peak experience*) und dem „Elend" (misery) mit „Freude" (joy), „Vergnügen" (enjoyment), „unbestimmtes Gefühl" (neutrality), „Langeweile" (boredom) und „Sorge / Niedergeschlagenheit" (worry / depression) bezeichnet.

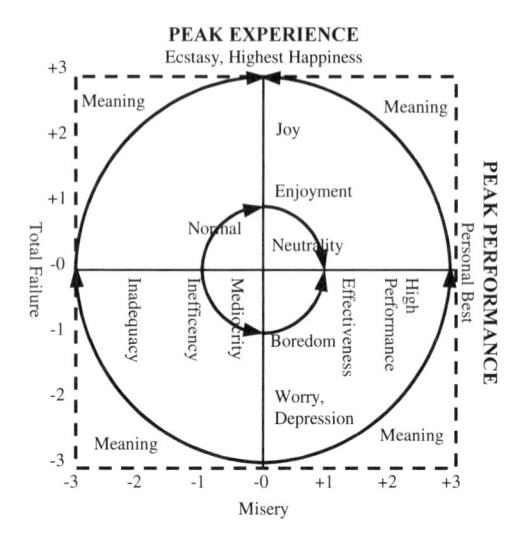

Abbildung 5.1: Das Verhältnis von *Peak Experience* und *Peak Performance*, veranschaulicht an den Skalen „performance" und „feeling" (PRIVETTE 1986, 234)

Peak experience entspricht somit einer *weitgehend passiven Hingabe an einen Zustand höchsten Glücks und höchster Erfüllung*. Diese Erfahrung kann auch mystische oder ekstatische Züge tragen. Demgegenüber hebt die *peak performance* den Aspekt des *optimalen Funktionierens* hervor. Optimale Funktionszustände sind auch möglich, ohne dabei Glück und Zufriedenheit zu empfinden (z.B. höchste Leistungen in lebensbedrohlichen Situationen).

5.1.3 Erfassungsinstrumente für „Peak Experiences" und „Peak Performances"

„Peak experiences" und „peak performances" lassen sich wie andere Kognitionen oder Emotionen nicht direkt erfassen und es existieren auch keine objektiv meßbaren Korrelate. Deshalb ist man auf die Rekonstruktion der Erfahrungen durch Methoden der Befragung angewiesen. Sowohl durch die Auswertung von Erfahrungsberichten wie von Fragebögen kann jedoch nicht der genaue Zustand während der *peak experience* bzw. *peak performance* bestimmt werden. Kritisch ist bei diesen Methoden zusätzlich die immer vorhandene Subjektivität der befragten Personen und der Beobachter. Problematisch sind ferner die bereits angesprochenen Verbalisierungsschwierigkeiten sowie das Risiko der Selbsttäuschung und Selbstdarstellung.

Erste Studien in Form von Interviews zur Erfassung der charakteristischen Merkmale von *peak experiences* wurden von MASLOW (1962a) durchgeführt.

Auch RAVIZZA (1977) bediente sich bei seiner Untersuchung von Sportlern hinsichtlich ihrer größten Momente im Sport der Interviewmethode. Die durch offene Fragen angeregten Erlebnisberichte wurden durch halbstandardisierte Fragen zu noch nicht in den Berichten genannten Kategorien ergänzt. Diese Kategorien wurden anhand vorhergehender Interviews entwickelt. Anschließend wurden die Aussagen klassifiziert und mit den von MASLOW ermittelten Merkmalen verglichen.

DAVIS / LOCKWOOD / WRIGHT (1991) setzten ebenfalls einen Fragebogen ein. Sein Ziel ist nicht die Erfassung von Grenzerlebnissen, sondern die Aufklärung der Gründe, weswegen Grenzerfahrungen selten berichtet werden. Anhand einer ausführlichen Definition von Grenzerfahrungen werden die Versuchspersonen in der ersten Phase stimuliert, sich an ihre eigenen Erlebnisse zu erinnern und niederzuschreiben. In der zweiten Phase sollen zunächst in eigenen Worten die Gründe für das Nichtberichten aufgeschrieben werden; anschließend sind noch Aussagen zu verschiedenen Gründen auf einer dreistufigen Skala (Hauptgrund - geringfügiger Grund - kein Grund) zu gewichten. Zusätzlich werden biographische Daten erhoben. Für dieses Instrument liegen keine Gütekriterien vor.

PRIVETTE (1981a; 1981b) untersuchte Grenzleistungen bei amerikanischen Studenten (N = 120; 45 m, 75 w) verschiedener Studienfächer. Zuerst wurden die Vpn aufgefordert, eine persönliche Grenzleistung zu beschreiben. Anschließend wurde deren Bedeutung mittels 73 Items erfragt, die auf einer Likert-Skala zu bewerten war. Die gleiche Prozedur wurde danach für gewöhnliche Tätigkeiten und Leistungsniveaus durchgeführt. Die in dem Fragebogen eingesetzten Items wurden entsprechender Literatur zu positiven Erfahrungen und Beschreibungen von Grenzleistungen entnommen. Durch die Auswertung und Vergleich der Daten konnten Bedingungen und Merkmale von Grenzleistungen ermittelt werden[124].

Bei einer erneuten Anwendung dieses Instrumentariums (PRIVETTE / LANDSMAN 1983) wurden Test-Retest-Vergleiche durchgeführt und die Anzahl der Items im Hinblick auf die Reliabilität der Items von 74[125] auf 40 reduziert[126].

Die jüngeren Studien von PRIVETTE (1985; 1986), PRIVETTE / BUNDRICK (1987; 1991) basieren auf dem „*Experience Questionnaire*" von PRIVETTE (1984). Auch bei dieser Version findet sich eine zweistufige Vorgehensweise. Basierend auf der Szenariotechnik, sollen die Versuchspersonen zunächst ihre aktualisierten Erinnerungen ausführlich niederschrei-

---

[124] Zwischen den vier Versuchsgruppen (Studenten in den Fächern psychology, creative arts, adult education und counselor education) fanden sich jedoch keine signifikanten Unterschiede. Ebenso wurden keine geschlechtsspezifischen Differenzen festgestellt (PRIVETTE 1981a, 60).

[125] Im Unterschied zu den Studien von PRIVETTE 1981a und 1981b, in denen von 73 Items die Rede ist, wird in den Veröffentlichungen von PRIVETTE 1982 und PRIVETTE / LANDSMAN 1983 von 74 Items gesprochen. Da die Items nicht aufgeführt sind, können hier keine Angaben zu eventuellen inhaltlichen Unterschieden gemacht werden.

[126] Zu den durchgeführten Tests wurden keine weiteren Angaben gemacht und keine Kennwerte veröffentlicht.

ben. Den zweiten und zentralen Bestandteil bildet ein Fragebogen mit 42 Items (siehe Anhang A 1.12). Die Aussagen zu *peak experience* und *peak performance* in verschiedenen Lebensbereichen werden von den Versuchspersonen mittels einer fünfstufigen Likert-Skala bezüglich ihrer subjektiven Bedeutung gewichtet. Ergänzt wird dieser Teil durch soziobiographische Angaben und Fragen zu den erbrachten Leistungen, daran beteiligten Personen und den Auswirkungen. Die Erinnerungen der Probanden dienen dabei zur Einstufung der Intensität ihrer Erfahrungen.

Zu den *Testgütekriterien* liegen bislang nur wenige Daten vor. Die Reliabilität der verwendeten Items wird dabei mit >,70 angegeben (PRIVETTE / SHERRY 1986; PRIVETTE / BUNDRICK 1987).

Der *Fragebogen zur Grenzleistung und Grenzerfahrung* von STRANG / SCHWENKMEZGER (1988) baut auf dem eben beschriebenen Instrument von PRIVETTE (1984) auf. Neben dem ins Deutsche übersetzten Fragebogen zur *peak experience* und *peak performance* von PRIVETTE wurden Fragebogenitems aus verschiedenen Konzepten zu Grenzerlebnissen (u.a. CSIKSZENTMIHALYI 1975; MASLOW 1962b; PRIVETTE 1981; 1982; 1983) und aus der Trainingspsychologie (GALLWEY 1974; KAUSS 1980; GARFIELD 1984; RAVIZZA 1984) abgeleitet. Als dritte Quelle dienten wiederum mittels Szenariotechnik gewonnene Erfahrungsberichte von Sportlern. Für die Itemformulierungen wurden Aussagen ausgewählt, die von zwei unabhängigen Ratern als typisch für Grenzerleben angesehen wurden. Wie bei PRIVETTE besteht das Instrumentarium aus einer Aktualisierung des Erlebnisses mit Hilfe der Szenariotechnik, einem Fragebogen zu Merkmalen der Grenzerfahrungen und -leistungen (fünfstufige Likert-Skala) und Fragen zu soziobiographischen Daten sowie zum Kontext des Erlebnisses. Zur Verbesserung der Trennschärfe wurde die ursprüngliche Zahl der Items von 110 auf 63 reduziert. Der Itemsatz ergab bei einer Stichprobe mit 136 Leistungssportlern aus verschiedenen Sportarten einen Mittelwert von M = 2,47 und eine Standardabweichung von SD = 1,37 (PRIVETTE: M = 2,72; SD = 1,46) sowie eine hohe Reliabilität (CRONBACH α = 95; Experience Questionnaire: α =,85). Auch die Interkorrelation der Items als Maß für die Homogenität des Itemsatzes ist höher (r_{it}=,25) als beim Experience Questionnaire (r_{it}=,10) (STRANG / SCHWENKMEZGER 1989; 200-201)[127].

Bei einer Untersuchung von MEIER (1996) mittels des Fragebogens von STRANG / SCHWENKMEZGER an 64 Kletterern ergab sich ein deutlich höherer Mittelwert von M = 3,46 und eine niedrigere Standardabweichung von SD = 0,56. Die interne Konsistenz des Meßinstruments konnte bestätigt werden (CRONBACH α =,94). Allerdings fanden sich bei MEIER (1996, 127-128) insgesamt 11 Items mit einer Korrelation zum Rohwert des Fragebogens mit r_{it}<,30. MEIER (1996,128) führt dies auf den möglichen Einfluß der kleineren und homogeneren Stichprobe zurück. Eine Hauptkomponenten-Faktorenanalyse (mit Varimax-Rotation) ergab keine plausiblen Mehrfaktorenlösungen und bestätigte somit die von STRANG / SCHWENKMEZGER angenommene Eindimensionlität des Instruments.

---

[127] Der Fragebogen zur Grenzleistung und Grenzerfahrung, wie er von STRANG / SCHWENKMEZGER (1989) entwickelt wurde, findet sich in der Version, wie er von MEIER (1996) bei Kletterern Einsatz kam, im Anhang A 1.13 wieder.

5.1.4 Sportbezug der Modelle „Peak Experience" und „Peak Performance"

Sportliches Handeln ist ein ideales Feld für die Überprüfung des Konzepts der Grenzerfahrung bzw. Grenzleistungen. Nicht nur im Bereich des Hochleistungssports, auch auf individueller Ebene kommt es immer wieder zu Extremsituationen, sei es im physischen Leistungsbereich oder hinsichtlich psychischer Belastungen. Trotzdem liegen verhältnismäßig wenig Untersuchungen vor, die sich mit dem Konzept der Grenzerfahrungen befassen. Vorliegende Arbeiten beschränken sich meistens darauf, die Merkmale von Grenzerfahrungen zu erfassen; eine Anwendung z.B. als Prädiktorvariable für Leistungsunterschiede, wie dies STRANG / SCHWENKMEZGER (1989) vorgeschlagen haben, fand noch nicht statt.

RAVIZZA (1977; 1984) überprüfte in einer Befragung von Sportlern zu ihren größten Momenten im Sport die Übereinstimmung zwischen den erhobenen Beschreibungen mit den von MASLOW gefundenen Merkmalen. Dies trifft vor allem für die „focussed awareness" (in Verbindung mit völliger Aufmerksamkeit, kurzzeitiger Selbstvergessenheit, Verschmelzung mit der Aufgabe und der Bewegung), „complete control of self and the environment" (durch Vollkommenheit und Perfektion, Unabhängigkeit von äußeren Umständen sowie das Verschwinden von Ängsten) und die „transcendence of self" (Versenkung in der Situation, verbunden mit einer Freisetzung der eigenen Kräfte und einer scheinbar automatischen, harmonischen Ausführung der Bewegung) zu. Viele Sportler erlebten auch eine veränderte Raum- und Zeitwahrnehmung. Die Situationen wurden als „im Verlauf unbeeinflußbar" und „besonders" bezeichnet. Differenzen zu MASLOW traten hinsichtlich kognitiver Prozesse auf. Das Erkennen abstrakter Zusammenhänge, „der eigentlichen Struktur der Dinge" wurde nicht berichtet. RAVIZZA führt dies auch die überwiegend körperlichen Auslösefaktoren von Grenzerfahrungen im Sport zurück, die Körpererfahrungen im Vergleich zu kognitiven Prozessen begünstigen. Voraussetzung für Grenzerfahrungen sind grundlegende Fähigkeiten in der jeweiligen Sportart, damit sich der Athlet nicht nur auf die richtige Ausführung konzentrieren muß; eine besonders hohe Qualifikation ist jedoch nicht notwendig. Nach RAVIZZA (1984, 460-461) hat die Grenzerfahrung somit positive Auswirkungen auf den Sportler. Sie verbessert die Bewertung der eigenen Leistung und das Selbstvertrauen; außerdem ist sie eine Art Belohnung und verstärkt somit das Wohlbefinden und die Freude an der sportlichen Tätigkeit.

Für die Untersuchung von Grenzleistungen im Sport verwendete PRIVETTE (1981b) die Daten aus der oben erwähnten Studie (PRIVETTE 1981a). In der Stichprobe lagen, nach Einschätzung der Rater, bei 20 Vpn Grenzleistungen aus dem Bereich Sport vor. Auch in dieser Teilstichprobe wurden die charakteristischen Merkmale von Grenzleistungen gefunden. Insbesondere 9 von den 22 Faktoren zeigten sowohl mit „normalen" *peak performance*-Situationen wie auch speziell mit den Erfahrungen im sportlichen Kontext eine starke Verbindung. In absteigender Reihenfolge des Mittelwertes der Faktorwerte waren dies:

1. Prior interest and fascination vs. newness
2. Trigger: Involvement vs. doubt, other-orientation
3. Clear focus: Absorption vs. other-orientation (diffusion)
4. Awareness of peak performance
5. Peak experience
6. Intentionality
7. Immediate involvement
8. Movement toward closure
9. Spontaneity, letting be
10. Inner freedom

Das für *peak performances* typische Merkmal „clear focus" sieht PRIVETTE (1981b, 54) durch die Faktoren 2, 3 und 7 repräsentiert. Die Merkmale Spontaneität und Handeln ohne Hemmungen kommen in den Faktoren 9 und 10 zum Ausdruck. Die Merkmale des absichtsvollen Handelns auf einen Abschluß hin werden bei den Faktoren 6 und 8 deutlich. Daß *peak performance* zugleich ein *peak experience* sein kann, zeigt der Faktor 5. Die größte Bedeutung, auch im Unterschied zur Gesamtgruppe, besitzt der Faktor 1: „Prior interest and fascination". Er deutet nach MURPHY / WHITE (1978, zitiert nach PRIVETTE 1981b, 56) darauf hin, „that sports have the capacity to elicit long-term commitment from participants. For many people sport is not just a day after day routine task; it may be an obsession or a worthy challenge to be met again and again".

In einer weiteren Studie, welche auf der oben beschriebenen Stichprobe basiert, entwickelte PRIVETTE (1982) eine „vorläufige erlebnisbasierte Typologie" („tentative experiential typology", PRIVETTE 1982, 243) der *peak performance* im Sport. Auf der Basis der Differenzwerte zwischen einer Grenzleistung und einem Durchschnittserlebnis wurde eine Faktorenanalyse mit Varimax-Rotation durchgeführt und damit 23 Faktoren bestimmt. Die wichtigsten beschreibenden Merkmale (Faktoren) sind demnach „Spontaneität" (unrestrained spontaneity), eine „funktionale Autonomie" (functional autonomy), „Stärke und Freude" (power and joy), „Verlust von Raum- und Zeitempfinden" (loss of time and space), „Absicht" (intention), „Grenzerfahrung" (*peak experience*), „starkes Selbstbewußtheit" (strong sense of self) und „Faszination" (fascination). Von den Sportlern verneint wurden dagegen die Elemente „allgemeine, erweiterte Aufmerksamkeit" (general awareness), „Aufmerksamkeit von Außenstehendem" (awareness of anything extraneous), „Konsistenz" (consistency), „Zufriedenheit und Sorglosigkeit" (pleasant and easy being) und „spielerischer Charakter der Tätigkeit" (pleasantness and playfulness) (PRIVETTE 1982, 247). Ein anschließender Vergleich der Faktoren und Item-Sets zwischen Sport und fünf anderen Tätigkeitsbereichen ergab für den Sport signifikant höhere Werte für Faktoren / Items, die sich auf das Selbst bezogen. Signifikant niedriger war dagegen die Bedeutung von Faktoren / Items, die sich auf andere Personen bezogen. Die gefundene Beziehung zwischen Stärke und Freude interpretiert

PRIVETTE als Argument für eine gegenseitige Wechselwirkung von *peak performance* und *peak experience* bei sportlichen Aktivitäten[128].

In einer Untersuchung von MEIER (1996) zu Grenzerfahrung, Grenzleistung und *flow*[129] bei Sportkletterern (N = 64) berichteten 48,7% der Befragten von einem „einfachen" Grenzerlebnis und 33,3% von einem tiefen Grenzerlebnis. Nur knapp 18% nannten keine derartige Erfahrung. Dabei wurden keine signifikanten Geschlechts- oder Alterseinflüsse auf die Intensität von Grenzerlebnissen gefunden. Einfluß hat jedoch die Erfahrung der Sportler. Je länger die Sportart bereits ausgeübt wurde, je häufiger sie praktiziert wird und je größer der beherrschte Schwierigkeitsgrad war, desto intensivere Grenzerlebnisse wurden berichtet (MEIER 1996, 146-148). Obwohl die drei Variablen (Klettererfahrung, Häufigkeit und beherrschter Schwierigkeitsgrad) einen starken Zusammenhang untereinander besitzen, zeigt sich insgesamt jedoch die Annahme von MASSIMINI / CARLI (1991) bestätigt, nach der bei niedrigen Anforderungen und niedrigen Fähigkeiten keine *flow*-Erlebnisse zu vermuten sind. Hinsichtlich der Fragebogenwerte zeigten sich:

- Ein signifikanter Mittelwertsunterschied ($F_{(1/44)}$ = 4,87; p =,033) zwischen Vpn mit tiefen Grenzerfahrungen (M = 3,64; SD =,44) und besonderen Erfahrungen (M = 3,34; SD =,61),
- ein signifikanter Mittelwertsunterschied ($F_{(1/63)}$ = 7,64; p =,008) zwischen Männern (M = 3,37; SD =,52) und Frauen (M = 3,77; SD =,61) und
- keine signifikanten Effekte bezüglich des Alters.

Das Item mit dem größten Mittelwert war das „völlige Aufgehen in der Tätigkeit" (Nr. 6). Die beschriebenen Erfahrungen waren „intensiv" (Nr. 2), brachten „Spaß" (Nr. 19) sowie „Freude und Erfüllung" (Nr. 22), wurden als „intrinsisch" erlebt (Nr. 21) und weckten das „Bedürfnis, bis zum Schluß weiterzumachen" (Nr. 7). Die Befragten beschrieben ihren Zustand als „klar und konzentriert" (Nr. 5, 23, 27, 50) und „angestrengt" (Nr. 38, 46) und betonten die „Bedeutung des aktuellen Moments" (Nr. 30).

5.2 Flow (CSIKSZENTMIHALYI)

5.2.1 Grundlagen und Merkmale des flow-Konzepts

Grundlagen

Grundlage des *flow*-Konstrukts von CSIKSZENTMIHALYI ist die Annahme eines „Selbst", d.h. die Fähigkeit des Menschen zur Selbstreflexion und zur Formulierung von Zielen. Informationen, die in Konflikt mit den individuellen Zielen stehen, verursachen „psychische Entropie" (CSIKSZENTMIHALYI 1991, 35). Der gegenteilige Zustand liegt vor, *wenn alle*

---

[128] „A comparative analysis of these two experiential phenomena ... suggested that the interrelationship of peak experience and peak performance is reciprocal and significant" (PRIVETTE 1982, 248).

[129] Als Erhebungsinstrument wurde u.a. der Fragebogen zur Grenzleistung und Grenzerfahrung von STRANG / SCHWENKMEZGER (1989) eingesetzt.

Inhalte des Bewußtseins und die Ziele, die das Selbst der Person definieren, sich in Harmonie befinden. Solche Zustände werden als „Negentropie", *optimales Erleben* oder *flow* bezeichnet und subjektiv als Vergnügen, Glück, Befriedigung oder Freude empfunden (CSIKSZENTMIHALYI 1991, 37). CSIKSZENTMIHALYI (1991, 37) sieht in der Aufrechterhaltung dieses Zustandes eines der Hauptziele des Selbst, da es während dieser Episoden des optimalen Erlebens die größte Übereinstimmung mit der eigenen Zielstruktur erreicht. Diese Tendenz bezeichnet er als Teleonomie des Selbst. Die dabei gemachten angenehmen Empfindungen liefern die Motivation zum Aufsuchen von Situationen, die solches Erleben ermöglichen. Diese damit angesprochene Art von Motivation wird als intrinsische Motivation bezeichnet, weil sie sich nicht aus den Folgen einer Handlung ergibt, sondern quasi aus der Handlung selbst.

Zur Definition der intrinsischen Motivation liegen zahlreiche Konzeptionen vor (vgl. HECKHAUSEN 1989), die jedoch hier nicht ausgeführt werden. Zur Verdeutlichung wird lediglich die Unterscheidung intrinsischer und extrinsischer Motivation anhand der Gleichthematik (Endogenität) beschrieben, wie sie dem *flow*-Konzept zugrunde liegt. Demzufolge ist Handeln *intrinsisch*, wenn Mittel (= Handlung, Handlungsziel) und Zweck (= angestrebte Handlungsfolgen) thematisch übereinstimmen, so daß das Handeln um seiner eigenen Thematik wegen erfolgt. Dagegen ist Handeln *extrinsisch*, wenn Mittel und Zweck thematisch auseinanderfallen, so daß Handeln und sein Ergebnis Mittel für das Eintreten eines andersartigen Zwecks (Handlungsfolge) sind.

Da eine attributionstheoretische Aufteilung in internale und externale Ursachenfaktoren nur bei Handlungsergebnissen sinnvoll ist, ist es notwendig zwischen Handlungen und ihren Ergebnissen zu unterscheiden. Daher wird vorgeschlagen, Handlungen oder besser noch Gründe für eine Handlung als *endogen* zu bezeichnen, wenn das Ziel in der Ausführung der Handlung selbst liegt. *Exogen* bzw. extrinsisch motiviert ist eine Handlung, wenn ihre Ausführung und deren Ergebnis Mittel zu einem anderen Zweck sind, der nicht handlungsinhärent ist, sondern in einer willkürlichen Instrumentalitätsbeziehung zum Handlungsergebnis steht. Schwierig ist die Zuordnung jedoch in den Fällen, in denen nicht nur ein einzelnes Handlungsziel, sondern - und dies ist die Regel - eine Vielzahl unterschiedlicher Ziele vorliegen. Zudem muß die Beurteilung einer Handlung als gleich- oder andersthematisch in der Fremdattribution nicht mit der Selbstattribution übereinstimmen. CSIKSZENTMIHALYI (1991, 43) verwendet für intrinsische Motivation in diesem Sinne den Begriff autotelische [130] Motivation.

CSIKSZENTMIHALYI (1991, 44-47; 1993, 42-45) unterscheidet im einzelnen autotelische Aktivitäten, autotelische Personen und autotelisches Erleben. *Autotelische Aktivitäten* liegen vor, wenn *intrinsische Belohnung* vorhanden ist. Zwischen den Polen „autotelisch" und „exotelisch" existiert ein Kontinuum, wobei in der Realität keine Reinformen auto- oder exotelischer Aktivitäten anzutreffen sind. *Autotelische Personen* besitzen die Fähigkeit, *unabhängig von extrinsischen Belohnungen*, an ihrem Tun Freude zu empfinden. Ob in

---

[130] Der Begriff „autotelisch" setzt sich aus den griechischen Wörtern „autos" für selbst und „telos" für Ziel zusammen und meint daher Tätigkeiten, deren Ziel „im Tun selbst" liegt. Das Gegenteil sind exotelische Aktivitäten, deren Ziel in der Erreichung bestimmter Folgen besteht.

einer bestimmten Situation *flow* erlebt wird oder nicht, hängt somit nicht nur von der objektiven Struktur der Situation ab. Diese Fähigkeit führt CSIKSZENTMIHALYI (1991, 45) auf angeborene Persönlichkeitseigenschaften zurück, bejaht aber auch die Möglichkeit des Erlernens. **Autotelisches Erleben** entsteht beim Zusammenkommen von autotelischen Personen und autotelischen Aktivitäten. Diese Form des Erlebens führt zu einer Verstärkung des Verhaltens ohne äußere Belohnungen.

Zur Veranschaulichung der relevanten Faktoren des *flow*-Erlebens entwickeln KIMIECIK / STEIN (1992) ein *Person x Situation-Modell*, das die Gedanken von CSIKSZENTMIHALYI hinsichtlich autotelischer Personen und Aktivitäten aufgreift (siehe Abbildung 5.2).

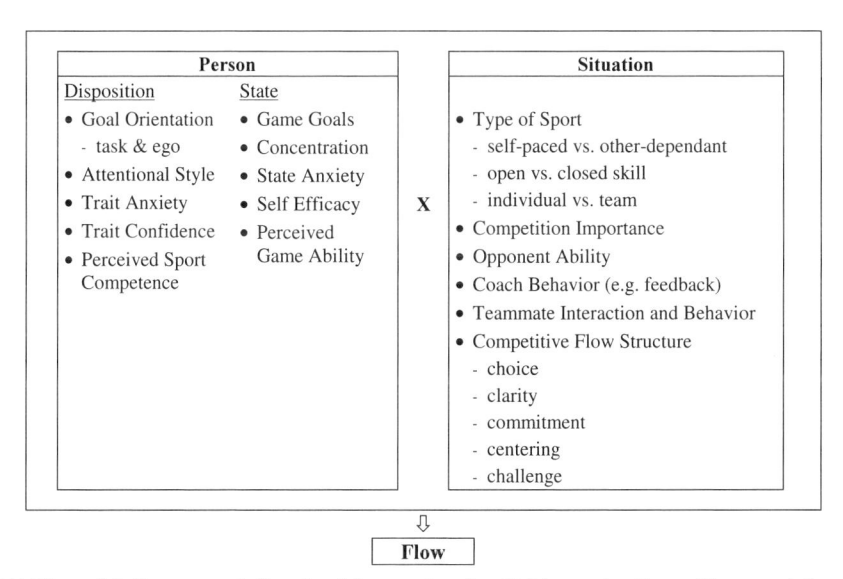

Person		Situation
Disposition	State	• Type of Sport
• Goal Orientation	• Game Goals	- self-paced vs. other-dependant
- task & ego	• Concentration	- open vs. closed skill
• Attentional Style	• State Anxiety	- individual vs. team
• Trait Anxiety	• Self Efficacy X	• Competition Importance
• Trait Confidence	• Perceived	• Opponent Ability
• Perceived Sport Competence	Game Ability	• Coach Behavior (e.g. feedback)
		• Teammate Interaction and Behavior
		• Competitive Flow Structure
		- choice
		- clarity
		- commitment
		- centering
		- challenge

⇩

Flow

Abbildung 5.2: Person- und Situationsfaktoren der *flow*-Erfahrung im Sport (KIMIECIK / STEIN 1992, 151)

Erste Studien zu den Qualitäten des subjektiven Erlebens bei autotelischen Tätigkeiten wurden in Form von Tiefeninterviews durchgeführt. Die Stichproben umfaßten Amateursportler, Schachspieler, Kletterer, Tänzer, Basketballspieler und Komponisten. Es handelt sich also um Aktivitäten, die keinen offensichtlichen Nutzen wie Bezahlung, Anerkennung o.ä. besitzen, sondern im Gegenteil sogar meist mit Aufwand in Form von Zeit, benötigter Ausrüstung, Anstrengung etc. verbunden sind. Diese Untersuchungen führten zu ersten zusammenhängenden Formulierungen über *flow* (CSIKSZENTMIHALYI 1975a/1993, 1975b). Der Ertrag dieser Forschungen bestand vor allem in einer Herausarbeitung von gemeinsamen Merkmalen des Erlebens, das die Befragten als autotelisch oder als an sich lohnend beschrieben haben. Statt dem genaueren Ausdruck „autotelisches Erleben" wurde im folgenden der in den Beschreibungen des Erlebens häufig gebrauchte Begriff „*flow*" verwendet.

CSIKSZENTMIHALYI (1990, zitiert nach KIMIECIK / STEIN 1992) faßt die Merkmale wie folgt zusammen:

„When challenges match skills (and are above average), when action merges with awareness, and when goal and feedback are clear, concentration becomes focused and people sense they are in control, thus creating a merging of action and awareness. When the actor is so focused on the task at hand, a loss of self-consciousness is experienced as well as a distortion in time."

Abbildung 5.3 zeigt die in verschiedenen Literaturstellen leicht variierend wiedergegebenen, gemeinsamen Elemente des *flow*-Erlebens.

1. Die *Fähigkeiten* der Person entsprechen dem *Schwierigkeitsgrad* der Aufgabensituation. Der Schwierigkeitsgrad (und die beanspruchten Fähigkeiten) liegen dabei über dem durchschnittlichen Alltagsniveau[131].
2. *Klare Handlungsanforderungen und Ziele*
3. *Schnelle und eindeutige Rückmeldungen*[132]
4. Trotz hoher Anforderung hat man das sichere Gefühl, das Geschehen noch unter *Kontrolle* zu haben[133].
5. Hochgradige *Konzentration*, die nicht willentlich, sondern wie von selbst erfolgt; Zentrierung der Aufmerksamkeit auf ein handlungsrelevantes Stimulusfeld[134].
6. *Verschmelzen von Selbst und Tätigkeit*[135] (= Verlust der Reflexivität).
7. *Verlust der Selbstbewußtheit*[136]
8. (Zeitweiliger) *Verlust des Zeitgefühls*[137]
9. *Autotelische Tätigkeit*[138]

Abbildung 5.3: Komponenten des *flow*-Erlebens (zusammengefaßt nach CSIKSZENTMIHALYI 1990; 1991; 1993)

Neben dem „reinen" *flow*-Erleben, wie es durch die oben genannten Merkmale beschrieben ist, existiert nach CSIKSZENTMIHALYI (1993) noch eine schwächere Form, der sogenannte „micro-*flow*". Bei den betreffenden Tätigkeiten (z.B. Kaffeepause, Kaugummikauen, sich Strecken, ablenkende Gedanken / Tagträume etc.) handelt es sich um überwiegend nebensächliche, alltägliche Verhaltensweisen, die mit einer Art Belohnung verbunden sind (CSIKSZENTMIHALYI 1993, 181-183).

---

[131] „Perceived challenges and skills are above average, and are in balance"
[132] „Clear goals and unambiguous feedback"
[133] „A sense of control - or, more precisely, a lacking the sense of worry about loosing control"
[134] „Concentration on task at hand"
[135] „Merging of action and awareness"
[136] „Loss of self-consciousness"
[137] „Transformation of time"
[138] „Autotelic experience"

Flow (Csikszentmihalyi)

Wie aus dem Zitat und der Abbildung 5.3 ersichtlich wird, ist eine eindeutige Trennung zwischen Voraussetzungen und den sich daraus ergebenden Konsequenzen bzw. den Faktoren, die das *flow*-Erleben ausmachen, schwierig. Deshalb ist bei den Aspekten, die im folgenden unter Voraussetzungen aufgeführt werden, zu beachten, daß sie sich in die betreffende Handlung hinein erstrecken, d.h. z.B. die Entsprechung von Anforderungen und Fähigkeiten ist eine Voraussetzung für das Auftreten von *flow*, die Bedingung muß aber auch während der Tätigkeit erfüllt sein, um das *flow*-Erleben fortzusetzen.

Voraussetzungen / Auslösebedingungen für flow-Erleben

- Ein selbstverständliches Merkmal von *flow*-Erleben ist der **autotelische Charakter**, d.h. die Tätigkeit zielt nicht auf Folgen (in Form von Belohnungen extrinsischer Art), sondern ist *in sich belohnend*. Wie bereits bei den Tätigkeitsanreizen gesehen (siehe Kapitel 2.6) wird dies jedoch häufig von zugleich vorhandenen Zwecken, z.B. der Erreichung des Gipfels bei einer Bergwanderung, verdeckt. Die zweckorientierten Ziele dienen dabei oftmals zur Rechtfertigung der Tätigkeit und sind von geringerer motivationaler Bedeutung als das Erleben des Handlungsvollzuges selbst.

- Eine weitere Voraussetzung sind relativ *klare Ziele* sowie **schnelle und eindeutige Rückmeldungen** (CSIKSZENTMIHALYI 1991, 46). Eine komplexe Aktivität, bei der nicht erkennbar ist, was getan werden muß und wie gut man es tut, ist kaum dazu geeignet, *flow*-Erleben zu ermöglichen.

- Die wichtigste Voraussetzung ist die **Entsprechung von wahrgenommenen Anforderungen und wahrgenommenen Fähigkeiten**. Wie die Abbildung 5.4 graphisch veranschaulicht, tritt der *flow*-Zustand nur einem schmalen Bereich (*channel*) auf.

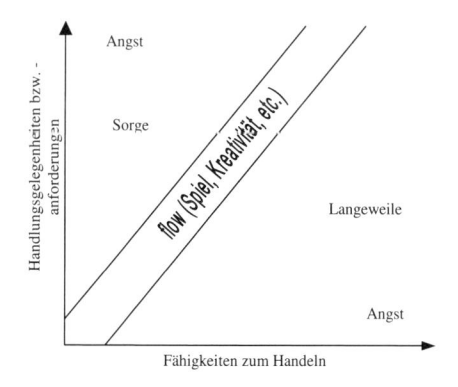

Abbildung 5.4: Zusammenhang zwischen Fähigkeiten der Person und Anforderungen der Situation bei einer Handlung (CSIKSZENTMIHALYI 1993, 75)

Übersteigen die Anforderungen die eigenen Fähigkeiten entsteht Besorgnis, bei größeren Diskrepanzen Angst. Im umgekehrten Fall kommt es zu Langeweile, bei sehr großen Unstimmigkeiten kann es auch hier zu Angstempfinden kommen.

- In der Weiterentwicklung seiner Theorie fordert CSIKSZENTMIHALYI (1991, 46) zusätzlich, daß sowohl die **Fähigkeiten wie die Anforderungen über dem durchschnittlichen Alltagsniveau** liegen[139] (siehe Abbildung 5.5).

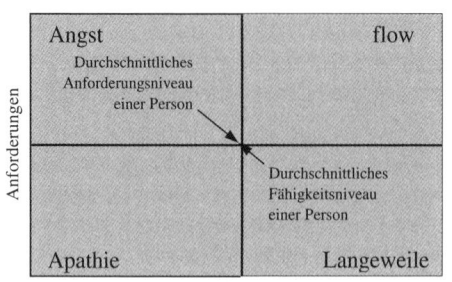

```
              Angst                    flow
              Durchschnittliches
              Anforderungsniveau
              einer Person

Anforderungen
                                       Durchschnittliches
                                       Fähigkeitsniveau
                                       einer Person

              Apathie                  Langeweile
                        Fähigkeiten
```

Abbildung 5.5: Zusammenhang zwischen Fähigkeiten der Person und Anforderungen der Situation bei einer Handlung (CSIKSZENTMIHALYI / CSIKSZENTMIHALYI 1991, 286)

Ein noch differenzierteres Modell des Zusammenhangs von Anforderungen und Fähigkeiten entwickelten MASSIMINI / CARLI (1988/1991). Sie kombinierten die beiden Variablen in den drei Ausprägungen hoch, mittel und niedrig und erhielten auf diese Weise neun Bereiche (siehe Abbildung 5.6).

Das zentrale Feld, das sich als Schnittpunkt durchschnittlicher Anforderungen und durchschnittlicher individueller Fähigkeiten ergibt, stellt das individuelle Durchschnittsniveau der wöchentlichen Anforderungen und Fähigkeiten dar (MASSIMINI / CARLI 1991, 295). Um dieses herum ordnen sich acht sogenannte „channels" (Kanäle) an. Die Kombination aus hohen Anforderungen der Aufgabe und hohen diesbezüglichen Fähigkeiten der Person findet sich im Kanal 2, der *flow*-Erleben repräsentiert. Die befragten Schüler, deren Erlebnisse in diesen Bereich eingestuft wurden, fühlten sich „glücklich", „stark", „aktiv", „engagiert", „kreativ", „frei", „offen", „klar" und „zufrieden" und wünschten sich, die momentane Tätigkeit weiter auszuüben. In diesem Sektor kam die Qualität des Erlebens am nähesten an den optimalen Zustand, den „*flow*", heran (MASSIMINI / CARLI 1991, 298). Während der Kanal 2 die positiven Extremwerte fast aller erhobenen Dimensionen vereinigt, gilt dies für Kanal 6 (Apathie) und mit Abstrichen für Kanal 7 (Besorgtheit) bei den negativen Extremwerten.

---

[139] Hierzu ist kritisch anzumerken, daß CSIKSZENTMIHALYI in einigen Untersuchungen (z.B. CSIKSZENTMIHALYI / LEFEVRE 1989) „die (postulierte) Auslösebedingung mit dem Auftreten von Flow bereits gleichsetzt und dort flow indiziert sieht, wo eine Passung zwischen Fähigkeit und Anforderung vorliegt" (RHEINBERG 1995, 143).

Flow (Csikszentmihalyi) 177

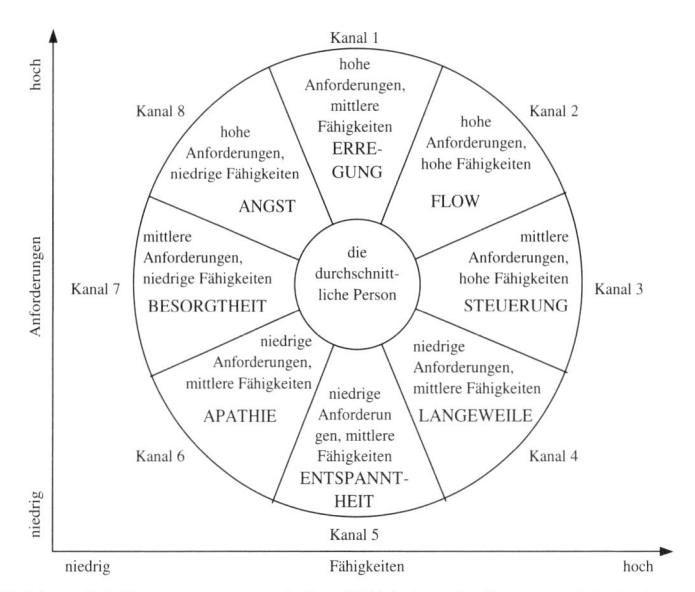

Abbildung 5.6: Zusammenhang zwischen Fähigkeiten der Person und Anforderungen der Situation bei einer Handlung (MASSIMINI / CARLI 1991, 286)

Die Abhängigkeit des *flow*-Erlebens von den absoluten Fähigkeiten der Person zeigte sich in Untersuchungen von NAKAMURA (1988) an Schülern und LEFEVRE (1988) bei Arbeitern und Angestellten. Demnach treten *flow*-Zustände häufiger bei Personen mit höherer Leistungsfähigkeit auf.

Flow-Erleben wird zwar durch das Vorhandensein bestimmter Bedingungen begünstigt, es gibt aber keine typischen Aktivitäten, die *flow* auslösen. Prinzipiell kann jede Tätigkeit, die die oben genannten Voraussetzungen erfüllt, *flow*-Zustände hervorrufen. Am geeignetsten erscheinen produktive Tätigkeiten. CSIKSZENTMIHALYI / RATHUNDE (1993, 62) nennen hier die Bereiche Schule, Arbeit, Freizeitaktivitäten (Sport, Spiel, Musik, Kunst etc.) und Familie. Je nach Stichprobe treten entsprechend andere Bereiche in den Vordergrund. Bei amerikanischen Arbeitern am häufigsten in der Arbeitssituation und bei der Ausübung von Hobbies (CSIKSZENTMIHALYI 1982); bei Jugendlichen in den Bereichen Schularbeiten, Hausaufgaben, Lernen, außerschulische Arbeit und Beruf (CSIKSZENTMIHALYI / RATHUNDE 1993; MASSIMINI / CARLI 1991). Außerdem ist zu beachten, daß über verschiedenen Zeitpunkte hinweg bei Tätigkeiten sämtliche Erlebnisqualitäten auftreten können[140]. D.h. eine Aktivität kann in einer Person zu unterschiedlichen Zeitpunkten *flow*, Angst, Langeweile oder Apathie auslösen (MASSIMINI / CARLI 1991, 302).

---

[140] Dieses Ergebnis bestätigt indirekt die Annahmen der *Reversal Theory* aus Kapitel 4.3

REA (1993, 78) kommt in Anlehnung an die *Reversal Theory* von APTER (Kapitel 4.3) zu ähnlichen Resultaten. Er unterscheidet zwischen „exiting paratelic *flow*" und „relaxing telic *flow*". Der erstgenannte Zustand ist mit einem höheren Erregungsniveau verbunden als der zweite. Trotz dieses Unterschiedes können beide Formen gleich positiv erlebt werden. Daraus ergibt sich eine Erklärung für das Auftreten von *flow* bei passiven, eher entspannenden Tätigkeiten wie Fernsehen oder Musikhören.

Im Gegensatz dazu sind CSIKSZENTMIHALYI / RATHUNDE (1993, 62) der Meinung, daß entspannende Freizeitaktivitäten wie z.b. Fernsehen eher ungeeignet sind, um *flow*-Zustände zu erleben.

In der Studie von PRIVETTE / BUNDRICK (1987) zum Vergleich von *peak experience, peak performance* und *flow* fanden sich *flow*-Erlebnisse vor allem im Sport, was jedoch auf die Beschreibung von *flow*-Zuständen zurückzuführen ist, die bei der Befragung vorangestellt wurde[141]. Die Auslösesituationen waren durch die Items „mit anderen Personen", „Zielsetzung", „Abgeschlossenheit / Begrenztheit" sowie die negative Werte bei „bedeutungsvoll" und „religiöse / spirituelle Inhalte" gekennzeichnet (PRIVETTE / BUNDRICK 1987, 328-329). In einer weiteren Studie von PRIVETTE / BUNDRICK (1991) konnten zwar „Spiel" und „aktives Tun" als relevante Kriterien bestätigt werden. Wider Erwarten zeigte sich jedoch kein deutlicher Zusammenhang mit den Faktoren „loss of self" und „full focus". Ersterer konnte gar nicht, zweiter nur bedingt nachgewiesen werden.

Merkmale des flow-Erlebens

- Die **außerordentliche Konzentration** während der Tätigkeit ist das am häufigsten genannte Element (CSIKSZENTMIHALYI 1991, 47). Sie wird aber nicht willentlich herbeigeführt, sondern kommt wie von selbst. Die Aufmerksamkeit ist dabei meist nur auf einen begrenzten Bereich der Tätigkeit (z.B. betroffenen Objekte, Personen oder Bewegungen) konzentriert. Für die momentane Handlung irrelevante Informationen werden ausgeblendet.
- Im Zustand des *flow* empfindet die Person **Kontrolle über ihre Handlung und die Umwelt**. Kontrolle meint in diesem Zusammenhang jedoch eher Sorglosigkeit im Hinblick auf die Einschätzung der Anforderungen und die Gefährlichkeit der Tätigkeit. REA (1993, 76) bezeichnet diese Form als „calm control".
- Typisch für *flow*-Erleben ist auch die **Verschmelzung von Selbst und Tätigkeit**, die aus der Fokussierung der Aufmerksamkeit auf die momentane Tätigkeit resultiert. Die Vereinnahmung der Person durch die Tätigkeit führt zur Selbstvergessenheit bis in extremen Fällen zu Selbsttranszendenz, d.h. ein Kletterer fühlt sich z.B. eins mit dem Berg, den Wolken, den Sonnenstrahlen etc. (CSIKSZENTMIHALYI 1991, 47). Während dieses Zustands kommt es jedoch nicht zu einem Realitätsverlust; interne Prozesse, z.B. die Bewegungen einzelner Muskeln, werden besonders intensiv wahrgenommen.
- Der **Verlust des Zeitgefühls** ist eine weitere Konsequenz der Konzentration und des Aufgehens in der Tätigkeit (CSIKSZENTMIHALYI 1993, 64; CSIKSZENTMIHALYI / RATHUNDE

---

[141] „(...) remember the last time you played sport or game" (PRIVETTE / BUNDRICK 1987, 321)

1993, 59-60). In der Regel wird dabei die tatsächlich verstrichene Zeit unterschätzt, d.h. die Person erlebt die Tätigkeit viel kürzer als sie in Wirklichkeit ist.

• Der **glatt und fließend empfundene Handlungsablauf** ist eines der meistgenannten Kennzeichen des *flow*-Erlebens. Auch diese Empfindung resultiert aus der Konzentration und der Ausblendung von Reflexionen über das Handeln. Wie einer inneren Logik folgend geht ein Schritt in den nächsten über[142].

Auswirkungen / Folgen des flow-Erlebens

Die Folgen von *flow*-Erleben lassen sich in kurz- und langfristige Konsequenzen unterscheiden.

Die **kurzfristigen Konsequenzen** leiten sich unmittelbar aus dem *flow*-Erleben ab. In verschiedenen Studien zeigte sich ein *positiver Effekt auf die Stimmung* (MASSIMINI / CARLI 1991, 298; CSIKSZENTMIHALYI / RATHUNDE 1993). Der *flow*-Zustand vereint aber nicht alle positiven Extremwerte. So weisen die Probanden im Zustand der Langeweile höhere Zufriedenheitswerte auf, weil diese bei den geringeren Anforderungen leichter zu erreichen ist. Im Zustand der Erregung finden sich höhere Werte für Konzentration, Kreativität und Anteilnahme an der Situation und im Zustand der Kontrolle höherer Werte für Stärke und Kontrollgefühl. Insgesamt erreichen die Versuchspersonen im *flow*-Zustand jedoch die besten Werte.

Langfristig kann das Streben nach *flow*-Erfahrungen zur kontinuierlichen Weiterentwicklung der persönlichen Fähig- und Fertigkeiten führen. Mit anhaltender Ausübung einer Aktivität - motiviert durch die *flow*-Erfahrungen - kommt es zu einer Verbesserung der Leistungsfähigkeit bezüglich dieser Tätigkeit. Dabei wird die Relation zwischen Anforderungen und Fähigkeiten aus dem *flow*-Bereich in den Quadranten „Langeweile" (siehe Abbildung 5.5) bzw. in den Kanal 3 „Steuerung" oder Kanal 4 „Langeweile" (siehe Abbildung 5.6) verschoben; die Fähigkeiten überwiegen die Anforderungen. Um weiterhin *flow* zu erleben, werden die Personen die Schwierigkeit der Aufgaben erhöhen (durchgezogene Linie). Es können aber auch zuerst die Schwierigkeiten der Aufgabe (von außen) erhöht werden. Um den *flow*-Zustand wiederzuerlangen, werden die Fähigkeiten verbessert, bis es wieder zum Gleichgewicht kommt (gepunktete Linie). In Fortführung dieser Adaptationsprozesse kommt es zu einer fortlaufenden Steigerung der individuellen Kompetenz (siehe Abbildung 5.7). Auf diese Weise können die Fähigkeiten bis zum individuellen Maximum gesteigert werden.

---

[142] Dieser Aspekt wird zwar nicht von CSIKSZENTMIHALYI als Komponente des flow angegeben, da es aber höchst charakteristisch für flow-Erleben ist und sich daraus vermutlich die flow-Bezeichnung abgeleitet hat, wird es an dieser Stelle aufgeführt (RHEINBERG 1995, 142).

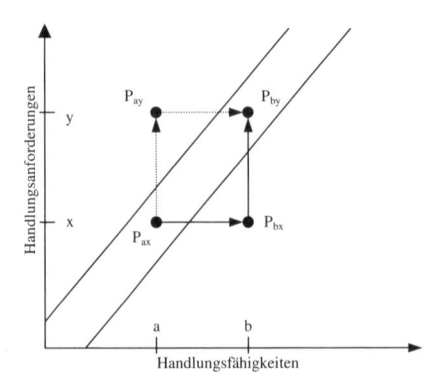

[Diagramm: Handlungsanforderungen (y-Achse) vs. Handlungsfähigkeiten (x-Achse), mit Punkten P_{ay}, P_{by}, P_{ax}, P_{bx} und Positionen a, b auf der x-Achse, x, y auf der y-Achse]

Abbildung 5.7: Verbesserung der Fähigkeit durch das Streben nach (Erhalt von) *flow*-Zuständen (modifiziert nach CSIKSZENTMIHALYI 1993, 80)

Wie beim Konzept der *peak performance* kann das Erleben positiver Emotionen in Verbindung mit der bestmöglichen Nutzung individueller Ressourcen zu einer Verbesserung des Selbstkonzepts führen (CSIKSZENTMIHALYI / RATHUNDE 1993, 73-74).

Auch die Auswirkungen von *flow*-Entzug wurden mittels eines Experiments erforscht (CSIKSZENTMIHALYI 1993, 181-184). Dazu beobachtete man zunächst die Verhaltensweisen der Versuchspersonen (N = 20). Zusätzlich wurden Selbstbeschreibungen und -beobachtungen ausgewertet. Nach einer Zwischenphase untersagte man den Versuchspersonen für 24 Stunden alle nicht zweckorientierten Tätigkeiten (z.b. Fernsehen, zur Unterhaltung Lesen oder Gespräche führen, Kaugummi kauen, Sport treiben etc.). Dadurch wurden die Möglichkeiten für das Erleben von *flow* oder micro-*flow* so weit wie möglich eingeschränkt. In Folge kam es verstärkt zu physischen Beschwerden aufgrund Müdigkeit, Kopfschmerzen und Verspannungen. Psychisch bewirkte der Entzug eine Reduktion der Fähigkeit zu kreativem Denken, der Flexibilität und der verbalen Leistungsfähigkeit. In der Selbstwahrnehmung schätzten sich die Teilnehmer während des Experiments weniger kreativ, irritierbar und verärgerter ein. Somit konnte der Einfluß zweckfreier Verhaltensweisen auf das somatische und psychische Wohlbefinden nachgewiesen werden. Bei der Interpretation der Ergebnisse hinsichtlich des Entzugs von *flow* ist jedoch zu berücksichtigen, daß nicht alle zweckfreien Aktivitäten immer *flow*-Erleben nach sich ziehen müssen. Ferner reduzieren der geringe Stichprobenumfang, die Homogenität der Gruppe und die geringe Versuchsdauer die Aussagefähigkeit des Experiments; hinzu kommen die bekannten Probleme der Selbstbeobachtung.

Neben den genannten positiven Auswirkungen sind auch ***negative Aspekte des flow-Erlebens*** zu erwähnen.

Beim Gefühl der Kontrolle handelt es sich mehr um ein Gefühl der Unbekümmertheit und da wegen der fehlenden Reflexion keine Zweifel hinsichtlich eines möglichen Versagens und der Gefahren des Handelns entstehen, kann es leicht zu einer *Unterschätzung der Risiken* und *Überschätzung der eigenen Fähigkeiten* kommen. RHEINBERG (1991) nennt hier das Motorradfahren. Die gefaßten Vorsätze hinsichtlich einer kontrollierten und defensiven Fahrweise sind zwar als Kognitionsstruktur nach wie vor vorhanden, jedoch sind sie auf einer abstrakten, geschehensfernen Ebene abgespeichert, die während des *flow*-Zustandes unzugänglich und somit unwirksam ist.

Langfristig können *flow*-Erlebnisse zu *Suchtverhalten* führen. Dies trifft sowohl bei *microflow*-Erlebnisse, wie dem Rauchen einer Zigarette zu, aber auch im Streben nach immer größeren Herausforderungen. Besonders auffällig wird dies, wenn *flow*-Erleben mit unsozialem, destruktivem Verhalten einhergeht (z.B. Hooligans, Erlebniskriminalität).

flow-Erleben – Leistungsmotivation – Handlungstheorie

Ergänzend zu den obigen Ausführungen werden hier noch einige Überlegungen vorgestellt, die auf Zusammenhänge von *flow*-Erleben, Leistungsmotivation und die damit verbundene Integration des *flow*-Erlebens in die Handlungstheorie hinweisen.

Der Anreiz leistungsmotivierten Handelns besteht in der Ergebnisfolge „positive Selbstbewertung" (z.B. Stolz auf die eigene Tüchtigkeit; siehe Kapitel 2.3), beim *flow*-Konzept im positiven Erleben. Aus der identischen Anregungsbedingung für *flow*-Erleben und leistungsmotiviertes Handeln, nämlich der Entsprechung von Anforderungen einer Aufgabe und den individuellen Fähigkeiten zu deren Bewältigung, schließt RHEINBERG (1995, 144), daß nicht nur das vorweggenommene Erfolgserlebnis, sondern auch das völlige Aufgehen in der (Leistungs-) Aktivität dieses Verhalten attraktiv machen kann. Bestätigt sieht er diese Vermutung durch die Ergebnisse verschiedener Faktorenanalysen, bei denen sich unabhängig von der Anzahl der extrahierten Faktoren ein inhaltsstabiler Faktor „Kompetenzgefühl und Erfolgszuversicht" zeigte, während sich die anderen Elemente auf unterschiedlichen Faktoren gruppierten (RHEINBERG 1996, 109).

Mit dem Ziel einer theoretischen Rekonstruktion des *flow*-Erlebens versucht RHEINBERG (1995) die von CSIKSZENTMIHALYI (1975/1993) beschrieben Komponenten und die Modelle der Handlungsregulation (CRANACH u.a. 1980; HECKHAUSEN 1987b; HACKER 1978, siehe Kapitel 1.3), funktional aufeinander zu beziehen.

Prämissen seitens der Handlungspsychologie sind die Zuordnung bestimmter Aufgabenklassen zu den verschiedenen Regulationsebenen (auf den unteren Regulationsebenen findet die Feinregulation statt, während auf der oberen Ebene Teilziele, übergeordnete Ziele und allgemeine Wertkomplexe lokalisiert sind), die Begrenztheit der Aufnahmekapazität und die Lenkung der Aufmerksamkeit in die Bereiche, wo sie benötigt wird (CRANACH u.a. 1980; HECKHAUSEN 1987b).

Am Beispiel der *flow*-auslösenden Tätigkeit des Skifahrens in einer Buckelpiste erläutert RHEINBERG (1995, 145-146) die Anwendung der Handlungsregulationstheorie. Sind für die Personen die Ziele der Tätigkeit klar (z.B. Befahren eines Hanges auf einer bestimmten Linie unter Anwendung geeigneter Technikformen) und sind die eingehenden Rückmeldungen interpretationsfrei zu verarbeiten (insbesondere kinästhetische und optische Informationen), so wird auf den höheren Ebenen keine Aufmerksamkeit gebraucht. Ist zugleich die Ausführung der Tätigkeit schwierig (die Abfahrt ist gemessen am individuellen Fertigkeitsniveau sehr anspruchsvoll, ggf. herrschen schlechte Sichtbedingungen o.ä.), so wird die

Aufmerksamkeit vollständig von den unteren Regulationsebenen in Anspruch genommen. Dies trifft um so mehr zu, wenn die Operation und ihr bewirkter Effekt in einem kurzen Rückkopplungszirkel flüssig ineinander greifen müssen (die Ausführung eines Schwungs hat unmittelbare Auswirkungen auf die Durchführung des anschließenden), so daß die gesamte Verarbeitungskapazität durch das laufende Geschehen gebunden ist. Dadurch steht keine Kapazität z.b. für die Kontrolle des objektiven Zeitverlaufs oder anderer irrelevanter Randbedingungen zur Verfügung. Somit lassen sich die Elemente des *flow*-Erlebens aus allgemeinen Annahmen der Handlungsregulation ableiten:

- Das Aufgehen in der glatt verlaufenden Tätigkeit, die quasi automatische Konzentration und der Verlust der Zeitwahrnehmung wird durch die völlige Inanspruchnahme der Verarbeitungskapazität in den unteren Ebenen erklärt.
- Die Klarheit von Zielsetzung und Rückmeldung sind aus dieser Perspektive nicht bei den Erlebniskomponenten anzusiedeln, sondern erhalten wie die Entsprechung von Anforderungen und Fähigkeiten den Status einer notwendigen Bedingung. Unklare und / oder widersprüchliche Ziele und Rückmeldung führen zu einer Bindung der Aufmerksamkeit in höheren Ebenen, ein vollständiges Aufgehen in den unteren Ebenen (= *flow*) ist damit unmöglich.
- Als zusätzliche Bedingung läßt sich noch die Unterbrechungsfreiheit der Handlungsstruktur formulieren. Bei der Handlungsregulation besteht nämlich die Tendenz, in Pausen oder bei Zwischenergebnissen (z.B. bei einer Unterbrechung einer Abfahrt) die Aufmerksamkeit auf höhere Regulationsebenen zu verlagern, womit der *flow* unterbrochen wäre.

Keine Klärung bringen die Handlungsregulationskonzepte zu der Frage, warum das Aufgehen in der Tätigkeit unter bestimmten Bedingungen erstrebenswert sein soll. Dem widerspricht die strikte Zweckzentrierung der Handlungsmodelle. „Daß Menschen den Zustand des reflexionsfreien Aufgehens im flüssigen Tätigkeitsvollzug suchen (und wohl auch zeitweise brauchen), statt ständig abzuwägen, welche Folgen was haben könnte und wie wertvoll oder bedenklich die dann wären, bleibt ein eigenständiges Moment, auf das CSIKSZENTMIHALYI (1975; 1992) aufmerksam gemacht hat" (RHEINBERG 1995, 147).

Auf mögliche Zusammenhänge des *flow*-Modells mit der *Reversal Theory* weist REA (1993) hin. REA (1993, 86) nimmt an, daß es, abhängig vom mentalen und emotionalen Entwicklungsstand einer Person, vier verschiedene Formen von *flow* gibt. Auf dem untersten Entwicklungsniveau wird *flow* entweder als (1) Entspannung (relaxation) im telischen Modus oder als (2) positive Erregung (excitement) im paratelischen Modus erlebt. Auf den zweiten Niveau wird *flow* in Form eines (3) ausgewogenen Wechsels zwischen Entspannung und Erregung wahrgenommen. Auf der dritten Ebene entsteht *flow* als (4) „simultane Integration" von Entspannung und Erregung. Diesen Zustand bezeichnet REA (1993, 84) als „serious playfulness" bzw. als „dynamic stillness"[143]. Die „Schmetterlingskurve" in Abbildung 5.8 veranschaulicht diesen Zusammenhang.

---

[143] Die vierte Stufe erfordert gewissermaßen eine Erweiterung der *Reversal Theory*, da dieses flow-Erleben eine „simultaneous integration" beider flow-Varianten und somit den gleichzeitigen „Aufenthalt" im telischen und im paratelischen Modus voraussetzt, der nach der Reversal Theory (APTER 1982) nicht möglich ist (REA 1993).

Flow (Csikszentmihalyi) 183

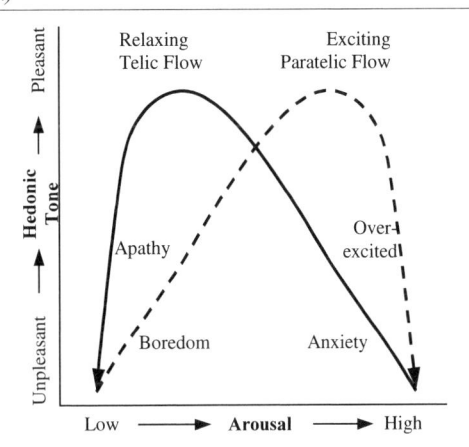

Abbildung 5.8: Schmetterlingskurve mit zwei Varianten von *flow* (REA 1993, 79)

Das *flow*-Erleben als aneinandergereihte Wechsel zwischen paratelischen und telischen Modus ist in Abbildung 5.9 dargestellt. Die Reversals vom telischen in den paratelischen Modus werden durch das Bedürfnis nach Herausforderungen angetrieben (C→D→E), das Bedürfnis nach Kompetenzerleben bewirkt Reversals vom paratelischen in den telischen Modus (A→B→C).

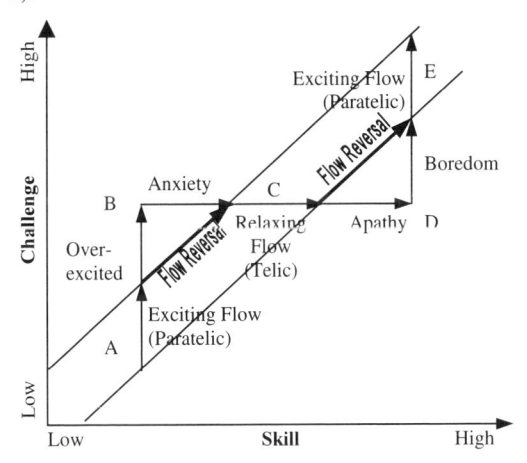

Abbildung 5.9: Wechsel der *flow*-Zustände in Abhängigkeit von sich verbessernden Fähigkeiten und wechselnder Aufgabenschwierigkeit (REA 1993, 82)

5.2.2 Erfassungsmethoden für flow-Erleben

Bei den Erhebungsinstrumenten lassen sich Interviewtechnik, Fragebogen und die sogenannte „Experience Sampling Method" (ESM) unterscheiden.

Interviewmethode

Den Ausgangspunkt für die empirische Untersuchung für *flow*-Erlebnisse bildeten Studien zur Motivation bei autotelischen Tätigkeiten. Von CSIKSZENTMIHALYI (1975a/1993) durchgeführte Befragungen von Amateursportlern, Kletterern, Tänzern, Schachspielern, Basketballspielern und Komponisten ergaben eine deutliche Dominanz der intrinsischen Begründungen, wie z.b. „Lust an der Aktivität und an der Anwendung von Können" und „die Aktivität selbst: das Muster, die Handlung, die dahinterliegende Welt" (CSIKSZENTMIHALYI 1993, 34-36).

Zur weiteren Erforschung der autotelischen Aktivitäten wurden zahlreiche explorative Interviews mit Personen aus verschiedenen Tätigkeitsbereichen durchgeführt. Die Interviews führten geschulte Interviewer mit eingehenden Kenntnissen aus dem jeweiligen Tätigkeitsbereich durch. Die gesammelten Aussagen zu autotelischen Aktivitäten wurden verglichen und lieferten die Grundlage für die Beschreibung der Komponenten des *flow*-Erleben (CSIKSZENTMIHALYI 1993, 82-84).

Ein Vorteil dieser Methode ist die sehr differenzierte Erfassung der *flow*-Erlebnisse. Problematisch ist dagegen der hohe Zeitaufwand, insbesondere, wenn Vorher- und Nachherinterviews durchgeführt werden.

Fragebogen / „Experience Sampling Method" (ESM) / Flow State Scale FSS)

Aus den Aussagen der Befragten in den Interviews von CSIKSZENTMIHALYI (1975a/1993) wurden Items für einen **Fragebogen** abgeleitet. Dieser besteht aus drei Teilen. Im ersten Teil werden den Probanden drei Beschreibungen eines *flow*-Erlebnisses vorgelegt, verbunden mit der Aufforderung, eigene, ähnliche Erlebnisse zu beschreiben. Zusätzlich werden Art und Häufigkeit der auslösenden Tätigkeiten erfaßt. Der zweite Teil der Fragebogens besteht aus 12 Aussagen, die Aspekte des *flow*-Erlebens wiedergeben und anhand derer die Befragten ihre Erlebnisse einstufen müssen. Im dritten Teil ist noch der Beginn, der Verlauf und das Ende des *flow*-Zustandes anzugeben (DELLE FAVE / MASSIMINI 1988, 194-195).

Neben dem Fragebogen wurde noch die **„Experience Sampling Method"** (ESM, LARSON / CSIKSZENTMIHALYI 1983; CSIKSZENTMIHALYI / CSIKSZENTMIHALYI 1991, 276-279) entwickelt, um die Häufigkeit und die Intensität von *flow*-Zuständen zu erfassen. Die Probanden erhalten bei diesem Verfahren einen Signalgeber (Pager, Beeper, „Piepser"), von dem sie achtmal pro Tag, eine Woche lang, ein Signal erhalten. In jedem 2-Stunden-Intervall zwischen 8.00 Uhr und 22.00 Uhr (an Wochenenden bis 1.30 Uhr) wird zu einem zufälligen Zeitpunkt ein Signal ausgesendet. Unmittelbar nach jedem Signal ist einer der zuvor ausgehändigten Fragebogen auszufüllen. Nach Angaben zum Zeitpunkt des Ausfüllens werden zunächst offene Fragen zur objektiven Situation gestellt. Diese erfassen aktuelle Gedanken, Aufenthaltsort und Tätigkeit. Die Fragen zum subjektiven Zustand der Person enthalten Items zu ihren Gedanken, ihren kognitiven, emotionalen und motivationalen Zustand sowie zur Wahrnehmung der aktuellen sozialen Situation. Diese Fragen sind mittels semantischen Differentialen oder Likert-Skalen zu beantworten (LARSON / CSIKSZENTMIHALYI 1983). Die einzelnen Fragen und Items sind dem Anhang A 1.14 zu entnehmen.

Ergänzende Hinweise zur adäquaten Anwendung der ESM in verschiedenen Kontexten geben KIMIECIK / STEIN (1992). Sie unterscheiden drei Untersuchungsrichtungen im sportlichen Kontext:

(1) Die Erforschung von *flow*-Erfahrungen über die gesamte Breite möglicher alltäglicher Situationen, z.B.: „Bietet der Sport mehr Möglichkeiten zum *flow*-Erleben als andere Situationen?" Für diesen Anwendungsfall wäre die oben vorgestellte Methode unverändert zu übernehmen.

(2) Der Vergleich von *flow*-Erfahrungen bei verschiedenen sportlichen Aktivitäten, z.B.: „Kommt es eher im Wettkampf oder im Training zu *flow*-Erlebnissen?" Da Sport nicht während des ganzen Tages ausgeübt wird, ist in diesem Fall die „Beeper"-Technik zu verändern. Einerseits muß gewährleistet sein, daß der „Beep" in die Periode sportlicher Aktivität fällt, wobei mehr als ein Signal pro Training von Sportlern und Trainern in der Regel nicht akzeptiert wird. Andererseits muß die Gesamtdauer der Erhebung entsprechend verlängert werden, um zu einer ausreichenden Anzahl ausgefüllter Fragebögen zu kommen.

(3) Die Untersuchung einer Form sportlicher Aktivität, z.B. „Erleben Sportler auch bei Niederlagen *flow*?" Auch hier muß der Erhebungszeitpunkt entsprechend ausgewählt werden.

KIMIECIK / STEIN (1992, 157) empfehlen ferner ein Minimum von 10-15 Erhebungen für eine bestimmte Situation.

Ferner regen sie an, durch den Einsatz von zwei Fragebögen zwischen vorausgehenden Zuständen und dem Erleben zu differenzieren, wobei die Anzahl möglicher Ereignisse zwischen den beiden Erhebungszeitpunkten, bei denen es zu *flow*-Erfahrungen kommen kann, möglichst gering sein sollte. Die beiden Fragebögen, die von STEIN u.a. (1992) bei Golfspielern eingesetzt wurden, sind im Anhang wiedergegeben. Die Zeitpunkte, zu denen die Bögen auszufüllen waren, wurden statt des hier ungeeigneten „Beepers", durch entsprechende Vermerke auf der Scoring-Karte vermerkt.

Außerdem weisen KIMIECIK / STEIN (1992) noch auf grundsätzliche Probleme mit der ESM hin. So besteht das Risiko, daß mit der Aufforderung zum Ausfüllen eines Bogens ein *flow*-Erlebnis unterbrochen wird. Bei der Operationalisierung von *flow*-Erlebnissen über die Entsprechung von Anforderungen (challenges) und Fähigkeiten (skills) in der betreffenden Situation mit der zusätzlichen Bedingung, daß sowohl Anforderungen wie auch Fähigkeiten in überdurchschnittlicher Ausprägung vorliegen müssen (MASSIMINI / CARLI 1991, 295-296), wird die Anwendung einer Z-Transformation für die Einstufungen der Schwierigkeiten und der Fähigkeiten empfohlen, um den Einfluß unterschiedlicher Ausgangsniveaus auszugleichen. Aufgrund der Verletzung statistischer Voraussetzungen, wie z.B. der Unabhängigkeit der Daten, sollte auf multivariate Techniken (z.B. MANOVA) verzichtet werden und stattdessen einfache deskriptive (z.B. Mittelwerte, Standardabweichungen, Häufigkeiten) und univariate Verfahren (z.B. t-Test, ANOVA) eingesetzt werden.

Wie bereits erwähnt, wurden *flow*-Aktivitäten auch mittels des Experience-Questionnaire von PRIVETTE untersucht (PRIVETTE / BUNDRICK 1987; 1991). Aufgrund der Vorgaben werden *flow*-Erfahrungen aber auf den sportlichen Kontext beschränkt und somit nur ein geringer Teil potentieller *flow*-Erlebnisse erfaßt.

JACKSON / MARSH (1996) entwickelten ein Instrument zur Erfassung des aktuellen *flow*-Zustandes, die sogenannte **Flow State Scale** (FSS). Da es sich bei dem *flow*-Erleben um ein hypothetisches Konstrukt handelt, bestand ein Anliegen der Autoren im Nachweis der Validität des Instruments als Gradmesser für die Nützlichkeit des Konstrukts. In der vorliegenden sogenannten „within-network" Studie wurde die innere Struktur des *flow*-Modells in Form der postulierten Dimensionen untersucht[144]. Die Subskalen des Instruments orientieren sich an den von CSIKSZENTMIHALYI formulierten, neun charakteristischen Merkmalen des *flow*-Erlebens (siehe Abbildung 5.3).

Bei der Entwicklung des Fragebogens wendeten JACKSON / MARSH (1996) folgendes Vorgehen an:

(1) Zur Bildung eines Item-Pools wurden die Definitionen der obigen Dimensionen des *flow* und früher verwendeter Skalen herangezogen. Die Formulierung orientierte sich dabei an einer qualitativen Studie zum *flow*-Zustand von JACKSON (1992). So entstand ein Item-Pool mit insgesamt 54 Items, wovon je sechs Items einer der neun Dimensionen zugeordnet wurden.

(2) Durch sieben mit der Thematik vertraute Forscher wurden die Formulierung der Items und ihre Relevanz für die jeweilige Kategorie bewertet.

(3) Dieses erste Instrument wurde in einer Pilotstudie an 252 Versuchspersonen getestet.

(4) Für die zweite Version ersetzte man die durch Itemanalysen ermittelten, ungeeigneten Items durch besser und eindeutiger formulierte Fragen.

(5) Diese Version wurde einer weiteren Stichprobe von 394 Sportlern (67% m, 33% w; Alter: 14-50, $M = 22$ Jahre, $SD = 5,4$) in den USA ($N = 244$) und Australien ($N = 150$) vorgelegt. Dabei handelte es sich um Sportler aus insgesamt 41 Sportarten mit unterschiedlichem Niveau (Freizeitsportler bis Nationalkader) und unterschiedlicher Erfahrung ($M = 9,7$ Jahre, 71% mehr als 5 Jahre).

Obwohl die Vpn bei der vorliegenden Untersuchung aufgefordert wurden, sich an ein zurückliegendes Ereignis zu erinnern, wurde die Instruktion nachträglich für eine Anwendung unmittelbar nach einer Aktivität umformuliert, da diese Form nach JACKSON / MARSH (1996) für künftige Studien geeigneter zu sein scheint. Der Fragebogen von JACKSON / MARSH (1996) ist im Anhang wiedergegeben.

Die drei *Ziele der statistischen Analyse* des Datenmaterials waren die Überprüfung der Reliabilität des Instruments, die Entwicklung einer kürzeren Version und die Überprüfung der Dimensionalität des *flow*-Modells.

---

[144] Nach Meinung der Autoren ist es wichtig, „to address at least some of the within-construct issues before moving to between-construct research" (JACKSON / MARSH 1996, 21). Mit „between-construct" bzw. „between-network" Studie sind solche gemeint, die das Verhältnis zu anderen Maßen für das flow-Erleben oder zu anderen Konstrukten untersuchen.

(1) *Berechnung der Kennzahlen für die Reliabilität*

Die CRONBACH α-Koeffizienten der 36-Item-Version lagen im Durchschnitt bei α =,83 und damit nur geringfügig unter der 54-Item-Version und besser als die angestrebten ,80. Die Werte der einzelnen Subskalen sind in Tabelle 5.1 dargestellt.

Tabelle 5.1: CRONBACH α-Koeffizienten für die 54-Item- und 36-Item-Versionen der Flow State Skala (JACKSON / MARSH 1996, 25)

Scale	54-item version (N = 394)	36-item version (N = 394)
Challenge-skill balance	,83	,80
Action-awareness merging	,84	,84
Clear goals	,85	,84
Unambiguous feedback	,82	,85
Concentration on task at hand	,87	,82
Paradox of control	,87	,86
Loss of self-consciousness	,83	,81
Transformation of time	,79	,82
Autotelic experience	,86	,81
Mean	,84	,83

(2) Entwicklung einer kürzeren Version des FSS mit je vier Items pro Subskala

Kriterien für die Auswahl der jeweils vier besten Items waren die Faktorenladungen bei der Neun-Faktoren-Lösung, die korrigierten Item-Gesamtwert-Korrelationen einer Itemanalyse, Maße der Paßgenauigkeit im Rahmen des Neun-Faktoren-Modells sowie die von LISREL ausgegebenen Modifikationsindizes. Absolutwerte für die Auswahl wurden nicht vorgegeben, da - bei hinreichender Skalenreliabilität - jeweils die vier besten Items ausgewählt werden sollten.

(3) Überprüfung der Dimensionalität des *flow*-Modells

Für die Überprüfung des Modells wurde eine konfirmatorische Faktorenanalyse[145] gerechnet. Bei den drei vorgegebenen Modellen zeigte die Version mit neun Faktoren erster Ordnung die beste Übereinstimmung, gefolgt von einer Neun-Faktoren-Lösung mit einem übergeordneten Faktor, der sich aus den Korrelationen der neun Faktoren bestimmt. Das dritte Modell mit einem Faktor erster Ordnung, was für die Eindimensionalität des *flow*-Konstrukts gesprochen hätte, zeigte keine Übereinstimmung mit dem Datenmaterial. Aufgrund früherer Untersuchungen (JACKSON 1992; 1994; JACKSON / ROBERTS 1992) nicht unerwartet, ergab sich eine vergleichsweise geringere Bedeutung für die beiden Dimensionen „Transformation of Time" und „Loss of Self-consciousness". Dies führten JACKSON / MARSH (1996, 30) darauf zurück, daß „the nature of sport performance demands awareness of time and of how

---

[145] Die konfirmatorische Faktorenanalyse wurde mittels der Statistiksoftware LISREL 7 durchgeführt.

the self is being presented". Unerwartet war dagegen die geringere Bedeutung des Faktors „Autotelic Experience", die CSIKSZENTMIHALYI als entscheidend für das *flow*-Erleben ansieht und die Ausdrücke „autotelic experience" oder „enjoyment" sogar einigemale mit *flow* gleichsetzt.

Da die Entwicklung der FSS anhand von zurückliegenden Ereignissen vorgenommen wurde, an die sich die Vpn erinnern sollten, aber eine Anwendung der FSS unmittelbar im Anschluß an eine sportliche Aktivität vorgeschlagen wird, ist die damit vorausgesetzte Generalisierbarkeit noch zu überprüfen (JACKSON / MARSH 1996, 31).

5.2.3 Sportbezug des *flow*-Modells

Interviewmethode

Bereits in den Studien zu autotelischen Aktivitäten hat CSIKSZENTMIHALYI (1975a/1993) Probanden aus verschiedenen Sportarten, z.B. Basketballspieler, Kletterer und Rock'n'Roll-Tänzer untersucht. Da im Rahmen der vorliegenden Arbeit besonders Sportarten aus dem Spektrum der Outdoorsportarten interessieren, wird an dieser Stelle lediglich auf die Ergebnisse zur Sportart Klettern eingegangen. Bei dieser Studie (CSIKSZENTMIHALYI 1993, 103-106) wurden 30 durchschnittliche bis gute Kletterer mit durchschnittlich 5 Jahren Erfahrung in der Sportart interviewt. Da Klettern sowohl physische wie auch psychische Anstrengungen erfordert und keine extrinsischen Belohnungen vorhanden sind, handelt es sich um eine autotelische, intrinsisch motivierte Aktivität. Zwischen den postulierten Komponenten des *flow*-Erleben und den von Kletterern genannten Aspekten wurden weitgehende Übereinstimmungen gefunden. Die Entsprechung von Anforderungen und Fähigkeiten läßt sich durch die Wahl der Kletterroute für verschiedene Fähigkeitsniveaus relativ einfach bewerkstelligen. Der Aspekt der klaren und sofortigen Rückmeldungen wurde bei vielen Probanden nicht bestätigt. Die Rückmeldung erfolgte häufig über Angstempfinden, das *flow*-Erleben unmöglich machte bzw. zu einer Unterbrechung führte. Aufgrund der relativ einfachen Handlungsstruktur und der umfangreichen Informationsaufnahme ist eine starke Konzentration und Zentrierung der Aufmerksamkeit auf relevante Ausschnitte der Umwelt möglich und nötig. Insbesondere im Verschmelzen von Tätigkeit und Selbst wie sie beim Klettern vorkommt, zeigt sich ein Merkmal von *flow*. *Flow* entspricht dem fließenden, kognitiv-kinästhetischen Prozeß von Wahrnehmung - Entscheidung - Bewegung - Gleichgewicht. Ferner wurde von den meisten Kletterern ein Gefühl der Kontrolle und der Kompetenz bestätigt. Die meisten *flow*-Zustände beim Klettern wurden auf mittlerer oder niedrigerer Stufe festgestellt; wiederholt tiefen *flow* erlebten nur neun der dreißig befragten Kletterer.

JACKSON (1992) führte Interviews mit 17 hochklassigen Eiskunstläufern (7 m, 9 w; 18-33 Jahre; durchschnittliche Eislauferfahrung: 13 Jahre) durch. Dabei konnten ebenfalls die von CSIKSZENTMIHALYI (1975a/1993) angenommenen Dimensionen bestätigt werden. Zusätzlich ergaben sich bei den Eiskunstläufern noch die Aspekte „positive mental attitude", „positive precompetitive and competitive affect", „maintaining appropriate focus", „physical readiness" und „unites with partner". In den meisten Fällen (81%) wurde *flow* jedoch nicht sehr häufig berichtet, am ehesten traten *flow*-Erlebnisse bei wichtigen Wettkämpfen auf.

Flow (Csikszentmihalyi)

Fragebogen / Experience Sampling Method (ESM)

CHALIP u.a. (1984) gingen der Frage nach den unterschiedlichen Erfahrungen bei der Sportausübung in verschiedenen Kontexten nach[146]. Ausgangspunkt war die Annahme, daß der Wert einer sportlichen Aktivität von der Qualität der Erfahrungen abhängt, die sie ermöglicht. Die *Fragestellungen* beinhalteten (1) einen Vergleich der Erfahrungen, die Jugendliche im Sport machen, mit denen in anderen Bereichen, (2) einen Vergleich zwischen organisierten Sport, informellen Sport und Sportunterricht sowie (3) die Frage nach der Beziehung zwischen verschiedenen Erfahrungen und dem Erleben der eigenen Fähigkeiten in den drei verschiedenen Kontexten.

Die *Stichprobe* bestand aus 75 Schülern einer High School (37 m, 38 w), bei denen die oben beschriebene „Experience Sampling Method" angewendet wurde. Von insgesamt 4489 Datensätzen stammten 114 aus dem Bereich sportlicher Aktivitäten, wovon 20 (von 15 Vpn) auf organisierten Sport, 54 (von 30 Vpn) auf informellen Sport und 40 (von 21 Vpn) auf Sportunterricht entfielen. Die meisten Antworten aus den ersten beiden Bereichen stammten von Jungen, aus dem Sportunterricht dagegen von Mädchen. Erhoben wurden acht Kategorien von Erfahrungen (Selbstbewußtsein = „Self-consciousness", Fähigkeiten = „Sense of Skill", Anforderungen = „Perception of Challenges", Stimmung = „Mood", Motivation, Kontrollgefühl = „Sense of Control", Bedeutung = „How Much at Stake" und Schwierigkeiten bei der Konzentration = „Difficulty of Concentration".

Folgende *Ergebnisse* wurden zu den einzelnen Fragen ermittelt:

- Bei allen Varianten des Sports waren die Anforderungen überdurchschnittlich, über dem Durchschnitt lagen außerdem die Stimmung beim informellen Sport und beim Sportunterricht sowie das Erleben der Fähigkeiten und die Motivation beim informellen Sport.
- Das Gefühl der Kontrolle fand sich am stärksten in den Schulklassen und am niedrigsten im informellen Sport; dagegen war das Erleben von Fähigkeiten am niedrigsten im Sportunterricht. Dem organisierten Sport wurde eine größere Bedeutung (Wichtigkeit) beigemessen als dem informellen Sport oder dem Sportunterricht.
- Die Korrelationen zwischen den erlebten Fähigkeiten und den Anforderungen waren nur beim informellen Sport deutlich positiv (r =,51). Hinsichtlich der Korrelation der erlebten Fähigkeiten mit der Stärke der Motivation unterschieden sich alle drei Bereiche. Während sie im informellen Sport nahe bei Null lag (r =,05), war sie für den Sportunterricht hoch positiv (r =,81) und im organisierten Sport hoch negativ (r =-,64). Auch die Korrelation zwischen den wahrgenommenen Fähigkeiten und der Schwierigkeit sich zu konzentrieren unterschieden sich signifikant (organisierter Sport r =-,50, informeller Sport r =,40 und Sportunterricht r =,02).

Aus den Ergebnissen läßt sich ablesen, daß nur im informellen Sport eine Übereinstimmung von Fähigkeiten und Anforderungen vorlag, was als Voraussetzung für *flow*-Erfahrungen angenommen wird. Beim organisierten Sport wurden die Anforderungen meist höher als die

---

[146] Ein vergleichbares Design und Stichprobe liegt einer Studie von CSIKSZENTMIHALYI (1982) zugrunde.

eigenen Fähigkeiten wahrgenommen, auf niedrigerem Niveau traf dies auch auf den Sportunterricht zu.

Zusammengefaßt heißt dies für die untersuchten Jugendlichen, daß Sport generell positiver erlebt wurde als andere Lebensbereiche. Unabhängig vom Kontext wurden mit physischer Aktivität höhere Anforderungen assoziiert. Diese gingen typischerweise mit besserer Stimmung und höherer Motivation einher. Dieser Zusammenhang läßt vermuten, daß sportliche Aktivität einen Rahmen bildet, in dem Anforderungen, im Sinne von Herausforderungen, positiv erlebt werden und somit die Möglichkeit bietet ihre Fähigkeiten gefahrlos zu entdecken. Unterschiede zwischen den verschiedenen Kontexten traten bei großer wahrgenommener Bedeutung im organisierten Sport auf. Dies wird auf die Rolle von Leistungsvergleichen und Ergebnissen als strukturelles Merkmal des organisierten Sports zurückgeführt. Die gefundenen höheren Fähigkeiten im informellen Sport decken sich mit anderen Untersuchungsergebnissen, nach denen die wahrgenommenen Fähigkeiten mit der Attraktivität der Aktivität korreliert. Der erwartungswidrige Zusammenhang mit der wahrgenommenen Kontrolle (organisierter Sport > Sportunterricht > informeller Sport) wird den eindeutigen Regeln zugeschrieben, wie sie beim organisierten Sport sowie im Sportunterricht vorkommen. Insgesamt bestätigt die Untersuchung den Einfluß unterschiedlicher Kontexte auf die subjektive Struktur einer sportlichen Aktivität; außerdem unterstreicht sie die Bedeutung des unmittelbaren Erlebens während sportlicher Aktivitäten.

Kritisch ist zu dieser Untersuchung anzumerken, daß nicht überprüft wurde, ob tatsächlich *flow* erlebt wurde, sondern bei einer vorliegender Übereinstimmung von Fähigkeiten und Schwierigkeit einfach angenommen wurde.

Das Auftreten von *flow* bzw. einzelnen *flow*-Elementen untersuchte WETZEL (1994) an einer Gruppe von 38 Sporttauchern (11 w, 27 m; Alter M = 33,4 Jahre). Den Vpn wurde jeweils nach dem ersten und zweiten Tauchgang eines Tages ein Fragebogen zur Beantwortung vorgelegt, der neben anderen Fragen auch acht Items enthielt, die aus dem Fragebogen zur Experience Sampling Method und den von CSIKSZENTMIHALYI (1991) genannten Merkmalen des *flow* hergeleitet wurden. Die Auswertung ergab zwar hohe Werte bei den Aspekten „Konzentration" (M = 3,82; SD =,93)[147] und „Kontrolle" (M = 4,32; SD =,93); jedoch geringe Ausprägungen für „Selbstvergessenheit" (M = 2,13; SD =,96) und „Verlust des Zeitgefühls" (M = 2,05; SD = 1,25). Auch die geforderte Übereinstimmung von Anforderungen (M = 2,40; SD = 1,13) und Fähigkeiten (M = 2,95; SD =,66) auf überdurchschnittlichem Niveau ließ sich nicht nachweisen. WETZEL (1994, 75-76) führt dies auf besondere Eigenheiten und Erfordernisse des Tauchens zurück. So hätten beispielsweise Selbstvergessenheit und ein Verlust des Zeitgefühls ggf. fatale Folgen. Entsprechend wichtig sind die Konzentration und die Kontrolle über das eigene Tun[148]. Für die hier untersuchte Gruppe von Sporttauchern kann somit „nicht von einem Auftreten des *flow*-Zustandes gesprochen werden, jedenfalls nicht in der Form, wie es von CSIKSZENTMIHALYI konzipiert wurde" (WETZEL 1994, 77). Gleichwohl behauptet WETZEL (1994, 77), daß für erfahrene Taucher eine Erleb-

---

[147] Die Items waren auf einer fünfstufigen Ratingskala von 1 bis 5 zu bewerten.

[148] Die Formulierung des Items „Hatten Sie alle Situationen unter Kontrolle?" deutet eher auf eine tatsächliche Kontrolle hin als auf mögliche „Allmachts-" und „Unverwundbarkeitsempfindungen", wie sie oben erwähnt wurden.

nisqualität vorkommen kann, die „am ehesten als ‚rauschartiger Zustand' umschrieben werden kann".

SCHAUERTE (1996) untersuchte *flow*-Erfahrungen bei Tänzern (2 m, 95 w; Jazz-Tanz und Ballett-Stunden; mittlere Tanzerfahrung 8,86 Jahre; durchschnittlich 1,87 Mal pro Woche). Die Erfassung der *flow*-Dimensionen erfolgte mittels eines Fragebogens, der sich an den, bei der ESM verwendeten Fragen orientiert (CSIKSZENTMIHALYI / CSIKSZENTMIHALYI 1991, 276-279). Besonders ausgeprägt war in dieser Gruppe die erlebte Konzentration (M = 3,74; SD = 1,01; Skala von 1 bis 5) sowie der zeitweilige Verlust des Zeitgefühls (M = 3,40; SD = 1,00). Ebenfalls überdurchschnittlich sind das Gefühl der Kontrolle (M = 3,17; SD = 1,41) und die Selbstvergessenheit (M = 2,96; SD = 1,34) bei Tänzern[149]. Zwischen Jazz- und Ballettänzern sowie zwischen Anfängern und Fortgeschrittenen konnten keine Unterschiede ermittelt werden.

5.3 Zusammenfassung

In der Zusammenfassung dieses Kapitels werden die wesentlichen Merkmale der beschriebenen Erfahrungen miteinander verglichen, um Unterschiede und Gemeinsamkeiten hervorzuheben. Hierzu wird vor allem auf die Arbeiten von PRIVETTE (1983) und PRIVETTE / BUNDRICK (1991)[150] Bezug genommen, die sowohl *peak experiences* wie auch *peak performances* und *flow*-Erlebnisse erfaßten.

⌑ Die Darstellung von charakteristischen gemeinsamen und unterscheidenden *Merkmalen von peak experiences, peak performances und flow-Erlebnissen* von PRIVETTE (1983) beruht auf der Auswertung verschiedener Studien zu verschiedenen Erlebnisqualitäten. Die Abbildung 5.10 faßt diese zusammen:

---

[149] Bei letztgenannter Gruppe ist eine Differenzierung in Personen mit geringer und welche mit starker Selbstvergessenheit auffällig.

[150] Diese Studie basiert auf dem Datensatz, der bereits der Untersuchung von PRIVETTE (1986) zugrunde lag.

Qualities	Peak Experience	Peak Performance	Flow[a]
Most distinguishing	fulfillment significance spirituality	full focus self in clear process	play other people outer structure
Unique qualities	mystic, transpersonal	clear focus on self and valued object in transaction	fun
Intensity	high level of joy	high level of performance	moderate to high performance and / or joy
Passive mode	perceptual, receptive, passive*	transactive, responsive	active, interactive with the world
Relational mode	unity, fusion	encounter, not companionable	fusion with the world, companionable, (friendly fellowship to stimulating competition)
Self	loss of self* (strong sense of self)	strong sense of self	loss of ego*
Motivation	nonmotivated, meta motivated* (intention)	strongly motivated, intention	inherent intrinsic motivation*, enjoyment
Process	spontaneous, triggered	spontaneous, triggered	structured, planned, practiced
End goal	completion, closure	impulsion toward closure	goals structured
Mode Characteristics	Taoistic, spontaneous joy, graced being value felling of peak power ineffability playfulness	spontaneous, free fulfillment value, fascination awareness of power words not enough not playful	action follows action enjoyment, perhaps ecstasy autotelic feeling of control play
Focus	attention, absorption	clear focus, absorption	limited stimulus field
Orientation	outside time and space	overwhelmed other senses	lost time and space

Legende:
* = Merkmale, die entgegen den Erwartungen, wie sie sich in der Literatur finden, nicht nachgewiesen wurden. Sofern sich andere Aspekte stattdessen hervorheben, werden diese in Klammern angegeben. Die entsprechenden Hinweise stammen aus der Studie von PRIVETTE / BUNDRICK (1991).
[a] = PRIVETTE / BUNDRICK (1991, 183) räumen ein, daß die gefundenen Abweichungen möglicherweise auf die einschränkende Eingangsfrage nach sportlichen bzw. spielerischen Situationen zurückzuführen sind.

Abbildung 5.10: Topologien von *peak experience*, *peak performance* und *flow*-Erlebnissen (verkürzt nach PRIVETTE 1983, 1365)

Zusammenfassung 193

Die Abbildung 5.11 zeigt die Überschneidungsbereiche der beschriebenen Topologien.

PEAK EXPERIENCE — strong sense of self, felt all together, spontaneous, personal responsibility, values, meaning **PEAK PERFORMANCE**

SPRITUALITY
free from outer restrictions
Inetlable
encounter
new

intensity
positive performance
intrinsic reward
positive afterfellings

SELF IN CLEAR PROCESS
clear inner process
awareness of power
clear focus
"click"
(noncopanionable)

SIGNIFIANCE FULFILLMENT
positive feelings

FULL FOCUS

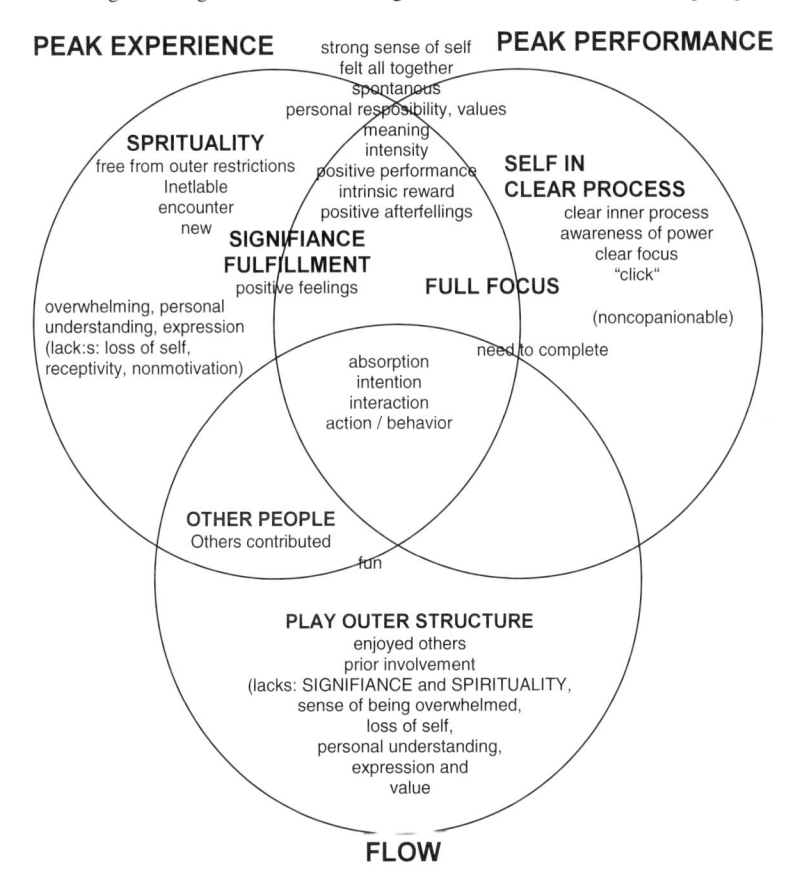

overwhelming, personal
understanding, expression
(lack:s: loss of self,
receptivity, nonmotivation)

absorption
intention
interaction
action / behavior

need to complete

OTHER PEOPLE
Others contributed

fun

PLAY OUTER STRUCTURE
enjoyed others
prior involvement
(lacks: SIGNIFIANCE and SPIRITUALITY,
sense of being overwhelmed,
loss of self,
personal understanding,
expression and
value

FLOW

Abbildung 5.11: Gemeinsamkeiten der Topologien von *peak experience*, *peak performance* und *flow*-Erlebnissen (PRIVETTE / BUNDRICK 1991, 172)

Wie aus Abbildung 5.10 und Abbildung 5.11 hervorgeht, bestehen Ähnlichkeiten und Überschneidungen zwischen den drei Erlebnisqualitäten.

▢ Auch REA (1993) sieht Anknüpfungspunkte zwischen *peak performance*, *peak experience*, *flow* und *Reversal Theory*. REA (1993, 85) beschreibt *peak experience* als ein „spontaneous experience of selfless joy" und setzt es wegen dieser charakteristischen Merkmale mit paratelischem *flow* gleich. *Peak performance* wird als „intentional experience of intense selfasserting power" beschrieben und als telischer *flow* bezeichnet. Tritt beides gemeinsam auf, kommt es, wie von PRIVETTE (1983, 1363) beschrieben, zum sogenannten „deep *flow*".

📖 Wie auch schon RHEINBERG / ISER / PFAUSER (1997) feststellten, können Formen (Qualitäten) des Erlebens nicht nur Begleiterscheinung bzw. Folge von Handlungen sein, sondern zugleich *Anreiz für die Tätigkeit*. Darauf deutet die Gleichheit der auslösenden Bedingungen von Leistungsanreizen und *flow*-Erfahrungen hin. Einen weiteren Hinweis enthält das Untersuchungsergebnis, wonach die Höhe der wahrgenommenen Fähigkeiten mit der Attraktivität der Aktivität korreliert. Dies läßt darauf schließen, daß attraktivere Tätigkeiten einen höheren Anreiz zu ihrer Ausübung bieten und somit eine Weiterentwicklung der Fähigkeiten die Folge ist. Andererseits versprechen höhere wahrgenommene Fähigkeiten eine Bewegungsausführung auf hohem Niveau. Diese wiederum läßt bestimmte Erfahrungen, wie z.B. *flow*-Erfahrungen während der Tätigkeit oder positive Selbstbewertungen nach Abschluß der Tätigkeit, erwarten, welche als Anreiz für die Tätigkeitsausführung fungieren.

📖 Ferner werden für alle drei Erlebnisqualitäten *sportliche Situationen* als mögliche *Auslöser* genannt. Bei *peak experience* wird diesbezüglich auch auf *Naturerfahrungen* hingewiesen (MASLOW 1962a, 10; PRIVETTE 1986, 237).

Vor diesem Hintergrund und unter Berücksichtigung der genannten Voraussetzungen, lassen sich auch beim Mountainbiking Situationen erkennen, in denen entsprechende Erfahrungen gemacht werden können:

🚵 *Peak experiences* wären z.B. angesichts eines Panoramas denkbar, das die Person „sprachlos" macht und die Kleinheit gegenüber den Dimensionen der Natur aufzeigt. Gleichzeitig können neben der Ehrfurcht auch Gefühle des Glücks und der Dankbarkeit auftreten.

🚵 *Peak performances* lassen sich wie in vielen sportlichen Situationen auch beim Mountainbiking finden. So z.B. das Spüren der eigenen Kraft, wenn man den Berg nahezu ohne Anstrengung „hinauf fliegt" oder die Wahrnehmung des eigenen Funktionierens auf höchstem Niveau, unter größter Anspannung eine Abfahrt zu meistern und bei voller Konzentration auf die Beschaffenheit der Strecke, die Bewegungen des Mountainbikes im Zusammenhang mit den eigenen Bewegungen und Reaktionen wahrzunehmen.

🚵 *Flow-Erlebnisse* haben ähnlichen Charakter wie die eben genannten Erfahrungen und lassen sich daher nur bedingt voneinander abgrenzen. *Flow*-Erlebnisse sind weniger auf die maximale Leistung ausgerichtet, sondern liegen meistens im leicht überdurchschnittlichen bis submaximalen Bereich. *Flow*-Erlebnisse besitzen eher spielerischen Charakter; Spaß, andere Personen und die besondere Art der Handlung (autotelisch) sind von Bedeutung. Deswegen handelt es sich nicht um sportliche Tätigkeiten am absoluten Leistungsmaximum, sondern im submaximalen Bereich. Zum Beispiel die, möglicherweise in der Gruppe erlebte, leichtere Trialabfahrt, bei der die eigenen Aktionen reflexionslos ineinander übergehen, die eigene Person in den Hintergrund tritt. Bei der beinahe spielerischen Handlung vergißt man, wie die Zeit vergeht; es treten Glücksempfindungen auf, die nicht so intensiv wie bei den *peak experiences* sind, sondern eher mit großer Freude umschrieben werden können.

Zusammenfassung

Methodisch bestehen wegen der Ähnlichkeiten und Überschneidungen Schwierigkeiten, die Konstrukte differenziert zu erfassen. Zusätzliche Probleme ergeben sich bei Verfahren, die zurückliegende Ereignisse berichten lassen aufgrund des zeitlichen Abstandes. Bei der „Experience Sampling Method" besteht das Risiko, daß das zu untersuchende Erleben durch die Befragung unterbrochen wird. Je nach sportlicher Situation ist die Methode daher entsprechend anzupassen.

Bezogen auf die beschriebenen Erlebnisqualitäten ergibt sich für die **Fragestellung** der Arbeit folgende Ergänzung:

? Besitzen Erlebnisqualitäten Anreizcharakter? bzw. Welche Bedeutung besitzen Erlebnisqualitäten als Anreiz bei sportlichen Outdooraktivitäten?

? Da peak experiences und peak performances eher selten erlebt werden und zudem weite Überschneidungen mit dem flow-Erleben vorhanden sind, konzentriert sich die Frage nach der Bedeutung der Erlebnisqualitäten auf einzelne Aspekte des flow-Erlebens. Aspekte, die überwiegend Voraussetzungscharakter besitzen, werden dabei nicht berücksichtigt.

Empirieteil: Studie zu den Anreizen von Outdoorsportarten

6 Grundlagen, Ziele und Methodik der Studie

Wie sich in den vorhergehenden Kapiteln zeigte, besteht im Hinblick auf die intentionsbeeinflussenden Anreize und Erwartungen eine Vielzahl interessanter Fragen. Auch existieren verschiedene Modelle, die - zumindest teilweise - Erklärungen für den Anreiz von Outdooraktivitäten bieten. Bislang liegen jedoch noch keine Studien vor, die die Anreize sportlicher Outdooraktivitäten umfassend, detailliert und theoriebasiert untersuchen. Gleichzeitig fehlt ein geeignetes Instrument, welches die Erfassung von Anreizen ermöglicht, wie sie im Bereich der Outdoorsportarten vorkommen.

Für den empirischen Teil der Arbeit ergeben sich daher zwei, miteinander verbundene Ziele:
I. Die Entwicklung eines Erhebungsinstruments (Fragebogen) zu Erfassung von Anreizen für Outdooraktivitäten anhand einer geeigneten Stichprobe.
II. Die Beantwortung verschiedener Fragestellungen zu Anreizen von Outdooraktivitäten mittels des erstellten Fragebogens.

Im ersten Abschnitt dieses Kapitels werden zunächst die theoretischen Grundlagen, auf denen die Bearbeitung der Fragestellung basiert, zusammengefaßt und in Teilen ergänzt. Im zweiten Abschnitt werden vor dem theoretischen Hintergrund der vorhergehenden Kapitel die Fragestellungen der Arbeit entwickelt und, wo möglich, entsprechende Annahmen formuliert. Im Abschnitt zur Untersuchungsmethodik wird die Vorgehensweise bei der Erstellung des Fragebogens sowie bei der Durchführung und Auswertung der Studie beschrieben. Die Beschreibung der Stichprobe im vierten Abschnitt bildet den Abschluß dieses Kapitels.

6.1 Zugrundeliegendes Modell

Bezogen auf die Handlungsphasen, wie sie bei NITSCH (1986) oder GOLLWITZER (1986) angenommen werden, befaßt sich diese Arbeit mit Elementen der Antizipations- bzw. der prädezisionalen Motivationsphase. Im Zusammenhang mit den Beweggründen für sportliche Aktivität handelt es sich hierbei um kognitive Konstrukte wie Erwartungen und Bewertungen.

Im wesentlichen wird dabei auf das Motivationsmodell von RHEINBERG (1989) zurückgegriffen, wie es im Kapitel 2.6 beschrieben wurde.

Die Struktur einer Tätigkeit

Dieses Modell (siehe Abbildung 2.8) wurde in einem Punkt ergänzt. Entsprechend den Ergebnisfolgen, an denen die Zweckanreize festmachen, und der Instrumentalität des Ergebnisses für die erwarteten Folgen, wurden an den Handlungsvollzug anknüpfende Folgen und eine diese verbindende Instrumentalitätserwartung hinzugefügt. Zur Unterscheidung werden im folgenden die Begriffe **Handlungsergebnisfolgen** (kurz: Ergebnisfolgen (EF); bisher Folgen (F)) und **Handlungsvollzugsfolgen** (kurz: Handlungsfolgen (HF)) verwendet.

Zugrundeliegendes Modell

Bei den Erwartungen wird zwischen der bereits eingeführten **Ergebnis-Ergebnisfolge-Erwartung** (vorher: Ergebnis-Folge-Erwartung) und der hinzugekommenen **Handlung-Handlungsfolgen-Erwartung** differenziert. Diese Ergänzungen sind in der Abbildung 6.1 veranschaulicht.

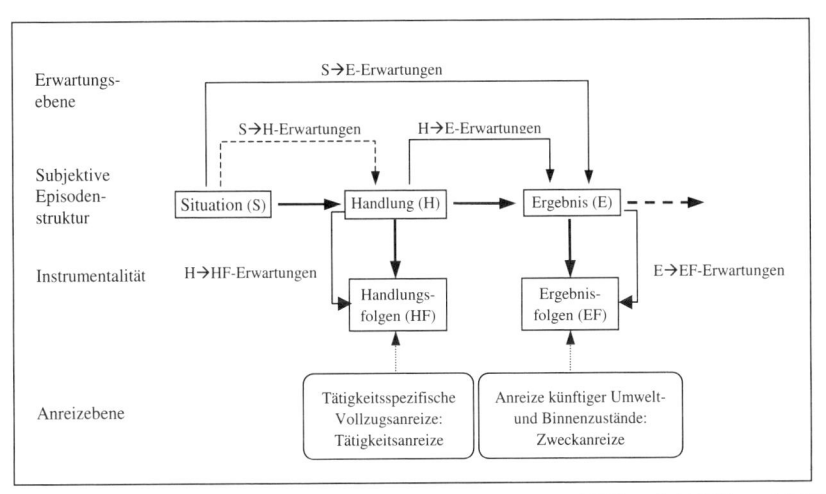

Abbildung 6.1: Erweiterung des Motivationsmodells von RHEINBERG (1989, vgl. Abbildung 2.8)[151]

Diese Differenzierung ergaben sich aus der Überlegung, daß eine Tätigkeit, wie z.B. Mountainbiking, nicht um des bloßen Tuns wegen (im Sinne der körperlichen Bewegung „Radfahren") ausgeführt wird, sondern daß es die mit der Tätigkeit verbundenen (erwarteten) Folgen sind, die den Anreiz darstellen. Dabei ist zu beachten, daß sich die hier eingefügten Handlungsfolgen nicht erst nach Abschluß der Tätigkeit oder der Handlung einstellen, sondern bereits während des Handlungsvollzuges. Die Handlungsfolgen sind vor allem in den angenehmen Empfindungen zu sehen, die sowohl aus Wahrnehmungen der eigenen Person (z.B. Körperwahrnehmungen), wie aus Umweltwahrnehmungen (z.B. physische oder soziale) bestehen können. Im Unterschied dazu sind die Ergebnisfolgen vom Erreichen eines bestimmten Handlungsergebnisses abhängig.

Durch die Einführung der Handlung-Handlungsfolgen-Erwartung ist eine unterschiedliche Handlungstendenz bei Gleichheit aller Parameter des bisherigen Modells erklärbar, d.h. die Handlungstendenz bei einem gegebenen Tätigkeitsanreiz hängt von der jeweils vorliegenden Instrumentalitätseinschätzung für die Handlung bezüglich der anreizbesetzten Handlungsfolgen ab (ohne weitere Anreize und bei gleichen sonstigen Erwartungen).

---

[151] Aus Gründen der Lesbarkeit wurden in der Abbildung die Erwartungen verteilt. Die Handlung-Handlungsfolge-Erwartung und die Ergebnis-Ergebnisfolge-Erwartung (Instrumentalität) wurden zwischen die Episodenstruktur und die Anreizebene gelegt, die übrigen Erwartungen über die Episodenstruktur verlagert. Entsprechendes gilt für die Handlungs- bzw. Ergebnisfolgen, die wie bisher der Handlungsepisode (eingerahmte Elemente + starke Pfeile) zuzurechnen sind.

Ferner wird in diesem Modell ausdrücklich zugelassen, daß im Laufe einer **Tätigkeit** *mehrere (auch unterschiedliche) Ergebnisse* erreicht werden können, mit denen *(verschiedene) Folgen* verbunden sein können. In diesem Verständnis kann sich eine Tätigkeit aus *mehreren Handlungs-Ergebnis-Episoden* zusammensetzen. Dies entspricht der von HACKER (1998) gegebenen Definition einer Handlung, wie sie im Kapitel 1.2 dargestellt wurde. Mittels einer Tätigkeit können somit nicht nur mehrere - mit einem Ziel verbundene – Zwecke, sondern auch mehrere Ziele verfolgt werden. Die grundlegende Auffassung von Tätigkeit im Sinne eines Aktivitätskonzepts (siehe Kapitel 2.6.1), welches (im allgemeinen) auch ohne den speziellen Zweck vermittelbar ist, bleibt erhalten; es berücksichtigt jedoch, daß insbesondere im Rahmen länger andauernder Tätigkeiten, wie z.B. Skifahren oder Mountainbiking, durchaus verschiedene Ziele (mit unterschiedlichen oder auch gleichen Zwecken) nacheinander angestrebt werden können. In diesen Tätigkeitsbegriff sind außerdem die für die Aktivität typischen Unterbrechungen des Handlungsvollzugs einzubeziehen. So dienen z.B. die Rast während des Aufstiegs oder auf dem Gipfel sowie das Beisammensein in der Hütte Zwecken, die der jeweiligen Tätigkeiten (z.B. Bergsteigen oder Skifahren) als Ganzes zugeschrieben werden.

Differenzierung der Anreize

Da eine Tätigkeit aus mehreren Handlungen bestehen kann, können Anreize außer anhand der Bezugs auf Ergebnis- oder Handlungsfolgen auch hinsichtlich des „*Realisationszeitpunktes*" differenziert werden. Während Tätigkeitsanreize in Form von Handlungsfolgen immer während der Tätigkeit „realisiert" werden, können sich Zweckanreize als valenzierte Handlungsergebnisfolgen sowohl auf während der Tätigkeit eintretende Folgen (z.B. Selbstbewertungen), wie auch auf nach Beendigung der Tätigkeit liegende Aspekte (z.B. das Erreichen von Oberzielen) beziehen. Die Unterschiede der beiden Abgrenzungen verdeutlicht die Abbildung 6.2.

(1)	Anreiz ist an erwartete Handlungs<u>vollzugs</u>folgen gekoppelt.		Anreiz ist an erwartete Handlungs<u>ergebnis</u>folgen gekoppelt.	
(2)	Anreiz ist an erwartete Handlungs<u>vollzugs</u>folgen (<u>während</u> der Tätigkeit) gekoppelt (= Typ I).		Anreiz ist an erwartete Handlungsergebnisfolgen gekoppelt, die <u>während</u> der Tätigkeit eintreten (= Typ II).	Anreiz ist an erwartete Handlungsergebnisfolgen gekoppelt, deren Realisationszeitpunkt <u>nach</u> der Tätigkeit liegt (= Typ III).
(3)	Realisationszeitpunkt der anreizbesetzten, erwarteten Folgen liegt <u>im</u> Zeitraum der Tätigkeit (= Tätigkeitsanreize).			Realisationszeitpunkt der anreizbesetzten, erwarteten Folgen liegt <u>nach</u> der Tätigkeit (= Zweckanreize).

Legende: Zeile (1): Differenzierung zwischen Handlungsvollzugsfolgen und Handlungsergebnisfolgen
Zeile (3): Differenzierung nach Bezugszeitpunkt der erwarteten Folgen
Zeile (2): Kombination von (1) und (3)

Abbildung 6.2: Differenzierungen von Zweck- und Tätigkeitsanreizen

Innerhalb der beiden Kategorien Tätigkeitsanreize und Zweckanreize sind verschiedene Formen anzutreffen. So können **Tätigkeitsanreize** *von qualitativ unterschiedlicher Art* sein: spezifisch oder global, auf den gesamten Verlauf oder auf einzelne Sequenzen bezogen.

RHEINBERG (1996, 105) unterscheidet zunächst „*im Aktivitätsverlauf raum-zeitlich spezifizierbare Stimulationen*" und „*überdauernde, aktionsunspezifische Gefühlszustände im Tätigkeitsvollzug*".

Zur ersten Kategorie zählt er Körpererfahrungen in Form lustvoll propriozeptiver Wahrnehmungen und Wahrnehmungen verschieden schneller Raumlage-Veränderungen sowie im Wechselspiel mit der eigenen Aktivität veränderliche, positiv erlebte Außenwahrnehmungen. Bei den Tätigkeitsanreizen finden sich vor allem sensorische Aspekte[152] der Aktivität, wie z.b. das Gefühl des Gleitens auf Schnee oder durch Wasser oder Luft, Temperaturunterschiede, bestimmte Bewegungsformen oder Naturwahrnehmungen[153] (typischerweise optisch, akustisch oder olfaktorisch).

Die zweite Kategorie umfaßt Empfindungen der Kraft, der Effizienz, der Größe, des Kompetenzzuwaches, der Kontrolle und der Beherrschung von Unsicherheit, des Einklangs und des Freiseins, die oft bildhaft oder metaphorisch beschrieben werden. Es handelt sich dabei solange um Tätigkeitsanreize, wie sie sich auf das Erleben beziehen und nicht auf die leistungsthematisch geprägte Erreichung bestimmter Ergebnisse und die damit verbundenen Selbst- und ggf. auch Fremdbewertungen. Auch das von CSIKSZENTMIHALYI (1975) beschriebene *flow*-Erleben (siehe Kapitel 5.2) läßt sich zu dieser Art von Tätigkeitsanreizen zählen.

Die eben genannten Tätigkeitsanreize finden sich zum Teil bereits in den Differenzierungen von DUNCKER (1940) bezüglich verschiedener Arten von Vergnügen und Freude wieder.

DUNCKER (1940, 401-412) unterscheidet „sensory pleasure" („sensorisches Vergnügen"), „dynamic joys" („Freude an Bewegungen") sowie weitere Arten von „joy" und „aesthetic enjoyment".

„*Sensory Pleasures*" bezeichnet DUNCKER (1940, 399-400) nicht als eigenständiges Erlebnis, sondern als *Teil eines umfassenderen Erlebnisses* („a tone of pleasantness or hedonic tone pervading an experience"). Das Objekt, z.B. das Wasser, in dem geschwommen wird, ist dabei extrinsisches Mittel (extrinsic mean).

„*Joy*" bezeichnet DUNCKER (1940, 401) als „any pleasant consciousness of a welcome situation". Sensorische Reize (v.a. optische und akustische) dienen hier als Übermittler. Wichtige Varianten von „joys" sind:
- „Joy from sentiment" („Freude aus Gefühlen")
- „Joy from desire" („Freude aus Erwartungen"), die bei Antizipation oder der konkreten Annäherung einer positiv besetzten Situation entsteht
- „Dynamical and vital pleasure-joys"
- „Joyful mood" und
- „Happiness".

---

[152] Dabei sind außer optischen, akustischen und olfaktorischen vor allem taktile, kinestetische und thermorezeptorische Empfindungen von Bedeutung.
[153] Die motivationale Wirkung von Naturerfahrungen wurden noch nicht untersucht; auf mögliche Zusammenhänge weisen RHEINBERG (1993) und EWERT / HOLLENHORST (1985) hin.

Unter „*dynamical joys*" versteht DUNCKER (1940, 403) Spannung, Erregung, Nervenkitzel und Entspannung durch Handeln und Erholung[154]. „Dynamical joys" basieren auf Erfahrungen, die zwischen sensorischen und bewußten, emotionalen oder kognitiven Erfahrungen anzusiedeln sind. Deshalb bezeichnet sie DUNCKER (1940, 404) als „pleasure-joys". Dies zeigt sich auch in der Bedeutung von Zielen. Bei „sensory pleasures" ist das Erleben immer das Ziel der Tätigkeit. Bei „joys from sentiment" ist das Erleben (dieser Freude) nie das Ziel der Tätigkeit. Bei den „dynamical joys" ist das Erleben das Ziel der Handlung. Während der Handlung verlangt die Tätigkeit jedoch ein anderes Ziel, das mit einem objektiven Ende der Handlung verbunden ist.

„*Joy from sentiment*" und „*joy from desire*" sind kognitiv-emotionale Freuden, die sich entweder auf bestimmte Empfindungen oder auf Erwartungen beziehen.

Die „Freude am Erfolg" („*joy of success*" bzw. „*joy of achievement*") liegt zwischen den „dynamic joys" und den „joys of sentiment", da sie sich nicht (unbedingt) auf sich selbst bezieht, also keine vollkommene „self-containing joy" (DUNCKER 1940, 403) ist. Das Objekt der Freude ist hier der Erfolg des Strebens („success of striving").

„*Joyful mood*" und „*happiness*" sind übergreifende Stimmungen bzw. Emotionen, die sich auf einen Gesamtzustand bzw. eine Gesamtsituation beziehen.

Schließlich beschreibt DUNCKER (1940, 405-406) noch „ästhetische Genüsse" („*aesthetic enjoyment*"). Das sensorische bzw. wahrgenommene Material, so wie es durch den Künstler geschaffen oder in der Natur vorkommt, ist dabei nicht selbstgenügsam oder „blind", wie bei den „sensory pleasures" oder von bloßer extrinsischer Bedeutung, wie bei der Vermittlung von Erwartungen (Informationen). Hier ist es „*intrinsically significant* in that it expresses something *transcending it yet shared by it:* some universal and selfless quality of emotion that is truly without as it is within us" (DUNCKER 1940, 405-406, Hervorhebungen im Original). Voraussetzung für diesen Genuß ist eine Entsprechung zwischen der Wahrnehmung und dem, was es ausdrücken soll.

Zweckanreize umfassen die von HECKHAUSEN (1989, siehe Kapitel 2.5) beschriebenen Kategorien: *Selbstbewertung, Fremdbewertung, Annäherung an ein Oberziel* und „*Nebenwirkungen*". Bei ihnen handelt es sich um Anreize von Ergebnisfolgen.

Für Risikosportarten, zu denen auch verschiedene Outdoorsportarten gerechnet werden, erachtet RHEINBERG (1996, 112) eine „*Anreiztrias*", bestehend aus einer *erregenden Bedrohungswahrnehmung* (= positives Erleben von Aufregung oder dosierter Angst), *Kompetenzerleben* und *ungewöhnlichen Bewegungszuständen*, als besonders motivationsrelevant. Diese bestätigte sich in Clusteranalysen von Anreizen des Motorradfahrens.

Während zu den beiden ersten Komponenten bereits Erkenntnisse, z.B. im Rahmen des *Sensation Seeking–Konzepts* (siehe Kapitel 4.2) und der Leistungsmotivationsforschung vorliegen, finden sich zu den ungewöhnlichen Bewegungszuständen bislang keine empirischen Analysen, sondern nur Beschreibungen, wie die genannten „dynamic joys" von DUNCKER (1940) und die Beschreibung der „Ilinx" als „Schwindel"-Zustände bei „Sturz

---

[154] Tensions, excitements, thrills und reliefs of acting and resting.

oder Schweben im Raum, rapide Rotationen, Gleiten, Geschwindigkeit, die Beschleunigung in einer geradlinigen Bewegung oder ihre Kombination mit einer kreisförmigen" von CALLOIS (1958, 33 nach RHEINBERG 1996, 113). Auch zu sensorischen und ästhetischen Naturerfahrungen liegen bislang keine systematischen Untersuchungen bezüglich ihrer Anreizwirksamkeit vor.

Entsprechend der Abbildung 6.2 wird in dieser Untersuchung eine **Dreiteilung der Anreize** vorgenommen. Dabei sollen zunächst die Tätigkeits- und Zweckanreize unterschieden werden, wie dies aus Zeile 3 der Abbildung hervorgeht. *Zweckanreize (Anreiztyp III)* sind demnach diejenigen Anreize, deren Realisationszeitpunkt nicht mit der Tätigkeit zusammenfällt. Bei Zweckanreizen handelt es sich somit Aspekte, bei denen die sportliche Aktivität instrumentellen Charakter besitzt. Entsprechend den obigen Ausführungen gehören zu dieser Kategorie alle Anreize, die mit der Annäherung an Oberziele verbunden sind. Als *Tätigkeitsanreize* sind diejenigen Anreize zu verstehen, die während der Tätigkeit realisiert werden, d.h. deren erwartete Folgen während der Tätigkeit (oder unmittelbar an ihrem Ende) eintreten. Tätigkeitsanreize lassen sich entsprechend dem in Zeile 1 genannten Kriterium in zwei Klassen unterteilen: Einerseits in die *unmittelbaren Tätigkeitsanreize (Anreiztyp I)*, die nicht an die Erreichung (oder Nichterreichung) bestimmter (Teil-) Ergebnisse gekoppelt sind, wie z.B. bei den oben beschriebenen „dynamic joys" und andererseits in die *mittelbaren Tätigkeitsanreize (Anreiztyp II)*, die an das Erreichen bestimmter (Teil-) Ergebnisse und damit assoziierter Folgen gebunden sind, wie dies typischerweise bei Selbstbewertungsanreizen der Fall ist.

6.2 Fragestellung und Annahmen

Fragestellung

Ausgangspunkt ist die in der Einleitung gestellte Frage: „Was reizt Menschen an sportlicher Aktivität in der Natur?" Aus der eingenommenen handlungspsychologischen Perspektive ist sie unter Betonung der verfolgten Ziele und Zwecke als „Wozu-Frage" zu formulieren: „Wozu betreiben Menschen sportliche Aktivitäten in der Natur?" Kognitivistische Theorien sehen die Beweggründe für Handlungen in den Folgen, die mit dem Handlungsvollzug bzw. dem Erreichen des Handlungsziels verbunden sind. Somit läßt sich die „Wozu-Frage" als Frage nach den erwarteten Folgen und den sich daraus ableitenden spezifischen Anreizen der Aktivität formulieren. Davon ausgehend lassen sich weitere Fragen hinsichtlich der inhaltlichen Differenzierung und Verteilung der Anreize, dem Verhältnis von Zweck- und Tätigkeitsanreizen, sportartspezifischen und geschlechtsspezifischen Unterschieden bei den Anreizstrukturen sowie der intraindividuellen Konsistenz der Anreizstrukturen für verschiedene sportliche Aktivitäten ableiten.

Die **speziellen Fragestellungen** dieser Untersuchung lauten wie folgt:

(1) Welches Gewicht besitzen Anreize aus den Bereichen Naturerleben, Bewegungserleben und Spannungserleben bei Outdoorsportarten?

(2) Welche Bedeutung haben bestimmte Erlebnisqualitäten, insbesondere Komponenten des *flow*-Erlebens, als Anreize von Outdooraktivitäten?

(3) Handelt es sich bei den Anreizen um ein eindimensionales oder ein mehrdimensionales Konstrukt?

(4) Wie verteilen sich Zweck- und Tätigkeitsanreize bei Outdoorsportarten?

(5) Bestehen geschlechtsspezifische Unterschiede bei den Anreizstrukturen?

(6) Finden sich bei den Anreizstrukturen sportartspezifische Unterschiede und / oder gibt es sportartübergreifende Anreizprofile?

(7) Sind die Anreizstrukturen intraindividuell bei verschiedenen sportlichen Aktivitäten konsistent?

Die Fragen zu den Anreizen und Anreizstrukturen leiten sich insbesondere aus dem Anreizuntersuchungen von RHEINBERG (1989, siehe Kapitel 2.6) und dem Strukturmodell der Sinnzuschreibungen von BREHM (1994; siehe Kapitel 0) ab. Hinzugekommen ist der Aspekt spezifischer Erlebnisqualitäten (Kapitel 5) als Anreiz für sportliche Aktivitäten. Das Problem der Konsistenz des Handelns wurde u.a. von HECKHAUSEN (1989) behandelt. Untersuchungen zur transsituativen Konsistenz des Anreizfokus liegen von RHEINBERG (1997) vor.

Einschränkend ist nochmals anzumerken, daß nur motivationale Aspekte bis zur Intentionsbildung, also keine volitionalen Elemente berücksichtigt werden. Die Vorhersagekraft von Anreizen hinsichtlich der sportlichen Aktivität wird in dieser Arbeit nicht untersucht. In verschiedenen Studien (FUCHS 1994; 1996) zeigte sich, daß Erwartungen und somit auch Anreize im Verhältnis zu anderen Faktoren, wie z.B. der wahrgenommenen Selbstwirksamkeit (BANDURA 1995) und negativer Barrieren, nur einen geringen Einfluß auf das tatsächliche Verhalten besitzen.

Annahmen:

Aus vorliegenden Ergebnissen zu den Sinnzuschreibungen von Skifahrern und Mountainbikern (siehe Kapitel 3.4.3) kann näherungsweise auf die relevanten Anreize und das Verhältnis von tätigkeitsorientierten und zweckorientierten Anreizen geschlossen werden. Vergleicht man die ersten sechs Rangplätze (siehe Tabelle 3.7 und Tabelle 3.8), so finden sich in beiden Gruppen die Sinnzuschreibungen „Etwas für die Fitness tun" (Skifahrer: Rangplatz 5 / Mountainbiker: Rangplatz 1), „Sich wohlfühlen" (3/3), „Sich verbessern" (2/5), „Sich anstrengen und belasten" (5/4), „Natur erleben" (4/2) und „Mit netten Leuten zusammen sein" (1/8). Bewegungserfahrungen wurden mittels des Fragebogen zu den Sinnzuschreibungen nicht erfaßt. Die Sinnzuschreibung „Spannung erleben" ist diesen Untersu-

Fragestellung und Annahmen 203

chungen zur Folge ein unwichtiger Anreiz für Mountainbiker (Rangplatz 14) und auch nur ein mäßiger wichtiger für Skifahrer (Rangplatz 7). Andererseits vermutet RHEINBERG (1996) aufgrund seiner Ergebnisse insbesondere für riskante Sportarten eine Anreiztrias (siehe oben) aus den drei Bereichen „Außergewöhnliche Bewegungserfahrungen", „Aktivation / Spannung" und „Leistung / Kompetenz". Die Annahme zur speziellen Fragestellung (1) wird daher wie folgt formuliert:

A Annahme 1: Bei den Anreizstrukturen von Outdooraktivitäten sollten sich überdurchschnittliche Gewichtungen in den Bereichen „Naturerfahrungen", „Außergewöhnliche Bewegungserfahrungen", „Aktivation / Spannung" ergeben.

Zur speziellen Fragestellung (2) kann aufgrund fehlender Untersuchungsergebnisse zu diesen Anreizqualitäten lediglich eine Vermutung formuliert werden:

A Annahme 2: Bei Outdooraktivitäten sollten, insbesondere in den Fällen, in denen eine erhöhte Attraktivität von Bewegungsanreizen vorhanden ist, auch Erlebnisqualitäten in der Art von *flow*-Erleben eine Bedeutung besitzen.

Aufgrund faktorenanalytischer Auswertungen, wie sie von SINGER u.a. (1980), EWERT (1986) oder BREHM (1994) vorliegen, kann zur Dimensionalität folgende Annahme gemacht werden:

A Annahme 3: Die Anreize von Outdooraktivitäten sollten sich verschiedenen Faktoren zuordnen lassen. Dabei sollten insbesondere sportartübergreifende Faktoren, wie z.B. Leistung, soziale oder gesundheitsbezogene Aspekte, nachweisbar sein.

Bezüglich der Verteilung von Tätigkeits- und Zweckanreizen zeigte sich in den oben angeführten Untersuchungen zum Skifahren und zum Mountainbiking, daß unter den sechs wichtigsten Sinnzuschreibungen vier Situationsanreize (= Tätigkeitsanreize) und zwei Zweckanreize vorkommen. Somit ist anzunehmen:

A Annahme 4: Unter den am wichtigsten eingestuften Anreizen sportlicher Outdooraktivitäten sind überwiegend Tätigkeitsanreize zu erwarten.

Wie sich in der Untersuchung bei Mountainbikern zeigte (BEIER 1993), gewichten Männer die Bereiche „sich belasten / sich anstrengen" sowie „Spannung erleben" stärker als Frauen. Dementsprechend wird für die hier zu untersuchende Stichprobe folgende Annahme formuliert:

A Annahme 5: Für leistungsbezogene Anreize, insbesondere im Sinne von Leistungsvergleich, und Anreize, die mit einer Steigerung der Erregung (Spannungserleben) verbunden sind, wird bei Männern eine stärkere Gewichtung erwartet.

Wie ebenfalls aus dem obigen Vergleich von Skifahrern und Mountainbikern hervorgeht, zeigen sich keine starken Unterschiede bei den dominanten Anreizen. Daraus läßt sich die folgende Annahme ableiten:

A Annahme 6: Bei den Anreizkonstellationen von Outdooraktivitäten sind keine sportartspezifischen Unterschiede zu erwarten.

Da bislang keine sportartübergreifenden Ergebnisse zu einer Typenbildung auf der Basis von Anreizen oder ähnlichen Variablen vorliegen, wird davon ausgegangen, daß sich keine entsprechenden Gruppen finden lassen.

Bislang liegen nur Vergleiche zur transsituativen Konsistenz der Tätigkeits- bzw. Zweckorientierung zwischen Arbeits- und Freizeitbereich vor (RHEINBERG 1997), jedoch keine Ergebnisse zu intraindividuellen Vergleichen zwischen verschiedenen sportlichen Aktivitäten. Für diese Untersuchung wird die Annahme in Form einer Null-Hypothese (H_0) formuliert.

A Annahme 7: Es existieren keine Unterschiede zwischen den Anreizstrukturen verschiedener, von einer Person ausgeübten Sportarten. Es liegt also eine intraindividuelle transsituative Konsistenz der Anreizstrukturen vor.

7 Untersuchungsmethodik

Als Methode wurde die Befragung anhand eines Fragebogens mit überwiegend standardisierten Fragen ausgewählt. Im Hinblick auf die Fragestellung, die auf Gruppenvergleiche abzielt und daher relativ umfangreiche Stichproben benötigt, ist dies die ökonomischste Form der Datenerhebung. Relativ viele Datensätze erfordert auch die Frage nach der Konsistenz der Anreizstrukturen. Zu ihrer Beantwortung bedarf es einer Stichprobe, die hinreichend viele Versuchspersonen umfaßt, die mindestens zwei der ausgewählten Outdoorsportarten ausüben. Zugleich bietet sich mit dieser Methode der angestrebte Einstieg in die Entwicklung eines geeigneten Erhebungsinstruments für die Erfassung von Anreizen von Outdooraktivitäten an.

Die sich aus der Festlegung der Methode ableitenden weiteren Schritte werden in diesem Kapitel erläutert. Im ersten Abschnitt wird die Entwicklung des Fragebogens erläutert. Im zweiten Abschnitt werden die Auswahl der Sportarten, die Auswahl der Stichprobe und die Durchführung der Erhebung beschrieben. Im dritten Abschnitt zu den Auswertungsverfahren wird vor allem auf das Skalenniveau der erhobenen Daten und die daraus resultierenden Auswirkungen auf die Auswahl statistischer Auswertungsverfahren eingegangen. Den Abschluß des Kapitels bildet der vierte Abschnitt mit der Beschreibung der erhobenen Stichprobe.

7.1 Entwicklung des Fragebogens

Die Ausführungen zur Erstellung des Fragebogens sind aus Gründen der Übersichtlichkeit in drei Bereiche gegliedert. Als erstes wird auf die Auswahl der Anreiz-Items eingegangen. Als zweites folgt die Erläuterung der einzelnen Aspekte, die zu den Anreizen abgefragt wurden. Schließlich und drittens werden die übrigen Fragen behandelt, insbesondere zur Ausführung der sportlichen Aktivität und sonstiger ausgeübter Sportarten sowie zu den Zielen der sportlichen Aktivität.

7.1.1 Generierung und Selektion der Items

An den Fragebogen wurden aus inhaltlicher Sicht insbesondere zwei *Anforderungen* gestellt. Zum einen sollten die Formulierungen so *allgemein* sein, daß der Fragebogen auch bei anderen Outdooraktivitäten eingesetzt werden kann. Zum anderen sollten die bislang nur relativ undifferenziert oder gar nicht erfaßten Bereiche Naturerleben, außergewöhnliche Bewegungserfahrungen, Erleben von Unsicherheit (Aktivierung / Erregung / Spannung) und Facetten von *flow*-Erleben möglichst *detailliert* erfaßt werden, um zu ermitteln, inwieweit der betreffende Aspekt allgemein oder nur bei Teilaspekten von Bedeutung ist.

Die Items zur Bildung eines geeigneten Erhebungsinstruments (Fragebogen) leiten sich aus den im Theorieteil beschriebenen Ansätzen und den dazu bereits vorhandenen Analysen (z.B. Windsurfen und Motorradfahren; RHEINBERG 1989) und Instrumenten (Sinnzuschreibungen, Anreizfokus, *Sensation Seeking Scale*, Paratelic Dominance Scale etc.) ab. Zusätzlich wurden Personen mit umfangreichen Erfahrungen in einer (oder mehreren) der Sportarten gebeten, die Stimmigkeit der Aussagen für die jeweilige Sportart zu beurteilen.

Eine erste Sammlung umfaßte 86 Items (siehe Anhang A 2.1). Von den zur Begutachtung hinzugezogenen Personen wurde jedoch übereinstimmend kritisiert, daß die Formulierungen zu differenziert seien, um sie hinsichtlich ihrer Bedeutung für die persönliche, sportliche Aktivität sinnvoll bewerten zu können. Deshalb wurden allgemeinere und umfassendere Formulierungen gewählt, was auch dem Ziel der sportartübergreifenden Verwendbarkeit entgegenkam. Um die Formulierungen wiederum nicht zu abstrakt zu gestalten, wurden, wo dies notwendig erschien, zusätzliche Beispiele als Veranschaulichung hinzugefügt. Auf diese Weise wurde es den befragten Personen erleichtert, sich die entsprechenden „Anreiz-Szenarien" für ihre konkrete sportliche Aktivität vorzustellen.

Die erste Version des Fragebogens (siehe Anhang A 2.2) enthielt 32 Anreize, die von den Versuchspersonen zu bewerten waren. Dieser Fragebogen wurde von einer Gruppe von Sportstudent/innen (N = 13) ausgefüllt, die an einem Kletterkurs im Rahmen des Ausbildungsfaches Bergsport im Sommersemester 1998 teilnahmen.

Aufgrund der Rückmeldungen aus dieser Befragung wurde durch Aufteilung einiger Items bzw. durch Hinzufügen zusätzlicher Anreize die Gesamtzahl der Items auf 40 erhöht. Die in der Hauptuntersuchung eingesetzte zweite Version des Fragebogens findet sich im Anhang (A 2.3). Bei der Formulierung der Items wurde darauf geachtet, daß das Erleben des jeweiligen Anreizes dargestellt und möglichst nachvollziehbar wird. Dabei wurden bewußt keine Formulierungen verwendet, die den Wunsch artikulieren, den betreffenden Anreiz zu erleben. Damit soll vermieden werden Einstellungen bzw. Aspekte zu erfragen, die möglicherweise keine Relevanz für die Ausübung der sportlichen Aktivität besitzen.

Aufgrund des explorativen Charakters der Studie wurden die Anzahl der Items pro Kategorie und die Verteilung des Anreiztyps bei der Erstellung dieser Version noch nicht berücksichtigt.

Die einzelnen Anreiz-Items des Fragebogens, samt den übergeordneten Kategorien, werden in den folgenden Abbildungen dargestellt und anschließend erläutert. Wo im Fragebogen Konkretisierungen zur Veranschaulichung der Items ergänzt wurden, werden auch diese in die Abbildungen aufgenommen.

1. Kategorie: Sensorische Erfahrungen

Nr.	Anreiz	Typ	Item	Konkretisierung	Item Nr.
1	taktil und thermorezeptorisch	I	Temperaturreize und die Beschaffenheit des Untergrundes wahrnehmen	• die Wärme oder die Kühle der Luft, des Windes oder des Wassers auf der Haut spüren • die Regentropfen oder die wärmenden Sonnenstrahlen im Gesicht und auf der Haut spüren • die Kraft der Natur spüren (Hitze, Kälte, Sturm auch i.V.m. Schnee und Regen) • die Beschaffenheit des Untergrunds, auf dem man sich bewegt bzw. über den man fährt (Fels, Schnee, Eis, Wasser, Gras, Morast, Waldboden, Schotter, Wege) spüren	1
2	akustisch, aktivitätsunabhängig	I	natürliche Geräusche wahrnehmen	• die Stille der Natur um sich herum erleben • das Rascheln der Blätter und Gräser, das Rauschen und Plätschern des Meeres / Flusses / Baches, das Knirschen des Schnees, das Zwitschern der Vögel hören	9
3	akustisch, aktivitätsabhängig	I	sportarttypische Geräusche wahrnehmen	• den eigenen Atem hören. • Geräusche des Sportgeräts, z.B. das Klappern und Zuschnappen der Karabiner, das Surren der Kette und des Freilaufs, das Rauschen und Kratzen der Ski über verschiedene Schneearten etc. hören	17
4	olfaktorisch	I	Gerüche der Natur und auch der Sportausrüstung wahrnehmen	• den Gerüche der umgebenden Natur (Wiese, Wald, Landwirtschaft, Wasser, Fels etc.) aufnehmen • den Geruch des Materials (z.B. Skiwachs, Fahrradöl, Kletterseile etc.) wahrnehmen	25
5	optisch	I	optische Reize wahrnehmen	• das Glitzern und Funkeln des Schnees / des Wassers / der Tautropfen sehen • das Stauben des aufgewirbelten Schnees / Sandes sehen • das Leuchten des Regenbogens sehen	33

Abbildung 7.1: Anreize und Items der Kategorie „Sensorische Erfahrungen (Naturerleben)"

Sensorische Erfahrungen umfassen emotional getönte Eindrücke, die aus der unmittelbaren und lustvoll empfundenen Aufnahme von überwiegend natürlicher Reize resultieren. Bei ihnen handelt es sich im wesentlichen um die von DUNCKER (1940) beschriebenen „sensory pleasures". Diese Anreize in Form von „pleasures", also angenehmen Empfindungen resultieren unmittelbar aus den Wahrnehmungen, die über die verschiedenen Sinnesorgane gemacht werden können. Die akustischen Anreize wurden auf die zwei Items aktivitätsabhängige und aktivitätsunabhängige Anreize verteilt, weil im Unterschied zu den anderen sensorischen Anreizen hier sehr heterogene Elemente vorkommen. Auf diese Weise lassen sich gegebenenfalls auch Unterschiede bei verschiedenen sportlichen Aktivitäten differenzierter erfassen. KURZ (1990) bezeichnet solche emotional getönten Eindrücke, die sich direkt auf das lustvolle Erleben beziehen, als Erlebnis oder Sensation. Diese Aspekte finden sich in der Sinnrichtung „Eindruck, Exploration, Sensation, ‚vertigo'".

2. Kategorie: Ästhetische Erfahrungen

Nr.	Anreiz	Typ	Item	Konkretisierungen	Item Nr.
1	naturbezogene ästhetische Erfahrungen	I	die Schönheit der Natur erleben	• ein beeindruckendes Panorama betrachten. • einen romantischen Sonnenuntergang beobachten • ein idyllisches Dorf sehen • Tiere in der Natur beobachten.	10
2	Personenbezogene ästhetische Erfahrungen	I	die Ästhetik (Schönheit) von Bewegungen erleben	• die ästhetischen Bewegungen anderer Sportler sehen • selbst ästhetische Bewegungen zustande bringen	18
3	„mystische" Naturerfahrungen	I	mystische Erfahrungen machen	• sich klein / verloren / ohnmächtig / andächtig / ehrfürchtig fühlen angesichts der gewaltigen Natur (z.B. im Gebirge oder auf dem Meer) • sich in der Natur geborgen und zuhause fühlen	26

Abbildung 7.2: Anreize und Items der Kategorie „Ästhetische Erfahrungen (Naturerleben)"

Bei den ästhetischen und „mystischen" Erfahrungen handelt es sich um eher kognitive Erfahrungen, die sich sowohl auf natürliche, wie auf „künstliche" Aspekte beziehen können. Die ästhetischen Anreize wurden auf zwei Items verteilt. Während sich die naturbezogenen Eindrücke auf die wahrgenommene Ästhetik natürlicher Objekte beziehen, sind es die Wahrnehmungen fremder oder eigener Bewegungen, aus denen die personenbezogenen ästhetischen Erfahrungen resultieren. Mystische Naturerfahrungen besitzen die gleiche Qualität wie ästhetische Erfahrungen, sind aber inhaltlich nicht auf das Erleben von Schönheit und Ästhetik ausgerichtet, sondern führen zum Erleben von Gefühlen der Geborgenheit oder der Ohnmacht.

Sämtliche Anreize zum Naturerleben gehören zum Typ I, d.h. es handelt sich um Tätigkeitsanreize, deren Realisationszeitpunkt im Handlungsvollzug liegt.

Diese Erfahrungen gehören zu der von DUNCKER (1940) beschriebenen Kategorie der „aesthetic joys". Im Gegensatz zu den sensorischen Erfahrungen bedürfen sie einer kognitiven Übersetzung, d.h. sie entstehen durch die Interpretation bestimmter Wahrnehmungen. Vergleichbare Anreizqualitäten finden sich in Form der eher kognitiv geprägten Erfahrungen auch bei KURZ (1990) in der Sinnrichtung „Eindruck, Exploration, Sensation, ‚vertigo'".

Gemeinsam beschreiben die acht Items der Kategorien „Sensorische Erfahrungen" und „Ästhetische Erfahrungen" verschiedene Aspekte des Naturerlebens. Vergleichbare Kategorien und Elemente finden sich z.b. in der Sinnzuschreibung „Natur erleben" mit dem Item „bei der sportlichen Aktivität will ich die Natur erleben" (BREHM 1994; siehe Abbildung 3.4 sowie den Fragebogen zu den Sinnzuschreibungen und zur Anreizqualität im Anhang A 1.3) sowie dem Cluster „sinnliches Naturerleben" (RHEINBERG; siehe Abbildung 2.12). Das Erleben von Natur findet sich auch in den von EWERT (1985) untersuchten Motiven von Kletterern, in den Items „Enjoy Wilderness", „View Scenery" und „Be Close To Nature".

Die Erfassung von „Naturanreizen" ist schwierig, weil diese Anreize einerseits sehr heterogen sind, andererseits aber überwiegend miteinander verbunden sind und als „synästhetische" Wahrnehmungen erlebt werden (KRONBICHLER 1997, 333). Diese Verknüpfungen spiegeln sich z.b. in den von NAGELS (1984) gefundenen Aussagen zum Motorradfahren wider, in denen sowohl Temperatur (heiß/kühl), die Feuchtigkeit (trocken/feucht) sowie die optische (Flimmern) und taktile Beschaffenheit der Luft erwähnt werden („durch die Luft schwimmen"). Um die individuelle Bedeutung der verschiedenen Aspekte erfassen zu können, wurden relativ viele Items verwendet.

3. Kategorie: Körper- und Bewegungserfahrungen

Nr.	Anreiz	Typ	Item	Konkretisierungen	Item Nr.
1	Körpererfahrungen	I	besondere Körperwahrnehmungen bei intensiver Belastung machen	• sich bei einem steilen Anstieg richtig „auspowern" • die Bewegungen und die Spannung meiner Muskeln spüren und • die angenehme Mattigkeit danach erleben	2
2	„fließende" Bewegungsformen	I	das Gefühl weicher, fließender, gleitender, schwingender (rhythmischer, gut koordinierter) Bewegungen erleben	• das lockere Gleiten und Schwingen beim Skifahren • das Dahinrollen beim Radfahren • das Gefühl der Schwerelosigkeit bei Sprüngen oder in steilem Gelände beim Einfahren in die Fallinie	34
3	„dynamische" Bewegungsformen	I	die Kräfte wahrnehmen, die bei starker Beschleunigung, beim starken Abbremsen, in schnellen Kurven oder bei hoher Geschwindigkeit auf den Körper einwirken		3
4	besondere Körperlagen	I	das ungewohnte Gefühl besonderer Körperpositionen erleben	• das Gefühl extremer Schräglagen in Kurven oder • das Gefühl des „Kopf-Über-Seins" bei einer sehr steilen Abfahrt oder beim Klettern in Überhängen	11

Abbildung 7.3: Anreize und Items der Kategorie „Körper- und Bewegungserfahrungen"

Mit der Kategorie „Körper- und Bewegungserfahrungen" sind alle Anreize gemeint, die in den (besonderen) Empfindungen bestehen, die bei verschiedenen, meistens nicht alltäglichen Bewegungen auftreten können.

Bei den vier Anreizen der Kategorie handelt es sich bis auf die Körpererfahrungen (1) um „dynamic joys" DUNCKER (1940). Um der Vielfalt unterschiedlicher sportlicher Aktivitäten gerecht zu werden, wurden die „dynamic joys" in Empfindungen bei „weichen", gleitenden, schwingenden Bewegungsformen (2), bei „harten", kraftvollen Bewegungsformen (3) und bei ungewöhnlichen Körperlagen (4) unterschieden. Alle Anreize dieser Kategorie sind Tätigkeitsanreize des Typs I.

Die Anreize gehen, wie angedeutet, großteils auf die „dynamic joys" zurück, wie sie bei DUNCKER (1940) oder bei KURZ (1990) in Form der lustvollen Empfindungen (Sinnrichtung

"Eindruck, Exploration, Sensation, ‚vertigo'") beschrieben werden. Auch die Sinnzuschreibung „Den Körper besser kennenlernen und neue Erfahrungen mit ihm machen" in dem Fragebogen von BREHM (1994) ist im Vergleich zu den verwendeten Formulierungen allgemeiner gehalten. In der Clusteranalyse bei RHEINBERG (1993) findet sich kein entsprechendes Item, in den Anreizkatalogen zum Motorradfahren oder zum Windsurfen tauchen jedoch ähnliche Aspekte als „erlebte Bewegungsgeschmeidigkeit" (siehe Abbildung 2.10 und Abbildung 2.11) auf. Keine vergleichbaren Anreize finden sich in den ATPA-D-Skalen von SINGER u.a. (1980) oder bei EWERT (1985).

4. Kategorie: Spannung und Aktivierung

Nr.	Anreiz	Typ	Item	Item Nr.
1	Neues erleben	I	die Neugier auf neue Eindrücke, Erfahrungen und Erlebnisse; (Entdeckerfreude) verspüren	19
2	Herausforderung, Spannung	I	Spannung und Unsicherheit darüber verspüren, ob ein Ziel oder eine schwierige Stelle zu schaffen ist	27
3	„Angstlust"	I	das Gefühl erleben, von riskanten Dingen angezogen zu sein und gleichzeitig etwas Angst davor zu haben	35

Abbildung 7.4: Anreize und Items der Kategorie „Spannung und Aktivierung"

Die Anreize der Kategorie „Spannung / Aktivierung" beziehen sich auf eine als angenehm empfundene Erregung während der sportlichen Aktivität.

Das erste Item bezieht sich auf den Aspekt Neues und auch Überraschendes zu erleben. Das zweite Item beinhaltet den Aspekt der Herausforderung, also die positiv erlebte Unsicherheit darüber, ob eine grundsätzlich eher positiv bewertete Aufgabe zu bewältigen ist. Das dritte Item betont den Aspekt der „Angstlust". Da die Items bereits sehr anschaulich sind, wurde hier keine Konkretisierungen hinzugefügt.

Bei den drei Items der Kategorie Spannung handelt es sich um Tätigkeitsanreize (Typ I).

Derartige Aspekte finden sich z.b. in der Kategorie „physical activity as the pursuit of 'vertigo'" bei KENYON (1968a), wo auf die Klassifizierungen von CALLOIS (1961) Bezug genommen wird. Bei KURZ (1990) finden sich entsprechende Elemente in der Sinnrichtung „Eindruck, Exploration, Sensation, ‚vertigo'", sofern der Schwerpunkt im Erleben neuer Eindrücke liegt, oder in der Sinnrichtung „Spiel, Spannung, Abenteuer, Risiko, Wettkampf", wenn die Betonung mehr auf dem Erleben von Spannung und ambivalenter Situationen liegt. Ambivalente Situationen sind gegeben, wenn z.B. eine besonders steile Abfahrt einerseits Erregung, Ängstlichkeit und ein „flaues Gefühl im Magen" bewirken, zugleich jedoch positive Empfindungen während der Ausführung vorhanden sind und für die Zeit danach antizipiert werden.

Das Suchen und Streben nach Situationen, die diese Empfindungen ermöglichen, läßt sich auch aus der *Reversal Theory* von APTER (1982, 1989) und der *Sensation Seeking-Theorie* von ZUCKERMAN (1979) herleiten. Wie in Kapitel 4.3 beschrieben, tendieren Personen, die sich im „paratelic state" befinden zu einem hohem Erregungsniveau (arousal-seeking). ZUCKERMAN'S *Sensation Seeking Skala*, unterscheidet zwischen verschiedenen Typen, die jeweils andere Quellen der Aktivierungssteigerung bevorzugen. Für den Bereich sportlicher

Aktivität am ehesten zutreffend ist davon die „Thrill and Adventure Seeking"-Subskala (TAS). Allerdings erfaßt sie die Präferenz für diese Art von Erregung über die Vorliebe für bestimmte Sportarten, bei denen man unterstellt, daß sie mit einem bestimmten Risikograd bzw. Erregungspotential verbunden sind. Es ist jedoch nicht per se davon auszugehen, daß z.b. Mountainbiking bei allen Mountainbikern starke Erregungen auslöst und deshalb können nicht alle, die Mountainbike fahren oder fahren möchten, grundsätzlich als starke Sensation Seeker bezeichnet werden.

Ähnliche Items enthält auch das Cluster „Erregung, Abenteuer, Nervenkitzel" bei RHEINBERG (1993) oder der Faktor „Challenge/Risk" mit den Items („Excitement", „Personal Testing", „Because of Risks") bei EWERT (1985). Auch in den ATPA-D-Skalen von SINGER u.a. (1980) findet sich eine Subskala „Spannung / Risiko". Die zugehörigen Items sind jedoch ähnlich wie bei den Items der TAS-Subskala der *Sensation Seeking Scale* von ZUCKERMAN (1979) sehr allgemein gehalten und berücksichtigen ausschließlich den Aspekt Risiko und Wagnis.

5. Kategorie: Entspannung und Stimmungsregulation

Nr.	Anreiz	Typ	Item	Item Nr.
1	Abschalten	I	Abschalten, „die Seele baumeln lassen"	4
2	Aggressionsabbau	I	mich abreagieren	12
3	psychische Erholung / Regeneration	III	Energie tanken, den Akku aufladen	20
4	Stimmungsregulation	III	die gute Stimmung stabilisieren	28

Abbildung 7.5: Anreize und Items der Kategorie „Entspannung und Stimmungsregulation"

Die Anreize dieser Kategorie beziehen sich auf die entspannende und allgemein positiv stimmungsregulierende Wirkung sportlicher Aktivität.

In Item 1 findet sich eine passive Form mit den alltäglichen psychischen Belastungen fertigzuwerden. Item 2 ist die aktive Variante, die Auswirkungen des Alltagsstress, insbesondere angestaute Aggressionen, loszuwerden. Das Item 3 weist über die Tätigkeit hinaus und beschreibt einen längerfristigen Effekt sportlicher Aktivität. In ähnlicher Weise ist das Item 4 zu verstehen. Im Vergleich zu Item 3 wird hier die Ausgangslage jedoch nicht negativ, sondern positiv wahrgenommen: der mit der sportlichen Aktivität angestrebte Effekt ist deswegen nicht die Wiederherstellung, sondern die Erhaltung eines positiv erlebten Zustandes.

Wie aus der obigen Abbildung hervorgeht, handelt es sich bei den Items 1 und 2 um Tätigkeitsanreize, weil die angestrebte Handlungsfolge in dem Entspannungsgefühl während der Tätigkeit liegt. Es ist jedoch nicht auszuschließen, daß im individuellen Verständnis auch Effekte gemeint sein können, die sich über das Ende der sportlichen Tätigkeit hinaus erstrecken. Bei den Items 3 und 4 handelt es sich um Zweckanreize, da ihr Realisationszeitpunkt nach der Tätigkeit liegt und die sportliche Aktivität hier einen funktionalen Charakter besitzt.

Aufgrund der Anschaulichkeit der Items wurde wie bei der vorhergehenden Kategorie auf zusätzliche Konkretisierungen verzichtet.

Die Items 1 bis 3 der Kategorie „Entspannung / Stimmungsregulation" finden sich in ähnlicher Form in nahezu allen Arbeiten, die sich mit der Motivation sportlicher Aktivität, insbesondere im Freizeitsportbereich, befassen: ob in der Kategorie „Katharsis" (Catharsis) bei KENYON (1968a) bzw. SINGER u.a. (1980) oder EWERT (1985), unter der Sinnrichtung „Gesundheit, Ausgleich, Kompensation, Fitness, Wohlbefinden" bei KURZ (1990) oder in den Sinnzuschreibungen „Alltagsstress abbauen" oder „Seelisch ausgeglichener werden" (BREHM 1994). In der Clusteranalyse der Anreize bei RHEINBERG (1993) findet sich zumindest ein Teilaspekt in der Gruppe „Abschalten, in der Tätigkeit aufgehen, Alltagsprobleme vergessen". Das Streben nach Ruhe und Entspannung läßt sich auch mit der *Reversal Theory* von APTER (1982; 1989) erklären: Personen im Telic State sind darauf bedacht ihr Aktivierungsniveau relativ niedrig zu halten bzw. zu senken (arousal avoiding). Entsprechende Items enthält der Fragebogen zu den präferierten Tätigkeiten.

Dagegen wurde das Item „Stimmungsregulation" bislang noch nicht explizit als Beweggrund für die Ausübung sportlicher Aktivität untersucht. Untersuchungen über den Einsatz sportlicher Aktivität zum Stimmungsmanagement (WABEL 1998) deuten aber auf eine derartige Funktion hin.

6. Kategorie: Besondere Erlebnisqualität (flow-Erleben)

Nr.	Anreiz	Typ	Item	Item Nr.
1	Verschmelzung von Handeln und Bewußtsein	I	das Gefühl erleben, daß die Tätigkeit fließend, perfekt und wie von selbst läuft	5
2	Gefühl der Kontrolle	I	das Gefühl erleben, die Situation (und das Gerät) im Griff zu haben	13
3	Konzentration / Selbstvergessenheit	I	das Gefühl erleben, vollkommen auf die Tätigkeit konzentriert zu sein; erleben, wie alles darum herum unwichtig oder gar nicht wahrgenommen wird	36

Abbildung 7.6: Anreize und Items der Kategorie „Besondere Erlebnisqualität (*flow*-Erleben)".

Die Items aus der Kategorie „Besondere Erlebnisqualität" umfassen drei Aspekte, wie sie als typische Merkmale (Folgen) des *flow*-Erlebens von CSIKSZENTMIHALYI (1991; 1993) beschrieben wurden.

Das Item 1 beschreibt das Erleben, wenn eine Tätigkeit perfekt, fließend, quasi wie von selbst läuft. Das Item 2 bezieht sich auf das häufig mit dem *flow*-Erleben verbundene Gefühl der Kontrolle, d.h. die betroffenen Personen haben keine Zweifel am Gelingen ihres Tuns und an ihren Fähigkeiten. Beim Item 3 handelt es sich um das Gefühl des vollständigen Aufgehens in der Tätigkeit, d.h. die Person ist so auf ihr augenblickliches Tun konzentriert, daß sie sich selbst und andere Dinge um sich herum nicht mehr oder nur unbewußt wahrnimmt.

Aufgrund der Eindeutigkeit der Items wurde auch in dieser Kategorie auf konkretisierende Beispiele verzichtet.

Da es sich bei allen Anreizen dieser Kategorie um Qualitäten des Erlebens handelt, sind diese zu den Tätigkeitsanreizen (Typ I) zu zählen.

Betrachtet man diejenigen Subskalen der Flow State Scale (JACKSON / MARSH 1996), die das *flow*-Erleben (und nicht die Voraussetzungen dazu) beschreiben, so finden sich hier die vergleichbaren Items. Die Subskala „Action-awareness merging" entspricht dabei dem Anreiz „Verschmelzung von Handeln und Bewußtsein", die Subskala „Paradox of control" dem Anreiz „Gefühl der Kontrolle" und die Subskalen „Concentration on task at hand" und „Loss of self-consciousness" dem Anreiz „Konzentration / Selbstvergessenheit". Die fünfte Unterskala „Transformation of time" wurde hier nicht berücksichtigt, weil sie sich weitgehend als Folge der Konzentration auf die Tätigkeit ergibt und sich - auch aus diesem Grund - nicht als eigenständiger Anreiz formulieren läßt.

In empirischen Untersuchungen zur Sportmotivation wurden *flow*-ähnliche Aspekte z.B. in den Anreizanalysen von RHEINBERG (1993) erfaßt, wenngleich auch nicht in „Reinform"[155]. So findet sich z.B. das Cluster 6: „Abschalten, in der Tätigkeit aufgehen, Alltagsprobleme vergessen" (siehe Abbildung 2.12). In den Aussagen zu den einzelnen sportlichen Aktivitäten zeigt sich, daß das Aufgehen in der Tätigkeit, das ein Indiz für *flow*-Erleben ist, dazu beiträgt, abzuschalten und die Alltagsprobleme zu vergessen. Das heißt die angenehme Empfindung in der Situation, also das Aufgehen und Abschalten, besitzt auch funktionalen Wert, indem es die alltäglichen Sorgen für eine begrenzte Zeit vergessen läßt. Merkmale des *flow*-Erlebens sind auch in den Beschreibungen des Clusters 5 „Genuß eines perfekten, harmonischen Bewegungsvollzuges" zu erkennen. Zwar existieren auch hier zusätzliche Aspekte (Leistung, Bewegungserfahrungen), in den Einzelaussagen kommen jedoch die *flow*-Merkmale stärker zur Geltung (z.B. „spüren, wie Brett, Rigg und eigene Bewegungen eine Einheit werden"). Ähnliche Items finden sich auch im Fragebogen zur Grenzleistung und Grenzerfahrung (STRANG / SCHWENKMEZGER 1989), obwohl dieses Instrument (siehe Kapitel 5.1.3) nicht explizit für die Erfassung von *flow*-Erleben konzipiert wurde.

7. Kategorie: Leistung

Die Kategorie „Leistung" umfaßt Anreize, die aus Selbst- und Fremdbewertungen sportlicher Leistungen anhand von individueller oder sozialer Maßstäbe resultieren.

Die Differenzierung der Anreize dieser Kategorie folgt im wesentlichen der Einteilung der Folgenanreize, wie sie bereits von HECKHAUSEN (1989) im „Erweiterten Motivationsmodell" (siehe Kapitel 2.5) vorgeschlagen wurde. Die Items 1 bis 4 zählen zur Kategorie der Selbstbewertungsanreize, die Items und 6 zu den Fremdbewertungsanreizen und die Items 7 und 8 zu den Oberzielen. Da sich für die vierte Kategorie, die „Nebenwirkungen", in Gesprächen mit Experten der Sportart keine entsprechenden Anreize finden ließen, werden diese hier nicht durch Anreize repräsentiert. In diesen Gesprächen zeigte sich auch, daß bei den Selbstbewertungen eine Differenzierungen zwischen Vergleichen mit eigenen Leistungen (individuelle Norm) und Vergleichen mit der Leistung anderer Sportler (soziale Norm) als bedeutsam erachtet wird. Fremdbewertungen finden dagegen fast ausschließlich im Zusammenhang mit Vergleichen (nach sozialer Norm) statt. Bei dem Item 1 handelt es sich

---

[155] Die ebenfalls in der Clusteranalyse ermittelte Gruppe „Freudiges Aufgehen im Tätigkeitsvollzug" wurde nur als Anreiz der ebenfalls einbezogenen Tätigkeit des Musizierens gefunden (siehe Abbildung 2.12).

grundsätzlich auch um einen Selbstbewertungsanreiz. Da diesem Aspekt in einigen Erörterungen aber eine besondere Bedeutung zugesprochen wurde, wurde es als zusätzliches Item aufgenommen.

Nr.	Anreiz	Typ	Item	Konkretisierungen	Item Nr.
1	Durchhalten / sich überwinden	II	das Gefühl erleben, wenn man ein Ziel trotz Schwierigkeiten und Problemen erreicht hat; persönliche Grenzen erreicht oder sogar ein wenig überschritten hat	• eine extrem steile Abfahrt und Trial-Passage • Durchhalten trotz schlechten Wetters	21
2	Selbstbewertung, individuelle Norm	II	Freude und Stolz auf eine besonders gute Leistung und / oder ästhetische Ausführung im Vergleich zu meinen vorherigen Ausübungen erleben	• auch die Bestätigung (der Verbesserung) der eigenen Leistungsfähigkeit	29
3	Selbstbewertung, soziale Norm	II	Freude und Stolz auf eine besonders gute Leistung im Vergleich zu anderen Sportlern erleben	• Bestätigung (der Verbesserung) der eigenen Leistungsfähigkeit im Vergleich zu anderen	37
4	Selbstbewertung, Theorie+Technik	II	Freude und Stolz darauf erleben, sich in der Sportart und mit den Sportgeräten gut auszukennen	• Anderen z.B. den Parallelschwung oder den Aufbau eines Trainingsplans erklären kann • Bescheid wissen, welches Material es gibt und wie man damit umgeht und es pflegt	6
5	Fremdbewertung	II	Freude und Stolz erleben, wenn Andere eine besonders gute Leistung und / oder ästhetische Ausführung von mir anerkennen		14
6	Fremdbewertung, Theorie + Besitz	II	Freude und Stolz darauf erleben, wenn Andere bewundern, wie gut ich mich in der Sportart und mit den Sportgeräten auskenne	• Erklären von sportlichen Technik • sich mit dem Material auskennen und damit umgehen können • selbst hochwertige und gut gepflegte Sportausrüstung zu besitzen	22
7	Verbesserung physischer Fähigkeiten	III	konditionelle, koordinative Fähigkeiten sowie sportartspezifische technische Fertigkeiten weiter verbessern	• Ausdauer, Kraft, Beweglichkeit und Fahr- bzw. Klettertechnik verbessern	38
8	Verbesserung psychischer Fähigkeiten	III	psychische Fähigkeiten zu verbessern	• die Kontrolle der Angst lernen. • die Konzentrationsfähigkeit verbessern	30

Abbildung 7.7: Anreize und Items der Kategorie „Leistung"

Bei den Anreizen der Kategorie „Leistung" handelt es sich teils um mittelbare Tätigkeitsanreize (Typ II), teils um Zweckanreize (Typ III), da sie an das Erreichen von Zielen geknüpft sind, wobei die angestrebten Folgen, also die (positive) Bewertung und das damit verbundene Empfinden von Freude und / oder Stolz bzw. die Verbesserung der Fähigkeiten während oder nach der Tätigkeit erfolgen können. Bei dem Item 1 („Durchhalten / sich überwinden") kann es sich, je nach individueller Interpretation, auch um einen unmittelbaren Tätigkeitsanreiz handeln, wenn das Erleben derartiger Situationen / Empfindungen im Vordergrund steht.

Zumindest bezogen auf ihre kognitive Repräsentation spielen Leistungsanreize eine sehr bedeutende Rolle im Rahmen der Sportmotivation. Entsprechend häufig und zum Teil differenziert finden sich die verschiedenen Aspekte in der empirischen Forschung. Bei KENYON (1968) / SINGER u.a. (1980) finden sich diese Anreize in der Dimension „ascetic experience" bzw. „asketische Erfahrung". Bei KURZ (1990) in der Sinnrichtung „Leistung, Präsentation, Selbstdarstellung, Selbstbewährung", bei BREHM (1994) in der Kategorie „Leistung" mit den Sinnzuschreibungen „Sich messen und vergleichen", „Sich anstrengen und körperlich belasten" und „Sich verbessern". Die erste Sinnzuschreibung bezieht sich auf eine soziale Bezugsnorm, die zweite und dritte auf eine individuelle. Während die Sinnzuschreibung „Sich verbessern" zur „Annäherung an ein Oberziel" zählt, ist bei der ersten Sinnzuschreibung sowohl eine Selbst- wie auch eine Fremdbewertung möglich. Die zweite Sinnzuschreibung „Sich anstrengen und körperlich belasten" enthält neben Selbstbewertungsaspekten auch Hinweise auf Anreize des Leistungsvollzugs. In einer Clusteranalyse der Anreize des Motorradfahrens, Skifahrens, Windsurfens und Musizierens (RHEINBERG 1993) finden sich klar die Kategorien der Selbst- und der Fremdbewertung. Ein Cluster, welches der „Annäherung an ein Oberziel" entspräche, wurde nicht ermittelt, dafür jedoch eine Kategorie „Objektbewertung", in der sich die Aspekte „materialtechnische Kompetenz", „Materialwissen" und „Materialbesitz" wiederfinden. In einer Faktorenanalyse zu den Motiven bei Kletterern (EWERT 1985, siehe Tabelle 3.4) findet sich kein eindeutig leistungsthematischer Faktor. Leistungsmotive wie „Develop Abilities" oder „Competition" verteilen sich auf mehrere Faktoren („Locus of control" bzw. „Recognition").

8. Kategorie: Soziale Erfahrungen

Die Kategorie „Soziale Erfahrung" umfaßt Anreize, die mit dem Erleben, der Herstellung und der Pflege und auch der Meidung sozialer Kontakte im Zusammenhang mit sportlicher Aktivität verbunden sind.

Das Item 1 umschreibt den Anreiz, das Alleinsein während der sportlichen Aktivität zu erleben und zu genießen. Die Items 2 und 3 spiegeln dagegen das Erleben von Gemeinschaft wieder. Bei dem Item „Freundschaft" liegt die Betonung auf den Aspekten Vertrauen, sich aufeinander verlassen können, einander helfen, Dinge gemeinsam (intensiver) erleben. Dieses Erleben wird in der Regel zu zweit, eventuell auch in einer kleinen Gruppe erlebt. Dabei kann es sich um den Partner / die Partnerin oder einen guten Freund bzw. Freundin handeln.

Das Item „Geselligkeit" bezieht sich dagegen auf Erleben in einer meistens größeren Gruppe. Der Hauptaspekt ist hierbei die Unterhaltung im Sinne von Zerstreuung, beispielsweise im Lift oder beim „Einkehrschwung" beim Skifahren oder die Plauderei während der Radtour. Die Items 4 und 5 beschreiben im Vergleich dazu Anreize, die nicht auf das Erleben einer Situation, sondern auf das Erreichen eines Zieles ausgerichtet sind. Bei Item 4 besteht dies in der Pflege von Kontakten („Kontakte pflegen"). Es kann sich dabei um die Beziehung zum Partner, zu Familienmitgliedern, zu Freunden oder auch zu „bloßen" Bekannten handeln. Bei Item 5 besteht das Ziel darin „Kontakte (zu) knüpfen". Ob diese Kontakte eher kurzfristig sein werden (z.B. eine Stück gemeinsam Radfahren; am Abend Leute auf der Hütte kennenlernen) oder für längere Sicht geplant sind (z.B. als Beginn einer Freundschaft oder Partnerschaft), ist dabei offengelassen. Das letzte Item „Identifikation" bezieht sich auf das soziale Bedürfnis, sich einer Gruppe zugehörig zu fühlen und damit einen Teil der eigenen Identität zu formen und zu bestätigen. Diese Gruppenzugehörigkeit kann sich sowohl in gemeinsamen Aktivitäten, wie auch im Besitz und dem Gebrauch entsprechender Symbole (Ausrüstungsgegenstände, Kleidung, Sprache, Verhaltensweisen etc.) ausdrücken.

Nr.	Anreiz	Typ	Item	Konkretisierungen	Item Nr.
1	Alleinsein	I	das Alleinsein genießen	• frühmorgens alleine losziehen, alleine auf dem Gipfel stehen • alleine durch Wald und Wiesen radeln	7
2	Freundschaft	I	das Gefühl erleben, sich aufeinander verlassen zu können, gemeinsame Werte und Ziele haben und anstreben	• sich beim Sichern aufeinander verlassen • gemeinsam ein Ziel bei einer Ski- oder Radtour erreichen	23
3	Geselligkeit	I	die Geselligkeit mit Freunden, Bekannten und anderen Sportlern während der Sportausübung sowie in den Pausen und danach erleben	• gemeinsam eine Tour fahren • sich bei der Rast unterwegs oder in der Hütte unterhalten	15
4	Kontakte pflegen	III	die Zeit finden und die Gelegenheit nutzen, gemeinsam mit Freunden / dem Partner / der Familie etwas unternehmen zu können		31
5	Kontakte knüpfen	III	Bekanntschaften machen, nette Leute kennenlernen	• bei der sportlichen Aktivität sowie in den Pausen und danach nette Leute und Gleichgesinnte kennenlernen • Anderen beim Erlernen und der Ausübung der Sportart behilflich sein und ihnen zeigen wie attraktiv die Sportart ist und auf diese Weise nette Bekanntschaften machen	39
6	Identifikation, Selbstdefinition	III	sich mit der sportlichen Aktivität identifizieren	• mich als Snowboarder / Skifahrer / Mountainbiker / Kletterer etc. fühlen • mich von anderen unterscheiden	8

Abbildung 7.8: Anreize und Items der Kategorie „Soziale Erfahrungen"

In vielen Situationen wird sich zwischen einzelnen Anreizen nicht klar trennen lassen. So haben sportliche Aktivitäten, in denen Freundschaft erlebt wird auch den Effekt der Pflege von Bekanntschaften; gleichwohl kann das Erleben von Geselligkeit auch mit dem Knüpfen neuer Bekanntschaften verbunden sein.

Die Zuordnung der einzelnen Anreize zu den Zweck- und Tätigkeitsanreizen ist relativ eindeutig. So gehören die Items 1, 2 und 3 zum Typ I (unmittelbare Tätigkeitsanreize), die Anreize 4 und 5 zu den Zweckanreizen. Prinzipiell kann sowohl bei Item 4 wie auch bei Item 5 die angestrebte Wirkung bereits während der sportlichen Aktivität eintreten; jedoch ist dieser Effekt in der Regel für eine über die Tätigkeit hinausreichende Zeitspanne angelegt, so daß eine Zuordnung zu Typ III sinnvoller erscheint. Schwierig ist die Einstufung beim Anreiz „Identifikation / Selbstdefinition". Zwar handelt es sich dabei um kontinuierliche Prozesse, die über die sportliche Aktivität hinausreichen, jedoch können die dazu beitragenden Faktoren, z.B. die Rückmeldung von Personen aus dem relevanten Umfeld wie auch Selbstbewertungen sowohl während, als auch nach der sportlichen Aktivität erfolgen, so daß beide Formen möglich sind[156]. Da die langfristigen Effekte als überwiegend erachtet werden, wird dieses Item dem Typ III zugeordnet.

Die meisten dieser Anreize sind auch in anderen theoretischen Ansätzen oder empirischen Arbeiten enthalten. So findet sich bei KURZ (1990) die Sinnrichtung „Anschluß, Geselligkeit, Kommunikation, Beisammen-Sein". Auch in den ATPA-Skalen von KENYON (1968) und SINGER u.a. (1980) existiert eine Subskala „social experience" bzw. „Soziale Erfahrung"; bei BREHM (1994) ist es der Faktor „Sozialerfahrung" mit den Sinnzuschreibungen „Mit netten Leuten zusammen sein", „Kontakte knüpfen" und „Kontakte pflegen". Bei RHEINBERG (1993) ergaben sich die Anreizcluster „Allein, bei sich sein können" sowie „Anschluß, Kameradschaft, Geselligkeit" und auch bei EWERT (1985) gibt es mit „Solitude", „Team Effort" und „Friendships" Items, die sich auf soziale Aspekte beziehen, die aber auf verschiedene Faktoren laden (siehe Tabelle 3.4). Der Anreiz des Alleinseins findet sich explizit nur bei RHEINBERG (1993) und EWERT (1985), indirekt auch bei KENYON (1968) und SINGER u.a. (1980). Ein Anreiz „Identifikation" findet sich bei RHEINBERG (1993) mit dem Cluster „Identifikation, Selbstdefinition über die Tätigkeit" und indirekt auch in dem Cluster „Objektbewertung" in Form des Materialbesitzes. Bei EWERT (1985) sind es die Items „To Be A Mountaineer" und „To Show Others" (Faktor „Recognition") sowie das Item „Self-expression" (Faktor „Creativity"), die auf ähnliche Bedeutungszuschreibungen für die sportliche Aktivität hinweisen. Nur indirekt finden sich Identifikationsaspekte in den übrigen Modellen, z.B. mit den Sinnzuschreibungen „Zeigen, wie attraktiv die sportliche Aktivität ist" und „Zeigen, wie ich bin und was ich kann" des Faktors „Darstellung" (BREHM 1994). Neben Fremdbewertungsaspekten zeigen sich darin auch direkte („wie ich bin") und indirekte (sich als jemand darstellen, der eine attraktive Sportart ausübt) Hinweise auf Identifikationsaspekte. In den ATPA-Skalen (KENYON 1968; SINGER u.a. 1980) wie auch unter den Sinnrichtungen bei KURZ (1990) ist keine entsprechende Subskala enthalten.

9. Kategorie: Gesundheit

Nr.	Anreiz	Typ	Item	Item Nr.
1	Rehabilitation	III	Etwas zur Verbesserung meines Gesundheitszustand tun	16
2	Prävention	III	Etwas zur Vorbeugung von Verletzungen und Krankheiten tun	24
3	Fitness	III	Etwas für die Fitness und zur Verbesserung der allgemeinen körperlichen Leistungsfähigkeit tun	32
4	Gewicht, Figur	III	Etwas zur Verbesserung der Figur und zur Stabilisierung bzw. zur Reduzierung des Körpergewichts tun	40

Abbildung 7.9: Anreize und Items der Kategorie „Gesundheit".

In der Kategorie „Gesundheit" sind diejenigen Anreize zusammengefaßt, die sich auf die wiederherstellenden, vorbeugenden und allgemein verbessernden Wirkungen sportlicher Aktivität beziehen.

---

[156] Die Prozesse der Identifikation und Selbstdefinition werden natürlich auch durch Faktoren beeinflußt, die unabhängig von der eigentlich sportlichen Aktivität sind. Das Tragen entsprechender Sportkleidung im Alltag deutet auf solche Aspekte hin.

Item 1 („Rehabilitation") bezieht sich dabei auf die Verbesserung eines defizitär erlebten Gesundheitszustandes, z.b. nach einer Verletzung, Item 2 („Prävention") auf die Möglichkeit, durch sportliche Aktivität die Gesundheit vor Schädigungen zu bewahren. Item 3 („Fitness") geht wie Item 2 von einem „Normalniveau" der Gesundheit aus; die Verbesserung ist aber nicht auf die spezifische Funktion der Prävention gerichtet, sondern auf die allgemeine Verbesserung der körperlichen Leistungsfähigkeit im Sinne einer Ressourcenstärkung zur Bewältigung alltäglicher Anforderungen. Item 4 („Gewicht, Figur") ist im Vergleich weniger auf Gesundheit im engeren Sinne gerichtet, sondern speziell auf die Aspekte Regulation des Körpergewichts und Verbesserung der Figur und somit auf äußere Faktoren. Bei Item 4 besteht somit eine Affinität zu Aspekten der Selbstdarstellung / Präsentation.

Alle vier Anreize dieser Kategorie zählen zu den Zweckanreizen, die sich nach der sportlichen Aktivität oder genauer, erst mit der Aufrechterhaltung bzw. regelmäßiger Wiederholung erzielen lassen (= Typ III). Die Gesundheitsanreize sind vergleichbar mit den Anreizen zur Verbesserung der physischen bzw. psychischen Leistungsfähigkeit. In allen Fällen handelt es sich um die Annäherung an ein Oberziel, welches jedoch nicht unbedingt quantitativ bestimmt sein muß, sondern auch in dem generellen Streben nach kontinuierlicher Verbesserung bestehen kann. Die Realisation des Effekts einer bestimmten sportlichen Tätigkeit findet erst nach Beendigung derselben oder in der nächsten Einheit oder im Laufe der folgenden statt, wenn ein Vergleich zu vorherigen Werten stattfindet.

Gesundheitsaspekte finden sich auch in anderen Ansätzen. Bei KURZ (1990) finden sie sich in der Sinnrichtung „Gesundheit, Ausgleich, Kompensation, Fitness, Wohlbefinden", die auch das Streben nach Verbesserung der Figur durch sportliche Aktivität einschließt. Die Subskala „Health and Fitness" bei KENYON (1968) bzw. die entsprechende Subskala „Gesundheit / Fitness" bei SINGER u.a. (1980) enthalten dagegen nur Items, die in allgemeiner Form auf den Gesundheitsaspekt abzielen. Lediglich die körperliche Fitness wird in einem Item (18) angesprochen; Prävention, Rehabilitation sowie das äußere Erscheinungsbild werden nicht thematisiert. Der Faktor „Gesundheit & Fitness" im Strukturmodell der Sinnzuschreibungen (BREHM 1994) umfaßt die Sinnzuschreibungen „Gesundheitszustand verbessern", „Beschwerden und Krankheiten vorbeugen" und „Etwas für die Fitness tun"; die Sinnzuschreibungen „Eine sportliche Figur bekommen" und „Das Gewicht regulieren" finden sich dagegen im Faktor „Körperarbeit". In der Clusteranalyse bei RHEINBERG (1993) ergab sich kein entsprechendes Cluster, was sicher auch im Zusammenhang mit den einbezogenen Sportarten Motorradfahren, Skifahren und Windsurfen steht, bei denen ein dominanter oder zumindest gewichtiger Gesundheitsanreiz nicht zu erwarten ist[157]. Auch bei den von EWERT (1985) erhobenen Motiven für das Klettern findet sich kein gesundheitsbezogenes Motiv.

---

[157] Dies bestätigen zum Teil die Daten zu den Sinnzuschreibungen bei Skifahrern (PLOCHER 1994), nach denen die Gesundheits- und Körpererfahrungsaspekte nur mittlere Bedeutung zeigten. „Etwas für die Fitness tun" mit Rangplatz 5 und „die Gesundheit verbessern" auf Rangplatz 9 liegen dabei noch in der oberen Hälfte, die übrigen Items der Faktoren „Gesundheit & Fitness" und „Körperarbeit" finden sich auf den Rangplätzen zwischen 13 und 19 (von 19).

Entwicklung des Fragebogens 219

Nach dem die verschiedenen Kategorien und Anreize im einzelnen beschrieben wurden, faßt die Abbildung 7.10 die Items des Fragebogens zusammen und verweist auf entsprechende Anreize und Anknüpfungspunkte aus anderen Ansätzen. Aus Platzgründen wurde an einigen Stellen nur die betreffende Subskala oder Faktor angegeben. Die einzelnen Items finden sich im Anhang bei den Erhebungsinstrumenten bzw. im Theorieteil.

Kat.	Anreiz	Item	Vergleichbare Items
1. Sensorische Erfahrungen	taktil und thermorezeptorisch	Temperaturreize und die Beschaffenheit des Untergrundes wahrnehmen	RHEINBERG (1993): Cluster 7[158]: „Sinnliches Naturerleben"; Aussagen aus Einzeluntersuchungen (siehe Abbildung 2.10 und Abbildung 2.11): optischer, olfaktorischer, thermorezeptorischer; Naturkontakt (Motorrad); unmittelbarer Naturkontakt (Windsurfen)
	akustisch (aktivitätsunabh.)	natürliche Geräusche wahrnehmen	
	akustisch (aktivitätsabh.)	sportarttypische Geräusche wahrnehmen	
	olfaktorisch	Gerüche der Natur und auch der Sportausrüstung wahrnehmen	
	optisch	optische Reize wahrnehmen	
2. Ästhetische Erfahrungen	naturbezogene ästhetische Erfahrungen	die Schönheit der Natur erleben	EWERT (1985): Faktor „Physical Setting"; Items: „Enjoy wilderness", „View Scenery"; „Be Close To Nature"
	personenbezogene ästhetische Erfahrungen	die Ästhetik (Schönheit) von Bewegungen erleben	BREHM (1994): „Natur erleben"
	„mystische" Naturerfahrungen	mystische Erfahrungen machen	
3. Bewegungs- und Körpererfahrungen	Körpererfahrungen	besondere Körperwahrnehmungen bei intensiver Belastung machen	RHEINBERG (1993): In Einzeluntersuchungen zu Motorradfahren und Windsurfen (siehe Abbildung 2.10 und Abbildung 2.11): „Erlebte Bewegungsgeschmeidigkeit"
	„fließende" Bewegungsformen	das Gefühl weicher, fließender, gleitender, schwingender (rhythmischer, gut koordinierter) Bewegungen erleben	
	„dynamische" Bewegungsformen	die Kräfte wahrnehmen, die bei starker Beschleunigung, beim starken Abbremsen, in schnellen Kurven oder bei hoher Geschwindigkeit auf den Körper einwirken	BREHM (1994): Faktor „Körperarbeit"; Item „den Körper besser kennenlernen und neue Erfahrungen mit ihm machen."
	besondere Körperlagen	das ungewohnte Gefühl besonderer Körperpositionen erleben	
4. Spannung und Aktivierung	Neues erleben	die Neugier auf neue Eindrücke, Erfahrungen und Erlebnisse (Entdeckerfreude) verspüren	RHEINBERG (1993): Cluster 10: „Erregung, Abenteuer, Nervenkitzel" BREHM (1994): „Bei der sportlichen Aktivität spannende Situationen erleben."
	Herausforderung, Spannung	Spannung und Unsicherheit darüber verspüren, ob ein Ziel oder eine schwierige Stelle zu schaffen ist	EWERT (1985): Faktor „Challenge/Risk"; Items: „Excitement", „Personal Testing", „Because of Risks" ZUCKERMAN (1979): „I sometimes like things which are a little frightening."
	„Angstlust"	das Gefühl erleben, von riskanten Dingen angezogen zu sein und gleichzeitig etwas Angst davor zu haben	ISER / PFAUSER (1995)[159]: „Ich mag es in unvorhersehbaren Situationen zu sein."; „Ich bin eher eine Abenteuererpersönlichkeit."; „Oft tue ich Dinge nur zum Nervenkitzel."

---

[158] Die angegebenen Cluster-Nummern beziehen sich auf die Angaben in Abbildung 2.12.

[159] Die aufgeführten Items stammen aus der deutschen Version der „Paratelic Dominance Scale (PDS)" nach COOK / GERKOVICH (1993).

Kat.	Anreiz	Item	Vergleichbare Items
5. Entspannung und Stimmungsregulation	Abschalten	Abschalten, „die Seele baumeln lassen"	RHEINBERG (1993): Cluster 6: „Abschalten, in der Tätigkeit aufgehen, Alltagsprobleme vergessen."
	Aggressionsabbau	mich abreagieren	SINGER (1980): Dimension „Katharsis"; Items: „Lösung starker seelischer Spannungen"(12), „Befreiung von Frustrationen und angestauten Aggressionen" (27), „Entspannung" (43), „Voraussetzung für ein zufriedenes Leben" (54)
	psychische Erholung / Regeneration	Energie tanken, den Akku aufladen	
	Stimmungsregulation	die gute Stimmung stabilisieren	BREHM (1994): Faktor „Wohlbefinden"; Sinnzuschreibungen: „Alltagsstress abbauen", „Seelisch ausgeglichener werden"
			EWERT (1985): Faktor „Catharsis"; Items: „Relaxation", „Slow Mind"
6. Besondere Erlebnisqualität (flow-Erleben)	Verschmelzung von Handeln und Bewußtsein	das Gefühl erleben, daß die Tätigkeit fließend, perfekt und wie von selbst läuft	RHEINBERG (1993): Clusters 5 „Genuß eines perfekten, harmonischen Bewegungsvollzuges";
	Gefühl der Kontrolle	das Gefühl erleben, die Situation (und das Gerät) im Griff zu haben	Cluster 6: „Abschalten, in der Tätigkeit aufgehen, Alltagsprobleme vergessen"
	Konzentration / Selbstvergessenheit	das Gefühl erleben, vollkommen auf die Tätigkeit konzentriert zu sein; erleben, wie alles darum herum unwichtig oder gar nicht wahrgenommen wird	JACKSON / MARSH (1996): Subskalen „Action-awareness merging", „Paradox of control", „Concentration on task at hand", „Loss of self-consciousness"
			STRANG / SCHWENKMEZGER (1989): Items 3, 5, 8, 10, 14, 15, 17, 23, 25, 26, 27, 28, 29, 30, 32, 33, 38, 44, 47, 49, 51, 52
7. Leistung	Durchhalten / sich überwinden	das Gefühl erleben, wenn man ein Ziel trotz Schwierigkeiten und Problemen erreicht hat; persönliche Grenzen erreicht oder sogar ein wenig überschritten hat	RHEINBERG (1993): Cluster 1: „Selbstbewertung: Kompetenzzuwachs, Erfolgserlebnis, Stolz/Freude über eigenes Können";
	Selbstbewertung, individuelle Norm	Freude und Stolz auf eine besonders gute Leistung und / oder ästhetische Ausführung im Vergleich zu meinen vorherigen Ausübungen erleben	Cluster 2: „Fremdbewertung: Andere beeindrucken, Applaus, Überlegenheit",: Cluster 3: „Objektbewertung: Materialtechnische Kompetenz, Materialwissen, Materialbesitz";
	Selbstbewertung, soziale Norm	Freude und Stolz auf eine besonders gute Leistung im Vergleich zu anderen Sportlern erleben	Cluster 9: „Anstrengende Bewährung, Durchhalten, Selbstdisziplin". KENYON (1968) / SINGER (1980): Subskala „asketische Erfahrungen"[160].
	Selbstbewertung, Theorie + Technik	Freude und Stolz darauf erleben, sich in der Sportart und mit den Sportgeräten gut auszukennen	

---

[160] Die einzelnen Items dieser Subskala beziehen sich zwar in zustimmender oder ablehnender Weise auf Leistungsaspekte wie Training und Wettkampf, die in dieser Untersuchung angewandten Anreize der Selbstbewertung, Fremdbewertung und der Leistungsverbesserung werden jedoch nicht entsprechend repräsentiert.

Entwicklung des Fragebogens

Kat.	Anreiz	Item	Vergleichbare Items
7. Leistung (Fortsetzung)	Fremdbewertung	Freude und Stolz erleben, wenn andere eine besonders gute Leistung und / oder ästhetische Ausführung von mir anerkennen	BREHM (1994): Faktor „Leistung"; Items; „Sich messen und vergleichen", „Sich verbessern", „Sich anstrengen und körperlich belasten".
	Fremdbewertung, Theorie + Besitz	Freude und Stolz darauf erleben, wenn andere bewundern, wie gut ich mich in der Sportart und mit den Sportgeräten auskenne	EWERT (1985): Faktor „Locus of Control"; Item „Develop Abilities"; Faktor „Recognition"; Item „Competition".
	Verbesserung physischer Fähigkeiten	konditionelle, koordinative Fähigkeiten sowie sportartspezifische technische Fertigkeiten weiter verbessern.	
	Verbesserung psychischer Fähigkeiten	psychische Fähigkeiten verbessern	
8. Soziale Erfahrungen	Alleinsein	das Alleinsein genießen	RHEINBERG (1993): Cluster 8: „Allein bei sich sein können"; Cluster 11: „Anschluß, Kameradschaft, Geselligkeit"; Cluster 4: „Identifikation, Selbstdefinition über die Tätigkeit"
	Freundschaft	das Gefühl erleben, sich aufeinander verlassen zu können, gemeinsame Werte und Ziele haben und anstreben	
	Geselligkeit	die Geselligkeit mit Freunden, Bekannten und anderen Sportlern während der Sportausübung sowie in den Pausen und danach erleben	KENYON (1968) / SINGER (1980): Subskala „Soziale Erfahrung"
	Kontakte pflegen	die Zeit finden und die Gelegenheit nutzen, gemeinsam mit Freunden / dem Partner / der Familie etwas unternehmen zu können	BREHM (1994): Faktor „Sozialerfahrung", Items „Mit netten Leuten zusammen sein", „Kontakte knüpfen", „Kontakte pflegen" EWERT (1985): Faktor „Locus of Control"; Items „Team Effort", „Friendships"; Faktor „Recognition"; Items „To Show Others", „To Be a Mountaineer"
	Kontakte knüpfen	Bekanntschaften machen, nette Leute kennenlernen	
	Identifikation, Selbstdefinition	sich mit der sportlichen Aktivität identifizieren	
9. Gesundheit	Rehabilitation	Etwas zur Verbesserung meines Gesundheitszustand tun	KENYON (1968) / SINGER (1980): Subskala „Gesundheit / Fitness" BREHM (1994): Faktor „Gesundheit & Fitness", Items „Gesundheitszustand verbessern", „Beschwerden und Krankheiten vorbeugen", „Etwas für die Fitness tun"; Faktor „Körperarbeit", Items: „Eine sportliche Figur bekommen", „Das Gewicht regulieren"
	Prävention	Etwas zur Vorbeugung von Verletzungen und Krankheiten tun.	
	Fitness	Etwas für die Fitness und zur Verbesserung der allgemeinen körperlichen Leistungsfähigkeit tu	
	Gewicht, Figur	Etwas zur Verbesserung der Figur und zur Stabilisierung bzw. zur Reduzierung des Körpergewichts tun.	

Abbildung 7.10: Übersicht der Anreizkategorien, der Anreize, des Anreiztyps, der Items und entsprechender Items aus verschiedenen Ansätzen

Die 40 Items verteilen sich auf 23 unmittelbare Tätigkeitsanreize, sechs mittelbare Tätigkeitsanreize und 11 Zweckanreize. Somit beziehen sich insgesamt 29 Items auf Erlebnisaspekte während der Tätigkeit, 11 Items auf über die Tätigkeit hinausweisende Aspekte. Aufgrund dieser ungleichmäßigen Verteilung zugunsten der Tätigkeitsanreize (knapp 75%) können keine verläßlichen Aussagen über eine Tätigkeits- bzw. Zweckorientierung gemacht werden, wie dies z.B. mittels der Anreizfokus-Skala von RHEINBERG (1989) möglich ist. Auch aufgrund dieser ungleichen Verteilung ist ein größeres Gewicht der Tätigkeitsanreize im Vergleich zu den Zweckanreizen zu erwarten.

7.1.2 Formulierung der Items und Fragen

Die Formulierung der Items soll insbesondere bei den Tätigkeitsanreizen das Erleben der Situation mit den „reizvollen" Empfindungen und Eindrücken beschreiben; bei den Zweckanreizen steht das Ziel der Tätigkeit im Vordergrund. Es wurde dabei bewußt auf Formulierungen verzichtet, die zwar Wünsche hinsichtlich der sportlichen Aktivität ausdrücken (z.B. „Ich möchte bei der sportlichen Aktivität ..."), die aber für die Sportausübung nicht relevant sind.

Erfassung der Anreize

Zur Erfassung der Bedeutung der Anreize bietet sich eine Vorgehensweise in drei Schritten an (siehe Fragebogen, Anhang A 2.3):

1. Als erstes wird die Person gefragt, ob ihr der umschriebene Anreiz aus dem eigenen Erleben der sportlichen Aktivitäten[161] bekannt ist und, wenn ja, wie häufig er im Zusammenhang mit der sportlichen Aktivität erlebt wird.

   Derartige Anreize erlebe ich bei der beschriebenen sportlichen Aktivität ...
   ① = nie / kenne ich nicht ⇨ weiter mit nächstem Anreiz
   ② = sehr selten
   ③ = gelegentlich
   ④ = häufig
   ⑤ = (fast) jedes Mal

2. Ist der Anreiz bekannt, wird als zweites nach der Bedeutung des betreffenden Anreizes für die Motivation hinsichtlich der sportlichen Aktivität ist.

   Derartige Anreize sind für meine Motivation für die beschriebene sportliche Aktivität ...
   ① = absolut unwichtig
   ② = weniger wichtig
   ③ = mäßig wichtig
   ④ = wichtig
   ⑤ = sehr wichtig

3. Als drittes ist schließlich zu erfragen, ob die betreffende Aktivität auch bei Wegfall des Anreizes ausgeübt werden würde.

   Wenn diese Art von Anreizen wegfiele, würde ich die beschriebene sportliche Aktivität ... ausüben.
   ① = überhaupt nicht
   ② = viel seltener
   ③ = etwas seltener
   ④ = wie bisher
   ⑤ = häufiger

Mit der ersten Frage werden diejenigen Versuchspersonen ermittelt und aus der Berechnung der Anreizgewichtung ausgeschlossen, denen der entsprechende Anreiz nicht bekannt ist,

---

[161] Vorab wurden die Versuchspersonen gebeten, ihre Antworten auf die Form der von ihnen ausgewählten sportlichen Aktivität zu beziehen, die von ihnen am liebsten ausgeübt wird, z.B. gemeinsam mit Freunden anspruchsvolle Mountainbike-Touren unternehmen u.ä.

bzw. der bei ihrer sportlichen Aktivität nicht vorkommt. Mit der zweiten Frage wird die Bedeutung der Anreize ermittelt. Die dritte Frage versucht, unter den Anreizen diejenigen zu bestimmen, die eine „kritische Größe" für die Ausübung der sportlichen Aktivität darstellen, d.h. bei deren Wegfall die betreffende Aktivität nicht mehr praktiziert werden würde. Eine verzichtsthematische Erfassung der Bedeutung der Anreize, wie dies in einer Studie von RHEINBERG (1989, 50) mit einer „Taschengeldskala" realisiert wurde, um konkrete Bedürfnisbezüge für die verschiedenen Anreize zu erfassen, wurde ebenfalls in Betracht gezogen. Mangels einer geeigneten Bezugsgröße, wurde statt dessen die Frage 3 nach der Reduzierung des Umfangs der sportlichen Aktivität bei Wegfall des betreffenden Anreizes gestellt.

Erfassung der Instrumentalität

Wie der Abbildung 6.1 zu entnehmen ist, werden im Motivationsprozeß eine Vielzahl von Erwartungen angenommen, die sich neben den Anreizen auf die Stärke der Intention (Handlungstendenz) auswirken. Da in dieser Studie nicht die Vorhersage von Verhalten, sondern vor allem die Exploration der Anreize von Outdooraktivitäten und ihrer relativen Bedeutung im Vordergrund steht, kann auf die Erfassung der verschiedenen Erwartungen verzichtet werden[162]. Versuchsweise wurde in der ersten Version des Fragebogens (siehe Anhang A 2.2) vor der Gewichtung des Anreizes eine Frage nach der Instrumentalität des Handlungsergebnisses für die Handlungsergebnisfolgen bzw. nach der des Handlungsvollzuges für die Handlungsfolgen gestellt.

Durch die beschriebene sportliche Aktivität wird die Verwirklichung solcher Anreize ...
❏ unmöglich ❏ eher behindert ❏ nicht beeinflußt ❏ eher gefördert ❏ sicher ermöglicht

In der bereits erwähnten Voruntersuchung an 13 Kletterkursteilnehmern, die vor allem zur Überprüfung der Verständlichkeit der Items diente, zeigte sich, daß etliche der Versuchspersonen Schwierigkeiten hatten, die Frage nach der Instrumentalität adäquat zu beantworten. In den meisten Fällen wurde dies damit begründet, daß insbesondere für die wichtigsten Anreize per se eine hohe Ergebnis-Ergebnisfolge- bzw. Handlung-Handlungsfolge-Erwartung (= Instrumentalität) gegeben sei, da die Tätigkeit sonst nicht ausgeübt werden würde. Die statistische Auswertung, die aufgrund des geringen Stichprobenumfangs nur Hinweisfunktion besitzt, konnte diese Aussagen bestätigen. Für alle Anreize ergaben sich hohe Instrumentalitätseinschätzungen mit einem Mittelwert (M) zwischen 3,25 (Standardabweichung (SD) = 0,89) und M = 4,67 (SD = 0,49; Skala: 1 bis 5). Die Wertung 1 („unmöglich") wurde nur einmal angegeben (0,3% aller Instrumentalitätseinschätzungen), „eher behindert" (2) wurde achtmal angekreuzt (2,3%) und 45mal wurde 3 („nicht beeinflußt") bewertet (12,9%). Im Gegensatz dazu wurde „eher gefördert" (4) 163mal (46,6%) und „sicher ermöglicht" (5) 133mal (38,0%) vermerkt. Der Rest (15,4%) machte keine Angaben. Entsprechend finden sich die meisten niedrigen Instrumentalitätseinschätzungen (1 oder 2) in Verbindung mit einer niedriger Gewichtung des entsprechenden Anreizes (1 bis 3).

---

[162] Da in diesem Kontext eine tatsächliche Ausübung der sportlichen Aktivität und nicht nur ein diesbezüglicher Wunsch vorliegt, wäre im übrigen eine relativ geringe Situations-Ergebnis-Erwartung und eine relativ starke Handlungs-Ergebnis-Erwartung zu erwarten.

Aufgrund dieser Resultate und den erwähnten Verständnisschwierigkeiten wurde in der Version 2 des Fragebogens auf eine Erfassung der Instrumentalitätseinschätzungen verzichtet. Zumindest teilweise kann auch aus dem Zusammenhang der Fragen nach der Bedeutung eines Anreizes und nach der Häufigkeit, mit der dieser bei der sportlichen Aktivität erlebt wird, auf die Instrumentalität geschlossen werden: In den Fällen, wo eine geringe Häufigkeit auf eine hohe Bedeutung trifft, ist von einer relativ geringen Instrumentalität auszugehen.

7.1.3 Variablen zur Beschreibung der präferierten sportlichen Aktivität

Bei der Beschreibung der sportlichen Aktivität sollten die Teilnehmer zunächst ankreuzen, welche der sechs Sportarten sie derzeit am liebsten oder falls keine eindeutige Präferenz vorliegt, welche sie häufiger ausüben. Diejenigen Personen, die zwei oder mehr der betreffenden Sportarten ausüben und bereit waren, auch zu diesen Bewertungen abzugeben, hatten für jede der ausgeübten Sportarten einen eigenen (inhaltlich identischen Fragebogen auszufüllen. In diesen Fällen wurden die Versuchspersonen noch gebeten, eventuell vorhandene Vorlieben für bestimmte Sportarten durch Hinzufügen einer entsprechenden Rangzahl auf dem Fragebogen zu vermerken.

Da für die Konsistenz von Handlungen immer die subjektiven Einschätzungen von Belang sind, sollten die Versuchspersonen ihre sportliche Aktivität anhand individueller Maßstäbe beurteilen. Die Variablen Umfang, Intensität, konditionelle und koordinative Fähigkeiten, präferierte körperliche Belastung und präferierter Schwierigkeitsgrad[163] wurden deshalb relativ zum individuellen Maximum erfaßt.

Die Angaben zur körperlichen Belastung und zum Schwierigkeitsgrad spiegeln somit zugleich das subjektiv wahrgenommene Verhältnis von Fähigkeiten und Anforderung wider. Eine „optimale" Ausnutzung der sportbezogenen konditionellen oder koordinativen Fähigkeiten ist bei einem mittleren bis hohen Niveau gegeben. Sehr geringe und geringe Belastung bzw. Schwierigkeit würden dagegen ein deutliches Übersteigen der Fähigkeiten gegenüber den Anforderungen, also eine Unterforderung bedeuten. Sehr hohe Belastung bzw. Schwierigkeit markiert den (Grenz-) Bereich, in dem die Anforderungen die Fähigkeit übersteigen können.

Auch die Ausübungshäufigkeit der zu beschreibenden Sportart und sonstiger ausgeübter Sportarten wird mit einem subjektiven Maßstab erfaßt. Für die Ausübungshäufigkeit, das Verletzungsrisiko, die Begleitung, die Erfahrung in der Sportart und die Wettkampfaktivität werden absolute Werte erhoben.

Die Formulierung der Items sowie die Antwortskalen sind dem Fragebogen im Anhang zu entnehmen.

---

[163] Da nur zu einigen Sportarten Klassifikationssysteme für die Schwierigkeit vorliegen (Klettern, Wildwasser fahren, ansatzweise beim Skifahren), wäre eine objektive Beurteilung auch kaum durchgängig realisierbar, von der problematischen Selbsteinschätzung der absoluten eigenen Fähigkeiten ganz abgesehen.

Variablen zur Beschreibung der beruflichen Tätigkeit

Anhand von zwei Items sollten die Befragten außerdem ihre derzeitig berufliche Tätigkeit im Hinblick auf Abwechslungsreichtum und die Häufigkeit von Entscheidungen mit ungewissem Ausgang einstufen. Durch einen Vergleich mit der Anreizstärke im Bereich „Spannung" sollen erste Hinweise auf die Konsistenz von erregungssuchendem bzw. erregungsmeidendem Verhalten gewonnen werden.

Beschreibung der persönlichen sportbezogenen Ziele

Nach den Fragen zu den Anreizen wurden die Versuchspersonen aufgefordert, fünf ihrer sportbezogenen Ziele und Vorhaben zu formulieren, und zwar diejenigen, die sie am intensivsten verfolgen. Dabei war ihnen freigestellt, auf welche sportliche Aktivität sich diese Ziele beziehen. Aus diesen Zielen sollte das wichtigste ausgewählt werden, welches abschließend anhand von sieben Aussagen zu bewerten war. Diese Aussagen bezogen sich auf die Verpflichtung (Commitment) dem Ziel gegenüber (1), die interne Kontrolle (2, 4), die Anstrengungsbereitschaft (3), die externe Kontrolle (5) sowie die Zielschwierigkeit (6, 7). Anhand dieser Ziele soll untersucht werden, welche Anreize in diesen wichtigsten Zielen repräsentiert sind, und ob sie zusätzlich Hinweise für eine Ergänzung der Items liefern.

7.2 Auswahl der Stichprobe und Durchführung der Erhebung

Auswahl der Sportarten

Bei der Konzeption der Untersuchung wurde angestrebt, sowohl strukturell ähnliche, als auch unterschiedliche Sportarten in die Stichprobe aufzunehmen. Ein entscheidendes Kriterium bei der Auswahl stellte die Verfügbarkeit von Aktiven der Sportarten dar. Aus der Vielzahl potentiell in Frage kommender Sportarten wurden Klettern, Mountainbiking, Rennradfahren, Skifahren, Snowboardfahren und Skitourengehen ausgewählt. Für Klettern und Mountainbiking ergaben sich aufgrund von Kontakten im Freundeskreis bzw. aufgrund eigener Aktivitäten zahlreiche Zugangsmöglichkeiten; für Skifahren war wegen der weiten Verbreitung ohnehin nicht mit „Akquisitionsproblemen" zu rechnen. Rennradfahren wurde als strukturell verwandte Sportart zum Mountainbiking ausgewählt, auch wenn hier ein weniger ausgeprägter Outdoor-Charakter vorliegt. Snowboardfahren und Skitourengehen besitzen Ähnlichkeiten mit dem Skifahren. Obwohl sich aus dieser Perspektive beispielsweise noch das Bergwandern bzw. Bergsteigen im Vergleich zum Klettern angeboten hätte oder weitere Gruppen wie Windsurfen, Wellenreiten und Segeln, wurde aufgrund zeitlicher und finanzieller Restriktionen der Umfang auf die genannten sechs sportlichen Aktivitäten beschränkt.

Pro Sportart wurden ca. 50 auswertbare Fragebögen angestrebt; die Gesamtstichprobe sollte demzufolge 300-400 Fragebögen umfassen. Probleme mit der Erreichung der angestrebten Teilstichprobenumfänge wurden am ehesten für das Skitourengehen wegen der relativ geringen Verbreitung sowie bei den Radfahrern aufgrund des kleinen Anteils von Frauen bei dieser Sportart erwartet. In geringerem Umfang wurden ähnliche Probleme auch bei Snowboardern erwartet, wobei der Grund hier eher in der Altersbeschränkung auf 17 Jahre zu sehen ist, die sich in der überwiegend von Jugendlichen ausgeübten Sportart stärker auswirkt als bei anderen Sportarten[164].

Auswahl der Stichprobe

Die Auswahl der Stichprobe erfolgte primär, ähnlich wie die der Sportarten, nach Verfügbarkeitsgesichtspunkten. So war es für diese Untersuchung naheliegend, auf derzeitige, und wo möglich, auf ehemalige Sportstudenten der Universität Bayreuth zurückzugreifen. Auf diese Weise wurden gleichzeitig Multiplikatoren erreicht, die über ihren Familien-, Freundes- und Bekanntenkreis Kontakt zu weiteren Outdoorsportlern haben, die so für die Teilnahme an der Befragung gewonnen werden konnten. Außerdem bestand die Möglichkeit, den Fragebogen an die deutschsprachigen Teilnehmer des *Salomon X-Mountain-Adventure*[165] zu verschicken.

Wie aus den Angaben zu ersehen ist, handelt es sich um eine relativ selektive Stichprobe, insbesondere das Alter und das Bildungsniveau betreffend. Da zur Population der Outdoorsportler keine Daten zur Verteilung der Sportarten, des Geschlechts, des Alters, des Bildungsniveaus u.ä. vorliegen, waren keine Möglichkeiten gegeben, eine für diese Outdooraktivitäten repräsentative Stichprobe zu ziehen. Es ist jedoch anzunehmen, daß bei Outdoorsportarten, ähnlich wie bei anderen Sportarten - ein geringeres Durchschnittsalter, ein verhältnismäßig geringerer Frauenanteil sowie ein höheres Ausbildungsniveau und Haushaltseinkommen anzutreffen sind als in der Gesamtbevölkerung. Darauf deutet zumindest eine Leserumfrage der Zeitschrift OUTDOOR hin; derzufolge ist der typische Outdoorsportler ca. 32 Jahre, männlich und hat zu 65% Abitur oder Hochschulreife (Outdoor-Basics 1997, 15). Da es sich bei derartigen Umfragen ebenfalls um selektive Stichproben handelt, sind diese Angaben unter Vorbehalt zu sehen.

Zusammengefaßt sollte die Stichprobe möglichst folgende **Kriterien** erfüllen:
- Die Gruppen der *sechs Sportarten* sollten möglichst gleichmäßig mit *etwa 50 Vpn* besetzt sein.
- Der *Anteil von Frauen* an der Stichprobe und den einzelnen Sportarten sollte groß genug sein (*ca. 35-50%*), um für die Gesamtstichprobe und auch innerhalb der sechs Sportarten statistisch abgesicherte Aussagen zu geschlechtsabhängigen Unterschieden machen zu können.
- Für die Überprüfung der transsituativen Konsistenz der Anreize sollte auf eine Auswahl von Sportlern geachtet werden, die mehrere verschiedene Sportarten betreiben.

---

[164] Durch die Festlegung einer unteren Altersgrenze bei 17 Jahren sollte eine hinreichende Reflexivität bezüglich der wirksamen Anreize und Beweggründe für die sportliche Aktivität sichergestellt werden.

[165] Bei dem *Salomon X-Mountain-Adventure* handelt es sich um einen Outdoorwettbewerb, bei dem die teilnehmenden Viererteams innerhalb von zwei Tagen eine vor Veranstaltungsbeginn unbekannte Strecke zu Fuß, mit dem Mountainbike und dem Kanu absolvieren müssen. Die erwähnte Veranstaltung fand von 3.-5. Juli zwischen Seefeld / Tirol und Bad Tölz / Bayern statt.

Auswertungsverfahren 227

Durchführung der Erhebung - Rücklaufquoten

Die **Ausgabe** der Fragebögen (Version 2) erfolgte im Zeitraum *vom 3. Juli bis zum 3. August 1998*. In die Auswertung wurden diejenigen Fragebögen einbezogen, die bis zum 24. August 1998 am Institut für Sportwissenschaft der Universität Bayreuth eingingen.

Insgesamt wurden *925 Fragebögen* ausgegeben. 750 Fragebögen wurden an Freunde, Bekannte und Sportstudenten der Universität Bayreuth sowie über diese Gruppen in deren Umfeld verteilt. Die Fragebögen wurden teils direkt an die Personen ausgegeben, teils nach vorheriger telefonischer Anfrage per Post zugesandt. 175 Fragebögen wurden mit Unterstützung der Firma Salomon zusammen mit den Ergebnislisten an die Teilnehmer des *Salomon X-Mountain Adventure* verschickt. Da der Fragebogen kein entsprechendes Item enthält und die Teilnehmer einheitliche Freikuverts für die Rücksendung der Fragebögen bekamen, kann die Herkunft der Teilnehmer nicht aufgeschlüsselt werden. Nach groben Schätzungen stammt die überwiegende Mehrheit der zurückgeschickten Fragebögen jedoch von Personen aus dem süddeutschen und insbesondere dem bayerischen bzw. dem fränkischen Raum.

Von den 925 Fragebögen kamen bis zum Stichtag insgesamt 336 zurück, was einer **Rücklaufquote** von *36,3%* entspricht. Von den 336 eingegangenen Fragebögen konnten 332 in die Auswertung einbezogen werden[166], die *Netto-Rücklaufquote* beträgt somit *35,9%*. Von den 175 Fragebögen, die an die Teilnehmer des *Salomon X-Mountain-Adventure* verschickt wurden, kamen lediglich 13 ausgefüllte Fragebögen zurück, davon 10 auswertbare (= 7,4% bzw. 5,7%). Von den übrigen 323 Fragebögen konnten 322 ausgewertet werden, die Rücklaufquote beträgt hier 43,1% bzw. 42,9%.

Die Gesamtrücklaufquote liegt damit in etwa auf dem Niveau vergleichbar angelegter Untersuchungen und ist durchaus zufriedenstellend, insbesondere wenn man ausschließlich die Fragebögen einbezieht, welche über den Freundeskreis und die Studenten verteilt wurden.

7.3 Auswertungsverfahren

Die erhobenen Daten besitzen unterschiedliches **Skalenniveau**. *Nominalskaliert* sind die Daten zu den Variablen Geschlecht, ausgeübte sportliche Aktivität, Begleitung und Wettkampfaktivität. Beim Alter und der Erfahrung in der jeweiligen sportlichen Aktivität handelt es sich um *Verhältnis- bzw. Ratio-Skalen* (BORTZ / LIENERT / BOEHNKE 1990, 63; BACKHAUS u.a. 1994, XV). Die (absolute) Häufigkeit der sportlichen Aktivität und das akzeptierte Verletzungsrisiko sind *ordinalskalierte* Variablen. Die relative Häufigkeit der Sportausübung, Umfang, Intensität, konditionelle und koordinative Fähigkeiten, bevorzugte körperliche Belastung und Schwierigkeitsgrad sowie sämtliche Variablen zu den Anreizen und zur Einschätzung der beruflichen Tätigkeit und der zielbezogenen Aussagen werden in dieser Untersuchung als „*quasi-intervallskalierte*" Variablen behandelt. Aus meßtheoretischer Sicht handelt es sich bei diesen Variablen strenggenommen um ordinalskalierte Variablen, da keine eindeutig äquidistant markierte Skala vorliegt. Obwohl es umstritten ist

---

[166] Bei den nicht verwertbaren Fragebögen konnte nicht zweifelsfrei festgestellt werden, auf welche Sportart sie sich bezogen.

(GUTJAHR 1972, zitiert nach BORTZ / LIENERT / BOEHNKE 1990, 61), werden in der Praxis die Ergebnisse psychologischer Tests und die Daten von Ratingskalen meistens als intervallskaliert angenommen (BACKHAUS u.a. 1994, XIV).

Das Skalenniveau besitzt Relevanz für die Auswertung, weil es die zulässigen Rechenoperationen, wie z.b. die Berechnung von Mittelwerten und Standardabweichungen bestimmt und ein Kriterium für die Auswahl bzw. die Anwendbarkeit von statistischen Testverfahren ist. Wie verschiedene Studien bestätigen (BORTZ / LIENERT / BOEHNKE 1990, 83), sind jedoch viele parametrische (= verteilungsabhängige) Tests, denen die F-Verteilung, die χ^2-Verteilung oder die t-Verteilung zugrunde liegen, relativ robust gegen einfache Verletzungen der Testvoraussetzungen (Intervallskalenniveau und Normalverteilung der abhängigen Variable, Varianzhomogenität in den Teilstichproben). Nach dem von BORTZ / LIENERT / BOEHNKE (1990, 84) vorgeschlagenen Entscheidungsschema für die Wahl parametrischer versus verteilungsfreier Verfahren ist demnach eine allzu strenge, meßtheoretische Datenanalyse hinsichtlich des Skalenniveaus nicht notwendig. Zunächst kann auf die mathematische Überprüfung der Voraussetzungen parametrischer Verfahren (Skalenniveau, Normalverteilung, Varianzhomogenität) verzichtet werden und lediglich eine Prüfung nach „Augenschein" erfolgen. Deutliche Abweichungen von der Normalverteilung bzw. der Varianzhomogenität würden auch bei dieser Vorgehensweise offenbar werden. Bei größeren Stichproben (N > 30) kann außerdem im Hinblick auf das zentrale Grenzwerttheorem eine geringe Abweichung von der Normalverteilung vernachlässigt werden. Der Einsatz von voraussetzungsprüfenden Tests wird nicht empfohlen, da es sich bei diesen Tests selbst um parametrische Tests handelt, die ihrerseits an das Vorliegen bestimmter Voraussetzungen gebunden sind. Erst wenn die parametrischen Verfahren zu einer Ablehnung der H_0-Hypothese (es liegt kein signifikanter Unterschied zwischen den Teilstichproben vor) führen, wären die Voraussetzungen statistisch zu überprüfen und ggf. ein verteilungsfreies Verfahren anzuwenden.

In Anlehnung an diese Empfehlungen wurde für die angewendeten interferenzstatistischen Tests deshalb die Erfüllung der jeweiligen Voraussetzungen anhand von Normalverteilungsplots, Mittelwerten, Medianen, Standardabweichungen etc. „nach Augenschein" vorgenommen. Lagen keine deutlichen Verletzungen, z.B. der Normalverteilung und der Varianzhomogenität vor, wurden parametrische Tests angewendet. Für den Fall, daß die Kriterien nicht gegeben waren, wurden nichtparametrische, also verteilungsfreie Verfahren eingesetzt. Welche Test im einzelnen zur Anwendung kamen, ist in den jeweiligen Abschnitten des Ergebnisteils angegeben. Das Signifikanzniveau (= Höhe des akzeptierten α-Fehlers) für Gruppenunterschiede und Korrelationen wird auf 0,05 (= 5%-Niveau) festgelegt [167].

Da es sich bei den angewendeten Tests um gebräuchliche statistische Methoden handelt, werden diese als bekannt vorausgesetzt und nicht näher erläutert. Erläuterungen zu den im

---

[167] Da es sich bei der vorliegenden Untersuchung um eine erste Studie handelt, die ggf. durch weitere zu bestätigen ist, ist das 5%-Niveau angemessen, da so bei gegebenem Stichprobenumfang und gegebener Effektgröße der β-Fehler, also die Wahrscheinlichkeit die Nullhypothese fälschlicherweise beizubehalten, nicht zu groß wird.

einzelnen angewendeten Varianten, z.b. bei der Faktoren- oder der Clusteranalyse, werden in den jeweiligen Abschnitten zur Auswertungen ergänzt.

Eine umfassende Darstellung verschiedener Methoden, sowie Hinweise auf weiterführende Spezialliteratur mit eingehenden Diskussionen der einzelnen Verfahren, findet sich z.b. bei BORTZ (1993), BORTZ / LIENERT / BOEHNKE (1990) oder BACKHAUS u.a. (1994).

Die Auswertung der Daten erfolgte mittels der Statistiksoftware „*Superior Performing Software Systems*" (SPSS[168]) in der Version 8.0 für Windows95 / Windows NT.

7.4 Beschreibung der Stichprobe

Die Beschreibung der Stichprobe erfolgt mittels der Variablen „Geschlecht", „Alter" und „sportliche Aktivität", wobei sich die Werte auf die an der Studie teilnehmenden Personen (N = 244) beziehen; bei der „sportlichen Aktivität" zusätzlich auf die vorhandenen Datensätze (N = 332). Diese Abweichung besteht, weil 65 Versuchspersonen zu zwei oder mehr der untersuchten Sportarten einen Fragebogen ausgefüllt haben. Von diesen Personen wurde jeweils der Fragebogen zu der Sportart herangezogen, für die die größere Ausübungshäufigkeit genannt wurde. Die Tabelle 7.1 zeigt die Verteilung der pro Person ausgefüllten Fragebögen.

Tabelle 7.1: Verteilung der pro Versuchsperson ausgefüllten Fragebögen (N = 244)

Anzahl der Fragebögen pro Vpn	Anzahl der Vpn	Prozent der Vpn	Anzahl der Fragebögen	Prozent der Fragebögen
1	179	73,3	179	53,9
2	49	20,1	98	29,5
3	9	3,7	27	8,1
4	7	2,9	28	8,4
Gesamt	244	100,0	332	100,0

Geschlecht

An der Untersuchung haben insgesamt 244 Personen teilgenommen, davon 153 Männer und 90 Frauen. Bei einem Fragebogen fehlte die Angabe zum Geschlecht.

Tabelle 7.2: Verteilung des Merkmals Geschlecht in der Gesamtstichprobe (N = 244)

Geschlecht	Häufigkeit	Prozent	Gültige Prozente
männlich	153	62,7	63,0
weiblich	90	36,9	37,0
gesamt	243	99,6	100,0
fehlend	1	0,4	
Gesamt	244	100,0	100,0

---

[168] Ursprünglich stand die Abkürzung SPSS für „Statistical Package for Social Sciences".

Alter

Das durchschnittliche Alter beträgt 29,09 Jahre. Die Altersverteilung der Stichprobe ist leicht rechtsschief, wie der Vergleich zwischen Mittelwert und Median sowie der Vergleich mit der Normalverteilungskurve in Abbildung 7.11 zeigen.

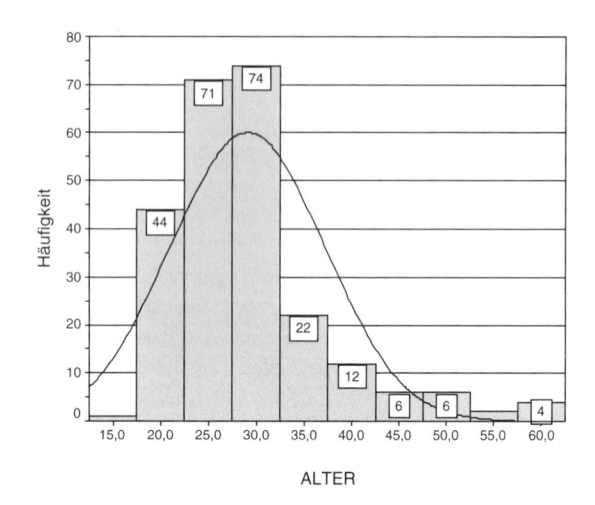

Abbildung 7.11: Histogramm der Altersverteilung mit Normalverteilungskurve (Intervallbreite = 5 Jahre)

In der Gesamtstichprobe sind Männer im Durchschnitt gut drei Jahre älter als Frauen. Für das Alter besteht ein signifikanter Mittelwertsunterschied zwischen Männern und Frauen (t = 3,05; p =,003).

Tabelle 7.3: Durchschnittsalter für Männer und Frauen (N = 242)

Geschlecht	N	M	SD	Median	Schiefe	Min	Max
männlich	152	30,28	8,51	28	1,694	18	61
weiblich	90	27,08	6,68	26	1,578	17	53
Gesamt	242	29,09	8,02	28	1,715	17	61

Sportliche Aktivität

In der Stichprobe verteilen sich die sechs untersuchten Sportarten wie folgt: 43 Kletterer, 59 Mountainbiker, 46 Rennradfahrer, 60 Skifahrer, 22 Snowboardfahrer und 14 Skitourengeher. Abbildung 7.12 zeigt die Verteilung der Geschlechter unter den Aktiven einer Sportart.

Beschreibung der Stichprobe 231

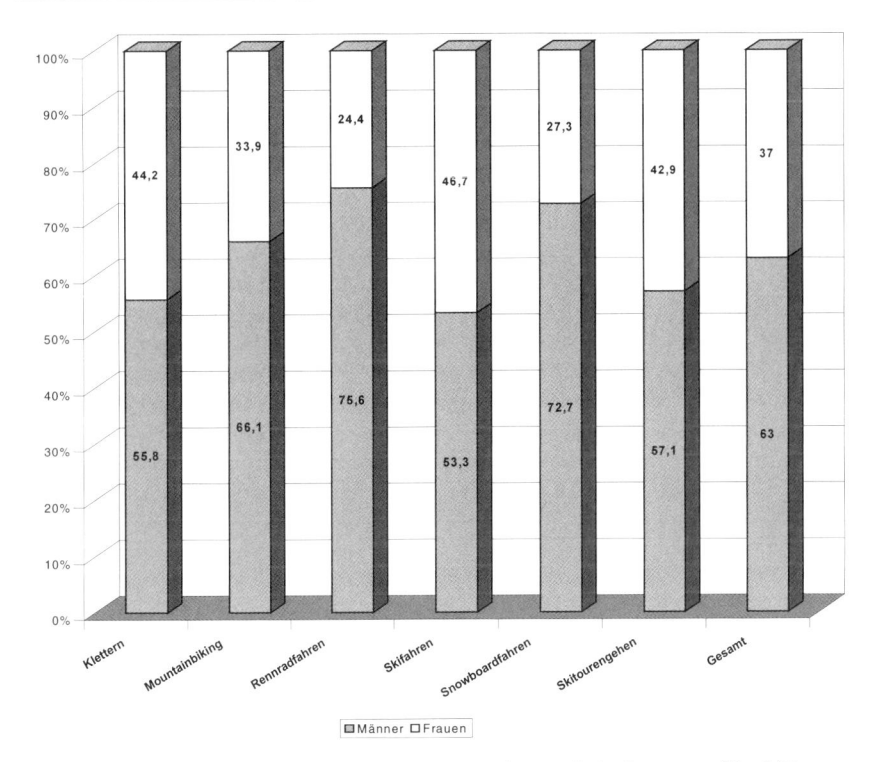

Abbildung 7.12: Prozentuale Verteilung des Geschlechts innerhalb der Sportarten (N = 243)

Entsprechend den Vermutungen im Abschnitt 7.2 sind die Teilstichproben der Sportarten nicht gleich groß. Wenn man das arithmetische Mittel von 41 heranzieht, sind die Gruppen „Snowboardfahren" und „Skitourengehen" deutlich zu gering besetzt, die Gruppen „Skifahren" und „Mountainbiking" dagegen überbesetzt. Nahezu exakt im Mittel liegen „Klettern" und „Rennradfahren". Die Relation von Männern zu Frauen beträgt in der Gesamtstichprobe 63% : 37%. Verglichen mit dem 20%igen Frauenanteil, wie er sich bei der Leserumfrage des Magazins OUTDOOR (OPN 1998) ergab, ist der Wert vergleichsweise hoch. Am ehesten entspricht der Gesamtverteilung die Sportart Mountainbiking. Etwas darüber ist der Anteil der Frauen bei den Skitourengehern, Kletterern und Skifahrern. Mit 53% zu 47% ist das Verhältnis bei letzteren nahezu ausgeglichen. Ein deutliches „Frauendefizit" herrscht dagegen beim Snowboardfahren und Rennradfahren, bei dem die Frauen nur etwa ein Viertel der Befragten stellen. Insbesondere die Zahlen beim Rennradfahren und beim Skifahren entsprechen in ihrer Tendenz den Erwartungen. Abbildung 7.12 zeigt die Verteilung nach Geschlecht für die Aktiven in den Sportarten. Wie aus dem Chi^2-Test hervorgeht, besteht jedoch kein signifikanter Unterschied zwischen den Verteilungen von Geschlecht und sportlicher Aktivität (Chi^2 = 7,740; p =,171)[169].

Bezogen auf Datensätze (Fragebögen) verteilen sich die sechs untersuchten Sportarten wie folgt: 56 Kletterer, 75 Mountainbiker, 55 Rennradfahrer, 85 Skifahrer, 31 Snowboardfahrer und 28 Skitourengeher. Das arithmetische Mittel beträgt hier 55. Insbesondere „Snowboardfahren" und „Skitourengehen" sind verhältnismäßig zu gering besetzt, „Skifahren" und „Mountainbiking" dagegen überbesetzt. Exakt im Mittel liegen „Klettern" und „Rennradfahren".

Betrachtet man die Verteilung des Alters innerhalb der Gruppen, wie sie durch die (nominalskalierten) Variablen sportliche Aktivität und Geschlecht gebildet werden, sind zum Teil deutliche Unterschiede zu erkennen (siehe Tabelle A 3.4 im Anhang). Die Mittelwerte liegen zwischen 25,33 Jahren (Snowboardfahren / Frauen) und 32,75 Jahren (Skitourengehen / Männer). In allen Gruppen sind die Männer zwischen 1,08 (Snowboardfahren) und 5,15 Jahre (Skifahren) älter als die Frauen. Die Mediane sind in allen Gruppen erwartungsgemäß niedriger als die Mittelwerte, wodurch sich mehr oder weniger rechtsschiefe Verteilungen ergeben.

Eine zweifaktorielle Varianzanalyse für das Alter ergab lediglich einen signifikanten Haupteffekt für das Geschlecht (F = 5,544; p =,019); sportliche Aktivität und Interaktionseffekte waren nicht signifikant (siehe Tabelle A 3.5).

Bei der Bestimmung des Einflusses von Geschlecht und sportlicher Aktivität wird bei den folgenden Berechnungen, wo entsprechende Verfahren anwendbar sind, das Alter als Kovariate eingesetzt. Auf diese Weise werden eventuell vorliegende altersabhängige Effekte herauspartialisiert.

Vergleich der Zusammensetzung der Stichprobe mit anderen Studien.

Wie der Vergleich mit den Verteilungen bei anderen Untersuchungen in ähnlichen sportlichen Kontexten zeigt, ist der Frauenanteil von durchschnittlich 37% (24,4% - 46,7%) in der hier vorliegenden Stichprobe sowohl generell, wie sportartbezogen überdurchschnittlich. Der Altersdurchschnitt ist in etwa vergleichbar, insbesondere, wenn die jeweilige Geschlechtsverteilung berücksichtigt wird.

---

[169] Die Verteilung von Männern und Frauen innerhalb der Sportarten ist detailliert in Tabelle A 3.3 aufgeführt.

Beschreibung der Stichprobe

Tabelle 7.4: Zusammensetzung von Stichproben aus vergleichbaren Studien

Autor (Jahr)	Sportart	N	Männer		Frauen		Alter	
			N	%	N	%	M	SD
EWERT (1985)	Klettern	441	372	80,9	69	19,1	29,65	-
BEIER (1993)	Mountainbiking	67	45	67,2	22	32,8	31,50*	-
PLOCHER (1994)	Skifahren	139	95	68,3	44	31,7	34,5	-
OPN (1998)[170]	diverse	1000**	800	80	200	20	32	-

Legende:
* Das Alter wurde gruppiert erfaßt. Der Mittelwert ist das gewichtete Mittel der Intervallmittelpunkte.
** Aus dem Artikel gehen keine exakten Daten sondern nur der Männeranteil von 80% hervor. Von Herrn Bartscher (Chefredakteur) wurde ein Stichprobenumfang von ca. 1000 genannt. Bei den befragten Männern beträgt das Durchschnittsalter 32,4 Jahre, bei Frauen 30,3 Jahre.

---

[170] Die zugrundeliegenden Daten wurden bei einer Leserumfrage des OUTDOOR-Magazins 1997 erhoben und in der Zeitschrift Outdoor Professional News (OPN) 2/1998 veröffentlicht.

8 Ergebnisse der Studie

Der Aufbau dieses Kapitels orientiert sich an der Struktur des Fragebogens sowie an den speziellen Fragestellungen der Arbeit. Im ersten Abschnitt werden die Merkmale der Sportausübung beschrieben. Im zweiten Abschnitt werden zunächst die Anreize auf Itemebene dargestellt; die Ergebnisse werden wie bei den Variablen zur sportlichen Aktivität jeweils nach Geschlecht und Sportart differenziert. Danach folgt Beschreibung der Zusammenhänge der Anreizgewichtung mit der Häufigkeit des Anreizerlebens und mit den Auswirkungen für das Ausbleiben von Reizen auf die Ausübungshäufigkeit. Im dritten Abschnitt wird mittels einer Faktorenanalyse überprüft, ob die Anreize ein eindimensionales oder ein mehrdimensionales Konstrukt darstellen. Daran anschließend werden im vierten Abschnitt Reliabilitäts- und Itemanalysen durchgeführt, um die Bedeutung der einzelnen Items für die einzelnen Kategorien bzw. Faktoren zu bestimmen. Der fünfte Abschnitt enthält die Beschreibung der durch die Faktorenanalyse bestimmten Anreizdimensionen. Mittels einer Clusteranalyse wird im sechsten Abschnitt untersucht, ob sich die Personen unter Anreizgesichtspunkten zu sinnvoll interpretierbaren Gruppen zusammenfassen lassen und inwieweit eine Übereinstimmung mit den sechs untersuchten Sportarten besteht. Als siebtes wird untersucht, inwieweit eine intraindividuelle Konsistenz der Anreize bei verschiedenen sportlichen Aktivitäten besteht. Zuletzt wird im achten Abschnitt der Frage nachgegangen, ob es Beziehungen zwischen den Anreizen und den Zielen bezüglich einer sportlicher Aktivität gibt.

8.1 Merkmale der Sportausübung

Dieser Abschnitt beschreibt die Ausprägung innerhalb der Gesamtstichprobe sowie differenziert nach Geschlecht und sportlicher Aktivität die folgenden Variablen der Sportausübung:

- absolute und relative Häufigkeit
- relativer Umfang und relative Intensität
- relative konditionelle und koordinative Fähigkeiten
- bevorzugter, relativer Belastungs- und Schwierigkeitsgrad
- akzeptiertes Verletzungsrisiko
- Begleitung bei der sportlichen Aktivität
- Umfang der sportlichen Erfahrung
- Wettkampfteilnahme
- zusätzlich ausgeübte, sportliche Aktivitäten.

Außerdem werden die beiden Variablen zu den Aspekten Abwechslungsreichtum und Unsicherheit in bezug auf die berufliche Tätigkeit ausgewertet.

Da es sich bei den obigen Variablen um personenbezogene Merkmale handelt, werden die entsprechenden Berechnungen auf der Basis der befragten Personen durchgeführt.

Merkmale der Sportausübung 235

Absolute Häufigkeit der Sportausübung

Bei der absoluten Häufigkeit der Sportausübung handelt es sich um eine ordinalskalierte Variable. Zur besseren Verständlichkeit für die Teilnehmer wurden für die Sportarten Klettern, Mountainbiking und Rennradfahren bzw. Skifahren, Snowboardfahren und Skitourengehen unterschiedliche Kategorien vorgegeben, die aber im auf ein Jahr hochgerechneten Gesamtumfang vergleichbar sind[171].

Die absolute Ausübungshäufigkeit, differenziert nach Sportarten, ist in Abbildung 8.1 dargestellt. Die absoluten Werte sowie die jeweiligen Zahlen für Männer und Frauen finden sich in Tabelle A 3.1 im Anhang.

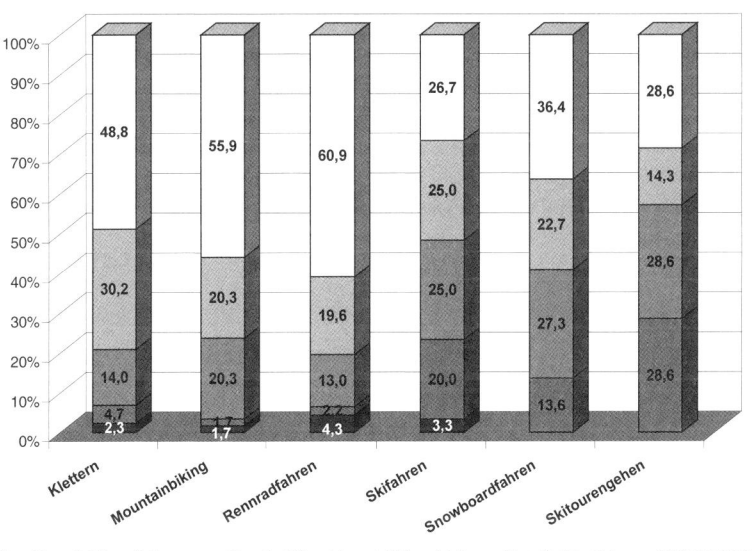

■ <1x/Monat bzw. 1-3 Tage/Jahr   ■ ca. 1x / Monat bzw. 4-7 Tage / Jahr   ■ ca. 2x /Monat bzw. > 1 Woche / Jahr
▤ ca. 1x / Woche bzw. > 2 Wochen / Jahr   □ > 1x Woche bzw. > 3 Wochen / Jahr

Abbildung 8.1: Verteilung der „absoluten Häufigkeit der Sportausübung" in den Sportarten (N = 243)

Es zeigt sich, daß bei den drei ersten Sportarten („Sommersportarten") die meisten Befragten (76-81%) ihre Sportart mindestens einmal pro Woche ausüben. Bei den Wintersportarten Skifahren, Snowboardfahren und Skitourengehen verteilen sich die Antworten vor allem auf die Kategorien 2, 3 und 4. Dies spricht entweder dafür, daß die beiden verwendeten Wertekategorien nicht gleichwertig sind, oder daß es sich bei den Wintersportarten hauptsächlich um Saison- und Zweitsportarten handelt, denen weniger Zeit gewidmet wird als anderen Sportarten.

---

[171] Z.B. einmal pro Woche zwei Stunden Radfahren entspricht bei ca. 40 Wochen pro Jahr etwa 80 Stunden. Für Skifahren entspricht diese Kategorie einem Gesamtumfang von zwei bis drei Wochen à 35-40 Stunden pro Woche, womit ein annähernd vergleichbarer Umfang entsteht.

Für die Gesamtstichprobe (N = 243) ergibt sich ein Median von 4,00; diese Größe trifft auch auf die Teilstichproben von Männern und Frauen zu (siehe Tabelle A 3.2). Dementsprechend findet sich auch kein signifikanter Unterschied zwischen Männern und Frauen (Mann-Whitney-U = 6419,0; p =,350). Bei den Sportarten variiert der Median von 3,00 bei den Skitourengehern über 4,00 bei Kletterern, Skifahrern und Snowboardfahrern bis zu 5,00 bei Mountainbikern und Rennradfahrern. Geschlechtsspezifische Unterschiede finden sich bei allen Sportarten bis auf Klettern und Skifahren, wobei die Männer in der Regel eine Kategorie höher liegen (Mountainbiking, Rennradfahren, Snowboardfahren). Die Ausnahme bildet das Skitourengehen, bei dem Frauen einen höheren Median aufweisen. Der hier eingesetzte Kruskal-Wallis-Test ergab signifikante Rangunterschiede zwischen den Sportarten für die angegebenen Häufigkeiten (Chi^2 = 24,293; df = 5; p =,000)[172].

Relative Häufigkeit der Sportausübung

Die Variable „Relative Häufigkeit der Sportausübung" gibt das subjektiv bewertete Verhältnis des Umfangs der betreffenden Sportart zu den übrigen sportlichen Aktivitäten der Versuchsperson wieder. Bei der Variable handelt es sich um ein (quasi-) intervallskaliertes Merkmal, deswegen sind die Berechnung von Mittelwerten, Standardabweichungen sowie die Anwendung entsprechender Tests zulässig.

Mittelwerte und Standardabweichungen für die Gesamtstichprobe sowie differenziert nach Geschlecht und Sportarten für sämtliche intervallskalierten Variablen der Sportausübung finden sich in der Tabelle 8.1.

Der Mittelwert für die relative Ausübungshäufigkeit in der Gesamtstichprobe beträgt 3,00, ist also durchschnittlich. Für Männer liegt der Wert über dem Mittelwert der Gesamtstichprobe bei 3,14, für Frauen entsprechend unter dem Durchschnitt bei 2,78. Wie aus der Tabelle 8.2 hervorgeht, ist der Mittelwertunterschied signifikant[173]. Die Werte für die verschiedenen sportlichen Aktivitäten zeigen ebenfalls signifikante Unterschiede und reichen von 2,37 bei den Skifahrern bis zu 3,53 bei den Rennradfahrern. Die Wechselwirkungen der Haupteffekte „Geschlecht" und „sportliche Aktivität" sind nicht signifikant. Zwischen dem Alter und der relativen Ausübungshäufigkeit besteht nur ein schwacher, nicht signifikanter Zusammenhang (r =,107; p =,097).

Auch auf dieser Skala bestätigt sich der Trend, wie er bereits bei der absoluten Häufigkeit zu erkennen war, nämlich, daß die Wintersportarten seltener ausgeübt und auch subjektiv

---

[172] Auf die Durchführung eines zweifaktoriellen Verfahrens zur Überprüfung auf eventuelle Interaktionseffekte von Geschlecht und sportlicher Aktivität wurde aus zwei Gründen verzichtet: Erstens führen die dafür existierenden Verfahren bei einem zweifaktoriellen Versuchsplan zu unbrauchbaren Ergebnissen, wenn zwei von drei Effekten von Null verschieden sind (was im Vorfeld aber nicht bestimmt werden kann), und sind daher nach BORTZ / LIENERT / BOEHNKE (1993) „alle mehr oder weniger problematisch". Zweitens existiert kein entsprechendes Verfahren in einer verfügbaren Softwareversion.

[173] Um den Text besser lesbar zu gestalten, werden die F- und Signifikanzwerte in der Regel nicht in den Text eingefügt. Die entsprechenden Informationen finden sich, ebenso wie die zugehörigen deskriptiven Maßzahlen, in den entsprechenden Tabellen.

überwiegend als „Ausnahmeereignisse" wahrgenommen werden. Der als Post-hoc-Einzelvergleich durchgeführte Scheffé-Test ergab signifikant kleinere Werte für die Skifahrer im Vergleich zu Kletterern, Mountainbikern und Rennradfahrern; ebenso für Snowboardfahren im Verhältnis zu Rennradfahren (siehe Tabelle A 3.6).

Zwischen der absoluten und der relativen Ausübungshäufigkeit zeigt sich ein deutlicher und signifikanter Zusammenhang von SPEARMANS ρ (Rho) =,584 (p =,000).

Umfang der sportlichen Aktivität

Die Variable „Umfang" gibt den bevorzugten Umfang der sportlichen Aktivität im Verhältnis zum individuell maximalen Umfang wieder. Die Mittelwerte und Standardabweichungen für die Gesamtstichprobe sowie differenziert nach Geschlecht und Sportarten finden sich in der Tabelle 8.1.

Insgesamt ergibt sich für den bevorzugten Umfang der sportlichen Aktivität ein Mittelwert von 3,19. Bei Männer ist er signifikant höher (3,32) als bei den Frauen (2,97), wie die Tabelle 8.2 zeigt. Bezogen auf die einzelnen Sportarten ergibt sich ein ähnliches Bild. Der Mittelwert für den Umfang liegt zwischen 3,35 für das Skifahren und 3,00 für das Snowboarden. Die Mittelwertsunterschiede für die verschiedenen sportlichen Aktivitäten sind jedoch nicht signifikant. In den Sportarten liegen die Männer im Durchschnitt über den Frauen (maximal 0,69 bei den Snowboardern). Die Wechselwirkungseinflüsse von Geschlecht und sportlicher Aktivität auf den durchschnittlichen Umfang sind ebenfalls nicht signifikant.

Intensität der sportlichen Aktivität

Die Variable „Intensität" gibt die bevorzugte Intensität der sportlichen Aktivität im Verhältnis zur individuell maximalen Intensität wieder. Die Mittelwerte und Standardabweichungen für die Gesamtstichprobe sowie differenziert nach Geschlecht und Sportarten sind in der Tabelle 8.1 dargestellt.

Im Vergleich zum Umfang liegt der Mittelwert für die Intensität etwas höher (3,49). Die Unterschiede zwischen Männern und Frauen sind nur sehr gering (maximal 0,30 für Skifahren) und nicht signifikant. Snowboarder (3,68) und Kletterer (3,63) präferieren im Vergleich der Sportarten die höchste Intensität, Skitourengeher die niedrigste (3,21). Auch bezüglich der sportlichen Aktivität und den Wechselwirkungen zwischen Geschlecht und sportlicher Aktivität sind keine signifikanten Effekte festzustellen. Deutlich nachweisbar ist jedoch der Effekt der Kontrollvariable Alter mit F = 12,154 und p =,001 (SPEARMANS ρ (Rho) = -,203; p =,002).

Konditionelle Fähigkeiten

Die Variable „Konditionelle Fähigkeiten" gibt die subjektive Einschätzung der derzeitigen, auf die betreffende sportliche Aktivität bezogenen, konditionellen Fähigkeiten wieder. Die Mittelwerte und Standardabweichungen für die Gesamtstichprobe, die auch nach Geschlecht und sportlicher Aktivität differenziert wurden, finden sich in Tabelle 8.1.

Für ihre konditionellen Fähigkeiten geben die Versuchspersonen im Mittel 3,44, also mittel bis hoch an. Männer schätzen ihre konditionellen Fähigkeiten mit 3,50 etwas höher ein als Frauen mit 3,33. Für die einzelnen Sportarten verteilen sich die Mittelwerte zwischen 3,35 bei Kletterern bis 3,50 bei Skitourengehern. Besonders deutliche geschlechtsabhängige Unterschiede gibt es bei den Skitourengehern. Einzig bei den Kletterern schätzen die Frauen mit durchschnittlich 3,58 ihre konditionellen Fähigkeiten höher ein als die Männer mit 3,17. Insgesamt sind aber weder die Effekte des Geschlechts, der sportlichen Aktivität, noch die Wechselwirkungen signifikant.

Koordinative Fähigkeiten

Die Variable „Koordinative Fähigkeiten" gibt die subjektive Einschätzung der Versuchspersonen hinsichtlich ihrer derzeitigen, auf die betreffende sportliche Aktivität bezogenen, koordinativen Fähigkeiten wieder. Die Mittelwerte und Standardabweichungen für die Gesamtstichprobe sowie differenziert nach Geschlecht und Sportarten finden sich in der Tabelle 8.1.

Für die Variable „Koordinative Fähigkeiten" beträgt der Mittelwert der Gesamtstichprobe 3,50. Die Einschätzung der Männer (3,53) liegen hier auch der gleichen Höhe wie die der Frauen (3,45). Die durchschnittlich höchste Einschätzung der koordinativen Fähigkeiten findet sich bei den Skifahrern (3,60). Weder für Geschlecht noch für sportliche Aktivität ergeben sich signifikante Mittelwertsunterschiede. Innerhalb der Sportarten ergibt sich für die geschlechtsbezogenen Unterschiede ein sehr heterogenes Bild. Während beim Mountainbiking, Skitourengehen und Skifahren die Männer einen 0,19 bis 0,58 höheren Mittelwert aufweisen, geben die Rennradfahrerinnen mit 3,64 und vor allem die Kletterinnen mit 3,72 höhere Einschätzungen ab als ihre männlichen Pendants. Beim Snowboardfahren findet sich für beide Geschlechter ein Wert von 3,50. In der zweifaktoriellen Varianzanalyse ergibt sich daraus ein signifikanter Wechselwirkungseffekt von Geschlecht und sportlicher Aktivität.

Zwischen den Einschätzungen der konditionellen und der koordinativen Fähigkeiten besteht eine signifikante Korrelation[174] von $r = ,466$ ($p = ,000$; $N = 242$).

Körperliche Belastung

Die Variable „Körperliche Belastung" gibt den individuell bevorzugten Grad der körperlichen Belastung bei der betreffenden sportlichen Aktivität wieder. Sie gibt daher zugleich das physische Anforderungsniveau wieder. Die Mittelwerte und Standardabweichungen für die Gesamtstichprobe sowie differenziert nach Geschlecht und Sportarten sind in der Tabelle 8.1 dargestellt.

---

[174] Da nach HAVLICEK / PETERSON (1977, zitiert nach BORTZ 1993, 198) der Signifikanztest für den Korrelationskoeffizient äußerst robust gegen die Verletzung der Voraussetzungen einer bivariat normalverteilten Grundgesamtheit sowie des Intervallskalenniveaus ist, konnte der Korrelationskoeffizient nach PEARSON berechnet werden. Die Korrelation nach SPEARMAN bzw. KENDALL ergaben ebenfalls signifikante, aber niedrigere Korrelationen (SPEARMAN-Rho = ,455; p =,000; KENDALL-Tau-b = ,420; p =,000).

Für die Gesamtstichprobe ergibt sich ein Mittelwert für den bevorzugten Grad der körperlichen Belastung von 3,68, wobei Männer (3,72) und Frauen (3,61) nur wenig differieren. Dieser Unterschied ist statistisch nicht signifikant. Die Mittelwerte für die verschiedenen Sportarten liegen relativ eng zusammen zwischen 3,59 bei den Snowboardfahrern und 3,81 bei Kletterern. Die Unterschiede sind nicht signifikant. Innerhalb der Gruppen ist das Bild wiederum uneinheitlich. Bei Kletterern, Rennradfahrern, Skifahrern und Skitourengehern liegen die Werte der Männer etwas über denen der Frauen; bei Snowboardern und Mountainbikern finden sich die größeren Durchschnittswerte bei den Frauen. Die Wechselwirkungseffekte bedingen jedoch keine signifikanten Unterschiede.

Schwierigkeitsgrad

Die Variable „Schwierigkeitsgrad" gibt den individuell bevorzugten Schwierigkeitsgrad bei der betreffenden sportlichen Aktivität wieder. Im Unterschied zum Grad der körperlichen Belastung ist hier primär die technischen Anforderungen der sportlichen Aktivität wie z.B. das Beherrschen bestimmter Bewegungen angesprochen. Die Mittelwerte und Standardabweichungen für die Gesamtstichprobe sowie differenziert nach Geschlecht und Sportarten finden sich in der Tabelle 8.1.

Der bevorzugte Schwierigkeitsgrad der Gesamtstichprobe liegt mit 3,50 etwas unter dem der körperlichen Belastung. Auch bei dieser Variable ergibt sich ein geringer, nicht signifikanter Geschlechtseffekt; Frauen präferieren einen etwas geringeren Schwierigkeitsgrad (3,46) bei ihren sportlichen Aktivitäten als Männer (3,53). Für die Sportarten Rennradfahren (3,29), Mountainbiking (3,34), Snowboarden (3,36) und Skitourengehen (3,36) liegen die Mittelwerte relativ nahe beieinander. Skifahren (3,59) und vor allem Klettern (3,95) sind somit als überwiegend technikbestimmte Sportarten zu sehen. Die Mittelwertsunterschiede zwischen den verschiedenen sportlichen Aktivitäten stellten sich in der Varianzanalyse (siehe Tabelle 8.2) als signifikant heraus. Die durchgeführten Mehrfachvergleiche bestätigen die deskriptive Analyse: Kletterer haben signifikant höhere Werte als Mountainbiker, Rennradfahrer und Snowboardfahrer (siehe Tabelle A 3.7). Die Wechselwirkungen von Geschlecht und sportlicher Aktivität ergaben keine signifikanten Effekte hinsichtlich des bevorzugten Schwierigkeitsgrades.

Die bevorzugte körperliche Belastung und der bevorzugte Schwierigkeitsgrad korrelieren nur relativ schwach miteinander[175] (PEARSONS r =,337; p =,000; N = 243), was die getrennte Erfassung von konditionellen und koordinativ-technischen Anforderungen bestätigt.

---

[175] Die Korrelationen nach SPEARMAN bzw. KENDALL sind ebenfalls signifikant, aber der Zusammenhang ist schwächer als der nach PEARSON (SPEARMAN-Rho = ,373; p =,000; KENDALL-Tau-b = ,352; p =,000).

Tabelle 8.1: Mittelwerte und Standardabweichungen für die intervallskalierten Merkmale der Sportausübung und der beruflichen Tätigkeit

	Geschlecht	Klettern			Mountainbiking			Rennradfahren			Skifahren			Snowboarden			Skitourengehen			Insgesamt		
		N	M	SD	N	M	SD	N	M	SD	N	M	SD	N	M	SD	N	M	SD	N	M	SD
Relative Häufigkeit	Männer	24	3,38	1,10	39	3,33	,87	34	3,62	,95	32	2,41	1,10	16	2,88	1,09	8	2,88	,99	153	3,14	1,08
	Frauen	19	3,32	1,06	20	2,95	,89	11	3,27	1,19	28	2,32	1,12	6	1,83	,98	6	2,67	1,21	90	2,78	1,14
	Insgesamt	43	3,35	1,07	59	3,20	,89	45	3,53	1,01	60	2,37	1,10	22	2,59	1,14	14	2,79	1,05	243	3,00	1,12
Umfang	Männer	24	3,33	,87	38	3,11	,92	34	3,29	1,09	32	3,66	,97	16	3,19	,98	8	3,25	1,16	152	3,32	,99
	Frauen	19	3,05	,78	20	2,90	1,07	11	3,00	1,00	28	3,00	1,12	6	2,50	1,38	6	3,17	,98	90	2,97	1,02
	Insgesamt	43	3,21	,83	58	3,03	,97	45	3,22	1,06	60	3,35	1,09	22	3,00	1,11	14	3,21	1,05	242	3,19	1,01
Intensität	Männer	24	3,67	,92	39	3,49	,85	34	3,47	,86	32	3,59	,87	16	3,75	,58	8	3,25	,71	153	3,55	,83
	Frauen	19	3,58	,77	20	3,35	,88	11	3,36	1,03	28	3,29	,76	6	3,50	1,05	6	3,17	,41	90	3,38	,82
	Insgesamt	43	3,63	,85	59	3,44	,86	45	3,44	,89	60	3,45	,83	22	3,68	,72	14	3,21	,58	243	3,49	,83
Konditionelle Fähigkeiten	Männer	24	3,17	,82	39	3,59	,68	34	3,53	,75	32	3,56	,76	16	3,50	,63	8	3,75	,71	153	3,50	,74
	Frauen	19	3,58	,61	20	3,15	,59	11	3,36	,81	28	3,32	,72	6	3,33	,52	6	3,17	,75	90	3,33	,67
	Insgesamt	43	3,35	,75	59	3,44	,68	45	3,49	,76	60	3,45	,75	22	3,45	,60	14	3,50	,76	243	3,44	,72
Koordinative Fähigkeiten	Männer	24	3,25	,94	38	3,66	,71	34	3,41	,82	32	3,69	,64	16	3,50	,89	8	3,75	,71	152	3,53	,79
	Frauen	18	3,72	,46	20	3,10	,64	11	3,64	,92	28	3,50	,58	6	3,50	,84	6	3,17	,41	89	3,45	,67
	Insgesamt	42	3,45	,80	58	3,47	,73	45	3,47	,84	60	3,60	,64	22	3,50	,86	14	3,50	,65	241	3,50	,75
Körperliche Belastung	Männer	24	3,88	,34	39	3,67	,66	34	3,74	,75	32	3,69	,54	16	3,56	,63	8	3,87	,35	153	3,72	,60
	Frauen	19	3,74	,56	20	3,70	,57	11	3,45	,69	28	3,54	,58	6	3,67	,52	6	3,50	,55	90	3,61	,57
	Insgesamt	43	3,81	,45	59	3,68	,63	45	3,67	,74	60	3,62	,56	22	3,59	,59	14	3,71	,47	243	3,68	,59
Schwierigkeitsgrad	Männer	24	3,96	,55	39	3,38	,75	34	3,35	,65	31	3,71	,69	16	3,38	,62	8	3,38	,52	152	3,53	,69
	Frauen	19	3,95	,62	20	3,25	,55	11	3,09	1,04	28	3,46	,58	6	3,33	,82	6	3,33	,52	90	3,46	,71
	Insgesamt	43	3,95	,58	59	3,34	,69	45	3,29	,76	59	3,59	,65	22	3,36	,66	14	3,36	,50	242	3,50	,70
Erfahrung	Männer	24	9,81	6,20	37	6,86	3,34	34	9,08	7,31	32	20,06	10,51	16	5,34	3,31	8	12,38	10,28	151	10,76	8,68
	Frauen	19	4,02	3,31	20	3,50	2,35	11	10,64	9,24	28	18,32	8,55	6	3,83	2,32	6	8,25	9,24	90	9,43	9,04
	Insgesamt	43	7,25	5,85	57	5,68	3,42	45	9,46	7,74	60	19,25	9,60	22	4,93	3,09	14	10,61	9,71	241	10,26	8,82
Abwechslungs- reichtum der berufl. Tätigkeit	Männer	23	3,87	,97	37	3,95	1,00	33	3,61	1,00	31	4,03	,75	14	4,07	1,07	8	3,75	1,28	146	3,88	,97
	Frauen	18	4,06	,73	19	3,89	,74	11	4,09	,70	25	4,12	,78	5	3,80	1,64	6	3,83	,75	84	4,01	,80
	Insgesamt	41	3,95	,86	56	3,93	,91	44	3,73	,95	56	4,07	,76	19	4,00	1,20	14	3,79	1,05	230	3,93	,91

Geschlecht		Klettern			Mountainbiking			Rennradfahren			Skifahren			Snowboarden			Skitourengehen			Insgesamt		
		N	M	SD	N	M	SD	N	M	SD	N	M	SD	N	M	SD	N	M	SD	N	M	SD
Entscheidungen mit unsicherem Ausgang	Männer	23	2,74	1,21	38	2,95	,98	32	2,53	,76	31	2,94	,93	14	3,00	,96	8	2,50	1,07	146	2,80	,97
	Frauen	17	2,88	1,05	19	2,58	1,07	10	2,30	,48	25	2,68	,80	5	2,40	,55	6	2,17	,75	82	2,60	,89
	Insgesamt	40	2,80	1,14	57	2,82	1,02	42	2,48	,71	56	2,82	,88	19	2,84	,90	14	2,36	,93	228	2,73	,95

Tabelle 8.2: Überprüfung auf Effekte des Geschlechts und der sportlichen Aktivität auf die Ausübungsparameter sowie für Aspekte der beruflichen Tätigkeit

Anreize	df	Geschlecht					sportliche Aktivität					Geschlecht * sportliche Aktivität				
		Mittel d. Quadr.[1]	F	Sig.	Eta²		Quadratsumme	df	Mittel d. Quadr.	F	Sig.	Eta²	Quadratsumme	df	Mittel d. Quadr.	F	Sig.	Eta²

Anreize	df	Mittel d. Quadr.[1]	F	Sig.	Eta²	Quadratsumme	df	Mittel d. Quadr.	F	Sig.	Eta²	Quadratsumme	df	Mittel d. Quadr.	F	Sig.	Eta²
Relative Häufigkeit	1	5,130	4,853	,029	,023	43,794	5	8,759	8,286	,000	,152	3,810	5	,762	,721	,608	,015
Umfang	1	5,544	5,491	,020	,023	4,796	5	,959	,950	,449	,020	2,417	5	,483	,479	,792	,010
Intensität	1	2,181	3,261	,072	,014	2,139	5	,428	,640	,670	,014	,752	5	,150	,225	,952	,005
Konditionelle Fähigkeiten	1	1,597	3,164	,077	,014	,282	5	,056	,112	,990	,002	5,218	5	1,044	2,067	,070	,043
Koordinative Fähigkeiten	1	,453	,830	,363	,004	1,339	5	,268	,491	,783	,011	7,950	5	1,590	2,914	,014	,060
Körperliche Belastung	1	,744	2,095	,149	,009	1,242	5	,248	,700	,624	,015	,986	5	,197	,556	,734	,012
Schwierigkeitsgrad	1	,617	1,402	,238	,006	14,139	5	2,828	6,427	,000	,123	,537	5	,107	,244	,942	,005
Erfahrung	1	44,684	1,397	,239	,006	6410,725	5	1282,145	40,078	,000	,469	272,068	5	54,414	1,701	,135	,036
Abwechslungsreichtum der beruflichen Tätigkeit	1	,288	,342	,559	,002	1,618	5	,324	,384	,859	,009	,089	5	,418	,496	,779	,011
Entscheidungen mit unsicherem Ausgang	1	2,856	3,210	,075	,015	5,632	5	1,126	1,266	,280	,028	2,154	5	,431	,484	,788	,011

Anmerkung:
Um den Einfluß der Faktoren „Geschlecht" und „sportlicher Aktivität" auf die abhängige Variable zu überprüfen, wurde bei den intervallskalierten Variablen auf das Verfahren der zweifaktoriellen Varianzanalyse zurückgegriffen. In den Fällen, wo eine signifikante Korrelation (Signifikanzniveau =,05) zwischen der abhängigen Variable und dem Alter besteht, wurde eine zweifaktorielle Kovarianzanalyse mit dem Alter als Kovariate gerechnet. Nach BORTZ (1993, 340) ist eine signifikante Korrelation zwischen den Variablen Voraussetzung, wenn man sicher sein will, „daß die Fehlervarianzreduktion kein Zufallsergebnis darstellt". Da nur die Korrelation zwischen dem Ausübungsparameter „Intensität" und dem Alter signifikant ist (r = -,202; p =,002), wird nur für diesen Fall eine Kovarianzanalyse eingesetzt (F = 12,154; P =0,001).

Verletzungsrisiko

Die Variable „Verletzungsrisiko" gibt den Grad des akzeptierten Risikos bei der betreffenden sportlichen Aktivität wieder. Es handelt sich bei dieser Variable um ein ordinalskaliertes Merkmal, da die beschriebenen Risiken bzw. Folgen zwar in eine eindeutige Rangfolge gebracht werden können, jedoch die Abstände zwischen den einzelnen Merkmalsausprägungen nicht als äquidistant betrachtet werden können. Die Häufigkeitsverteilung der Merkmalsausprägungen für die Gesamtstichprobe, differenziert nach Geschlecht und Sportarten, finden sich in der Tabelle 8.3.

Tabelle 8.3: Verteilung der Merkmalsausprägungen der Variable „akzeptiertes Verletzungsrisiko", differenziert nach Sportarten und Geschlecht (N = 244)

Sportliche Aktivität		Akzeptiertes Verletzungsrisiko								
		keine		leichte		mittlere		schwere		Gesamt	
		N	%	N	%	N	%	N	%	N	%
Klettern	Männer	1	4,2%	23	95,8%					24	100,0%
	Frauen	2	10,5%	16	84,2%	1	5,3%			19	100,0%
	Gesamt	3	7,0%	39	90,7%	1	2,3%			43	100,0%
Mountainbiking	Männer	5	12,8%	26	66,7%	5	12,8%	3	7,7%	39	100,0%
	Frauen	3	15,0%	16	80,0%	1	5,0%			20	100,0%
	Gesamt	8	13,6%	42	71,2%	6	10,2%	3	5,1%	59	100,0%
Rennradfahren	Männer	12	35,3%	15	44,1%	4	11,8%	3	8,8%	34	100,0%
	Frauen	6	54,5%	5	45,5%					11	100,0%
	Gesamt	18	40,0%	20	44,4%	4	8,9%	3	6,7%	45	100,0%
Skifahren	Männer	6	18,8%	20	62,5%	5	15,6%	1	3,1%	32	100,0%
	Frauen	6	21,4%	15	53,6%	7	25,0%			28	100,0%
	Gesamt	12	20,0%	35	58,3%	12	20,0%	1	1,7%	60	100,0%
Snowboardfahren	Männer	2	12,5%	11	68,8%	3	18,8%			16	100,0%
	Frauen	1	16,7%	3	50,0%	1	16,7%	1	16,7%	6	100,0%
	Gesamt	3	13,6%	14	63,6%	4	18,2%	1	4,5%	22	100,0%
Skitourengehen	Männer	1	12,5%	7	87,5%					8	100,0%
	Frauen	2	33,3%	4	66,7%					6	100,0%
	Gesamt	3	21,4%	11	78,6%					14	100,0%
Gesamt	Männer	27	17,6%	102	66,7%	17	11,1%	7	4,6%	153	100,0%
	Frauen	20	22,2%	59	65,6%	10	11,1%	1	1,1%	90	100,0%
	Gesamt	47	19,3%	161	66,3%	27	11,1%	8	3,3%	243	100,0%

Wie aus der Tabelle 8.3 zu entnehmen ist, akzeptiert der überwiegende Teil der Probanden aus der Stichprobe (66,4%) nur ein kleines Verletzungsrisiko bei der Ausübung ihrer Sportart[176]. Zusammengenommen mit denjenigen, die keinerlei Risiko eingehen (19,3%), sind dies über 85% der gesamten Stichprobe. Ein mittleres bzw. höheres Verletzungsrisiko ak-

---

[176] Aufgrund der Konzentration der Antworten auf „leichte Verletzungen" sind die Mediane und Modalwerte für sämtliche nach Sportart und Geschlecht unterscheidbare Gruppen gleich zwei. Auf eine entsprechende tabellarische Darstellung wurde deshalb verzichtet.

zeptieren nur 11,1% bzw. 3,3%. Während die Anteile derjenigen Sportler, die geringes oder mittleres Risiko akzeptieren, für Männer und Frauen etwa gleich sind, existiert bei Frauen ein deutlich größerer Teil (22,2%), die keinerlei Risiken eingehen wollen als bei Männern (17,6%). Entsprechend gibt es mehr Männern (4,6%), die bei ihrer sportlichen Aktivität auch ein großes Verletzungsrisiko akzeptieren als Frauen (1,1%). Der Verteilungsunterschied von Geschlecht und Risikoakzeptanz ist jedoch nicht signifikant (Mann-Whitney-U = 6396; p =,270).

Betrachtet man die Sportarten im einzelnen, ergeben sich mehr oder weniger starke Unterschiede. Sicherheitsorientiert sind vor allem Skitourengeher[177] und Kletterer, bei denen keine Nennungen für mittleres oder hohes Risiko existieren. Genauso verhält es sich bei den weiblichen Mountainbikerinnen und Rennradfahrerinnen. Verhältnismäßig „risikofreudige" Sportler finden sich am ehesten unter Skifahrern (21,7%) und Snowboardfahrern (22,7%) sowie unter den männlichen Mountainbikern (20,5%), und Rennradfahrern (20,6%). Die Unterschiede zwischen den Sportarten sind jedoch nicht signifikant (Kruskal-Wallis-Test: Chi^2 = 8,747; p =,120).

Zwischen dem akzeptierten Verletzungsrisiko und dem Alter der Versuchspersonen besteht nur eine sehr geringe, negative Korrelation von KENDALL-Tau-b = -,219 (p =,000) [178].

In Anbetracht der sehr geringen Anteile derjenigen Sportler, die ein größeres Risiko akzeptieren, können die untersuchten Sportarten sicher nicht als Risikosportart bezeichnet werden. Dies gilt zumindest aus subjektiver Sicht, d.h. es handelt sich um keine Sportarten, bei denen die Aktiven gezielt danach streben, riskante Situationen zu erleben. Aus objektiver Sicht besitzen die Sportarten wie nahezu alle sportlichen Aktivitäten ein in der Regel nicht gänzlich auszuschließendes Verletzungsrisiko.

Begleitung

Die Variable „Begleitung" beschreibt den sozialen Kontext, in dem die betreffende sportliche Aktivität ausgeübt wird. Bei der Variable „Begleitung" handelt es sich um ein nominalskaliertes Merkmal. Die Häufigkeitsverteilung der Merkmalsausprägungen für die Gesamtstichprobe und differenziert nach Geschlecht und Sportarten finden sich in Tabelle 8.4.

Fast genau die Hälfte aller befragten Outdoorsportler (49,8%) üben ihre Sportart in einer kleinen Gruppe guter Freunde aus. Zu nahezu gleichen Teilen wird die Aktivität alleine (18,7%) oder zusammen mit dem Partner oder der Familie betrieben (19,9%). Die restlichen Antworten verteilen sich auf „Verein / Trainingsgruppe" (7,1%) und „Gruppe von Bekannten" (4,6%). Deutliche Unterschiede zwischen Männern und Frauen ergeben sich vor allem in den Kategorien „alleine" und „mit Partner / Familie". Während Männer zu 23,8% alleine

---

[177] Insbesondere im Hinblick auf die Werte der Skitourengeher ist zu berücksichtigen, daß es sich bei dieser Sportart um kein „normales" Risiko handelt, sondern daß die Lawinengefahr ein tödliches Risiko darstellt und deswegen ein anderer Bewertungsmaßstab zugrunde liegen kann.

[178] Da bislang kein geeignetes Verfahren zur Korrelation einer intervallskalierten mit einer ordinalskalierten Variable existiert, wurden der Empfehlung von BORTZ (1993, 209) folgend, das Alter in eine ordinalskalierte Variable transformiert und dann KENDALLS Tau-b für rangskalierte Variablen berechnet.

unterwegs sind, trifft dies nur auf 10,0% der Frauen zu. Umgekehrt ist die Relation für die Kategorie „mit Partner / Familie"; 34,4% der Frauen üben den Sport gemeinsam mit dem Partner oder im Familienkreis aus; bei Männern sind dies nur 11,3%. Zwischen der Verteilung der Merkmalsausprägungen der Variable „Begleitung" und der Verteilung des Geschlechts besteht ein signifikanter Unterschied (Chi^2 = 27,433; p =,000; N = 241).

Tabelle 8.4: Verteilung der Merkmalsausprägungen der Variable „Begleitung", differenziert nach Sportarten und Geschlecht (N = 241)

Sportliche Aktivität		Begleitung										
		alleine		Partner / Familie		Freunde		Verein / Trainingsgruppe		Bekannte		Gesamt	
		N	%	N	%	N	%	N	%	N	%	N	%
Klettern	Männer	1	4,2%	3	12,5%	17	70,8%	2	8,3%	1	4,2%	24	100,0%
	Frauen			7	36,8%	11	57,9%			1	5,3%	19	100,0%
	Gesamt	1	2,3%	10	23,3%	28	65,1%	2	4,7%	2	4,7%	43	100,0%
Mountainbiking	Männer	16	42,1%	4	10,5%	15	39,5%	3	7,9%			38	100,0%
	Frauen	3	15,0%	8	40,0%	8	40,0%			1	5,0%	20	100,0%
	Gesamt	19	32,8%	12	20,7%	23	39,7%	3	5,2%	1	1,7%	58	100,0%
Rennradfahren	Männer	18	52,9%	2	5,9%	7	20,6%	6	17,6%	1	2,9%	34	100,0%
	Frauen	5	45,5%	6	54,5%							11	100,0%
	Gesamt	23	51,1%	8	17,8%	7	15,6%	6	13,3%	1	2,2%	45	100,0%
Skifahren	Männer	1	3,2%	8	25,8%	18	58,1%	3	9,7%	1	3,2%	31	100,0%
	Frauen	1	3,6%	7	25,0%	15	53,6%	2	7,1%	3	10,7%	28	100,0%
	Gesamt	2	3,4%	15	25,4%	33	55,9%	5	8,5%	4	6,8%	59	100,0%
Snowboard fahren	Männer					13	81,3%	1	6,3%	2	12,5%	16	100,0%
	Frauen			2	33,3%	4	66,7%					6	100,0%
	Gesamt			2	9,1%	17	77,3%	1	4,5%	2	9,1%	22	100,0%
Skitourengehen	Männer					8	100,0%					8	100,0%
	Frauen			1	16,7%	4	66,7%			1	16,7%	6	100,0%
	Gesamt			1	7,1%	12	85,7%			1	7,1%	14	100,0%
Gesamt	Männer	36	23,8%	17	11,3%	78	51,7%	15	9,9%	5	3,3%	151	100,0%
	Frauen	9	10,0%	31	34,4%	42	46,7%	2	2,2%	6	6,7%	90	100,0%
	Gesamt	45	18,7%	48	19,9%	120	49,8%	17	7,1%	11	4,6%	241	100,0%

Im Vergleich der verschiedenen sportlichen Aktivitäten ergibt sich folgendes Bild: Bei Kletterern überwiegt mit fast zwei Dritteln die Kategorie „kleine Gruppe guter Freunde" (65,1%) vor „Partner / Familie" (23,3%). Naturgemäß scheidet bei dieser Sportart die Kategorie „alleine" aus, wenn man von Varianten wie dem Bouldern und „Solo-Klettern" absieht. Ähnlich sieht es bei den Skifahrern aus. Mit Freunden sind 55,9% unterwegs, gemeinsam mit dem Partner 25,4%. Bei den Mountainbikern sind zwar knapp 40% mit Freunden unterwegs (39,7%), aber immerhin 32,8% alleine. 20,7% sind mit dem Partner oder der Familie auf Tour. Bei den Rennradfahrern überwiegen die Einzelgänger (bzw. Einzelfahrer); die Hälfte (51,1%) sind meistens alleine auf der Straße, der Rest verteilt sich relativ gleichmäßig auf den Partner / die Familie (17,8%) die Freundesgruppe (15,6%), und die Trainingsgruppe (13,3%). Wie die Skitourengänger (85,7%) trifft man Snowboarder dagegen fast nur in der Gruppe an, entweder mit Freunden (77,3%) oder mit Bekannten (9,1%). Die großen Unterschiede zwischen den Sportarten werden durch einen signifikanten Chi^2-Wert bestätigt (Chi^2 = 86,421; p =,000; N = 242).

Erfahrung

Die Variable „Erfahrung" erfaßt den Zeitraum (in Jahren), seit dem die betreffende sportliche Aktivität ausgeübt wird. Die Daten der Variable „Erfahrung" besitzen Rationalskalenniveau, da nicht nur die Differenzen der Merkmalsausprägungen sinnvoll interpretierbar sind, sondern auch ein natürlicher Nullpunkt existiert. Die Mittelwerte und Standardabweichungen für die Gesamtstichprobe sowie differenziert nach Geschlecht und Sportarten finden sich in Tabelle 8.1.

Im Durchschnitt liegt die Erfahrung mit der Outdooraktivität bei 10,3 Jahren, wobei die Spannbreite von 2 Monaten bis zu 50 Jahren reicht. Es ist naheliegend, daß die Erfahrung mit dem Alter korreliert; zwischen den beiden Variablen besteht auch eine signifikante Korrelation von r =,98 (p =,000). Bei Männer ist das arithmetische Mittel 10,8 Jahre, bei Frauen 9,4 Jahre. Der Median liegt bei Männern bei neun Jahren bei Frauen hingegen bei knapp sechs Jahren (5,75), woraus sich bei den Frauen ein stärkerer Einfluß höherer Einzelwerte und somit eine rechtsschiefere Verteilung schließen lassen. Aufgrund der Herauspartialisierung der Alterseffekte ist der Mittelwertsunterschied für Männer und Frauen nicht signifikant (F = 1,397; p =,239). Skifahrer besitzen mit 19,3 Jahren die mit Abstand größte Erfahrung. Danach kommen die Skitourengeher mit 10,6 Jahren und die Rennradfahrer mit 9,46 Jahren. Erwartungsgemäß ist die Erfahrung in den „jüngeren" Sportarten geringer; Kletterer bringen es im Durchschnitt auf 7,3 Jahre, Mountainbiker auf 5,7 Jahre und Snowboardfahrer auf 4,9 Jahre. Auch nach der Eliminierung der Alterseffekte unterscheiden sich die Erfahrungsmittelwerte zwischen den verschiedenen sportlichen Aktivitäten signifikant, was dafür spricht, daß z.B. Skifahren in jüngeren Jahren begonnen und länger aufrecht erhalten wird als andere Sportarten. Die Wechselwirkungseffekte von Geschlecht und sportlicher Aktivität auf die Erfahrung sind nicht signifikant (siehe Tabelle 8.2).

Wettkampfaktivität

Bei der Variable „Wettkampfaktivität" handelt es sich um ein nominalskaliertes Merkmal. Es beschreibt, ob, und wenn ja, in welcher Klasse bzw. Häufigkeit aktiv an Wettkämpfen teilgenommen wird. Die Häufigkeitsverteilung der Merkmalsausprägungen für die Gesamtstichprobe sowie differenziert nach Geschlecht und Sportarten finden sich in der Tabelle 8.5.

Insgesamt nehmen nur jeder fünfte der befragten Outdoorsportler an organisierten Wettkämpfen teil. Der Anteil bei den Männern (26,4%) ist dabei deutlich größer als bei den Frauen (15,7%). Mit Chi^2 = 3,837 ist der Unterschied jedoch (knapp) nicht signifikant (p =,058).

Tabelle 8.5: Verteilung der Merkmalsausprägungen der Variable „Wettkampfaktivität", differenziert nach Sportarten und Geschlecht (N = 237)

Sportliche Aktivität		keine Wettkampfteilnahme		Hobbyklasse, gelegentlich		Hobbyklasse, häufig		Lizenz- oder Amateurklasse		Gesamt	
		N	%	N	%	N	%	N	%	N	%
Klettern	Männer	21	91,3%	2	8,7%					23	100,0%
	Frauen	15	83,3%	2	11,1%	1	5,6%			18	100,0%
	Gesamt	36	87,8%	4	9,8%	1	2,4%			41	100,0%
Mountainbiking	Männer	23	59,0%	9	23,1%	5	12,8%	2	5,1%	39	100,0%
	Frauen	16	80,0%	2	10,0%	1	5,0%	1	5,0%	20	100,0%
	Gesamt	39	66,1%	11	18,6%	6	10,2%	3	5,1%	59	100,0%
Rennradfahren	Männer	14	43,8%	4	12,5%	6	18,8%	8	25,0%	32	100,0%
	Frauen	8	72,7%	1	9,1%			2	18,2%	11	100,0%
	Gesamt	22	51,2%	5	11,6%	6	14,0%	10	23,3%	43	100,0%
Skifahren	Männer	28	90,3%	2	6,5%			1	3,2%	31	100,0%
	Frauen	25	89,3%	2	7,1%	1	3,6%			28	100,0%
	Gesamt	53	89,8%	4	6,8%	1	1,7%	1	1,7%	59	100,0%
Snowboardfahren	Männer	15	100,0%							15	100,0%
	Frauen	5	83,3%			1	16,7%			6	100,0%
	Gesamt	20	95,2%			1	4,8%			21	100,0%
Skitourengehen	Männer	8	100,0%							8	100,0%
	Frauen	6	100,0%							6	100,0%
	Gesamt	14	100,0%							14	100,0%
Gesamt	Männer	109	73,6%	17	11,5%	11	7,4%	11	7,4%	148	100,0%
	Frauen	75	84,3%	7	7,9%	4	4,5%	3	3,4%	89	100,0%
	Gesamt	184	77,6%	24	10,1%	15	6,3%	14	5,9%	237	100,0%

Bei den Sportarten sind aufgrund der charakteristischen Besonderheiten starke Unterschiede vorhanden. Bei Skitourengehern ist die Wettkampfteilnahme mangels Angebot gleich Null, aber auch bei den übrigen Sportarten überwiegend gering. Den stärksten Anteil besitzen Wettkampfsportler in den Disziplinen Rennradfahren (48,8%) und Mountainbiking (33,9%). Zwischen der Verteilung der Art der sportlichen Aktivität und der Wettkampfaktivität besteht ein signifikanter Unterschied (Chi^2 = 53,187; p =,000). Aufgrund der geringen Zellenbesetzung ist der Wert jedoch nur als Orientierung zu sehen. Aus dem gleichen Grund kann ein Vergleich zwischen Männern und Frauen innerhalb der verschiedenen Sportarten nicht durchgeführt werden[179]. Für die sportlichen Aktivitäten Rennradfahren und Mountainbiking, in denen ein größerer Anteil aktiv am Wettkampfgeschehen teilnimmt, zeigt sich jedoch eine deutliche Dominanz von Männern. 41,0% der männlichen Mountainbiker und sogar

---

[179] Gleiches gilt für den Vergleich der Verteilungen von „Wettkampfaktivität" und „Begleitung". Erwartungsgemäß ist der Anteil derjenigen, die an Wettkämpfen teilnehmen, in der Kategorie „Verein / Trainingsgruppe größer als bei denjenigen, die keine Wettkämpfe absolvieren. Umgekehrt ist der Anteil der Nicht-Wettkampfsportler an der Kategorie „mit Freunden" im Verhältnis größer und bei den Kategorien „allein" und „Verein / Trainingsgruppe" kleiner.

Merkmale der Sportausübung 247

56,2% der Rennradfahrer nehmen zumindest gelegentlich an Rennen teil. Bei diesen sehr hohen Werten ist zu vermuten, daß es sich nicht um repräsentative Daten handelt.

Zusammenfassung zur Sportausübung

In der Tabelle 8.6 sind die Zusammenhänge der bisher dargestellten Variablen in Form einer Korrelationsmatrix zusammengefaßt.

Tabelle 8.6: Darstellung der Korrelationskoeffizienten (SPEARMAN Rho) und der zugehörigen Signifikanzniveaus für die Variablen zur sportlichen Aktivität (N = 240 bis 244)

		Alter	Häufigkeit (absolut)	Häufigkeit (relativ)	Umfang	Intensität	Konditionelle Fähigkeiten	Koordinative Fähigkeiten	Körperliche Belastung	Schwierigkeitsgrad	Verletzungsrisiko	Erfahrung
Alter+	r	1,000										
	p	,										
	N	242										
Häufigkeit (absolut)	r	-,014	1,000									
	p	,828	,									
	N	242	244									
Häufigkeit (relativ)	r	,155	**,584****	1,000								
	p	,016	,000	,								
	N	242	244	244								
Umfang	r	-,059	,236**	,291**	1,000							
	p	,358	,000	,000	,							
	N	241	243	243	243							
Intensität	r	-,167**	,226**	,169**	**,565****	1,000						
	p	,009	,000	,008	,000	,						
	N	242	244	244	243	244						
Konditionelle Fähigkeiten	r	-,025	,323**	,238**	**,455****	**,406****	1,000					
	p	,697	,000	,000	,000	,000	,					
	N	242	244	244	243	244	244					
Koordinative Fähigkeiten	r	,019	,272**	,206**	,220**	,326**	**,455****	1,000				
	p	,765	,000	,001	,001	,000	,000	,				
	N	240	242	242	241	242	242	242				
Körperliche Belastung	r	-,081	,149*	,067	,306**	,398**	,225**	,125	1,000			
	p	,207	,020	,300	,000	,000	,000	,052	,			
	N	242	244	244	243	244	244	242	244			
Schwierigkeitsgrad	r	-,036	,144*	,130*	,263**	,373**	,230**	,217**	**,333****	1,000		
	p	,579	,025	,044	,000	,000	,000	,001	,000	,		
	N	241	243	243	242	243	243	241	243	243		
Verletzungsrisiko	r	-,273**	,029	,033	,079	,074	,086	,101	,114	,201**	1,000	
	p	,000	,658	,608	,221	,248	,178	,117	,077	,002	,	
	N	242	244	244	243	244	244	242	244	243	244	
Erfahrung+	r	,270	,005	-,059	,073	,004	,134*	,206**	-,070	,056	-,050	1,000
	p	,000	,937	,364	,261	,945	,038	,001	,277	,389	,439	,
	N	240	242	242	241	242	242	240	242	241	242	242

Legende:
** Korrelation ist auf dem Niveau von 0,01 signifikant (2seitig)
*   Korrelation ist auf dem Niveau von 0,05 signifikant (2seitig)
\+   In Rangskala transformierte Werte
fett Korrelationskoeffizienten ≥,400

Neben den Korrelationskoeffizienten sind außerdem die Signifikanz des Korrelationskoeffizienten und die Anzahl der in die Berechnung eingegangenen Versuchspersonen wiedergegeben. Von Interesse sind vor allem Koeffizienten r ≥,400, weil hier von einem deutlichen Zusammenhang gesprochen werden kann.

Die höchste Korrelation besteht zwischen der *absoluten* und der *relativen Häufigkeit* der Sportausübung. Im übrigen bestehen weder bei der absoluten, noch bei der relativen Häufigkeit deutliche Beziehungen zu den anderen Variablen der Sportausübung.

Die meisten größeren Korrelationskoeffizienten finden sich bei den Parametern *Umfang* und *Intensität* sowie den Einschätzungen der *konditionellen* und *koordinativen Fähigkeiten*. Der Zusammenhang zwischen *Umfang* und *Intensität* beträgt r =,565, zwischen *konditionellen* und *koordinativen Fähigkeiten* r =,455. Für die Koeffizienten zwischen den eingeschätzten *konditionellen Fähigkeiten* und dem *Umsatz* bzw. der *Intensität* errechnen sich r =,455 bzw. r =,405.

Nur relativ geringe Koeffizienten ergeben sich für die Beziehung zwischen den *konditionellen Fähigkeiten* mit dem bevorzugten Grad *körperlicher Belastung* (r =,241) und zwischen den *koordinativen Fähigkeiten* und dem präferierten *Schwierigkeitsgrad* (r =,245). Dies läßt vermuten, daß das vorwiegend angestrebte Anforderungsniveau von der Einschätzung der eigenen Fähigkeiten weitgehend unabhängig ist.

Plausibel erscheinen auch die leicht negativen Zusammenhänge zwischen *Alter* und *Intensität* (r =-,167) bzw. *Alter* und *akzeptiertem Verletzungsrisiko* (r =-,273).

Beim Vergleich von Männern und Frauen zeigen sich bei letzteren deutlich kleinere Koeffizienten für die Zusammenhänge von konditionellen und koordinativen Fähigkeiten (r =,302 vs. r =,518) sowie konditionellen Fähigkeiten und Umfang (r =,315 vs. r =,515) (siehe Tabelle A 3.8). Schwächer sind auch die Zusammenhänge von Intensität und körperlicher Belastung und Schwierigkeitsgrad. Bei Frauen besteht dagegen ein deutlicherer Zusammenhang zwischen relativer Ausübungshäufigkeit und Umfang (r =,428 vs. r =,213).

Sonstige sportliche Aktivitäten

In diesem Abschnitt wird dargestellt, welche Sportarten die befragten Personen ausüben. Darin eingeschlossen ist auch diejenige sportliche Aktivität, auf die sich der Fragebogen bezieht. Diese Auswertung erfolgt ebenfalls nach erfaßten Probanden (N = 244), da sich die genannten Sportarten für den zweiten und ggf. weitere Fragebögen decken.

Insgesamt wurden 56 verschiedene Sportarten genannt[180]. Im Durchschnitt gaben die befragten Outdoorsportlern 4,64 Sportarten an. Die am häufigsten ausgeübte Sportart ist Laufen / Jogging mit insgesamt 126 Nennungen, gefolgt von Skifahren (117) und Mountainbiking (101). Mit etwas Abstand folgen Schwimmen (72) und Klettern (71). Auf den Plätzen 6 bis 10 folgen Rennradfahren (63), Tennis (58), Volleyball (55), Skitourengehen (44) und Fußball (41). Die häufigsten zehn Sportarten vereinen zusammen über 50% aller Nennungen auf sich.

---

[180] Die vollständige Auflistung der Sportarten mit den Angaben zur Häufigkeit der Ausübung findet sich in der Tabelle A 3.9 im Anhang.

Da es sich bei der vorliegenden Stichprobe um Sportler aus ausgewählten Sportarten handelt, die in die Anzahl der Nennungen mit eingehen, ist zu beachten, daß von der Rangliste nicht auf die Bedeutung der Sportarten für alle Outdoorsportler oder gar alle Sporttreibenden geschlossen werden kann.

Zwischen Männern und Frauen bestehen nur relativ geringfügige Unterschiede. Männer nannten im Schnitt 4,49 Sportarten, Frauen sogar 4,91. Auch in der Rangliste ergeben sich keine wesentlichen Unterschiede bei den am häufigsten genannten Sportarten. Tabelle 8.7 stellt die jeweils 10 am häufigsten angegebenen Sportarten gegenüber. Bei den Frauen findet sich lediglich statt der „Männersportart" Fußball das gerade aktuelle Inlineskating.

Tabelle 8.7: „Top 10" der von Männern und Frauen betriebenen Sportarten

\multicolumn{3}{c}{Männer (N = 153)}	\multicolumn{3}{c}{Frauen (N = 90)}	\multicolumn{3}{c}{Gesamt (N = 244)}
Rang	Sportart	%	Rang	Sportart	%	Rang	Sportart	%
1	Laufen / Jogging	11,5	1	Skifahren	12,2	1	Laufen / Jogging	11,1
2	Mountainbiking	9,8	2	Laufen / Jogging	10,6	2	Skifahren	10,3
3	Skifahren	9,2	3	Mountainbiking	7,7	3	Mountainbiking	8,9
4	Klettern	6,3	4	Schwimmen	6,6	4	Schwimmen	6,4
5	Rennradfahren	6,1	5	Klettern	6,3	5	Klettern	6,3
5	Schwimmen	6,1	6	Tennis	6,1	6	Rennradfahren	5,6
7	Fußball	5,4	7	Inlineskating	5,2	7	Tennis	5,1
8	Tennis	4,5	7	Volleyball	5,2	8	Volleyball	4,9
8	Volleyball	4,5	9	Rennradfahren	4,5	9	Skitourengehen	3,9
10	Skitourengehen	3,8	10	Skitourengehen	4,1	10	Fußball	3,6

Berufliche Tätigkeit

Zur beruflichen Tätigkeit wurden zwei Aussagen vorgegeben, die die Versuchspersonen für ihre aktuelle Situation anhand einer fünfstufigen Ratingskala bewerten sollten. Das erste Item erfaßt den Abwechslungsreichtum der beruflichen Tätigkeit:

	gar nicht　　　　sehr	
Meine berufliche Tätigkeit ist ...	① ② ③ ④ ⑤	abwechslungsreich

Mittelwerte, Standardabweichungen für die Antworten, differenziert nach sportlicher Aktivität und Geschlecht, sind in Tabelle 8.1 dargestellt.

Insgesamt stufen die Teilnehmer ihre derzeitige berufliche Tätigkeit als ziemlich abwechslungsreich ein (M = 3,93), Frauen (4,01) noch etwas höher als Männer (3,88). Die geschlechtsspezifischen Unterschiede sind jedoch nicht signifikant. Aus Tabelle 8.2 geht ferner hervor, daß auch keine signifikanten Unterschiede zwischen den sportlichen Aktivitäten vorliegen. Die Mittelwerte variieren zwischen 3,73 (Rennradfahrer) bis 4,07 (Skifahrer). Auch die Unterschiede für Männer und Frauen innerhalb der Sportarten ist relativ gering (maximal 0,48 bei den Rennradfahrern), was sich in den nicht signifikanten Wechselwirkungen von Geschlecht und sportlicher Aktivität widerspiegelt.

Das zweite Item zur beruflichen Aktivität bezieht sich auf die Häufigkeit von Entscheidungen mit unsicherem Ausgang. Die Formulierung lautet:

	nie				sehr oft	
Bei meiner beruflichen Tätigkeit treffe ich ...	①	②	③	④	⑤	Entscheidungen mit unsicherem Ausgang.

Die Tabelle 8.1 zeigt die Mittelwerte und Standardabweichungen für dieses Item. Die Mittelwerte für die Unsicherheit in der beruflichen Tätigkeit liegen deutlich niedriger als die für den Abwechslungsreichtum der Tätigkeit. Für die Gesamtstichprobe beträgt der Durchschnittswert 2,73, wobei die Männer bei diesem Item im Mittel geringfügig höhere Einschätzungen abgegeben haben (2,80) als die Frauen (2,60). Wie aus Tabelle 8.2 hervorgeht, ist der Geschlechtseinfluß jedoch nicht signifikant. Ebenfalls sehr gering sind die Unterschiede zwischen den verschiedenen sportlichen Aktivitäten. Der niedrigste Wert findet sich auch hier bei den Skitourengehern (2,36), der höchste bei den Kletterern, Skifahrern und Snowboardfahrern (2,82-2,84). Die Effekte der sportlichen Aktivität sind auch für dieses Item nicht signifikant. Gleiches gilt für die Wechselwirkungseffekte; absolut bewegen sich die Differenzen zwischen 0,14 bei den Kletterern bis 0,60 bei den Snowboardfahrern. Anzumerken ist, daß einzig bei den Kletterern die Frauen geringfügig höhere Mittelwerte aufweisen als die Männer.

8.2 Anreize von Outdooraktivitäten

Bei der Analyse der Anreize von Outdooraktivitäten wird als erstes die Bedeutung der einzelnen Anreize dargestellt. Als zweites werden die Zusammenhänge der gefundenen Anreizgewichtungen mit der Häufigkeit des Anreizerlebens und den Auswirkungen auf die Häufigkeit der Sportausübung für den Wegfall des betreffenden Anreizes dargestellt. Da die Anreize vor allem in bezug auf die jeweilige sportliche Aktivität zu sehen sind, beziehen sich die folgenden Auswertungen im Unterschied zu den vorausgegangenen nicht auf Personen, sondern auf Datensätze, also auf die ausgewerteten Fragebögen.

8.2.1 Gewichtung der einzelnen Anreize

In der Tabelle 8.8 werden die Mittelwerte und Standardabweichungen für die Bedeutung der verschiedenen Anreize für die Motivation sportlicher Outdooraktivitäten dargestellt. Die Items sind vertikal nach Kategorien gruppiert und nach Geschlecht differenziert. Die Unterscheidung für die verschiedenen sportlichen Aktivitäten ist in horizontaler Richtung angetragen. Hervorgehoben sind die Mittelwerte und insbesondere die Gesamtwerte für die verschiedenen Anreize und sportlichen Aktivitäten.

Um die Einflüsse von Geschlecht und sportlicher Aktivität sowie von Wechselwirkungen der beiden Faktoren zu überprüfen, wurden zweifaktorielle, univariate Varianzanalysen gerechnet. Die F-Werte und die Signifikanz der F-Werte sowie die Eta^2-Koeffizienten sind der Tabelle 8.9 zu entnehmen.

Tabelle 8.8: Mittelwerte und Standardabweichungen für die Bedeutung von Anreizen, differenziert nach Geschlecht und sportlicher Aktivität

Anreize / Kategorien (K)	Geschlecht	Klettern			Mountainbiking			Rennradfahren			Skifahren			Snowboarden			Skitourengehen			Insgesamt		
		N	M	SD	N	M	SD	N	M	SD	N	M	SD	N	M	SD	N	M	SD	N	M	SD
Taktile und thermorezeptorische Wahrnehmungen	Männer	32	3,75	1,14	48	3,79	,97	37	3,51	1,04	44	3,98	,79	20	4,25	,79	19	4,21	,54	200	3,86	,95
	Frauen	24	4,33	,64	27	4,07	,96	16	3,69	1,14	40	4,32	,57	11	4,36	,81	9	4,67	,50	127	4,22	,81
	Insgesamt	56	4,00	,99	75	3,89	,97	53	3,57	1,07	84	4,14	,71	31	4,29	,78	28	4,36	,56	327	4,00	,91
Aktivitätsunabh., akustische Wahrnehmungen	Männer	30	4,13	,78	48	3,71	1,09	39	3,51	1,19	44	3,55	,98	20	3,60	,94	19	4,26	,73	200	3,74	1,02
	Frauen	24	4,13	,95	27	4,15	,95	15	3,93	,96	37	3,65	1,06	10	3,60	,84	9	4,78	,44	122	3,97	,99
	Insgesamt	54	4,13	,85	75	3,87	1,06	54	3,63	1,14	81	3,59	1,01	30	3,60	,89	28	4,43	,69	322	3,83	1,01
Aktivitätsabh., akustische Wahrnehmungen	Männer	29	2,79	,98	46	2,59	,91	34	2,88	,98	42	3,12	,83	19	3,11	1,10	9	2,67	1,08	188	2,85	,96
	Frauen	23	2,83	,78	24	2,75	1,11	15	2,53	1,25	39	2,64	1,01	10	2,90	,99	9	2,33	,87	120	2,68	1,00
	Insgesamt	52	2,81	,89	70	2,64	,98	49	2,78	1,07	81	2,89	,95	29	3,03	1,05	27	2,56	1,01	308	2,79	,98
Olfaktorische Wahrnehmungen	Männer	29	3,17	1,07	47	3,19	,99	37	2,92	1,04	39	3,10	1,19	18	2,83	,99	18	3,17	,79	188	3,08	1,03
	Frauen	23	3,39	,99	25	3,68	1,07	14	3,43	1,28	33	2,88	1,05	10	3,10	1,10	9	3,33	1,12	114	3,28	1,10
	Insgesamt	52	3,27	1,03	72	3,36	1,04	51	3,06	1,12	72	3,00	1,13	28	2,93	1,02	27	3,22	,89	302	3,16	1,06
Optische Wahrnehmungen	Männer	30	3,67	1,06	47	3,28	1,10	35	3,46	,85	45	4,00	,85	19	4,11	,74	19	4,00	,67	195	3,69	,97
	Frauen	23	4,22	,85	25	4,00	,91	15	3,93	1,03	40	3,93	,97	11	3,91	,94	9	4,56	,53	123	4,04	,92
	Insgesamt	53	3,91	1,01	72	3,53	1,09	50	3,60	,93	85	3,96	,91	30	4,03	,81	28	4,18	,67	318	3,82	,96
(K) Sensorische Erfahrungen	Männer	32	3,51	,68	49	3,31	,76	39	3,24	,79	45	3,55	,61	20	3,59	,61	19	3,68	,48	204	3,44	,69
	Frauen	24	3,77	,55	27	3,73	,58	16	3,45	,83	40	3,49	,65	11	3,58	,58	9	3,93	,44	127	3,63	,63
	Insgesamt	56	3,62	,63	76	3,46	,73	55	3,30	,80	85	3,53	,63	31	3,58	,59	28	3,76	,47	331	3,51	,68
Schönheit der Natur erleben	Männer	32	4,34	,75	49	4,14	,82	39	3,77	,90	45	4,24	,71	20	3,95	,89	19	4,63	,60	204	4,15	,82
	Frauen	24	4,54	,59	26	4,42	,86	16	4,19	1,17	40	4,32	,80	10	4,50	,71	9	4,67	,50	125	4,41	,80
	Insgesamt	56	4,43	,68	75	4,24	,84	55	3,89	,99	85	4,28	,75	30	4,13	,86	28	4,64	,56	329	4,25	,82
Ästhetik von Bewegungen erleben	Männer	31	4,00	,97	45	2,76	,98	30	2,90	1,09	44	3,70	,98	20	3,80	1,20	18	3,28	1,02	188	3,37	1,12
	Frauen	24	3,75	,99	23	3,22	1,04	11	3,18	1,08	40	3,78	,95	11	4,00	1,10	8	2,50	1,07	117	3,54	1,06
	Insgesamt	55	3,89	,98	68	2,91	1,02	41	2,98	1,08	84	3,74	,96	31	3,87	1,15	26	3,04	1,08	305	3,43	1,10

Anreize / Kategorien (K)	Geschlecht	Klettern			Mountainbiking			Rennradfahren			Skifahren			Snowboarden			Skitourengehen			Insgesamt		
		N	M	SD	N	M	SD	N	M	SD	N	M	SD	N	M	SD	N	M	SD	N	M	SD
Mystische Erfahrungen machen	Männer	29	3,76	,87	46	3,24	,97	33	3,03	1,05	39	3,41	1,04	18	3,28	,96	17	3,47	,87	182	3,35	,99
	Frauen	23	3,78	,95	25	3,36	,99	12	3,42	1,08	38	3,42	1,13	11	3,45	,93	9	4,33	,50	118	3,55	1,03
	Insgesamt	52	3,77	,90	71	3,28	,97	45	3,13	1,06	77	3,42	1,08	29	3,34	,94	26	3,77	,86	300	3,43	1,01
(K) Ästhetische Erfahrungen	Männer	32	4,05	,64	49	3,42	,74	39	3,30	,80	45	3,81	,65	20	3,71	,72	19	3,85	,54	204	3,65	,74
	Frauen	24	4,02	,53	27	3,67	,65	16	3,69	,79	40	3,85	,64	11	3,94	,73	9	3,93	,66	127	3,84	,65
	Insgesamt	56	4,04	,59	76	3,51	,72	55	3,41	,81	85	3,83	,64	31	3,79	,72	28	3,88	,57	331	3,72	,71
Körpererfahrungen (bei intensiver Belastung)	Männer	32	4,00	1,08	49	4,20	,84	39	4,08	,77	44	3,77	,83	20	3,45	,94	19	3,95	,97	203	3,96	,91
	Frauen	24	4,42	,83	27	4,37	,84	16	4,13	,89	39	3,72	,86	11	4,09	,70	9	3,78	,67	126	4,08	,86
	Insgesamt	56	4,18	,99	76	4,26	,84	55	4,09	,80	83	3,75	,84	31	3,68	,91	28	3,89	,88	329	4,00	,89
Fließende Bewegungen	Männer	25	3,96	,93	49	3,41	1,00	39	3,51	,79	45	4,29	,73	20	4,40	,75	18	3,72	,83	196	3,83	,93
	Frauen	20	3,70	,92	27	3,63	,97	16	3,69	,95	40	4,07	,94	11	4,27	,65	9	3,00	,87	123	3,80	,96
	Insgesamt	45	3,84	,93	76	3,49	,99	55	3,56	,83	85	4,19	,84	31	4,35	,71	27	3,48	,89	319	3,82	,94
Dynamische Bewegungen	Männer	20	2,35	1,09	49	3,69	1,02	38	3,55	,98	44	4,16	,83	20	4,50	,83	17	3,12	1,22	188	3,66	1,13
	Frauen	10	3,00	1,33	27	3,19	1,24	16	3,81	1,17	40	3,55	1,11	11	3,73	1,42	9	2,56	1,01	113	3,39	1,22
	Insgesamt	30	2,57	1,19	76	3,51	1,13	54	3,63	1,03	84	3,87	1,02	31	4,23	1,12	26	2,92	1,16	301	3,56	1,17
Außergewöhnliche Körperlagen	Männer	31	3,48	,85	49	3,04	1,00	31	3,03	1,17	44	3,68	1,18	20	4,05	1,05	18	2,72	,89	193	3,33	1,11
	Frauen	23	3,17	,98	25	2,84	1,03	12	2,67	,78	38	3,29	,98	10	3,80	1,40	7	1,57	,53	115	3,04	1,09
	Insgesamt	54	3,35	,91	74	2,97	1,01	43	2,93	1,08	82	3,50	1,10	30	3,97	1,16	25	2,40	,96	308	3,22	1,11
(K) Körper- und Bewegungserfahrungen	Männer	32	3,53	,65	49	3,59	,65	39	3,56	,62	45	3,96	,68	20	4,10	,53	19	3,43	,80	204	3,69	,68
	Frauen	24	3,64	,64	27	3,51	,72	16	3,63	,55	40	3,65	,71	11	3,97	,82	9	2,83	,64	127	3,59	,71
	Insgesamt	56	3,58	,64	76	3,56	,67	55	3,58	,60	85	3,82	,71	31	4,05	,64	28	3,24	,79	331	3,65	,70
Neues erleben	Männer	30	3,90	,92	48	3,48	1,15	34	2,97	,83	42	3,40	1,06	20	3,80	,77	19	3,89	,94	193	3,51	1,03
	Frauen	24	3,92	,97	26	3,62	,90	13	3,38	1,12	40	3,20	,82	11	3,82	,87	9	3,78	,83	123	3,54	,93
	Insgesamt	54	3,91	,94	74	3,53	1,06	47	3,09	,93	82	3,30	,95	31	3,81	,79	28	3,86	,89	316	3,53	,99
Herausforderung, Spannung	Männer	31	3,68	,79	47	3,21	,93	35	3,06	,80	44	3,39	,92	18	3,28	,96	17	3,12	,99	192	3,30	,90
	Frauen	24	3,58	,88	27	3,33	1,21	11	2,64	,67	38	3,03	,82	11	3,45	,69	9	2,22	,83	120	3,15	,98
	Insgesamt	55	3,64	,82	74	3,26	1,03	46	2,96	,79	82	3,22	,89	29	3,34	,86	26	2,81	1,02	312	3,24	,93

Anreize / Kategorien (K)	Geschlecht	Klettern			Mountainbiking			Rennradfahren			Skifahren			Snowboarden			Skitourengehen			Insgesamt		
		N	M	SD	N	M	SD	N	M	SD	N	M	SD	N	M	SD	N	M	SD	N	M	SD
„Angstlust"	Männer	29	3,41	,82	46	3,00	,79	31	2,87	,96	42	3,12	,94	19	3,21	1,18	17	2,94	1,03	184	3,09	,93
	Frauen	23	3,39	1,03	26	2,88	1,21	9	3,00	1,12	39	2,87	1,08	11	3,45	,93	9	2,33	,87	117	3,00	1,10
	Insgesamt	52	3,40	,91	72	2,96	,96	40	2,90	,98	81	3,00	1,01	30	3,30	1,09	26	2,73	1,00	301	3,05	1,00
(K) Spannung und Aktivierung	Männer	32	3,65	,65	49	3,19	,78	38	2,90	,65	45	3,26	,81	20	3,48	,77	19	3,42	,87	203	3,27	,78
	Frauen	24	3,64	,72	27	3,28	,92	15	3,16	,85	40	3,05	,71	11	3,58	,60	9	2,78	,58	126	3,25	,79
	Insgesamt	56	3,65	,67	76	3,22	,83	53	2,97	,71	85	3,16	,77	31	3,51	,71	28	3,21	,84	329	3,26	,78
Abschalten	Männer	30	3,93	1,14	46	3,91	1,09	39	3,74	,88	41	3,39	1,09	20	2,95	1,23	19	4,37	,76	195	3,72	1,10
	Frauen	24	3,92	1,14	26	4,27	,72	16	4,00	1,10	36	3,47	1,06	11	3,27	1,42	8	4,50	,76	121	3,85	1,09
	Insgesamt	54	3,93	1,13	72	4,04	,98	55	3,82	,94	77	3,43	1,07	31	3,06	1,29	27	4,41	,75	316	3,77	1,10
Aggressionen abbauen	Männer	26	3,04	,87	49	3,39	,98	39	3,44	1,14	37	2,81	1,13	17	3,12	1,11	16	3,06	1,12	184	3,18	1,07
	Frauen	19	3,21	1,23	26	3,58	,76	16	3,31	1,20	35	3,20	1,11	11	2,36	1,03	9	2,00	,87	116	3,13	1,12
	Insgesamt	45	3,11	1,03	75	3,45	,90	55	3,40	1,15	72	3,00	1,13	28	2,82	1,12	25	2,68	1,14	300	3,16	1,09
Psychische Regeneration	Männer	28	3,89	,88	48	3,94	,81	38	4,03	,85	43	3,65	1,00	19	3,37	1,07	19	4,32	,67	195	3,87	,91
	Frauen	24	3,75	,99	26	4,31	,97	15	3,73	,88	37	3,86	,95	10	4,10	,99	9	4,22	,67	121	3,97	,95
	Insgesamt	52	3,83	,92	74	4,07	,88	53	3,94	,86	80	3,75	,97	29	3,62	1,08	28	4,29	,66	316	3,91	,92
Stimmungs-regulation	Männer	29	3,38	,90	44	3,64	,81	35	3,71	,75	44	3,84	,94	19	3,37	,83	18	3,61	,98	189	3,63	,87
	Frauen	23	3,74	,86	26	3,81	,98	13	3,54	,88	39	3,82	,88	11	4,00	1,00	9	3,89	1,05	121	3,79	,91
	Insgesamt	52	3,54	,90	70	3,70	,87	48	3,67	,78	83	3,83	,91	30	3,60	,93	27	3,70	,99	310	3,69	,89
(K) Entspannung und Stimmungs-regulation	Männer	31	3,60	,67	49	3,74	,57	39	3,72	,58	45	3,44	,78	20	3,17	,75	19	3,91	,58	203	3,61	,68
	Frauen	24	3,68	,70	27	3,98	,51	16	3,63	,62	40	3,61	,75	11	3,40	,69	9	3,63	,56	127	3,69	,67
	Insgesamt	55	3,63	,67	76	3,83	,56	55	3,69	,58	85	3,52	,77	31	3,25	,72	28	3,82	,58	330	3,64	,68
Verschmelzung von Handeln und Bewußtsein	Männer	30	4,03	,96	42	3,36	,96	34	3,35	1,07	44	4,02	1,02	20	3,95	1,00	19	3,42	,90	189	3,69	1,03
	Frauen	23	3,61	,94	23	3,00	1,04	14	4,00	1,04	39	3,87	,98	11	3,73	,79	8	2,75	,71	118	3,58	1,02
	Insgesamt	53	3,85	,97	65	3,23	1,00	48	3,54	1,09	83	3,95	1,00	31	3,87	,92	27	3,22	,89	307	3,64	1,03
Gefühl der Kontrolle	Männer	31	3,74	,86	44	3,48	,79	33	3,33	1,02	42	3,93	1,02	19	3,89	,99	16	3,69	,70	185	3,66	,93
	Frauen	20	3,95	,69	23	3,57	,99	12	3,58	1,08	38	3,79	,87	9	4,22	,97	6	3,17	,41	108	3,75	,90
	Insgesamt	51	3,82	,79	67	3,51	,86	45	3,40	1,03	80	3,86	,95	28	4,00	,98	22	3,55	,67	293	3,69	,92

Anreize / Kategorien (K)	Geschlecht	Klettern			Mountainbiking			Rennradfahren			Skifahren			Snowboarden			Skitourengehen			Insgesamt		
		N	M	SD	N	M	SD	N	M	SD	N	M	SD	N	M	SD	N	M	SD	N	M	SD
Konzentration, Selbstvergessenheit	Männer	31	4,42	,50	45	3,04	,85	34	3,26	1,08	41	3,37	,99	18	3,56	,98	17	3,41	1,12	186	3,47	1,02
	Frauen	24	4,17	,70	27	3,07	1,04	11	3,27	1,27	38	3,13	,88	10	3,80	1,14	8	3,75	1,04	118	3,44	1,03
	Insgesamt	55	4,31	,60	72	3,06	,92	45	3,27	1,12	79	3,25	,94	28	3,64	1,03	25	3,52	1,08	304	3,46	1,02
(K) Besondere Erlebnisqualität	Männer	32	4,08	,58	48	3,25	,62	39	3,32	,78	45	3,77	,79	20	3,83	,84	19	3,46	,72	203	3,59	,77
	Frauen	24	3,90	,51	27	3,22	,84	16	3,51	,93	40	3,59	,75	11	3,85	,75	9	3,22	,36	127	3,56	,77
	Insgesamt	56	4,00	,56	75	3,24	,70	55	3,38	,82	85	3,68	,77	31	3,84	,80	28	3,38	,63	330	3,57	,77
Durchhalten, Selbstüberwindung	Männer	32	4,41	,61	49	3,96	,71	38	3,76	,88	44	3,80	,93	19	3,53	,96	19	3,63	,96	201	3,89	,86
	Frauen	24	4,25	,90	27	4,30	,87	16	3,56	1,03	39	3,62	1,02	11	3,91	,70	9	3,33	,71	126	3,88	,97
	Insgesamt	56	4,34	,75	76	4,08	,78	54	3,70	,92	83	3,71	,97	30	3,67	,88	28	3,54	,88	327	3,88	,90
Selbstbewertung, individuelle Norm	Männer	32	4,03	,69	47	3,70	,98	38	3,89	,73	44	3,77	,91	19	3,89	,94	18	3,28	,75	198	3,79	,86
	Frauen	24	4,00	,72	25	3,96	,79	15	3,80	,94	39	3,97	,84	11	4,45	,69	8	3,00	,93	122	3,93	,85
	Insgesamt	56	4,02	,70	72	3,79	,92	53	3,87	,79	83	3,87	,88	30	4,10	,88	26	3,19	,80	320	3,84	,86
Selbstbewertung, soziale Norm	Männer	27	2,96	,98	45	3,33	1,15	35	3,23	1,09	43	2,72	1,01	20	2,80	,95	17	2,41	1,06	187	2,98	1,08
	Frauen	21	2,81	,81	24	3,33	,96	14	3,29	1,20	37	3,11	1,13	11	3,27	,79	8	2,13	,64	115	3,07	1,02
	Insgesamt	48	2,90	,90	69	3,33	1,08	49	3,24	1,11	80	2,90	1,07	31	2,97	,91	25	2,32	,95	302	3,01	1,06
Selbstbewertung, Theorie	Männer	29	2,55	,83	46	2,37	1,00	35	2,46	,89	40	2,78	1,17	20	2,35	1,04	19	2,53	1,12	189	2,51	1,01
	Frauen	20	2,10	1,02	24	2,50	1,06	13	2,46	,78	39	2,82	1,14	10	2,60	,84	8	2,13	,83	114	2,52	1,04
	Insgesamt	49	2,37	,93	70	2,41	1,01	48	2,46	,85	79	2,80	1,15	30	2,43	,97	27	2,41	1,05	303	2,51	1,02
Fremdbewertung	Männer	30	3,40	,89	44	3,02	1,00	36	3,06	,95	43	2,86	1,08	20	3,50	,76	17	3,00	,79	190	3,10	,97
	Frauen	24	3,50	,78	26	3,69	,84	14	3,64	1,22	39	3,54	,91	11	3,64	1,12	9	2,67	,71	123	3,52	,94
	Insgesamt	54	3,44	,84	70	3,27	,99	50	3,22	1,06	82	3,18	1,06	31	3,55	,89	26	2,88	,77	313	3,27	,98
Fremdbewertung, Theorie	Männer	24	2,42	,88	43	2,44	,98	32	2,44	,91	38	2,47	1,01	17	2,65	,70	15	2,27	,80	169	2,45	,91
	Frauen	19	2,58	,84	26	2,50	1,07	13	2,69	,75	35	2,71	,96	10	2,60	,84	8	1,75	,46	111	2,56	,92
	Insgesamt	43	2,49	,86	69	2,46	1,01	45	2,51	,87	73	2,59	,98	27	2,63	,74	23	2,09	,73	280	2,49	,92
Konditionelle und techn. Fähigkeiten verbessern	Männer	32	4,31	,74	48	4,15	,77	39	4,18	,76	45	3,87	,81	20	4,35	,59	19	3,74	,73	203	4,10	,77
	Frauen	24	4,08	,65	27	4,15	,95	16	3,69	1,14	40	3,80	,88	11	4,55	,52	9	3,11	,78	127	3,93	,91
	Insgesamt	56	4,21	,71	75	4,15	,83	55	4,04	,90	85	3,84	,84	31	4,42	,56	28	3,54	,79	330	4,03	,83

Anreize / Kategorien (K)	Geschlecht	Klettern		Mountainbiking			Rennradfahren			Skifahren			Snowboarden			Skitourengehen			Insgesamt		
		N	M	SD	N	M	SD	N	M	SD	N	M	SD	N	M	SD	N	M	SD	N	M	SD
Psychische Fähigkeiten verbessern	Männer	30	4,03	,76	45	3,20	,92	35	3,63	,88	42	3,43	1,04	18	3,28	,89	16	3,19	,91	186	3,47	,95
	Frauen	24	3,71	1,00	24	3,63	1,10	11	3,27	1,27	36	3,19	,92	11	4,00	1,00	8	2,88	1,36	114	3,46	1,07
	Insgesamt	54	3,89	,88	69	3,35	1,00	46	3,54	,98	78	3,32	,99	29	3,55	,99	24	3,08	1,06	300	3,47	1,00
(K) Leistung	Männer	32	3,57	,46	49	3,27	,60	39	3,35	,50	45	3,24	,65	20	3,29	,49	19	3,04	,59	204	3,31	,57
	Frauen	24	3,46	,35	27	3,52	,59	16	3,24	,74	40	3,36	,59	11	3,67	,53	9	2,63	,41	127	3,37	,60
	Insgesamt	56	3,52	,42	76	3,36	,60	55	3,31	,57	85	3,30	,62	31	3,43	,53	28	2,91	,56	331	3,33	,58
Alleinsein	Männer	22	3,14	1,17	49	3,33	,94	39	3,49	1,10	36	2,64	,90	17	2,47	,94	15	3,93	,96	178	3,17	1,08
	Frauen	9	3,11	1,17	26	3,12	1,14	15	3,47	1,06	25	2,64	1,15	6	2,50	1,22	6	3,83	1,17	87	3,05	1,17
	Insgesamt	31	3,13	1,15	75	3,25	1,01	54	3,48	1,08	61	2,64	1,00	23	2,48	,99	21	3,90	1,00	265	3,13	1,11
Freundschaft	Männer	32	4,41	,61	45	3,38	,96	33	3,24	,83	42	3,24	1,05	19	3,47	,90	19	3,95	,97	190	3,56	,99
	Frauen	24	4,17	,76	26	3,62	1,02	12	3,50	,90	35	3,31	,87	11	3,64	1,12	9	3,56	1,24	117	3,62	,97
	Insgesamt	56	4,30	,69	71	3,46	,98	45	3,31	,85	77	3,27	,97	30	3,53	,97	28	3,82	1,06	307	3,59	,98
Geselligkeit	Männer	32	4,28	,63	49	3,76	,85	37	3,49	,80	45	4,33	,83	20	4,05	1,05	18	4,33	,69	201	4,00	,87
	Frauen	24	4,13	,85	27	4,04	,90	16	3,25	,86	40	4,23	,89	11	3,91	,94	9	4,00	,87	127	4,00	,92
	Insgesamt	56	4,21	,73	76	3,86	,87	53	3,42	,82	85	4,28	,85	31	4,00	1,00	27	4,22	,75	328	4,00	,89
Kontakte pflegen	Männer	30	3,93	,94	48	3,50	,97	35	3,49	,78	44	4,14	,93	19	3,84	,96	19	3,74	,93	195	3,76	,94
	Frauen	24	4,21	,72	27	4,19	,79	12	4,00	,85	40	4,18	,71	11	4,18	1,08	9	4,00	,71	123	4,15	,77
	Insgesamt	54	4,06	,86	75	3,75	,96	47	3,62	,82	84	4,15	,83	30	3,97	1,00	28	3,82	,86	318	3,92	,90
Kontakte knüpfen	Männer	30	3,53	,97	48	3,19	1,02	37	3,11	1,05	44	3,43	,82	20	3,15	,88	19	3,11	,81	198	3,27	,95
	Frauen	24	3,12	,95	26	3,00	1,17	14	3,07	,92	40	3,25	,98	11	3,82	,87	9	2,67	1,22	124	3,16	1,03
	Insgesamt	54	3,35	,97	74	3,12	1,07	51	3,10	1,01	84	3,35	,90	31	3,39	,92	28	2,96	,96	322	3,23	,98
Identifikation, Selbstdefinition	Männer	28	2,68	1,22	40	2,53	,99	32	2,56	1,11	32	2,37	1,01	17	2,53	1,12	17	2,59	1,06	166	2,54	1,07
	Frauen	20	2,50	,95	26	2,69	1,23	14	2,86	1,35	37	2,62	1,06	8	2,50	1,07	8	2,38	,74	113	2,62	1,09
	Insgesamt	48	2,60	1,11	66	2,59	1,08	46	2,65	1,18	69	2,51	1,04	25	2,52	1,08	25	2,52	,96	279	2,57	1,07
(K) Soziale Erfahrungen	Männer	32	3,71	,41	49	3,29	,54	39	3,22	,51	45	3,46	,61	20	3,27	,61	19	3,60	,45	204	3,41	,55
	Frauen	24	3,64	,47	27	3,45	,48	16	3,28	,61	40	3,44	,51	11	3,55	,64	9	3,40	,45	127	3,47	,52
	Insgesamt	56	3,68	,44	76	3,35	,52	55	3,24	,53	85	3,45	,56	31	3,37	,63	28	3,54	,45	331	3,43	,54

Anreize / Kategorien (K)	Geschlecht	Klettern			Mountainbiking			Rennradfahren			Skifahren			Snowboarden			Skitourengehen			Insgesamt		
		N	M	SD	N	M	SD	N	M	SD	N	M	SD	N	M	SD	N	M	SD	N	M	SD
Rehabilitation	Männer	24	3,50	1,18	46	4,02	,86	37	4,16	,73	40	3,35	1,03	17	2,76	1,03	17	3,94	,83	181	3,71	1,02
	Frauen	23	3,39	1,03	25	4,24	,78	15	3,93	,96	39	2,95	,97	9	2,78	1,30	8	3,88	,35	119	3,48	1,07
	Insgesamt	47	3,45	1,10	71	4,10	,83	52	4,10	,80	79	3,15	1,01	26	2,77	1,11	25	3,92	,70	300	3,62	1,05
Prävention	Männer	19	3,00	1,15	42	3,36	1,01	33	3,73	,91	33	2,76	1,15	11	2,73	,79	14	3,21	1,12	152	3,20	1,08
	Frauen	17	3,06	1,14	24	3,33	1,34	11	3,27	,65	30	2,77	,77	4	3,75	,96	7	3,00	1,00	93	3,09	1,04
	Insgesamt	36	3,03	1,13	66	3,35	1,13	44	3,61	,87	63	2,76	,98	15	3,00	,93	21	3,14	1,06	245	3,16	1,07
Fitness verbessern	Männer	27	3,96	,94	47	4,36	,76	38	4,39	,64	43	3,86	,80	17	3,53	1,01	18	4,00	,84	190	4,09	,85
	Frauen	22	4,05	,84	26	4,73	,72	16	4,44	,63	38	3,45	,80	10	3,50	,85	9	3,89	,93	121	4,00	,92
	Insgesamt	49	4,00	,89	73	4,49	,77	54	4,41	,63	81	3,67	,82	27	3,52	,94	27	3,96	,85	311	4,05	,88
Figur und Körpergewicht	Männer	21	2,86	,85	45	3,58	1,10	36	4,00	,96	27	2,85	,91	9	3,00	1,00	13	2,92	1,12	151	3,36	1,09
	Frauen	20	2,85	1,09	26	3,92	,89	14	3,79	,89	28	2,46	,88	8	2,50	,93	8	2,38	,92	104	3,08	1,12
	Insgesamt	41	2,85	,96	71	3,70	1,03	50	3,94	,93	55	2,65	,91	17	2,76	,97	21	2,71	1,06	255	3,24	1,11
(K) Gesundheit	Männer	28	3,30	,71	48	3,83	,73	38	4,06	,57	45	3,20	,83	20	2,87	,72	19	3,58	,64	198	3,54	,81
	Frauen	23	3,32	,67	27	4,06	,73	16	3,91	,58	39	2,92	,70	10	2,96	,70	9	3,31	,45	124	3,40	,81
	Insgesamt	51	3,31	,68	75	3,91	,73	54	4,01	,57	84	3,07	,78	30	2,90	,71	28	3,49	,59	322	3,48	,81
Insgesamt	Männer	32	3,64	,33	48	3,42	,39	39	3,43	,38	45	3,50	,45	20	3,47	,37	19	3,50	,32	203	3,49	,39
	Frauen	24	3,64	,25	27	3,67	,53	16	3,48	,36	40	3,44	,34	11	3,63	,34	9	3,25	,30	127	3,54	,39
	Insgesamt	56	3,64	,30	75	3,51	,46	55	3,45	,37	85	3,47	,40	31	3,53	,36	28	3,42	,33	330	3,51	,39

Tabelle 8.9: Ergebnisse der zweifaktoriellen Varianzanalysen für die Effekte des Geschlechts und der sportlichen Aktivität hinsichtlich der Bedeutung von Anreizen

Anreize	df	Geschlecht Mittel d. Quadr.[1]	F	Sig.	Eta^2	df	sportliche Aktivität Mittel d. Quadr.	F	Sig.	Eta^2	Quadrat- summe	df	Geschlecht * sportliche Aktivität Mittel d. Quadr.	F	Sig.	Eta^2
Taktile und thermorezept. Wahrn.	1	6,689	8,743	,003	,027	5	3,272	4,277	,001	,064	1,624	5	,325	,424	,832	,00
Aktivitätsunabh., akust. Wahrnehm.	1	3,670	3,794	,052	,012	5	4,602	4,758	,000	,071	3,081	5	,616	,637	,672	,01
Aktivitätsabh., akust. Wahrnehm.	1	2,257	2,360	,126	,008	5	1,006	1,052	,387	,017	4,669	5	,934	,977	,432	,01
Olfaktorische Wahrnehmungen	1	3,305	2,962	,086	,010	5	1,717	1,539	,177	,026	5,574	5	1,115	,999	,418	,01
Optische Wahrnehmungen	1	7,043	8,248	,004	,026	5	2,068	2,422	,036	,038	9,097	5	1,819	2,131	,062	,03
Schönheit der Natur erleben	1	4,200	6,597	,011	,020	5	1,791	2,813	,017	,042	1,845	5	,369	,580	,716	,00
Ästhetik von Bewegungen erleben	1	,000	,000	,987	,000	5	9,573	9,226	,000	,136	8,181	5	1,636	1,577	,166	,00
Mystische Erfahrungen machen	1	4,023	4,101	,044	,014	5	2,713	2,766	,019	,046	4,035	5	,807	,823	,534	,01
Körpererfahrungen	1	1,920	2,551	,111	,008	5	3,165	4,205	,001	,062	4,299	5	,860	1,142	,338	,01
Fließende Bewegungen	1	1,456	1,886	,171	,006	5	6,436	8,334	,000	,120	5,538	5	1,108	1,434	,212	,02
Dynamische Bewegungen	1	3,635	3,204	,074	,011	5	10,166	8,962	,000	,134	14,215	5	2,843	2,506	,031	,04
Außergewöhnliche Körperlagen	1	10,977	10,374	,001	,034	5	10,524	9,946	,000	,144	3,700	5	,740	,699	,624	,01
Neues erleben	1	,117	,127	,722	,000	5	4,199	4,568	,000	,070	2,837	5	,567	,617	,687	,01
Herausforderung, Spannung	1	3,516	4,323	,038	,014	5	4,331	5,325	,000	,082	6,658	5	1,332	1,637	,150	,02
„Angstlust"	1	,596	,611	,435	,002	5	2,796	2,863	,015	,047	3,206	5	,641	,656	,657	,01
Abschalten	1	2,158	1,975	,161	,006	5	7,917	7,245	,000	,106	1,440	5	,288	,263	,933	,00
Aggressionen abbauen	1	2,293	2,066	,152	,007	5	4,912	4,426	,001	,071	14,126	5	2,825	2,546	,028	,04
Psychische Regeneration	1	1,036	1,257	,263	,004	5	1,858	2,254	,049	,036	6,674	5	1,335	1,620	,154	,02
Stimmungsregulation	1	2,567	3,254	,072	,011	5	,541	,685	,635	,011	3,888	5	,778	,986	,427	,01
Verschmelz. v. Handeln und Bew.	1	2,274	2,358	,126	,008	5	6,051	6,275	,000	,096	9,417	5	1,883	1,953	,086	,03
Gefühl der Kontrolle	1	,065	,079	,779	,000	5	2,281	2,781	,018	,047	3,281	5	,656	,800	,550	,01
Konzentration, Selbstvergessenheit	1	,028	,031	,859	,000	5	10,925	12,415	,000	,175	2,733	5	,547	,621	,684	,01

Anreize	df	Geschlecht				sportliche Aktivität						Geschlecht * sportliche Aktivität					
		Mittel d. Quadr.[1]	F	Sig.	Eta²	Quadrat-summe	df	Mittel d. Quadr.	F	Sig.	Eta²	Quadrat-summe	df	Mittel d. Quadr.	F	Sig.	Eta²
Durchhalten, Selbstüberwindung	1	,023	,031	,861	,000	24,492	5	4,898	6,510	,000	,094	4,975	5	,995	1,322	,254	,02
Selbstbewertung, individuelle Norm	1	,632	,899	,344	,003	15,684	5	3,137	4,461	,001	,068	3,479	5	,696	,990	,424	,01
Selbstbewertung, soziale Norm	1	,365	,342	,559	,001	22,419	5	4,484	4,206	,001	,068	4,351	5	,870	,816	,539	,01
Selbstbewertung, Theorie	1	,283	,274	,601	,001	9,379	5	1,876	1,814	,110	,030	3,923	5	,785	,759	,580	,01
Fremdbewertung	1	5,676	6,393	,012	,021	9,493	5	1,899	2,139	,061	,034	7,936	5	1,587	1,788	,115	,02
Fremdbewertung, Theorie	1	,035	,041	,840	,000	6,284	5	1,257	1,493	,192	,027	2,771	5	,554	,659	,655	,01
Kondit. und techn. Fähigkeiten verbess.	1	2,590	4,062	,045	,013	19,971	5	3,994	6,265	,000	,090	4,176	5	,835	1,310	,259	,02
Psychische Fähigkeiten verbessern	1	,010	,011	,918	,000	15,622	5	3,124	3,333	,006	,055	10,386	5	2,077	2,216	,053	,03
Alleinsein	1	,128	,116	,733	,000	36,904	5	7,381	6,718	,000	,117	,499	5	,010	,091	,994	,00
Freundschaft	1	,017	,020	,886	,000	37,020	5	7,404	8,721	,000	,129	3,400	5	,680	,801	,550	,01
Geselligkeit	1	,837	1,179	,278	,004	28,103	5	5,621	7,922	,000	,111	3,050	5	,610	,860	,508	,01
Kontakte pflegen	1	7,465	9,870	,002	,031	6,674	5	1,335	1,765	,120	,028	4,325	5	,865	1,144	,337	,01
Kontakte knüpfen	1	,584	,616	,433	,002	8,323	5	1,665	1,754	,122	,028	6,322	5	1,264	1,332	,250	,02
Identifikation, Selbstdefinition	1	,122	,103	,749	,000	1,460	5	,292	,246	,941	,005	2,339	5	,468	,394	,852	,00
Rehabilitation	1	,510	,578	,448	,002	62,194	5	12,439	14,081	,000	,196	3,664	5	,733	,829	,530	,01
Prävention	1	,173	,161	,688	,001	16,365	5	3,273	3,058	,011	,062	4,991	5	,998	,933	,460	,02
Fitness verbessern	1	,006	,009	,924	,000	42,769	5	8,554	13,385	,000	,183	5,873	5	1,175	1,838	,105	,03
Figur und Körpergewicht verbessern	1	2,240	2,372	,125	,010	69,823	5	13,965	14,788	,000	,233	6,287	5	1,257	1,332	,251	,02
Insgesamt	1	,049	,333	,564	,001	1,788	5	,358	2,444	,034	,037	1,632	5	,326	2,231	,051	,03

Legende:
[1] Für df = 1 ist die Quadratsumme gleich dem Mittel der Quadrate

Gesamtwerte

Um eine Orientierungshilfe für die Einordnung der folgenden Ergebnisse zu bieten, werden in diesem Abschnitt die Gesamtwerte der Bedeutung aller Anreize dargestellt.

Die durchschnittliche Bedeutung aller Anreize beträgt für die Gesamtstichprobe 3,51. Bezogen auf die Extrempunkte der Skala von 1,00 und 5,00 liegt der Wert somit über dem Skalenmittel von 3,00, d.h. zwischen „mäßig wichtig" und „wichtig". Für Frauen liegt dieser Wert geringfügig höher (3,54) als für Männer (3,49). Den größten Wert über alle Kategorien haben die Kletterer mit 3,64. In relativ gleichmäßigen Abständen folgen Snowboardfahren (3,53), Mountainbiker (3,51), Skifahrer (3,47), Rennradfahrer (3,45) und Skitourengeher (3,42).

Es ist jedoch zu betonen, daß dieser Gesamtwert nur als Orientierungshilfe zu verstehen ist. Der errechnete Gesamtwert kann nicht als repräsentativer Mittelwert betrachtet werden, da durch die ungleiche Itemzahl in den Kategorien die Anreizgruppen ein ungleiches Gewicht hinsichtlich des Gesamtwertes erhalten.

Sensorische Erfahrungen

Zur Kategorie der „Sensorischen Erfahrungen" gehören die Items „Taktile und thermorezeptorische Wahrnehmungen" (1)[181], „Aktivitätsunabhängige, akustische Wahrnehmungen" (9), „Aktivitätsabhängige, akustische Wahrnehmungen" (17), „Olfaktorische Wahrnehmungen" (25) und „Optische Wahrnehmungen" (33). Den größten Gesamtmittelwert dieser Items haben taktile und thermorezeptorische Wahrnehmungen mit 4,04. Die geringste Bedeutung besitzen die aktivitätsabhängigen, akustischen Wahrnehmungen mit 2,79.

Mit Ausnahme des letztgenannten Items haben Frauen um 0,20 bis 0,36 höhere Werte als Männer. Für die Items „Taktile und thermorezeptorische Wahrnehmungen" (1) und „Optische Wahrnehmungen" (33) sind die geschlechtsspezifischen Unterschiede sogar signifikant. Frauen erreichen mit 4,22, und 4,04 auch absolut sehr hohe Werte.

Vergleicht man die sechs untersuchten Sportarten, so ergeben sich ebenfalls für die zwei genannten Items und zusätzlich für die „Aktivitätsunabhängigen, akustischen Wahrnehmungen" signifikante Unterschiede[182]. Bei dem Item „Taktile und thermorezeptorische Wahrnehmungen" unterscheiden sich die Rennradfahrer (3,89) von allen Wintersportarten (4,14 bis 4,36) durch signifikant kleinere Werte. Beim Item „Aktivitätsunabhängige, akustische Wahrnehmungen" heben sich die Skitourengeher (4,43) deutlich von Skifahrern (3,59), Snowboardern (3,60) und Rennradfahrern (3,63) ab. Den optischen Wahrnehmungen messen die Skitourengeher (4,18) eine signifikant größere Bedeutung zu als die Mountainbiker (3,53) oder die Rennradfahrer (3,60).

---

[181] Die Zahlen beziehen sich jeweils auf die Itemnummer im Fragebogen.
[182] Die Bestimmung der sich jeweils unterscheidenden Gruppen erfolgte mittels einer einfaktoriellen Varianzanalyse mit post-hoc-Tests in Form der Scheffé-Prozedur (bei gleichen Varianzen) oder des auf dem T-Test basierenden Tamhane-T2-Tests (für ungleiche Varianzen). Die Varianzhomogenität wurde mittels des Levene-Tests überprüft.

Auch innerhalb der sechs Sportarten zeigen sich teilweise deutliche Unterschiede zwischen Männern und Frauen, z.B. bei den Kletterern für die Items „Taktile und thermorezeptorische Wahrnehmungen" und „Optische Wahrnehmungen" oder bei den Mountainbikern und Rennradfahrern für die Items „Olfaktorische Wahrnehmungen" und „Optische Wahrnehmungen". Die Varianzanalysen ergaben jedoch keine signifikanten Wechselwirkungseffekte von Geschlecht und sportlicher Aktivität.

Bildet man für die fünf Items der Kategorie „Sensorische Erfahrungen" einen Gesamtmittelwert, so bestätigt sich die große Gewichtung bei den Skitourengehern (3,76) und die relativ geringe bei den Rennradfahrern (3,30). Zusammengefaßt kann gesagt werden, daß vor allem taktile und Temperaturreize, natürliche Geräusche und optische Reize dominieren. Mit Ausnahme aktivitätsorientierter, akustischer Wahrnehmungen sind Frauen im Vergleich für derartige Aspekte sensibler.

Ästhetische Erfahrungen

Bei der Kategorie der „Ästhetischen Erfahrungen" hat vor allem das Item „Schönheit der Natur erleben" große Bedeutung (4,25). Auch hier ist der Unterschied zwischen Männern (4,15) und Frauen (4,41) signifikant. Geringeres Gewicht besitzen die Items „Ästhetik von Bewegungen erleben" (3,43) und „Mystische Erfahrungen machen" (3,43). Bei letztgenanntem Item sind die Geschlechtseffekte ebenfalls signifikant, was zum Großteil auf den starken Unterschied bei den Skitourengehern zurückzuführen ist, bei denen Frauen diesen Aspekt wesentlich stärker betonen als Männer (4,33 vs. 3,47).

Signifikante Unterschiede zwischen den Sportarten finden sich für alle drei Items. Für das Item „Schönheit der Natur erleben" unterscheiden sich die Rennradfahrer (3,89) signifikant von Kletterern (4,43) und vor allem den Skitourengehern (4,64). Die Mittelwerte des Items „Ästhetik von Bewegungen erleben" liegen bei Kletterern (3,89), Snowboardern (3,87) und Skifahrern (3,74) signifikant über denen der anderen drei Sportarten (2,91 bis 3,04). Nicht ganz so deutlich, aber ebenfalls signifikant, sind die Unterschiede bei den „Mystischen Erfahrungen". Kletterer und Skitourengeher (jeweils 3,77) liegen hier vor den anderen Sportarten.

Erwartungsgemäß hat das Erleben der Schönheit der Natur bei Outdoorsportarten einen sehr großen Stellenwert. Es zeigt sich auch, daß dieser mit einem zunehmend unmittelbaren Kontakt, wie er beim Klettern und vor allem beim Skitourengehen vorhanden ist, steigt, während das Umfeld für Rennradfahren, aber auch Snowboard- und Skifahren bereits stärker zivilisatorisch und technisch geprägt ist. Die Aspekte „Ästhetische Bewegungen" und „Mystische Erfahrungen" liegen, von einzelnen Untergruppen abgesehen, im Mittel aller Anreize.

Betrachtet man den Gesamt(mittel)wert dieser Kategorie, liegen die Kletterer mit 4,04 an der Spitze, das Mittelfeld bilden die Wintersportarten Skitourengehen, Skifahren und Snowboarden (3,88 - 3,79); am Schluß finden sich Mountainbiking (3,51) und Rennradfahren (3,41).

Körper- und Bewegungserfahrungen

Die Kategorie „Körper- und Bewegungserfahrungen" werden von den Items „Körpererfahrungen (bei intensiver Belastung)" (2), „Fließende Bewegungen" (34), „Dynamische Bewegungen (3) und „Außergewöhnliche Körperlagen" (11) gebildet.

Die „Körpererfahrungen bei intensiven körperlichen Belastungen" haben in dieser Kategorie mit 4,00 den höchsten Stellenwert, „außergewöhnliche Körperlagen" den geringsten (3,22). Letzteres ist das einzige Item innerhalb dieser Kategorie, bei dem signifikante Geschlechtseffekte festzustellen sind; Männer haben eine stärkere Affinität zu derartigen Erfahrungen (3,33) als Frauen (3,04).

Im Gegensatz zu den geschlechtsabhängigen Effekten sind die Unterschiede zwischen den sportlichen Aktivitäten für alle Items signifikant. Während anstrengende Körpererfahrungen für Mountainbiker (4,26) und Kletterer (4,18) große Bedeutung besitzen, ist sie für Snowboarder (3,68) und Skifahrer (3,75) nur durchschnittlich. Interessanterweise finden sich beim Klettern, Mountainbiking, Snowboardfahren und Rennradfahren die höheren Werte bei Frauen. Wie sich auch in den Einzelvergleichen zeigt, sind die drei Items zu verschiedenen Bewegungsformen die Domäne der Snowboardfahrer, die mit mehr oder weniger Abstand jeweils die höchsten Werte (3,97 bis 4,35) haben. Rang zwei belegen die Skifahrer; das Schlußlicht bilden zweimal die Skitourengeher und einmal die Kletterer („Dynamische Bewegungen", 2,57). Dies zeigt sich auch deutlich im Gesamtwert der Kategorie. Nach Snowboardern (4,05) und Skifahrern (3,82) besteht ein etwas größerer Abstand bis zu den Kletterern, Rennradfahrern und Mountainbikern (3,58 bzw. 3,56). Zu Skitourengeher (3,24) besteht nochmals etwa die gleiche Differenz. Bei „Dynamischen Bewegungen" haben auch die Wechselwirkungen von Geschlecht und sportlicher Aktivität einen signifikanten Effekt: außer beim Klettern und Rennradfahren besitzen Männer höhere Werte als Frauen.

Zusammengefaßt kann gesagt werden, daß außergewöhnliche Bewegungen und Körperlagen das Metier der Snowboarder und - mit Abstrichen - der Skifahrer ist. Dagegen sind Körpererfahrungen, die mit großen Anstrengungen verbunden sind, vor allem etwas für Mountainbiker, Kletterer und Rennradfahrer, wobei Frauen hierauf sogar noch etwas mehr Wert legen als Männer.

Spannung und Aktivierung

Zur Kategorie „Spannung und Aktivierung" zählen die Items „Neues erleben" (19), „Herausforderung, Spannung" (27) und „Angstlust" (35). Den höchsten Wert dieser Kategorie hat das Item „Neues erleben" mit durchschnittlich 3,53; es liegt damit auf dem „Gesamtdurchschnittsniveau". Die Werte der beiden anderen Items liegen mit 3,24 bzw. 3,05 etwas darunter. Der Durchschnittswert für die gesamte Kategorie beträgt 3,26 und ist damit der niedrigste Durchschnittswert aller Kategorien.

Signifikante Geschlechtsunterschiede ergeben sich nur für das Item „Herausforderung, Spannung", das Männer (3,30) etwas stärker gewichten als Frauen (3,15).

Im Gegensatz dazu sind alle sportartbedingten Effekte signifikant. Bei allen Items finden sich bei Kletterern die höchsten Mittelwerte. Anreize, bei denen es mehr um den „Thrill" geht („Herausforderung, Spannung" und „Angstlust"), stehen bei Snowboardfahrern an zweiter Stelle, bei „Neues erleben", bei denen eher die Aktivierung durch neue Eindrücke im Vordergrund steht, belegen die Skitourengeher diesen Rang. Am wenigsten Bedeutung messen Rennradfahrer und Skitourengeher (mit Ausnahme des ersten Items) diesen Anreizen zu. In den Einzelvergleichen haben Rennradfahrer ein signifikant geringeres Bedürfnis, Neues zu erleben als Kletterer, Skitourengeher und Snowboardfahrer. Bei „Herausforderung, Spannung" unterscheiden sich die Kletterer signifikant von den Skitourengehern und Rennradfahrern.

Zusammengefaßt ist festzustellen, daß die Kategorie „Spannung und Aktivierung" durchschnittliche Bedeutung bei den Outdoorsportlern hat. Relativ am stärksten ist die Gewichtung für „Neues erleben". Die größte Affinität zu diesen Anreizen besitzen Kletterer und Snowboardfahrer, die geringste Rennradfahrer und - mit Ausnahme von „Neues erleben" - Skitourengeher.

Im Hinblick auf die beiden erhobenen Merkmale der beruflichen Tätigkeit „Abwechslungsreichtum" und „Häufigkeit von Entscheidungen mit unsicherem Ausgang" zeigte sich, daß kein Zusammenhang zwischen ihnen und den Anreizen der Kategorie „Spannung und Aktivierung" besteht. Signifikante Korrelationen existieren aber sowohl zwischen den beiden Merkmalen der beruflichen Tätigkeit ($r = ,172$; $p = ,002$) als auch zwischen den Anreizen „Angstlust", „Neues entdecken" und „Herausforderung, Spannung" ($r = ,364$ bis $,521$; $p = ,000$). Somit ergeben sich weder Hinweise für die Kompensation einer wenig abwechslungsreichen beruflichen Tätigkeit durch entsprechende sportliche Tätigkeiten, noch für eine generelle Tendenz zu eher abwechslungsreichen, anregenden Tätigkeiten, die sich im beruflichen wie im sportlichen Kontext auswirkt.

Entspannung und Stimmungsregulation

Die Kategorie „Entspannung und Stimmungsregulation" umfaßt die Items „Abschalten" (4), „Aggressionen abbauen" (12), „Psychische Regeneration" (20) und „Stimmungsregulation" (28), wobei sich letztere vor allem auf die Stabilisierung bzw. Konservierung guter Stimmung bezieht. Der Durchschnitt für die Kategorie beträgt 3,64 und liegt somit über dem Gesamtdurchschnitt. Innerhalb der Kategorie besitzt das Item „Psychische Regeneration", formuliert als „Energie tanken, den Akku aufladen", mit 3,91 die größte Bedeutung. „Abschalten" (3,77) und „Stimmungsregulation" (3,69) liegen ebenfalls noch über dem Gesamtmittel, während „Aggressionen abbauen" (3,16) wenig Bedeutung beigemessen wird.

In dieser Kategorie finden sich keine signifikanten geschlechtsspezifischen Unterschiede, auch in den einzelnen Sportarten bestehen nur relativ geringe Unterschiede zwischen den Werten von Männern und Frauen.

Signifikante Unterschiede zwischen den Sportarten gibt es für die Items „Abschalten", „Aggressionen abbauen", und „Psychische Regeneration". Beim ersten Item besitzen Snowboardfahrer (3,06) signifikant niedrigere Werte als Skitourengeher (4,41), Mountainbiker (4,04) und Kletterer (3,92). Auch der Wert der Skifahrer (3,43) liegt noch signifikant unter denen für Skitourengeher und Mountainbiker. Beim Item „Aggressionen abbauen" liegen die Skitourengeher (2,68) deutlich unter dem Wert der Mountainbiker (3,45). Als eines der wenigen Items zeigen sich hier auch signifikante Wechselwirkungseffekte von Geschlecht und sportlicher Aktivität. Bei den Skitourengehern findet sich für dieses Item auch die größte Differenz zwischen Männern (3,06) und Frauen (2,00) innerhalb dieser Kategorie. Der größte Unterschied beim Item „Psychische Regeneration" findet sich zwischen den Skitourengehern (4,29) und den Snowboardfahrern (3,62). Für die „Stimmungsregulation" zeigen sich keine großen Abweichungen für die Mittelwerte der einzelnen sportlichen Aktivitäten.

Insgesamt wird deutlich, daß vor allem die psychische Regeneration sowie die Möglichkeit zum Abschalten vom Alltag für die Befragten von großer Bedeutung ist. Dies trifft insbesondere für die Gruppe der Skitourengeher zu, am wenigsten für die Snowboardfahrer.

Besondere Erlebnisqualitäten

Die Kategorie „Besondere Erlebnisqualitäten" umfaßt die drei, aus dem *flow*-Konstrukt abgeleiteten Items „Verschmelzung von Handeln und Bewußtsein" (5), „Gefühl der Kontrolle" (13) und „Konzentration, Selbstvergessenheit" (36). Der Gesamtwert dieser Kategorie beträgt 3,57 und somit geringfügig mehr als der Durchschnitt aller Anreize (3,51).

Mit 3,69 hat das Item „Gefühl der Kontrolle" den größten Wert, ungefähr auf dem gleichen Niveau liegt das „Verschmelzen von Handeln und Bewußtsein" (3,64); mit 3,46 befindet sich das Item „Konzentration, Selbstvergessenheit" etwas unter dem Gesamtdurchschnitt an letzter Stelle innerhalb dieser Kategorie.

Die Unterschiede zwischen Männern und Frauen sind nur gering und allesamt nicht signifikant.

Im Gegensatz dazu finden sich für alle Items signifikante Unterschiede zwischen den sportlichen Aktivitäten. Für das Item „Verschmelzung von Handeln und Bewußtsein" ergaben die Post-hoc-Tests signifikante Unterschiede zwischen Mountainbikern (3,23) einerseits und Skifahrern (3,95) und Kletterern (3,85) andererseits. Bei der Gewichtung des „Gefühls der Kontrolle" unterscheiden sich vor allem die Snowboardfahrer (4,00) von den Rennradfahrern (3,40). Beim Item „Konzentration, Selbstvergessenheit" unterscheiden sich die Kletterer mit dem sehr hohen Wert von 4,31 signifikant von allen anderen Gruppen mit Ausnahme der Snowboarder (3,64). Die größten Differenzen zwischen Männern und Frauen innerhalb einer Sportart ergeben sich für das Item „Verschmelzung von Handeln und Bewußtsein". Bei Skitourengehern und Rennradfahrern betragen die Unterschiede mehr als 0,65, wobei im Gegensatz zu den Skitourengeherinnen (2,75) die Radfahrerinnen in ihrer Gruppe (4,00) einen stärkeren Bezug zu diesem Anreiz haben. Die Wechselwirkungen von Geschlecht und sportlicher Aktivität sind jedoch auch bei diesem Item nicht signifikant.

Insgesamt gesehen, besitzen die Snowboarder nach Rangplätzen (2/1/2) die stärkste Affinität zu dieser Art von Anreizen, im arithmetischen Mittel liegen sie jedoch hinter den Kletterern, die den deutlich höchsten Wert für „Konzentration, Selbstvergessenheit" aufzuweisen haben. Am wenigsten Einfluß auf die Sportmotivation haben die Items dieser Kategorie bei Mountainbikefahrern.

Leistung

In der Kategorie „Leistung" finden sich die folgenden acht Items: „Durchhalten, Selbstüberwindung" (21), „Selbstbewertung, individuelle Norm" (29), „Selbstbewertung, soziale Norm" (37), „Selbstbewertung, Theorie" (6), „Fremdbewertung" (14), „Fremdbewertung, Theorie" (22) sowie die „Verbesserung physischer Fähigkeiten" (38) und die „Verbesserung psychischer Fähigkeiten" (30). Der Gesamtdurchschnitt für alle Items dieser Kategorie ist 3,33 und liegt somit unter dem Durchschnitt aller Anreizitems. Innerhalb der Kategorie streuen die Mittelwerte der Items von 2,49 für „Fremdbewertung, Theorie" bis zu 4,03 für die Verbesserung physischer Fähigkeiten, d.h. von minimal „weniger wichtig" bis „mäßig wichtig" bis maximal „wichtig". Dabei finden sich die höheren Gewichtungen bei den Items, die mit Selbstbewertungen nach einer individuellen Norm verbunden sind. Neben dem gleichlautenden Item (3,84) können auch die Verbesserung der physischen (4,03) und psychischen (3,47) Fähigkeiten sowie das Item „Durchhalten, Selbstüberwindung" (3,88) dazu gerechnet werden. Alle Items mit Fremdbewertung von Leistungen (3,27) und von theoretischen Kenntnissen (2,51 bzw. 2,49) spielen für diese Stichprobe eine deutlich geringere Rolle.

Die Unterschiede zwischen Männern und Frauen sind sehr gering; die einzigen signifikanten Unterschiede in dieser Kategorie betreffen die Items „Fremdbewertung" und „Verbesserung physischer Fähigkeiten". Beim ersten Item ist der Wert bei Frauen (3,52) klar höher als bei Männern (3,10)[183]; bei der „Verbesserung physischer Fähigkeiten" liegt der Wert der Frauen (3,93), insbesondere beim Skitourengehen und Rennradfahren, unter dem der Männer (4,10).

Abgesehen von den Fremdbewertungs- und Theorieitems finden sich bei allen anderen Items signifikante Unterschiede zwischen den verschiedenen Sportarten. So unterscheiden sich beim Item „Durchhalten, Selbstüberwindung" die Kletterer mit dem hohen Wert 4,34 signifikant von Skifahrern (3,71), Rennradfahrern (3,70), Snowboardern (3,67) und Skitourengehern (3,54). Bei der Selbstbewertung nach individuellen Maßstäben heben sich vor allem die niedrigen Werte der Skitourengeher (3,19) von denen der Snowboarder (4,10) und Kletterer (4,02) ab. Bei Selbstbewertungen aufgrund von Vergleichen mit anderen sind es ebenfalls die Skitourengeher (2,32), die sich von Mountainbikern (3,33) und Rennradfahrern

---

[183] Eine statistische Überprüfung widersprach der Vermutung, daß bei Frauen die Variable „Begleitung" einen signifikanten Einfluß auf die Gewichtung des „Fremdbewertung"-Items haben könnte. Vielmehr ergab sich ein signifikanter Zusammenhang mit der Wettkampfteilnahme (F = 3,470; p =,017). Versuchspersonen, die häufig in der Hobbyklasse (3,59) oder der Lizenzklasse (3,93) an Wettbewerben teilnehmen, haben deutlich höhere Werte für die „Fremdbewertung" als diejenigen, die nicht an Wettkämpfen partizipieren (3,24) oder nur selten an Hobbyrennen teilnehmen (3,13). Der absolut höchste Wert findet sich für Frauen, die in der Lizenzklasse antreten (4,73), der noch deutlich vor dem der Männern dieser Kategorie liegt (3,73). Da nur drei Frauen zu dieser Teilgruppe gehören, ist die Aussagefähigkeit dieser Ergebnisse jedoch sehr beschränkt und bedarf genauerer Überprüfung.

(3,24) unterscheiden[184]. Für die am niedrigsten bewerteten Anreize „Selbstbewertung, Theorie"[185], „Fremdbewertung" und „Fremdbewertung, Theorie" ergeben sich keine signifikanten Unterschiede zwischen den sportlichen Aktivitäten. Anders bei der Verbesserung der physischen und psychischen Fähigkeiten. Die niedrigen Werte der Skitourengeher (3,08 bzw. 3,54) unterscheiden sich signifikant von denen der Kletterer (3,89 bzw. 4,21); bei der „Verbesserung der physischen Fähigkeiten" auch von denen der Snowboarder (4,42) und Mountainbiker (4,15).

Faßt man wiederum die Ergebnisse zu dieser Kategorie zusammen, so zeigt sich ganz deutlich, daß Skitourengeher in den verschiedenen Aspekten von Leistung am wenigsten einen Anreiz für ihre sportliche Aktivität sehen. Am ehesten tun dies Kletterer und Snowboarder, insbesondere wenn man die Bewertung theoretischer Kenntnisse in der Sportart ausklammert.

Soziale Erfahrungen

Zur Kategorie „Soziale Erfahrungen" gehören die Items „Alleinsein" (7), „Freundschaft" (23), „Geselligkeit" (15), „Kontakte pflegen" (31), „Kontakte knüpfen" (39) und „Identifikation, Selbstdefinition" (8). Der Gesamtwert für die Kategorie beträgt 3,43 und liegt somit unter dem Gesamtmittel aller Anreize (3,51). Wie bei der Kategorie „Leistung" ergibt sich auch hier eine starke Variation der Werte für die einzelnen Items. Von großer Bedeutung sind „Geselligkeit" (4,00) und „Kontakte pflegen" (3,92). Von eher geringer Bedeutung sind insbesondere „Identifikation, Selbstdefinition" (2,57) sowie das „Alleinsein" (3,13) und „Kontakte knüpfen" (3,23). Das Item „Freundschaft" liegt mit 3,59 etwas näher bei den wichtigen Anreizen.

Ein signifikanter Unterschied zwischen Männern und Frauen ergibt sich lediglich für das Item „Kontakte pflegen" (3,76 vs. 4,15). Über alle Sportarten hinweg haben Frauen im Durchschnitt höhere Werte (4,15) als Männer (3,76). Dies spiegelt sich auch darin wider, daß Frauen meistens in Begleitung ihres Partners und weniger allein fahren. Die Versuchspersonen und insbesondere Frauen haben eine höhere Gewichtung für das Item „Kontakte pflegen", wenn sie überwiegend mit „Partner / Familie" (4,22) oder mit „Freunden" (4,08) unterwegs sind (F = 5,757; p =,000). Neben den Einzeleffekten von „Begleitung" und Geschlecht ist auch die Wechselwirkungen der beiden Variablen signifikant (F = 2,627; p =,035).

Zwischen den Sportarten finden sich mehr signifikante Unterschiede. Dabei wird auch der Zusammenhang zwischen den Anreizbewertungen und den typischen Ausübungsgegeben-

---

[184] Die Vermutung, daß dieses Ergebnis durch den relativ hohen Anteil von Wettbewerbsteilnehmern bei den Sportarten Mountainbiking und Rennradfahren bewirkt wird, bestätigt der (fast signifikante) Wechselwirkungseffekt von sportlicher Aktivität und Wettkampfteilnahme auf dieses Item (F = 1,835; p =,062).

[185] Eine mögliche Erklärung für den im Vergleich hohen Wert bei den Skifahrern ist der relativ hohe Anteil von Personen, die eine Qualifikation im Bereich des Skilehrwesens besitzen oder anstreben. Von Einfluß könnte zudem die starke Prägung des Skifahrens durch zahlreiche, nichtalltägliche Technikformen sein. Deren Erlernen setzt in der Regel zumindest grundlegende theoretische Kenntnisse voraus.

heiten einer Sportart deutlich. So empfinden Skifahrer, die sich meistens gemeinsam mit vielen anderen auf den Pisten bewegen, „Alleinsein" am wenigsten als Anreiz für ihre sportliche Aktivität (2,48); sie unterschieden sich darin signifikant von Mountainbikern (3,25), Rennradfahrern (3,48) und vor allem Skitourengehern (3,90), für die das Alleinsein einen höheren Stellenwert besitzt. Auch Snowboarder, die ihre sportliche Aktivität unter ähnlichen Bedingungen wie die Skifahrer ausüben, haben einen signifikant kleineren Wert als die Rennradfahrer und Skitourengeher. Beim Item „Freundschaft" sind es die Kletterer, die sich mit dem relativ und auch absolut hohen Wert von 4,30 von allen anderen Gruppen, mit Ausnahme der Skitourengeher (3,53), signifikant unterscheiden. Hier kommt das sportartspezifische Element des gegenseitigen Sicherns zum Tragen. Geselligkeit besitzt für die Gruppe der Rennradfahrer, die häufig alleine trainieren, deutlich weniger Anreiz (3,42) als für Skifahrer (4,28), Skitourengeher (4,22) und Kletterer (4,21), die wesentlich mehr Wert auf diesen Aspekt legen.

Insgesamt zeigt diese Kategorie kein klares Profil, sondern viele Überschneidungen. Läßt man das wenig bedeutsame Item „Identifikation, Selbstdefinition" außer acht, so finden sich vor allem Skitourengeher auf den oberen Rangplätzen.

Gesundheit

Die Kategorie „Gesundheit" umfaßt die Items „Gesundheitszustand verbessern, Rehabilitation" (16), „Prävention" (24), „Fitness verbessern" (32) und „Gewicht und Figur verbessern" (40). Der Gesamtwert für die Kategorie liegt mit 3,48 fast genau auf der Höhe des Gesamtdurchschnitts für alle Anreizbewertungen. Innerhalb der Kategorie besitzt der Aspekt der Verbesserung der Fitness und der allgemeinen körperlichen Leistungsfähigkeit die größte Relevanz (4,05). Noch über dem Durchschnitt liegt das Item „Gesundheitszustand verbessern, Rehabilitation" (3,62), während die Anreize zur Verbesserung von Gewicht und Figur (3,24) und Prävention (3,16) weniger bedeutsam sind.

Für keines der Items finden sich signifikante Geschlechtseffekte, bezüglich der Sportarten unterscheiden sich jedoch sämtliche Mittelwerte signifikant. Rennradfahrer (4,10) und Mountainbiker (4,10) unterscheiden sich beim Anreiz „Gesundheitszustand verbessern, Rehabilitation" signifikant von Snowboardfahrern (2,77), Skifahrern (3,15) und Kletterern (3,15). Auch Skitourengeher (3,92) heben sich noch signifikant von den Snowboardern und Skifahrern ab. Beim Item „Fitness" besitzen Mountainbiker (4,49) und Rennradfahrer (4,41) signifikant größere Werte als Snowboarder (3,52) und Skifahrer (3,67); Kletterer (4,00) und Skitourengeher (3,96) liegen zwischen den beiden Paaren. Beim Item „Prävention" weichen nur die Werte für Rennradfahrer (3,61) und Skifahrer (2,76) signifikant voneinander ab. Im Verhältnis am stärksten gewichten Rennradfahrer (3,94) und Mountainbikefahrer (3,70) das Item „Gewicht und Figur verbessern". Sie unterscheiden sich diesbezüglich signifikant von allen anderen Sportarten.

Zusammenfassend betrachtet, weisen die Ergebnisse zu den Items dieser Kategorie Rennradfahren und Mountainbiking als die Gesundheit & Fitness-Sportarten in diesem Sextett aus. Insbesondere trifft dies auf die Items „Gesundheitszustand verbessern, Rehabilitation" und „Fitness verbessern" zu. Bei letzterem findet sich mit 4,73 (Mountainbiking, Frauen)

Anreize von Outdooraktivitäten

zudem der höchste Wert dieser Untersuchung für eine Untergruppe. Genauso deutlich trifft dies umgekehrt auf die Skifahrer und Snowboarder zu, die bei allen Items auf den letzten Plätzen zu finden sind.

Zusammenfassung

Um die Bedeutung der Anreize übersichtlich darzustellen, wurden die zehn **wichtigsten Anreize** für jede Sportart in absteigender Reihenfolge in der Abbildung 8.2 aufgelistet. Die Rangplätze für die einzelnen Items finden sich in Tabelle A 3.12 im Anhang A 3.4.

	Klettern	Mountain-biking	Rennrad-fahren	Skifahren	Snowboard-fahren	Skitouren-gehen	Gesamt
1	Schönheit der Natur (I)	Fitness verbessern (III)	Fitness verbessern (III)	Schönheit der Natur (I)	Physische Fähigkeiten verbess. (III)	Schönheit der Natur (I)	Schönheit der Natur (I)
2	Durchhalten, Selbstüberwindung (II)	Körpererfahrungen (I)	Gesundheitszustand verbess. (III)	Geselligkeit (I)	Fließende Bewegungen (I)	Natürliche Geräusche (I)	Fitness verbessern (III)
3	Konzentration, Selbstvergessenheit (I)	Schönheit der Natur (I)	Körpererfahrungen (I)	Fließende Bewegungen (I)	Taktile und thermorezept. Wahrnehm. (I)	Abschalten (I)	Physische Fähigkeiten verbess. (III)
4	Freundschaft erleben (I)	Physische Fähigkeiten verbess. (III)	Physische Fähigkeiten verbess. (III)	Kontakte pflegen (III)	Dynamische Bewegungen (I)	Taktile und thermorezept. Wahrnehm. (I)	Geselligkeit (I)
5	Physische Fähigkeiten verbess. (III)	Gesundheitszustand verbess. (III)	Psychische Regeneration (III)	Taktile und thermorezept. Wahrnehm. (I)	Schönheit der Natur (I)	Psychische Regeneration (III)	Körpererfahrungen (I)
6	Geselligkeit (I)	Durchhalten, Selbstüberwindung (II)	Gewicht und Figur verbess. (III)	Optische Wahrnehmungen (I)	Selbstbewert., individuelle Norm (II)	Geselligkeit (I)	Taktile und thermorezept. Wahrnehm. (I)
7	Körpererfahrungen (I)	Psychische Regeneration (III)	Schönheit der Natur (I)	Verschmelz. von Handeln + Bewußtsein (I)	Optische Wahrnehmungen (I)	Optische Wahrnehmungen (I)	Psychische Regeneration (III)
8	Natürliche Geräusche (I)	Abschalten (I)	Selbstbewert., individuelle Norm (II)	Selbstbewert., individuelle Norm (II)	Geselligkeit (I)	Fitness verbessern (III)	Kontakte pflegen (III)
9	Kontakte pflegen (III)	Taktile und thermorezept. Wahrnehm. (I)	Abschalten (I)	Dynamische Bewegungen (I)	Gefühl der Kontrolle (I)	Gesundheitszustand verbess. (III)	Durchhalten, Selbstüberwindung (II)
10	Selbstbewert., individuelle Norm (II)	Natürliche Geräusche (I)	Durchhalten, Selbstüberwindung (II)	Gefühl der Kontrolle (I)	Kontakte pflegen (III)	Alleinsein (I)	Selbstbewert., individuelle Norm (II)
	6 (I) 2 (II) 2 (III)	5 (I) 1 (II) 4 (III)	3 (I) 2 (II) 5 (III)	8 (I) 1 (II) 1 (III)	7 (I) 1 (II) 2 (III)	7 (I) 3 (III)	4 (I) 2 (II) 4 (III)

Anmerkungen:
Die Angaben in Klammern (I, II oder III) sowie in der letzten Zeile beziehen sich auf den jeweiligen Anreiztyp.

Abbildung 8.2: Auflistung der zehn wichtigsten Anreize, gesamt und differenziert nach sportlicher Aktivität

Unter den „Top 10" der sechs Sportarten finden sich insgesamt 24 verschiedene Anreize aus acht der neun Kategorien. Für die Gesamtheit der untersuchten Outdoorsportler geht daraus hervor, daß die Anreize für die sportliche Aktivität über viele Kategorien gestreut sind. Erwartungsgemäß besitzt das Erleben der Schönheit der Natur, unabhängig von der Sportart, einen sehr hohen Stellenwert (Rangplatz 1). Neben diesem relativ umfassenden, kognitiv geprägten Item sind auch die sensorischen Reize durch die taktilen und thermorezeptorischen Wahrnehmungen vertreten (6). „Fitness verbessern" (2) steht für einen gesundheitsbezogenen Aspekt. Bei den „Körpererfahrungen" (5) steht ebenfalls der Körper im Mittelpunkt. Zum Teil trifft dies auch auf den Leistungsaspekt „Verbesserung physischer Fähigkeiten" (3) zu, so weit es sich um primär konditionelle Fähigkeiten handelt. Den Bereich des psychischen Wohlbefindens erfaßt in Teilen das Item „Psychische Regeneration" (7). Von großer Bedeutung sind auch soziale Aspekte, wie sie durch die Items „Geselligkeit" (4) und „Kontakte pflegen" (8) repräsentiert werden. Erst am Ende dieser Rangliste finden sich leistungsorientierte Aspekte (9, 10), die sich auf Selbstbewertungen beziehen, jedoch keine Leistungsvergleiche mit anderen beinhalten. Nicht vertreten sind Items der Kategorie „Spannung und Aktivierung". Da Outdooraktivitäten oft als Risikosportarten bezeichnet werden, ist dieses Ergebnis überraschend.

Im **Vergleich zwischen den Sportarten** fällt auf, daß sich bei *Skitourengehern* am meisten sensorische und ästhetische Anreize unter den zehn wichtigsten Items befinden, hinzu kommen vor allem Anreize der Entspannung.

Eine starke Fokussierung auf die Tätigkeit findet sich bei den *Kletterern*, bei denen zusätzlich die sozialen Aspekte große Bedeutung besitzen. Bei keiner anderen Sportart besitzt das Erleben von Freundschaft ein vergleichbares Gewicht.

Eher auf das Bewegungserleben und die Verbesserung der dazu notwendigen Fähigkeiten sind die *Snowboarder* ausgerichtet, Naturerleben und soziale Aspekte finden sich ebenfalls bei den am wichtigsten eingeschätzten Anreizen.

Auch *Skifahrer* betonen das Bewegungserleben, wichtiger sind jedoch das (ästhetische) Naturerleben und soziale Aspekte.

Bei den beiden Radsportarten *Mountainbiking* und *Rennradfahren* dominiert vor allem die körperliche Leistungsfähigkeit, wie sich an den Items „Fitness verbessern", „Körpererfahrungen", „Gesundheitszustand verbessern" und „Physische Fähigkeiten verbessern" ablesen läßt.

Insgesamt gesehen gibt es also nicht „den" Outdoorsportler, sondern mehr oder weniger deutliche Unterschiede zwischen den Sportarten.

Wie die letzte Zeile der Tabelle zeigt, finden sich für die Gesamtstichprobe ein relativ großer Anteil von Zweckanreizen, insbesondere unter Berücksichtigung der ungleichen Verteilung (unter den 40 Items befinden sich nur 10 Zweckanreize). In den Untergruppen der Sportarten überwiegen meistens die Tätigkeitsanreize. Am deutlichsten bei den Skifahrern (9), gefolgt von Snowboardern und Kletterern (je 8). Bei Skitourengehern finden sich bereits drei Zweckanreize aus den Bereichen Gesundheit und Entspannung. Am stärksten zweckorientiert sind Mountainbiker und vor allem Rennradfahrer, die vier bzw. sogar fünf Anreize des Typs III vorzuweisen haben.

Vergleicht man die Teilstichproben der **Männer** und **Frauen** (siehe Abbildung A 3.1 und Abbildung A 3.2 sowie Tabelle A 3.13 im Anhang), so steht „Schönheit der Natur erleben" für beide an erster Stelle. Sensorische Erfahrungen taktiler, optischer und akustischer Art sowie Körpererfahrungen sind für Frauen jedoch wichtiger als für Männer. Bei Männern steht dagegen die Verbesserung der physischen (und technischen) Fähigkeiten und der Fitness ganz oben in der Rangordnung. Auch Leistungsaspekte wie „Durchhalten, Selbstüberwindung" und die „Selbstbewertung nach individueller Norm" besitzen bei ihnen einen höheren Stellenwert. Soziale Aspekte sind für beide Geschlechter von Bedeutung, wobei Frauen eher die Pflege von Kontakten in den Vordergrund stellen, Männer eher die Geselligkeit.

Vergleicht man Männer und Frauen innerhalb der einzelnen sportlichen Aktivitäten, so finden sich auch hier die Trends, wie sie für die Gesamtstichprobe zu finden sind. Frauen sind eher „sensibler", d.h. stärker auf sensorische Reize der sportlichen Aktivität ausgerichtet als Männer. Diese hingegen haben in der Tendenz eine stärkere Affinität zu Bewegungserfahrungen und zur Leistung. Ferner neigen Männer stärker zu Geselligkeit und Freundschaft, Frauen dagegen zur Pflege von Kontakten. Insgesamt finden sich die Verhältnisse, wie sie für die Sportarten beschrieben wurden, in ähnlicher Weise bei Männern wie bei Frauen, d.h. es liegen keine vollkommen unterschiedlichen Profile vor. So sind z.B. Mountainbiking und Rennradfahren bei Frauen wie Männern überwiegend fitnessorientierte Aktivitäten, und Skifahren und Snowboardfahren eher bewegungsorientierte Aktivitäten. Überraschenderweise besitzt der Leistungsaspekt „Selbstbewertung" für Frauen beim Ski- und Snowboardfahren einen höheren Stellenwert als für Männer.

Dementsprechend finden sich auch in den Verteilungen von Tätigkeits- und Zweckanreizen keine starken Abweichungen.

Für die **Anreize mit der geringsten Bedeutung** ergibt sich ein homogeneres Bild als für die wichtigen Anreize (siehe Abbildung A 3.3 im Anhang A 3.4). Lediglich 18 verschiedene Items sind unter den letzten zehn vertreten. Am wenigsten Einfluß auf die Sportmotivation haben Freude und Stolz auf theoretische Kenntnisse der Sportart (Selbstbewertung, 39) bzw. auf die Anerkennung dieser Kenntnisse (Fremdbewertung, 40). Geringfügige Abweichungen finden sich lediglich bei Ski- und Snowboardfahrern. Unter den letzten zehn Anreizen findet sich aus der Kategorie Leistung außerdem das Item „Selbstbewertung, sozialer Vergleich" (36), also Stolz und Freude darüber, besser zu sein als andere. Ebenfalls geringe Bedeutung besitzen die Identifikation mit bzw. die Selbstdefinition über die sportliche Aktivität (38) sowie das „Alleinsein" (34) als soziale Erfahrung. Von den sensorischen Erfahrungen sind insbesondere Geräusche, die durch die sportliche Aktivität erzeugt werden (37) sowie olfaktorische Reize (32) von geringer Bedeutung. Auch die „Angstlust" (35), also die Erregung bzw. der Nervenkitzel („Thrill") und der Abbau von Aggressionen (33) sind ohne große Bedeutung. Aus der Kategorie „Gesundheit" findet sich in dieser Aufstellung das Item „Prävention" auf dem 31. Rang.

Abgesehen von den Leistungsaspekten, die für alle Aktivitäten ähnlich ausgeprägt sind, ergeben sich teilweise deutliche Unterschiede, die sich auch auf die strukturellen Bedingungen der jeweiligen Sportart zurückführen lassen. So spielt mit Ausnahme der Rennradfahrer und Mountainbiker Gewichtsreduktion und Figurverbesserung keine Rolle. Die Sportausübung bietet für Kletterer, Skifahrer und Snowboardfahrer in der Regel wenig Möglichkeiten, Alleinsein und Einsamkeit zu erleben, dafür finden sich eher Gelegenheit für „außergewöhnliche Körperlagen" und die Wahrnehmung „ästhetischer Bewegungen" als bei Mountainbikern, Rennradfahrern und Skitourengehern.

Bei der Verteilung der Anreiztypen bestehen in etwa komplementäre Verhältnisse, d.h. bei sportlichen Aktivitäten, bei denen in der Gruppe der wichtigsten Anreize stärker Tätigkeitsanreize vertreten sind, finden sich in der Gruppe der unwichtigsten Anreize verhältnismäßig mehr Zweckanreize und umgekehrt.

Auch der Vergleich zwischen Männern und Frauen ergibt keine bedeutsamen Abweichungen (siehe Abbildung A 3.4 und Abbildung A 3.5 im Anhang A 3.4). In sieben der zehn Items stimmen Männer und Frauen überein. Auch die Abweichungen von Männern und Frauen innerhalb der sportlichen Aktivitäten sind eher gering.

Fazit:
Faßt man die Ergebnisse dieses Abschnitts im Hinblick auf die Fragestellung zusammen, können folgende Aussagen gemacht werden:

- Für die **Gesamtstichprobe** ergeben sich folgende Resultate (spezielle Fragestellungen 1 und 2):
  - Anreize des Naturerlebens gehören zu den wichtigsten Anreizen bei Outdooraktivitäten. Insbesondere die ästhetische Erfahrung „Schönheit der Natur erleben" und die sensorischen Anreize „Taktile und thermorezeptorische Wahrnehmungen", natürliche Geräusche und visuelle Wahrnehmungen finden sich auf den vorderen Rängen. Die übrigen Anreize der Kategorien *„Sensorische Erfahrungen"* und *„Ästhetische Erfahrungen"* sind dagegen nur von geringer Bedeutung.
  - Aus der Kategorie *„Körper- und Bewegungserfahrungen"* sind vor allem die Körpererfahrungen bei intensiven körperlichen Belastungen von Bedeutung. Mit Abstrichen auch das Erleben fließender, „weicher" Bewegungen. „Dynamische Bewegungen" und „Außergewöhnliche Körperlagen" besitzen nur geringes Gewicht.
  - Aus der Kategorie *„Spannung, Aktivierung"* findet sich kein Item in der ersten Hälfte der Rangliste. Am höchsten ist das Item „Neues erleben" auf Rang 21 plaziert. „Herausforderung, Spannung" und die „Angstlust" finden sich erst auf den hinteren Plätzen.
  - An **Einzelanreizen** dominieren neben dem Erleben der „Schönheit der Natur", die Verbesserung der Fitness und der physischen (und technischen) Fähigkeiten sowie das Erleben von Geselligkeit und von Körpererfahrungen bei körperlicher Belastung.
  - Für Outdooraktivitäten kann somit nicht generell von einer „Anreiztrias" aus Bedrohungswahrnehmungen, erlebten Kompetenzzuwachs und ungewöhnlichen Bewegungs-

zuständen (RHEINBERG 1996) gesprochen werden. Zwar finden sich der erlebte Kompetenzzuwachs, in Form der anhand individueller Maßstäbe vorgenommenen Selbstbewertungen, unter den zehn wichtigsten Anreizen, nicht jedoch die Wahrnehmung von ungewöhnlichen Bewegungszuständen oder von Erregung und dosierter Angst im Zusammenhang mit den Bedrohungswahrnehmungen.

– Von großer Bedeutung sind ferner Aspekte, die sich auf die *Verbesserung der physischen Leistungsfähigkeit* beziehen. Dies zeigt sich an den Rangplätzen 2 und 3 für die Items „Fitness verbessern" und „Physische Fähigkeiten verbessern".

– Ebenfalls übergreifende Bedeutung besitzen *„Soziale Erfahrungen"*, wobei vor allem die Items „Geselligkeit" und „Kontakte pflegen" herausragen.

– *Besondere Erlebnisqualitäten* haben für die Gesamtstichprobe keine herausragende Bedeutung. Sie finden sich auf den Rangplätzen 16 bis 23.

– Hinsichtlich der **unbedeutenden Anreize** ergibt sich ein vergleichsweise einheitliches Bild. Am wenigsten Bedeutung haben die Fremd- und Selbstbewertungsfolgen theoretischer Kenntnisse sowie die Identifikations- und Selbstdefinitionsfunktion der sportlichen Aktivität. Die weiteren unwichtigen Aspekte variieren von Sportart zu Sportart.

• Die **Unterschiede zwischen Männern und Frauen** hinsichtlich der Anreizgewichtung sehen folgendermaßen aus (spezielle Fragestellung 5):

– Frauen haben in der Kategorie *„Sensorische Wahrnehmungen"* höhere Werte als Männer; Ausnahme ist das Item „Aktivitätsabhängige, akustische Wahrnehmungen".

– Frauen haben durchweg höhere Werte für die Items der Kategorie *„Ästhetische Naturerfahrungen"*. Das Item die „Schönheit der Natur erleben" liegt aber bei beiden Geschlechtern auf dem ersten Platz.

– Männer haben die höheren Werte in der Kategorie *„Körper- und Bewegungserfahrungen"* für die Items „Dynamische Bewegungen" und „Außergewöhnliche Körperlagen"; bei Körpererfahrungen und fließenden Bewegungen liegen Frauen vor den Männern bzw. auf gleicher Höhe.

– Für die Kategorie *„Spannung und Aktivierung"* zeigen Männer und Frauen beim Item „Neues erleben" relativ gleiche Werte; für „Spannung, Herausforderung" und „Angstlust" finden sich die etwas höheren Werte bei den Männern.

– Männer haben, relativ zu ihren sonstigen Gewichtungen, einen stärkeren Bezug zu den Items „Durchhalten, Selbstüberwindung", „Selbstbewertung nach individuellen Normen" und „Verbesserung physischer Fähigkeiten". Umgekehrt haben Frauen eine (signifikant) höhere Gewichtung des Items „Fremdbewertung". Die übrigen Items der Kategorie *„Leistung"* besitzen in etwa die gleiche (geringe) Bedeutung.

– Frauen messen dem Item „Kontakte pflegen" eine (signifikant) höhere Bedeutung zu als Männer. Bei den übrigen Items der Kategorie *„Soziale Erfahrungen"* stimmen die Wertungen weitgehend überein.

– Männer haben in der Kategorie *„Gesundheit"* einen stärkeren Bezug zu dem Item „Verbesserung des Gesundheitszustands" und „Verbesserung von Gewicht und Figur".

- Im Gegensatz zu geschlechtsabhängigen Unterschieden sind die **Unterschiede zwischen den Sportarten** meistens signifikant. Dabei spiegeln sich in den unterschiedlichen Anreizen, die für die einzelnen Sportarten charakteristisch sind, oft die jeweiligen Gegebenheiten einer sportlichen Aktivität wider (spezielle Fragestellung 6):

  – *Mountainbiking* und *Rennradfahren* sind als *Fitness-Sportarten* zu bezeichnen, die gerne in schöner Umgebung ausgeübt werden. Von besonderer Bedeutung sind die Anreize „Verbesserung der Fitness", „Verbesserung physischer Fähigkeiten", „Verbesserung des Gesundheitszustandes", „Körpererfahrungen" (im Sinne von sich „auspowern") und - bei den Mountainbikern „naturgemäß" stärker als bei den straßengebundenen Rennradfahrern - das Item „Schönheit der Natur erleben". Wichtig sind zudem die „Psychische Regeneration" (im Sinne einer Ressourcenstärkung) und das „Abschalten" vom Alltag. Diese beiden Sportarten sind stark instrumentalisiert, d.h. sie dienen der Erreichung bestimmter Ziele, die überwiegend aus dem Bereich physische und psychischer Gesundheit und Verbesserung von Fähigkeiten stammen. Deutlich wird diese Zweckorientierung an der Dominanz des Anreiztyps III.

  – *Skifahren* und vor allem *Snowboarden* sind Sportarten, die stark durch das erwartete *Bewegungserleben* motiviert sind, die gerne in der *Gruppe* ausgeübt werden und zudem die Möglichkeit des *Naturgenusses* erschließen. Beim Skifahren mehr als beim Snowboardfahren sind das Erleben der Natur und soziale Kontakte von Bedeutung. Dies drückt sich in drei besonders wichtigen Anreizblöcken aus: (1) „Fließende Bewegungen" bzw. „Dynamische Bewegungen" sowie bei Snowboardern in der „Verbesserung physischer Fähigkeiten"[186]; (2) „Schönheit der Natur erleben", „Taktile und thermorezeptorische Wahrnehmungen" und „Optische Wahrnehmungen"; (3) „Geselligkeit" und „Kontakte pflegen". Diese beiden Sportarten sind besonders stark tätigkeitsorientiert, wie sich aus der Verteilung der Anreiztypen ablesen läßt.

  – Beim *Skitourengehen* handelt es sich um eine *erholungsorientierte Natursportart*. Im Vordergrund steht das Naturerleben mit seinen verschiedenen Aspekten, die sich in den Items „Schönheit der Natur erleben", „Aktivitätsunabhängige, akustische Wahrnehmungen" (= natürliche Geräusche wahrnehmen), „Taktile und thermorezeptorische Wahrnehmungen" und „Optische Wahrnehmungen" ausdrücken. Von Bedeutung ist zudem die Entspannung bei der sportlichen Aktivität, die durch die Items „Abschalten" und „Psychische Regeneration" repräsentiert wird. In eine ähnliche Richtung weist auch das Item „Alleinsein", welches einzig bei den Skitourengehern unter den wichtigsten Anreizen zu finden ist. Da gleichzeitig die Geselligkeit in der Gruppe von Bedeutung ist, läßt darauf schließen, daß mit Alleinsein vor allem das Genießen der Ruhe gemeint sein könnte, die im Gegensatz zu dem auf Skipisten üblichen Rummel steht. Hinzu kommen noch die Verbesserung der Fitness und des Gesundheitszustandes. Jegliche Art von Leistungsaspekten fehlt bei der Motivation des Skitourengehens.

  – *Klettern* ist vor allem eine „*(innengerichtete) Auseinandersetzung mit einer Aufgabe*". Auch wenn das Erleben der „Schönheit der Natur" den höchsten Stellenwert besitzt, so

---

[186] Es ist zu vermuten, daß hier besonders die Verbesserung technischer Fähigkeiten von Bedeutung ist, die im direkten Zusammenhang mit der Realisation bestimmter Bewegungsformen steht.

finden sich doch mit „Durchhalten, Selbstüberwindung", „Konzentration, Selbstvergessenheit", der „Verbesserung psychischer Fähigkeiten", „Körpererfahrungen" und „Selbstbewertungen" anhand Vergleichen mit individuellen Maßstäben zahlreiche Items, die nahelegen, den Hauptanreiz in der Überwindung von Schwierigkeiten und den damit verbundenen Erlebnisqualitäten zu suchen. Daneben sind vor allem soziale Aspekte von Belang, wobei das „Erleben von Freundschaft" noch vor der „Geselligkeit" und der „Pflege von Kontakten" rangiert. Auch dies steht in engem Zusammenhang mit den Gegebenheiten der Sportausübung, bei der die Sicherung des Partners eine zentrales und charakteristisches Element darstellt. Im Gegensatz zu den Skitourengehern, die stark auf die Wahrnehmung äußerer Reize ausgerichtet sind, dominieren bei Kletterern die Konzentration auf innere, körperbezogene Reize. Auch bei Kletterern überwiegen eindeutig Tätigkeitsanreize, wenngleich mit den Items der Kategorie „Leistung" zwei Anreize vom Typ (II) der mittelbaren Tätigkeitsanreize enthalten sind.

- Im Vergleich von **Männern und Frauen einer sportlichen Aktivität** treten im wesentlichen die Unterschiede zutage, wie sie auch für die Gesamtgruppe festgestellt wurden: Frauen präferieren stärker als Männer das Naturerleben, während Männer mehr Gewicht auf Bewegungserfahrungen und Leistungsaspekte legen.

- Hinsichtlich der **Verteilung von Tätigkeits- und Zweckanreizen** ergibt sich folgendes Bild (spezielle Fragestellung 4):
  - Im Verhältnis zu ihrem Anteil an den Items des Fragebogens sind *Zweckanreize* unter den wichtigen Anreizen innerhalb der Gesamtstichprobe etwas überrepräsentiert.
  - Bei den einzelnen Sportarten überwiegen meistens die *Tätigkeitsanreize*.
  - Daraus läßt sich schließen, daß es einerseits einige Zweckanreize von sportartübergreifender Bedeutung gibt und andererseits viele Tätigkeitsanreize mit sportartspezifischer Relevanz.

- Wie die Eta^2-Werte zeigen (siehe Tabelle 8.9), sind die durch die Faktoren Geschlecht und sportliche Aktivität erklärten Varianzanteile eher gering und erreichen für das Geschlecht maximal 3,4% (Außergewöhnliche Körperlagen), für die sportliche Aktivität maximal 23,3% (Figur und Körpergewicht verbessern) und für die Wechselwirkungseffekte der beiden Faktoren maximal 4% (Dynamische Bewegungen und Aggressionen abbauen). Im Mittel beträgt der Anteil der erklärten Varianz für das Geschlecht und die Wechselwirkungen lediglich knapp 1%, für die sportliche Aktivität 7,8%.

Insgesamt zeigt sich, daß, auch für einzelne Sportarten betrachtet, nie sämtliche Items einer Kategorie unter den wichtigsten bzw. den unwichtigsten Anreizen zu finden sind. Meist gehören ein oder zwei Items zu den wichtigeren Aspekten für die individuelle Sportmotivation und ein oder zwei zu den unwichtigeren. Gleichzeitig bedingt die relativ große Zahl verschiedener Anreize ein etwas unübersichtliches Bild der Anreizprofile. Vor diesem Hintergrund ist eine geeignete Auswahl der relevanten, also der am deutlichsten zwischen den Sportarten unterscheidenden Items wünschenswert. Zugleich ist der Frage nach der Homogenität der verschiedenen Kategorien nachzugehen, dieser zum Teil große Streuung der Mittelwerte für die einzelnen auftreten. Aus diesen Gründen werden in den folgenden Abschnitten die Ergebnisse von Item- und Faktorenanalysen dargestellt und erläutert.

8.2.2 Häufigkeit, Bedeutung und Auswirkung des Wegfalls von Anreizen

Mittels des Fragebogens wurde zu jedem der vierzig Anreizaspekte erhoben, (a) ob, und wenn ja, wie häufig er bei der sportlichen Aktivität wahrgenommen bzw. erlebt wird, (b) welche Bedeutung er für die Motivation für die Ausübung der sportlichen Aktivität besitzt und schließlich (c) wie stark die Auswirkung eingeschätzt werden, die der Wegfall des Anreizes auf die Häufigkeit hat, mit der die sportliche Aktivität ausgeübt wird.

Dazu werden die Korrelationen zwischen der Bedeutung eines Anreizes und der Häufigkeit, mit der dieser erlebt wird, sowie zwischen der Bedeutung und den eingeschätzten Auswirkungen für den Fall des Ausbleibens derartiger Anreizaspekte berechnet. Die Korrelationskoeffizienten nach SPEARMAN[187] finden sich in der Tabelle 8.10. Da sämtliche Zusammenhänge auf dem 1%-Niveau signifikant sind, wird auf eine explizite Angabe der Signifikanz zu jedem Koeffizienten verzichtet.

Wie aus der Tabelle 8.10 hervorgeht, bewegen sich die Koeffizienten für die *Korrelation von Bedeutung und Häufigkeit des Erlebens* in einer Größenordnung von $r = ,465$ bis $r = ,873$.

Tabelle 8.10: Korrelationskoeffizienten (nach SPEARMAN) für die Zusammenhänge a) zwischen der Bedeutung eines Anreizes und der Häufigkeit, mit der er erlebt wird, und b) zwischen der Bedeutung und der Auswirkung auf die Ausübungshäufigkeit der sportlichen Aktivität

Anreiz	* Korrelationskoeffizient r			
	N	Häufigkeit	N	„Wegfall"
Taktile und thermorezeptorische Wahrnehmungen (1)	328	,473	326	-,533
Aktivitätsunabhängige, akustische Wahrnehmungen (9)	323	,698	323	-,596
Aktivitätsabhängige, akustische Wahrnehmungen (17)	309	,493	308	-,308
Olfaktorische Wahrnehmungen (25)	303	,749	302	-,590
Optische Wahrnehmungen (33)	325	,704	325	-,547
Schönheit der Natur erleben (10)	330	,569	330	-,461
Ästhetik (Schönheit) von Bewegungen erleben (18)	306	,712	306	-,480
Mystische Erfahrungen machen (26)	301	,689	301	-,617
Körpererfahrungen (bei intensiver Belastung) (2)	330	,599	329	-,388
Fließende Bewegungen (34)	320	,778	320	-,618
Dynamische Bewegungen (3)	302	,755	300	-,653
Außergewöhnliche Körperlagen (11)	309	,837	305	-,679
Neues Erleben (19)	316	,811	317	-,654
Herausforderung, Spannung (27)	313	,632	312	-,452
„Angstlust" (35)	302	,718	301	-,522
Abschalten (4)	317	,804	315	-,653
Aggressionen abbauen (12)	301	,824	300	-,610
Psychische Regeneration (20)	317	,748	317	-,667
Stimmungsregulation (28)	311	,753	311	-,567

---

[187] Da insbesondere bei den Variablen zur Auswirkung des Wegfalls des Anreizes die Normalverteilung nicht angenommen werden konnte, wurden zusätzlich die Korrelationskoeffizienten für ordinalskalierte Variablen nach SPEARMAN berechnet.

Anreize von Outdooraktivitäten

Anreiz	* Korrelationskoeffizient r			
	N	Häufigkeit	N	„Wegfall"
Verschmelzung von Handeln und Bewußtsein (5)	307	,470	306	-,306
Gefühl der Kontrolle (13)	294	,603	291	-,450
Konzentration, Selbstvergessenheit (36)	305	,740	320	-,592
Durchhalten, Selbstüberwindung (21)	328	,465	328	-,419
Selbstbewertung, individuelle Norm (29)	321	,566	320	-,446
Selbstbewertung, soziale Norm (37)	303	,702	303	-,510
Selbstbewertung, Theorie (6)	304	,589	303	-,401
Fremdbewertung (14)	314	,511	314	-,269
Fremdbewertung, Theorie (22)	281	,622	281	-,323
Physische Fähigkeiten verbessern (38)	331	,640	331	-,588
Psychische Fähigkeiten verbessern (30)	301	,743	301	-,614
Alleinsein (7)	266	,704	262	-,474
Freundschaft (23)	308	,720	308	-,579
Geselligkeit (15)	329	,752	328	-,573
Kontakte pflegen (31)	319	,717	319	-,643
Kontakte knüpfen (39)	323	,695	323	-,531
Identifikation, Selbstdefinition (8)	280	,757	279	-,408
Gesundheitszustand verbessern, Rehabilitation (16)	301	,792	301	-,628
Prävention (24)	246	,764	246	-,581
Fitness verbessern (32)	312	,803	312	-,611
Gewicht und Figur verbessern (40)	256	,809	255	-,674
Mittelwert		,671		-,517

Anmerkung:
Sämtliche Korrelationskoeffizienten sind auf dem 1%-Niveau signifikant.

Etwa 60% liegen über r =,700. Diejenigen, die einen Anreiz häufig erleben, messen diesem auch eine relativ hohe Bedeutung zu. Da eine Korrelation keinen Kausalschluß zuläßt, gilt die Aussage auch umgekehrt, d.h. jemand, für den ein Anreiz eine große Bedeutung besitzt, sucht diesen auch öfter zu erleben. Während der zweite Schluß naheliegend ist und keiner weiteren Erläuterung bedarf, kann für den erstgenannten Fall am ehesten mit einer bewußteren Wahrnehmung wichtiger Aspekte der sportlichen Aktivität argumentiert werden.

Größere Abweichungen (> 0,40) zwischen dem Mittelwert für die Häufigkeit und für die Bedeutung findet sich bei den Items „aktivitätsabhängige, akustische Wahrnehmungen" und „Selbstbewertungen aufgrund theoretischer Kenntnisse", d.h. diese Aspekte werden zwar relativ häufig erlebt, haben jedoch im Verhältnis eine geringere Bedeutung (siehe Anhang 0). Umgekehrt verhält es sich bei den Items „Selbstbewertungen aufgrund von Vergleichen mit individuellen Maßstäben", „Alleinsein", „Vorbeugung vor Krankheiten (Prävention)" und „Verbesserung von Gewicht und Figur". Diese werden im Vergleich zu ihrer Bedeutung eher selten erlebt. Insgesamt findet sich bei dem meisten Items eine linksschiefe Verteilung der Häufigkeit (= Schiefekoeffizient < 0), d.h. die Mehrzahl der Antworten liegt im Bereich der höheren Werte. Ganz besonders ausgeprägt ist diese negative Schiefe bei den Häufigkeiten der „taktilen und thermorezeptorischen Wahrnehmungen" (-1,868). Für die Bedeutung fällt die Schiefe dieser Verteilung nicht ganz so groß aus (-1,032). Bei der Bedeutung ist auch die Verteilung für das Item „Schönheit der Natur erleben" stark linksschief (-1,087), d.h. auch hier finden sich die meisten Werte in den höheren Antwortkategorien.

Die Häufigkeit ist zugleich ein Indikator für die Instrumentalität der sportlichen Aktivität hinsichtlich der Realisation bestimmter Anreize. In ihr spiegelt sich die subjektive Einschätzung wider, wie gut eine sportliche Aktivität bzw. die beschriebene Art, diese auszuüben, dazu geeignet ist, Anreize (= positiv bewertete Folgen) zu erleben.

Die Koeffizienten für den *Zusammenhang von der Bedeutung und den wahrscheinlichen Auswirkungen für den Wegfall der betreffenden Anreizaspekte* fallen deutlich niedriger aus und liegen zwischen r =-,269 und r =-,679. Das negative Vorzeichen ergibt sich durch die Verbindung hoher Bedeutsamkeitswerte mit niedrigen Werten für die künftige Ausübungshäufigkeit der sportlichen Aktivität; das bedeutet, daß beim Wegfall eines wichtigen Anreizaspektes (= großer Bedeutungswert) die betreffende sportliche Aktivität stärker eingeschränkt wird (= kleiner Wert für die künftige Ausübungshäufigkeit) als beim Ausbleiben unwichtiger Aspekte. Der Korrelationskoeffizient beträgt hier im Durchschnitt r =-,517 und ist damit (betragsmäßig) im Mittel um ,154 niedriger als für die Korrelationen zwischen den Bedeutungen der Anreize und der Häufigkeit, mit der diese erlebt werden.

Der Blick auf die Häufigkeitsverteilung der Antworten zeigt, daß nur in sehr seltenen Fällen der Wegfall eines Anreizes zur Aufgabe der betreffenden sportlichen Aktivität führt (0,0% bei den Folgen der „Selbstbewertungen von theoretischen Kenntnissen" bis 8,8% bei den „Körperwahrnehmungen" bei intensiver Belastung). Noch seltener sind die Fälle, in denen bei Wegfall des betreffenden Aspekts die sportliche Aktivität häufiger ausgeübt wird. Nennenswerte Zahlen finden sich nur für die Items „Herausforderung, Spannung" (2,9%), „Angstlust" (2,7%) und „Alleinsein" (2,3%). Aus inhaltlicher Sicht erscheint es auch am plausibelsten, daß mit dem Wegfall von mit Angst besetzten Aspekten einer sportlichen Aktivität oder von negativ erlebtem Alleinsein diese Tätigkeit häufiger ausgeübt wird. Bei mehr als der Hälfte aller Items führt der Wegfall des Aspekts zu keiner oder nur geringer Reduzierung der Ausübungshäufigkeit. Viel seltener würde die Aktivität ausgeübt, wenn das Erleben der „Schönheit der Natur" (49,1%), „taktile und thermorezeptorische Wahrnehmungen" (41,5%), „Körperwahrnehmungen" (40,0%), Möglichkeiten zur „Verbesserung der Fitness" (39,1%) und der „Physischen Fähigkeiten" (36,9%) und die sozialen Aspekte „Geselligkeit" (36,6%) und „Kontakte pflegen" (37,0%) wegfallen würden. Die genannten Items sind zugleich diejenigen, welche die größte Bedeutung für die Sportmotivation besitzen.

Fazit:

Die *Häufigkeit*, mit der Anreize bzw. die zugehörigen Effekte bei der sportlichen Aktivität erlebt werden, entspricht weitgehend der ihnen zugewiesenen Bedeutung, d.h. die Outdoorsportler versuchen die Anreize entsprechend ihrer Gewichtung zu realisieren. Andererseits ist auch denkbar, daß das Erleben besonders wichtiger Anreizaspekte stärker in Erinnerung behalten wird und deswegen retrospektiv als häufiger erlebt eingestuft wird.

Für die *Auswirkung des Wegfalls* von Anreizaspekten können im wesentlichen zwei Aussagen gemacht werden: Zum einen hat der Wegfall wichtiger Aspekte erwartungsgemäß größere Auswirkungen als der von unwichtigen. Die Einschätzungen der Auswirkungen bestätigen somit in der Tendenz die Einstufungen der Bedeutung. Andererseits wird die Bedeutung relativiert: auch der Wegfall eines wichtigen Anreizes führt in der Regel nicht zur Aufgabe der sportlichen Aktivität und nur in Ausnahmefällen zu einer stärkeren Reduzierung. Daraus läßt sich schließen, daß sich die Sportmotivation im Normalfall aus einer Vielzahl von mehr oder weniger substituierbaren Komponenten zusammensetzt. Damit besteht gleichzeitig die Schwierigkeit, die Auswirkungen für den Wegfall eines *einzelnen* Anreizes einzuschätzen.

8.3 Dimensionalität des Anreizkonstrukts (Faktorenanalyse)

In diesem Abschnitt wird mittels Faktorenanalyse überprüft, ob es sich bei den Anreizen von Outdooraktivitäten um ein eindimensionales Konstrukt handelt oder, wie dies mit den gebildeten Kategorien angenommen wird, mehrere unabhängige Dimensionen (Faktoren) vorliegen. Für den Fall eines eindimensionalen Konstrukts wäre eine 1-Faktor-Lösung oder zumindest ein varianzanalytisch sehr starker erster Faktor zu erwarten (LIENERT / RAATZ 1994, 113). Besitzt das untersuchte Instrument dagegen mehrere Dimensionen, sollte sich eine entsprechende Zahl möglichst homogener und sinnvoll interpretierbarer Faktoren ergeben.

Bei der theoretischen Herleitung der einzelnen Items wurden diese neun Kategorien zugeordnet, weil die Vermutung besteht, daß sich die Anreize von Outdooraktivitäten verschiedenen Dimensionen zuordnen lassen, vergleichbar den ATPA-Skalen von KENYON (1968) bzw. SINGER u.a. (1980). Bei dieser Zuordnung handelt es sich allerdings nicht um quantifizierte Zusammenhänge im Sinne eines elaborierten Modells. Bei der vorliegenden Untersuchung zu den Anreizen von Outdooraktivitäten wurde die Faktorenanalyse demzufolge nicht als strukturprüfendes Verfahren in Form einer konfirmatorischen Faktorenanalyse eingesetzt, sondern als exploratives Verfahren[188], mit dem die Dimensionalität des Konstrukts überprüft wird, jedoch keine quantitativen Modellzusammenhänge.

Da die Daten intervallskaliert sind und die Fallzahl mehr als das dreifache der Variablenzahl beträgt (BACKHAUS u.a. 1994, 254), sind die Grundvoraussetzungen für den Einsatz einer Faktorenanalyse im vorliegenden Fall erfüllt. Um zu überprüfen, ob das vorliegende Datenmaterial auch für eine Faktorenanalyse geeignet ist, wurde das „measure of sampling adequacy" (MSA), das auch als *„Kaiser-Meyer-Olkin-Kriterium"* bezeichnet wird, auf Basis der Anti-Image-Korrelationsmatrix berechnet. Es erlaubt insbesondere die Beurteilung der Korrelationsmatrix, aber auch einzelner Werte hinsichtlich der Eignung für die Durchführung einer Faktorenanalyse. Der sich ergebende Wert von MSA = 0,789 liegt in der Kategorie „middling" und entspricht in etwa dem von Kaiser als wünschenswert angegebenen Wert

---

[188] Da explorative Faktorenanalysen häufig in Fällen eingesetzt werden, in denen keine Annahmen über den Zusammenhang (einer Vielzahl) von unabhängigen Variablen bestehen, bezeichnet man dieses Verfahren auch als hypothesengenerierendes Verfahren.

von MSA ≥ 0,8 (BACKHAUS u.a. 1994, 205)[189]. Zur Extraktion der Faktoren wurde die Hauptkomponentenanalyse (principle components analysis; pca) verwendet. Zur Bestimmung der Faktorenzahl existieren keine eindeutigen Vorschriften (BACKHAUS u.a. 1994, 225); am gebräuchlichsten ist das Eigenwert-Kriterium (auch Kaiser-Kriterium), bei dem alle Faktoren mit einem Eigenwert ≥ 1 ausgewählt werden. Ein weiteres Verfahren zur Faktorenauswahl ist der sogenannte Scree-Test, bei dem es sich um ein graphisches Verfahren auf Basis des Eigenwertdiagramms handelt. In der vorliegenden Untersuchung wurden beide Verfahren angewandt. Dem Eigenwertkriterium zufolge ergab sich eine Faktorzahl von 10; nach BORTZ (1993, 503) wird die Anzahl der bedeutsamen Faktoren nach dieser Regel aber meistens überschätzt. Die Auswertung des Screeplots ergab fünf Faktoren[190]. Um inhaltlich möglichst sinnvolle Faktoren zu erhalten, wurden die Faktorladungen für 5- bis 10-Faktoren-Lösungen bestimmt und auf ihre Übereinstimmung mit den theoretisch angenommenen Kategorien sowie auf ihre allgemeine Interpretierbarkeit überprüft. Die extrahierten Faktoren wurden zur Verbesserung der Interpretierbarkeit zusätzlich einer Varimax-Rotation[191] unterzogen. Als die am besten zu interpretierende Lösung stellte sich nicht eine den neun Anreizkategorien entsprechende 9-Faktoren-Lösung heraus, sondern ein 8-Faktoren-Modell.

Tabelle 8.11 zeigt die den Faktoren zugeordneten Items mit den entsprechenden Faktorladungen. Die Faktorladung entspricht der Korrelation der betreffenden Variable mit dem betreffenden Faktor; sie ist somit ein Maß dafür, wie stark die Variable durch den jeweiligen Faktor repräsentiert wird (BORTZ 1993, 480). Nach Konvention sind bei der Faktorinterpretation nur Faktorladungen >,500 zu berücksichtigen (BACKHAUS u.a. 1994, 254). Nach GUADAGNOLI / VELICER (1988, zitiert nach BORTZ 1993, 484) können aber auch Faktorstrukturen mit geringer ladenden Variablen interpretiert werden, wenn der Stichprobenumfang größer als 300 ist. Da die Anzahl der in die Faktorenanalyse eingehenden Fälle je nach Variable 242 bis 331 beträgt, werden Faktorladungen >,400 für die Faktorinterpretation als bedeutsam angesehen.

---

[189] Auch die MSA-Werte für die einzelnen Variablen liegen zwischen 0,692 und 0,869 und sind somit zumindest brauchbar.

[190] Die Auflistung der Eigenwerte mit der jeweils aufgeklärten Gesamtvarianz, der Screeplot der Faktorenanalyse und die Kommunalitäten vor und nach der Faktorextraktion, sind im Anhang abgebildet.

[191] Nach dem Varimax-Kriterium (nach Kaiser) werden die Faktoren (orthogonal) so rotiert, daß die Varianz der quadrierten Faktorladungen pro Faktor maximiert wird (Bortz 1993, 507).

Dimensionalität des Anreizkonstrukts (Faktorenanalyse)

Tabelle 8.11: Rotierte Faktormatrix (Extraktionsmethode: Hauptkomponentenanalyse, acht extrahierte Faktoren, Rotationsmethode: Varimax mit Kaiser-Normalisierung; N = 246 bis 331)

Anreize	Faktor (Komponente)							
	1	2	3	4	5	6	7	8
Optische Wahrnehmungen (33)	,746							
Aktivitätsunabh., akustische Wahrnehmungen (9)	,703							
Schönheit der Natur erleben (10)	,685							
Olfaktorische Wahrnehmungen (25)	,589							
Mystische Erfahrungen machen (26)	,575			,379				
Taktile und thermorezeptorische Wahrnehmungen (1)	,508							
Aktivitätsabhängige, akustische Wahrnehmungen (17)	,464	,391						
Außergewöhnliche Körperlagen (11)		,714						
Fließende Bewegungen (34)		,709						
Dynamische Bewegungen (3)		,696						
Gefühl der Kontrolle (13)		,562						
Ästhetik (Schönheit) von Bewegungen erleben (18)		,474			,353			
Verschmelzung von Handeln und Bewußtsein (5)		,474						
Gesundheitszustand verbessern, Rehabilitation (16)			,752					
Gewicht und Figur verbessern (40)			,739					
Fitness verbessern (32)			,731					
Prävention (24)			,669					
„Angstlust" (35)				,750				
Neues Erleben (19)	,302			,660				
Herausforderung, Spannung (27)				,633				
Freundschaft (23)				,474	,425			
Durchhalten, Selbstüberwindung (21)				,473		,450		
Konzentration, Selbstvergessenheit (36)			,305	,389				
Psychische Fähigkeiten verbessern (30)				,347	,300			
Kontakte pflegen (31)					,765			
Geselligkeit (15)					,643			
Kontakte knüpfen (39)					,341	,524		
Stimmungsregulation (28)					,482			,300
Selbstbewertung, individuelle Norm (29)						,745		
Physische Fähigkeiten verbessern (38)			,336			,624		
Selbstbewertung, soziale Norm (37)						,529	,512	
Körpererfahrungen (bei intensiver Belastung) (2)						,431		,350
Identifikation, Selbstdefinition (8)							,710	
Fremdbewertung, Theorie (22)							,676	
Fremdbewertung (14)						,523	,575	
Selbstbewertung, Theorie (6)							,554	
Abschalten (4)								,608
Alleinsein (7)								,569
Aggressionen abbauen (12)								,501
Psychische Regeneration (20)				,412				,481

Anmerkung:
Zur Verbesserung der Übersichtlichkeit wurden nur Faktorladungen ≥,300 in die Tabelle aufgenommen.

Die acht Faktoren lassen sich wie folgt interpretieren.

Faktor 1: Naturerleben

Gemeinsamer Nenner aller auf diesen Faktor ladenden Variablen ist der Anreiz von Naturerfahrungen. Der Faktor ist inhaltlich höchst konsistent. Auf ihn laden sämtliche Items der Kategorie „*Sensorische Erfahrungen*" und aus der Kategorie „*Ästhetische Erfahrungen*" die beiden Items „Schönheit der Natur erleben" und „Mystische Erfahrungen machen". Es sind somit sämtliche Items zusammengefaßt - sowohl auf sensorischer wie auf kognitiver Ebene - die mit natürlichen Reizen verbunden sind. Sämtliche Ladungen liegen über ,500, d.h. es besteht ein relativ enger Zusammenhang zwischen den Variablen und dem Faktor.

Alle Items dieses Faktors sind unmittelbare Tätigkeitsanreize (Typ I). Der Faktor 1 erklärt 8,48% der Gesamtvarianz aller Variablen[192].

Faktor 2: Bewegungserleben

Auch beim zweiten Faktor bestehen keine Interpretationsschwierigkeiten. Alle Variablen beschreiben verschiedene „Erlebnisqualitäten" von Bewegungen, also Empfindungen wie sie beim „Sich-Bewegen" entstehen können. Nicht enthalten sind die Ergebnisse von Tätigkeiten wie z.b. das Erreichen einer bestimmten Leistung oder das Erschöpft-Sein danach. Die höchsten Ladungen besitzen dabei die drei Items aus der Kategorie „*Bewegungserfahrungen*". Lediglich das Item „Körpererfahrungen (bei intensiver Belastung)" lädt nicht auf diesen Faktor. Dazu kommen noch das „Gefühl der Kontrolle" und das „Verschmelzen von Handeln und Bewußtsein" aus der Kategorie „*Besondere Erlebnisqualität*" sowie das „Erleben ästhetischer Bewegungen" aus der Kategorie „*Ästhetische Erfahrungen*".

Wie beim Faktor 1 sind auch hier alle Items vom Anreiztyp I. Die erklärte Gesamtvarianz dieses Faktors beträgt 8,08%.

Faktor 3: Gesundheit und Fitness

Der Faktor 3 läßt sich eindeutig als Streben nach Verbesserung bzw. Erhalt oder Wiedererlangung von Gesundheit und körperlicher Fitness identifizieren. Der Faktor entspricht vollständig der Kategorie „*Gesundheit*" und ist inhaltlich höchst konsistent. Sämtliche Faktorladungen sind größer als ,650.

Der Faktor „Gesundheit und Fitness" umfaßt dabei ausschließlich Zweckanreize (Typ III). Die erklärte Gesamtvarianz des Faktors beträgt 7,17%.

Faktor 4: Anregung und Erregung erleben

Der vierte Faktor ist inhaltlich nicht ganz so homogen wie die ersten drei. Am stärksten laden auf ihn die drei Items „Angstlust", „Neues erleben" und „Herausforderung, Spannung" aus der Kategorie „*Spannung und Aktivierung*". Über dem Grenzwert von ,400 liegt auch noch das Item „Durchhalten, Selbstüberwindung" aus der Kategorie „*Leistung*", welches für die befragten Personen offenbar einen ähnlichen Erlebnisgehalt bietet. Annähernd

---

[192] Die Eigenwerte der Faktoren und die Angabe der jeweils erklärten Gesamtvarianz sind dem Anhang 0 zu entnehmen.

gleich stark lädt dieses Item auf den Faktor 6, der verschiedene Leistungsaspekte umfaßt. Dies verdeutlicht, daß dieses Item sowohl Aktivierungs- wie auch Leistungsaspekte enthält. Etwas unter ,400 liegen die Items „Konzentration, Selbstvergessenheit" und die „Verbesserung psychischer Fähigkeiten". Inhaltlich am weitesten weicht das Item „Freundschaft erleben" (,474) von den anderen ab. Zugleich besitzt es eine beinahe gleichgroße Ladung (0,425) auf den Faktor 5, wo es homogener zu integrieren ist. Vermutlich wirkt sich hier die starke Gewichtung der Freundschaft bei den Kletterern aus, die auch den übrigen Items dieses Faktors eine relativ starke Bedeutung zuweisen. Abgesehen von den Items der Kategorie „*Spannung und Aktivierung*" sind die Ladungen der Items also ziemlich diffus. Die Bezeichnung dieser Dimension richtet sich deshalb nach den am stärksten ladenden Items. Da das Einzelitem „Neues erleben" die höchste Gewichtung in dieser Kategorie besitzt, wird die Dimension, abweichend von der vorherigen Bezeichnung, mit „Anregung und Erregung erleben" beschrieben. „Anregung und Erregung" ist gleichzusetzen mit „arousal", wie es z.B. im Rahmen der *Reversal Theory* von APTER (1982) vorkommt. Auch der Begriff „excitement" bietet eine treffende Charakterisierung des zugrundeliegenden Anreizes.

Bei den ersten drei Items handelt es sich ebenfalls um Anreize des Typs I. Die restlichen Items verteilen sich auf die drei Anreiztypen. Der Beitrag des Faktors zur Erklärung der Gesamtvarianz beträgt 6,70%.

Faktor 5: Soziales Wohlbefinden

Soziale Anreize charakterisieren den fünften Faktor. Drei der vier Items, nämlich „Geselligkeit" sowie „Kontakte pflegen" und „Kontakte knüpfen" entstammen der Kategorie „*Soziale Erfahrungen*", das vierte Item „Stimmungsregulation" gehört zur Kategorie „*Entspannung und Stimmungsregulation*". Stimmungsregulation wird aus Sicht der untersuchten Stichprobe offenbar stärker mittels zwischenmenschlicher Kontakte realisiert als über Entspannung. Auf den entsprechenden Faktor 8, der Anreize von Entspannung und Erholung zusammenfaßt, besitzt es aber ebenfalls eine erwähnenswerte Ladung (,300). Wie bereits oben erwähnt, ist zum Faktor „Soziales Wohlbefinden", auch das Item „Freundschaft erleben" zu rechnen. Alle vier bzw. fünf Faktorladungen sind größer als ,400 und somit für die Interpretation bedeutsam.

In dieser Dimension überwiegen mit den Items „Kontakte pflegen", „Kontakte knüpfen" und „Stimmungsregulation" die Zweckanreize (Typ III). Der erklärte Anteil an der Gesamtvarianz beträgt für diesen Faktor 6,38%.

Faktor 6: Kompetenzerleben und Leistungsverbesserung

Der Faktor 6 umfaßt, mit Ausnahme von „Durchhalten, Selbstüberwindung", alle Items aus der Kategorie „*Leistung*", die auf das Erleben und die Verbesserung der individuellen Leistungsfähigkeit ausgerichtet sind. Dabei kommen ausschließlich Selbstbewertungen zum tragen. Am stärksten laden folgerichtig die Items „Selbstbewertung nach individueller Norm", also die Freude und der Stolz auf die (Verbesserung der) eigenen Fähigkeiten und die „Verbesserung der physischen Fähigkeiten" selbst. Einen stärkeren Bezug zum Umfeld besitzt das Item „Selbstbewertung nach sozialer Norm", also Selbstbewertungen als Folge eines Vergleichs mit Leistungen anderer Sportler. Diese Tendenz bestätigt sich auch in der nahezu gleichhohen Ladung auf dem Faktor 7 (,512), der vor allem die Fremdbewertung der Leistung umfaßt. Die „Körpererfahrung bei intensiver Belastung" erfaßt den unmittelbaren Vollzug der Leistung mit dem damit verbundenen Erleben. Zusätzlich zu beachten ist hier das Item „Durchhalten, Selbstüberwindung" von Faktor 4, welches zugleich deutlich auch den Faktor 6 lädt (,450). Auch dieses Item drückt vor allem den Aspekt des Erlebens aus. Um dies herauszustellen, wurde der Kompetenzbegriff hinzugenommen, der den Aspekt der Fähigkeit betont.

Bei diesem Faktor finden sich Anreize jeden Typs. Es überwiegen jedoch die Tätigkeitsanreize gegenüber einem Zweckanreiz („Verbesserung physischer Fähigkeiten"). Bei den Tätigkeitsanreizen handelt es sich um zwei mittelbare Tätigkeitsanreize, die mit dem Erreichen von Zwischenergebnissen verbunden sind (Selbstbewertungen anhand individueller oder sozialer Maßstäbe; Typ II) und den unmittelbaren Tätigkeitsanreiz „Körpererfahrungen bei intensiver Belastung", der ergebnisunabhängig während der Tätigkeit erfahrbar ist. Der Faktor erklärt 5,90% der Gesamtvarianz.

Faktor 7: Leistungspräsentation

Wie bereits angedeutet, enthält dieser Faktor die nach „außen" gerichteten Elemente der Kategorie „*Leistung*". Es handelt sich dabei um die „Fremdbewertung von Leistung" sowie um Fremd- und Selbstbewertung von Theorie, wobei letztere sowohl von den Faktorladungen, als auch im Hinblick auf die Gewichtungen des Items, die geringste Bedeutung hat. Zu diesen Items kommt aus der Kategorie „*Soziale Erfahrungen*" die „Identifikation und Selbstdefinition". Aus Sicht der befragten Outdoorsportler erscheint die Selbstdefinition, das „Sich als Kletterer, Mountainbiker etc. fühlen" und das „Sich von anderen unterscheiden" eng mit der Darstellung der eigenen Leistungsfähigkeit und den entsprechenden Rückmeldungen von Dritten verbunden zu sein. Außer den genannten vier Items lädt zusätzlich die „Selbstbewertung nach sozialer Norm" vergleichsweise hoch auf diesen Faktor. Auch dies ist konsistent, da der Vergleich mit anderen ein nach außen gerichtetes Element enthält. Umgekehrt besitzt das Item „Fremdbewertung" eine hohe Ladung auf den Faktor 6 (,523).

Neben drei Tätigkeitsanreizen des Typs II findet sich mit „Identifikation, Selbstdefinition" auch ein Zweckanreiz, der, wie weiter oben diskutiert, zugleich Merkmale eines mittelbaren Tätigkeitsanreizes besitzt. Der durch diesen Faktor erklärte Anteil an der Gesamtvarianz beträgt 5,76%.

Faktor 8: Psychisches Wohlbefinden

Der achte Faktor ist durch das Streben nach Entspannung und Erholung bei und durch sportliche Aktivität gekennzeichnet. Auf diesen Faktor laden drei Items der Kategorie „*Entspannung und Stimmungsregulation*" sowie das Item „Alleinsein" aus der Kategorie „*Soziale Erfahrungen*". Das letztgenannte Item besitzt offenbar weniger eine eigenständige Qualität, sondern wird von den Sportlern mehr mit den damit verbundenen Auswirkungen assoziiert. Geringe Ladungen auf diesen Faktor sind außerdem für „Stimmungsregulation" und „Körpererfahrungen" zu verzeichnen".

Bei den Items handelt es sich um je zwei Tätigkeitsanreize („Abschalten", „Alleinsein") und zwei Zweckanreize („Aggressionen abbauen", „Psychische Regeneration"). Für diesen Faktor beträgt der Anteil der erklärten Gesamtvarianz noch 4,89%.

Zur *Überprüfung der Unabhängigkeit* der acht ermittelten Faktoren wurden deren Interkorrelationen berechnet. Es zeigte sich, daß 25 von 28 Korrelationskoeffizienten zwar signifikant, jedoch ≤,400 sind[193]. Größere Werte ergaben sich nur für die Zusammenhänge von „Bewegungserleben" und „Anregung und Erregung erleben" (r =,417), der beiden leistungsbezogenen Faktoren „Kompetenzerleben" und „Leistungspräsentation" (r =,417) sowie zwischen „Psychischem Wohlbefinden" und „Gesundheit und Fitness" (r =,536). Es handelt sich dabei um inhaltlich plausible Zusammenhänge: von Bewegungserleben und der daraus resultierenden An- bzw. Erregung, von Fremd- und Selbstbewertungen von Leistungen und von physischen und psychischen Aspekten des Wohlbefindens.

Fazit:

Insgesamt betrachtet, sind die acht Faktoren sinnvoll interpretierbar und grundsätzlich mit den theoretisch angenommenen Kategorien vereinbar, auch wenn verschiedene Modifikationen vorzunehmen sind. Im Hinblick auf die spezielle Fragestellung (3) wurde somit die Dimensionalität des Konstrukts durch die Faktorenanalyse bestätigt; es handelt sich um keine eindimensionale Skala. Die verschiedenen theoretisch begründeten Anreize werden dabei zu sinnvollen Subskalen zusammenfaßt; Zuordnungsprobleme treten nur in wenigen Fällen auf. Am häufigsten treten Überschneidungen in Form von „Doppelladungen" bei Items der Kategorie *„Leistung"* auf („Durchhalten, Selbstüberwindung", „Selbstbewertung nach sozialer Norm" und „Fremdbewertungen"). Schwierig zu interpretieren ist vor allem die Ladung des Items „Freundschaft" auf dem Faktor „Anregungen und Erregung erleben". Offenbar wird Freundschaft im Sinne von Zusammenhalten häufig mit gemeinsam zu bewältigenden Aufgaben verbunden.

Im Vergleich zu den Ausgangskategorien sind vor allem die folgenden Veränderungen erwähnenswert:

(1) Die Kategorie 1 *„Sensorische Erfahrungen"* und die Kategorie 2 *„Ästhetische Erfahrungen"* wurden durch die Faktorenanalyse zur Dimension 1 *„Naturerleben"* zusammengefaßt.

(2) Ebenso werden die Kategorie 3 *„Körper- und Bewegungserfahrungen"* und die Kategorie 6 *„Besondere Erlebnisqualität"* zur neuen Dimension 2 *„Bewegungserfahrungen"* vereinigt.

(3) Dimension 3 *„Gesundheit und Fitness"* bildet ganz klar die Zweckanreize (Typ III) zur Verbesserung von Gesundheit und Fitness ab. Diese Dimension stimmt als einzige völlig mit der ursprünglich definierten Kategorie 9 *„Gesundheit"* überein.

---

[193] Im Idealfall, also bei vollkommener Unabhängigkeit, sollten die Koeffizienten gleich Null sein. Die Tabelle A 3.16 mit den einzelnen Korrelationskoeffizienten und deren Signifikanzwerten findet sich im Anhang A 3.5

(4) Die Dimension 4 „*Anregungen und Erregung erleben*" wird im wesentlichen durch die Items der Kategorie 4 „*Spannung und Aktivierung*" und den Aspekt „Durchhalten, Selbstüberwindung" bestimmt.

(5) Dimension 5 „*Soziales Wohlbefinden*" entspricht in wesentlichen Elementen der Kategorie „*Soziale Erfahrungen*", wobei das Item „Identifikation, Selbstdefinition" herausfiel und durch das Item „Stimmungsregulation" ersetzt wurde, das in der Einschätzung der befragten Sportler mehr Bezug zu sozialen Aspekten besitzt als zur Entspannung.

(6) Dimension 6 „*Kompetenzerleben und Leistungsverbesserung*" umfaßt drei Elemente aus der Kategorie „*Leistung*" und das Item Körpererfahrungen" aus der Kategorie „*Körper- und Bewegungserfahrungen*". Zusammen ergibt sich eine Dimension, die das Erleben und die Verbesserung der eigenen sportlichen Kompetenz beschreibt.

(7) Dimension 7 „*Leistungspräsentation*" setzt sich im wesentlichen aus den übrigen Items der Kategorie „*Leistung*" zusammen. Sie beschreibt im Unterschied zur Dimension 6 Leistungsaspekte, die mit Bewertungen, meistens von Dritten, verbunden sind. Das am stärksten auf diesen Faktor ladende Item „Identifikation, Selbstdefinition" aus der Kategorie „*Soziale Erfahrungen*" läßt vermuten, daß insbesondere die Präsentation der eigenen Leistungsfähigkeit ausschlaggebend ist.

(8) Die Dimension 8 „*Psychisches Wohlbefinden*" umfaßt drei der vier Elemente der Kategorie „Entspannung und Stimmungsregulation". Zusätzlich besitzen die Items „Körpererfahrungen" und „Stimmungsregulation" leichte Ladungen auf diesen Faktor, die plausibel interpretierbar sind.

Durch die Umgruppierung der Items wird deutlich, daß die Grenzen der Anreizdimensionen teilweise von den „theoretischen" abweichen. So entfällt die Unterscheidung zwischen sensorischen und ästhetischen Naturerfahrungen und auch eher sensorische sowie eher mentale Bewegungserfahrungen werden nicht differenziert. Theoriekonform zeigen sich dagegen die Dimensionen für „*Gesundheit und Fitness*" und „*Soziales Wohlbefinden*". Differenzierter erscheint im Vergleich der Bereich „Leistung", wo sich Unterschiede zwischen Leistungs- bzw. Kompetenzerleben, der Leistungspräsentation und instrumentellen Funktionen der Leistungserbringung ergeben.

Obwohl sich mit den beschriebenen Faktoren ein sehr stimmiges Bild der Anreizdimensionen ergibt, ist zu beachten, daß durch die acht Faktoren lediglich etwas mehr als die Hälfte (53,34%) der Gesamtvarianz erklärt wird. Durch die Zusammenfassung der Anreize (Items) zu Anreizdimensionen (Faktoren), kommt es also neben dem Gewinn an Übersichtlichkeit gleichzeitig zu einem Verlust an Erklärungspotential. Dies bestätigen auch die Kommunalitäten; für die einzelnen Variablen sind lediglich 32,9 bis 67,1% der Varianz durch die acht Faktoren des Modells erklärt (siehe Tabellen im Anhang A 3.5).

Inwieweit sich diese Ergebnisse mit denen anderer Untersuchungen decken, wird in der Diskussion in Kapitel 9 erörtert.

8.4 Skalenkonsistenz und Itemtrennschärfe

In diesem Abschnitt werden die anhand der oben beschriebenen Faktorenanalyse bestimmten Subskalen (= Faktoren) hinsichtlich Homogenität und Trennschärfe ihrer Items getestet. Dazu werden im Zuge einer Reliabilitätsanalyse die Werte für CRONBACH α und der Trennschärfekoeffizient in Form des Korrelationskoeffizienten (r_{it}) des Itemwertes mit dem Gesamtwert der jeweiligen Subskala berechnet. Die Wie die Faktorenanalyse gezeigt hat, handelt es sich bei den Anreizen von Outdooraktivitäten um eine mehrdimensionales Konstrukt mit voneinander unabhängigen Faktoren, so daß entsprechende Subskalen für die Anreizbereiche vorhanden sind. Idealerweise würden durch den Ausschluß ungeeigneter Variablen sowohl Trennschärfe wie auch innere Konsistenz der Subskalen zu erhöhen. Konsistente Skalen mit trennscharfen Items ermöglichen es einerseits eindeutig diejenigen Outdoorsportler mit einer hohen von denen mit einer geringen Merkmalsausprägung zu unterscheiden, und andererseits das Merkmal, also die betreffende Anreizdimension möglichst reliabel zu erfassen. In der Regel führt der Ausschluß wenig trennscharfer Items zwar zu einer Erhöhung der durchschnittlichen Trennschärfe, meistens bringt die damit verbundene Verkürzung der Skala jedoch eine Verringerung der Konsistenz mit sich.

Hinsichtlich der Weiterentwicklung des Fragebogens sind neben der Trennschärfe und Konsistenz bei der Elimination von Items zudem Ökonomiekriterien zu beachten, d.h. die Beantwortung eines Fragebogens sollte von ca. 45 Minuten auf maximal 20 Minuten reduziert werden. Da in einer künftigen Version die Fragen zu den Zielen wegfallen können, ebenso wie die Fragen zur Häufigkeit des Anreizerlebens und den Auswirkungen des Ausbleibens von Anreizaspekten bei der sportlichen Tätigkeit, sollte eine geringfügige Kürzung der Itemzahl ausreichend sein. Um keine der Dimensionen relativ stärker zu gewichten, sollte die Anzahl der Items in den Subskalen möglichst nicht zu stark differieren. Bei acht Unterskalen wären, abhängig von der geringsten Konsistenz einer Subskala, daher 32 bis 48 Items (je vier bis sechs Items pro Subskala) wünschenswert. Gegen eine zu starke Kürzung des Fragebogens spricht wiederum die noch vorhandene Unkenntnis der Verhältnisse bei anderen Outdooraktivitäten.

Tabelle 8.12 zeigt die Trennschärfekoeffizienten und die sich bei Elimination des entsprechenden Items ergebenden α-Werte für die Subskalen.

Zwar geht es bei der Analyse der Trennschärfe vor allem um die relative Größe im Vergleich zu den anderen Items der Skala (LIENERT / RAATZ, 1993, 86-87), jedoch wird als Kriterium für die Elimination eines Items gewöhnlich eine untere Grenze von $r_{it} = ,30$ für den Trennschärfekoeffizienten angesetzt. In diesem Zusammenhang wird jedoch keine absolute Untergrenze vorgegeben, da auch die Länge der Subskalen und damit deren interne Konsistenz berücksichtigt werden muß. Ferner ist bei der Entfernung von Items einzubeziehen, daß es sich um eine explorative Studie handelt und erst weitere Erhebungen an Stichproben mit anderen Outdooraktivitäten erfolgen müssen, um die Bedeutung der einzelnen Items besser beurteilen zu können.

Die neu definierten Subskalen werden im folgenden als *Dimensionen* bezeichnet. Dies dient dazu, sie einerseits von den theoretisch hergeleiteten Kategorien zu unterscheiden, andererseits auch von den berechneten Faktoren. Zu letzteren bestehen leichte Abweichungen, da aufgrund inhaltlicher Überlegungen und vorhandener „Doppelladungen" das Item „Freundschaft" der Subskala „Soziales Wohlbefinden" zugeordnet wurde.

Wie die Faktorenanalyse gezeigt hat, handelt es sich bei den Anreizen von Outdooraktivitäten um eine mehrdimensionales Konstrukt mit voneinander unabhängigen Faktoren, so daß entsprechende Subskalen für die Anreizbereiche vorhanden sind. Idealerweise würden durch den Ausschluß ungeeigneter Variablen sowohl Trennschärfe wie auch innere Konsistenz der Subskalen zu erhöhen. Konsistente Skalen mit trennscharfen Items ermöglichen es einerseits eindeutig diejenigen Outdoorsportler mit einer hohen von denen mit einer geringen Merkmalsausprägung zu unterscheiden, und andererseits das Merkmal, also die betreffende Anreizdimension möglichst reliabel zu erfassen. In der Regel führt der Ausschluß wenig trennscharfer Items zwar zu einer Erhöhung der durchschnittlichen Trennschärfe, meistens bringt die damit verbundene Verkürzung der Skala jedoch eine Verringerung der Konsistenz mit sich.

Hinsichtlich der Weiterentwicklung des Fragebogens sind neben der Trennschärfe und Konsistenz bei der Elimination von Items zudem Ökonomiekriterien zu beachten, d.h. die Beantwortung eines Fragebogens sollte von ca. 45 Minuten auf maximal 20 Minuten reduziert werden. Da in einer künftigen Version die Fragen zu den Zielen wegfallen können, ebenso wie die Fragen zur Häufigkeit des Anreizerlebens und den Auswirkungen des Ausbleibens von Anreizaspekten bei der sportlichen Tätigkeit, sollte eine geringfügige Kürzung der Itemzahl ausreichend sein. Um keine der Dimensionen relativ stärker zu gewichten, sollte die Anzahl der Items in den Subskalen möglichst nicht zu stark differieren. Bei acht Unterskalen wären, abhängig von der geringsten Konsistenz einer Subskala, daher 32 bis 48 Items (je vier bis sechs Items pro Subskala) wünschenswert. Gegen eine zu starke Kürzung des Fragebogens spricht wiederum die noch vorhandene Unkenntnis der Verhältnisse bei anderen Outdooraktivitäten.

Aus der Tabelle 8.12 geht hervor, daß die Konsistenz innerhalb der neu ermittelten Dimensionen etwas höher als in den ursprünglichen Kategorien ist. Dies trifft insbesondere für das „Bewegungserleben" zu; abgenommen hat die Konsistenz nur in den beiden Leistungsdimensionen. In beide Fällen sind diese Effekte vermutlich zum Teil auf die Verlängerung bzw. Verkürzung der Subskalen zurückzuführen. Unverändert ist der Wert für die Kategorie / Skala „Gesundheit und Fitness". Durch die neue Zuordnung hat sich bei einigen Items die Trennschärfe verbessert, die zuvor unter dem Grenzwert von $r_{it} =,300$ lagen.

Wie die Faktorenanalyse gezeigt hat, handelt es sich bei den Anreizen von Outdooraktivitäten um eine mehrdimensionales Konstrukt mit voneinander unabhängigen Faktoren, so daß entsprechende Subskalen für die Anreizbereiche vorhanden sind. Idealerweise würden durch den Ausschluß ungeeigneter Variablen sowohl Trennschärfe wie auch innere Konsistenz der Subskalen zu erhöhen. Konsistente Skalen mit trennscharfen Items ermöglichen es einerseits eindeutig diejenigen Outdoorsportler mit einer hohen von denen mit einer geringen Merkmalsausprägung zu unterscheiden, und andererseits das Merkmal, also die betreffende Anreizdimension möglichst reliabel zu erfassen. In der Regel führt der Ausschluß wenig trennscharfer Items zwar zu einer Erhöhung der durchschnittlichen Trennschärfe, meistens bringt die damit verbundene Verkürzung der Skala jedoch eine Verringerung der Konsistenz mit sich.

Hinsichtlich der Weiterentwicklung des Fragebogens sind neben der Trennschärfe und Konsistenz bei der Elimination von Items zudem Ökonomiekriterien zu beachten, d.h. die Beantwortung eines Fragebogens sollte von ca. 45 Minuten auf maximal 20 Minuten reduziert werden. Da in einer künftigen Version die Fragen zu den Zielen[194] wegfallen können, ebenso wie die Fragen zur Häufigkeit des Anreizerlebens und den Auswirkungen des Ausbleibens[195] von Anreizaspekten bei der sportlichen Tätigkeit, sollte eine geringfügige Kürzung der Itemzahl ausreichend sein. Um keine der Dimensionen relativ stärker zu gewichten, sollte die Anzahl der Items in den Subskalen möglichst nicht zu stark differieren. Bei acht Unterskalen wären, abhängig von der geringsten Konsistenz einer Subskala, daher 32 bis 48 Items (je vier bis sechs Items pro Subskala) wünschenswert. Gegen eine zu starke Kürzung des Fragebogens spricht wiederum die noch vorhandene Unkenntnis der Verhältnisse bei anderen Outdooraktivitäten.

Tabelle 8.12: Trennschärfekoeffizienten und CRONBACH α für die durch die Faktorenanalyse ermittelten Dimensionen (Subskalen)

Dimension / Anreizitems	Trennschärfekoeffizient r_{it}	Cronbach α, wenn Item entfernt
Dimension „*Naturerleben*" (N = 263)	,478*	,758**
Optische Wahrnehmungen (33)	,595	,702
Aktivitätsunabhängige, akustische Wahrnehmungen (9)	,576	,706
Schönheit der Natur erleben (10)	,453	,734
Olfaktorische Wahrnehmungen (25)	,469	,731
Mystische Erfahrungen machen (26)	,514	,720
Taktile und thermorezeptorische Wahrnehmungen (1)	,374	,749
Aktivitätsabhängige, akustische Wahrnehmungen (17)	,364	,753
Dimension „*Bewegungserleben*" (N = 230)	,518	,768
Außergewöhnliche Körperlagen (11)	,608	,707
Fließende Bewegungen (34)	,610	,714
Dynamische Bewegungen (3)	,425	,760
Gefühl der Kontrolle (13)	,518	,733
Ästhetik (Schönheit) von Bewegungen erleben (18)	,494	,739
Verschmelzung von Handeln und Bewußtsein (5)	,454	,748
Dimension „*Gesundheit und Fitness*" (N = 205)	,583	,768
Gesundheitszustand verbessern, Rehabilitation (16)	,676	,661
Gewicht und Figur verbessern (40)	,519	,747
Fitness verbessern (32)	,647	,687
Prävention (24)	,490	,761

---

[194] Die Ergebnisse zu den Zielen der sportlichen Aktivität werden weiter unten erläutert.
[195] Für diesen Aspekt ist zumindest eine Zusammenfassung der Wertungen z.B. auf Dimensionsebene anzustreben.

Dimension / Anreizitems	Trennschärfe-koeffizient r_{it}	Cronbach α, wenn Item entfernt
Dimension „Anregungen und Erregung erleben" (N = 257)	,464	,744
„Angstlust" (35)	,492	,681
Neues Erleben (19)	,452	,693
Herausforderung, Spannung (27)	,594	,652
Durchhalten, Selbstüberwindung (21)	,404	,706
Konzentration, Selbstvergessenheit (36)	,431	,699
Psychische Fähigkeiten verbessern (30)	,408	,706
Dimension „Soziales Wohlbefinden" (N = 284)	,396	,640
Kontakte pflegen (31)	,531	,519
Geselligkeit (15)	,478	,550
Kontakte knüpfen (39)	,340	,610
Stimmungsregulation (28)	**,295**	**,632**
Freundschaft (23)	,336	,617
Dimension „Kompetenzerleben" (N = 293)	,431	,644
Selbstbewertung, individuelle Norm (29)	,542	,496
Physische Fähigkeiten verbessern (38)	,443	,566
Selbstbewertung, soziale Norm (37)	,429	,579
Körpererfahrungen (bei intensiver Belastung) (2)	**,309**	**,652**
Dimension „Leistungspräsentation" (N = 238)	,462	,676
Identifikation, Selbstdefinition (8)	,433	,630
Fremdbewertung, Theorie (22)	,579	,535
Fremdbewertung (14)	,442	,621
Selbstbewertung, Theorie (6)	,395	,651
Dimension „Psychisches Wohlbefinden" (N = 239)	,316	,526
Abschalten (4)	,387	,389
Alleinsein (7)	**,292**	**,477**
Aggressionen abbauen (12)	**,270**	**,494**
Psychische Regeneration (20)	,318	,455

Legende:
* Die in der Zeile der Kategorien stehenden Trennschärfekoeffizienten geben den Durchschnittswert für die Items der Kategorie an.
** Die in der Zeile der Kategorien stehenden Werte für CRONBACH α sind diejenigen für die ursprüngliche Anzahl von Items.
Trennschärfekoeffizienten <,300 sind **fett** hervorgehoben.

Aufgrund dieser Überlegungen wurden in den einzelnen Dimensionen folgende Änderungen vorgenommen:

Skala „Naturerleben": Das Item „Aktivitätsabhängige, akustische Wahrnehmungen" und das Item „Taktile und thermorezeptorische Wahrnehmungen" weisen in dieser Dimension die geringste Trennschärfe auf; die Konsistenz der Skala würde bei ihrer Elimination nur geringfügig sinken. Die Items unterscheiden sich dadurch, daß ersteres in der gesamten Stichprobe durchwegs niedrige Bewertungen erhielt und deswegen eine geringe Trennschärfe besitzt, während das zweite Item im Mittel relativ hohe Bewertungen erhielt. Bis zu einer Überprüfung des Fragebogens an einer Stichprobe mit anderen Outdooraktivitäten wird nur das Item „Aktivitätsabhängige, akustische Wahrnehmungen" herausgenommen, um die Unterskala vom Umfang zu kürzen.

Skala „Bewegungserleben": In dieser Kategorie findet sich ebenfalls kein Item mit einem Trennschärfekoeffizienten $r_{it} < ,300$. Die im Verhältnis geringste Trennschärfe besitzt das Item „Dynamische Bewegungen". In einer künftigen Version des Fragebogens wäre ggf. an eine Revision dieses Items zu denken.

Skala „Gesundheit und Fitness": In dieser Unterskala liegen sämtliche Trennschärfekoeffizienten $r_{it} > ,490$ und auch die Skalenkonsistenz läßt sich durch den Ausschluß von Items nicht verbessern.

Skala „Anregungen und Erregung erleben": Die sechs Items dieser Skala weisen hinsichtlich ihrer Trennschärfe eine geringe Varianz auf; lediglich das Item „Herausforderung, Spannung" besitzt einen höheren Koeffizienten. Auch hinsichtlich der Konsistenz kann durch die Elimination eines Items keine Verbesserung erzielt werden. Im Hinblick auf eine Verkürzung des Fragebogens kann an eine Verschiebung des Items „Durchhalten, Selbstüberwindung" in die Subskala „Kompetenzerleben / Leistungsverbesserung" gedacht werden, auf die die Variable eine nahezu gleichhohe Faktorladung zeigt. Eventuell ist auch eine Revision bzw. Aufteilung des Items entsprechend der darin enthaltenen Beispiele angebracht, die es deutlicher zur einen oder anderen Dimension zugehörig machen.

Skala „Soziales Wohlbefinden": Drei der fünf Items dieser Unterskala weisen eine mäßige Trennschärfe ($r_{it} < ,340$) auf. Um die Anzahl der Items und die Konsistenz der Skala nicht zu stark zu verringern, wird zunächst nur das Item „Stimmungsregulation" entfernt, da es auch die geringste Ladung auf diesen Faktor zeigt. In einer überarbeiteten Version wäre es dahingehend zu präzisieren, daß es eindeutig auf den Faktor „Soziales Wohlbefinden" oder auf den Faktor „Psychisches Wohlbefinden" lädt.

Skala „Kompetenzerleben / Leistungsverbesserung": Die geringste Trennschärfe dieser Unterskala besitzt das Item „Körpererfahrungen bei intensiver Belastung", weil es für die gesamte Stichprobe eine hohe Bedeutung besitzt und somit nicht zwischen den Versuchspersonen unterscheidet. Mit der Entfernung dieses Items erhöht sich auch die Konsistenz der Skala geringfügig von $\alpha = ,644$ auf $\alpha = ,652$. Wenn man annimmt, daß die Verbesserung von Fähigkeiten auch einen (intraindividuellen) Maßstab voraussetzt, so enthält die Skala nach dieser Änderung ausschließlich Selbstbewertungsaspekte der Leistung.

Skala „Leistungspräsentation": Ähnlich wie bei der Subskala „Kompetenzerleben / Leistungsverbesserung" gibt es auch hier ein Item, welches durch seine relativ homogene, diesmal allerdings geringe Gewichtung eine geringe Trennschärfe besitzt. Mit der Elimination des Items „Selbstbewertung theoretischer Kenntnisse" sinkt der Wert für die Konsistenz etwas ab. Die Skala wird dadurch zu einer reinen „Fremdbewertungsskala".

Skala „Psychisches Wohlbefinden": Wie der niedrige CRONBACH α-Wert zeigt, besitzt diese Unterskala eine relativ geringe Konsistenz ($\alpha = ,526$). Um die Skala nicht zu sehr zu verkürzen und damit die Konsistenz weiter zu reduzieren, wird von den wenig trennscharfen

Items „Alleinsein" und „Aggressionen abbauen" nur letzteres entfernt. Dies führt zu einer Verringerung des CRONBACH α-Wertes auf α =,494. Die Werte zeigen, daß für diese Subskala eine Revision der Items und eine Skalenverlängerung zur Verbesserung der Konsistenz, aber auch in Hinblick auf die Trennschärfe notwendig ist.

Nach Elimination der ungeeigneten Items und einzelner Umstellungen ergeben sich die Skalen wie sie in der Tabelle 8.13 abgebildet sind.

Die Tabelle 8.14 zeigt die Interkorrelation der Dimensionen nach der Elimination bzw. Veränderung der Zuordnung. Im Vergleich mit den Korrelationen der ursprünglichen Faktoren ergibt sich eine leichte Verringerung der Koeffizienten. Dies zeigt sich auch bei den jeweils stärksten Zusammenhängen; anstelle von drei Werten r >,400 findet sich in der Tabelle 8.14 nur noch ein Wert in dieser Größenordnung. Die relativ hohe Korrelation von r =,444 resultiert aus der Doppelladung des Items „Selbstbewertungen nach individueller Norm" auf diesen Faktoren. Verhältnismäßig große Koeffizienten finden sich außerdem für die Zusammenhänge von „Anregungen und Erregung erleben" und „Bewegungserleben" (r =,397), „Anregungen und Erregung erleben" und „Soziales Wohlbefinden" (r =,382) sowie von „Anregungen und Erregung erleben" und „Kompetenzerleben" (r =,363). In dieser Höhe befindet sich auch der Zusammenhang von „Naturerleben" und „Psychischem Wohlbefinden" (r =,370).

Wie der Blick auf die Tabelle 8.11 mit den Faktorladungen zeigt, existieren einige Items, bei denen es im Rahmen einer Überarbeitung notwendig ist, eindeutigere Formulierungen zu finden. Dazu gehören die Items „Durchhalten, Selbstüberwindung" und „Herausforderung, Spannung", die sowohl auf den Faktor „Anregungen und Erregung erleben" wie auch „Leistungsverbesserung / Selbstbewertung" laden. Hohe Ladungen auf „Leistungsverbesserung / Selbstbewertung" und „Leistungspräsentation" besitzen die Items „Selbstbewertung nach sozialer Norm" und „Fremdbewertung". Neben der dominanten Ladung auf den Faktor „Leistungsverbesserung / Selbstbewertung" hat das Item „Physische Fähigkeiten verbessern" noch einen Bezug zum Faktor „Gesundheit und Fitness". Aufgrund der gegebenen Ähnlichkeit zum Item „Fitness verbessern" ist dies naheliegend. Auch bei den „Körpererfahrungen" findet sich neben der Ladung auf den Faktor „Leistungsverbesserung / Selbstbewertung" noch ein Bezug zum Faktor „Psychisches Wohlbefinden". Daraus läßt sich schließen, daß neben dem aktuellen Erleben der Anstrengung insbesondere die entspannende Wirkung nach der Belastung von Bedeutung ist. Bei der Funktion der „Stimmungsregulation" sportlicher Aktivität wird zwar auch deren Effekt mit der Ladung auf den Faktor „Psychisches Wohlbefinden" deutlich, insgesamt hat das Item jedoch eine stärkere Ähnlichkeit mit den Bewertungen der Items der Dimension „Soziales Wohlbefinden", das offenbar die Quelle der Effekte darstellt. Eine ähnliche Konstellation ergibt sich für das Item „Psychische Regeneration, dessen „Hauptladung" für den Faktor „Psychisches Wohlbefinden" vorliegt, daneben aber fast genauso hoch auf den Faktor „Soziales Wohlbefinden" lädt. Wie der Tabelle 8.11 zu entnehmen ist, existieren noch weitere derartige Zusammenhänge; diese sind jedoch auf vergleichsweise niedrigem Niveau.

Tabelle 8.13: Trennschärfekoeffizienten und CRONBACH α-Werte für die geänderten Dimensionen (Subskalen)

Dimension / Anreizitems	Trennschärfekoeffizient r_{it}	Cronbach α, wenn Item entfernt
Dimension „Naturerleben" (N = 263)	,495	,753
Optische Wahrnehmungen (33)	,589	,691
Aktivitätsunabhängige, akustische Wahrnehmungen (9)	,587	,691
Schönheit der Natur erleben (10)	,461	,727
Olfaktorische Wahrnehmungen (25)	,442	,734
Mystische Erfahrungen machen (26)	,516	,711
Taktile und thermorezeptorische Wahrnehmungen (1)	,377	,747
Dimension „Bewegungserleben" (N = 230)	,518	,768
Außergewöhnliche Körperlagen (11)	,608	,707
Fließende Bewegungen (34)	,610	,714
Dynamische Bewegungen (3)	,425	,760
Gefühl der Kontrolle (13)	,518	,733
Ästhetik (Schönheit) von Bewegungen erleben (18)	,494	,739
Verschmelzung von Handeln und Bewußtsein (5)	,454	,748
Dimension „Anregungen und Erregung erleben" (N = 257)	,476	,691
„Angstlust" (35)	,525	,593
Neues Erleben (19)	,477	,625
Herausforderung, Spannung (27)	,540	,588
Konzentration, Selbstvergessenheit (36)	,361	,695
Dimension „Kompetenzerleben" (N = 293)	,486	,696
Selbstbewertung, individuelle Norm (29)	,563	,584
Physische Fähigkeiten verbessern (38)	,479	,635
Selbstbewertung, soziale Norm (37)	,448	,662
Durchhalten, Selbstüberwindung (21)	,453	,650
Dimension „Leistungspräsentation" (N = 238)	,455	,642
Identifikation, Selbstdefinition (8)	,415	,608
Fremdbewertung, Theorie (22)	,452	,549
Fremdbewertung (14)	,499	,481
Dimension „Soziales Wohlbefinden" (N = 284)	,413	,629
Kontakte pflegen (31)	,470	,514
Geselligkeit (15)	,498	,500
Kontakte knüpfen (39)	,322	,624
Freundschaft (23)	,362	,597
Dimension „Psychisches Wohlbefinden" (N = 239)	,314	,494
Abschalten (4)	,379	,273
Alleinsein (7)	,285	,439
Psychische Regeneration (20)	,279	,457
Dimension „Gesundheit und Fitness" (N = 205)	,583	,768
Gesundheitszustand verbessern, Rehabilitation (16)	,676	,661
Gewicht und Figur verbessern (40)	,519	,747
Fitness verbessern (32)	,647	,687
Prävention (24)	,490	,761

Anmerkung:
Die Anordnung der Dimensionen erfolgt in Anlehnung an die der Kategorie zu Beginn dieses Kapitels.

Tabelle 8.14: Korrelationen der Mittelwerte der Anreizdimensionen (N = 315 bis 332)

Anreizdimensionen		Naturerleben	Bewegungserleben	Herausforderungen	Kompetenzerleben	Leistungspräsentation	Soziales Wohlbefinden	Psychisches Wohlbefinden	Gesundheit und Fitness
Naturerleben	Korrelation	1,000							
	Signifikanz	,							
	N	332							
Bewegungserleben	Korrelation	,184**	1,000						
	Signifikanz	,001	,						
	N	332	332						
Anregung und Erregung erleben	Korrelation	,300**	,397**	1,000					
	Signifikanz	,000	,000	,					
	N	332	332	332					
Kompetenzerleben	Korrelation	-,039	,286**	,363**	1,000				
	Signifikanz	,480	,000	,000	,				
	N	332	332	332	332				
Leistungspräsentation	Korrelation	-,008	,276**	,194**	,444**	1,000			
	Signifikanz	,881	,000	,000	,000	,			
	N	324	324	324	324	324			
Soziales Wohlbefinden	Korrelation	,287**	,289**	,382**	,175**	,212**	1,000		
	Signifikanz	,000	,000	,000	,001	,000	,		
	N	331	331	331	331	323	331		
Psychisches Wohlbefinden	Korrelation	,370**	-,051	,087	,052	-,074	,149**	1,000	
	Signifikanz	,000	,353	,055	,343	,190	,007	,	
	N	328	328	328	328	320	327	328	
Gesundheit und Fitness	Korrelation	,124*	-,114*	,050	,287**	,100	,027	,268**	1,000
	Signifikanz	,026	,041	,044	,000	,078	,634	,000	,
	N	323	323	323	323	315	322	320	323

Legende:
* Die Korrelation (nach PEARSON) ist auf dem Niveau von 0,05 (zweiseitig) signifikant (p ≤,05).
** Die Korrelation (nach PEARSON) ist auf dem Niveau von 0,01 (zweiseitig) signifikant (p ≤,01).

Auch wenn sich solche „Doppeldeutigkeiten" aufgrund verschiedener Deutungsperspektiven der Individuen nie vollständig vermeiden lassen, so gilt es trotzdem diese bei der Überarbeitung des Fragebogens möglichst weitgehend zu reduzieren.

8.5 Gewichtung der Anreizdimensionen

In der Tabelle 8.15 werden die Mittelwerte und Standardabweichungen für die Dimensionen, wie sie sich durch den Ausschluß und die Umstellungen von Items ergeben, dargestellt. Zugleich werden die Werte differenziert nach Geschlecht und sportlicher Aktivität aufgeführt. Da durch die Faktorenanalyse und anschließende Reliabilitätsanalysen gezeigt wurde, daß es sich um (relativ) unabhängige und homogene Subskalen handelt, ist hier eine Durchschnittsberechnung zulässig. Die zugehörigen F-Werte und Signifikanzen finden sich in der Tabelle 8.16.

In der Abbildung 8.3 werden die Mittelwerte der Anreizdimensionen graphisch dargestellt.

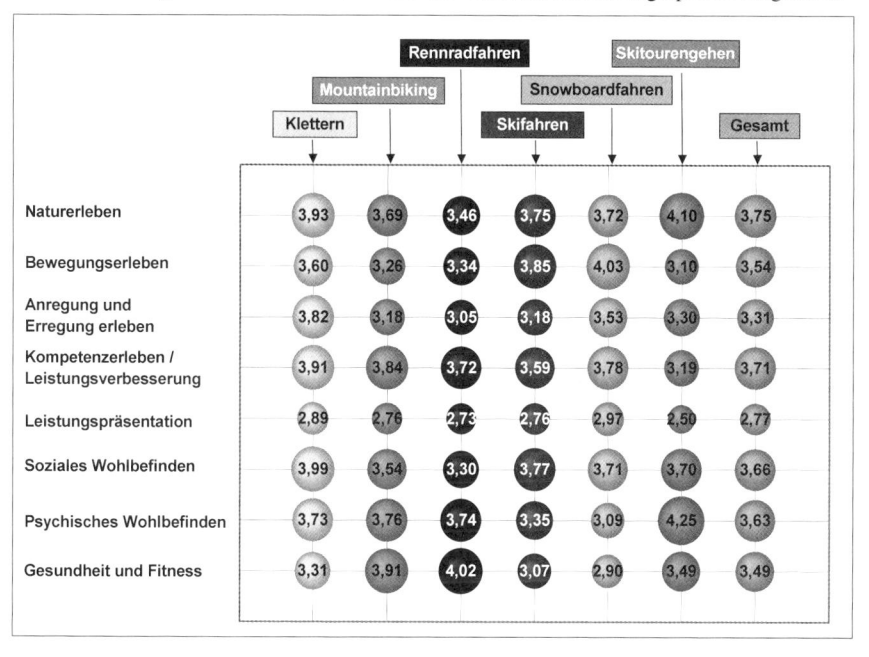

	Klettern	Mountainbiking	Rennradfahren	Skifahren	Snowboardfahren	Skitourengehen	Gesamt
Naturerleben	3,93	3,69	3,46	3,75	3,72	4,10	3,75
Bewegungserleben	3,60	3,26	3,34	3,85	4,03	3,10	3,54
Anregung und Erregung erleben	3,82	3,18	3,05	3,18	3,53	3,30	3,31
Kompetenzerleben / Leistungsverbesserung	3,91	3,84	3,72	3,59	3,78	3,19	3,71
Leistungspräsentation	2,89	2,76	2,73	2,76	2,97	2,50	2,77
Soziales Wohlbefinden	3,99	3,54	3,30	3,77	3,71	3,70	3,66
Psychisches Wohlbefinden	3,73	3,76	3,74	3,35	3,09	4,25	3,63
Gesundheit und Fitness	3,31	3,91	4,02	3,07	2,90	3,49	3,49

Abbildung 8.3: Mittelwerte der Anreizdimensionen, differenziert nach sportlicher Aktivität

Ergebnisse der Studie

Tabelle 8.15: Mittelwerte und Standardabweichungen der acht Anreizdimensionen, differenziert nach Geschlecht und sportlicher Aktivität

Anreiz-dimensionen	Ge-schlecht	Klettern			Mountainbiking			Rennradfahren			Skifahren			Snowboarden			Skitourengehen			Insgesamt		
		N	M	SD	N	M	SD	N	M	SD	N	M	SD	N	M	SD	N	M	SD	N	M	SD
Naturerleben	Männer	32	3,83	,65	49	3,56	,73	39	3,36	,76	45	3,73	,60	20	3,68	,66	19	3,97	,40	204	3,65	,68
	Frauen	24	4,07	,61	27	3,94	,49	16	3,73	,73	40	3,77	,66	11	3,79	,53	9	4,39	,34	127	3,90	,62
	Insgesamt	56	3,93	,64	76	3,69	,68	55	3,46	,76	85	3,75	,62	31	3,72	,61	28	4,10	,43	331	3,75	,67
Bewegungserleben	Männer	32	3,65	,56	49	3,28	,65	39	3,30	,66	45	3,96	,70	20	4,10	,56	19	3,33	,54	204	3,58	,70
	Frauen	24	3,53	,65	27	3,23	,77	16	3,43	,66	40	3,73	,71	11	3,91	,75	9	2,63	,55	127	3,49	,76
	Insgesamt	56	3,60	,59	76	3,26	,69	55	3,34	,65	85	3,85	,71	31	4,03	,63	28	3,10	,63	331	3,54	,72
Anregung und Erregung erleben	Männer	32	3,86	,53	49	3,16	,68	39	3,00	,59	45	3,28	,75	20	3,48	,70	19	3,45	,81	204	3,32	,72
	Frauen	24	3,76	,59	27	3,22	,81	15	3,19	,70	40	3,06	,61	11	3,63	,62	9	2,98	,61	126	3,29	,71
	Insgesamt	56	3,82	,55	76	3,18	,73	54	3,05	,62	85	3,18	,69	31	3,53	,67	28	3,30	,77	330	3,31	,72
Kompetenzer-leben / Leistungs-verbesserung	Männer	32	3,97	,50	49	3,78	,70	39	3,78	,60	45	3,56	,68	20	3,64	,57	19	3,31	,64	204	3,70	,65
	Frauen	24	3,83	,44	27	3,95	,66	16	3,55	,91	40	3,63	,68	11	4,05	,46	9	2,94	,50	127	3,71	,69
	Insgesamt	56	3,91	,48	76	3,84	,69	55	3,71	,71	85	3,59	,68	31	3,78	,56	28	3,19	,61	331	3,71	,66
Leistungs-präsentation	Männer	31	2,87	,80	47	2,65	,79	37	2,67	,78	43	2,57	,86	20	2,93	,62	19	2,61	,66	197	2,69	,78
	Frauen	24	2,92	,56	27	2,97	,91	15	2,96	,99	40	2,96	,77	11	3,05	,72	9	2,26	,40	126	2,91	,78
	Insgesamt	55	2,89	,70	74	2,76	,84	52	2,75	,85	83	2,76	,84	31	2,97	,65	28	2,50	,60	323	2,78	,79
Soziales Wohlbefinden	Männer	32	4,05	,49	49	3,45	,69	38	3,30	,55	45	3,79	,69	20	3,61	,76	19	3,76	,60	203	3,64	,68
	Frauen	24	3,91	,56	27	3,71	,62	16	3,33	,78	40	3,75	,63	11	3,89	,67	9	3,56	,63	127	3,72	,65
	Insgesamt	56	3,99	,52	76	3,54	,68	54	3,31	,62	85	3,77	,66	31	3,71	,73	28	3,70	,61	330	3,67	,67
Psychisches Wohlbefinden	Männer	30	3,76	,79	49	3,70	,67	39	3,74	,65	44	3,29	,72	20	2,93	,91	19	4,25	,63	201	3,60	,78
	Frauen	24	3,70	,83	27	3,88	,57	16	3,70	,79	39	3,42	,89	11	3,36	1,04	9	4,26	,51	126	3,66	,82
	Insgesamt	54	3,73	,80	76	3,76	,64	55	3,73	,68	83	3,35	,80	31	3,09	,96	28	4,25	,59	327	3,62	,80
Gesundheit und Fitness	Männer	28	3,30	,71	48	3,83	,73	38	4,06	,57	45	3,20	,83	20	2,87	,72	19	3,58	,64	198	3,54	,81
	Frauen	23	3,32	,67	27	4,06	,73	16	3,91	,58	39	2,92	,70	10	2,96	,70	9	3,31	,45	124	3,40	,81
	Insgesamt	51	3,31	,68	75	3,91	,73	54	4,01	,57	84	3,07	,78	30	2,90	,71	28	3,49	,59	322	3,48	,81
Gesamt	Männer	32	3,73	,33	49	3,47	,39	39	3,44	,40	45	3,54	,46	20	3,53	,38	19	3,56	,32	204	3,54	,40
	Frauen	24	3,71	,26	27	3,66	,43	16	3,54	,40	40	3,48	,35	11	3,69	,32	9	3,33	,27	127	3,58	,36
	Insgesamt	56	3,72	,30	76	3,54	,41	55	3,47	,40	85	3,51	,41	31	3,59	,36	28	3,49	,32	331	3,55	,39

Tabelle 8.16: Ergebnisse der zweifaktoriellen Kovarianzanalyse für die acht Anreizdimensionen. (Haupteffekte: Geschlecht und Sportliche Aktivität; Kovariate: Alter)

Dimension / Effekt	Quadrat-summe	df	Mittel d. Quadrats.	F	Sig.	Eta^2
Naturerleben						
Alter	0,026	1	0,026	,064	,801	,000
Geschlecht	4,155	1	4,155	10,061	,002	,031
Sportliche Aktivität	8,170	5	1,634	3,957	,002	,059
Geschlecht * Sportliche Aktivität	1,681	5	,336	,814	,540	,013
Bewegungserleben						
Alter*	1,965	1	1,965	4,581	,033	,014
Geschlecht	3,052	1	3,052	7,113	,008	,022
Sportliche Aktivität	27,704	5	5,541	12,913	,000	,169
Geschlecht * Sportliche Aktivität	3,254	5	,651	1,517	,184	,023
Anregungen und Erregung erleben						
Alter*	2,654	1	2,654	5,961	,015	,019
Geschlecht	,580	1	,580	1,303	,255	,004
Sportliche Aktivität	19,830	5	3,966	8,907	,000	,124
Geschlecht * Sportliche Aktivität	3,027	5	,605	1,360	,239	,021
Kompetenzerleben / Leistungsverbesserung						
Alter**	7,162	1	7,162	18,538	,000	,055
Geschlecht	,295	1	,295	,763	,383	,002
Sportliche Aktivität	12,080	5	2,416	6,253	,000	,090
Geschlecht * Sportliche Aktivität	3,395	5	,679	1,758	,121	,027
Leistungspräsentation						
Alter**	2,860	1	2,860	4,787	,029	,015
Geschlecht	,570	1	,570	,953	,330	,003
Sportliche Aktivität	4,132	5	,826	1,383	,230	,022
Geschlecht * Sportliche Aktivität	3,201	5	,640	1,072	,376	,017
Soziales Wohlbefinden						
Alter*	1,905	1	1,905	4,707	,031	,015
Geschlecht	0,000	1	0,000	,000	,990	,000
Sportliche Aktivität	11,983	5	2,397	5,921	,000	,086
Geschlecht * Sportliche Aktivität	2,215	5	,443	1,094	,363	,017
Psychisches Wohlbefinden						
Alter	,703	1	,703	1,259	,263	,004
Geschlecht	,941	1	,941	1,686	,195	,005
Sportliche Aktivität	24,318	5	4,864	8,714	,000	,122
Geschlecht * Sportliche Aktivität	1,452	5	,290	,520	,761	,008
Gesundheit und Fitness						
Alter*	1,514	1	1,514	3,150	,077	,010
Geschlecht	,104	1	,104	,217	,642	,001
Sportliche Aktivität	51,229	5	10,246	21,314	,000	,257
Geschlecht * Sportliche Aktivität	2,697	5	,539	1,122	,348	,018

Legende:
* Die Variable korreliert (nach PEARSON) signifikant mit dem Alter (p<,05).
** Die Variable korreliert (nach PEARSON) signifikant mit dem Alter (p<,01).
Da zumindest von einer theoretischen Unabhängigkeit der Anreizdimensionen ausgegangen werden kann, wurden bei der varianzanalytischen Auswertung univariate und keine multivariaten Verfahren eingesetzt.

Betrachtet man die Mittelwerte der Anreizdimensionen für die Gesamtstichprobe, so sind keine großen Unterschiede festzustellen, lediglich die Dimension „Leistungspräsentation" fällt mit 2,78 nach unten heraus; die übrigen Werte liegen zwischen 3,75 bis 3,42. Die ersten drei Dimensionen „*Naturerleben*" (3,75), „*Kompetenzerleben / Leistungsverbesserung*" (3,71), „*Soziales Wohlbefinden*" (3,67) und „*Psychisches Wohlbefinden*" (3,62) liegen über dem Gesamtdurchschnitt[196] aller einbezogenen Variablen. „*Bewegungserleben*" (3,54) liegt genau im Durchschnitt, „*Gesundheit und Fitness*" (3,48) und „*Anregungen und Erregung erleben*" (3,31) etwas darunter. Vergleicht man jedoch Männer und Frauen sowie die verschiedenen sportlichen Aktivitäten, so ergeben sich deutliche Unterschiede in den Anreizprofilen.

Nur bei zwei Dimensionen finden sich signifikante **Geschlechtseffekte**. Frauen haben einen signifikant stärkeren Bezug zu den Anreizen des „Naturerlebens" (3,90 vs. 3,65), dagegen messen sie dem „Bewegungserleben" signifikant weniger Bedeutung zu (3,49 vs. 3,58).

Mit Ausnahme der „Leistungspräsentation" ergeben sich dagegen bei allen Dimensionen signifikante **Unterschiede hinsichtlich der sportlichen Aktivität** (siehe Tabelle 8.16).

- „*Naturerleben*" hat für Skitourengeher (4,10) einen signifikant höheren Stellenwert als für Rennradfahrer (3,46), Mountainbiker (3,69) und Skifahrer (3,75)[197]. Auch Kletterer (4,07) liegen noch signifikant über den Rennradfahrern. Signifikante Wechselwirkungseffekte von Geschlecht und sportlicher Aktivität liegen nicht vor; der höhere Wert der Frauen spiegelt sich in allen Gruppen wider.

- Bei der Dimension „*Bewegungserleben*" findet sich eine Dreiteilung der Gruppe; Skifahrer (3,85) und insbesondere Snowboardfahrer (4,03) haben deutlich höhere Werte als Rennradfahrer (3,34), Mountainbiker (3,26) und Skitourengeher (2,63). Dazwischen liegen die Kletterer mit einem Wert von 3,60.

- Die Dimension „*Anregungen und Erregung erleben*" wird von den Kletterern dominiert. Ihr Wert von 3,86 hebt sich signifikant von Rennradfahrern (3,05), Mountainbikern (3,18) Skifahrern (3,18) und Skitourengehern (3,30) ab. Nur zu den Snowboardfahrern (3,53) besteht kein signifikanter Unterschied.

- Der Wert von 3,19 bei Skitourengehern für die Dimension „*Kompetenzerleben / Leistungsverbesserung*" liegt signifikant unter dem der anderen Sportarten mit Ausnahme der Skifahrern (3,59), die ihrerseits auch noch signifikant hinter den Kletterern zurückstehen, die mit 3,91 den höchsten Wert für diese Dimension aufzuweisen haben.

- „*Leistungspräsentation*" ist die mit Abstand am niedrigsten gewichtete Dimension. Hier finden sich weder Geschlechtseffekte noch Unterschiede zwischen den verschiedenen Sportarten.

---

[196] Die Gesamtdurchschnittswerte dienen lediglich als Orientierungshilfe. Da es sich bei den Dimensionen um unabhängige Faktoren handelt, sind Mittelwerte über die Dimensionen hinaus nicht aussagekräftig.

[197] Die Bestimmung signifikanter Einzelunterschiede erfolgte mittels der post-hoc durchgeführten Scheffé-Prozedur bzw. dem Tamhane-T2-Test.

- Hinsichtlich des *„Sozialen Wohlbefindens"* unterscheiden sich die „Solosportarten" Rennradfahren (3,31) und Mountainbiking (3,54) signifikant von der „Partnersportart" Klettern (3,99). Die Wintersportarten Skifahren (3,77), Snowboardfahren (3,71) und Skitourengehen (3,70) liegen dazwischen, wobei auch noch der Unterschied zwischen Skifahrern und Rennradfahrern signifikant ist.

- Aspekte des *„Psychischen Wohlbefindens"* sind für Snowboardfahrer (3,09) im Verhältnis zu allen anderen Sportarten - außer dem Skifahren - relativ unwichtig. Auch Skifahrer (3,35) liegen noch signifikant hinter den Skitourengehern (4,25), die den höchsten Wert in dieser Dimension aufweisen.

- *„Gesundheit und Fitness"* ist die Domäne der Rennradfahrer (4,01) und Mountainbiker (3,91), die sich signifikant von Kletterern (3,31), Skifahrern (3,07) und vor allem Snowboardfahrern (2,90) unterscheiden. Skitourengeher (3,49) liegen zwischen den beiden Gruppen.

Die **Wechselwirkungseffekte zwischen Geschlecht und sportlicher Aktivität** sind allesamt nicht signifikant.

Neben Geschlechtseffekten und den Auswirkungen der sportlichen Aktivität findet sich bei fünf Dimensionen auch ein signifikanter Alterseffekt, der als Kovariate in der Varianzanalyse berücksichtigt wurde. Die Korrelation zwischen dem Alter und den Dimensionen ist in diesen Fällen immer leicht negativ (maximal r =-,243), d.h. mit zunehmendem Alter werden Anreize des Bewegungserlebens, des Erlebens von An- und Erregungen, des Kompetenzerlebens, der Leistungspräsentation und des sozialen Wohlbefindens immer weniger bedeutsam. Eine leicht positive jedoch nicht signifikante Korrelation besteht zwischen dem Alter und der Dimension „Gesundheit und Fitness", d.h. mit zunehmendem Alter werden derartige Anreize für die individuelle Sportmotivation immer bedeutender.

Anreizprofile der untersuchten Outdooraktivitäten

Nach dem die Unterschiede zwischen Männern und Frauen sowie zwischen den verschiedenen sportlichen Aktivitäten innerhalb der Anreizdimensionen diskutiert wurden, sollen jetzt aus der Perspektive der sportlichen Aktivität die sportartspezifischen Anreizprofile dargestellt werden.

- Wie aus Abbildung 8.3 hervorgeht, lassen sich **Rennradfahren** und **Mountainbiking** am treffendsten als fitnessorientierte Sportarten beschreiben; *„Gesundheit und Fitness"* ist die dominante Anreizdimension. An zweiter Stelle folgen jeweils Anreize des *Kompetenzerlebens* und der *Leistungsverbesserung*. Interessanterweise finden sich bei Mountainbikern die höheren Werte für diese Dimensionen bei den Frauen, bei den Rennradfahrern bei den Männern. Ferner sind bei Rennradfahrern das *„Psychische Wohlbefinden"*, bei Mountainbikern das *„Naturerleben"* von Bedeutung. Auch hier haben Frauen den größeren Durchschnittswert im Vergleich zu Männer. Beide Sportarten können somit im wesentlichen als zielorientiert bezeichnet werden.

- Bei **Skifahrern** und insbesondere bei **Snowboardern** geht es vor allem um das „*Bewegungserleben*", wobei Männer in beiden Fällen etwas höhere Werte haben als Frauen. Nach dem Bewegungserleben stehen an zweiter Stelle auf einer Stufe „*Naturerleben*" und „*Soziales Wohlbefinden*". Neben der immer am geringsten bewerteten Dimension „*Leistungspräsentation*" findet sich bei beiden Sportarten die Dimension „*Gesundheit und Fitness*" am Ende der Rangskala. Skifahrer und Snowboardfahrer können als erlebnisorientiert bezeichnet werden. Ihre Hauptanreize, die bewegungsabhängigen Empfindungen, werden im Sinne des Wortes „erfahren". Ähnlich verhält es sich bei den sozialen Elementen, die ebenfalls (interpersonelles) Handeln voraussetzen.

- Bei den **Skitourengehern** stehen Anreize des „*Naturerlebens*" und die damit verbundenen positiven Auswirkungen auf das „*Psychische Wohlbefinden*" in Form von Entspannung und Regeneration an erster Stelle. Während beim Naturerleben die Frauen den höheren Wert aufweisen, sind die Werte für das psychische Wohlbefinden gleich hoch. Bei allen anderen Dimensionen, insbesondere „*Bewegungserleben*", „*Anregungen und Erregung erleben*", „*Kompetenzerleben*" und „*Leistungspräsentation*" haben Männer, wenn zum Teil auch auf niedrigem Niveau, höhere Mittelwerte. Skitourengehen ist somit als eine Natursportart zu charakterisieren, bei der die Aufnahme natürlicher Reize und die mit der sportlichen Aktivität in der Natur verbundene Erholung im Vordergrund stehen.

- Während bei Skitourengehern eindeutig die Aufnahme von Reizen aus der Natur und die Regeneration überwiegen, findet sich bei **Kletterern** ein breiteres Anreizspektrum. Nahezu von gleicher Gewichtung sind „*Soziales Wohlbefinden*", „*Naturerleben*" und „*Kompetenzerleben / Leistungsverbesserung*". Herausragend sind dabei der hohe Wert für „*Anregungen und Erregung erleben*" (3,82), der deutlich über den der anderen Sportarten liegt. Ebenfalls überdurchschnittlich ist der Wert für „*Soziales Wohlbefinden*", wobei vor allem das Item „Freundschaft erleben" bei den Kletterern zu einem hohen Mittelwert beiträgt. Sowohl bei der Bewältigung von Hausforderungen, wie beim sozialen Wohlbefinden zeigen sich also Bezugspunkte zu strukturellen Merkmalen der Sportart. Kernelement ist das Überwinden von (selbstgestellten) Schwierigkeiten, wobei dem Kletterpartner eine sichernde Rolle zukommt. Im Vergleich zu den Skitourengehern liegt bei den Kletterern vermehrt innengerichtete Anreize vor.

Insgesamt bestätigen sich somit im wesentlichen die Beschreibungen, wie sie bereits anhand der einzelnen Items in der Zusammenfassung von Kapitel 8.2.1 gegeben wurden.

Anreizdimensionen und Merkmale der Sportausübung

Wie sich anhand der Korrelationskoeffizienten ablesen läßt, bestehen nur geringe Zusammenhänge, die nur bei knapp einem Drittel der Kombinationen signifikant sind; der stärkste Zusammenhang beträgt r =,313[198]. Relativ viele signifikante Korrelationen bestehen zwischen der Anreizdimension „*Bewegungserleben*" und den Ausübungsparametern. Diejenigen Outdoorsportler, die hohen Wert auf diese Dimension legen, präferieren tendenziell bei

---

[198] Die Tabelle A 3.18 mit den Korrelationskoeffizienten und den zugehörigen Signifikanzwerten befindet sich im Anhang.

ihrer sportlichen Aktivität eine höhere Intensität und einen höheren Schwierigkeitsgrad. Sie schätzen ihre koordinativen Fähigkeiten höher ein und tolerieren eine höheres Verletzungsrisiko. Plausibel erscheinen auch die signifikanten Beziehungen zwischen der Anreizdimension „Anregungen und Erregung erleben" mit einem höheren Schwierigkeitsgrad und einem höheren Verletzungsrisiko. Eine genauere Analyse der letztgenannten Beziehung ergibt jedoch lediglich für das Item „Angstlust" einen signifikanten Einfluß des akzeptierten Verletzungsrisikos. Dabei findet sich das stärkste Gewicht in der Teilgruppe, die ein mittleres Verletzungsrisiko akzeptiert. Weitere signifikante Zusammenhänge bestehen zwischen dem „Kompetenzerleben" und höherer Intensität, höherer Belastung und höherem Schwierigkeitsgrad. Personen, die Wert auf den Faktor „Gesundheit und Fitness" legen, üben ihre sportliche Aktivität in der Regel häufiger aus als diejenigen, die diesem Aspekt weniger Bedeutung beimessen.

Zwischen **Männern** und **Frauen** bestehen nur wenige bedeutende Unterschiede. In Verbindung mit Bewegungs- und Kompetenzerleben besteht bei Frauen ein stärkerer Zusammenhang mit den Variablen „Koordinative Fähigkeiten" ($r=,325$ vs. $r=,166$)[199] und „Körperliche Belastung" ($r=,214$ vs. $r=,121$) als bei Männern. „Anregungen und Erregung erleben" steht bei Frauen stärker in Verbindung mit dem Schwierigkeitsgrad der sportlichen Tätigkeit ($r=,229$ vs. $r=,143$), bei Männern eher mit dem „Verletzungsrisiko" ($r=,237$ vs. $r=,147$; $p=,100$).

Da auch für die einzelnen **Sportarten** nur relativ schwache Zusammenhänge erkennbar sind, die aufgrund des geringen Teilstichprobenumfangs nur sehr selten signifikant sind, werden diese nur in Fällen genannt, wo sie von den für die Gesamtstichprobe geschilderten Verhältnissen abweichen.

- Bei **Kletterern** sind die stärksten Korrelationen negativ, nämlich zwischen „Naturerleben" und „Körperlicher Belastung" ($r=-,325$) und zwischen „Gesundheit und Fitness" und „Umfang" ($r=-,330$). Diejenigen Kletterer, die vor allem vom Naturerleben angezogen sind, tendieren also dazu, ihre körperliche Belastung eher gering zu halten. Ähnliches gilt für den Zusammenhang von „Psychischem Wohlbefinden" und „Körperlicher Belastung" ($r=-,247$; $p=,072$). Positive Korrelationen bestehen hingegen zwischen der Dimension „Leistungspräsentation" und den Variablen „Intensität" ($r=,258$; $p=,057$) und „Schwierigkeitsgrad" ($r=,250$; $p=,066$), d.h. diejenigen, die ihr Können demonstrieren wollen, bevorzugen auch eine subjektiv hohe Intensität und Schwierigkeit. (Die Korrelationen mit konditionellen und koordinativen Fähigkeiten betragen aber nahezu Null.)

- Für **Mountainbiker** finden sich signifikante Zusammenhänge vor allem mit der Dimension „Kompetenzerleben / Leistungsverbesserung", und zwar mit den Variablen „Umfang" ($r=,253$), „Schwierigkeitsgrad" ($r=,266$), „Konditionelle Fähigkeiten" ($r=,357$), „Intensität" ($r=,414$) und „Körperlicher Belastung" ($r=,415$): Je wichtiger die Leistung ist, um so mehr „tun" die Betreffenden dafür.

- Bei den **Rennradfahrern** dreht sich alles um die Trainingshäufigkeit. Signifikante, positive Korrelationen existieren bezüglich der Dimensionen „Bewegungserleben" ($r=,325$),

---

[199] Wenn nicht anders angegeben, sind die Korrelationen zumindest auf dem 5%-Niveau signifikant.

„Kompetenzerleben / Leistungsverbesserung" (r =,310) und „Gesundheit und Fitness" (r =,266). Interessanterweise existieren negative Korrelationen zwischen „Leistungspräsentation" und Intensität (r =-,229; p =,099) und Schwierigkeitsgrad (r =-,265; p =,055).

- Bei **Skifahrern** fallen vor allem die Zusammenhänge mit der Dimension „Bewegungserleben" und der Dimension „Anregungen und Erregung erleben" auf. Mit ersterer korrelieren „Körperliche Belastung" (r =,300), „Intensität" (r =,302), „Koordinative Fähigkeiten" (r =,354) und „Schwierigkeitsgrad" (r =,434). Der Reiz des „Bewegungserleben" erfüllt sich offenbar am ehesten für versierte Fahrer, wenn sie ihre Fähigkeiten optimal einsetzen. Zur Dimension „Anregungen und Erregung erleben" bestehen gut nachvollziehbare Korrelationen mit dem „Schwierigkeitsgrad" (r =,316) und dem „Verletzungsrisiko" (r =,387).

- *Die **Snowboardfahrer*** weichen von dem bisherigen Muster ab. Bei ihnen korrelieren die Dimensionen „Naturerleben" und „Bewegungserleben" positiv mit dem „Umfang" ihrer sportlichen Aktivität (r =,416 bzw. r =,535). Ferner bestehen negative Korrelationen der Variable „Relative Häufigkeit" mit den Anreizdimensionen „Kompetenzerleben" (r =-,429), „Leistungspräsentation" (r =-,362) und „Psychisches Wohlbefinden" (r =-,334; p =,066). Denjenigen, die häufig Snowboard fahren, sind diese Anreizaspekte eher unwichtig, ihnen geht es eher ums Natur- und vor allem ums Bewegungserlebnis.

- Aufgrund des geringen Stichprobenumfangs bei **Skitourengehern** ergeben sich hier nur sehr wenige signifikante Korrelationen. Die stärksten finden sich für die Dimension „Kompetenzerleben / Leistungsverbesserung" mit den Variablen „Körperliche Belastung" (r =,401) und „Verletzungsrisiko" (r =,472).

Anmerkung: Bei der Interpretation ist zu berücksichtigen, daß die meisten Korrelationen relativ schwach sind (r <,400) und daher nur Tendenzen andeuten können. Ferner sind aufgrund von Korrelationskoeffizienten keine Aussagen über die Kausalität der Beziehungen möglich. Zwar kann angenommen werden, daß das Vorliegen bestimmter Anreize entsprechende Ausprägungen bei den Variablen bewirkt, dies ist jedoch theoretisch zu begründen.

8.6 Typisierung der Outdoorsportler (Clusteranalyse)

Bislang ist vor allem die Ähnlichkeit verschiedener Merkmale untersucht worden, was zur Definition von acht Faktoren bzw. Dimensionen führte. Wie oben dargestellt, erlauben es diese Faktoren, die verschiedenen sportlichen Aktivitäten zu kategorisieren. Es ist jedoch auch festzustellen, daß die verschiedenen Sportarten sich nicht allein durch eine oder zwei Anreizdimensionen beschreiben lassen. Deswegen stellt sich die Frage, ob das ermittelte „Anreizprofil" für alle Sportler einer Sportart charakteristisch ist oder ob es durch die Überlagerung von unterschiedlichen, in sich aber relativ homogenen (d.h. durch wenige Dimensionen bestimmten) Anreizprofilen der Sportler zustandekommt. Dieser Frage wird in diesem Abschnitt mit einer Clusteranalyse nachgegangen. Da eine Clusteranalyse auf der Ähnlichkeit von Untersuchungssubjekten basiert, werden die Berechnung anhand der erfaßten Versuchspersonen durchgeführt.

Ziel einer Clusteranalyse ist es, möglichst homogene Untergruppen zu identifizieren, die sich von den anderen Gruppen möglichst deutlich unterscheiden. In der Literatur werden dazu mehrere Verfahren diskutiert, die auf verschiedenen Distanzmaßen und Zuordnungsverfahren beruhen (BORTZ 1993, 522-531; BACKHAUS u.a. 1994, 263-287). Im Rahmen dieser Untersuchung wurden zwei verschiedene clusteranalytische Verfahren angewandt: das hierarchische Verfahren nach *Ward*, welches auf der Minimierung der Erhöhung der Fehlerquadratsumme beim Zusammenfassen der Objekte basiert sowie die nichthierarchische *k-means-Methode*[200], welche auf der Minimierung der Distanzen zwischen Objekt und Clusterschwerpunkt beruht. Als Distanzmaß wurde die quadrierte *euklidische Distanz* verwendet. Als unabhängige Variablen dienten zunächst die Faktoren bzw. Faktorwerte aus der oben beschrieben Faktorenanalyse, da diese weitgehend voneinander unabhängig sind, d.h. keine bzw. nur geringe Korrelationen miteinander aufweisen. Es zeigte sich jedoch, daß bei dieser Vorgehensweise aufgrund zahlreicher fehlender Werte nur 68 Datensätze für die Clusteranalyse verwendbar sind. Da diese Zahl für eine weitere Differenzierung nach Sportarten zu gering ist[201], wurde auf die Mittelwerte der Anreizdimensionen als unabhängige Variablen zurückgegriffen, bei denen ebenfalls von einer relativ weitgehenden Unabhängigkeit ausgegangen werden kann, da sie auf den leicht modifizierten Faktoren basieren. Durch diese Änderung standen alle 332 Datensätze zur Verfügung. Bei der hierarchischen *Ward-Methode* boten sich aufgrund des Verlaufs der Zunahme der Fehlerquadratsummen maximal eine 7- und minimal eine 4-Cluster-Lösung an. Die entsprechende Anzahl von Clustern wurde auch für die *k-means-Methode* vorgegeben. In allen Fällen wurden anschließend die Mittelwerte der Anreizdimensionen für die einzelnen Cluster sowie die Verteilung der sportlichen Aktivitäten in den Clustern berechnet. Bei den Clustern zeigten sich jedoch in keinem der Fälle eine durchwegs plausibel interpretierbare Struktur. Am nächsten kamen diesem Ziel die Lösung mit fünf Clustern.

Gewichtung der Anreizdimensionen

Exemplarisch werden für die *k-means-Methode* die Mittelwerte der Anreizdimensionen für die einzelnen Cluster sowie die Kreuztabelle für die Verteilung der sportlichen Aktivitäten in den Clustern in den folgenden Tabellen dargestellt und erläutert.

---

[200] Im Unterschied zur hierarchischen *Ward-Methode*, bei der ein Objekt immer in dem ihm zugewiesenen Cluster bleibt, erlaubt die *k-means-Methode* von Schritt zu Schritt das Verschieben eines Objekts in ein anderes Cluster. Aufgrund des mit wachsender Anzahl der Fälle und einbezogener Variablen stark steigenden Rechenaufwands können in der Regel nicht alle potentiellen Kombinationen berechnet werden, und deswegen wird meistens nur ein suboptimales Ergebnis - ein „lokales Optimum" - erreicht (BACKHAUS u.a. 1994, 284).

[201] Bei sechs sportlichen Aktivitäten und einer vermuteten Clusterzahl von vier bis acht ergäbe sich eine durchschnittliche Zellenbesetzung von weniger als drei.

Tabelle 8.17: Mittelwerte und Standardabweichungen für die Anreizdimensionen in den Clustern (5-Cluster-Lösung nach der k-means-Methode; N = 323 bis 332)

Anreiz-dimension	Cluster 1			Cluster 2			Cluster 3			Cluster 4			Cluster 5			Insgesamt		
	N	M	SD	N	M	SD	N	M	SD	N	M	SD	N	M	SD	N	M	SD
Naturerleben	66	4,07	,56	91	4,16	,46	53	3,37	,72	60	3,40	,57	62	3,45	,56	332	3,75	,67
Bewegungserleben	66	4,30	,40	91	3,40	,57	53	2,75	,52	60	3,37	,55	62	3,79	,62	332	3,54	,72
Herausforderungen	66	4,09	,46	91	3,47	,53	53	2,63	,44	60	3,50	,52	62	3,26	,53	332	3,42	,66
Kompetenzerleben	66	4,17	,52	91	3,58	,52	53	3,05	,58	60	4,19	,48	62	3,49	,52	332	3,71	,66
Leistungsdarstellung	66	3,40	,68	86	2,22	,54	50	2,21	,52	60	3,37	,62	62	2,76	,56	324	2,77	,79
Soziales Wohlbefinden	66	4,28	,45	90	3,68	,63	53	3,21	,63	60	3,47	,58	62	3,57	,58	331	3,66	,67
Psychisches Wohlbefinden	65	3,72	,68	90	4,31	,48	51	3,31	,61	60	3,54	,71	62	2,88	,65	328	3,63	,80
Gesundheit und Fitness	63	3,67	,68	89	3,60	,67	50	3,49	,56	59	4,15	,59	62	2,50	,53	323	3,49	,81

Anmerkung:
Die hell unterlegten Flächen zeigen an, daß der entsprechende Mittelwert mehr als 0,30 über dem Gesamtdurchschnitt liegt, dunkle Flächen, daß er mehr als 0,30 unter dem Gesamtdurchschnitt liegt.

Aus den Gewichtungen der Anreizdimensionen ergibt sich folgende Interpretationsmöglichkeit für die fünf Cluster:

Cluster 2 stellt den *„erholungsuchenden Natursportler"* dar; es entspricht ziemlich genau dem Anreizprofil der Skitourengeher. Die überdurchschnittlichen Werte für „Naturerleben" und „Psychisches Wohlbefinden" sowie der sehr geringe Wert für „Leistungspräsentation" belegen dies.

Cluster 4 repräsentiert den *„fitnessorientierten Leistungssportler"*; es entspricht am ehesten den Rennradfahrern mit überdurchschnittlichen Werten bei den Dimensionen „Kompetenzerleben / Leistungsverbesserung" und „Gesundheit und Fitness" sowie bei der „Leistungspräsentation".

Schwieriger ist das **Cluster 1** zu interpretieren. Bis auf „Psychisches Wohlbefinden" und „Gesundheit und Fitness" finden sich durchwegs überdurchschnittliche Werte. Es handelt sich somit um ein Profil, welches am ehesten für Kletterer, Snowboarder oder Skifahrer zutreffen könnte. Es stellt den *„vielseitig motivierten Outdoorsportler"* dar, wie er bei verschiedenen sportlichen Aktivitäten vorkommen kann. Das Profil ist also nicht typisch für eine einzelne Sportart.

Mehr Interpretationsschwierigkeiten bereiten die Cluster 3 und 5. **Cluster 5** entspricht von den Relationen der Anreize in etwa dem Cluster 1 auf niedrigerem Niveau. Sämtliche Werte liegen ca. 0,5 bis 0,8 unter denen des ersten Clusters. Es handelt sich quasi um einen *„gemäßigten Universaltyp"*.

Typisierung der Outdoorsportler (Clusteranalyse) 303

Auch bei **Cluster 3** finden sich überwiegend unterdurchschnittliche Werte. Möglicherweise handelt es sich auch hier um einen sportartübergreifenden Typ, der im Verhältnis am stärksten daran interessiert ist, sich bei seinen Aktivitäten in der Natur zu erholen und vor allem etwas für seine Gesundheit zu tun, also einen „*naturorientierten Fitness-Sportler*".

Die Tabelle 8.18 zeigt die Verteilung der Cluster über die Sportarten.

Tabelle 8.18: Verteilung der Cluster über die sportlichen Aktivitäten (N = 332)

Sportliche Aktivität		Cluster 1	Cluster 2	Cluster 3	Cluster 4	Cluster 5	Gesamt
Klettern	N	17	20	3	6	10	56
	Erwartetes N	11,1	15,3	8,9	10,1	10,5	56,0
	%	30,4%	35,7%	5,4%	10,7%	17,9%	100,0%
Mountainbiking	N	12	18	17	25	4	76
	Erwartetes N	15,1	20,8	12,1	13,7	14,2	76,0
	%	15,8%	23,7%	22,4%	32,9%	5,3%	100,0%
Rennradfahren	N	5	16	16	18	1	56
	Erwartetes N	11,1	15,3	8,9	10,1	10,5	56,0
	%	8,9%	28,6%	28,6%	32,1%	1,8%	100,0%
Skifahren	N	20	16	10	5	34	85
	Erwartetes N	16,9	23,3	13,6	15,4	15,9	85,0
	%	23,5%	18,8%	11,8%	5,9%	40,0%	100,0%
Snowboardfahren	N	11	3	1	3	13	31
	Erwartetes N	6,2	8,5	4,9	5,6	5,8	31,0
	%	35,5%	9,7%	3,2%	9,7%	41,9%	100,0%
Skitourengehen	N	1	18	6	3	0	28
	Erwartetes N	5,6	7,7	4,5	5,1	5,2	28,0
	%	3,6%	64,3%	21,4%	10,7%	,0%	100,0%
Gesamt	N	66	91	53	60	62	332
	Erwartetes N	66,0	91,0	53,0	60,0	62,0	332,0
	%	19,9%	27,4%	16,0%	18,1%	18,7%	100,0%

Anmerkung:
Die grau hinterlegten Zellen markieren diejenigen Cluster-Sportart-Kombinationen, die einen Großteil der Aktiven umfassen und bei denen die tatsächliche Zahl der Personen in dem Cluster über der erwarteten Anzahl liegt.

Die Tabelle 8.18 zeigt, daß mindestens 55% der Aktiven einer Sportart sich auf zwei Cluster konzentrieren. Bei den Skitourengehern sind es 64% in einem Cluster (2), während Rennrad- und Mountainbikefahrer sich relativ gleichmäßig auf drei Cluster (2, 3 und 4) verteilen.

- Bei **Kletterern** finden sich somit überwiegend Aktive vom Typ „*vielseitig motiviertem Outdoorsportler*" und „*erholungssuchender Natursportler*".

- Bei **Mountainbikern** und **Rennradfahrern** verteilen sich die Sportler auf die Typen „*fitnessorientierter Leistungssportler*", „*naturorientierter Fitness-Sportler*" und den „*erholungssuchenden Natursportler*".

- Bei **Skifahrern** und **Snowboardern** überwiegen die Typen „*gemäßigter Universaltyp*" und die ausgeprägtere Variante des „*vielseitig motivierten Outdoorsportlers*".
- Bei den **Skitourengehern** dominiert ganz eindeutig der „*erholungssuchende Natursportler*". Ferner findet sich noch die gemäßigte Variante des „*naturorientierten Fitness-Sportlers*".

Obwohl diese Gruppierung in einigen Teilen für die Outdoorsportler zutreffend erscheint, so ist diese Lösung im ganzen betrachtet nicht befriedigend, insbesondere aufgrund der Existenz von Clustern mit einem „negativen" Profil bzw. als abgeschwächte Variante einer vorhandenen Gruppe.

Um diesen Effekt zu vermeiden, wurden die individuellen Mittelwerte für die Anreizdimensionen einer Transformation unterzogen, die einer Z-Transformation gleicht. Normalerweise wird eine Z-Transformation eingesetzt, um ungleich skalierte Variablen (über sämtliche Datensätze hinweg) über identische Mittelwerte (M = 0) und Standardabweichung (SD = 1) vergleichbar zu machen (BORTZ 1993, 44-45). In diesem Fall wurde diese Transformation (intrapersonell) auf die acht Werte der Anreizdimensionen angewandt. Somit geben die neuen Werte nicht mehr die absolute Höhe der Anreizstärke wieder, sondern die relative Bedeutung eines Anreizes. Diese berechnet sich als Vielfaches der durchschnittlichen Abweichung der Werte der Anreizdimensionen einer Person von der Differenz zwischen dem betreffenden Wert der Anreizdimension und der durchschnittlichen Anreizbedeutung der betreffenden Person[202]. Für eine Gruppierung anhand von Anreizpräferenzen erscheint diese Vorgehensweise als sinnvoll, weil dadurch der Einfluß der Variation des individuellen Mittelwertes für alle Anreizdimensionen eliminiert wird.

Eine erneute Clusteranalyse nach der *k-means-Methode* ergab diesmal eine 4-Cluster-Lösung. In Tabelle 8.19 und Abbildung 8.4 sind die transformierten, Mittelwerte für die Anreizdimensionen in den vier Clustern dargestellt.

---

[202] Die Formel für die Transformation eines Wertes x_i in den entsprechenden z-Wert z_i lautet: $z_i = (x_i - M_x) / SD$
Dabei sind M_x der Mittelwert der Variable (in diesem Fall der Mittelwert der Merkmalsausprägungen für die Anreizdimensionen einer Person) und SD die Standardabweichung der Variable (bzw. dieser Merkmalsausprägungen).

Typisierung der Outdoorsportler (Clusteranalyse)

Tabelle 8.19: Mittelwerte und Standardabweichungen für die transformierten Werte der Anreizdimensionen in den vier Clustern (4-Cluster-Lösung nach der k-means-Methode mit „z-transformierten" Anreizwerten; N = 323 bis 332)

Anreiz dimension	Cluster 1			Cluster 2			Cluster 3			Cluster 4			Insgesamt		
	N	M	SD	N	M	SD	N	M	SD	N	M	SD	N	M	SD
Naturerleben	61	-,23	,79	76	-,17	,73	97	,54	,59	98	,89	,50	332	,34	,79
Bewegungserleben	61	,62	,67	76	-,41	,66	97	,59	,71	98	-,34	,66	332	,09	,83
An-/ Erregung erleben	61	-,21	,79	76	-,46	,73	97	,14	,59	97	-,51	,72	331	-,25	,75
Kompetenzerleben	61	,84	,60	76	,74	,60	97	,21	,68	98	-,17	,61	332	,33	,75
Leistungspräsentation	61	,13	,65	74	-,92	,76	96	-1,40	,54	93	-1,25	,68	324	-,96	,86
Soziales Wohlbefinden	61	,40	,79	76	-,11	,79	97	,65	,65	97	,10	,70	331	,27	,78
Psychisches Wohlbefinden	61	-,90	,94	74	,13	,69	96	-,04	,72	97	1,02	,54	328	,15	,97
Gesundheit und Fitness	58	-,69	,67	73	1,22	,46	97	-,69	,77	95	,23	,61	323	,01	1,00

Anmerkung:
Die hell unterlegten Flächen zeigen an, daß der entsprechende Mittelwert mehr als 0,30 über dem Gesamtdurchschnitt für die Anreizdimension liegt, dunkle Flächen, daß er mehr als 0,30 unter dem Gesamtdurchschnitt liegt.

Die Mittelwerte und Standardabweichungen der Anreizdimensionen für die so bestimmten vier Cluster sind in der Tabelle 8.20 dargestellt.

Tabelle 8.20: Mittelwerte und Standardabweichungen für die Anreizdimensionen in den vier Clustern (4-Cluster-Lösung nach der *k-means-Methode* mit „z-transformierten" Anreizwerten; N = 332)

Anreiz- dimension	Cluster 1			Cluster 2			Cluster 3			Cluster 4			Insgesamt		
	N	M	SD	N	M	SD	N	M	SD	N	M	SD	N	M	SD
Naturerleben	61	3,38	,61	76	3,35	,66	97	3,90	,59	98	4,13	,49	332	3,75	,67
Bewegungserleben	61	3,96	,57	76	3,14	,58	97	3,94	,65	98	3,21	,63	332	3,54	,72
An-/ Erregung erleben	61	3,42	,74	76	3,11	,70	97	3,60	,61	97	3,10	,71	331	3,31	,72
Kompetenzerleben	61	4,07	,61	76	3,96	,58	97	3,65	,63	98	3,35	,60	332	3,71	,66
Leistungspräsentation	61	3,58	,58	74	2,79	,81	96	2,51	,59	93	2,51	,70	324	2,77	,79
Soziales Wohlbefinden	61	3,76	,69	76	3,35	,69	97	3,96	,56	97	3,55	,61	331	3,66	,67
Psychisches Wohlbefinden	61	2,93	,79	74	3,57	,65	96	3,50	,64	97	4,23	,59	328	3,63	,80
Gesundheit und Fitness	58	3,04	,71	73	4,31	,51	97	3,01	,74	95	3,61	,54	323	3,49	,81

Anmerkungen:
Die hell unterlegten Flächen zeigen an, daß der entsprechende Mittelwert mehr als 0,30 über dem Gesamtdurchschnitt liegt, dunkle Flächen, daß er mehr als 0,30 unter dem Gesamtdurchschnitt für die Anreizdimension liegt.

Die Mittelwerte aus Tabelle 8.19 werden mit Hilfe der Abbildung 8.4 nochmals veranschaulicht und lassen so deutlich diejenigen Anreizdimensionen erkennen, für die innerhalb der Cluster individuell über- oder unterdurchschnittliche Werte vorliegen.

	Cluster 1	Cluster 2	Cluster 3	Cluster 4	Gesamt
Naturerleben	-0,23	-0,17	0,54	0,89	0,34
Bewegungserleben	0,62	-0,41	0,59	-0,34	0,09
Anregung und Erregung erleben	-0,21	-0,46	0,44	-0,51	-0,25
Kompetenzerleben / Leistungsverbesserung	0,84	0,74	0,81	-0,17	0,33
Leistungspräsentation	0,13	-0,92	-1,40	-1,25	-0,96
Soziales Wohlbefinden	0,40	-0,11	0,65	0,40	0,27
Psychisches Wohlbefinden	-0,90	0,43	-0,04	1,02	0,15
Gesundheit und Fitness	-0,69	1,22	-0,69	0,23	0,01

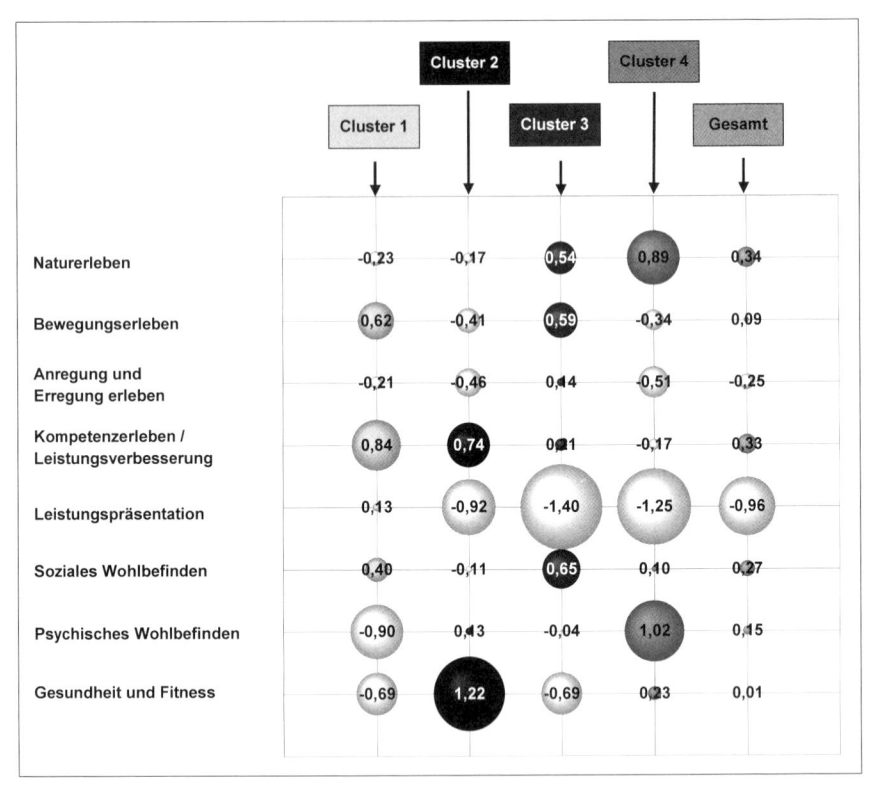

Abbildung 8.4: Durchschnittliche Abweichungen vom individuellen Mittelwert der Anreizdimensionen

Die Mittelwerte der Anreizdimensionen für die vier Cluster aus Tabelle 8.20 sind nochmals in der Abbildung 8.5 veranschaulicht.

Typisierung der Outdoorsportler (Clusteranalyse)

	ausführungsorientierte Leistungssportler	leistungsorientierte Fitness-Sportler	erlebnisorientierte Sportler	erholungsorientierte Natursportler	Gesamt
Naturerleben	3,38	3,35	3,90	4,13	3,75
Bewegungserleben	3,96	3,14	3,94	3,21	3,54
Anregung und Erregung erleben	3,42	3,12	3,60	3,10	3,31
Kompetenzerleben / Leistungsverbesserung	4,07	3,96	3,65	3,35	3,71
Leistungspräsentation	3,58	2,80	2,51	2,51	2,78
Soziales Wohlbefinden	3,76	3,36	3,96	3,55	3,67
Psychisches Wohlbefinden	2,93	3,56	3,50	4,23	3,62
Gesundheit und Fitness	3,04	4,30	3,01	3,61	3,48

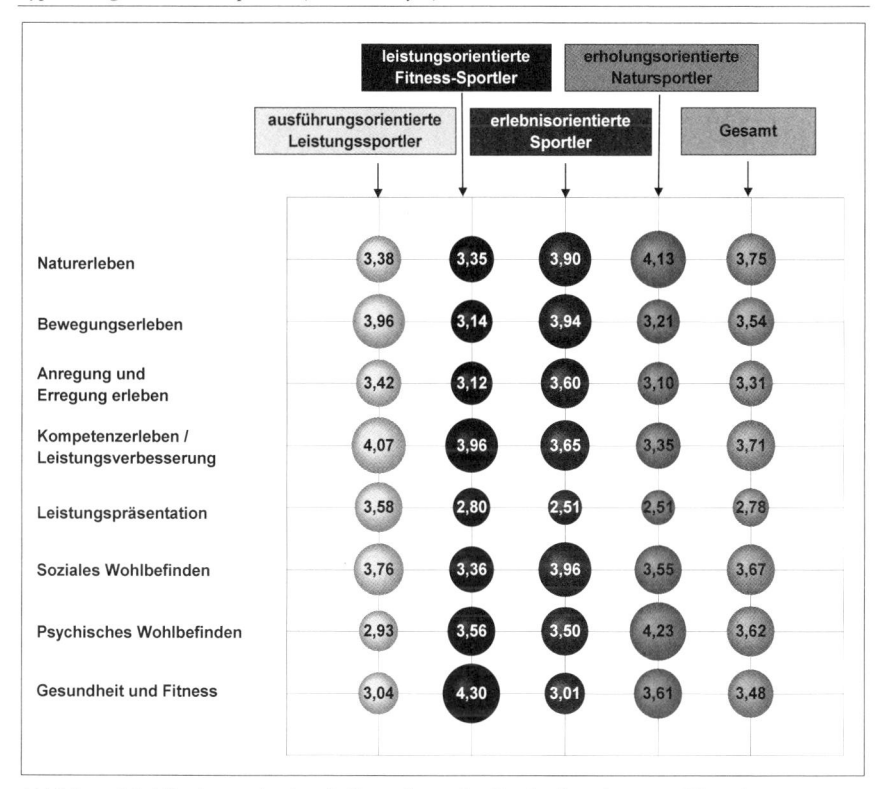

Abbildung 8.5: Mittelwerte der Anreizdimensionen für die vier Sportlertypen (Cluster)

Die vier Cluster lassen sich anhand der Werte für die Anreizdimensionen folgendermaßen charakterisieren:

Cluster 1 erfaßt den *„ausführungsorientierten Leistungssportler"* (N = 61; 18,4%). Innerhalb der Stichprobe finden sich hier die höchsten Ausprägungen für *„Kompetenzerleben / Leistungsverbesserung"*, *„Leistungspräsentation"* sowie *„Bewegungserleben"*. Vergleichsweise niedrige Werte sind dagegen bei den Dimensionen *„Naturerleben"*, *„Gesundheit und Fitness"* und vor allem beim *„Psychischen Wohlbefinden"* anzutreffen. Aktiven in dieser Gruppe geht es also vornehmlich darum, ihre Fähigkeiten zu verbessern, aber auch um die mit der Anwendung dieses Könnens verbundenen Empfindungen: einerseits die durch die Bewegung selbst ausgelösten Wahrnehmungen, andererseits - stärker als in allen anderen Clustern - die Freude und der Stolz auf die Anerkennung ihrer Leistung. Besonders treffend läßt sich diese Gruppe durch den englischen Begriff „performance" beschreiben, der die drei Aspekte (Bewegungs-) Ausführung, Darstellung und Leistung umfaßt.

Unter den wichtigsten Anreizen befinden sich im Vergleich zu den anderen Clustern die meisten vom Typ II, also den Anreizen, die an (Leistungs-) Bewertungen gebunden sind. Berücksichtigt man noch die zweckorientierten Anreize der Leistungsverbesserung und die

Tätigkeitsanreize des Bewegungserlebens, findet man ein relativ ausgewogenes Verhältnis der Anreiztypen.

Cluster 2 stellt den „*leistungsorientierten Fitness-Sportler*" dar (N = 76; 22,9%). Neben der dominanten Dimension „*Gesundheit und Fitness*" besitzt auch die Dimension „*Kompetenzerleben / Leistungsverbesserung*" noch überdurchschnittliche Werte. „*Naturerleben*", „*Bewegungserleben*" und „*Soziales Wohlbefinden*" sind dagegen stark unterdurchschnittlich ausgeprägt. Wie bei den Sportlern des Clusters 1 geht es den Mitgliedern dieser Gruppe also um die Verbesserung ihrer Leistungsfähigkeit. Allerdings dient diese hier weniger dazu, „präsentiert" zu werden, sondern ist zweckorientiert auf den Erhalt oder die Verbesserung der körperlichen Fitness als Grundlage für eine allgemeine Leistungsfähigkeit gerichtet. Die übrigen Aspekte des Sporttreibens sind dabei eher von nachgeordneter Bedeutung. Wie bei Cluster 1 treten auch hier outdoorspezifische Naturerlebensanreize in den Hintergrund.

Hinsichtlich der Anreiztypen dominieren ganz eindeutig die Zweckanreize der Verbesserung von Gesundheit und Fitness (Typ III). Diese Tendenz wird sogar noch verstärkt, wenn man zudem die Zweckanreize der Leistungsverbesserung aus der ebenfalls relativ hoch gewichteten Dimension „Kompetenzerleben / Leistungsverbesserung" berücksichtigt.

Cluster 3 ist der „*erlebnisorientierte Sportler*" (N = 97; 29,2%). Wie beim Cluster 1 findet sich ein hoher Wert für den Anreiz des „*Bewegungserlebens*", jedoch besteht nur geringes Interesse an *Leistungs- und Fitnessaspekten*. Vielmehr überwiegen *naturbezogene Anreize* und vor allem die mit der sportlichen Aktivität verbundenen *sozialen Elemente*. Ferner besitzt diese Gruppe den höchsten Wert für „*Anregungen und Erregung erleben*". Insgesamt gesehen spielen sämtliche zweckorientierten Anreize wie Leistung, Fitness, Erholung eine nachrangige Rolle; im Mittelpunkt stehen Aspekte, die mit Abwechslung in Form verschiedener Erlebnisse und Eindrücke verbunden sind.

Im Unterschied zu den beiden ersten Clustern überwiegen hier die Tätigkeitsanreize (Typ I) aus den Bereichen „Naturerleben", „Anregungen und Erregung erleben" und vor allem „Bewegungserleben" und „Soziales Wohlbefinden". Sämtliche Dimensionen mit überwiegend Zweckanreizen besitzen nur ein geringes Gewicht.

Cluster 4 beinhaltet den „*erholungsorientierten Natursportler*" (N = 98; 29,5%). In dieser Gruppe sind die Naturanreize deutlich am stärksten gewichtet. Das Naturerleben ist jedoch nicht reiner Selbstzweck, sondern dient vor allem dem „*Psychischen Wohlbefinden*". Bis auf „*Gesundheits- und Fitness*"-Aspekte sind die weiteren Anreizdimensionen in dieser Gruppe von unterdurchschnittlicher Bedeutung. Insbesondere am „*Bewegungserleben*", Aktivitäten mit *anregendem bzw. erregendem Charakter* und *leistungsbezogenen Aspekten* besteht nur geringes Interesse.

Hinsichtlich der Anreiztypen finden sich mit der Dimension „Naturerleben" wichtig eingestufte Tätigkeitsanreize. Die noch stärker gewichtete Anreizdimension „Psychisches Wohlbefinden" enthält sowohl Zweck- als auch Tätigkeitsanreize, insgesamt überwiegen bei den ausschlaggebenden Aspekten somit die Tätigkeitsanreize.

Typisierung der Outdoorsportler (Clusteranalyse) 309

Zusätzlich bestätigt wird diese Charakterisierung durch die Ausprägung der Mittelwerte der einzelnen Anreize in den Clustern. Zugleich wird aus den nichtsignifikanten Mittelwertsunterschieden die Richtigkeit der Elimination nicht-trennscharfer Items ersichtlich[203]. Die Mittelwerte und Standardabweichungen für die einzelnen Items, differenziert nach Clustern und nach Geschlecht sowie die varianzanalytischen Berechnungen finden sich in der Tabelle A 3.19 und der Tabelle A 3.20.

Insgesamt entstehen somit vier plausibel interpretierbare **Sportlertypen** (= Cluster): Der *„ausführungsorientierte Leistungssportler"*, der *„leistungsorientierte Fitness-Sportler"*, der *„erlebnisorientierte Sportler"* und der *„erholungsorientierte Natursportler"*. Mit Blick auf die Relevanz des Naturerlebens ist jedoch nur der Typ 4 und mit Abstrichen der Typ 3 als „typischer" Outdoorsportler im Sinne eines überwiegend an naturerlebnisorientierten Tätigkeiten interessierten Sportlertyps zu bezeichnen.

Verteilung der sportlichen Aktivitäten auf die Cluster

Die Abbildung 8.6 zeigt die Verteilung der Sportlertypen (Cluster) innerhalb der Sportarten.

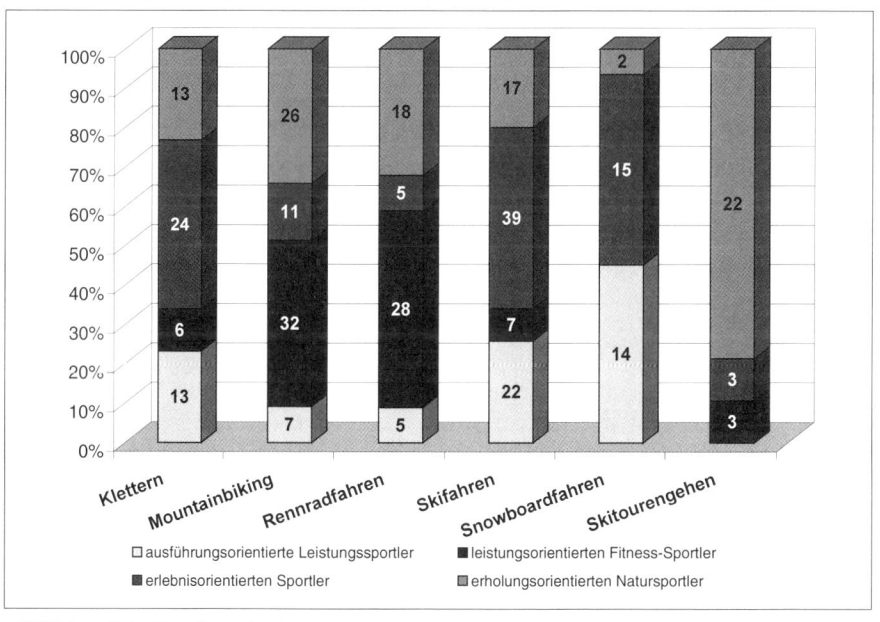

Abbildung 8.6: Verteilung der Sportlertypen (Cluster) innerhalb der Sportarten (Die Beschriftungen geben die absolute Zahl der Sportaktiven für die betreffende Kombination von Sportlertyp und Sportart wieder.)

---

[203] Zur Überprüfung wurden diese ebenfalls in die Darstellung mit einbezogen.

Die Abbildung 8.6 zeigt deutlich, daß sich der Großteil der Aktiven einer Sportart auf ein bis zwei Cluster verteilt[204].

- Am heterogensten erscheinen die **Kletterer**. Zwar gehören die meisten zu den „*erlebnisorientierten Sportlern*" (*Typ 3*, knapp 43%), jedoch finden sich auch jeweils gut 23% „*ausführungsorientierte Leistungssportler*" (Typ 1) und „*erholungsorientierte Natursportler*" (Typ 4). Aufgrund dieser Überlagerung verschiedener Typen ergibt sich für die Kletterer ein relativ unscharfes Profil hinsichtlich der bedeutendsten Anreizdimension. Von „*Gesundheit und Fitness*" abgesehen finden sich für alle Anreizdimensionen überdurchschnittliche Werte.

- **Mountainbiker** und **Rennradfahrer** setzen sich überwiegend aus des Typ 2 und Typ 4 zusammen, d.h. es handelt sich vor allem um „*leistungsorientierte Fitness-Sportler*" oder um „*Natursportler*". Demzufolge finden sich bei den beiden Sportarten hohe Werte für die Anreizdimensionen „*Gesundheit und Fitness*", „*Psychisches Wohlbefinden*" und auch noch für „*Kompetenzerleben / Leistungsverbesserung*". Von sehr geringer Bedeutung sind die für beide Typen unwichtigen Anreizdimensionen „*Bewegungserleben*" und „*Anregungen und Erregung erleben*" und auch „*Soziales Wohlbefinden*".

- **Skifahrer** besitzen eine ähnliche Verteilung wie Kletterer. Der Großteil setzt sich aus „*erlebnisorientierten Sportlern*" des Typs 3 zusammen (ca. 46%), dazu kommen noch mehr „*ausführungsorientierte Leistungssportler*" (Typ 1; 26%) und „*erholungsorientierte Natursportler*" (Typ 4; 20%). Insgesamt dominiert, stärker als bei den Kletterern, das Anreizprofil des Typs 3 mit hohen Werten für das „*Bewegungserleben*" und „*Soziales Wohlbefinden*". „*Gesundheit und Fitness*" sowie „*Psychisches Wohlbefinden*" sind dagegen kaum von Bedeutung.

- **Snowboarder** ähneln sich mit den Skifahrern. Auch hier sind vor allem „*erlebnisorientierte Sportler*" und „*ausführungsorientierte Sportler*" anzutreffen. Im Gegensatz zu den Skifahrern finden sich jedoch nur zwei Personen (6,5%), die zu den „*Natursportlern*" zu rechnen sind. Es liegt damit eine Verteilung vor, die sich genau entgegengesetzt zu der von Mountainbikern und Rennradfahrern verhält. Dementsprechend finden sich bei Snowboardern relativ hohe Werte für die Dimension „*Bewegungserleben*", mittlere Werte für die *Leistungsaspekte* und *soziale Elemente* und niedrige Werte für „*Psychisches Wohlbefinden*" und „*Gesundheit und Fitness*".

- **Skitourengeher** sind fast ausschließlich „*Natursportler*" (knapp 79%). Aus diesem Grund zeigt sich bei ihnen ein Anreizprofil, welches mit dem des Typs 4 nahezu identisch ist. Es dominieren ganz deutlich die Anreizdimensionen „*Psychisches Wohlbefinden*" und „*Naturerleben*".

Im Cluster 1 sind somit überwiegend die „technischen" Disziplinen vertreten (Klettern, Skifahren, Snowboardfahren); im Cluster 2 finden sich eher die konditionell bestimmten Sportarten (Mountainbiking, Rennradfahren). Vor diesem Hintergrund ist anzunehmen, daß

---

[204] Die absoluten und erwarteten Häufigkeiten sowie die Prozentangaben enthält die Tabelle A 3.23 im Anhang.

die Leistungsverbesserung sich im ersten Cluster vor allem auf die Technikverbesserung richtet, in Cluster 2 auf die der konditionellen Fähigkeiten. Die Cluster 3 und 4 sind stärker gemischt, insgesamt beinhalten sie die leistungsmäßig weniger ambitionierten Sportler.

Der signifikante Chi^2-Wert bestätigt, daß sich die Verteilungen der Cluster und der Sportarten „überzufällig" unterscheiden.

Verteilung des Geschlechts in den Clustern

Die Tabelle 8.21 zeigt die Verteilung von Männern und Frauen in den vier Clustern.

Tabelle 8.21: Verteilung des Geschlechts innerhalb der vier Cluster (N = 331)

Geschlecht		Cluster 1	Cluster 2	Cluster 3	Cluster 4	Gesamt
Männer	N	31	56	66	51	204
	Erwartetes N	37,6	46,2	59,8	60,4	204,0
	Zeilen-%	15,2%	27,5%	32,4%	25,0%	100,0%
	Spalten-%	50,8%	74,7%	68,0%	52,0%	61,6%
Frauen	N	30	19	31	47	127
	Erwartetes N	23,4	28,8	37,2	37,6	127,0
	Zeilen-%	23,6%	15,0%	24,4%	37,0%	100,0%
	Spalten-%	49,2%	25,3%	32,0%	48,0%	38,4%
Gesamt	N	61	75	97	98	331
	Erwartetes N	61,0	75,0	97,0	98,0	331,0
	Zeilen-%	18,4%	22,7%	29,3%	29,6%	100,0%
	Spalten-%	100,0%	100,0%	100,0%	100,0%	100,0%

Anmerkung:
$Chi^2 = 13,902$; $p = ,003$

Die Tabelle 8.21 zeigt eine signifikant unterschiedliche Verteilung von Männern und Frauen über die Cluster. Männer sind bei den Typen 2 und 3 häufiger vertreten als zu erwarten ist, Frauen dagegen in den Clustern 1 und 4.

Bezieht man das Geschlecht in die Verteilung der sportlichen Aktivitäten in den Clustern mit ein, so zeigen sich nur wenige Abweichungen von den Verhältnissen in der Gesamtstichprobe. In den Sportarten treten vor allem folgende Verteilungsunterschiede zwischen Männern und Frauen auf:

- Bei den **Kletterern** tragen insbesondere die Frauen zur Dominanz des „Erlebnissportlers" bei, dafür sind sie bei den „Natursportlern" unterrepräsentiert. Die Männer tragen dagegen überwiegend zur Betonung der „ausführungsorientierten Leistungssportler" bei.

- Bei den **Mountainbikern** finden sich nahezu die Verhältnisse wie in der Gesamtstichprobe. Der etwas über Erwarten große Anteil der „Natursportler" ergibt sich durch einen überproportionalen Männeranteil.

- Auch bei **Rennradfahrern** spiegeln sich die Verhältnisse der Gesamtgruppe. Eine Abweichung ergibt sich lediglich durch den etwas zu geringen Anteil der Frauen im Cluster der „ausführungsorientierten Leistungssportler".

- Bei den **Skifahrern** sind vor allem die „ausführungsorientierten Leistungssportler" und die „Erlebnissportler" stark vertreten. Der erste Aspekt beruht dabei überwiegend auf dem überproportionalen Vorkommen weiblicher Skifahrer dieses Typs. Männer sind dagegen bei den „Erlebnissportlern" überproportional vertreten, andererseits bei den „Natursportlern" nur unterproportional repräsentiert.
- Bei **Snowboardern** und **Skitourengehern** finden sich keine geschlechtsspezifischen Abweichungen.

Bei der Interpretation ist jedoch zu berücksichtigen, daß aufgrund der oftmals sehr geringen Besetzungen der Zellen kleine absolute Differenzen sehr schnell zu großen prozentualen Abweichungen führen und die Aussagen deswegen nur Hinweischarakter besitzen. Vor einer Verallgemeinerung der Aussagen sind diese anhand umfangreicherer Stichproben zu überprüfen[205].

Verteilung von Alter und den Variablen der Sportausübung in den Clustern

Für die vier Cluster werden in den folgenden Tabellen die Ausprägungen für Alter und Erfahrung sowie für die Ausübungsparameter der sportlichen Aktivität zusammengefaßt.

Die Tabelle 8.22 enthält die Mittelwerte und Standardabweichungen für das Alter und die Erfahrung mit der jeweiligen sportlichen Aktivität in den vier Clustern.

Tabelle 8.22: Mittelwerte und Standardabweichungen für Alter und Erfahrung in den vier Clustern (N = 330)

	Cluster 1			Cluster 2			Cluster 3			Cluster 4			Insgesamt		
	N	M	SD	N	M	SD	N	M	SD	N	M	SD	N	M	SD
Alter	61	25,97	5,86	75	29,83	8,27	96	27,80	6,45	98	30,12	8,07	330	28,61	7,44
Erfahrung (in Jahren)	61	10,24	8,91	76	8,34	7,41	97	11,08	8,23	96	10,31	9,25	330	10,07	8,51

Das geringste **Durchschnittsalter** findet sich mit knapp 26 Jahren für die *„ausführungsorientierten Leistungssportler"* (Cluster 1), das höchste mit knapp bzw. etwas über 30 Jahren bei den *„leistungsorientierten Fitness-Sportlern"* (Cluster 2) und den *„erholungsorientierten Natursportlern"* (Cluster 4). Dazwischen liegen die *„erlebnisorientierten Sportler"* (Cluster 3) mit knapp 28 Jahren. Der Mittelwert für die Gesamtstichprobe liegt bei 28,61 Jahren. Die Unterschiede sind signifikant (p =,002); im einzelnen unterscheidet sich das Cluster 1 von den Clustern 2 und 4.

Die Spannweite bei der **Erfahrung** mit der betriebenen Sportart reicht von 8,34 Jahren im Cluster 2 bis zu 11,08 Jahren im Cluster 3. Das Gesamtmittel befindet sich bei 10,07 Jahren Die Mittelwerte der Cluster für die Erfahrung unterscheiden sich nicht signifikant.

Merkmale der Sportausübung bei den Sportlertypen

Die Ausprägungen der intervallskalierten Variablen der Sportausübung in den vier Clustern sind in der Tabelle 8.23 aufgelistet.

---

[205] Die entsprechende Kreuztabelle mit den Verteilungen ist im Anhang A 3.8 abgebildet.

Tabelle 8.23: Mittelwerte und Standardabweichungen für die intervallskalierten Variablen der Sportausübung in den Clustern (N = 332)

	Cluster 1			Cluster 2			Cluster 3			Cluster 4			Insgesamt		
	N	M	SD	N	M	SD	N	M	SD	N	M	SD	N	M	SD
Relative Häufigkeit	61	2,77	1,20	76	3,12	1,05	97	2,56	1,15	98	2,79	1,13	332	2,79	1,15
Umfang	61	3,20	1,12	76	3,09	1,06	97	3,32	1,04	97	2,82	,98	331	3,10	1,06
Intensität	61	3,64	,86	76	3,47	,86	97	3,67	,80	98	3,17	,84	332	3,47	,86
Konditionelle Fähigkeiten	61	3,59	,67	76	3,47	,82	97	3,36	,75	98	3,32	,77	332	3,42	,76
Koordinative Fähigkeiten	61	3,74	,73	75	3,57	,79	96	3,49	,77	98	3,29	,70	330	3,49	,76
Körperliche Belastung	61	3,82	,65	76	3,79	,62	97	3,75	,52	98	3,52	,60	332	3,70	,60
Schwierigkeitsgrad	61	3,69	,76	76	3,33	,68	96	3,70	,65	98	3,37	,63	331	3,51	,69

Wie sich anhand von einfaktoriellen Varianzanalysen gezeigt hat, bestehen für alle Variablen, mit Ausnahme der Einschätzung der **konditionellen Fähigkeiten**, signifikante Unterschiede zwischen den vier Clustern[206]. In den durchgeführten Mehrfachvergleichen (Scheffé-Prozedur) ergaben sich für folgende Fälle signifikante Differenzen:

— Die „*Fitness-Sportler*" des Clusters 2 üben ihre Sportart deutlich **häufiger** aus als die „*erlebnisorientierten Sportler*" des Clusters 3.

— Der bevorzugte **Umfang** der sportlichen Aktivität wird von den „*Erlebnissportlern*" (Cluster 3) signifikant höher angegeben als von den „*Natursportlern*" (Cluster 4).

— Hinsichtlich der präferierten **Intensität** sind sowohl die Werte der „*ausführungsorientierten Sportler*" des Clusters 1 als auch der „*Erlebnissportler*" des Clusters 3 signifikant höher als der Wert der „*Natursportler*" (Cluster 4).

— Die „*ausführungsorientierten Sportler*" des Clusters 1 schätzen ihre **koordinativen Fähigkeiten** signifikant höher ein als die „*Natursportler*" des Clusters 4.

— Die „*Natursportler*" bevorzugen eine signifikant niedrigere **körperliche Belastung** bei ihrer sportlichen Aktivität als die „*ausführungsorientierten Sportler*" oder die „*Fitness-Sportler*".

— Beim **Schwierigkeitsgrad** der sportlichen Aktivität streben die „*ausführungsorientierten Sportler*" und die „*erlebnisorientierten Sportler*" ein höheres Niveau an als „*Fitness-Sportler*" oder „*Natursportler*".

Stärkere Abweichungen hinsichtlich des **akzeptierten Verletzungsrisikos** finden sich vor allem im Cluster 1 und im Cluster 4. Bei den „*ausführungsorientierten Leistungssportlern*" (Cluster 1) finden sich überproportional viele Personen, die mittlere oder sogar schwere Verletzungen bei der Ausübung ihrer Sportart in Kauf nehmen. Dagegen sind es nur halb so viele, wie zu erwarten gewesen wäre, die jegliches Risiko ablehnen. Bei den „*Natursport-*

---

[206] Die zugehörigen F- und Signifikanzwerte sowie die Mehrfachvergleiche sind dem Anhang zu entnehmen.

lern" (Cluster 4) sind die Verhältnisse umgekehrt. Überproportional viele Sportler lehnen jedes Risiko ab, kein Sportler dieses Typs akzeptiert ein hohes Verletzungsrisiko[207].

Auch für die Variable **Begleitung** bei der sportlichen Aktivität weicht die tatsächliche von der erwarteten Verteilung zum Teil deutlich ab. Von den *„ausführungsorientierten Leistungssportlern"* (Cluster 1) und den *„Erlebnissportlern"* (Cluster 3) üben wesentlich weniger ihren Sport alleine aus, als erwartet, dafür wiederum häufiger in Begleitung von Freunden oder Bekannten. Nahezu entgegengesetzt sind die Verhältnisse bei den *„Fitness-Sportlern"* (Cluster 2); hier finden sich deutlich mehr Sportler, die ihrer sportlichen Aktivität alleine nachgehen, als zu erwarten gewesen wäre. Dafür sind es weniger, die gemeinsam mit Freunden ihren Sport ausüben; stattdessen trainiert dieser Typ oft im Verein bzw. in einer Trainingsgruppe. Die *„Natursportler"* (Cluster 4) sind unterproportional oft mit Freunden unterwegs. Sie unterscheiden sich außerdem von den übrigen Gruppen, da deutlich mehr *„Natursportler"* angeben, gemeinsam mit dem Partner oder der Familie aktiv zu sein, als zu erwarten ist. Dieses Ergebnis kommt u.a. dadurch zustande, daß sich unter den „Natursportlern" deutlich mehr Frauen befinden als aufgrund der Verteilung zu erwarten wäre (siehe Tabelle A 3.25) und Frauen im Verhältnis viel häufiger angeben, mit dem Partner oder der Familie unterwegs zu sein (siehe Tabelle 8.3).

Die relativ und absolut höchsten Werte für die aktive **Wettkampfteilnahme** finden sich bei den *„leistungsorientierten Fitness-Sportlern"* (Cluster 2); etwa 39% aller regelmäßigen Teilnehmer an Hobby- oder Lizenz- bzw. Amateurklasserennen finden sich in diesem Cluster. Dies entspricht den Erwartungen, weil sich in diesem Cluster relativ viele Mountainbiker und Rennradfahrer befinden, bei denen eine stärkere Beteiligung an Wettkämpfen anzutreffen ist. Innerhalb des Clusters 2 ist es etwa ein Drittel (33,8%), das an Wettkämpfen teilnimmt. Bei den „ausführungsorientierten Leistungssportlern" (Cluster 1) ist dieser Anteil dagegen bereits deutlich niedriger (23,0%). Auf die geringste Wettkampfteilnahme trifft man bei den *„Erlebnissportlern"* und den *„Natursportlern"* (Clustern 3 und 4); mehr als 86% nehmen hier an keinen Wettkämpfen teil.

Setzt man diese Ergebnisse zur Wettkampfteilnahme in Beziehung zu Charakterisierung der Typen anhand der dominanten Anreizdimensionen, so ergibt sich ein Widerspruch im Hinblick auf den Typ „Fitness-Sportler". Einerseits liegt bei diesem Typ ein nur durchschnittlicher Wert für die Leistungspräsentation vor, andererseits findet sich für diesen Typ die intensivste Wettkampfteilnahme, die überwiegend an Fremdbewertungen und somit auch an Leistungsvergleich gebunden ist. Dafür sind verschiedene Gründe denkbar: Es könnte sein, daß die Sportler des Typs 2 Wettkämpfe nur als Überprüfung ihrer Leistungsverbesserung und ihrer aktuellen Fitness benutzen und somit in die Bewertung ihrer Aktivität ausschließlich das Training eingeht. Möglich wäre auch, daß der Leistungsvergleich nur geringe Bedeutung besitzt und wenn, dann überwiegend in Form von Selbstbewertungen, die in die Dimension „Kompetenzerleben / Leistungsverbesserung" eingehen. Zudem könnte von

---

[207] Teilweise läßt sich diese Verteilung bei den Natursportlern durch die Charakteristik der dominanten Sportart Skitourengehen erklären: Die Akzeptanz hoher Risiken ist beim Skitourengehen nicht „nur" mit der Konsequenz schwerer Verletzungen, sondern auch mit der Wahrscheinlichkeit tödlicher Unfälle verbunden.

Einfluß sein, daß die Aspekte Gesundheit und Fitness in der Gesellschaft und insbesondere auch im Breiten- und Freizeitsport eine stärkere Akzeptanz besitzen als Konkurrenzdenken und Leistungsvergleich. Somit kann die soziale Erwünschtheit bei diesem Antwortschema eine Rolle spielen und die starke Gewichtung der Fitness als eine Form der Handlungslegitimation dienen. Die genauere Begründung dieser Zusammenhänge kann nicht anhand des vorliegenden Datenmaterials erfolgen, sondern bedarf jedoch weiterer, auch qualitativer Untersuchungen.

Merkmale der beruflichen Tätigkeit

Ergänzend soll auch die Verteilung der Merkmale der beruflichen Tätigkeit in den Clustern erläutert werden. der höchste Wert für den Abwechslungsreichtum der beruflichen Tätigkeit findet sich bei den „*ausführungsorientierten Leistungssportlern*" (Cluster 1), für die „Häufigkeit von Entscheidungen mit unsicherem Ausgang" bei den „*erlebnisorientierten Sportlern*" (Cluster 3), also in den Gruppen, die die stärkste Affinität zu der Anreizdimension „*Anregungen und Erregung erleben*" besitzen. Für die letztgenannte Variable sind die Mittelwertsunterschiede sogar signifikant ($F = 4{,}407$; $p = {,}005$), für das Merkmal „Abwechslungsreichtum" nicht ganz ($F = 2{,}380$; $p = {,}070$). Allerdings ist zu berücksichtigen, daß die absoluten Unterschiede relativ gering sind. Im Gegensatz zu den Sportlertypen sind die Mittelwertsunterschiede für die sportlichen Aktivitäten nicht signifikant ($F = 1{,}362$; $p = {,}238$ bzw. $F = 0{,}812$; $p = {,}542$).

Fazit:

Wie die Ergebnisse zu den Anreizen zeigen, existieren entgegen der Annahme 6 *sportartspezifische Anreizprofile*. Außerdem konnten mit Hilfe der Clusteranalysen *sportartübergreifende Anreizprofile* (Sportlertypen) nachgewiesen werden: Daraus ergibt sich, daß die Anreizprofile der Sportarten nicht originär sind, sondern durch die Überlagerung der spezifischen Profile der darin vertretenen Sportlertypen entstehen.

In der Abbildung 8.7 werden die vier Typen anhand der charakteristischen Merkmale zusammenfassend beschrieben.

Merkmale	Ausführungs-orientierte Leistungssportler	Leistungsorientierte Fitness-Sportler	Erlebnisorientierte Sportler	Erholungsorientierte Natursportler
Anteil an der Gesamtstichprobe (332)	N = 61 18,4%	N = 76 22,9%	N = 97 29,2%	N = 98 29,5%
Charakteristische Anreizdimensionen	Bewegungserleben Kompetenzerleben / Leistungsverbesserung Leistungspräsentation	Gesundheit und Fitness Kompetenzerleben / Leistungsverbesserung	Bewegungserleben Soziales Wohlbefinden Anregungen und Erregung erleben Naturerleben	Psychisches Wohlbefinden Naturerleben
Charakteristische Ausübungsparameter	Hohe Intensität Hohe konditionelle und koordinative Fähigkeiten Hohe körperliche Belastung Hoher Schwierigkeitsgrad Überproportional mittleres und hohes Verletzungsrisiko Überproportional mit Freunden oder Bekannten Überproportionale Wettkampfteilnahme	Große relative Häufigkeit Hohe körperliche Belastung Überproportional alleine oder mit Trainingsgruppe Überproportionale Wettkampfteilnahme	Großer Umfang Große Intensität Hoher Schwierigkeitsgrad Überproportional mit Freunden	Bis auf relative Häufigkeit alle Parameter unterdurchschnittlich Überproportional keinerlei Verletzungsrisiko Überproportional alleine oder mit Partner / Familie
Geschlechtsverteilung	Überproportional Frauen	Überproportional Männer	Überproportional Männer	Überproportional Frauen
Altersdurchschnitt	26 Jahre	30 Jahre	28 Jahre	30 Jahre
Charakteristisch für die Sportarten	Snowboarden (45%) Skifahren (26%) Klettern (23%)	Rennradfahren (50%) Mountainbiking (42%)	Klettern (43%) Skifahren (46%) Snowboarden (48%)	Skitourengehen (79%) Mountainbiking (34%) Rennradfahren (32%)

Abbildung 8.7: Zusammenfassung der charakteristischen Merkmale für die vier Cluster.

8.7 Transsituative Konsistenz der Anreize

Da von 65 Personen der Gesamtstichprobe Fragebögen zu zwei oder mehr Sportarten vorliegen, wird untersucht, ob sich die Anreizstrukturen für die erste und zweite Sportart unterscheiden[208]. Als erster „Indikator" dient dabei die Verteilung der Kombinationen der Sportlertypen, wie sie sich aus den zwei ausgeübten Sportarten einer Person ergeben. Anschließend werden für die Gewichtungen der Anreizdimensionen im Rahmen ersten und der zweiten Sportart T-Tests gerechnet.

---

[208] Die Fragebögen zur dritten und vierten Sportart wurden nicht berücksichtigt, da lediglich von 23 Vpn drei oder vier Fragebögen vorliegen und damit keine differenzierten statistischen Auswertungen möglich wären.

In der Stichprobe sind 38 Männer (58,5%) und 27 Frauen (41,5%) enthalten, dies entspricht in etwa dem Verhältnis in der Gesamtstichprobe. Das Durchschnittsalter beträgt 27,45 (SD = 5,59) und liegt damit ca. zwei Jahre unter dem der Gesamtstichprobe; die Spannbreite reicht von 20 bis 50 Jahre.

Die 15 möglichen Kombinationen der sechs Sportarten verteilen sich in der Stichprobe wie folgt:

Tabelle 8.24: Häufigkeitsverteilung der Sportartenkombinationen in der Stichprobe mit zwei Sportarten pro Vpn (N = 65)

Kombinationen	Häufigkeit	Prozent	Kumulierte Prozente
Klettern + Mountainbiking	4	6,2	6,2
Klettern + Skifahren	4	6,2	12,3
Klettern + Snowboardfahren	5	7,7	20,0
Klettern + Skitourengehen	7	10,8	30,8
Mountainbiking + Rennradfahren	9	13,8	44,6
Mountainbiking + Skifahren	13	20,0	64,6
Mountainbiking + Snowboardfahren	6	9,2	73,8
Mountainbiking + Skitourengehen	6	9,2	83,1
Rennradfahren + Skifahren	7	10,8	93,8
Skifahren + Snowboardfahren	2	3,1	96,9
Skifahren + Skitourengehen	2	3,1	100,0
Gesamt	65	100,0	

Anmerkung: Die Reihenfolge der Sportarten wurde bei der Darstellung nicht berücksichtigt.

Als erster Hinweis auf die Konsistenz von präferierten Anreizen bzw. Anreizprofilen wird die Verteilung der Kombinationen der Sportlertypen betrachtet, wie sie für die ersten beiden Sportarten vorkommen. Die entsprechende Häufigkeitsverteilung ist in der Tabelle 8.25 dargestellt.

Tabelle 8.25: Häufigkeitsverteilung der Kombinationen der vier Sportlertypen (Cluster) in der Stichprobe mit zwei Sportarten pro Vpn (N = 65)

Kombinationen	Häufigkeit	Prozent	Kumulierte Prozente
Typ 1 + Typ 1	5	7,7	7,7
Typ 1 + Typ 2	9	13,8	21,5
Typ 1 + Typ 3	2	3,1	24,6
Typ 1 + Typ 4	5	7,7	32,3
Typ 2 + Typ 2	3	4,6	36,9
Typ 2 + Typ 3	5	7,7	44,6
Typ 2 + Typ 4	8	12,3	56,9
Typ 3 + Typ 3	10	15,4	72,3
Typ 3 + Typ 4	8	12,3	84,6
Typ 4 + Typ 4	10	15,4	100,0
Gesamt	65	100,0	

Anmerkung: Die Reihenfolge der Typen wurde nicht berücksichtigt.

Von den 65 Kombinationen sind 28 vom selben Typ, nimmt man eine teilweise Ähnlichkeit der Typen 1 und 2 sowie 3 und 4 an, ergeben sich 45 Fälle, in denen ein zumindest ähnliches Anreizprofil vorhanden ist.

Der T-Test für die zwei (erstgenannten) Sportarten ergibt nur für die zwei Anreizdimensionen „Bewegungserleben" und „Leistungspräsentation" signifikante Unterschiede (siehe Tabelle 8.26).

Für die Dimensionen *„Anregung und Erregung erleben"* und *„Soziales Wohlbefinden"* liegen nahezu identische Werte vor, d.h. unabhängig von der Sportartkombination liegen die Werte sehr dicht zusammen. Die Anreizbewertung für diese Dimensionen kann also als intraindividuell transsituativ konsistent betrachtet werden. Auch die durchschnittlichen Mittelwertsdifferenzen für *„Naturerleben", Kompetenzerleben / Leistungsverbesserung"*, *„Psychisches Wohlbefinden"* und *„Gesundheit und Fitness"* befinden sich auch einem niedrigen Niveau (betragsmäßig zwischen ,7 und 1,1) und sind nicht signifikant. Für die beiden Dimensionen mit einer signifikant hohen Differenz liegen relativ hohe, signifikante Korrelationen vor, d.h. es besteht ein deutlicher linearer Zusammenhang zwischen den beiden Gewichtungen. So gesehen kann zwar nicht von einer absoluten, aber von einer relativen transsituativen Konsistenz dieser Anreize gesprochen werden. Die Personen besitzen in diesem Fall nicht absolut gleiche Werte, sondern nur eine einheitliche Tendenz; diejenigen mit hohen Werten bei einer sportlichen Aktivität besitzen auch bei der anderen Sportart eine relativ hohen Wert. Der gleiche Test auf Basis der „z-transformierten" Anreizbedeutungen durchgeführt ergibt lediglich noch für die *„Leistungspräsentation"* einen signifikanten Wert.

Tabelle 8.26: Korrelationskoeffizienten (nach PEARSON) und T-Test (bei gepaarten Stichproben) für die acht Anreizdimensionen bei zwei verschiedenen, von einer Person ausgeübten Sportarten (N = 65)

Anreizdimension	N	M_1	SD_1	M_2	SD_2	r	Sig. von r	M_{Diff}	SD_{Diff}	T	df	Sig. von T
Naturerleben	65	3,78	,68	3,71	,72	,560	,000	,07	,66	,878	64	,383
Bewegungserleben	65	3,72	,74	3,47	,75	,513	,000	,25	,74	2,761	64	,008
Anregungen und Erregung erleben	65	3,29	,68	3,30	,69	,429	,000	,00	,73	-,028	64	,978
Kompetenzerleben / Leistungsverb.	65	3,85	,69	3,77	,58	,315	,010	,07	,75	,797	64	,428
Leistungspräsentation	62	2,90	,87	2,69	,78	,678	,000	,21	,67	2,498	61	,015
Soziales Wohlbefinden	64	3,61	,68	3,62	,72	,625	,000	-,01	,61	-,120	63	,905
Psychisches Wohlbefinden	64	3,65	,68	3,76	,71	,359	,004	-,11	,78	-1,117	63	,268
Gesundheit und Fitness	63	3,56	,74	3,47	,78	,207	,103	,09	,96	,733	62	,466

Legende:
M_1 : Mittelwert der ersten Sportart
SD_1 : Standardabweichung der ersten Sportart
M_2 : Mittelwert der zweiten Sportart
SD_2 : Standardabweichung der zweiten Sportart
r : Korrelationskoeffizient
M_{DM} : Durchschnittliche Mittelwertsdifferenz
SD_{DM} : Standardabweichung der durchschnittlichen Mittelwertsdifferenz
T : T-Wert
df : Freiheitsgrade (degrees of freedom)
Sig. von T : Signifikanz des T-Wertes

Fazit:

Mit Ausnahme der Anreizdimension „*Leistungspräsentation*" kann entsprechend der Annahme (7) zumindest von einer relativen intraindividuellen, transsituativen Konsistenz der Anreize ausgegangen werden.

8.8 Anreize und Ziele der sportlichen Aktivität

Im diesem Abschnitt werden die von den Vpn für ihre sportliche(n) Aktivität(en) genannten Ziele im Zusammenhang mit den jeweils dominanten Anreizen untersucht.

Die Ziele wurden mittels einer offenen Frage erhoben (siehe Fragebogen im Anhang). Die maximal fünf, frei formulierten Ziele wurden zuerst durch zwei, mit den zugrundeliegenden Anreizdimensionen vertrauten Ratern diesen Dimensionen zugeordnet[209]. Für Ziele, die keiner der vorgegebenen Dimensionen zugeordnet werden konnten, wurden neue Kategorien gebildet. Im Anschluß an die einzeln vorgenommene Kategorisierung der Ziele wurden die beiden Urteile auf Abweichungen überprüft. Im Dialog wurde dann die geeignetste Kategorie für diese Fälle bestimmt. Wo keine Übereinstimmung erreicht werden konnte, wurde das betreffende Ziel der Kategorie „Unbestimmbar, Sonstiges" zugeordnet.

Für das wichtigste Ziel hatten die Teilnehmer zusätzlich Aussagen zur Verpflichtung, zu externer und interner Kontrolle, zur Anstrengungsbereitschaft und zur Zielschwierigkeit zu gewichten. Für diese Angaben erfolgte eine deskriptive Auswertung.

Grundsätzlich kann festgestellt werden, daß die Formulierungen der Ziele sowohl inhaltlich als auch bezüglich der Konkretisierung ein sehr weites Spektrum umfassen. So finden sich einerseits präzise Zeitangaben oder Routenbeschreibungen, andererseits extrem pauschale Formulierungen wie „Einfach Spaß haben". Die Zusammenfassung der genannten Zielkategorien enthält die Tabelle 8.27.

Wie aus der Tabelle hervorgeht, beziehen sich knapp 40% der insgesamt 922 Antworten auf den Aspekt der sportlichen Leistungsfähigkeit. Danach folgen mit deutlichem Abstand Ziele, die den Dimensionen „*Gesundheit und Fitness*" oder „*Naturerleben*" zugerechnet werden können. Dies zeigt, daß „Leistung" ein zentrales Element sportlicher Aktivität ist, zumindest die kognitive Repräsentation betreffend. Abgesehen davon, daß sportliche oder allgemein körperliche Leistungsfähigkeit hohes gesellschaftliches Ansehen genießt, ist Leistung bzw. die Leistungsverbesserung auch sehr leicht objektivierbar, d.h. sie kann an meßbaren Größen, wie z.B. einer Zeit, einer Entfernung, einer bestimmten Route (= Schwierigkeit) etc. festgemacht werden.

---

[209] Aufgrund der sonst zu geringen Häufigkeiten wurden die Ziele einer Anreizdimension und nicht dem entsprechenden Einzelanreiz zugeordnet. Da keine Nennung auftraten, die sich auf Leistungspräsentation bezogen, wurde diese Dimension bei der Auswertung weggelassen.

Tabelle 8.27: Verteilung der genannten Ziele auf die Anreizdimensionen und auf neu gebildete Kategorien (N = 299)

Ziele	N	% der Antworten	% der Datensätze
(1) Naturerleben	26	2,8	8,7
(2) Bewegungserleben	4	,4	1,3
(3) Anregungen und Erregung erleben	11	1,2	3,7
(4) Leistung (v.a. Leistungsverbesserung)	366	39,7	122,4
(5) Soziales Wohlbefinden	23	2,5	7,7
(6) Psychisches Wohlbefinden	6	,7	2,0
(7) Gesundheit und Fitness	36	3,9	12,0
(8) Unternehmung (allgemein)	126	13,7	42,1
(9) Unternehmung + Naturerleben	5	,5	1,7
(10) Unternehmung + Neues Kennenlernen	20	2,2	6,7
(11) Unternehmung + Leistung	33	3,6	11,0
(12) Unternehmung + Soziale Erfahrungen	26	2,8	8,7
(13) Neue Sportarten bzw. neue Techniken erlernen	49	5,3	16,4
(14) Sport im Urlaub ausüben	7	,8	2,3
(15) Häufiger bzw. regelmäßiger Sport treiben	47	5,1	15,7
(16) Organisation: (Mehr) Zeit für Sport finden bzw. sich nehmen	35	3,8	11,7
(17) Sportliche Qualifikation anstreben	28	3,0	9,4
(18) Spaß, Vergnügen, Freude, allgemeines Wohlbefinden	24	2,6	8,0
(19) Sportart intensiver und umfassender kennenlernen	2	,2	,7
(20) Sport anderen Menschen vermitteln	5	,5	1,7
(21) Sport ohne Wettkämpfe und Leistungsdruck ausüben	2	,2	,7
(22) Sporttreiben wegen Gesundheit reduzieren	2	,2	,7
(23) Sich nicht verletzen	4	,4	1,3
(24) Sonstiges bzw. nicht eindeutig zuzuordnen	35	3,8	11,7
Gesamt	922	100,0	308,4

Aus der Nennung dieser Art von Zielen läßt sich jedoch nur selten erkennen, ob es ausschließlich um die Verbesserung der Leistungsfähigkeit geht oder ob zusätzlich weitere Elemente wie Selbst- und Fremdbewertungen oder das Erleben der Leistungserbringung eine Rolle bei der Zielbildung gespielt haben[210]. Problematisch ist auch die Abgrenzung zu Fitness-Aspekten, wenn z.B. nur die Verbesserung der Ausdauer genannt wird ohne einen zusätzlichen Zweckbezug. Dieselbe Problematik existiert bei der Nennung von Zielen in Form von Tätigkeitsvorhaben (Ziel 8 bis 12). Wie aus der obigen Aufstellung ersichtlich ist, konnte nur in einem kleinen Teil der Fälle eine zumindest andeutungsweise Bestimmung des zugrundeliegenden Anreizes gemacht werden. Im Normalfall - und dies entspricht auch den bisherigen Ergebnissen dieser Untersuchung - sind sportliche Aktivitäten durch eine mehr oder weniger große Zahl verschiedener Anreize motiviert. In den meisten Fällen (126

---

[210] Die Beschreibungen der Ziele enthalten nahezu ausschließlich Hinweise auf die Verbesserung der konditionellen Komponenten sowie bei den mehr technisch geprägten Sportarten vor allem auf die Verbesserung der gesamten sportartspezifschen Technik oder spezieller Technikelemente.

von 210) blieb offen, welcher Anreiz bzw. welche Anreize mit der jeweiligen Unternehmung assoziiert sind.

Hinzu kommen noch weitere Ziele, die mit Bewältigung organisatorischer Barrieren verbunden sind (15 + 16), auf mögliche berufliche Zwecke hinweisen (17) oder sich auf die Umgestaltung oder Reduzierung der sportlichen Aktivität beziehen (21 + 22).

In der Tabelle 8.28 werden die am wichtigsten eingestuften Zielkategorien aufgeführt.

Tabelle 8.28: Verteilung des am wichtigsten eingestuften Zieles auf die Anreizdimensionen und auf neu gebildete Kategorien (N = 299)

Ziele	N	Prozent	Gültige Prozente	Kumulierte Prozente
Naturerleben	4	1,2	1,3	1,3
Bewegungserleben	2	,6	,7	2,0
Leistung (v.a. Leistungsverbesserung)	125	37,7	41,8	43,8
Soziales Wohlbefinden	3	,9	1,0	44,8
Psychisches Wohlbefinden	1	,3	,3	45,2
Gesundheit und Fitness	13	3,9	4,3	49,5
Unternehmung (allgemein)	33	9,9	11,0	60,5
Unternehmung + Naturerleben	1	,3	,3	60,9
Unternehmung + Neues Kennenlernen	3	,9	1,0	61,9
Unternehmung + Leistung	16	4,8	5,4	67,2
Unternehmung + Soziale Erfahrungen	9	2,7	3,0	70,2
Häufiger bzw. regelmäßiger Sport treiben	22	6,6	7,4	77,6
Organisation: Zeit für Sport finden bzw. sich nehmen	16	4,8	5,4	82,9
Sportliche Qualifikation anstreben	11	3,3	3,7	86,6
Spaß, Vergnügen, Freude, allg. Wohlbefinden	15	4,5	5,0	91,6
Neue Sportarten / Techniken erlernen oder ausprobieren	9	2,7	3,0	94,6
Sportart intensiver und umfassender kennenlernen	1	,3	,3	95,0
Sport anderen Menschen vermitteln	2	,6	,7	95,7
Sport ohne Wettkämpfe / Leistungsdruck ausüben	1	,3	,3	96,0
Sporttreiben wegen Gesundheit reduzieren	2	,6	,7	96,7
Sonstiges / nicht eindeutig zuzuordnen	10	3,0	3,3	100,0
Gesamt	299	90,1	100,0	
fehlend	33	9,9		
	332	100,0		

Auch bei den wichtigsten Zielen findet sich in etwa die gleiche Verteilung, mit einem eindeutigen Schwerpunkt bei Zielen mit Leistungsbezug. *„Naturerleben"* und *„Soziales Wohlbefinden"* nehmen leicht ab. Für Ziele, die mehr als viermal genannt wurden, werden in der Tabelle 8.29 die Mittelwerte für die jeweils eingeschätzte Verpflichtung, Anstrengungsbereitschaft, externe und interne Kontrolle der Zielerreichung und Zielschwierigkeit dargestellt.

Tabelle 8.29: Mittelwerte und Standardabweichungen für die Einstufung des wichtigsten Zieles hinsichtlich Verpflichtung, Anstrengungsbereitschaft, externer und interner Kontrolle und Zielschwierigkeit

Ziel	N		Verpflichtung	Anstrengungs-bereitschaft	Interne Kontrolle	Externe Kontrolle	Sicherheit der Zielerreichung	Zielschwierigkeit	Anspruchs-niveau
Leistung (v.a. Leistungsverbesserung)	123	M	4,52	4,11	4,37	2,43	3,64	2,98	3,48
		SD	,63	,80	,86	1,20	,83	1,18	1,19
Gesundheit und Fitness	13	M	4,69	4,23	4,92	2,23	3,69	2,54	3,54
		SD	,48	,60	,28	1,30	1,03	1,20	1,13
Unternehmung (allgemein)	33	M	4,06	3,73	4,27	2,88	3,61	2,76	2,79
		SD	,83	,94	,80	1,27	,90	1,28	1,29
Unternehmung + Leistung	16	M	4,00	4,19	4,06	2,87	3,75	3,00	3,88
		SD	,97	1,05	,93	1,31	,77	1,10	1,45
Unternehmung + Soziale Erfahrungen	9	M	4,00	3,67	3,44	3,22	3,67	2,67	2,78
		SD	,87	,71	1,24	,83	,71	,71	,83
Häufiger bzw. regelmäßiger Sport treiben	22	M	4,32	3,64	3,82	3,09	3,14	2,55	2,45
		SD	,72	,79	1,05	1,19	,64	1,01	1,18
Organisation: Mehr Zeit für Sport finden bzw. sich nehmen	16	M	4,31	4,00	3,25	3,56	3,06	3,13	2,88
		SD	,79	,97	1,06	1,03	,77	,89	1,02
Sportliche Qualifikation anstreben	11	M	4,73	4,55	4,27	2,73	3,91	3,18	4,00
		SD	,47	,69	,79	1,19	1,04	1,47	1,10
Spaß, Vergnügen, Freude, allgemeines Wohlbefinden	14	M	4,43	3,86	4,14	2,36	4,00	1,79	1,79
		SD	,94	1,29	,53	,93	,68	,89	1,19
Neue Sportarten bzw. Techniken erlernen bzw. ausprobieren	9	M	4,44	3,78	4,33	2,00	4,11	1,89	2,33
		SD	,73	,67	1,12	1,00	,60	,60	1,58

Anmerkung: Ziele mit weniger als vier Nennung werden nicht dargestellt.

Zusammenfassend läßt sich feststellen:

- Insgesamt liegt der mit den Zielen verbundene Grad der *Verpflichtung* sehr hoch. Leistungsziele und Ziele im Bereich Gesundheit und Fitness werden nur von Zielen der Qualifikation übertroffen.

- In ähnlicher Relation verhält sich die *Anstrengungsbereitschaft* bezüglich der Zielrealisation (r =,502; p =,000). Lediglich bei Vorhaben mit Leistungsaspekt ist die Anstrengungsbereitschaft größer als die Verpflichtung dem Ziel gegenüber.

- Mit Ausnahme der Ziele, die mit der Überwindung von Barrieren („Mehr Zeit für sportliche Aktivität") oder der Realisation von Unternehmungen mit sozialen Aspekten im Zusammenhang stehen, ist auch der eingeschätzte Grad der diesbezüglichen *internen Kontrolle* sehr hoch. Deutlich am höchsten ist der Wert bei Zielen bezüglich Gesundheit und Fitness (4,92).

- Genau umgekehrt verhält es sich mit der **externen Kontrolle**, also mit der Einschätzung inwieweit die Zielerreichung von nicht kontrollierbaren Faktoren abhängt (r =-,391; p =,000).

- Die Mittelwerte für eine sichere **Zielerreichung** korrelieren auf mittlerem Niveau mit den Werten der Anstrengungsbereitschaft (r =,354; p =,000), d.h. wenn jemand eine hohe Anstrengungsbereitschaft für ein Ziel besitzt, nimmt er auch an, dieses relativ sicher zu erreichen[211]. Die höchsten Werte finden sich bei den Zielen, die relativ unverbindlich (Neue Sportarten ausprobieren, Spaß, Wohlbefinden etc.) und nicht überprüfbar sind wie die Erreichung von Leistungszielen. Für sämtliche Ziele liegt der Wert mindestens bei 3,00, d.h. die befragten Personen sind sich eher sicher, ihre Ziele realisieren zu können.

- Zwischen der eingeschätzten **Zielschwierigkeit** und dem eingeschätzten Grad einer sicheren Zielerreichung besteht logischerweise ein negativer Zusammenhang (r =,446; p =,000), der sich bei den Zielen mit geringer Schwierigkeit (z.B. „Neue Sportarten ausprobieren"; 1,89) in hohen Werten für die Sicherheit der Zielerreichung ausdrückt (4,11). Insgesamt liegen die Werte zwischen 1,79 bis 3,18, was auf ein mittleres Schwierigkeitsniveau schließen läßt. Aufgrund der ähnlichen Bedeutung ist die hohe Korrelation mit dem Anspruchsniveau erwartungsgemäß (r =,566; p =,000).

- Für Unternehmungen mit Leistungsaspekten und für Ziele sportbezogener Qualifikation übersteigen die Werte für das **Anspruchsniveau** deutlich die der Schwierigkeit. Dies könnte mit objektiveren Bewertungsmaßstäben, z.B. durch vorgegebene Schwierigkeitsgrade oder Prüfungsanforderungen zu begründen sein.

- In allen Clustern besitzen **leistungsbezogene Ziele** den Hauptanteil an den wichtigsten Zielen, wobei der Anteil im Cluster 1 mit über 60% (33) am höchsten ist. Der Anteil für die „*ausführungsorientierten Leistungssportler*" (Cluster 1) ist deutlich höher als es statistisch zu erwarten wäre, während er mit 29 bei den „*Natursportlern*" (Cluster 4) unterproportional vertreten ist. Für die beiden anderen Cluster liegt er in Höhe der Erwartungen[212].

- Bei den „*Fitness-Sportlern*" finden sich mehr **gesundheits- und fitnessbezogene Ziele** als nach der Verteilung der Ziele und Cluster zu erwarten wäre.

- Bei den **Unternehmungen mit Leistungsbezug** sind die „*Fitness-Sportler*" überproportional vertreten, bei den **Unternehmungen mit sozialem Charakter** dagegen wiederum die „*Natursportler*".

- **Spaß, Vergnügen, Freude** und **allgemeines Wohlbefinden** sind Ziele, die bei den „*Erlebnissportlern*" (Cluster 3) überproportional vorkommen.

---

[211] Natürlich gilt auch hier die umgekehrte Aussage, d.h. je sicherer jemand ist (bzw. sein will) ein Ziel zu erreichen, um so mehr strengt er sich dafür an. Nach den in der Leistungsmotivationsforschung gefundenen Zusammenhängen müßte die Anstrengungsbereitschaft für mittelschwer eingeschätzte Ziele am größten sein, was sich reduzierend auf den Korrelationskoeffizienten auswirkt.

[212] Die Tabelle A 3.33 mit den tatsächlichen und den erwarteten Häufigkeiten befindet sich im Anhang.

Auch wenn aufgrund der geringen Häufigkeiten für alle nicht leistungsthematischen Ziele die Ergebnisse vorsichtig zu interpretieren sind, ist in ihnen doch eine Bestätigung der Charakterisierung der Typen zu sehen. In dieselbe Richtung verweist der Chi^2-Wert von 47,470, der einen signifikanten Unterschied zwischen der tatsächlich vorgefundenen und der erwarteten Häufigkeitsverteilung anzeigt.

Im Gegensatz zu der Darstellung auf Basis der Sportlertypen (Cluster) sind die Werte in der Differenzierung nach sportlicher Aktivität wesentlich undeutlicher verteilt, dies belegt auch der nicht signifikante Chi^2-Wert von 46,07 (p =,428). Sieht man von den Zellen mit extrem niedriger Besetzung ab, ergeben sich nennenswerte Abweichungen zwischen den tatsächlichen und den erwarteten Werten nur bei den leistungsorientierten Zielen. Rennradfahrer und Snowboarder, die stark am Typ des *„ausführungsorientierten Leistungssportler"* beteiligt sind, fallen hier durch überproportionale Anteile auf; Skitourengeher, die überwiegend den *„Natursportlern"* zuzurechnen sind, besitzen hier unterdurchschnittliche Werte (siehe Tabelle A 3.34).

Nur bei dem Ziel der *„sportbezogenen Qualifikation"* liefert die Differenzierung nach sportlicher Aktivität ein klareres Bild: Es zeigt sich ganz deutlich, daß fast ausschließlich Skifahrer eine derartige Qualifikation anstreben.

Eine weitere Differenzierung der Aussagen, beispielsweise hinsichtlich möglicher geschlechtsspezifischer Unterschiede oder bezüglich unterschiedlicher Beurteilungen der Ziele nach Verpflichtung, Anstrengungsbereitschaft etc., kann aufgrund der relativ kleinen Umfänge für die Teilstichproben und der extremen Verteilung zugunsten der leistungsbezogenen Ziele nicht erfolgen.

9 Zusammenfassende Diskussion: Anreizdimensionen und Sportlertypen in den Outdoorsportarten

Im ersten Teil dieses Kapitels werden die Ergebnisse der Untersuchung, wie sie im vorherigen Kapitel erläutert wurden, zusammengefaßt und im Hinblick auf die Fragestellung diskutiert. Falls entsprechende Daten vorliegen, werden die Untersuchungsergebnisse mit diesen verglichen. Den zweiten Abschnitt bildet die Diskussion des Erhebungsinstruments sowie von Ansatzpunkten für dessen Weiterentwicklung. Den Abschluß bildet der Ausblick auf Fragestellungen, die sich sowohl in inhaltlicher wie auch in methodischer Perspektive aufgrund der vorliegenden Arbeit für eine Weiterführung der Forschung in diesem Bereich anbieten.

9.1 Diskussion der Ergebnisse im Hinblick auf die Fragestellung sowie auf vorliegende Ansätze und Untersuchungsergebnisse

Um die Redundanz in der Darstellung möglichst gering zu halten, wird bei der Zusammenfassung der Ergebnisse von der Reihenfolge der Fragestellungen sowie des Ergebnisteils abgewichen. Zunächst werden die Ergebnisse zur Dimensionalität des Anreizkonstrukts und zur Reliabilität des Fragebogens erläutert. Auf der Basis der ermittelten Anreizdimensionen wird anschließend auf die Gewichtung verschiedener Anreize bzw. Anreizkategorien sowie auf geschlechts- und sportartspezifische Unterschiede eingegangen. Ergänzend zu den sportartspezifischen Besonderheiten wird die Differenzierung der Sportlertypen anhand von Anreizprofilen dargestellt. Abschließend werden die Ergebnisse zur intraindividuellen Konsistenz von Anreizen bei verschiedenen sportlichen Aktivitäten diskutiert.

9.1.1 Anreizdimensionen

Die Fragestellung (3) der Arbeit lautet: Handelt es sich bei den Anreizen um ein eindimensionales oder um ein mehrdimensionales Konstrukt? Die diesbezügliche Annahme geht davon aus, daß sich die einzelnen Anreize verschiedenen Faktoren zuordnen lassen sollten (siehe Kapitel 6.2).

Die durchgeführte Faktorenanalyse (siehe Kapitel 8.2.2) ergab acht sinnvoll interpretierbare Faktoren. Untereinander sind die Faktoren mit wenigen Ausnahmen nur schwach miteinander korreliert. Die Korrelationskoeffizienten sind etwas höher, als die der deutschen Version der ATPA-Skalen, wie sie von SINGER u.a. (1980, 95) ermittelt wurden. Die Trennschärfe[213] der einzelnen Items variiert zwischen $r_{it} =,279$ und $r_{it} =,647$; für die Subskalen (Dimensionen) liegt die mittlere Trennschärfe zwischen $r_{it} =,314$ („*Psychisches Wohlbefinden*") und $r_{it} =,583$ („*Gesundheit und Fitness*"). Abgesehen von der Dimension „*Psychisches Wohlbefinden*" liegen sie damit in der Größenordnung der von SINGER u.a. (1980, 95) angegebenen, korrigierten Trennschärfekoeffizienten. Die interne Konsistenz der Subskalen bewegt sich

---
[213] Bezogen auf die „bereinigten" Skalen.

zwischen α =,494 („*Psychisches Wohlbefinden*") und α =,768 („*Bewegungserleben*", „*Gesundheit und Fitness*"). Wenn man die Skala „*Psychisches Wohlbefinden*" wiederum ausklammert, liegen alle CRONBACH α-Werte über α =,629. Die Skalen sind somit nach Konvention nicht für Einzelbewertungen geeignet; auch hinsichtlich der Anwendung für Gruppenvergleiche wäre die interne Konsistenz einiger Skalen noch zu verbessern[214].

Die Gruppierung der Items in den Dimensionen unterscheidet sich zum Teil von den ursprünglichen Kategorien.

- Die Dimension „*Naturerleben*" umfaßt die Kategorie „*Sensorische Erfahrungen*" sowie die zwei naturbezogenen Items aus der Kategorie „*Ästhetische Erfahrungen*". Diese Dimension enthält somit alle Anreize des Naturerlebens.

- Die Dimension „*Bewegungserleben*" vereinigt die Kategorie „*Bewegungserfahrungen*" mit Items aus der Kategorie „*Besondere Erlebnisqualität*" und dem Item „Erleben ästhetischer Bewegungen" aus der Kategorie „*Ästhetische Erfahrungen*".

- Die Dimension „*Anregung und Erregung erleben*" ist vor allem durch die Items der Kategorie „*Spannung und Aktivierung*" geprägt. Die übrigen Items sind zwar großteils schlüssig zu interpretieren, z.B. „Durchhalten, Selbstüberwindung" oder „Konzentration, Selbstvergessenheit", besitzen aber eine vergleichsweise diffuse Verteilung der Faktorladungen.

- Die Dimension „*Kompetenzerleben und Leistungsverbesserung*" enthält durchwegs Items, die auf der Selbstbewertung von Leistung beruhen. Außer den entsprechenden Anreizen aus der Kategorie „*Leistung*" wird zu dieser Dimension noch das Item „Körpererfahrungen bei intensiver körperlicher Belastung" zugeordnet, welches zugleich eine vergleichbare Ladung auf den Faktor „*Anregung und Erregung erleben*" besitzt.

- Die Dimension „*Leistungspräsentation*" nimmt im wesentlichen die Fremdbewertungsitems der Kategorie „*Leistung*" auf. Ergänzt werden sie durch das Item „Identifikation, Selbstdefinition" aus der Kategorie „*Soziale Erfahrungen*", welches offenbar von den Befragten in starker Verbindung zu Leistungsbewertungen gesehen wird, und das Item „Selbstbewertungen theoretischer Kenntnisse".

- Die Dimension „*Soziales Wohlbefinden*" enthält bis auf das erwähnte Item „Identifikation, Selbstdefinition" und das Item „Alleinsein" sämtliche Elemente aus der Kategorie „*Soziale Erfahrungen*". Das Item „Freundschaft erleben", welches zugleich eine geringfügig größere Ladung auf den Faktor „Anregungen und Erregung erleben" besitzt, wurde wegen der besseren Interpretierbarkeit auch dieser Dimension zugerechnet. Hinzu gekommen ist das Item „Stimmungsregulation" aus der Kategorie „*Entspannung und Stimmungsregulation*", für das sich in der Bewertung ein stärkerer Bezug zu sozialen als zu psychisch-regenerativen Aspekten herausgestellt hat.

---

[214] Die Werte zur Konsistenz der einzelnen Skalen sind nicht mit denen der ATPA-Skalen vergleichbar, da diese mittels der Formeln von SPEARMAN-BROWN, FLANAGAN bzw. KRISTOF ermittelt wurden.

- Die übrigen Items der Kategorie „*Entspannung und Stimmungsregulation*" sowie das Item „Alleinsein"[215] aus der Kategorie „*Soziale Erfahrungen*" bilden die Dimension „*Psychisches Wohlbefinden*".
- Die Dimension „*Gesundheit und Fitness*" wurde durch die Faktorenanalyse bestätigt; sie ist identisch mit der ursprünglichen, gleichnamigen Kategorie.

Untersuchungen mit Ergebnissen zur Dimensionalität von Anreizen bzw. Sinnzuschreibungen oder der wahrgenommenen Instrumentalität liegen von RHEINBERG (1993), BREHM (1994) und KENYON (1968b) bzw. SINGER u.a. (1980) vor.

Die Analysen zu den Sinnzuschreibungen sportlicher Aktivität sind am besten vergleichbar, da sie ähnliche Items enthalten.

Eine Faktorenanalyse der Sinnzuschreibungen (N = 1121; BREHM 1994; siehe Kapitel 0) bei insgesamt neun verschiedenen Sportarten, darunter auch Mountainbiking und Skifahren, ergab einen mit der Dimension „*Soziales Wohlbefinden*" nahezu übereinstimmenden Faktor. Der Faktor „Gesundheit und Fitness" entspricht nicht ganz der gleichnamigen Dimension. Vielmehr existiert ein weiterer Faktor „Körperarbeit", auf den die Items „Sportliche Figur bekommen", „Gewicht verbessern" und „Körpererfahrungen" laden. Da auch Indoorsportarten in die Untersuchung einbezogen waren, wurden hier keine Naturerfahrungen ausgewertet. Bewegungserfahrungen sind nicht in dem Fragebogen zu den Sinnzuschreibungen enthalten. Die Sinnzuschreibungen zur Leistung laden hier auf einen gemeinsamen Faktor, hinzu kommt noch das Item „Spannung erleben".

Die in die obige Untersuchung einbezogenen Daten zu den Sinnzuschreibungen von Mountainbikern, einschließlich der oben ausgeklammerten Items „Naturerfahrung" und „Seelischer Ausgleich", bildeten die Grundlage einer Faktorenanalyse (N = 65; BEIER 1993). Auch für dieses spezielle Stichprobe zeigte sich deutlich ein Faktor mit sozialen Aspekten. Wie bei der oben zitierten Studie ergab sich ebenfalls ein Faktor mit den Items „Sportliche Figur" und „Gewicht verbessern". Es wurde jedoch ein Faktor extrahiert, der vor allem die Verbesserung physischer Fähigkeiten betrifft („Fitness verbessern", „Sich anstrengen und belasten", „Fähigkeiten verbessern"). Dieser Faktor ähnelt der Dimension „*Kompetenzerleben / Leistungsverbesserung*". Eine weitere Ähnlichkeit besteht zwischen dem Faktor „Präsentation und Vergleich" und der Dimension „*Leistungspräsentation*"; beide enthalten Items, die auf Fremdbewertung bzw. Leistungsvergleich beruhen. Der letzte Faktor aus der Untersuchung der Sinnzuschreibungen von Mountainbikern enthält neben zwei Items des psychischen Wohlbefindens („Seelische Ausgeglichenheit" und „Streßabbau") „Naturerfahrung" und „Körpererfahrung"; wie in der vorliegenden Untersuchung zeigen sich somit Zusammenhänge von Naturerleben und psychischem Wohlbefinden.

Bei einer Faktorenanalyse mit Sinnzuschreibungen von Skifahrern (PLOCHER 1994; N = 139) fanden sich ebenfalls vergleichbare Faktoren. Der Faktor „Physische Gesundheit und

---

[215] Die Zuordnung des „Alleinseins" als ein Einflußfaktor des psychischen Wohlbefindens findet sich auch in einer Faktorenanalyse zur Motivation von amerikanischen Kletterern (EWERT 1985).

Fitness" entspricht genau den Items der Dimension „*Gesundheit und Fitness*". Dies trifft auch für den Faktor „Soziale Kommunikation" und die Dimension „*Soziales Wohlbefinden*" zu. Wie bei der Studie mit den Mountainbikern findet sich wiederum ein Faktor mit Aspekten psychischen Wohlbefindens und Naturerlebens. Die übrigen zwei Faktoren umfassen zum einen Leistungserleben und Leistungsverbesserung, zum anderen die Leistungspräsentation, Vergleich und zusätzlich Spannungserleben und Körpererfahrungen.

Auch die Untersuchungen zur „perceived instrumentality" von KENYON (1968b) bzw. zur deutschen Version der Skalen zur Messung der „Einstellung gegenüber sportlicher Aktivität" (SINGER u.a. 1980; siehe Kapitel 3.2) ergaben trotz unterschiedlicher Zielsetzung und dementsprechender Itemvorgabe zum Teil ähnliche Faktoren. So finden sich die bei SINGER u.a. (1980) gefundenen Funktionen „Soziale Erfahrung", „Gesundheit / Fitness" und „Katharsis" entsprechend den Anreizdimensionen „*Soziales Wohlbefinden*", „*Gesundheit und Fitness*" und „*Psychisches Wohlbefinden*". Für die übrigen Funktionen „Spannung / Risiko", „Ästhetische Erfahrung" und „Asketische Erfahrung" finden sich zumindest auf Itemebene verschiedene Entsprechungen. Den Dimensionen „*Naturerleben*" und „*Bewegungserleben*" entsprechende Items wurden bei KENYON (1968b) bzw. SINGER u.a. (1980) nicht berücksichtigt.

Während bei den oben beschriebenen Untersuchungen die Kategorien anhand von Faktorenanalysen auf der Basis der Bewertungen auf Ratingskalen erfolgte, entstanden die von RHEINBERG (1993, siehe auch BONIN 1992) genannten Kategorien mittels einer Clusteranalyse. Als Distanzmaß wurde dabei die sich aus der Klassifizierung von 40 Ratern ergebende Ähnlichkeit von mittels Interviews ermittelten Anreizen verwendet[216]. Die so gemeinsam für Motorradfahren, Skifahren, Windsurfen und Musizieren ermittelten Anreizcluster zeigen ebenfalls viele Übereinstimmungen mit den vorliegenden Anreizdimensionen, so z.B. in den Kategorien „Selbstbewertung", „Fremdbewertung", „Anschluß, Kameradschaft, Geselligkeit", „Sinnliches Naturerleben", „Genuß eines perfekten, harmonischen Bewegungsvollzuges" und „Erregung, Abenteuer, Nervenkitzel". Weitere Anreize, wie die Identifikation und Selbstdefinition oder „Bewährung, Durchhalten, Selbstdisziplin" finden sich in der vorliegenden Untersuchung nicht als eigene Kategorien, sondern sind anderen Dimensionen zugeordnet. Aufgrund der unterschiedlichen Vorgehensweise sind die Ergebnisse jedoch nur bedingt vergleichbar.

Auch in der von EWERT (1985) durchgeführten Faktorenanalyse zur Motivation von Kletterern gruppierten sich die 40 Items zu ähnlichen Faktoren (siehe Kapitel 3.3). Vergleichbar mit der vorliegenden Studie sind „Challenge / Risk", „Catharsis", „Recognition" und „Physical Setting"; sie entsprechen aufgrund der auf sie ladenden Items weitgehend den Dimensionen „*Anregung und Erregung erleben*", „*Psychisches Wohlbefinden*", „*Leistungspräsentation*" und „*Naturerleben*". Für die übrigen Dimensionen / Faktoren findet sich keine Entsprechung, da unterschiedliche Items in die Faktorenanalyse einbezogen wurden.

---

[216] Die Anreizcluster wurden im einzelnen bereits im Kapitel 2.6 beschrieben.

Die durchgeführte Faktorenanalyse bestätigt die Annahme (3): Die ermittelten Faktoren und ihre weitgehende Unabhängigkeit belegen die **Dimensionalität** des Konstrukts der Anreize sportlicher Outdooraktivitäten. Die acht ermittelten Faktoren lassen sich als „*Naturerleben*", „*Bewegungserleben*", „*Anregung und Erregung erleben*", „*Kompetenzerleben / Leistungsverbesserung*", „*Leistungspräsentation*", „*Soziales Wohlbefinden*", „*Psychisches Wohlbefinden*" und „*Gesundheit und Fitness*" interpretieren. Die Faktoren sind hinsichtlich der auf sie ladenden Items plausibel und besitzen deutliche Übereinstimmungen mit den theoretisch hergeleiteten Kategorien und auch mit empirisch ermittelten Strukturen anderer Untersuchungen. Ein Teil der Subskalen besitzt bereits eine zufriedenstellende Qualität hinsichtlich ihrer internen Konsistenz und Trennschärfe der enthaltenen Items.

9.1.2 Gewichtung der Anreize sowie geschlechts- und sportartspezifische Unterschiede

Die Fragestellung (1) lautet: Welches Gewicht besitzen Anreize aus den Bereichen Naturerleben, Bewegungserleben und Spannungserleben?

Dazu wurde die Annahme (1) formuliert, daß sich für Outdoorsportarten in diesen Bereichen überdurchschnittliche Gewichtungen ergeben sollten. Dieser Annahme lagen insbesondere Ergebnisse von RHEINBERG (1993) zugrunde, der aufgrund von Anreizanalysen bei Motorradfahrern und Windsurfern eine Anreiztrias aus „Außergewöhnlichen Bewegungserfahrungen", „Aktivation / Spannung" und „Leistung / Kompetenz" formulierte (RHEINBERG 1996). Ferner liegen Arbeiten zu den Sinnzuschreibungen von Skifahrern (PLOCHER 1994) und Mountainbikern (BEIER 1993) vor, die ebenfalls Items zum Naturerleben, Spannungserleben und zur Bedeutung der Leistung enthalten.

Naturerfahrungen

Naturerfahrungen wurden in der vorliegenden Arbeit von allen Anreizdimensionen am höchsten eingestuft (3,75). Im einzelnen sind besonders die sensorischen Wahrnehmungen von taktilen und thermorezeptorischen Reizen (4,00; Rang 6 von 40)[217], natürlichen Geräuschen (3,83; Rang 11) und optischen Eindrücken (3,82; Rang 12) von Bedeutung. Die größte Bedeutung aller Anreize hat die ästhetische Naturerfahrung „Schönheit der Natur erleben" (4,25; Rang 1).

Frauen haben bei fünf der sieben Items sowie für die gesamte Dimension und hier auch für alle Sportarten einen signifikant höheren Wert als Männer.

Auch der Effekt der sportlichen Aktivität auf die Gewichtung des Naturerlebens ist signifikant. Innerhalb der Sportarten besitzt das Naturerleben die relativ höchste Bedeutung für Kletterer (3,93; siehe Abbildung 8.5). Die absolut höchste Gewichtung findet sich dagegen

---

[217] Die angegebenen Rangplätze beziehen sich auf die Reihenfolge innerhalb der betreffenden Sportart. Bei der Interpretation der Ränge ist zu beachten, daß die Gewichtungen der einzelnen Anreize häufig sehr eng zusammen liegen und deshalb eine absolut gesehen kleine Differenz einen Unterschied von mehreren Rangplätzen ausmachen kann. Aufgrund dessen sind immer zusätzlich die absoluten Zahlen zu beachten. Die Zusammenfassung der Rangplätze für die Anreize befindet sich im Anhang A 3.4.

bei den Skitourengehern (4,10). Bei Skifahrern steht das Naturerleben (3,75) mit dem sozialen Wohlbefinden an zweiter Stelle hinter dem Bewegungserleben.

Das Ergebnis für die Skifahrer entspricht in der Relation etwa dem von PLOCHER (1994), bei der Freizeitskifahrer „Naturerleben" mit durchschnittlich 5,2 auf einer 7stufigen Ratingskala bewerteten. Diese Bewertung lag gemeinsam mit „Sich verbessern" und „Sich wohlfühlen" auf dem zweiten Platz. Abweichend von den vorliegenden Resultaten maßen in dieser Studie die Männer dem Naturerleben eine größere Bedeutung zu (5,3) als die Frauen (4,9).

Bei der Erhebung der Sinnzuschreibungen von Mountainbikern (BEIER 1993) wurde Naturerleben mit einem Mittelwert von 6,15 (ebenfalls auf einer 7stufigen Ratingskala) am zweitstärksten gewichtet. Dieses Ergebnis liegt sowohl im Verhältnis zum Skalenmaximalwert, als auch hinsichtlich des Rangplatzes über dem der Mountainbiker in der vorliegenden Studie, in der Mountainbiker das Naturerleben erst an vierter Stelle plazierten.

Bei einer Untersuchung zur Motivation amerikanischer Kletterer (EWERT 1985) wurden die Items des Faktors „Physical Setting" am stärksten gewichtet. Auf der 5stufigen Ratingskala ergab sich ein Mittelwert von 4,51. Der Wert ist damit deutlich höher als der in der vorliegenden Untersuchung (3,93), bei der die befragten Kletterer das Naturerleben knapp hinter dem sozialen Wohlbefinden (3,99) auf Platz 2 einstuften.

Die Untersuchungsergebnisse bestätigen die große Bedeutung des *Naturerlebens* und somit den entsprechenden Teil der Annahme (1). Im Vergleich zu anderen Studien läßt sich auch detailliert nachvollziehen, daß es neben den verhältnismäßig globalen ästhetischen Naturerfahrungen vor allem taktile Reize, Temperaturreize, natürliche Geräusche sowie visuelle Reize sind, die die Attraktivität der Outdoorsportarten ausmachen.

Bezüglich der Annahmen (5) und (6) läßt sich feststellen, daß Frauen den Naturerfahrungen einen signifikant höheren Wert beimessen als Männer. Bei den sportlichen Aktivitäten liegen ebenfalls signifikante Unterschiede vor; die höchsten Werte besitzen die Skitourengeher deutlich vor den Kletterern, die niedrigsten finden sich ebenso klar bei den Rennradfahrern, die sportartspezifisch den geringsten Naturkontakt besitzen.

Bewegungserfahrungen und Erlebnisqualität

Auf die von RHEINBERG (1996) formulierte Anreiztrias bezogen (siehe Kapitel 2.6), enthält die Annahme (1) weiter die Erwartung, bei Outdoorsportlern Präferenzen für Anreize des Bewegungserlebens zu finden. Für die Gesamtstichprobe besitzt die Anreizdimension „Bewegungserleben" mit 3,54 nur einen durchschnittlichen Wert. Von den einzelnen Anreizen sind vor allem Körpererfahrungen bei intensiven körperlichen Belastungen[218] (4,00; Rang 5) und das Erleben „Fließender Bewegungen" (3,82; Rang 13) von Bedeutung, „Dynamische Bewegungen" (Rang 20) und insbesondere „Außergewöhnliche Körperlagen" (Rang 30) sind eher unwichtig. Wie sich in der Faktorenanalyse gezeigt hat (siehe Kapitel 8.2.2), sind Bewegungserfahrungen nicht alleine durch sensorische Erfahrungen bestimmt, sondern auch

---

[218] Dieses Item geht aufgrund zu geringer Trennschärfe nicht in den Mittelwert der Anreizdimension ein.

durch mentale Erlebnisqualitäten. So besitzen das „Gefühl der Kontrolle" (3,69; Rang 16) und das „Verschmelzen von Handeln und Bewußtsein" (3,64; Rang 17) bei der Tätigkeit einen überdurchschnittlichen Anreiz. Die „Konzentration auf die Tätigkeit, Selbstvergessenheit" (3,46; Rang 23) besitzt eine stärkere Ladung auf den Faktor „Anregung und Erregung erleben". Damit ist zugleich die Fragestellung (2) und die zugehörige Annahme (2) bezüglich der Existenz und der Zuordnung von Erlebnisqualitäten in der Art von *flow*-Erleben positiv zu beantworten. Derartige Erfahrungen besitzen Anreizqualität, und zwar insbesondere im Zusammenhang mit sensorischen Bewegungserfahrungen.

Der signifikante Unterschied von Männern und Frauen für diese Dimension gründet sich insbesondere auf die Aspekte „Dynamische Bewegungen" und „Außergewöhnliche Körperlagen", bei denen Männer die deutlich höheren Werte haben.

Auch der Einfluß der sportlichen Aktivität ist signifikant. Insbesondere Snowboarder (4,03) und Skifahrer (3,85) besitzen hier herausragende Werte, während vor allem Skitourengeher (3,10) diese Erfahrung weniger reizvoll finden.

Zu den untersuchten Bewegungserfahrungen finden sich keine unmittelbar vergleichbare Daten aus vorhandenen Untersuchungen. Die allgemeiner formulierte Sinnzuschreibung „Den Körper kennenlernen und neue Erfahrungen mit ihm machen" kann, abhängig von der individuellen Interpretation, ähnliche Aspekte enthalten. Bei den Mountainbikern (BEIER 1993) wurde das Item mit 4,51 auf Rang 10 eingestuft, bei den Skifahrern (PLOCHER 1994) mit 3,2 dagegen nur auf Rang 15 (von 19). Die genannte Untersuchung ergab auch einen geringfügig höheren Wert für die Skifahrerinnen (3,4 vs. 3,2). Diese Werte stehen im Widerspruch zu den vorliegenden Ergebnisse und deuten auf eine abweichende Interpretation des Items durch die Befragten hin.

Die Ergebnisse zu *flow*-ähnlichen Erlebnisqualitäten sind ebenfalls kaum mit anderen Untersuchungen vergleichbar. In einer Studie zum *flow*-Erleben bei Kletterern (CSIKZENTMIHALYI 1993) wurden Interviews eingesetzt, bei einer quantitativen Untersuchung für das Tauchen (WETZEL 1994) zeigte sich ein starker Einfluß der tauchspezifischen Besonderheiten auf die Gewichtungen (siehe Kapitel 5.2.3). So ergaben sich in dieser Untersuchung mit Ausnahme des Gefühls der Kontrolle (4,32) und der Konzentration (3,82) durchwegs geringe Werte auf der 5stufigen Skala. Die Begründung sieht WETZEL (1994) darin, daß es für Taucher (lebens-) wichtig ist, die Situation ständig unter Kontrolle zu behalten und sich seiner Handlungen bewußt zu sein. Ein vergleichbarer Effekt deutet sich bei den Skitourengehern an; sie haben zusammen mit den Mountainbikern den geringsten Wert für das Item „Verschmelzung von Handeln und Bewußtsein" (3,22; Rang 22). Jedoch ergibt sich bei ihnen nur ein unterdurchschnittlicher Wert für das Kontrollgefühl (3,55; Rang 17).

Besser zum Vergleich geeignet sind die Ergebnisse zu „Grenzerfahrung, Grenzleistung und *flow* beim Sportklettern" (MEIER 1996). Die von ihm untersuchten Sportkletterer gewichteten die Items, die die Konzentration auf die Tätigkeit und das Verschmelzen von Handeln und Bewußtsein betreffen, etwas höher (3,17 bis 4,52) als Items, die das Gefühl der Kontrolle beschreiben (2,73 bis 3,05). Für die beiden ersten Kategorien stimmen die Werte mit den Ergebnissen dieser Arbeit überein (Konzentration, Selbstvergessenheit 4,31; Verschmelzung von Handeln und Bewußtsein 3,85); deutlich höher wird jedoch der Kontrollaspekt gewertet (3,82).

Die Ergebnisse bestätigen die bislang quantitativ nicht belegte Annahme, daß **Bewegungserleben** einen Anreiz für Outdooraktivitäten darstellt. Sie zeigen ferner, daß ein Zusammenhang zwischen sensorischen Wahrnehmungen (im Sinne der „dynamic joys"; DUNCKER 1940) und mentalen *Erlebnisqualitäten* (im Sinne des *flow*-Erlebens; CSIKSZENTMIHALYI 1975) besteht. Insbesondere zu den Anreizen dynamischer Bewegungen und außergewöhnlicher Körperlagen existiert bei Männer eine signifikant höhere Affinität als Frauen. Bei den sportlichen Aktivitäten finden sich die größten Werte für die stark durch rhythmische, schwingende und zum Teil auch dynamische Bewegungsformen gekennzeichneten Sportarten Snowboardfahren, Skifahren und Klettern.

Aktivation und Spannung

Auch für die Anreize, die in einer erhöhten Aktivation bzw. im Erleben von Spannung bestehen, geht die Annahme (1) von hohen Werten für die Outdoorsportler aus. Insgesamt besitzen diese Aspekte jedoch nur eine unterdurchschnittliche Bedeutung, wie der insgesamt zweitniedrigste Mittelwert für die Anreizdimension „Anregung und Erregung erleben" von 3,31 ausdrückt. Von dieser Gruppe ist das Item „Neues erleben" am stärksten gewichtet (3,54; Rang 21), während „Herausforderungen bzw. Spannung erleben" (3,24; Rang 27) und vor allem die „Angstlust" (3,04; Rang 35) einen sehr geringen Anreiz besitzen.

Ein signifikanter, geschlechtsspezifischer Unterschied besteht lediglich für das Item „Herausforderung und Spannung erleben" mit höheren Werten für die Männer. Für die anderen Items und die gesamte Dimension existieren nur geringe Abweichungen.

Bei den Sportarten sind es insbesondere die Kletterer (3,82) und die Snowboardfahrer (3,53), die einen signifikant höheren Anreiz in der Aktivation bzw. dem Spannungserleben sehen; bei Skitourengehern besitzt nur das Item „Neues erleben" Relevanz (3,86). Für die beiden Raddisziplinen und auch Skifahren sind diese Aspekte von verhältnismäßig geringer Bedeutung.

Die Untersuchungsergebnisse zu Kletterern (EWERT 1985), Skifahrern (PLOCHER 1994) und Mountainbikern (BEIER 1993) bestätigen diese Tendenz. Der Faktor „Challenge / Risk" wird mit durchschnittlich 3,96 am zweitstärksten gewichtet (5stufige Skala), wobei allerdings das Item „Because of Risks" eine sehr geringe Bedeutung hat (2,90). Bei Mountainbikern liegt das Item „Spannende Situationen erleben" mit 3,87 (7stufige Skala) lediglich auf Rang 14, bei Skifahrern mit 4,4 auf Rang 7. Dabei ergibt sich bei den weiblichen Skifahrern mit 4,6 ein höherer Durchschnittswert als bei den männlichen Skifahrern (4,2).

Was die Bedeutung von *Aktivation und Spannung* betrifft, muß die Annahme (1) also verworfen werden. Somit wäre auch die Vermutung einer Anreiztrias bei riskanten Aktivitäten (RHEINBERG 1996) in Frage gestellt. Zumindest wäre ergänzend zu überprüfen, inwieweit die jeweilige Sportart subjektiv als riskant eingeschätzt wird, also inwieweit Risiko in der subjektiven Wahrnehmung ein zentrales Element der sportlichen Aktivität darstellt. Ein direkter Zusammenhang mit dem akzeptierten Verletzungsrisiko bei der Ausübung des

Sports besteht nicht; die größte Gewichtung des Items „Angstlust" findet sich bei einem mittleren, akzeptierten Verletzungsrisiko. Für die übrigen Variablen dieser Anreizdimension besteht kein Zusammenhang mit dem Verletzungsrisiko. Da der Schwerpunkt im Rahmen der Anreizdimension „Anregung und Erregung erleben" auf dem Item „Neues erleben" liegt, ist das Interesse vorwiegend auf die Anregung gerichtet, die mit der Entdeckung bzw. dem Kennenlernen neuer Eindrücke und Empfindungen (Landschaft, Bewegungsformen / Techniken) verbunden ist und weniger mit dem unmittelbar empfundenen Nervenkitzel. Im Sinne der *Sensation Seeking Theory* von ZUCKERMAN (1979) handelt es sich somit um eine Mischung aus „Thrill and Adventure Seeking" und insbesondere „Experience Seeking" (siehe Kapitel 4.2).

Kompetenzerleben / Leistungsverbesserung

Als drittes Element neben den ungewöhnlichen Bewegungszuständen und erregenden Bedrohungswahrnehmungen zählt das Kompetenzerleben zu der von RHEINBERG (1996) für riskante Outdoorsportarten postulierten Anreiztrias. Dieser Aspekt findet sich in den Selbstbewertungen in der Dimension „Kompetenzerleben / Leistungsverbesserung", die mit 3,71 nach dem Naturerleben die zweitwichtigste Dimension darstellt. Für die gesamte Stichprobe sind dabei nach der Leistungsverbesserung (4,03; Rang 3) vor allem der Aspekt der Körpererfahrungen bei intensiver Belastung[219] (4,00; Rang 5), des Durchhaltens und der Selbstüberwindung (3,88; Rang 9) und der Selbstbewertung nach individuellen Maßstäben (3,84; Rang 10) bedeutsam. Selbstbewertungen in Folge eines Vergleichs mit anderen (3,01; Rang 36) und hinsichtlich theoretischer Kenntnisse[220] (2,51; Rang 39) sind dagegen weniger wichtig.

Für die Dimension „Kompetenzerleben / Leistungsverbesserung" als Ganzes besteht kein geschlechtsabhängiger Unterschied. Für das Item „Verbesserung physischer Fähigkeiten" finden sich bei Männern signifikant größere Werte als bei Frauen.

Im Gegensatz dazu bestehen für sämtliche Items und die gesamte Dimension sportartabhängige Mittelwertsunterschiede. Wie auch die Abbildung 8.5 veranschaulicht, ist der Wert für die Skitourengeher (3,19) signifikant kleiner als für die übrigen Sportarten mit Ausnahme der Skifahrer. Die größte Bedeutung findet sich bei Kletterern (3,91) und Mountainbikern (3,84). Bei den Items „Verbesserung physischer Fähigkeiten" und „Selbstbewertung nach individueller Norm" ergeben sich die größten Werte bei den Snowboardern (4,42; Rang 1 bzw. 4,10; Rang 6); „Durchhalten und Selbstüberwindung" wird vor allem von den Kletterern hoch gewichtet (4,34; Rang 2), „Körpererfahrungen bei intensiver Belastung" vor allem von den Mountainbikern (4,26; Rang 2) und Rennradfahrern (4,08; Rang 3).

---

[219] Dieses Item ging aufgrund zu geringer Trennschärfe nicht in die Berechnung des Dimensionsmittelwertes ein.

[220] Bei diesem Item handelt es sich zwar um einen Selbstbewertungsanreiz; in der Faktorenanalyse ergab sich jedoch eine stärkere Ladung auf den Faktor „Leistungspräsentation". Wegen zu geringer Trennschärfe wurde das Item nicht bei der Berechnung der Dimensionsmittelwerte berücksichtigt.

In den vergleichbaren Untersuchungen werden für Kletterer ebenfalls hohe Werte für das Item „Develop Abilities" (4,14) und „Physical Skills" (4,03) gefunden (EWERT 1985); in der vorliegenden Untersuchung liegt der Wert für die „Verbesserung physischer Fähigkeiten" bei durchschnittlich 4,21. Auch bei Mountainbikern ergeben sich entsprechende Werte, wenn man die unterschiedliche Skalenspannweite berücksichtigt. Analog zum Item „Physische Fähigkeiten verbessern" (4,15; Rang 4) existiert die Sinnzuschreibung „Sich verbessern" mit einem Mittelwert von 5,81 (Rang 5 von 19); entsprechend zu den „Körpererfahrungen bei intensiver körperlicher Belastung" (4,26; Rang 2) findet sich die Sinnzuschreibung „Sich anstrengen und belasten" (6,06; Rangplatz 4) (BEIER 1993). Für Skifahrer wurden von PLOCHER (1994) die gleichen Sinnzuschreibungen erhoben. Die Entsprechungen lauten 3,84 (Rang 11) bzw. 5,4 (Rangplatz 2) für die Leistungsverbesserung und 3,75 (Rang 13) bzw. 4,8 (Rangplatz 5) für die Erfahrung körperlicher Belastung. Berücksichtigt man die unterschiedliche Anzahl von Items, sind die Werte der vorliegenden Untersuchung für die Mountainbiker etwas höher, für die Skifahrer als etwas niedriger einzustufen.

Insgesamt zeigt sich eine starke Relevanz leistungsthematischer Aspekte für die sportliche Outdooraktivitäten. Neben der Verbesserung der Leistung sind vor allem Selbstbewertungen von Bedeutung, die auf einer individuellen Vergleichsnorm beruhen. Dazu ist auch das Item „Durchhalten, Selbstüberwindung" zu zählen. Bis auf das Skitourengehen besitzen diese Anreize bei allen sportlichen Aktivitäten große Bedeutung. Die Ergebnisse dieser Studie zeigen sich zudem als konsistent mit Ergebnissen anderer Untersuchungen. Somit wird auch die Annahme hinsichtlich des Kompetenzerlebens als wesentlicher Teil der Anreiztrias für Outdooraktivitäten (RHEINBERG 1996) bestätigt.

Leistungspräsentation

Neben den Aspekten Kompetenzerleben und Leistungsverbesserung besitzen aus dem leistungsthematischen Bereich auch Fremdbewertungen Relevanz für die Sportmotivation. Der entsprechende Faktor wurde mit dem Begriff Leistungspräsentation versehen. In der Bewertung durch die befragten Outdoorsportler liegt der Stellenwert für diese Dimension mit durchschnittlich 2,77 deutlich an letzter Stelle. Die relativ stärkste Bedeutung hat dabei das Item „Fremdbewertungen" (3,27), während die übrigen Items „Identifikation, Selbstdefinition" (2,57) und „Fremdbewertung theoretischer Kenntnisse" (2,49) sehr geringe Bedeutung aufweisen.

Für das Item „Fremdbewertungen" zeigt sich bei Frauen ein signifikant höherer Wert (3,52) als für Männer (3,10). Für die übrigen Items und die gesamte Anreizdimension finden sich keine diesbezüglichen Unterschiede.

Auch hinsichtlich sportartbedingter Effekte ergeben sich weder für die Dimension „Leistungspräsentation" noch für die einzelnen Items signifikante Unterschiede. Am größten sind die Unterschiede wiederum für das Item „Fremdbewertungen". Die höchste Gewichtung findet sich bei Snowboardern (3,55; Rang 22) und Kletterern (3,44; Rang 26), die geringste bei den Skitourengehern (2,88; Rang 30).

Ergebnisse, Erhebungsinstruments und weiterführende Fragestellungen 335

Auch der Faktor „Recognition" zeigt mit einem Durchschnittswert von 2,21 eine geringe Bedeutung dieses Aspektes für (amerikanische) Kletterer an (EWERT 1985). Die Streuung für die einzelnen Items („Recognition", „Competition", „To Show Others" und „To Be a Mountaineer") ist dabei sehr gering (2,09 bis 2,29).

Bei den Sinnzuschreibungen gibt es teilweise vergleichbare Items. „Sich messen und vergleichen" bezieht sich auf Vergleich nach einem sozialen Maßstab und umfaßt neben Fremdbewertungsaspekten auch Selbstbewertungselemente. Die beiden Items der Kategorie „Darstellung" („Zeigen, wie attraktiv diese sportliche Aktivität ist", „Zeigen, wie ich bin und was ich kann") besitzen sowohl Fremdbewertungscharakter als auch Aspekte der Identifikation bzw. Selbstdefinition. Für Mountainbiker besitzt das Item Leistungsvergleich einen Mittelwert von 2,85, die beiden Items zur Darstellung von 2,74 bzw. 2,22 (BEIER 1993). Sie liegen damit auf den letzten drei Rangplätzen (17 bis 19). Berücksichtigt man die 7stufige Skala, so sind die Werte niedriger als die der vorliegenden Untersuchung. Auch bei den Sinnzuschreibungen von Skifahrern belegen diese drei Items hintere Ränge (18, 13 und 16). Der Wert für den Leistungsvergleich beträgt 2,4 für die Darstellung der sportlichen Attraktivität 3,3 und für die Selbstdarstellung 3,0 (PLOCHER 1994).

Wie sich gezeigt hat, fallen die Gewichtungen von *Selbstbewertungs- und Fremdbewertungsanreizen* deutlich auseinander. Während erstere, gemeinsam mit der angestrebten Leistungsverbesserung, einen wesentlichen Bestandteil der Sportmotivation bei den meisten Aktivitäten darstellen, sind letztere nur von sehr geringer Bedeutung. Es bleibt unklar, ob in diesem Zusammenhang die soziale Erwünschtheit bzw. die soziale Anerkennung für die beiden Bereiche einen Einfluß besitzt, oder ob eine grundsätzliche Meidungstendenz für soziale Wertungen im Freizeitbereich, möglicherweise als Kontrast zur beruflichen Tätigkeit, vorliegt.

Soziales Wohlbefinden

Wie im vorherigen Abschnitt 9.1.1 zu sehen war, spielen bei allen Untersuchungen immer auch soziale Aspekte eine Rolle. Dies bestätigt sich auch in dieser Untersuchung; mit einem Durchschnittswert von 3,66 für die Gesamtstichprobe handelt es sich um die drittwichtigste Anreizdimension. Herausragend sind dabei die Items „Geselligkeit" (4,00; Rang 4) und „Kontakte pflegen" (3,92; Rang 8), während „Freundschaft erleben" (3,59; Rang 19) und vor allem „Kontakte knüpfen" (3,23; Rang 29) weniger bedeutsame Anreize für die untersuchten Outdooraktivitäten darstellen.

Für den Gesamtwert existiert kein signifikanter Unterschied zwischen Männern und Frauen; auf Itemebene messen Frauen dem Aspekt „Kontakte pflegen" deutlich mehr Bedeutung zu als Männer.

Bei den sportlichen Aktivitäten zeichnen sich die häufig alleine ausgeübten Sportarten Mountainbiking (3,59) und insbesondere Rennradfahren (3,30) durch signifikant niedrigere Werte aus. Beim Klettern spielt das „Sich-aufeinander-verlassen-können" eine wichtige Rolle; dementsprechend findet sich ein sehr großer Wert für das Item „Freundschaft erleben" (4,30; Rang 4), der dazu beiträgt, daß Kletterer den höchsten Gesamtwert für diese

Dimension besitzen (3,99). Bei der Geselligkeit und der Kontaktpflege liegen dagegen die Skifahrer auf dem ersten Platz (4,28; Rang 2 bzw. 4,15; Rang 4).

Freundschaft besitzt ebenso in der Untersuchung von EWERT (1985) bei den befragten Kletterern einen hohen Stellenwert (3,50). Auch für die Skifahrer lassen sich die Werte nahezu bestätigen. Mit durchschnittlich 5,7 ist „Geselligkeit" die am stärksten gewichtete Sinnzuschreibung; „Kontakte pflegen" liegt mit 4,4 auf Rang 7 (PLOCHER 1994). Die Sinnzuschreibungen der Mountainbiker entsprechen in der Tendenz ebenfalls den vorliegenden Untersuchungsergebnissen, liegen im Verhältnis aber etwas darunter. Die Werte 4,93 für Geselligkeit und 4,48 für die Pflege von Kontakten bedeuten die Ränge 8 und 11 (BEIER 1993).

Sportliche Aktivität ist offensichtlich stark von dem Wunsch nach *Geselligkeit und „Beziehungspflege"* motiviert. In den Unterschieden zwischen den Sportarten spiegeln sich auch die spezifischen Ausübungsbedingungen wider. Rennradfahren und Mountainbiking werden relativ häufig alleine ausgeübt, Skifahren, Skitouren und Klettern dagegen nahezu ausschließlich in der Gruppe. Beim Klettern ist zudem das spezifische Element der Sicherung des Kletterpartners vom prägender Bedeutung.

Psychisches Wohlbefinden

Für die gesamte Stichprobe beträgt der Durchschnittswert für diese Anreizdimension 3,63 und liegt damit genau auf dem Niveau des „Sozialen Wohlbefindens". Von Bedeutung sind vor allem die Items „Psychische Regeneration"[221] (3,91; Rang 7) und „Abschalten" (3,77; Rang 14). Weniger wichtig sind die Items „Alleinsein" (3,13; Rang 34) und „Aggressionen abbauen" (3,16; Rang 33).

Für diese Dimension finden sich keine geschlechtsbedingten Unterschiede. Im Gegensatz dazu zeigen sich signifikante Effekte der sportlichen Aktivität für alle Items und für die gesamte Dimension. Die größte Bedeutung hat das psychische Wohlbefinden für die Skitourengeher (4,25), die geringste dagegen für die beiden anderen Wintersportarten Skifahren (3,35) und vor allem Snowboardfahren (3,09) (siehe Abbildung 8.5). Für die einzelnen Items zeigen sich die entsprechenden Effekte: Für „Psychische Regeneration", „Abschalten" und „Alleinsein" haben Skitourengeher jeweils die höchsten Werte, Snowboardfahrer und Skifahrer die niedrigsten. Für das Item „Aggressionen abbauen" verhält es sich dagegen genau umgekehrt.

Auch bei den von EWERT (1985) untersuchten Kletterern ergab sich ein ähnlich gewichteter Faktor „Catharsis" (3,33). Auf diesen Faktor laden u.a. die Items „Relaxation" (3,88), „Slow Mind" (3,46) und wie in der vorliegenden Arbeit das Item „Solitude" (3,37).

Bei den Sinnzuschreibungen von Skifahrern finden sich die mit „Abschalten" und „Psychischer Regeneration" vergleichbaren Items „Alltagsstress abbauen" (4,3) und „Seelisch aus-

---

[221] Damit sind sowohl die Erholung von psychischen Belastungen, aber insbesondere die Verbesserung der psychischen Belastbarkeit im Sinne einer Ressoucenstärkung mit präventiven Charakter gemeint.

geglichener werden" (4,1) auf den Rängen 9 und 11 (PLOCHER 1994). Im Verhältnis sind die Gewichtungen jedoch niedriger als in der vorliegenden Untersuchung.

Auch für die Mountainbiker fällt die Gewichtung dieser Sinnzuschreibungen mit 4,90 bzw. 5,43 im Verhältnis etwas geringer aus als die der Anreize. In der Rangfolge der Sinnzuschreibungen belegen sie die Plätze 9 und 7 (BEIER 1993).

Auch *Entspannung und psychische Erholung* sind grundlegende Funktionen sportlicher Aktivität, die einen wichtigen Anreiz für deren Ausübung darstellen. Dies zeigt sich in zahlreichen Untersuchungen zu verschiedenen sportlichen Aktivitäten (z.B. BREHM 1994). Die Gewichtung im einzelnen variiert wiederum mit dem situativen Gegebenheiten der Sportart. Für Skitourengeher und Kletterer und auch für die Radsportler besteht eher die Möglichkeit, Ruhe und Alleinsein zu erleben als für Skifahrer und Snowboarder auf häufig überfüllten Pisten, wo sich wiederum (zwangsläufig) mehr Möglichkeiten zum Erleben von Geselligkeit und der Pflege bzw. Aufnahme von Kontakten ergeben. Spezifisch ist auch die Gewichtung der Freundschaft im Sinne des „Sich-aufeinander-verlassen-können" bei den Kletterern.

Gesundheit und Fitness

„Gesundheit und Fitness" gehört ebenfalls zu den Anreizdimensionen, die sich in vielen Untersuchungen zur Sportmotivation und ähnlichen Aspekten wiederfinden. Mit 3,48 besitzt diese Anreizdimension für die untersuchten Outdooraktivitäten eine durchschnittliche Gewichtung. In der Rangfolge befindet es sich jedoch nur auf dem vorletzten Platz (7). Einen höheren Anreiz innerhalb der Dimension besitzen die Items „Fitness verbessern" (4,05; Rang 2) und „Rehabilitation" (3,68; Rang 18), womit die Verbesserung des Gesundheitszustandes gemeint ist. Unterdurchschnittlich ist dagegen die Bedeutung der Items „Figur und Körpergewicht verbessern" (3,24; Rang 28) und „Prävention" (3,16; Rang 31).

Wie für das „Psychische Wohlbefinden" ergeben sich auch hier weder für die gesamte Dimension noch für die einzelnen Anreize signifikante, geschlechtsbedingte Unterschiede.

Dafür finden sich signifikante Differenzen zwischen den Ausprägungen bei den verschiedenen Sportarten. Von allen Sportarten haben Rennradfahrer (4,01) und Mountainbiker (3,91) für die gesamte Dimension die höchsten Werte; für Skifahrer (3,07) und Snowboardfahrer (2,90) besteht darin nur ein geringer Anreiz (siehe Abbildung 8.5). Das gleiche Bild ergibt sich auch für die vier Items.

Vergleicht man diese Ergebnisse mit Daten aus den Untersuchungen zu den Sinnzuschreibungen, zeigt sich ein ähnliches Bild. Für Mountainbiker ist „Etwas für die Fitness tun" (6,31) die wichtigste aller 19 Sinnzuschreibungen, den „Gesundheitszustand verbessern", also „Rehabilitation" liegt mit einem Durchschnittswert von 5,61 auf Rang 6 (BEIER 1993). Erst im letzten Drittel finden sich „Eine sportliche Figur bekommen" (4,00; Rang 12), „Beschwerden und Krankheiten vorbeugen" (= Prävention; 3,97; Rang 13) und „Das Gewicht regulieren" (3,01; Rang 16).

Bei den von PLOCHER (1994) untersuchten Skifahrern wurden die entsprechenden Items höher gewichtet als in der vorliegenden Arbeit. „Etwas für die Fitness tun" (4,8) liegt auf

Rang 5, den „Gesundheitszustand verbessern" (4,3) auf Rang 6. Wiederum im letzten Drittel finden sich „Eine sportliche Figur bekommen" (3,3 Rang 13), „Beschwerden und Krankheiten vorbeugen" (2,9; Rang 17), und an letzter Stelle, der Anreiz „Das Gewicht regulieren" (2,1; Rang 19).

Wie gezeigt wurde, entsteht der durchschnittliche Wert für die Dimension **Gesundheit und Fitness** sowie für die zugrundeliegenden Items durch eine sehr heterogene Verteilung zwischen den Sportarten. Während Rennradfahren und Mountainbiking als Fitness-Sportarten bezeichnet werden können und auch Kletterer und Skitourengeher in geringerem Maße in der Verbesserung von Fitness und Gesundheit einen Anreiz sehen, spielt dieser Aspekt für Skifahrer und Snowboardfahrer nur eine untergeordnete Rolle.

Fazit:

Insgesamt wurden die Anreize für Outdoorsportarten, so wie sie in der Stichprobe repräsentiert sind, relativ gleichmäßig gewichtet. Wie auch der Abbildung 8.5 zu entnehmen ist, spielen vor allem Naturerleben, Kompetenzerleben sowie soziales und psychisches Wohlbefinden eine wichtige Rolle.

Fünf der zehn am wichtigsten eingestuften Items (siehe Abbildung 8.2) stammen aus dem leistungsthematischen Bereich. Bei der „Verbesserung der Fitness"[222] (2) und der „Verbesserung der physischen Fähigkeiten" (3) handelt es sich um Zweckanreize, bei denen die Entwicklung der Leistungsfähigkeit im Vordergrund steht. Bei den „Körpererfahrungen bei intensiver Belastung" (5), „Durchhalten und Selbstüberwindung" (9) und „Selbstbewertung anhand individueller Normen" (10) handelt es sich um Tätigkeitsanreize, bei denen der wesentliche Anreiz im Erleben entsprechender Empfindungen bzw. in der Bestätigung der eigenen Tüchtigkeit in Form von Selbstbewertungen besteht.

Die wichtigen Anreize aus der Dimension „Naturerleben" sind die ästhetische Naturerfahrung „Schönheit der Natur erleben" (1) sowie die sensorischen Reize von „taktilen und thermorezeptorischen Wahrnehmungen" (6). In beiden Fällen handelt es sich um Tätigkeitsanreize.

Aus der Dimension „Soziales Wohlbefinden" sind es die „Geselligkeit" (4) und die Möglichkeit „Kontakte [zu] pflegen" (8), die den Outdoorsportlern besonders wichtig sind. Bei dem ersten Item handelt es sich um einen Tätigkeitsanreiz, beim zweiten um einen Zweckanreiz.

Der Zweckanreiz „Psychische Regeneration" (7) steht für die kathartische Funktion sportlicher Outdooraktivitäten.

Für die Gesamtgruppe befinden sich unter den zehn wichtigsten Anreizen insgesamt sechs **Tätigkeitsanreize**, davon zwei vom Typ II und vier **Zweckanreize** (siehe Abbildung 8.2). Somit bestätigt sich die Annahme zur speziellen Fragestellung (4), nach der Tätigkeitsanrei-

---

[222] Dieses Item aus der Dimension „Gesundheit und Fitness" wird hier mit aufgenommen, weil, von einem leicht abweichenden Zweck abgesehen, eine weitgehende Ähnlichkeit mit der Leistungsverbesserung besteht.

ze dominieren sollten. Legt man jedoch das Verhältnis für alle Items des Fragebogens zugrunde (23 x Typ I, 6 x Typ II, 11 x Typ III), so sind Zweckanreize sowie Tätigkeitsanreize vom Typ II unter den wichtigsten Anreizen überrepräsentiert. Für die einzelnen Sportarten sind mit Ausnahme der Radsportler jedoch Tätigkeitsanreize am wichtigsten. Dies legt die Schlußfolgerung nahe, daß Tätigkeitsanreize das Charakteristische von Outdooraktivitäten repräsentieren, während Zweckanreize generelle Aspekte wie Leistung oder Gesundheit darstellen. Diese Vermutung ist im Rahmen weiterer Untersuchung bei Outdoorsportarten und anderen sportlichen Aktivitäten zu überprüfen.

Abgesehen von den Anreizen des Naturerlebens finden sich unter den zehn am wichtigsten eingestuften Anreizen keine Elemente, die als „typisch" für Outdooraktivitäten gesehen werden, wie z.B. Spannung und Nervenkitzel oder außergewöhnliche Bewegungserfahrungen. Hinsichtlich Annahme (1) ist daraus abzuleiten, daß „Naturerleben" einen relativ starken Anreiz für die sportliche Betätigung in der Natur darstellt, Formen des Bewegungserlebens und insbesondere des Spannungserlebens für die gesamte Stichprobe nur eine mittlere oder sogar unterdurchschnittliche Bedeutung haben. Dies gilt auch für besondere Erlebnisqualitäten in der Art von *flow*-Erleben, die sich in diesen Dimensionen einordnen. Somit handelt es sich nicht um die von RHEINBERG (1996) angenommene „Anreiztrias" aus einer erregenden Bedrohungswahrnehmung, Kompetenzerleben und ungewöhnlichen Bewegungszuständen, sondern um ein **Anreizquartett** aus *„Kompetenzerleben / Leistungsverbesserung / Fitness", „Naturerleben", „Sozialem Wohlbefinden"* und *„Psychischem Wohlbefinden"*. Die, sieht man von der „Leistungspräsentation" ab, relativ gleichmäßige Gewichtung der Anreizdimensionen (3,31 bis 3,75) deutet jedoch an, daß es kein outdoorspezifisches Anreizprofil, also *keinen typischen Outdoorsportler* gibt.

Da die obige Anreiztrias insbesondere für riskante Aktivitäten postuliert wurde, stellt sich die Frage, ob entsprechende Anreize entweder geschlechtsspezifisch sind (Annahme 5) oder nur für bestimmte Sportarten zutreffen (Annahme 6).

Geschlechtsspezifische Unterschiede

Von den vierzig Items zeigen sich nur bei 10 Anreizen signifikante geschlechtsspezifische Unterschiede.

Für *Frauen* besitzt das Naturerleben deutlich mehr Bedeutung als für Männer; bei fünf von sieben Items finden sich bei den weiblichen Outdoorsportlern die größeren Werte. Bei Frauen findet sich eine ausgeprägtere Absicht, mit der sportlichen Aktivität ihre Beziehungen zu Freund, Partner und / oder Familie zu pflegen. Außerdem zeigt sich bei Frauen eine stärkere Gewichtung der Fremdbewertungen, die sich anhand des vorliegenden Datenmaterials nicht erklären läßt.

Männer haben ihrerseits einen stärkeren Bezug zur Leistungsverbesserung sowie zum Erleben außergewöhnlicher Körperlagen und von Herausforderung und Spannung bei ihrer sportlichen Aktivität. Die Ergebnisse für Männer bestätigen die Annahme (5).

Sportartspezifische Unterschiede

Im Gegensatz zu den relativ geringen Geschlechtseffekten finden sich bei sechs der acht Dimensionen und 31 der 40 Items signifikante Unterschiede bezüglich der ausgeübten sportlichen Aktivität. Daraus ergeben sich die in Abbildung 8.3 zusammengefaßten Anreizstrukturen für die verschiedenen Sportarten.

Am prägnantesten ist das Profil der *Skitourengeher*. Es dominieren ganz deutlich die zwei Anreizdimensionen „*Naturerleben*" und „*Psychische Regeneration*". Mit Ausnahme des „*Sozialen Wohlbefindens*" besitzen alle übrigen Kategorien nur relativ geringe Bedeutung.

Relativ deutlich sind auch die Strukturen von *Rennradfahrern* und *Mountainbikern*. Hier ist vor allem die Dimension „*Gesundheit und Fitness*" bestimmend. Zusätzlich sind die Bereiche „*Kompetenzerleben / Leistungsverbesserung*" und „*Psychisches Wohlbefinden*" sowie bei Mountainbikern das „*Naturerleben*" überdurchschnittlich ausgeprägt.

Skifahrer und *Snowboardfahrer* besitzen ein vielseitigeres Profil. Hier sind das „*Bewegungserleben*", „*Naturerleben*", „*Soziales Wohlbefinden*" sowie die Dimension „*Kompetenzerleben / Leistungsverbesserung*" besonders charakteristisch.

Für *Kletterer* ergibt sich eine noch schwieriger zu interpretierende Anreizstruktur. Bis auf die Dimension „*Gesundheit und Fitness*" sind alle anderen Dimensionen mehr oder weniger überdurchschnittlich ausgeprägt, am deutlichsten „*Anregung und Erregung erleben*", „*Soziales Wohlbefinden*", „*Kompetenzerleben / Leistungsverbesserung*" und „*Naturerleben*".

Die Annahme (6), nach der keine sportartspezifischen Unterschiede anzutreffen sein sollten, wird durch die zahlreichen signifikanten Differenzen zwischen den Sportarten widerlegt. Bis auf die skitourengehenden „Natursportler" und die radfahrenden „Fitness-Sportler" sind die Profile der Sportarten jedoch relativ unscharf. Somit zeigt sich, daß es nicht nur keinen typischen Outdoorsportler im allgemeinen gibt, es existieren offenbar auch *keine typischen Kletterer, Skifahrer, Snowboarder, Mountainbiker oder Rennradfahrer*. Am ehesten gibt es den typischen Skitourengeher.

9.1.3 Anreizbestimmte Sportlertypen

Aufgrund der überwiegend unscharfen Anreizprofile wurde untersucht, ob sich sportartübergreifende Sportlertypen finden lassen, die in ihrer Überlagerung die sportartspezifischen Profile bewirken. Zu diesem Zweck wurde eine Clusteranalyse auf Basis der individuellen „standardisierten" Präferenzen bezüglich der acht Anreizdimensionen durchgeführt (siehe Kapitel 8.6). Die dadurch entstandenen vier Typen (Cluster) mit ihrer spezifischen Anreizgewichtung sind in Abbildung 8.5 dargestellt. Diese lassen sich wie folgt beschreiben:

Die „*erholungsorientierten Natursportler*" (29,5% Anteil an der Gesamtstichprobe) sind durch hohe Werte für die Dimensionen „*Psychische Regeneration*" und „*Naturerleben*" charakterisiert. Im geringeren Maße spielen auch „*Gesundheit und Fitness*" eine Rolle. Dieser Typ ist überwiegend durch die Tätigkeitsanreize der Dimensionen „*Naturerleben*" und „*Psychisches Wohlbefinden*" („Abschalten", „Alleinsein") gekennzeichnet.

Ergebnisse, Erhebungsinstruments und weiterführende Fragestellungen 341

Auch die „*leistungsorientierten Fitness-Sportler*" (22,9%) sind durch zwei dominante Anreizdimensionen gekennzeichnet. Neben „*Gesundheit und Fitness*" sind es vor allem die Aspekte „*Kompetenzerleben und Leistungsverbesserung*", die den stärksten Anreiz für ihre sportliche Aktivität ausmachen. „Fitness-Sportler" sind klar zweckorientierte Sportler. Es dominieren die Zweckanreize aus der Dimension „*Gesundheit und Fitness*", insbesondere der Anreiz „Fitness verbessern", sowie die „*Verbesserung physischer Fähigkeiten*" aus der Dimension „*Kompetenzerleben / Leistungsverbesserung*".

Die „*ausführungsorientierten Leistungssportler*" (18,4%) sind ebenfalls durch zwei Anreizdimensionen besonders gut zu beschreiben. Am wichtigsten sind „*Kompetenzerleben / Leistungsverbesserung*" und das „*Bewegungserleben*". Daneben besitzen auch das Erleben sozialer Aspekte des Sports sowie die im Verhältnis zu den anderen Typen sehr stark gewichtete „*Leistungspräsentation*" einen besonders starken Anreiz. Dieser Sportlertyp ist vor allem durch Tätigkeitsanreize bestimmt. Dabei handelt es sich sowohl um solche vom Typ I, wie sie beim „*Bewegungserleben*" vorkommen, wie auch um solche des Typs II in Form der Selbst- und Fremdbewertungen aus den beiden leistungsthematischen Dimensionen.

Den vielseitigsten Typus bilden die „*erlebnisorientierten Sportler*" (29,2%). Insbesondere drei Anreizdimensionen sind für sie charakteristisch: „*Soziales Wohlbefinden*", „*Bewegungserleben*" und „*Naturerleben*". Außerdem findet sich in diesem Cluster der relativ größte Wert für Anreize der Dimension „*Anregung und Erregung erleben*". Wie bereits in der Bezeichnung des Typs zum Ausdruck kommt, ist der „Erlebnissportler" fast ausschließlich vom Erleben der Aktivität und somit von Tätigkeitsanreizen angezogen. Die für diesen Typ charakteristischen Anreizdimensionen „*Bewegungserleben*", „*Anregung und Erregung erleben*", „*Soziales Wohlbefinden*" und „*Naturerleben*" enthalten fast ausschließlich Tätigkeitsanreize.

Die *Verteilung der Sportlertypen innerhalb der Sportarten* ergibt folgendes Bild (siehe auch Abbildung 8.6 und Tabelle A 3.23):

Besonders homogen ist die Gruppe der *Skitourengeher*; unter ihnen sind 78,6% „*Natursportler*" zu finden. Deswegen besteht eine weitgehende Übereinstimmung zwischen den Anreizprofilen für „*Natursportler*" und Skitourengeher.

Bei **Mountainbikern** und **Rennradfahrern** findet sich jeweils ein großer Anteil „*Fitness-Sportler*" (42,1% bzw. 50,0%), aber auch 34,2% bzw. 18,4% an „*Natursportlern*". Aus dieser Überlagerung ergibt sich die für Rennradfahrer und Mountainbiker typische Anreizstruktur mit Schwerpunkten in den Dimensionen „*Gesundheit und Fitness*", „*Kompetenzerleben / Leistungsverbesserung*" sowie etwas schwächer beim „*Psychischen Wohlbefinden*" und „*Naturerleben*".

Unter den **Skifahrern** und **Snowboardfahrern** trifft man überwiegend auf den *erlebnisorientierten Sportlertyp* (45,9% bzw. 48,4%). Bei Snowboardfahrern gehören weitere 45,2% zu den „*ausführungsorientierten Leistungssportlern*", wodurch es bei ihnen zu einer starken Gewichtung der Dimensionen „*Bewegungserleben*" und „*Anregung und Erregung erleben*" kommt. Bei den Skifahrern verteilt sich der Rest zu 25,9% ebenfalls auf den „*ausführungs-*

orientierten Leistungssportler" und zu 20,0% auf den „*Natursportler*". Aufgrund dessen findet sich bei Skifahrern der im Vergleich zu Snowboardern höhere Wert für „*Psychisches Wohlbefinden*".

Kletterer bilden die heterogenste Gruppe. Bei ihnen finden sich zwar zu 42,9% „*Erlebnissportler*", aber auch jeweils 23,2% „*ausführungsorientierte Leistungssportler*" und „*Natursportler*". Dadurch erklärt sich das relativ undefinierte Anreizprofil der Kletterer.

Durch die Definition der Sportlertypen wird auch die **Verteilung von Tätigkeits- und Zweckanreizen** innerhalb der Sportarten deutlicher. Sie ergibt sich wiederum aus der anteilsmäßigen Überlagerung der Anreizprofile für die in der Sportart vertretenen Sportlertypen.

Die vier Sportlertypen lassen sich in einem zweidimensionalen Raum von Tätigkeitsorientierung und Zweckorientierung wie folgt einzuordnen[223].

```
Starke
Tätigkeitsorientierung  │
                        │  ┌──────────────────┐
                        │  │ Erlebnisorientierte │   ┌──────────────────────┐
                        │  │     Sportler     │   │ Ausführungsorientierte │
                        │  └──────────────────┘   │   Leistungssportler    │
                        │                         └──────────────────────┘
                        │         ┌──────────────────────┐
                        │         │ Erholungsorientierte │
                        │         │    Natursportler     │
                        │         └──────────────────────┘
                        │
                        │                               ┌──────────────────────┐
                        │                               │   Leistungsorientierte│
                        │                               │    Fitness-Sportler  │
                        │                               └──────────────────────┘
                        │
                        └─────────────────────────────────────────────────────
                                                         Starke Zweckorientierung
```

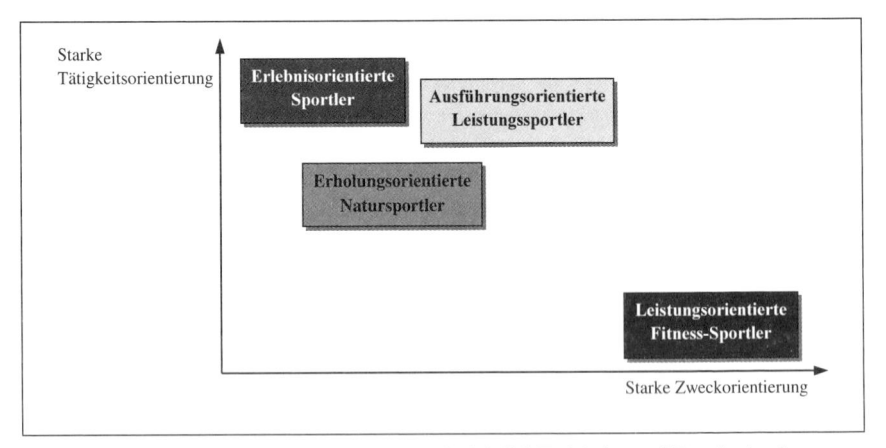

Abbildung 9.1: Positionierung der Sportlertypen hinsichtlich Tätigkeits- und Zweckorientierung

Die für die Sportlertypen ermittelten charakteristischen **Ausübungsparameter für die sportliche Aktivität** bezüglich der Anreizstrukturen ebenfalls ein konsistentes Bild (siehe Abbildung 8.7). So finden sich bei den „*Erlebnissportlern*" hoher Umfang, hohe Intensität und hoher Schwierigkeitsgrad. Bei den „*ausführungsorientierten Leistungssportlern*" kommt eine hohe körperliche Belastung und hoch eingeschätzte konditionelle und koordinative Fähigkeiten hinzu. Im Verhältnis akzeptieren viele Sportler dieses Typs ein höheres Verletzungsrisiko und nehmen häufiger an Wettkämpfen teil. Bei der Gruppe der „*leistungsorientierten Fitness-Sportler*" zeigt sich der höchste Anteil für die Wettkampfteilnahme; die sportliche Aktivität wird von ihnen jedoch meistens alleine oder in einer Trainingsgruppe ausgeübt. Für diese Sportler ist die betreffende Sportart außerdem die einzige

---

[223] Wie auch aus der Anreizfokus-Skala im Anhang ersichtlich ist, werden Tätigkeitsorientierung und Zweckorientierung separat erfaßt. Es handelt sich um kein bipolares Kontinuum, sondern um zwei unabhängige Dimensionen (RHEINBERG 1989).

oder zumindest wichtigste Sportart, da sie relativ zu den übrigen sportlichen Aktivitäten sehr häufig praktiziert wird. Letzteres trifft auch auf die „*Natursportler*" zu; bei allen Parametern hinsichtlich Intensität, Schwierigkeit etc. finden sich bei ihnen durchwegs unterdurchschnittliche Werte. Die Sportler dieses Typs vermeiden überproportional häufig jegliches Verletzungsrisiko und üben ihren Sport oft alleine oder mit dem Partner / Familie aus.

Mittels offener Fragen wurden die individuellen **Ziele der sportlichen Aktivität** erhoben. Etwa 40% der genannten sowie auch der am wichtigsten eingestuften Ziele entfallen dabei auf leistungsbezogene Ziele, circa 20% verteilen sich auf die Durchführung verschiedener Unternehmungen, knapp 13% richten sich darauf den Sport häufiger oder regelmäßiger auszuüben bzw. sich die Zeit dafür zu nehmen (siehe Tabelle 8.28). Für alle Sportlertypen finden sich am häufigsten *leistungsthematische Ziele*, deutlich überproportional jedoch bei den „*ausführungsorientierten Leistungssportlern*", gleichermaßen unterproportional bei den „*Natursportlern*". Bei den „*Fitness-Sportlern*" sind **Ziele mit Bezug auf Gesundheit und Fitness** sowie **Unternehmungen mit Leistungsbezug**, z.B. die Teilnahme an bestimmten Wettkämpfen, überproportional vertreten. Bei den „*Natursportlern*" sind die charakteristischen Ziele die Durchführung von **Unternehmungen mit sozialen Aspekten** (z.B. eine gemeinsame Alpenüberquerung mit Freunden) oder nicht näher bestimmter Unternehmungen, bei denen eine Vielzahl von Anreizen von Bedeutung sein könnten. Bei den „*Erlebnissportlern*" ist die sehr pauschale Zielkategorie „*Spaß haben, Vergnügen / Freude empfinden, sich wohlfühlen*" relativ am häufigsten anzutreffen. Auch die Verteilung der verschiedenen Ziele über die Sportlertypen ist also mit den charakteristischen Anreizen übereinstimmend. Aufgrund der extrem ungleichmäßigen Verteilung der Ziele sind die Aussagen bis zu einer genaueren Erforschung jedoch nur als ein Hinweis zu betrachten.

Fazit:

Die durch die Clusteranalyse bestimmten *Sportlertypen* sind in sich *homogen und konsistent*. Durch die Überlagerung der für die Sportlertypen charakteristischen Anreize lassen sich auch die wenig definierten Anreizprofile der verschiedenen sportlichen Aktivitäten erklären.
Die Fragestellung (6) bezüglich der Existenz von sportartübergreifenden Anreizprofilen kann somit bejaht werden. Die vorliegende Typisierung kann zum gegenwärtigen Zeitpunkt keinen Anspruch auf Vollständigkeit erheben, sondern stellt lediglich den Stand für diese Stichprobe dar. Bei einer Ausweitung des Untersuchungsgegenstandes auf weitere Sportarten und / oder andere Stichproben (Alter, Region etc.) besteht durchaus die Möglichkeit weitere Sportlertypen zu entdecken.
Auch die Zusammenhänge der Sportlertypen mit den Merkmalen der Sportausübung und teilweise auch mit den individuellen sportbezogenen Zielen ergeben ein stimmiges Bild.

9.1.4 Konsistenz der Anreize

Wie der in Kapitel 8.7 beschriebene T-Test gezeigt hat, besteht mit Ausnahme der Anreizdimension „Leistungspräsentation" zumindest eine relative intraindividuelle, transsituative Konsistenz der Anreizgewichtungen bezüglich sportlicher Outdooraktivitäten. Die als Annahme formulierte „Nullhypothese" wird damit bestätigt.

Da bislang keine entsprechenden Untersuchungen zur intraindividuellen Konsistenz von Anreizen für verschiedene sportliche Aktivitäten bekannt sind, bleibt zu prüfen, ob und ggf. in welchem Maße sich eine solche Konsistenz auch im Verhältnis zu anderen Sportartentypen (z.B. Mannschaftssportarten) oder zu beruflichen Tätigkeit bestätigt. Der bei RHEINBERG / ISER / PFAUSER (1997) beschriebene Vergleich von Arbeitskontext vs. Sportlicher Kontext (Tanzen) hinsichtlich Tätigkeits- bzw. Zweckzentrierung ergab keine absolute transsituative Konsistenz. Die Ergebnisse machten es aber nicht zwingend, „die Annahme einer relativen transsituativen Konsistenz als falsifiziert zu betrachten" (RHEINBERG / ISER / PFAUSER 1997, 9).

Ferner wäre zu prüfen, ob, bezüglich *einer* Sportart, eine intrapersonelle zeitliche Konsistenz vorliegt, also bei der Ausübung einer sportlichen Aktivität zu verschiedenen Zeitpunkten die gleichen Anreizstrukturen zugrunde liegen. Im Hinblick auf die *Reversal Theory*, die die Dominanz metamotivationaler „states" annimmt (APTER 1982), ließe sich feststellen, ob es sich bei den Anreizstrukturen um relativ stabile, einem Persönlichkeitsmerkmal ähnliche „traits" oder um häufiger wechselnde „states" handelt.

9.2 Diskussion des Erhebungsinstruments und Ausblick auf anschließende Fragestellungen

Im Mittelpunkt dieses Abschnitts steht die Diskussion des verwendeten Fragebogens und die Nennung von Ansatzpunkte für eine Weiterentwicklung des Instruments. Abschließend werden im Hinblick auf eine sowohl thematische als auch methodische Weiterentwicklung noch einige anschließende, interessante Fragestellungen aufgezeigt.

9.2.1 Diskussion von Methodik und Erhebungsinstrument

Erfassung der individuellen Anreize

Wie die Ergebnisse der Faktorenanalyse und der Itemanalyse zeigen, sind mit „Naturerleben", „Bewegungserleben" und *Gesundheit und Fitness* drei Subskalen vorhanden, die mit einem CRONBACH α >,74 und einer Trennschärfe r_{it} >,45 recht zufriedenstellende Werte besitzen. Für Gruppenvergleiche bietet sich hier bereits eine zufriedenstellende Basis (siehe Tabelle 8.13).

Wie der Blick auf die Tabelle 8.11 mit den Faktorladungen zeigt, existieren einige Items, bei denen es im Rahmen einer Überarbeitung notwendig ist, eindeutigere Formulierungen zu finden. Dazu gehören die Items „Durchhalten, Selbstüberwindung" und „Herausforderung, Spannung", die sowohl auf den Faktor „Anregungen und Erregung erleben" wie auch „Leistungsverbesserung / Selbstbewertung" laden. Hohe Ladungen auf „Leistungsverbesserung / Selbstbewertung" und „Leistungspräsentation" besitzen die Items „Selbstbewertung nach sozialer Norm" und „Fremdbewertung". Neben der dominanten Ladung auf den Faktor „Leistungsverbesserung / Selbstbewertung" hat das Item „Physische Fähigkeiten verbessern" noch einen Bezug zum Faktor „Gesundheit und Fitness". Aufgrund der gegebenen

Ähnlichkeit zum Item „Fitness verbessern" ist dies naheliegend. Auch bei den „Körpererfahrungen" findet sich neben der Ladung auf den Faktor „Leistungsverbesserung / Selbstbewertung" noch ein Bezug zum Faktor „Psychisches Wohlbefinden". Daraus läßt sich schließen, daß neben dem aktuellen Erleben der Anstrengung insbesondere die entspannende Wirkung nach der Belastung von Bedeutung ist. Bei der Funktion der „Stimmungsregulation" sportlicher Aktivität wird zwar auch deren Effekt mit der Ladung auf den Faktor „Psychisches Wohlbefinden" deutlich, insgesamt hat das Item jedoch eine stärkere Ähnlichkeit mit den Bewertungen der Items der Dimension „Soziales Wohlbefinden", das offenbar die Quelle der Effekte darstellt. Eine ähnliche Konstellation ergibt sich für das Item „Psychische Regeneration, dessen „Hauptladung" für den Faktor „Psychisches Wohlbefinden" vorliegt, daneben aber fast genauso hoch auf den Faktor „Soziales Wohlbefinden" lädt. Wie der Tabelle 8.11 zu entnehmen ist, existieren noch weitere derartige Zusammenhänge; diese sind jedoch auf vergleichsweise niedrigem Niveau.

Für die Skalen „*Anregung und Erregung erleben*", „*Kompetenzerleben / Leistungsverbesserung*", „*Leistungspräsentation*" und „*Soziales Wohlbefinden*" ergibt sich ein CRONBACH α zwischen $\alpha = ,63$ und $\alpha = ,70$, wobei die Skalen nur drei bzw. vier Items enthalten. Hier ist eine Skalenverlängerung zur Verbesserung der internen Konsistenz vorzunehmen. In noch stärkerem Maße gilt dies für die Subskala „*Psychisches Wohlbefinden*", bei der die vier Items einen sehr unbefriedigenden CRONBACH α-Wert von $\alpha = ,49$ und eine mittlere Trennschärfe von $r_{it} = ,31$ erreichen.

Im einzelnen bieten sich folgende Änderungen bezüglich der Itemformulierung und des Umfangs der Skalen an:

- Eine „Teilung" des Items „Durchhalten, Selbstüberwindung", welches nahezu gleich große Faktorladungen für „*Anregung und Erregung erleben*" und „*Kompetenzerleben / Leistungsverbesserung*" besitzt, so daß für jede Dimension ein spezielles Item vorhanden ist.

- Die Aufteilung des Items „Physische Fähigkeiten verbessern" in ein Item für (allgemeine) konditionelle Aspekte (Ausdauer, Kraft, Schnelligkeit) sowie ein Item für die Verbesserung der (speziellen) sportartspezifischen Fertigkeiten (Technik).

  Dadurch wäre ggf. auch eine differenziertere Beschreibung der Sportlertypen möglich, wenn in einem Cluster die Gewichtung konditioneller Aspekte, im anderen dagegen die Betonung koordinativ-technischer Fertigkeiten überwiegt.

- Eine bessere Differenzierung der Items „Selbstbewertung nach sozialer Norm" und „Fremdbewertung", damit die zusätzlichen Ladung auf den Faktor „*Leistungspräsentation*" bzw. „*Kompetenzerleben / Leistungsverbesserung*" wegfällt bzw. abgeschwächt wird und somit eine geringere Interkorrelation der Subskalen erreicht wird.

- Eine Verlängerung Auch der Skala „*Soziales Wohlbefinden*" durch Aufteilung von Items, z.B. in Form eines Items „Geselligkeit unmittelbar bei der Sportausübung" und eines Items „Geselligkeit in den Pausen und im Anschluß an die sportliche Aktivität" oder durch die Konkretisierung des Items „Kontakte pflegen" auf den Partner / die Familie bzw. auf Freunde und Bekannte.

- Eine Umformulierung der Items und Ergänzung der Subskala „*Psychisches Wohlbefinden*", um eine Verbesserung der internen Konsistenz der Skala sowie der Trennschärfe der Items zu erreichen.

  Denkbar wäre das Hinzufügen von Items aus dem Fragebogen zu den Sinnzuschreibungen, z.b. „Alltagsstress abbauen", „Seelisch ausgeglichener werden"; (siehe Kapitel 0). Bei dem Item „Sich abreagieren" sollte die „positivere" Formulierung „Sich austoben" verwendet werden.

- Die Anpassung der Skalenlänge und gleichmäßigere Aufteilung von Tätigkeits- und Zweckanreizen in der Dimension „*Gesundheit und Fitness*" durch die Ergänzung zusätzlicher Items.

  Möglich wäre z.b. die Aufnahme der Verbesserung des subjektiven Gesundheitsempfindens („Sich gesund fühlen") oder das Bemühen „Etwas für die Gesundheit zu tun". Für die Ausgewogenheit der Skala wäre dabei nach Möglichkeit die Formulierung von Tätigkeitsanreizen anzustreben.

Ziel der Veränderungen sind Subskalen mit ca. sechs Items, einer internen Konsistenz von CRONBACH $\alpha \geq ,75$ und einer durchschnittlichen Trennschärfe $r_{it} \geq ,50$.

Die äußere Form der Items sollte dahingehend angeglichen werden, daß zu jedem Item mindestens ein, höchstens aber drei erläuternde bzw. ergänzende Beispiele aufgeführt werden.

Ermittlung „kritischer" Anreize

Die eingeschätzten Auswirkungen auf die Ausübungshäufigkeit im Falle des Ausbleibens eines Anreizes haben sich für die überwiegende Zahl der Anreize als sehr gering erwiesen. Wie bereits in der Voruntersuchung festgestellt wurde, liegt dies häufig an dem kleinen Spektrum, welches durch das einzelne Item erfaßt wird, d.h. das Wegbleiben des einzelnen Anreizes hat in der Regel keine oder nur eine sehr geringe Auswirkung. Aus diesem Grund würde sich zunächst eine qualitative Vorgehensweise anbieten, entweder in Form eines Interviews oder über den Einsatz offener Fragen[224]. Eine weitere Möglichkeit besteht in der Formulierung von Items auf der Ebene der Anreizdimensionen. Eventuell würde auch eine kurze Schilderung des sich aus dem Wegfall eines Anreiztyps ergebenden Szenarios die Beurteilung erleichtern[225] . Problematisch könnte in diesem Fall die Spezifität der sportarttypischen Gegebenheiten sein, die sportartübergreifende Formulierungen nur bedingt zuläßt. Wie bereits im Kapitel 7.1 erwähnt wurde, würde sich prinzipiell auch eine verzichtsthema-

---

[224] Beispiel: „Was müßte passieren, damit Sie diese sportliche Aktivität nicht mehr oder nur noch in sehr geringem Umfang ausüben?"

[225] Beispiel: „Würden Sie die sportliche Aktivität weiterhin in dem Umfang ausüben, wenn Sie dabei alleine wären?" oder „... wenn dies nur in der Halle bzw. künstlich angelegten Arealen möglich wäre?" (Klettern, Skifahren / Snowboarden, Mountainbiking in der Halle bzw. „Sportparks").

tische Formulierung anbieten; dies setzt jedoch das Vorhandensein einer geeigneten Bewertungsgröße voraus.

Erfassung der anreizbezogenen Instrumentalität

Wie sich in der Voruntersuchung zeigte, besitzt die sportliche Aktivität für die meisten Anreize eine hohe Instrumentalität. Dies erscheint plausibel, wenn man berücksichtigt, daß insbesondere im Freizeitbereich zahlreiche Wahlmöglichkeiten bestehen. Dadurch ist es einer Person möglich, sich diejenigen Tätigkeiten auszusuchen, für die ihrerseits hohe Instrumentalitätserwartungen für die wichtigen Anreize vorliegen. Somit kann die Häufigkeit mit der ein bestimmter Anreizaspekt erlebt wird als Indikator für die entsprechende Instrumentalitätseinschätzung dienen.

Eine separate Erfassung der Instrumentalität, ebenso wie die der Situations-Handlungs- oder der Handlungs-Ergebnis-Erwartung, erscheint insbesondere in den Fällen angezeigt, in denen die Gründe erforscht werden sollen, weshalb eine Tätigkeit nicht ausgeübt wird bzw. wurde. Da für die vorliegende Fragestellung von einer bereits ausgeübten Tätigkeit ausgegangen wird, kann somit auf die Erfassung der Instrumentalität verzichtet werden.

Erfassung der individuellen Sportausübung

Auch hinsichtlich der Erfassung der sportlichen Aktivität bieten sich aufgrund der Erfahrungen mit der vorliegenden Erhebung einige Verbesserungsmöglichkeiten an:

- Grundsätzlich wäre zu überprüfen, ob eine Erweiterung der Ratingskala auf sieben Abstufungen zu einer gleichmäßigen Verteilung und damit zu einer differenzierteren Erfassung der Verhältnisse führt oder ob es zu einer starken Konzentration auf die mittleren Werte kommt[226].

- Die Frage nach den individuellen, konditionellen Fähigkeiten sollte aus Eindeutigkeits- und Verständlichkeitsgesichtspunkten differenziert nach den Teilkomponenten Kraft und Ausdauer erfolgen. Die Frage nach den koordinativen Fähigkeiten ist so umzuformulieren, daß sie sportartspezifische koordinative und technische Aspekte erfaßt. Dabei ist auf die Verwendung geeigneter, allgemeinverständlicher Beispiele zu achten, um die Anwendung des Instruments nicht auf Personen mit entsprechenden theoretischen Kenntnissen einzuschränken.

- Die Fragen nach dem bevorzugten Grad der körperlichen Belastung und dem bevorzugten Schwierigkeitsgrad sollten unter dem Oberbegriff „Schwierigkeitsgrad" die bevorzugten konditionellen (= körperliche Belastung) und koordinativ-technischen Anforderungen (= technischer Schwierigkeitsgrad) erfassen. Somit wäre eine bessere Entsprechung zu der Aufteilung der Fähigkeiten gegeben. Ausdauer- und Kraftfähigkeiten wären in Relation zur bevorzugten körperlichen Belastung zu setzen, koordinative und technische Fähigkeiten zum bevorzugten technischen Schwierigkeitsgrad der sportlichen Aktivität.

---

[226] Die Erweiterung der Ratingskala betrifft auch die Erfassung der Bedeutung der Anreize.

- Die Frage nach dem akzeptierten Verletzungsrisiko sollte dahingehend umgearbeitet werden, daß auf einer 5- bzw. 7stufigen Ratingskala (von „keines" bis „auch schwere Verletzungen") ohne definierte Abstufungen das Risiko anzugeben ist, welches die befragten Personen mit ihrer Tätigkeit verbinden.
- Für die Erfassung der Wettkampfaktivität genügt es, die Häufigkeit der Wettkampfteilnahme zu erfassen. Auch hier bietet sich eine 5- oder 7stufige Skala an („nie" bis „sehr oft").
- Die Frage nach der Begleitung sollte dagegen differenzierter erfolgen. Jede der bisherigen Antwortoptionen ist dazu als eigenes Item mit einer Skala zu versehen, welche die Häufigkeit erfaßt, mit der die sportliche Aktivität in dieser Form ausgeübt wird („nie" bis „(fast) immer").

In einer überarbeiteten Version wären, je nach spezieller Fragestellung, zusätzliche Fragen zu sozioökonomischen Größen (Ausbildung, berufliche Tätigkeit etc.) aufzunehmen. Die bisherige Form der Erfassung der Auswirkungen des Wegfalls von Anreizen sowie die Fragen nach Merkmalen der beruflichen Aktivität und den Zielen der sportlichen Aktivität können weggelassen werden. Somit ergeben sich drei Fragenkomplexe: soziodemographische Angaben, die Beschreibung der betreffenden sportlichen Aktivität und Fragen zur Häufigkeit und zur Bedeutung der verschiedenen Anreize. Die Fragen nach der Häufigkeit, mit der der betreffende Anreiz bzw. anreizbesetzte Aspekt erlebt wird, kann ggf. auch entfallen, da sich eine starke durchschnittliche Korrelation mit der Bedeutungseinschätzung gezeigt hat (r =,671). In diesem Fall wäre die Frage nach der Bedeutung lediglich durch eine Antwortoption mit „Sprungfunktion" zu ergänzen.

9.2.2 Weiterführende Fragestellungen

Auf der Basis der vorgestellten Ergebnisse und unter Anwendung des entwickelten Instrumentes bieten sich zahlreiche, an diese Untersuchung anknüpfende Fragestellungen an. Diese lassen sich im wesentlichen drei Kategorien zuordnen: Bestätigung der Ergebnisse und des zugrundeliegenden Modells, Überprüfung und Weiterentwicklung des Instruments und anwendungsorientierte Fragestellungen.

Bestätigung der Ergebnisse und des zugrundeliegenden Modells

Zum einen ist hierbei an die Anwendung des (überarbeiteten) Fragebogens bei Sportlern weiterer, in dieser Untersuchung nicht berücksichtigter Outdoorsportarten, wie z.B. den Wassersportarten Rafting / Kanu- und Kajakfahren / Wellenreiten / Windsurfen / Segeln oder den Flugsportarten Fallschirmspringen / Paragliding / Drachenfliegen / Segelfliegen zu denken.

Zum anderen böte die Auswahl extremer Sportarten oder besser einer Stichprobe mit verhältnismäßig extremen Sportlern die Möglichkeit, die Aussagen zur Anreiztrias von RHEINBERG (1996) eingehender zu überprüfen. Als extreme Varianten von Outdooraktivitäten könnten z.B. Expeditionsbergsteigen, Downhill-Mountainbiking, Hochgeschwindigkeitsskifahren bzw. -snowboarden, Steilwandskifahren, „Solo"-Klettern, extremes Wildwasserfahren, Brandungssurfen und ähnliche Aktivitäten untersucht werden. Für diese Zielgruppe wäre insbesondere interessant, inwieweit die Bedeutung der Anreizdimensionen „Anregung und Erregung erleben" und „Bewegungserleben" oder einzelner Items daraus von „Normal"-Stichproben abweicht und ob sich daraus ein eigenständiger Sportlertyp ableitet. In diesem Zusammenhang ist auch auf eine Erfassung des eingeschätzten Risikos zu achten; ggf. ist es sinnvoll, die besondere Rolle des Risikos bzw. der erlebten Bedrohung gezielt mit einer offenen Frage oder im Vorfeld durchzuführender Interviews zu bestimmen.

Neben den genannten Outdooraktivitäten sind auch die Anreizprofile von sportlichen Aktivitäten von Interesse, die nicht oder nur bedingt den Outdoorsportarten zuzurechnen sind. Dazu zählen z.b. Inlineskating, Skateboardfahren, Beachvolleyball oder ganz „normale" Sportarten, wie Jogging, Tennis, Basketball, Aerobic etc. Hier ist z.B. die Frage, ob sich vollkommen unterschiedliche Profile ergeben oder - abgesehen von einigen Aspekten des Naturerlebens - vergleichbare Typen vorkommen.

Hinsichtlich der Frage nach den wichtigsten Anreizen und der Konsistenz von Anreizstrukturen wäre auch die Erfassung der Anreize einer (noch) nicht ausgeübten Sportart von Interesse. Die Befragten hätten in diesem Fall neben der Bewertung ihrer ausgeübten Sportarten noch eine Sportart anzugeben und zu bewerten, die sie gerne erlernen / ausprobieren würden und von der sie glauben, daß sie sie auch längerfristig ausüben würden, wenn die Voraussetzungen (verfügbare Zeit und finanzielle Möglichkeiten) vorhanden sind. In diesem Kontext würde sich auch die Erhebung der Instrumentalität und von Handlungs-Ergebnis-Erwartungen anbieten. Die Gewichtung der Anreize für die betreffende sportliche Aktivität beruht in diesem Fall zwar überwiegend auf Einstellungen, sie können aber trotzdem anzeigen, welche der zugeschriebenen Aspekte einer Sportart deren Attraktivität ausmachen.

Neben einer Ausweitung des Untersuchungsgegenstandes auf weitere Aktivitäten bestehen auch Fragen bezüglich des „Zeitfaktors". Wie bereits zur transsituativen Konsistenz der Anreize angemerkt wurde, ist - im Sinne einer Voraussetzung - auch die Frage nach der (intraindividuellen) zeitlichen Konsistenz der Anreizstrukturen hinsichtlich einer sportlichen Aktivität zu klären. Es stellt sich dabei die Frage, ob es sich bei den Anreizprofilen um ein stabiles Persönlichkeitsmerkmal (trait) oder um ein situationsabhängiges, variables Merkmal (state) handelt. Dies wäre z.B. im Zusammenhang mit der *Reversal Theory* von APTER (1982; 1989) interessant, die für verschiedene Präferenzen, wie z.B. das „arousal-seeking", lediglich eine Dominanz und kein konstantes Persönlichkeitsmerkmal annimmt (siehe Kapitel 4.3). Mit einer möglicherweise verkürzten Version wäre über mehrere Ausübungszeitpunkte hinweg jeweils vor Beginn der sportlichen Aktivität die individuelle Anreizkonstellation sowie retrospektiv die erlebten Anreizaspekte zu erfassen. Somit können einerseits längerfristige Veränderungen bzw. Schwankungen erfaßt und andererseits auch eventuell während der Aktivität aufgetretene reversals aufgedeckt werden.

Überprüfung und Weiterentwicklung des Instruments

Im Zusammenhang mit den eben genannten Fragestellungen können zugleich die Reliabilität und Validität des Instruments überprüft werden. So kann bei der Anwendung innerhalb eines Längsschnittdesigns für verschiedene Zeitintervalle der Retest-Koeffizient bestimmt werden. Aus der Höhe und dem Verhältnis dieser Koeffizienten kann einerseits auf die (Retest-) Reliabilität des Instruments und andererseits auf die Konsistenz der Anreizprofile geschlossen werden. Für den Fall konstanter Anreizprofile sollten sich sowohl für kurze als auch für längere Zeitintervalle hohe Retest-Koeffizienten ergeben.

Wie bereits bei den Ausführungen zur Dimensionalität der Anreize erwähnt, gilt es bei einigen Subskalen die interne Konsistenz auf ein für Gruppenvergleiche geeignetes Niveau von CRONBACH $\alpha \geq ,75$ zu verbessern. Dies kann (in begrenztem Maße) durch die Verlängerung der Skalen mittels Items erfolgen, die dieselben Anreize erfassen wie bereits vorhandene Items (LIENERT / RAATZ 1994, 209-213). Entsprechende Vorschläge wurden bereits in der Diskussion des Erhebungsinstruments gemacht. Bei einer Verlängerung der Skalen ist neben der Konsistenz (als Kriterium der Reliabilität) auch die Ökonomie des Instruments zu berücksichtigen, d.h. die Bearbeitungsdauer sollte durch die Verlängerung nicht übermäßig zunehmen.

Vergleichsweise schwierig ist dagegen die Bestimmung der Validität des Instruments. Zwar kann bei dem vorliegenden Fragebogen bzw. den einzelnen Subskalen von einer hinreichenden inhaltlichen Validität ausgegangen werden[227]; da jedoch keine geeigneten Kriterien oder direkt vergleichbaren Instrumente mit bekannter Validität für die Messung der Anreizstärke vorliegen, ist die Bestimmung einer äußeren oder inneren kriterienbezogenen Validität nicht möglich. Hinsichtlich der Überprüfung der Konstruktvalidität im Sinne einer „konvergenten Validität" (convergent validity; LIENERT / RAATZ 1994, 227) bietet sich die Korrelation mit bestehenden Instrumenten oder Teilen daraus an. Dazu würden sich z.B. die „Paratelic Dominance Scale" (PDS; COOK / GERKOVICH 1993; in der deutschen Version von ISER / PFAUSER 1995) oder die „Sensation Seeking Scale" (SSS; ZUCKERMAN 1979) sowie die „Flow State Scale" (JACKSON / MARSH 1996) eignen (siehe Kapitel 4.3, 4.2 und 5.2 sowie Anhang). Bei Korrelationsberechnungen bzw. Faktorenanalysen (auf Itemebene) oder multivariaten Zusammenhangsanalysen (z.B. des kanonischen Korrelationskoeffizienten auf Skalenebene) sollten sich positive Werte für die entsprechenden Items bzw. Skalen ergeben, so z.B. für die Items der Dimension „*Anregung und Erregung erleben*" mit der „arousal-seeking"-Subskala oder mit der „Thrill and Adventure Seeking"- und der „Experience Seeking"-Subskala der „*Sensation Seeking Scale*". Gleiches gilt für die Zusammenhänge zwischen den *flow*-bezogenen Items der Dimension „*Bewegungserleben*" und der „Flow State Scale".

Anwendungsorientierte Fragestellungen

Unter dem Stichwort „anwendungsorientiert" sind in diesem Zusammenhang vor allem Fragestellungen gemeint, die an der Typisierung der Outdoorsportler ansetzen, wie sie in dieser Untersuchung ermittelt wurde. Dabei kann es sich sowohl um Fragen mit kommerziellen Zielen handeln, als auch solche aus dem „Non-Profit-Bereich".

---

[227] Kritisch wäre ggf. die Abgrenzung zur Messung von „bloßen" Einstellungen, wobei bei den hier erfaßten Anreizen auf eine konkret ausgeübte sportliche Aktivität verwiesen werden kann.

Dabei wäre zunächst zu überprüfen, ob und in welcher Weise die zur Beschreibung der Sportlertypen verwendeten Anreize bzw. Anreizdimensionen mit Variablen aus dem entsprechenden Kontext zusammenhängen, z.b. mit spezifischen Präferenzen bzw. Ansprüchen hinsichtlich der Orte der Sportausübung (Schwierigkeit der Routen / Pisten, natürliche Umgebung, Unterbringung, Unterhaltung / „Nachtleben" etc.) oder bezüglich der Ausrüstung und der Nutzung von Medien für die Informationsbeschaffung u.ä.

Derartige Informationen sind geeignet, die jeweilige Gesamtheit der potentiellen Zielgruppen zu strukturieren bzw. zu segmentieren. Für so definierte Segmente können auf der Basis der ermittelten Merkmalskonstellationen adäquate Angebote gemacht werden, z.B. Funktion und Design von Ausrüstungsgegenständen, Ort und Programm von Urlaubsreisen, Inhalt und Layout von Magazinen etc.

Die Kenntnis derartiger Typen und der sie charakterisierenden Eigenschaften ist auch im nicht-kommerziellen Bereich von Bedeutung, so z.B. für Vereine, die ihr Sportangebot auf neue Zielgruppen ausdehnen wollen oder auch im Bereich ökologischer Themen. Hier kann das Wissen um vorherrschende Anreize und Verhaltensweisen helfen, die betreffenden Gruppen gezielt mit entsprechenden Informationen und Angeboten anzusprechen. Auf diese Weise können beispielsweise ökologische Belange besser in die sportliche Aktivität integriert und unter Umständen problematische Entwicklungstrends beeinflußt und ggf. kanalisiert werden.

Fazit:

Die Anreize sportlicher Aktivität bieten eine Vielzahl interessanter und lohnenswerter Fragestellungen, von denen hier nur einige kurz angedeutet werden konnten. Dies gilt sowohl für die weitere Erforschung der motivationalen Grundlagen mit Anknüpfungspunkten an den postintentionalen, präaktionalen Bereich („jenseits des Rubikon"), für methodische Fragen der Evaluation des Erhebungsinstruments in verschiedenen Situationen und an verschiedenen Stichproben als auch für den weitgefächerten Bereich anwendungsbezogener Themen.

In Bezug auf die einleitende Frage *„Was reizt Menschen an sportlicher Aktivität in der Natur?"* ist ENZENSPERGER zuzustimmen: Ausschließlich wegen der Aussicht oder vermeintlich gesundheitsfördernder Aspekte müht sich niemand auf Berge und wieder herunter und begibt sich dabei möglicherweise in Gefahr. Es existieren eine Vielzahl von Anreizen, die unabhängig vom Erreichen eines Ziels und dem damit verbundenen Zweck, das Erleben sportlicher Aktivität in der Natur reizvoll machen. Diese Anreize sind nicht für alle Menschen gleichermaßen attraktiv und bedeutsam; sie erfahren eine individuell verschiedene Gewichtung - *„den"* Outdoorsportler gibt es nicht.

Es gibt auch nicht *„die"* Mountainbiker, Kletterer, Skifahrer usw. im Sinne von homogenen Gruppen. Sehr wohl finden sich jedoch *„ausführungsorientierte Leistungssportler"*, *„leistungsorientierte Fitness-Sportler"*, *„erlebnisorientierte Sportler"* und *„erholungsorientierte Natursportler"*. Diese Sportlertypen besitzen sportartübergreifende Anreizmuster, die helfen, das Bild der Outdooraktivitäten verständlich zu beschreiben. Die in dieser Studie ermittelte Typisierung erhebt nicht den Anspruch auf Vollständigkeit; die beschränkte Zahl der einbezogenen Sportarten und die selektive Auswahl der Stichprobe schließen eine derartige Generalisierung der Aussagen für den derzeitigen Stand der Forschung aus. Sie ist eher als Einstieg in eine weitere Erkundung diese Sportsegments zu verstehen.

Inwieweit die hier beschriebene Charakterisierung im Einzelfall zutreffend ist, mag jeder „outdoor-aktive" Leser bei der Ausübung seiner Sportart anhand der eigenen Beweggründe beurteilen.

Literaturverzeichnis

ABELE, A. / BECKER, P. (Hrsg.): Wohlbefinden: Theorie, Empirie und Diagnostik. Weinheim ²1994.

ABELE, A. / BREHM, W.: Einstellungen zum Sport, Präferenzen für das eigene Sporttreiben und Befindlichkeitsveränderungen nach sportlicher Aktivität. In: Psychologie in Erziehung und Unterricht 32 (1985), 263-270.

ABELE, A. / BREHM, W.: Sportpsychologie. In: FREY, D. / GRAF HOYOS, C. / STAHLBERG, D. (Hrsg.): Angewandte Psychologie. München, Weinheim 1988, 540-560.

ABELE, A. / BREHM, W.: „Gesundheit" als Anreiz für freizeitsportliche Aktivitäten im Erwachsenenalter? In: KÖRNDLE, H. / LUTTER, H. / THOMAS, A. (Hrsg.): Der Beitrag der Sportpsychologie zur Zielbestimmung einer modernen Erziehung und Ausbildung im Sport. Köln 1990a, 193-208.

ABELE, A. / BREHM, W.: Wer ist der „typische" Fitness-Sportler? Ein Beitrag zur Analyse der Sportpartizipation im Erwachsenenalter. In: Spectrum der Sportwissenschaften 2 (1990b) 2, 4-32.

ACH, N.: Über den Willensakt und das Temperament. Leipzig 1910.

APTER, M. J.: The Experience of Motivation. London 1982

APTER, M. J.: Reversal Theory and Personality: A Review. In: Journal of Research in Personality 18 (1984), 265-288.

APTER, M. J.: Reversal Theory: Motivation, Emotion and Personality. London / New York 1989.

APTER, M. J.: Reversal Theory and Structure of Emotional Experience. In: SPIELBERGER, CH. D. / SARASON, I. G. (eds.): Stress and Emotion. Washington 1991, 17-30.

APTER, M. J. / FONTANA, D. / MURGATROYD, S. (eds.): Reversal Theory: Applications and Development. Cardiff 1985.

APTER, M. J. / KERR, J. H. / COWLES, M. P.: Progress in Reversal Theory. Amsterdam / New York 1988.

ATKINSON, J. W.: Motivational determinants of risk-taking behavior. In: Psychological Review 64 (1957), 359-372.

AUFMUTH, U.: Risikosport und Identitätsproblematik - Überlegungen am Beispiel des Extrem-Alpinismus. In: Sportwissenschaft 13 (1993) 3, 249-270.

AUFMUTH, U.: Die Lust am Risiko. In: DEUTSCHER ALPENVEREIN (DAV) / ÖSTERREICHISCHER ALPENVEREIN (ÖAV) / ALPENVEREIN SÜDTIROL (AVS) (Hrsg.): Berg '85. Alpenvereinsjahrbuch (Band 109). München / Innsbruck / Bozen 1985, 87-102.

AUFMUTH, U.: Sport und Risiko. Das Beispiel des Extrem-Bergsteigens. In: DIETRICH, K. / HEINEMANN, K. (Hrsg.): Der nichtsportliche Sport. Beiträge zum Wandel im Sport. Schorndorf 1989a.

AUFMUTH, U.: Zur Spannweite bergsteigerischen Erlebens: Vom harten zum sanften Alpinismus. In: SCHMIDT, W. (Hrsg.): Selbst- und Welterfahrung in Spiel und Sport. Ahrensburg 1989b.

BACKHAUS, K. / ERICHSON, B. / PLINKE, W. / WEIBER, R.: Multivariate Analysemethoden. Eine anwendungsorientierte Einführung. Berlin 1994.

BANDURA, A.: Social learning theory. Englewood Cliffs 1997.

BANDURA, A. (ed.): Self-efficacy in changing societies. Cambridge 1995.

BECK, U.: Risikogesellschaft. Auf dem Weg in eine andere Moderne. Frankfurt/M. 1986.

BECKER, P.: Theoretische Grundlagen. In: ABELE, A. / BECKER, P. (Hrsg.): Wohlbefinden: Theorie, Empirie und Diagnostik. Weinheim ^{2}1994, 13-49.

BEIER, K.: Lebensstile von Mountainbikern. Eine explorative Studie zu den Lebensstilen und Sinnzuschreibungen von Mountainbikern. (Unveröffentlichte Diplomarbeit. Institut für Sportwissenschaft, Universität Bayreuth) Bayreuth 1993.

BEM, D. J. / Allen, A.: On predicting some of the people some of the time: The search for cross-situational consistencies in behavior. In: Psychological Review 81 (1974), 506-520.

BERGMANN, B. / RICHTER, P.: Die Handlungsregulationstheorie. Göttingen / Bern 1994.

BERLYNE, D. E.: Conflict, arousal and curiosity. New York 1960.

BERLYNE, D. E.: Konflikt, Erregung, Neugier. Stuttgart 1974.

BEYER, E.: Wörterbuch der Sportwissenschaft. Schorndorf 1987

BIENECK, A.: Tätigkeitszentrierte Anreize des Skifahrens für Behinderte und Nichtbehinderte in Abhängigkeit vom Fähigkeitsstand. (Unveröffentlichte Diplomarbeit, Institut für Psychologie der Ruprecht-Karls-Universität Heidelberg) Heidelberg 1991.

BIERHOFF-ALFERMANN, D.: Sportpsychologie. Stuttgart 1986.

BINDRA, D.: Motivation: A systematic reinterpretation. New York 1959.

BOEKAERTS, M. / HENDRIKSEN, J. / MICHELS, C.: The assessment of telic dominance in primary school pupils. In: APTER, M. J. / KERR, J. H. / COWLES, M. P. (eds.): Progress in Reversal Theory. Amsterdam / New York 1988, 265-274.

BONIN, E.: Tätigkeitszentrierte Anreize. Entwurf einer Klassifikation. (Diplomarbeit, Psychologisches Institut der Universität Heidelberg) Heidelberg 1992.

BORTZ, J.: Statistik für Sozialwissenschaftler. Berlin ^{4}1993.

BORTZ, J. / LIENERT, G. / BOEHNKE, K.: Verteilungsfreie Methoden in der Biostatistik. Berlin 1990.

BRÄUTIGAM, M.: Spaß als Leitidee jugendlichen Sportengagements. Konsequenzen für die Sportdidaktik? In: Sportunterricht 43 (1994), 236-244.

BRANDAUER, TH.: Aspekte der Motivation beim Sportklettern. (Unveröffentlichte Diplomarbeit am Institut für Psychologie der Universität Klagenfurt). Klagenfurt 1986.

BRANDAUER, TH.: Sportklettern und Persönlichkeit. (Dissertation an der Universität Klagenfurt 1992). Hamburg 1994.

BREHM, W.: Der Sinn und der Anreiz sportlicher Aktivitäten im Erwachsenenalter. (Unveröffentlichtes Manuskript zum Beitrag auf dem AISEP-Weltkongreß in Berlin.) Bayreuth 1994.

BRETTSCHNEIDER, W.-D. / BRÄUTIGAM, M.: Sport in der Alltagswelt von Jugendlichen. Materialien zum Sport in Nordrhein-Westfalen, Bd. 27. Frechen 1990.

CAILLOIS, R.: Man, play, and games. New York 1961.

CHALIP, L. / CSIKSZENTMIHALYI, M. / KLEIBER, D. / LARSON, R.: Variations of experience in formal and informal sport. In: Research Quarterly 55 (1984), 2, 109-116.

CHIRIVELLA, E. C. / MARTINEZ, L. M.: Adaption of APTER's Telic Dominance Scale and Application to Sports with Different Level of Risks. In: NITSCH, J. R. / SEILER, R. (Hrsg.): Motivation, Emotion, Stress. Bericht über den VIII. Kongreß für Sportpsychologie. Bd. 1. St. Augustin 1993, 134-139.

CONNOLLY, P. M.: An exploratory study of adults engaging in high-risk sport of skiing. Masters Thesis. Rutgers University. Zitiert nach: ZUCKERMAN, M.: Sensation Seeking and Sports. In: Personality and Individual Differences 4 (1983), 3, 285-293.

CRANACH, M. v.: Die Unterscheidung von Handlungstypen - Ein Vorschlag zur Weiterentwicklung der Handlungspsychologie. In: BERGMANN, B. / RICHTER, P. (Hrsg.): Die Handlungsregulationstheorie. Göttingen / Bern 1994, 69-88.

CRANACH, M. v. / KALBERMATTEN, U. / INDERMÜHLE, K. / GUGLER, B · Zielgerichtetes Handeln. Stuttgart 1980.

CRONIN, C.: Sensation seeking among mountain climbers. Personal and individual Differences 12 (1991), 6, 653-654.

CSIKSZENTMIHALYI, M.: Beyond boredom and anxiety. San Francisco 1975a. (deutsch: Das Flow-Erlebnis. Jenseits von Angst und Langeweile. Stuttgart ^{3}1993.)

CSIKSZENTMIHALYI, M.: Play and intrinsic rewards. In: Journal of Humanistic Psychology 15 (1975b), 3, 41-63.

CSIKZENTMIHALYI, M.: The Value of Sports. In: PARTINGTON, J. T. / ORLICK, T. / SALMELA, J. (eds.): Sport in Perspective. Ottawa 1982a, 122-127.

CSIKSZENTMIHALYI, M.: Toward a psychology of optimal experience. In: Review of Personality and Social Psychology 3 (1982b), 13-36.

CSIKSZENTMIHALYI, M. / CSIKSZENTMIHALYI, I. S.: Optimal Experience. Cambridge 1988. (deutsch: Die außergewöhnliche Erfahrung im Alltag. Stuttgart 1991).

CSIKSZENTMIHALYI, M. / LARSON, R.: Validity an reliability of the experience sampling method. In: Journal of Nervous and Mental Disease 175 (1987), 9, 526-536.

CSIKSZENTMIHALYI, M. / RATHUNDE, K.: The measurement of flow in everyday life. In: Jacobs, J. E. (eds.): Developmental Perspectives on Motivation. Nebraska Symposium on Motivation, Vol. 40. Lincoln 1993, 57-97.

CSIKSZENTMIHALYI, M. / SCHIEFELE, U.: Die Qualität des Erlebens und der Prozeß des Lernens. In: Zeitschrift für Pädagogik 39 (1993), 2, 207-221.

DAVIS, D. / CARTER, D.: Mountainbiking. Champaign 1993.

DAVIS, J. / LOCKWOOD, L. / WRIGHT, CH.: Reasons for not reporting peak experiences. In: Journal of Humanistic Psychology 31 (1991), 1, 86-94.

DEUTSCHER ALPENVEREIN (DAV) / ÖSTERREICHISCHER ALPENVEREIN (ÖAV) / ALPENVEREIN SÜDTIROL (AVS) (Hrsg.): Berg '85. Alpenvereinsjahrbuch („Zeitschrift" Band 109). München / Innsbruck / Bozen 1985.

DEUTSCHER SKIVERBAND (Hrsg.): Skisport als Freizeitsport - Wird der Boom zum Bumerang? Mit dem Skiplan 80 in die Zukunft. Schriftenreihe des Deutschen Skiverbandes, Fachausschuß Freizeitsport. Heft 7, München 1977.

DEUTSCHER SKIVERBAND (Hrsg.): DSV-Lehrbriefe für Übungsleiter Oberstufe Lehrwesen. Schriftenreihe des Deutschen Skiverbandes, Fachausschuß Freizeitsport. Heft 10, München 1979.

DEUTSCHER SPORT BUND: Die Zukunft des Sports. Schorndorf 1986.

DÖRNER, D.: Eine Systemtheorie der Motivation. In: KUHL, J. / HECKHAUSEN, H. (Hrsg.): Motivation, Volition und Handlung. Göttingen / Bern 1991, 329-357.

DÖRNER, D. / KREUZIG, H. W. / REITHER, F. / STÄUDEL, TH.: Lohausen. Vom Umgang mit Unbestimmtheit und Komplexität. Bern 1983.

DUNCKER, K.: On pleasure, emotion and striving. In: Philosophy and Phenomenological Research 1 (1940), 391-430.

ELIAS, N. / DUNNING, E.: The quest for excitement in unexciting societies. In: LÜSCHEN, G. (Ed.): The cross-cultural analysis of sport and games. Champaign 1970.

ENZENSPERGER, J.: Ein Bergsteigerleben. München 1905.

EWERT, A.: Why people climb: The relationship of participant motives and experience level to mountaineering. In: Journal of Leisure Research 17 (1985), 241-250.

EWERT, A. / HOLLENHORST, S.: Testing the adventure model: Empirical support for a model of risk recreation participation. In: Journal of Leisure Research 21 (1989), 124-139

EWERT, A. / HOLLENHORST, S.: Individual and Setting Attributes of the Adventure Recreation Experience. In: Leisure Sciences 16 (1994), 177-191.

FEIGE, K.: Wesen und Problematik der Sportmotivation, dargestellt anhand eines mehrdimensionalen Strukturmodells. In: Sportunterricht 25 (1976), 4-7.

FONTANA, D.: Educating for Creativity. In: APTER, M. J. / FONTANA, D. / MURGATROYD, S. (eds.): Reversal Theory: Applications and Developments. Cardiff, 72-88.

FRANKL, V.: Zwei Symposiumsbeiträge. In: GRUPE, O. (Hrsg.): Sport in unserer Welt - Chancen und Probleme. Berlin / Heidelberg / New York 1973, 29-31 u. 88-89.

FRANKE: Handlungstheorie. In: BEYER, E. (Red.): Wörterbuch der Sportwissenschaft. Schorndorf 1987, 274-276.

FRANKL, V.: Bergerlebnis und Sinnerfahrung. Innsbruck / Wien 1992.

FREY, D. / GRAF HOYOS, C. / STAHLBERG, D. (Hrsg.): Angewandte Psychologie. München, Weinheim 1988.

FREY, K. P.: Distance Running: A reversal theory analysis. In: KERR, J. H. / MURGATROYD, S. / APTER, M. J. (eds.): Advances in Reversal Theory. Amsterdam 1993, 157-164.

FUCHS, R.: Konsequenzerwartungen als Determinante des Sport- und Bewegungsverhaltens. In: Zeitschrift für Gesundheitspsychologie (1994), 2, 269-291.

FUCHS, R.: Motivationale und volitionale Grundlagen des Sport- und Bewegungsverhaltens. Berlin 1996.

FUHRER, U.: Mehrfachhandeln in dynamischen Umfeldern. Göttingen 1984.

FUNKE-WIENEKE, J. / HOYER, K. / MALETZ, M. / MIETHLING, W. D.: Bewegen auf Rollen und Rädern: wohin, wozu, warum? In: Sportpädagogik 3 (1997), 19-23.

GABLER, H.: Grenzerfahrung im Hochleistungssport aus motivationspsychologischer Sicht. In: Bundesinstitut für Sportwissenschaft (Hrsg.): Olympische Leistung. Köln 1981, 248-259.

GABLER, H.: Dynamik der Motive im Sport. In: Sportpsychologie 2 (1993), 5-10.

GABLER, H. / NITSCH, J. R. / SINGER, R.: Einführung in die Sportpsychologie. Grundthemen - Teil 1. Schorndorf 1986.

GARFIELD, C. A. (1984): Peak performance. Los Angeles 1984.

GIESELER, K. H. / GRUPE, O. / HEINEMANN, K. (Hrsg.): Menschen im Sport 2000. Schorndorf 1987.

GRUPE, O.: Bewegung, Spiel und Leistung im Sport. Schorndorf 1982.

GRUPE, O.: Sinnmuster des Sports. In: SPITZER, G. / SCHMIDT, D. (Red.): Sport zwischen Eigenständigkeit und Fremdbestimmung. Bonn 1986, 14-27.

GUGGENBICHLER, H.: Ein neues Bild der Erde. Vom Sein und Werden in der Natur. In: DEUTSCHER ALPENVEREIN (DAV) / ÖSTERREICHISCHER ALPENVEREIN (ÖAV) / ALPENVEREIN SÜDTIROL (AVS) (Hrsg.): Berg '85. Alpenvereinsjahrbuch („Zeitschrift" Band 109). München / Innsbruck / Bozen 1985, 127-142.

HACKER, W.: Allgemeine Arbeits- und Ingenieurspsychologie. Bern 1978.

HACKER, W.: Arbeitspsychologie - Psychische Regulation von Arbeitstätigkeiten. Bern / Göttingen 1998.

HEBB, D. O.: Heredity and environment in mammalian behavior. In: British Journal of Animal Behavior 1 (1953), 43-47.

HEBB. D. O.: Drives and the C.N.S. (conceptual nervous system). In: Psychological Review 632 (1955), 243-254.

HECKHAUSEN, H.: Die Interaktion der Sozialisationsvariablen in der Genese des Leistungsmotivs. In: Graumann, C. F. (Hrsg.): Handbuch der Psychologie. Vol. 7/2. Göttingen 1972, 602-702.

HECKHAUSEN, H.: Fear of failure as a self-reinforcing motive system. In: SARASON, I. G. / SPIELBERGER, CH. D. (eds.): Stress and anxiety. Vol. II. Washington 1975, 117-128.

HECKHAUSEN, H.: Motivation: Kognitionspsychologische Aufspaltung eines summarischen Konstrukts. In: Psychologische Rundschau 28 (1977) 175-189.

HECKHAUSEN, H.: Entwurf einer Psychologie des Spielens. In: Flitner, A. (Hrsg.): Das Kinderspiel. München ^{4}1978, 138-155.

HECKHAUSEN, H.: Motivationsmodelle. Fortschreitende Entfaltung und unbehobene Mängel. In: HACKER, W. / VOLPERT, W. / CRANACH, M. v. (Hrsg.): Kognitive und motivationale Aspekte der Handlung. Berlin 1983, 9-17.

HECKHAUSEN, H.: Perspektiven einer Psychologie des Wollens. In: HECKHAUSEN, H. / GOLLWITZER, P. M. / WEINERT, E. F. (Hrsg.): Jenseits des Rubikon: Der Wille in den Humanwissenschaften. Berlin 1987, 143-175.

HECKHAUSEN, H.: Motivation und Handeln. Berlin 1989.

HECKHAUSEN, H. / SCHMALT, H.-D. / SCHNEIDER, K.: Achievement motivation in perspective. New York 1985.

HEYMAN, S. R. / ROSE, K. G.: Psychological variables affecting Scuba Performance. In: NADEAU, C. H. / HALLIWELL, W. R. / NEWEL, K. M. / ROBERTS, G. C. (Eds.): Psychology of Motor Behavior and Sport. Champaign 1979.

HILLGRUBER, A.: Fortlaufende Arbeit und Willensbetätigung. In: Untersuchungen zur Psychologie 1 (1912), 6.

HYLAND, M. E. / SHERRY, R. / THACKER, C.: Prospectus for an improved measure of telic dominance. In: APTER, M. J. / KERR, J. H. / COWLES, M. P. (eds.): Progress in Reversal Theory. Amsterdam / New York 1988, 287-296.

ISAACSON, R. L.: Relation between achievement, test anxiety and curricular choices. In: Journal of Abnormal and Social Psychology 68 (1964), 447-452.

ISER, I. / PFAUSER. S.: Motivationsanalysen bei Berufs- und Freizeittätigkeiten. (Unveröffentlichte Diplomarbeit, Psychologisches Institut der Universität Heidelberg) Heidelberg 1995.

JACKSON, S. A.: Athletes in flow: A qualitative of flow states in elite figure skaters. In: Journal of Applied Sport Psychology 4 (1992), 161-180.

JACKSON, S. A. / MARSH, H. W.: Development and Validation of a Scale to Measure Optimal Experience: The Flow State Scale. In: Journal of Sport and Exercise Psychology 18 (1996), 17-35.

JACKSON, S. A. / ROBERTS, G. C.: Positive performance states of athletes: Toward a conceptual understanding of peak performance. In: The Sport Psychologist 6 (1992), 156-171.

JANSSEN, J.-P. / WEGNER, M. / BOLTE, C.: Fit sein ist „in". Sportangebote in Verein und Fitnesstudio im Spiegel von Einstellungen und Interessen. In: Sportpsychologie 1 (1992), 24-30.

JOBT, U.-J.: Extrinsische Motivation und Leistungsverhalten. (Unveröffentl. Dissertation. Fakultät für Philosophie, Pädagogik und Psychologie Ruhruniversität Bochum) Bochum 1974.

KAMINSKI, G.: Bewegung - von außen und von innen gesehen. In: Sportwissenschaft 2 (1972), 51-63.

KAMINSKI, G.: Bewegungshandlungen als Bewältigung von Mehrfachaufgaben. In: Sportwissenschaft 3 (1973), 233-250.

KAMINSKI, G.: Probleme einer ökologischen Handlungstheorie. In: MONTADA, L. / REUSSER, K. / STEINER, G. (Hrsg.): Kognition und Handeln. Stuttgart 1983, 35-53.

KAUSS, D. R.: Peak performance. Englewood Cliffs 1980.

KELLEY, H. H.: Attribution theory in social psychology. In: LEVINE, D. (Ed.): Nebraska Symposium on Motivation. Lincoln 1976, 192-238.

KENYON, G. S.: A conceptual model for characterizing physical activity. In: Research Quarterly 39 (1968a), 96-105.

KENYON, G. S.: Six scales for assessing attitude towards physical activity. In: Research Quarterly 39 (1968b), 566-574.

KENYON, G. S.: Values held for physical activity by selected urban secondary school students in Canada, Australia, England, and the United States. United States Office for Education. Washington 1968c.

KERR, J. H.: A New Perspective for Sports Psychology. In: APTER, M. J. / FONTANA, D. / MURGATROYD, S. (eds.): Reversal Theory: Applications and Developments. Cardiff 1985a, 89-102.

KERR, J. H.: The Experience of Arousal: A New Basis for Studying Arousal Effects in Sport. In: Journal of Sport Sciences 3 (1985b), 169-179.

KERR, J. H.: Differences in the Motivational Characteristics of „Professional", „Serious Amateur" and „Recreational" Sport Performers. In: Perceptual and Motor Skills 64 (1987), 379-382.

KERR, J. H.: Play, Sport and the Paratelic State. In: APTER, M. J. / KERR, J. H. / COWLES, M. P. (eds.): Progress in Reversal Theory 1988a, 77-88.

KERR, J. H.: Speed Sports: The Search for High Arousal Experiences. In: Sportwissenschaft 18 (1988b), 2, 185-190.

KERR, J. H.: Motivational aspects of preference for, and participation in, 'risk' and 'safe' sports. In: Personality and Individual Differences 10 (1989a), 7, 797-800.

KERR, J. H.: Anxiety, Arousal and Sport Performance: An Application of Reversal Theory. In: HACKFORT, D. / SPIELBERGER, CH. D. (eds.): Anxiety in Sports. New York 1989b, 137-152.

KERR, J. H.: Arousal Seeking in Risk Sport Participants. In: Personality and Individual Differences 12 (1991), 6, 613-616.

KERR, J. H. / MURGATROYD, S. / APTER, M. J. (eds.): Advances in Reversal Theory. Amsterdam 1993.

KIMIECIK, J. C. / STEIN, G. L.: Examining Flow Experiences in Sport Contexts: Conceptual Issues and Methodological Concerns. In: Journal of Applied Sport Psychology 4 (1992), 144-160.

KÖRNDLE, H. / LUTTER, H. / THOMAS, A. (Hrsg.): Der Beitrag der Sportpsychologie zur Zielbestimmung einer modernen Erziehung und Ausbildung im Sport. Köln 1990.

KONOPKA, P.: Radsport: Der Ratgeber für Ausrüstung, Technik, Training, Ernährung, Wettkampf und Medizin. München / Wien / Zürich ^{6}1994.

KRONBICHLER, E.: Das Konzept einer öko-ästhetischen Bewegungserziehung als pädagogische Antwort auf die Krise in der Beziehung Mensch-Umwelt. (Dissertation / Manuskript) Salzburg 1998.

KUBISCH, J. H. / PIONTEK, H.: Radfahren als Sport. München 1985.

KUHL, J. / HECKHAUSEN, H.: Motivation, Volition und Handlung. Göttingen / Bern 1991.

KURZ, D.: Elemente des Schulsports. Schorndorf ^{3}1990.

KURZ, D.: Vom Sinn des Sports. In: Deutscher Sport Bund (Hrsg.): Die Zukunft des Sports. Schorndorf 1986, 44-68.

KURZ, D.: Was suchen die Menschen im Sport? Erwartungen und Bedürfnisse der Zukunft. In: GIESELER, K. H. / GRUPE, O. / HEINEMANN, K. (Hrsg.): Menschen im Sport 2000. Schorndorf 1987.

LACEY, J. I.: Somatic response patterning and stress: Some revisions of activation theory. In: APPLEY, M. H. / TRUMBULL, R. (eds.): Psychological stress. Issues and research. New York 1969, 14-39.

LARSON, R. / CSIKSZENTMIHALYI, M.: The Experience Sampling Method. In: REIS, H. T. (eds.): Naturalistic approaches to studying social interaction. San Francisco 1987, 41-56.

LEFEVRE, L.: Somato-psychological experiences during rock-climbing. In: International Journal of Sport Psychology 11 (1980), 153-164.

LEFEVRE, L.: Flow and the quality of experience during work and leisure. In: CSIKSZENTMIHALYI, M. / CSIKSZENTMIHALYI, I. S. (eds.): Optimal experience. Cambridge 1988, 307-318.

LENK, H.: „Den wirklichen Gipfel werde ich nie erreichen". In: Deutscher Alpenverein (DAV) / Österreichischer Alpenverein (ÖAV) / Alpenverein Südtirol (AVS) (Hrsg.): Berg '85. Alpenvereinsjahrbuch („Zeitschrift" Band 109). München / Innsbruck / Bozen 1985, 103-114.

LEPPER, M. / GREENE, D. / NISBETT, R. E.: Undermining children's Intrinsic Interest with Extrinsic Rewards: A Test of the Overjustification Hypothesis. In: Journal of Personality and Social Psychology 28 (1973), 129-137.

LEWIN, K. / DEMBO, T. / FESTINGER, L. / SEARS, P.: Level of aspiration. In: MCHUNT, J. (eds.): Personality and the behavior disorders. Vol. 1. New York 1944, 333-378.

LIENERT, G. A. / RAATZ, U.: Testaufbau und Testanalyse. Weinheim ^{5}1994.

LINDSLEY, D. B.: Psychophysiology and motivation. In: JONES, M. R. (ed.): Nebraska Symposium on Motivation 1957, Lincoln 1957, 44-105.

LÜSCHEN, G.: The cross-cultural analysis of sport and games. Champaign 1970.

MAHONE, C. H.: Fear of failure and unrealistic vocational aspiration. New York 1960.

MALMO, R. B.: Activation: A neurophsysiological dimension. In: Psychological Review 66 (1959), 367-386.

MANNELL, R. C. / ZUZANEK, J. / LARSON, R.: Leisure States and „Flow" Experiences: Testing Perceived Freedom and Intrinsic Motivation Hypotheses. In: Journal of Leisure Research 20 (1988), 4, 289-304.

MASLOW, A. H.: Towards a psychology of being. Princeton 1962a.

MASLOW, A. H.: Lessons from the peak experiences. In: Journal of Humanistic Psychology 2 (1962b), 9-18.

MASLOW, A. H.: Religions, values and peak experience. New York 1970.

MASLOW, A. H.: The farther reaches of human nature. New York 1971.

MASLOW, A. H.: Motivation und Persönlichkeit. Olten 1978.

MASLOW, A. H.: Psychologie des Seins. München 1981.

MASSIMINI, F. / CARLI, M.: The Systematic Assessment of Flow in Daily Experience. In: CSIKSZENTMIHALYI, M. / CSIKSZENTMIHALYI, I. S. (eds.): Optimal experience. Cambridge 1988, 266-287. (Deutsch: Die systematische Erfassung des flow-Erleben im Alltag. In: CSIKSZENTMIHALYI, M. / CSIKSZENTMIHALYI, I. S. (Hrsg.): Die außergewöhnliche Erfahrung im Alltag. Stuttgart 1991, 291-312.)

MCCLELLAND, D. C. / ATKINSON, J. W. / CLARK, R. A. / LOWELL, E. L.: The achievement motive. New York 1953.

MCCLELLAND, D. C.: Macht als Motiv. Stuttgart 1975.

MCINTOSH, P. C.: Sport and society. London 1963.

MCINTYRE, N.: Involvement in risk recreation: A comparison of objective and subjective measures of engagement. In: Journal of Leisure Research 24 (1992), 64-71.

MEIER, M.: Grenzerfahrung, Grenzleistung und Flow. Eine empirische Untersuchung besonderer Erfahrungsqualitäten im Sportklettern. (Unveröffentlichte Diplomarbeit, Institut für Psychologie der Friedrich-Alexander-Universität Erlangen / Nürnberg) Erlangen 1996.

MESSMER, C. / SCHEUER, S.: Snowboard: Kaufberatung, Fahrtechnik, Freestyle, Wettkämpfe. Bielefeld ³1993.

MILLER, G. A. / GALANTER, E. / PRIBRAM, K.-H.: Plans and the structure of behavior. New York 1960.

MONTADA, L. / REUSSER, K. / STEINER, G.: Kognition und Handeln. Stuttgart 1983.

MORUZZI, G. / MAGOUN, H. W.: Brain stem reticular formation and activation of the EEG. EEG and Clinical Neurophysiology 1 (1949), 455-473.

MÜSSIG, P.: Snowboard Basics. Training, Technik, Ausrüstung. Stuttgart 1995.

MURGATROYD, S. / RUSHTON, C. / APTER, M. J. / RAY, C.: The Development of the Telic Dominance Scale. In: Journal of Personality Assessment 42 (1978), 5, 519-528.

NAGELS, E.: Zur Anreizstruktur des Motorradfahrens. (Unveröffentlichte Diplomarbeit, Fakultät für Psychologie, Ruhr-Universität Bochum) Bochum 1984.

NAKAMURA, J.: Optimal experience and the use of talent. In: CSIKSZENTMIHALYI, M. / CSIKSZENTMIHALYI, I. S. (eds.): Optimal experience. Cambridge 1988, 319-326.

NITSCH, J. R.: Streß. Theorien, Untersuchungen und Maßnahmen. Bern 1981.

NITSCH, J. R.: Zur handlungstheoretischen Grundlegung der Sportpsychologie. In: GABLER, H. / NITSCH, J. R. / SINGER, R. (1986): Einführung in die Sportpsychologie. Grundthemen - Teil 1. Schorndorf 1986.

NITSCH, J. R. / HACKFORT, D.: Streß in Schule und Hochschule - eine handlungspsychologische Funktionsanalyse. In: NITSCH, J. R. (Hrsg.): Streß. Theorien, Untersuchungen und Maßnahmen. Bern 1981, 263-311.

NITSCH, J. R. / SEILER, R.: Motivation, Emotion, Stress. Bericht über den VIII Kongreß für Sportpsychologie. Bd. 1. St. Augustin 1993.

o.A.: Raus aus dem Dreck. In: Messe Friedrichshafen (Hrsg.): Outdoorbasics 1997. Daten und Fakten zur Outdoor '97. Weinstadt / Friedrichshafen 1997, 15.

o.A.: Qualität über alles. In: Outdoor Professional News (OPN) 2 (1998), 22-23.

OLDS, J.: The central nervous system and the reinforcement of behavior. In: American Psychologist 24 (1969), 114-132.

OLDS, J. / MILNER, P.: Positive reinforcement produced by electrical stimulation of septal area and other regions of rat brain. In: Journal of Comparative Physiological Psychology, 47 (1954), 419-427.

PLOCHER, K.: Wer ist der typische Skifahrer? Ein Beitrag zur Analyse der Partizipationsmuster von Freizeitskifahrern. (Unveröffentlichte Diplomarbeit. Institut für Sportwissenschaft, Universität Bayreuth) Bayreuth 1994.

POTGIETER, J. / BISSCHOFF, F.: Sensation seeking among medium- and low-risk participants. In: Perceptual and Motor Skills 71 (1990), 1203-1206.

POTOCKY, M. / MURGATROYD, S.: What is Reversal Theory? In: KERR, J. H. / MURGATROYD, S. / APTER, M. J. (eds.): Advances in Reversal Theory. Amsterdam 1993, 13-26.

RAND, P.: Research on achievement motivation in school and college. In: HALISCH, F. / KUHL, J. (eds.): Motivation, Intention and Volition. Berlin 1987, 215-232.

PEAK, H.: siehe HECKHAUSEN 1989

PRIEST, S.: Factor exploration and confirmation for the dimensions of an adventure experience. In: Journal of Leisure Research 24 (1992), 127-139.

PRIVETTE, G.: Dynamics of peak Performance. In: Journal of Humanistic Psychology, 21 (1981a), 1, 57-67.

PRIVETTE, G.: The phenomenology of peak performance in sports performance. In: International Journal of Sport Psychology 12 (1981b), 51-60.

PRIVETTE, G.: Peak performance in sports: A factorial topology. In: International Journal of Sport Psychology 13 (1982), 242-249.

PRIVETTE, G.: Peak experience, peak performance, and flow: A comparative analysis of positive human experiences. In: Journal of Personality and Social Psychology 45 (1983), 1361-1368.

PRIVETTE, G.: Experience Questionnaire: Peak performance and peak experience. The University of West Florida (unveröffentlicht). Pensacola 1984.

PRIVETTE, G.: From peak performance and peak experience to failure and misery. In: Journal of Social Behavior and Personality 1 (1986), 2, 233-243.

PRIVETTE, G. / BUNDRICK, C.: Measurement of experience: Construct and content validity of the experience questionnaire. In: Perceptual and Motor Skills 65 (1987), 315-332.

PRIVETTE, G. / BUNDRICK, C.: Peak experience, peak performance, and flow: Correspondence of personal descriptions and theoretical constructs. In: Journal of Social Behavior and Personality 6 (1991), 5, 169-188.

PRIVETTE, G. / LANDSMAN, T.: Factor analysis of peak performance: The full use of potential. In: Journal of Personality and Social Psychology 44 (1983), 195-200.

PRIVETTE, G. / SHERRY, D.: Reliability and readability of questionnaire: Peak performance and peak experience. In: Psychological Reports, 58 (1986), 491-494.

RABENSTEIN, R.: Radsport und Gesellschaft. Ihre sozialgeschichtlichen Zusammenhänge in der Zeit von 1867 bis1914. Hildesheim / München / Zürich ²1996.

RAVIZZA, K.: Peak experiences in sport. In: Journal of Humanistic Psychology 17 (1977), 4, 35-40.

RAVIZZA, K.: Qualities of the peak experience in sport. In: SILVA, J. M. / WEINBERG, R. S. (eds.): Psychological Foundations of Sport. Champaign 1984, 452-462.

REA, D. W.: Reversal theory explanations of optimal experiences. In: KERR, J. / MURGATROYD, S. / APTER, M. J. (eds.): Advances in Reversal Theories. Amsterdam 1993, 75-88.

RHEINBERG, F.: Zweck und Tätigkeit. Motivationspsychologische Analysen zur Handlungsveranlassung. Göttingen 1989.

RHEINBERG, F.: Anreize engagiert betriebener Freizeitaktivitäten - ein Systematisierungsversuch. Manuskript zum Vortrag auf der 4. Tagung der DGfPs-Fachgruppe Pädagogische Psychologie in Mannheim 22.-24. 9. 1993. Psychologisches Institut der Universität Potsdam. Potsdam 1993.

RHEINBERG, F.: Motivation. Grundriß der Psychologie Bd. 6. Stuttgart 1995.

RHEINBERG, F.: Flow-Erleben, Freude am riskanten Sport und andere „unvernünftige" Motivationen. In: KUHL, J. / HECKHAUSEN, H. (Hrsg.): Motivation, Volition und Handlung. Enzyklopädie der Psychologie. Göttingen 1996.

RHEINBERG, F. / ISER, I. / PFAUSER, S.: Freude am Tun und / oder zweckorientiertes Schaffen? Zur transsituativen Konsistenz und konvergenten Validität der Anreizfokus-Skala. In: Diagnostica 2 (1997), 174-191.

ROBINSON, D.: A descriptive model of enduring risk recreation involvement. In: Journal of Leisure Research 24 (1992), 52-63).

ROSSI, B. / CEREATTI, L.: The Sensation Seeking in Mountain Athletes as Assessed by ZUCKERMAN's Sensation Seeking Scale. In: International Journal of Sport Psychology 24 (1993), 417-431.

ROWLAND, G. L. / FRANKEN, R. E. / HARRISON, K.: Sensation seeking and participation in sport activities. In: Journal of Sport Psychology 8 (1986), 212-220.

RÜMMELE, E.: Grenzerfahrungen im Sport. In: SCHULKE, H.-J. (Hrsg.): Sport und Lernen. Wuppertal 1988.

SACHS, M. L.: Psychological well-being and vigorous physical activity. In: SILVA, J. M. / WEINBERG, R. S. (eds.): Psychological Foundations of Sport. Champaign 1984, 435-444.

SALLIS, J. F. / HOVELL, M. F. / HOFSTETTER, C. R. / BARRINGTON, E.: Explanation of vigorous physical activity during two years using social learning variables. In: Social Science and Medicine 34 (1992), 25-32.

SCHAUERTE, K.: Beim Tanzen im Augenblick aufgehen. Untersuchungen zum flow-Erleben und Stimmungsmanagement beim Tanzen. (Unveröffentlichte Diplomarbeit, Institut für Sportwissenschaft der Universität Bayreuth). Bayreuth 1996.

SCHLESKE, W.: Abenteuer - Wagnis - Risiko im Sport: Struktur und Bedeutung in pädagogischer Sicht. Schorndorf 1977.

SCHMELZ, C.: Attraktionen des Laufens. (Unveröffentlichte Hausarbeit, Fakultät für Psychologie und Sportwissenschaft, Universität Bielefeld). Bielefeld 1989.

SCHNEIDER, K.: Motivation unter Erfolgsrisiko. Göttingen 1973.

SCHNEIDER, K. / RHEINBERG, F.: Erlebnissuche und Risikomotivation. In: AMELANG, M. (Hrsg.): Enzyklopädie der Psychologie. Themenbereich C, Band 3: Temperaments- und Persönlichkeitsunterschiede. Göttingen u.a. 1996, 407-440.

SCHULZE, G.: Die Erlebnisgesellschaft: Kultursoziologie der Gegenwart. Frankfurt/M. 1992.

SINGER, R. / EBERSPÄCHER, H. / BÖS, K. / REHS, H.-J.: Die ATPA-D-Skalen. Bad Homburg 1980.

SPIELBERGER, CH. D. / SARASON, I. G. (eds.): Stress and Emotion. Washington 1991.

SPITZER, G. / SCHMIDT, D.: Sport zwischen Eigenständigkeit und Fremdbestimmung. Bonn 1986.

STRANG, H. / SCHWENKMEZGER, P.: Grenzerlebnisse im Sport: Der Fragebogen zur Grenzleistung und Grenzerfahrung. In: Sportwissenschaft 19 (1989) 2, 194-203.

STRANG, H. / SCHWENKMEZGER, P. / NEUBERT, P. / HÄNERT, S.: Grenzerlebnisse im Sport: Der Fragebogen zur Grenzleistung und Grenzerfahrung. In: SCHWENKMEZGER, P. (Hrsg.): Sportpsychologische Diagnostik, Intervention und Verantwortung. Köln 1988, 137-145.

STRAUB, W. F.: Sensation Seeking Among High and Low-Risk Male Athletes. In: Journal of Sport Psychology, 4 (1982), 246-253.

THOMAS, A.: Einführung in die Sportpsychologie. Göttingen / Bern 1995.

ULMRICH, E.: Die Entwicklung der Probleme im modernen Skisport. In: DEUTSCHER SKIVERBAND (Hrsg.): Skisport als Freizeitsport - Wird der Boom zum Bumerang? Mit dem Skiplan 80 in die Zukunft. Schriftenreihe des Deutschen Skiverbandes, Fachausschuß Freizeitsport. Heft 7, München, 2-33.

ULMRICH, E.: Zur Entwicklung des Skisports (= 1. Lehrbrief). In: DEUTSCHER SKIVERBAND (Hrsg.): DSV-Lehrbriefe für Übungsleiter Oberstufe Lehrwesen. Schriftenreihe des Deutschen Skiverbandes, Fachausschuß Freizeitsport. Heft 10, München, 4-5.

VOLPERT, W.: Beiträge zur Psychologischen Handlungstheorie. Bern 1980.

VOLPERT, W.: Psychologische Handlungstheorie - Anmerkungen zu Stand und Perspektive. In: VOLPERT, W. (Hrsg.): Beiträge zur Psychologischen Handlungstheorie. Bern 1980, 13-27.

VROOM, V. H.: Work and motivation. New York 1984.

Wabel, W.: Sportliche Aktivitäten als Stimmungsmacher. Subjektive Theorien zum Stimmungsmanagement im Alltag mittels sportlicher Aktivitäten. (Unveröffentl. Dissertation, Institut für Sportwissenschaft der Universität Bayreuth). Bayreuth 1998.

WETZEL, D.: Emotionales Erleben beim Sporttauchen. Eine explorative Feldstudie über den Einfluß des Sporttauchens auf gerichtete, ungerichtete und spezifische Emotionszustände. (Unveröffentlichte Diplomarbeit, Institut für Sportwissenschaft der Universität Bayreuth). Bayreuth 1994.

WICKLUND, R. A. / GOLLWITZER, P. M.: Symbolic Self-Completion. Hillsdale 1982.

WILSON, B. A.: Metamotivational states of tennis players in a competitive situation: An exploratory study. In: KERR, J. H. / MURGATROYD, S. / APTER, M. J. (eds.): Advances in Reversal Theory. Amsterdam 1993, 151-156.

WÖLFINGER, T.: Single Trail. Die Ergebnisse der Bike-Leserumfrage. In: Bike (1992) 4, 227-230.

WOODWORTH, R. S.: Dynamic psychology. New York 1918.

WUNDT, W.: Vorlesungen über die Mensch- und Thierseele. Leipzig ^{2}1892.

YERKES, R. M. / DODSON, J. D.: The relation of strength of stimulus to rapidity of habit-formation. In: Journal of Comparative and Neurological Psychology 18 (1918), 459-482.

ZUCKERMAN, M.: Sensation Seeking: Beyond the Optimal Level of Arousal. Hillsdale 1979a.

ZUCKERMAN, M.: Sensation Seeking and Risk Taking. In: Emotions in Personality and Psychopathology (1979b), 163-197.

ZUCKERMAN, M.: Sensation Seeking and Sports. In: Personality and Individual Differences 4 (1983), 3, 285-293.

ZUCKERMAN, M.: One Person's Stress Is Another Person's Pleasure. In: SPIELBERGER, CH. D. / SARASON, I. G. (eds.): Stress and Anxiety. Washington 1991.

Abbildungsverzeichnis

Abbildung 1.1: Vereinfachendes Schema des hierarchischen Aufbaus einer Tätigkeit
(HACKER 1998, 66) 23

Abbildung 1.2: Schematische Darstellung der multiplen Beziehungen zwischen vorbereitenden
und realisierenden Regulationskomponenten für einen mittleren Hierarchieausschnitt
(vereinfacht nach HACKER 1998, 244) 27

Abbildung 1.3: Phasenstruktur des Handlungsprozesses (NITSCH 1986, 230) 27

Abbildung 1.4: Grundmodell der „klassischen" Motivationspsychologie (RHEINBERG 1995, 69) ... 31

Abbildung 1.5: Schematische Darstellung der vier Handlungsphasen des Rubikon-Modells
(GOLLWITZER 1986, nach HECKHAUSEN 1989, 212) 32

Abbildung 1.6: Zusammenfassung der Handlungsphasen nach GOLLWITZER (1986) und
NITSCH (1986) 34

Abbildung 2.1: Stärke der resultierenden Tendenz (HECKHAUSEN 1989, 177) 43

Abbildung 2.2: Die relative Attraktivität von Aufgaben in Abhängigkeit von ihrer subjektiven
Erfolgswahrscheinlichkeit. (ATKINSON 1957, 365) 44

Abbildung 2.3: Zusammenhang von Anspruchsniveau, Ursachenzuschreibung und Selbstbewertung nach dem *Selbstbewertungsmodell* von HECKHAUSEN (RHEINBERG 1995, 84) 47

Abbildung 2.4: Schema der Variablen in VROOMs Motivationsmodell (HECKHAUSEN 1989) 48

Abbildung 2.5: Prozeßmodell der *Instrumentalitätstheorie* von VROOM (HECKHAUSEN 1989) 50

Abbildung 2.6: Das „*Erweiterte Motivationsmodell*": Vier Arten von Erwartungen, die sich auf
verschiedene Ereignis-Stadien im Motivierungsprozeß beziehen (HECKHAUSEN 1977, 287;
1989, 468) 52

Abbildung 2.7: Aussagenlogische Fassung des „*Erweiterten Motivationsmodells*" (HECKHAUSEN
und RHEINBERG 1980, 19) 56

Abbildung 2.8: Die Erweiterung des „*Erweiterten Motivationsmodells*" (RHEINBERG 1989, 104) .. 61

Abbildung 2.9: Multivariate Zusammenhangsanalyse zwischen PD-Skala und AF-Skala
(RHEINBERG 1997) 64

Abbildung 2.10: Anreizkatalog zum Motorradfahren (RHEINBERG 1989, 144) 69

Abbildung 2.11: Anreizkatalog zum Windsurfen (RHEINBERG 1989, 148) 70

Abbildung 2.12: Anreizgruppen der vier Freizeitaktivitäten Motorradfahren, Skifahren,
Windsurfen und Musizieren (RHEINBERG 1993) 71

Abbildung 3.1: Inhaltliche Beschreibung der Subskalen (SINGER u.a. 1980, 73) 99

Abbildung 3.2: Zuordnung von Motiven und Subskalen (SINGER u.a. 1980, 102) 100

Abbildung 3.3: Konzeptionelles Modell der „Adventure Recreation" (EWERT / HOLLENHORST
1989, 126) 106

Abbildung 3.4: Strukturmodell der Sinnzuschreibungen sportlicher Aktivitäten (BREHM 1994) ... 110

*Abbildungsverzeichnis*

Abbildung 3.5: Gegenüberstellung der wahrgenommenen Funktionen (KENYON), der Sinnzuschreibungen (BREHM 1994) und der Anreize (Kategorien) sportlicher Aktivität
(RHEINBERG 1989) 121

Abbildung 4.1: Umgekehrte U-Funktion als Beziehung zwischen Leistungstüchtigkeit des
Verhaltens (Hinweisfunktion) und Aktivationsniveau (HEBB 1955, 250) 126

Abbildung 4.2: Unterschiedliche Postulate von HEBB und von BERLYNE über die Beziehungen
zwischen Anregungspotential und Aktivation (links) und zwischen Aktivation und
Attraktivität (= bevorzugter Aktivationszustand; rechts) (HECKHAUSEN 1989, 111) 127

Abbildung 4.3: *Sensation Seeking* (state) und Ängstlichkeit (state) als Einflußgrößen des
Verhaltens in neuartigen Situationen (nach ZUCKERMAN 1976; 1991, 34) 130

Abbildung 4.4: Charakterisierung der vier Kategorien des *Sensation Seeking*
(ZUCKERMAN 1979b, 165) 131

Abbildung 4.5: Zusammenhang von Aktivation (arousal) und Qualität der Empfindungen
(hedonic tone) für den telischen bzw. den paratelischen Zustand (APTER 1989; 18) 139

Abbildung 4.6: Charakteristische Merkmale von telischem und paratelischem Modus
(APTER 1982, 52) 140

Abbildung 4.7: Charakteristische Merkmale von „metamotivational states" (leicht verändert
nach POTOCKY / MURGATROYD 1993, 22) 140

Abbildung 5.1: Das Verhältnis von *Peak Experience* und *Peak Performance*, veranschaulicht an
den Skalen „performance" und „feeling" (PRIVETTE 1986, 234) 166

Abbildung 5.2: Person- und Situationsfaktoren der *flow*-Erfahrung im Sport
(KIMIECIK / STEIN 1992, 151) 173

Abbildung 5.3: Komponenten des *flow*-Erlebens (zusammengefaßt nach CSIKSZENTMIHALYI
1990; 1991; 1993) 174

Abbildung 5.4: Zusammenhang zwischen Fähigkeiten der Person und Anforderungen der
Situation bei einer Handlung (CSIKSZENTMIHALYI 1993, 75) 175

Abbildung 5.5: Zusammenhang zwischen Fähigkeiten der Person und Anforderungen der
Situation bei einer Handlung (CSIKSZENTMIHALYI / CSIKSZENTMIHALYI 1991, 286) 176

Abbildung 5.6: Zusammenhang zwischen Fähigkeiten der Person und Anforderungen der
Situation bei einer Handlung (MASSIMINI / CARLI 1991, 286) 177

Abbildung 5.7: Verbesserung der Fähigkeit durch das Streben nach (Erhalt von) *flow*-Zuständen
(modifiziert nach CSIKSZENTMIHALYI 1993, 80) 180

Abbildung 5.8: Schmetterlingskurve mit zwei Varianten von *flow* (REA 1993, 79) 183

Abbildung 5.9: Wechsel der *flow*-Zustände in Abhängigkeit von sich verbessernden Fähigkeiten
und wechselnder Aufgabenschwierigkeit (REA 1993, 82) 183

Abbildung 5.10: Topologien von *peak experience, peak performance* und *flow*-Erlebnissen
(verkürzt nach PRIVETTE 1983, 1365) 192

Abbildung 5.11: Gemeinsamkeiten der Topologien von *peak experience, peak performance* und
flow-Erlebnissen (PRIVETTE / BUNDRICK 1991, 172) 193

Abbildung 6.1: Erweiterung des Motivationsmodells von RHEINBERG (1989) 197

Abbildungsverzeichnis

Abbildung 6.2: Differenzierungen von Zweck- und Tätigkeitsanreizen 198

Abbildung 7.1: Anreize und Items der Kategorie „Sensorische Erfahrungen (Naturerleben)"....... 207

Abbildung 7.2: Anreize und Items der Kategorie „Ästhetische Erfahrungen (Naturerleben)"....... 208

Abbildung 7.3: Anreize und Items der Kategorie „Körper- und Bewegungserfahrungen"............. 209

Abbildung 7.4: Anreize und Items der Kategorie „Spannung und Aktivierung"............................ 210

Abbildung 7.5: Anreize und Items der Kategorie „Entspannung und Stimmungsregulation"........ 211

Abbildung 7.6: Anreize und Items der Kategorie „Besondere Erlebnisqualität (*flow*-Erleben)".... 212

Abbildung 7.7: Anreize und Items der Kategorie „Leistung"... 214

Abbildung 7.8: Anreize und Items der Kategorie „Soziale Erfahrungen" 216

Abbildung 7.9: Anreize und Items der Kategorie „Gesundheit". 217

Abbildung 7.10: Übersicht der Anreizkategorien, der Anreize, des Anreiztyps, der Items und entsprechender Items aus verschiedenen Ansätzen.. 221

Abbildung 7.11: Histogramm der Altersverteilung mit Normalverteilungskurve (Intervallbreite = 5 Jahre).. 230

Abbildung 7.12: Verteilung von des Geschlechts innerhalb der Sportarten (N = 331)................... 231

Abbildung 8.1: Verteilung der „absoluten Häufigkeit der Sportausübung in den Sportarten (N = 331)... 235

Abbildung 8.2: Auflistung der zehn wichtigsten Anreize, gesamt und differenziert nach sportlicher Aktivität.. 267

Abbildung 8.3: Mittelwerte der Anreizdimensionen, differenziert nach sportlicher Aktivität 293

Abbildung 8.4: Durchschnittliche Abweichungen vom individuellen Mittelwert der Anreizdimensionen.. 306

Abbildung 8.5: Mittelwerte der Anreizdimensionen für die vier Sportlertypen (Cluster) 307

Abbildung 8.6: Verteilung der Sportlertypen (Cluster) innerhalb der Sportarten 309

Abbildung 8.7: Zusammenfassung der charakteristischen Merkmale für die vier Cluster. 316

Abbildung 9.1: Positionierung der Sportlertypen hinsichtlich Tätigkeits- und Zweckorientierung 342

Tabellenverzeichnis

Tabelle 2.1: Charakteristische Kennwerte der AF-Skala aus verschiedenen Stichproben (N = 227) (RHEINBERG 1989, 118) 62

Tabelle 2.2: Charakteristische Kennwerte der AF-Skala (Standardversion; N = 178) (RHEINBERG 1997) 62

Tabelle 2.3: Produktmoment-Korrelationen (nach PEARSON) der Kennwerte aus der Standardversion der AF-Skala mit den Skalenwerten der AF-Skala mit spezifiziertem Situationskontext (N = 178) (RHEINBERG 1997) 63

Tabelle 2.4: Produktmoment-Korrelationen (nach PEARSON) zwischen den PD-Subskalen und den Kennwerten der AF-Skala (N = 178) (RHEINBERG 1997) 64

Tabelle 2.5: Produktmoment-Korrelationen (nach PEARSON) zwischen den Dimensionen des affektiven Erlebens beim Tanzen (Summenwerte) und den beiden Kennwerte der AF-Skala, spezifiziert für den Kontext „Tanzen" (N = 169) (RHEINBERG 1997) 65

Tabelle 3.1: HOYT Reliabilitäten für jede der sechs ATPA-Subskalen (KENYON 1968b, 570) 95

Tabelle 3.2: Interkorrelationen der Subskalen der ATPA-Skala für Männer (obere Hälfte) und Frauen (untere Hälfte) (SINGER u.a. 1980, 40 nach KENYON 1968b, 104) 95

Tabelle 3.3: Validierung der Skalen mittels des Kriteriums Präferenz für generelle Aktivitätstypen (KENYON 1968b, 571) 96

Tabelle 3.4: Faktorladungen und Mittelwerte für Motive bei Kletterern (EWERT 1985, 245-248). 104

Tabelle 3.5: Mittelwerte der Teilnahmemotive in Abhängigkeit vom Grad der Erfahrung (EWERT / HOLLENHORST 1989, 133) 107

Tabelle 3.6: Sinnzuschreibungen bei „Jogging" (N = 107) (SCHMELZ 1989) 114

Tabelle 3.7: Sinnzuschreibungen bei Mountainbikefahrern (N = 67) (BEIER 1993) 115

Tabelle 3.8: Sinnzuschreibungen bei Freizeitskifahrern (N = 139) (PLOCHER 1994) 117

Tabelle 3.9: Vergleich der Sinnzuschreibungen von sportlichen Aktivitäten aus den Bereichen Spielsportarten, Outdooraktivitäten und Gesundheits- und Fitnessaktivitäten (modifiziert nach PLOCHER 1994, 82) 119

Tabelle 4.1: Mittelwerte und Standardabweichungen auf der SS-Skala und den Subskalen für Alpin Club-Mitglieder (N = 20) und Kontrollgruppe (N = 21) (CRONIN 1991, 654) 134

Tabelle 4.2: Mittelwerte und Standardabweichungen auf der SS-Skala und den Subskalen für Kletterer, Bergsteiger, Speläologen, Skispringer, Sportstudenten und Kontrollgruppe (N = 107) (ROSSI / CEREATTI 1993) 134

Tabelle 4.3: Mittelwerte, Standardabweichungen und F-Werte der TDS und ihrer Subskalen für Berufs-, Amateur- und Freizeitsportler sowie die Kontrollgruppe (N = 120) (KERR 1987, 381) 151

Tabelle 4.4: Korrelatationsmatrix der Telic Dominance Scale und ihrer Subskalen (CHIRIVELLA / MARTINEZ 1993, 136) 154

Tabelle 5.1: CRONBACH α-Koeffizienten für die 54-Item- und 36-Item-Versionen der Flow State Skala (JACKSON / MARSH 1996, 25) 187

Tabellenverzeichnis

Tabelle 7.1: Verteilung der pro Versuchsperson ausgefüllten Fragebögen (N = 244) 229

Tabelle 7.2: Verteilung des Merkmals Geschlecht in der Gesamtstichprobe (N = 244) 229

Tabelle 7.3: Durchschnittsalter für Männer und Frauen (N = 242) 230

Tabelle 7.4: Zusammensetzung von Stichproben aus vergleichbaren Studien 233

Tabelle 8.1: Mittelwerte und Standardabweichungen für die intervallskalierten Merkmale der Sportausübung und der beruflichen Tätigkeit 240

Tabelle 8.2: Überprüfung auf Effekte des Geschlechts und der sportlichen Aktivität auf die Ausübungsparameter sowie für Aspekte der beruflichen Tätigkeit 241

Tabelle 8.3: Verteilung der Merkmalsausprägungen der Variable „akzeptiertes Verletzungsrisiko", differenziert nach Sportarten und Geschlecht (N = 244) 242

Tabelle 8.4: Verteilung der Merkmalsausprägungen der Variable „Begleitung", differenziert nach Sportarten und Geschlecht (N = 241) 244

Tabelle 8.5: Verteilung der Merkmalsausprägungen der Variable „Wettkampfaktivität", differenziert nach Sportarten und Geschlecht (N = 237) 246

Tabelle 8.6: Darstellung der Korrelationskoeffizienten (SPEARMAN Rho) und der zugehörigen Signifikanzniveaus für die Variablen zur sportlichen Aktivität (N = 240 bis 244) 247

Tabelle 8.7: „Top 10" der von Männern und Frauen betriebenen Sportarten 249

Tabelle 8.8: Mittelwerte und Standardabweichungen für die Bedeutung von Anreizen, differenziert nach Geschlecht und sportlicher Aktivität 251

Tabelle 8.9: Ergebnisse der zweifaktoriellen Varianzanalysen für die Effekte des Geschlechts und der sportlichen Aktivität hinsichtlich der Bedeutung von Anreizen 257

Tabelle 8.10: Korrelationskoeffizienten (nach SPEARMAN) für die Zusammenhänge
a) zwischen der Bedeutung eines Anreizes und der Häufigkeit, mit der er erlebt wird, und
b) zwischen der Bedeutung und der Auswirkung auf die Ausübungshäufigkeit der sportlichen Aktivität 274

Tabelle 8.11: Rotierte Faktormatrix (Extraktionsmethode: Hauptkomponentenanalyse, acht extrahierte Faktoren, Rotationsmethode: Varimax mit Kaiser-Normalisierung, N = 246 bis 331) 279

Tabelle 8.12: Trennschärfekoeffizienten und CRONBACH α für die durch die Faktorenanalyse ermittelten Dimensionen (Subskalen) 287

Tabelle 8.13: Trennschärfekoeffizienten und CRONBACH α-Werte für die geänderten Dimensionen (Subskalen) 291

Tabelle 8.14: Korrelationen der Mittelwerte der Anreizdimensionen (N = 315 bis 332) 292

Tabelle 8.15: Mittelwerte und Standardabweichungen der acht Anreizdimensionen, differenziert nach Geschlecht und sportlicher Aktivität 294

Tabelle 8.16: Ergebnisse der zweifaktoriellen Kovarianzanalyse für die acht Anreizdimensionen. (Haupteffekte: Geschlecht und Sportliche Aktivität; Kovariate: Alter) 295

Tabelle 8.17: Mittelwerte und Standardabweichungen für die Anreizdimensionen in den Clustern (5-Cluster-Lösung nach der k-means-Methode; N = 323 bis 332) 302

Tabelle 8.18: Verteilung der Cluster über die sportlichen Aktivitäten (N = 332) 303

Tabelle 8.19: Mittelwerte und Standardabweichungen für die transformierten Werte der Anreizdimensionen in den vier Clustern (4-Cluster-Lösung nach der k-means-Methode mit „z-transformierten" Anreizwerten; N = 323 bis 332) 305

Tabelle 8.20: Mittelwerte und Standardabweichungen für die Anreizdimensionen in den vier Clustern (4-Cluster-Lösung nach der *k-means-Methode* mit „z-transformierten" Anreizwerten; N = 332) 305

Tabelle 8.21: Verteilung des Geschlechts innerhalb der vier Cluster (N = 331) 311

Tabelle 8.22: Mittelwerte und Standardabweichungen für Alter und Erfahrung in den vier Clustern (N = 330) 312

Tabelle 8.23: Mittelwerte und Standardabweichungen für die intervallskalierten Variablen der Sportausübung in den Clustern (N = 332) 313

Tabelle 8.24: Häufigkeitsverteilung der Sportartenkombinationen in der Stichprobe mit zwei Sportarten pro Vpn (N = 65) 317

Tabelle 8.25: Häufigkeitsverteilung der Kombinationen der vier Sportlertypen (Cluster) in der Stichprobe mit zwei Sportarten pro Vpn (N = 65) 317

Tabelle 8.26: Korrelationskoeffizienten (nach PEARSON) und T-Test (bei gepaarten Stichproben) für die acht Anreizdimensionen bei zwei verschiedenen, von einer Person ausgeübten Sportarten (N = 65) 318

Tabelle 8.27: Verteilung der genannten Ziele auf die Anreizdimensionen und auf neu gebildete Kategorien (N = 299) 319

Tabelle 8.28: Verteilung des am wichtigsten eingestuften Zieles auf die Anreizdimensionen und auf neu gebildete Kategorien (N = 299) 321

Tabelle 8.29: Mittelwerte und Standardabweichungen für die Einstufung des wichtigsten Zieles hinsichtlich Verpflichtung, Anstrengungsbereitschaft, externer und interner Kontrolle und Zielschwierigkeit 322